Le Routard

Madagascar

Cofondateurs : Philippe GLOAGUEN et Michel DUVAL

Directeur de collection et auteur
Philippe GLOAGUEN

Rédacteurs en chef adjoints
Amanda KERAVEL
et Benoît LUCCHINI

Directrice de la coordination
Florence CHARMETANT

Directrice administrative
Bénédicte GLOAGUEN

Directeur du développement
Gavin's CLEMENTE-RUIZ

Conseiller à la rédaction
Pierre JOSSE

Direction éditoriale
Hélène FIRQUET

Rédaction
Isabelle AL SUBAIHI
Emmanuelle BAUQUIS
Mathilde de BOISGROLLIER
Thierry BROUARD
Marie BURIN des ROZIERS
Véronique de CHARDON
Fiona DEBRABANDER
Anne-Caroline DUMAS
Éléonore FRIESS
Géraldine LEMAUF-BEAUVOIS
Olivier PAGE
Alain PALLIER
Anne POINSOT
André PONCELET
Alizée TROTIN

Responsable voyages
Carole BORDES

2018/19

hachette

TABLE DES MATIÈRES

PRÉAMBULE

- La rédaction du *Routard* 6
- Introduction 11
- Nos coups de cœur 12
- Itinéraires conseillés 28
- Lu sur Routard.com 33
- Les questions qu'on se pose avant le départ 34

ARRIVER – QUITTER 36

- Les compagnies régulières 36
- Comment y aller depuis l'île de la Réunion ? 36
- Les organismes de voyages 38
- Quitter Madagascar 46

MADAGASCAR UTILE 48

- ABC de Madagascar 48
- Avant le départ 48
- Argent, banques, change 52
- Achats 55
- Bagages 58
- Bakchich 59

TABLE DES MATIÈRES

- Budget 60
- Climat 61
- Dangers et enquiquinements 64
- Décalage horaire 66
- Douane 66
- Électricité 66
- Hébergement 66
- Langue 68
- Livres de route 71
- Marchandage 72
- Photos 73
- Poste 73
- Pourboire 73
- Restaurants 73
- Santé 74
- Sites internet 77
- Téléphone et télécommunications 78
- Transports 80
- Urgences 87

LES HAUTES TERRES 88

- Tananarive (Antananarivo) 90
- À l'ouest de Tananarive, Ampefy et le lac Itasy 126

DE TANANARIVE À FIANARANTSOA 127

- De Tana à Ambatolampy 128
- Antsirabe 130
- Ambositra 140
- La route du Sud-Est 147
- Ranomafana et son parc national 148
- Mananjary 152
- Manakara 154
- Le sud du pays Betsileo 157
- Fianarantsoa 157
- Ambalavao et le massif de l'Andringitra 167

LE GRAND SUD 173

- D'Ambalavao au parc national de l'Isalo 173
- D'Ihosy au parc national de l'Isalo 176
- Le parc national de l'Isalo et Ranohira 176
- De Ranohira à Tuléar 181
- Tuléar (Toliara) 182

LE PAYS VEZO 189

- Les Vezos, les nomades de la mer 190
- La côte au nord de Tuléar 191
- La baie d'Ifaty 191
- D'Ifaty à Salary 195
- De Salary à Andavadoaka 196
- La côte au sud de Tuléar 197
- Anakao 198

DE TULÉAR À FORT-DAUPHIN 201

- La piste des Tombeaux 201
- Fort-Dauphin (Tôlagnaro) 205

LE MOYEN-OUEST 218

- Miandrivazo 219
- La descente de la Tsiribihina 221
- Belo-sur-Tsiribihina 223
- Le parc national des Tsingy de Bemaraha 226
- Entre Belo-sur-Tsiribihina et Morondava 232
- Morondava 233
- Belo-sur-Mer 239

L'EST 245

- Les Betsimisarakas ou les « Nombreux Inséparables » 245

LA ROUTE DE L'EST : DE TANA À TAMATAVE 246

- Le parc national Andasibe-Mantadia 246
- Tamatave (Toamasina) 251

TABLE DES MATIÈRES

AU NORD DE TAMATAVE ... 261
- Foulpointe et Mahambo ... 262

LE CANAL DES PANGALANES ... 263
- Ankanin'ny Nofy (lac Ampitabe) ... 266
- Manambato ... 267
- Ambila-Lemaitso ... 268
- Vatomandry ... 268

L'ÎLE SAINTE-MARIE (NOSY BORAHA) ... 269
- Ambodifotatra ... 277
- Au sud d'Ambodifotatra ... 282
- L'île aux Nattes ... 287
- Au nord d'Ambodifotatra ... 289

LA CÔTE DU GIROFLE ... 292
- La baie de Titinga ... 292
- Antanambe et Sahasoa ... 293
- Mananara-Nord ... 294
- Maroantsetra ... 295

LE NORD ... 301

LA CÔTE DE LA VANILLE ... 301
- Antalaha ... 304
- Sambava ... 307
- Vers le Sud ... 309
- De Sambava à Andapa ... 309
- Andapa ... 310
- Vohémar (Irahana) ... 311
- Daraina ... 312

LA RÉGION DE DIEGO-SUAREZ ... 313
- Diego-Suarez (Antsiranana) ... 313
- Ramena ... 326

DE DIEGO-SUAREZ À NOSY BE ... 331
- Le parc national de la montagne d'Ambre ... 331
- Les Tsingy rouges ... 334
- Anivorano-Nord et le lac sacré ... 335
- Ambrondromifehi ... 335
- Le parc national de l'Ankàrana ... 336
- Ambanja ... 339
- Ankify ... 339

L'ÎLE DE NOSY BE ... 341
- Hell-Ville (Andoany) ... 345
- Ambatoloaka et Madirokely ... 350
- Les îles autour de Nosy Be ... 363

RETOUR SUR TERRE... ... 372
- Majunga (Mahajanga) ... 372
- Le parc national Ankarafantsika ... 385

HOMMES, CULTURE, ENVIRONNEMENT ... 389

- Baobabs ... 389
- Boissons ... 389
- Cuisine ... 390
- Curieux, non ? ... 392
- Drogue ... 393
- Droits de l'homme ... 394
- Économie ... 395
- Environnement ... 397
- Faune et flore ... 399
- Fêtes et jours fériés ... 402
- Géographie ... 403
- Histoire ... 405
- Lémuriens ... 415
- Médias ... 419
- Musique et danse ... 421
- ONG et aide au développement ... 422
- Parcs nationaux et réserves ... 425
- Population ... 426
- Religions et croyances ... 429
- Savoir-vivre et coutumes ... 433
- Sites inscrits au Patrimoine mondial de l'Unesco ... 434
- Tourisme sexuel ... 434

Index général ... 443
Liste des cartes et plans ... 447

Pique-nique, baie de Diego-Suarez

LA RÉDACTION DU ROUTARD

(sans oublier nos 50 enquêteurs, aussi sur le terrain)

Thierry, Anne-Caroline, Éléonore, Olivier, Alizée, Pierre, Benoît, Alain, Fiona, Emmanuelle, Gavin's, André, Véronique, Bénédicte, Jean-Sébastien, Mathilde, Amanda, Isabelle, Géraldine, Marie, Carole, Philippe, Florence, Anne.

La saga du *Routard* : en 1971, deux étudiants, Philippe et Michel, avaient une furieuse envie de découvrir le monde. De retour du Népal germe l'idée d'un guide différent qui regrouperait tuyaux malins et itinéraires sympas, destiné aux jeunes fauchés en quête de liberté. 1973. Après 19 refus d'éditeurs et la faillite de leur première maison d'édition, l'aventure commence vraiment avec Hachette. Aujourd'hui, Le *Routard*, c'est plus d'une cinquantaine d'enquêteurs impliqués et sincères. Ils parcourent le monde toute l'année dans l'anonymat et s'acharnent à restituer leurs coups de cœur avec passion.

Merci à tous les Routards qui partagent nos convictions : liberté et indépendance d'esprit ; découverte et partage ; sincérité, tolérance et respect des autres.

NOS SPÉCIALISTES MADAGASCAR

Thomas Rivallain : transbahuté dès l'enfance dans le combi familial, les sens affûtés en tournée musicale ou louvoyant sur les itinéraires bis. Tout est prétexte aux carnets de route pour cet admirateur de fleuves. Souvent parti là où on ne l'attend pas, il travaille ses guides en Anjou, auprès de l'indomptable Loire. En bon apôtre du voyage, Thomas ne croit que ce qu'il voit.

Thierry Bessou : ses origines agricoles auraient pu l'amener à cultiver la terre, finalement il la sillonne. Pourtant, il a peur de prendre l'avion ! En équilibre précaire sur un éléphant, les doigts gelés au pied d'un glacier, de marchés en musées, ses antennes restent déployées. C'est dans la Ville Rose qu'il écrit, inspiré par mille lieux foulés, mille regards croisés.

Claude Hervé-Bazin : passionné d'îles perdues et de nature très sauvage, il décline le voyage et l'écrit depuis l'âge de 17 ans. Un métier ? Non, une pulsion qui pousse à additionner les heures de vol, les *road trips* et les formules de politesse (dans toutes les langues) pour vérifier si l'herbe est plus verte ailleurs, si les couettes sont plus douillettes et les hommes plus heureux.

UN GRAND MERCI À NOS AMI(E)S SUR PLACE ET EN FRANCE

Pour cette nouvelle édition, nous remercions particulièrement :
- **Vincent Desobry, Mamy, Micha** et toute l'équipe d'*Océanes Aventures*.
- **Henry Bellon** des Villas de Vohilava et **Fifou,** du *Princesse Bora Lodge* à Sainte-Marie.
- **Richard** et **Monny** de *À la Carte* à Mada.
- **Onja Ramamonjy-Ratrimo** de Madagascar National Parks.
- **Laurence Ink** pour son merveilleux accueil sur la langue de sable de Bélo-sur-Mer.
- **Guillaume Pousse,** directeur d'Espace Mada, pour sa disponibilité et sa connaissance de la Tsiribihina.
- **L'équipe de l'Alliance française** de Majunga.
- **Jérémy Nieckowski** pour ses bons tuyaux à Tamatave.

Pictogrammes du Routard

Établissements
- Hôtel, auberge, chambre d'hôtes
- Camping
- Restaurant
- Boulangerie, sandwicherie
- Glacier
- Café, salon de thé
- Café, bar
- Bar musical
- Club, boîte de nuit
- Salle de spectacle
- Office de tourisme
- Poste
- Boutique, magasin, marché
- Accès Internet
- Hôpital, urgences

Sites
- Plage
- Site de plongée
- Piste cyclable, parcours à vélo

Transports
- Aéroport
- Gare ferroviaire
- Gare routière, arrêt de bus
- Station de métro
- Station de tramway
- Parking
- Taxi
- Taxi collectif
- Bateau
- Bateau fluvial

Attraits et équipements
- Présente un intérêt touristique
- Recommandé pour les enfants
- Adapté aux personnes handicapées
- Ordinateur à disposition
- Connexion wifi
- Inscrit au Patrimoine mondial de l'Unesco

Tout au long de ce guide, découvrez toutes les photos de la destination sur • *routard.com* • Attention au coût de connexion à l'étranger, assurez-vous d'être en wifi !
© HACHETTE LIVRE (Hachette Tourisme), 2018
Le *Routard* est imprimé sur un papier issu de forêts gérées.

Tous droits de traduction, de reproduction et d'adaptation réservés pour tous pays.
© Cartographie Hachette Tourisme
I.S.B.N. 978-2-01-703356-1

Un lémur catta

Pêcheur de récif à Tuléar

© Martelet Christian/hemis.fr

> « *Une omelette mal pliée couchée sur l'océan Indien.* »
> *Gerald Durrell dans* Le Aye-aye et moi

Défricheurs de frontières nouvelles, bienvenue ! L'une des plus grandes îles du monde, l'île-continent, l'île Rouge… toutes ces images se nourrissent d'une **mosaïque de peuples** issus de migrations proches et lointaines mais aussi d'une nature unique au monde, sur fond de nombreux revirements historiques et économiques.

Alors que les terres se dénudent peu à peu et que les fleuves charrient la latérite rouge comme de gigantesques veines, d'une côte à l'autre, la savane piquetée de baobabs rappelle l'Afrique et le souvenir lointain des pirates confère à la verte nature une histoire à la Joseph Conrad.

Madagascar, c'est aussi **le pays des ancêtres** où l'on cultive le souvenir et les traditions de peuplades venues d'Indonésie et d'Afrique.

Enfin, séparée du continent africain, l'île a développé des espèces de plantes et d'animaux uniques au monde, dont les adorables et bondissants **lémuriens.** Comme disent les guides locaux aux touristes : « À Madagascar, presque tout est endémique de Madagascar » !

Le tourisme justement, une priorité pour tous les présidents qui se succèdent. Mais le pays ne semble toujours pas prêt pour un tourisme de masse, affecté par des moyens de transport cahotiques, sur fond d'instabilité politique et de corruption. La crise économique frappe inexorablement un peuple francophone extrêmement accueillant pour qui le fameux **moramora** (« doucement ») est de rigueur.

Si l'on en accepte les contraintes, on retrouvera alors un plaisir tout aussi ancestral et devenu rare : le plaisir infini du voyageur qui ne s'attend à rien, et donc à qui tout peut arriver.

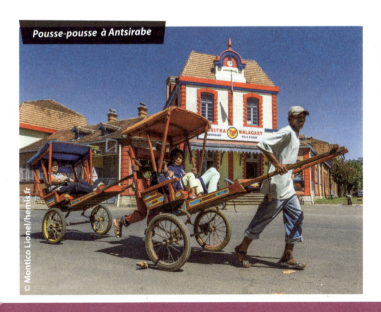

Pousse-pousse à Antsirabe

© Montico Lionel/hemis.fr

NOS COUPS DE CŒUR

NOS COUPS DE CŒUR 13

♡ **Grimper en taxi « deudeuche » au Rova de Tananarive (le palais de la Reine) et observer de haut le tumulte de la capitale.**
C'est le lieu de naissance de Tananarive, à 1 460 m d'altitude. Le roi Andrianjaka baptisa ce point culminant rova ou « place fortifiée ». Par la suite, reines et rois s'y installèrent et s'y firent enterrer : Radama Ier et II, Rasoherina et les reines Ranavalona Ire, II et III. Ravagé par un incendie en 1995, l'intérieur de l'édifice connaît depuis une lente restauration. *p. 118*
Bon à savoir : beaucoup de mauvais et faux guides à l'entrée ; si vous en trouvez un bon, ses explications ne seront pas inutiles.

14 NOS COUPS DE CŒUR

② Traîner sur les 1 000 bornes de la RN 7 depuis Tananarive jusqu'au lointain canal de Mozambique.

Eh oui, Madagascar a sa route des vacances, sa nationale 7 ! Pas de tout repos, certes, vu son état sur certains tronçons. Elle prend son élan à environ 1 300 m d'altitude pour s'évaporer dans la torpeur de Tuléar, au sud-ouest, arrêtée par la mer. En chemin, par monts et par vaux, les paysages changent du tout au tout : de rizières étagées en nids-de-poule, de chars à zébu en taxis-brousse, les rafraîchissantes Hautes Terres avec leurs élégantes maisons de pisé font place au Grand Sud aride. *p. 127*

③ Dans les environs d'Ambositra, randonner 2 ou 3 jours à la découverte des villages zafimaniry, campés dans leurs traditions ancestrales.

Ces fameux Zafimaniry, aujourd'hui au nombre de 25 000, se seraient réfugiés dans les forêts d'altitude de l'Est pour échapper à la conscription militaire. Là, ils auraient appris à maîtriser l'art du travail du bois à l'écart du monde. Leurs villages, aux maisons de bois assemblées sans clou et aux portes sculptées de motifs géométriques, sont indéniablement parmi les plus beaux de Madagascar, classés par l'Unesco. *p. 145*
Bon à savoir : excursion d'une journée minimum, guide nécessaire.

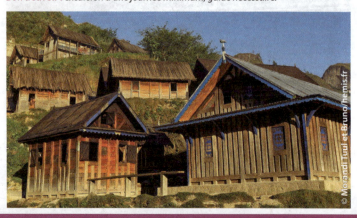

NOS COUPS DE CŒUR 15

♡ ④ **Descendre vers Manakara à bord du pittoresque train FCE (Fianarantsoa-Côte Est), seul lien de certains villages avec le reste du monde.**
Cette voie de 170 km fut construite par les colons au début du XXe s pour ouvrir Fianarantsoa sur le port de Manakara. Au programme de cette aventure bringuebalante, des paysages fabuleux, 21 tunnels, 42 ponts et 17 gares. Dans chacune, des multitudes de petits vendeurs se précipitent aux fenêtres pour proposer victuailles ou boissons dans une ambiance incroyable. *p. 157*
Bon à savoir : ce train fonctionne de manière aléatoire, quand il ne déraille pas. Armez-vous de patience !

NOS COUPS DE CŒUR

5 **Dans le massif de l'Isalo, regarder le soleil couchant enflammer les incroyables rochers de grès rose.**

L'Isalo est un immense massif de grès érodé datant du Jurassique, qui s'étend sur près de 82 000 ha entre Fianarantsoa et Tuléar. Les panoramas sont splendides entre canyons profonds, piscine naturelle, grottes, rivières, pachypodiums et lémuriens. Inutile de préciser que de longues randonnées sont de mise dans ce Colorado malgache. *p. 176*

Bon à savoir : pour marcher dans l'Isalo, il est nécessaire d'être en bonne condition physique.

© Dea/G Sosio/De Agostini Editore/Age Fotostock

NOS COUPS DE CŒUR 17

6 Depuis Tuléar, s'offrir une robinsonnade sur la plage de bout du monde d'Anakao et se prendre pour le roi de la forêt de baobabs séculaires à Ifaty.
Tuléar, capitale du Sud-Ouest, est une ville de poussière et de chaleur, d'où les touristes repartent souvent amers… Mais vous pourrez explorer ses charmants environs, Anakao ou Ifaty, pour profiter de la mer et partir à la rencontre de ce magnifique peuple de pêcheurs, les fameux Vezos. Ils vivent ici à l'abri d'une barrière de corail longue de 100 km. *p. 189, 191, 198*

7 Rejoindre Belo-sur-Mer, en naviguant sur le canal du Mozambique, à la lueur du petit matin.
Situé à une centaine de kilomètres au sud de Morondava, Belo-sur-Mer est un petit village de pêcheurs isolé du bout du monde, protégé par une langue de sable qui dessine une grande baie. Au programme : farniente à l'ombre des cocotiers et des filaos, mais aussi balade au cœur de l'un des plus grands chantiers de construction de boutres et de goélettes… Au coucher du soleil, les paysages éclatent de beauté. Un lieu paisible et hors du temps qui se mérite. *p. 239*
Bon à savoir : accès en 4x4 de mai à novembre seulement (période sèche) ou par la mer toute l'année.

NOS COUPS DE CŒUR

(8) Découvrir les Champs-Élysées naturels malgaches, **la célèbre allée des Baobabs entre Belo et Morondava.**
Cette allée des Baobabs est certainement la plus photographiée au monde ! Comment résister au plaisir de cet alignement majestueux des Adansonia grandidieri, za et autre fony, trois des sept espèces de baobabs que compte Madagascar, quand l'Afrique entière n'en compte qu'une seule ? Romain Gary n'aurait sans doute pas renié ces monstres surnommés poétiquement « les racines du ciel ». *p. 233*
Bon à savoir : y aller pour le coucher ou le lever du soleil, c'est nettement plus beau (et moins caniculaire).

(9) Vivre en bateau un voyage contemplatif sur le fleuve Tsiribihina au départ de Miandrivazo.
Compter 3 jours pour ce périple de 150 km, à bord d'une pirogue traditionnelle ou d'un bateau à moteur. La vie s'écoule doucement sur les eaux ocre de la Tsiribihina, à la rencontre des gens du fleuve, mais aussi d'une faune et d'une flore préservées. La Tsiribihina traverse des gorges taillées dans le calcaire avant de reprendre ses aises jusqu'à un kilomètre de largeur, repoussant les rizières dans l'horizon lointain. Une expédition authentique et dépaysante. *p. 221*
Bon à savoir : pas de départ en saison des pluies (de mi-décembre à début avril).

NOS COUPS DE CŒUR 19

10 Mettre à l'épreuve son vertige et se frotter (enfin, façon de parler) aux fameux Tsingy de Bemaraha.
Les superlatifs ne manquent pas pour décrire ces formations karstiques en forme d'aiguilles, inscrites au Patrimoine mondial de l'Unesco, dont les moyens d'accès sont au moins aussi épiques que leur histoire géologique ! Situées à 90 km au nord de Belo-sur-Tsirinbinha par une mauvaise piste, ce sont les plus spectaculaires de l'île. Le premier Vazaha à s'y aventurer reprit l'idée du fil d'Ariane pour revenir vivant de ce labyrinthe ! *p. 226*
Bon à savoir : la piste d'accès et le site ne sont praticables qu'en saison sèche (de mai à novembre).

NOS COUPS DE CŒUR

⑪ **Crapahuter autour d'Andasibe et ne pas s'effrayer du cri impressionnant des lémuriens indris.**
La région d'Andasibe est connue pour ses parcs nationaux et ses forêts. Le parc national Analamazaotra, le plus facilement accessible et donc le plus touristique, est fréquenté pour ses colonies d'indris, les plus grands des lémuriens et au cri puissant. La forêt primaire voisine de Mantadia se révèle plus intéressante encore pour les ornithologues. On y observe le très coloré propithèque à diadème, un lémurien surtout visible en septembre-octobre. *p. 246, 250*
Bon à savoir : pour mieux voir et entendre les indris, partir le matin, l'après-midi, ils sont plus discrets.

⑫ **Naviguer en pirogue sur l'étonnant canal des Pangalanes à l'est du pays.**
De Tamatave à Farafangana, il s'étire parallèlement à la côte, reliant une multitude de lacs entre eux. Ce sont les Français qui ont entrepris, à la fin du XIXe s, de les réunir pour en faire une voie de navigation. S'enfonçant dans ce dédale, on part à la rencontre des villages les plus reculés, qui ne vivent que par le canal. Une beauté, un trésor même, mais mal en point à certains endroits faute d'entretien. Les 700 km ne sont pas tous accessibles. *p. 263*
Bon à savoir : trajets en bateau-brousse, avec des agences ou organisés par les hôtels du canal.

NOS COUPS DE CŒUR

(13) Admirer les baleines à bosse qui jouent comme des gosses au large de l'île Sainte-Marie.

Outre un décor de rêve et des plages paradisiaques, la grande attraction à Sainte-Marie, c'est l'époque où les baleines à bosse bossent (osons !). Durant l'hiver austral, ces baleines effectuent leur migration depuis les mers du Sud. À bord d'un bon bateau, on peut les suivre avec émerveillement, parfois accompagnées de leur baleineau. Avec un peu de chance, elles effectueront quelques bonds hors de l'eau ! *p. 271*

Bon à savoir : la période d'observation se situe entre juin et octobre. Consulter • ceta-mada.com •

© Brusini Aurélien/hemis.fr

22 NOS COUPS DE CŒUR

© Gardel Bertrand/hemis.fr

(14) **Même sans les baleines, aller à Sainte-Marie pour buller quelques jours à l'île aux Nattes ou dans la partie nord.**

Sainte-Marie, pleine de grâce… On a forcément le verbe élogieux pour cette jolie langue de terre tout en longueur et en langueur. Elle a tout pour plaire : des plages superbes, un intérieur très varié, des petits hôtels agréables et à tous les prix. L'île aux Nattes, toute ronde, située à 5 mn de pirogue au sud de sa grande sœur, est ourlée d'une frange de sable blanc. Pas d'électricité ni de véhicules motorisés… *p. 287*
Bon à savoir : pour s'y rendre, bateau depuis la côte Est ou avion depuis Tana et Tamatave.

NOS COUPS DE CŒUR

15 Observer les étranges ayes-ayes à Nosy Mangabe, au large de Maroantsetra.
On accède à l'île en bateau à moteur. La star nocturne des lieux est le aye-aye, introduit en 1967 afin d'enrayer sa disparition. Un lémurien aux allures d'extraterrestre, qui a longtemps effrayé la population, avide de légendes sur son compte. Il est vrai qu'avec ses yeux globuleux et son très long troisième doigt il a tout d'un E.T. du monde animal. On note aussi la présence d'uroplates, des geckos à l'incroyable camouflage. *p. 299*
Bon à savoir : hôtels et guides peuvent vous trouver un bateau et, parfois, vous louer de l'équipement pour camper sur place.

16 Traverser la péninsule de Masoala à pied, pour les plus aventuriers.
En dehors même de la visite du parc national, l'un des derniers grands espaces naturels et sauvages du pays, la péninsule de Masoala mérite une visite, mais celle-ci ne s'improvise pas. Quantité de randos aventureuses à pied, à vélo ou en pirogue, à l'intérieur des terres ou le long de la côte. Les haltes dans les villages sont l'occasion de côtoyer le quotidien des populations locales. Prévoir 4-5 jours. *p. 300*
Bon à savoir : on trouve à Maroantsetra et Antalaha des agences sérieuses qui organisent le tour de la péninsule.

NOS COUPS DE CŒUR

⑰ **Admirer la baie de Diego-Suarez** et son fameux pain de sucre avant d'entreprendre une randonnée dans les environs.
Balade vers le cap Miné, la baie des Dunes, la baie des Pigeons et la baie de Sakalava. Ces « Trois Baies » couleur émeraude se situent à la suite les unes des autres. On démarre en général du village de pêcheurs de Ramena, à 20 km de Diego. Beauté époustouflante et sauvage des côtes, végétation de palissandres, flamboyants, baobabs, vestiges de l'armée et plages ourlées de sable blanc. Un classique du genre dans le secteur. *p. 326, 328*
Bon à savoir : baignade possible mais attention aux vagues à certaines périodes (bien se renseigner).

NOS COUPS DE CŒUR 25

(18) **Découvrir les merveilleux Tsingy rouges sur la route entre Diego-Suarez et Nosy Be en fin d'après-midi.**
À 50 km au sud de Diego-Suarez se trouve un groupe de Tsingy rouges de toute beauté, surtout quand on profite de la belle lumière de l'après-midi. Ces Tsingy sont issus d'une érosion appelée lapiaz. Le mélange de différents oxydes et le travail du temps ont donné naissance à un ensemble de quelques centaines de petites cheminées de fée dont les nuances de couleurs se mêlent en une parfaite harmonie. Superbe. *p. 334*
Bon à savoir : y arriver vers 15h, pas après, pour profiter d'une lumière descendante mais encore présente.

NOS COUPS DE CŒUR

(19) S'offrir un baptême de plongée dans la « piscine », véritable aquarium naturel sur l'île de Nosy Sakatia.
Dans une baie bien protégée, juste à l'ouest de Nosy Be, sur 3 à 12 m de profondeur, une eau cristalline avec une barrière de corail superbe, sur de grands champs d'algues. Extra pour un baptême. *p. 365*
Bon à savoir : se rendre à Ambaro, à gauche du Chanty Beach ; de là, il y a toujours une pirogue pour vous faire traverser.

(20) Prendre une pirogue et passer la nuit sur l'île de Nosy Komba, superbe et peu fréquentée.
Deuxième île la plus habitée de l'archipel de Nosy Be et couverte d'une épaisse végétation, on peut choisir d'y résider une ou deux nuits. C'est vraiment un endroit qui distille une atmosphère particulière et sous le charme duquel on tombe facilement. À l'arrivée des barques, petit village populaire et sympathique. Pas de véhicules à moteur ni de routes, ici. Même pas une mobylette ! *p. 366*
Bon à savoir : on peut y accéder en louant les services d'une coque ; ne pas oublier d'emporter masque et tuba, difficiles à trouver sur place.

Ankarana, une jeune femme avec un jacquier

ITINÉRAIRES CONSEILLÉS

ITINÉRAIRES CONSEILLÉS

8-10 jours

Compte tenu de la taille du pays et des distances, pas d'autre choix que de **se concentrer sur une région seulement** et d'utiliser les lignes aériennes intérieures.

Quelle que soit la région choisie, par la route, beaucoup de kilomètres à prévoir !

- Conseil pour **Tananarive (1)** : comptez au moins 1 jour pour découvrir la ville haute pavée et les marchés colorés. On conseille cette visite en fin de séjour car Tana n'est pas une ville facile ! Prévoir de toute façon 1 jour avant de reprendre l'avion.

Itinéraire 1 : la RN 7, de Tana à Tuléar

Attention, presque 1 000 km au compteur ! À faire pour la beauté des paysages, des villages en pisé des Hautes Terres aux plaines arides du sud. Le long de la RN 7, passer les nuits à **Antsirabe (3)** ou **Ambositra (4), Fianarantsoa (5),** au massif de l'Andringitra et au **parc national de l'Isalo (6).** À la fin de la RN 7 (Tuléar) privilégier **Anakao (7)** et Saint-Augustin au sud ou **Ifaty (8)** au nord pour les plages. Liaison aérienne Tuléar-Tana.

Itinéraire 2 : Diego, les parcs du Nord et Nosy Be

L'archipel de Nosy Be constitue la destination phare de Madagascar. On peut s'y rendre directement en avion de Tana ou passer par **Diego-Suarez (1)** via les **parcs nationaux du Nord (2)** et descendre jusqu'à **Ankify (3)** pour traverser en bateau jusqu'à **Nosy Be (4).**

Itinéraire 3 : la conquête de l'Ouest

Toutes les combinaisons possibles pour découvrir **Antsirabe (2)** sur les Hautes Terres, le fleuve **Tsiribinha (3)** en bateau (3 j. minimum), **Morondava (4), Belo-sur-Mer (5** ; 2 j. minimum avec 1 nuit sur place), **Belo-sur-Tsiribinha (6),** l'*allée des baobabs* et les célèbres **Tsingy de Bemaraha (7** ; 2-3 j. minimum, plus roots). Liaison aérienne Morondava-Tana.

Itinéraire 4 : l'Est et Sainte-Marie

Sur la partie continentale, ne pas manquer **Andasibe (2)** et les lémuriens indri-indri de ses parcs nationaux et/ou une virée en bateau sur les **canaux des Pangalanes (3). Tamatave (4)** ne constitue qu'une ville-étape avant **Foulpointe (5), Mahambo (6)** ou **Soanierana (7)** plus au nord afin de gagner **Sainte-Marie (8)** en bateau (sinon liaison possible en avion depuis Tamatave même). Liaisons aériennes sur Tana avec Tamatave et Sainte-Marie.

2 semaines

Reprendre les itinéraires de 8 jours et allonger le temps pour chaque étape afin d'explorer les environs, à moins de combiner 2 itinéraires, en repassant par Tana.

Itinéraire 1 : la RN 7, de Tana à Tuléar

- Explorer les chutes de l'Onive et la réserve forestière de l'Ankaratra vers **Ambatolampy (2),** les lacs Andraikiba et Tritriva vers **Antsirabe (3),** les villages zafimaniry et la réserve de Lalatsara vers **Ambositra (4).**

ITINÉRAIRES CONSEILLÉS

ITINÉRAIRES CONSEILLÉS 31

• **Option côte est de l'itinéraire 1 :** à partir de **Fianarantsoa (1),** bifurquer vers l'est et découvrir le **parc national de Ranomafana (2), Manakara (3)** en train, **Mananjary (4)** et les **Pangalanes (5)…**

Itinéraire 2 : Diego, les parcs du Nord et Nosy Be

S'embarquer sur la journée ou plus pour les nombreuses îles de l'archipel de **Nosy Be (4)** – Nosy Komba, Nosy Sakatia, les **îles Mitsio (5)…** – et la merveilleuse région des Trois-Baies près de **Diego-Suarez (1),** dite mer d'Émeraude.

En 3 semaines

Au programme précédent, on peut ajouter des zones moins fréquentées car nettement plus *roots* ou difficiles d'accès mais non moins intéressantes :

Itinéraire 5 : les côtes de la Vanille et du Girofle

Par la route et la piste, à faire depuis **Diego-Suarez (1)** via le parc national de l'**Ankarana (2).** Une expédition qui vous mènera via **Vohémar (3), Sambava (4), le parc national de Marojejy (5), Andapa (6)** et **Antalaha (7)** jusqu'à l'exceptionnelle **péninsule de Masoala (8).**

Liaisons aériennes existantes mais moins fréquentes que sur les grandes villes.

Itinéraire 6 : de Tuléar à Fort-Dauphin par la côte

Cette virée de 900 km en pays vezo, de **Tuléar (1)** à **Ambinanibe (7),** se prépare, conseillée aux routards avertis et à faire uniquement à la saison sèche. Les environs de **Fort-Dauphin (8)** recèlent des sites naturels et des plages de toute beauté. Liaisons aériennes avec Tana sur Tuléar et Fort-Dauphin.

Itinéraire 7 : Majunga (1) et le parc national d'Ankarafantsika (2)

Une région à part, sur la côte ouest, pour ceux qui ont déjà pas mal sillonné le reste du pays. Liaison aérienne ou (longue) route en bon état Majunga-Tana.

SI VOUS ÊTES…

Plutôt petite île pour roucouler : l'île aux Nattes (Sainte-Marie), Nosy Komba (proche de Nosy Be).

Plutôt baleines : l'île Sainte-Marie de juin à octobre et la région de Tuléar à Fort-Dauphin.

Plutôt hors des sentiers battus : le canal des Pangalanes, la descente de la Tsiribihina, la péninsule de Masoala, la piste côtière de Tuléar à Fort-Dauphin, Belo-sur-Mer, les Tsingy de Bemaraha.

Plutôt rando : les parcs nationaux, dont ceux de l'Isalo, Ranomafana, l'Ankàrana, Marojejy, la montagne d'Ambre et les Tsingy rouges.

Plutôt plages de rêve : lagons d'Anakao et Ifaty (barrière de corail), Nosy Iranja et Nosy Radama dans l'archipel de Nosy Be, Sainte-Marie, la baie de Diego-Suarez… mais il y en a tant d'autres !

Plutôt aventure : les côtes de la Vanille et de la Girofle à l'est, les randonnées dans les parcs avec bivouac, les descentes de rivière.

Pain de sucre, baie de Diego-Suarez

LU SUR routard.com

Des Tsingy rouges aux Tsingy gris de l'Ankàrana
(tiré du carnet de voyage de Claude Hervé-Bazin)

Madagascar n'a pas fini d'émerveiller le voyageur, en dépit des convulsions politiques et des crises économiques que l'île Rouge a connues ces dernières années. Certes, les trafics en tous genres prospèrent et la forêt se réduit comme peau de chagrin. Les taxis-brousse et les bateaux tombent en panne. Et alors ? Les fidèles des tropiques et du sourire inébranlable des Malgaches parcourent encore et toujours ce vaste pays en quête de son âme bricoleuse et de ses plus beaux instantanés. Les lémuriens et les caméléons sont toujours là, les plages paradisiaques et la nostalgie aussi. En marge du monde globalisé, Madagascar n'a rien d'une destination de papier glacé. Elle affirme même une identité sans concessions superflues au modernisme et aux modes. Madagascar est elle-même et c'est ce qui la rend si fascinante. Le voyage, le vrai, enfin !

En ligne de mire : les Tsingy rouges. Roger, comme tous les taxis de Diego, roule en 4L. Des 4L jaunes, exclusivement, brinquebalant sur les chaussées défoncées et, aujourd'hui, sur cette piste que l'on aurait cru impassable sans 4x4. Au compteur : plus de 500 000 km. La suspension arrière a été modifiée, la transmission bricolée à partir d'un autre modèle. Les pièces détachées manquent, il faut s'adapter... Madagascar est une grande entreprise de recyclage : tout y survit, tout y revit. Jusqu'à la prochaine panne. La piste, quittant ce qu'il reste de goudron de la RN6, s'étire sur 17 km de passages sablonneux et de coteaux ravinés. Enfin, les tsingy se révèlent, dans le repli d'un canyon où s'écoule un ru : mangée par l'érosion, la roche tendre a été sculptée en centaines d'aiguilles, polies par le vent et la pluie. Blanches ici, rouges là, sur fond de roches jaunes, verdâtres, ocres ou framboise.

Le lendemain, la montagne d'Ambre affirme une autre couleur dominante : le vert. Là, dans la forêt pluvieuse, arrosée par 3,5 m d'eau par an, s'épanchent des cascades sacrées et se cache l'un des plus petits caméléons du monde : Brookesia tuberculata n'atteint guère plus de 3 cm, queue incluse ! Plus au sud, le massif de l'Ankàrana jette son dédale de tsingy gris au regard. La roche, dure et tranchante, forme ici une houle d'arêtes acérées, entre lesquelles s'insinuent quelques arbres. Nombreux sont ceux qui s'y sont perdus, entre grottes sacrées et antres peuplés de chauves-souris et de scorpions.

LES QUESTIONS QU'ON SE POSE AVANT LE DÉPART

➢ Quels sont les documents nécessaires ?

Passeport valable encore 6 mois après le retour et visa obligatoire et payant (délivré à l'arrivée à l'aéroport de Tananarive).

➢ Quelle est la meilleure saison ?

La saison sèche, de mai à début novembre environ, la période idéale pour bénéficier d'un bon climat partout se situant en septembre-octobre. De mi-décembre à mi-avril, en période cyclonique, les billets d'avion sont moins chers mais les pistes rendues parfois impraticables. Le pays se divise en réalité en trois zones principales. Au centre, Tananarive et les Hautes Terres baignent dans un climat tempéré, frais (voire frisquet) durant l'hiver austral. La côte est, moite et exubérante, connaît, dit-on, deux saisons : « la saison des pluies et la saison où il pleut » ! La côte ouest, quant à elle, affiche un climat sec et chaud quasiment toute l'année.

➢ Quel budget prévoir ?

Le coût de la vie n'est pas élevé pour les Occidentaux. Il est même modique si l'on voyage en taxi-brousse, si on loge dans les petits hôtels ou chez l'habitant et si l'on se restaure dans les *hotely* (restaurants locaux). En revanche, les droits d'entrée et de guidage dans les parcs nationaux et les vols intérieurs reviennent, eux, assez cher.

➢ Comment se déplacer ?

De tous les modes de transport de l'île, le taxi-brousse est le plus typique et le moins cher... mais aussi le plus dangereux vu l'état des véhicules et du réseau routier. Si vous en avez les moyens, prévoyez la location de véhicule avec chauffeur. Sinon les vols intérieurs permettent de gagner du temps et d'accéder à des zones difficiles.

➢ L'insécurité et l'instabilité politique dans le pays doivent-elles faire renoncer au voyage ?

Non. Évidemment, avant et pendant votre séjour, renseignez-vous sur la situation en cours auprès du ministère des Affaires étrangères (● *diplomatie.gouv.fr* ●).

➢ Quel est le décalage horaire ?

En été, 1h de plus qu'en France : quand il est 12h à Paris, il est 13h à Tananarive. En hiver, 2h de plus.

➢ Quel est le temps de vol depuis Paris ?

Environ 11h.

➢ Côté santé, quelles précautions ?

Aucun vaccin obligatoire, mais être à jour de ses vaccinations pour les hépatites A et B, la DTCoqPolio et la typhoïde. Un traitement antipaludique s'avère indispensable, particulièrement sur la côte est, dans le Nord et pendant la saison des pluies. Prévoir une trousse à pharmacie bien complète (structures sanitaires peu développées).

➢ Peut-on y aller avec des enfants ?

Peu de familles s'aventurent encore sur les routes malgaches : distances, climat, nourriture, santé, palu... Pourtant lémuriens, caméléons, baleines et plages ne devraient pas déplaire aux bambins ! Sans compter l'accueil de leurs petits copains malgaches. Tout est possible mais avec une préparation évidemment scrupuleuse. Si besoin, rapatriement sanitaire possible à la Réunion.

➢ Comment payer sur place ? Quel est le taux de change ?

L'unité monétaire est l'ariary (Ar), au cours assez fluctuant (environ 3 500 Ar pour 1 € dans nos pages). On trouve des distributeurs automatiques dans presque toutes les banques des villes.

➢ Quelle(s) langue(s) parle-t-on ?

Si vous ne maîtrisez pas le malgache, rassurez-vous, on parle le français dans toute l'île. Ce qui ne signifie pas pour autant que tout le monde parle le français. Cela dépend évidemment de l'endroit où l'on se trouve (ville ou campagne), mais aussi de la génération de votre interlocuteur.

➢ Quel type de faune et de flore peut-on observer ?

Les parcs et réserves abritent la plus grande variété de lémuriens et de caméléons au monde, mais aussi une flore unique riche de nombreuses plantes médicinales. Sur la côte ouest se hissent les baobabs. Quant à l'est, on peut, en hiver (austral), y croiser les baleines à bosse.

ARRIVER – QUITTER

LES COMPAGNIES RÉGULIÈRES

▲ AIR FRANCE
Rens et résas au ☎ 36-54 (0,35 €/mn, tlj 6h30-22h), sur • airfrance.fr •, dans les agences Air France et dans ttes les agences de voyages. Fermées dim.
– Tananarive : tour Zital, 5e étage, route des Hydrocarbures, Ankorondrano. ☎ (261-20) 23-230-23. Lun-ven 8h30-17h, sam 8h30-12h30. Également représentant de Kenya Airways.

➤ Jusqu'à 4 vols directs/sem pour Tananarive tte l'année au départ de Paris-Roissy-Charles-de-Gaulle. Hop! Air France permet de rejoindre Paris depuis de nombreuses villes de province.
Air France propose à tous des tarifs attractifs toute l'année. Pour consulter les meilleures offres du moment, allez directement sur la page « Nos meilleurs tarifs » sur • airfrance.fr • *Flying Blue*, le programme de fidélité gratuit d'Air France-KLM, permet de gagner des miles en voyageant sur les vols Air France, KLM, Hop ! et les compagnies membres de *Skyteam*, mais aussi auprès des nombreux partenaires non aériens *Flying Blue*... Les miles peuvent ensuite être échangés contre des billets d'avion ou des services (surclassement, bagage supplémentaire, accès salon...) ainsi qu'auprès des partenaires. Pour en savoir plus, rendez-vous sur • flyingblue.com •

▲ AIR MADAGASCAR
– *Paris : 49 rue des Mathurins, 75008. ☎ 01-42-66-00-00 (lun-ven 8h-18h). • agence@airmadagascar.fr • airmadagascar.com • Ⓜ Saint-Augustin ou Saint-Lazare.*

➤ Air Madagascar relie Paris à Tananarive jusqu'à 2 vols/sem au départ de Roissy-Charles-de-Gaulle. Le vol du mardi fait parfois escale à marseille. En voyageant sur Air Madagascar, vous pouvez bénéficier de 50 % (HT) de réduction sur certains vols intérieurs (taux différent pour Tuléar). Cette offre étant soumise à un quota limité de places, il est conseillé d'effectuer la réservation et demander cette offre le plus tôt possible, voire dès l'achat du vol international en France.

▲ CORSAIR
Rens et résas dans tte la France : ☎ 39-17 (0,35 €/mn + prix d'appel). • corsair.fr •

➤ Corsair International relie Paris à Tananarive jusqu'à 4 fois/sem au départ d'Orly-Sud.

COMMENT Y ALLER DEPUIS L'ÎLE DE LA RÉUNION ?

En avion

▲ AIR AUSTRAL
Pour ttes ces agences, même numéro de tél : ☎ 0825-013-012 (0,15 €/mn + prix appel). • air-austral.com • Lun-sam 8h-21h, dim 11h-18h.
– Neuilly-sur-Seine : 2, rue de l'Église, 92200.
– Saint-Denis : 4, rue de Nice, 97400.
– Saint-Pierre : 6, bd Hubert-de-Lisle, 97410.

➤ Propose 1 vol/j. entre Saint-Denis de La Réunion et Tananarive, 2 vols directs/sem pour Nosy Be, 3 vols/sem pour Tamatave et 2 vols/sem pour Majunga (via Mayotte).

▲ AIR MADAGASCAR
– *Saint-Denis : 31, rue Jules-Auber. ☎ 0892-680-014 (0,31 €/mn). À l'aéroport : ☎ 02-62-48-83-05. • airmadagascar.com • Lun-ven 8h15-12h15, 13h30-17h (16h ven).*

Qui de mieux qu'un conseiller local basé à Madagascar pour organiser votre voyage sur-mesure ?

Nos agents locaux francophones connaissent Madagascar comme leur poche pour avoir sillonné l'île de long en large. Ils possèdent de nombreux bons plans et petites adresses d'initiés et peuvent ainsi créer vos voyages sur-mesure incluant découvertes incontournables et hors des sentiers battus.

madagascar-sur-mesure.com

En voyageant avec Madagascar sur Mesure, vous bénéficiez des garanties de la communauté des agences locales bynativ

La compagnie malgache propose jusqu'à 5 vols hebdomadaires entre Saint-Denis de La Réunion et Tananarive, dont 2 en code share avec Air Austral.

LES ORGANISMES DE VOYAGES

En France

▲ COMPTOIR DES VOYAGES
● comptoir.fr ●
– Paris : 2-18, rue Saint-Victor, 75005. ☎ 01-53-10-30-15. Lun-ven 9h30-18h30, sam 10h-18h30. Ⓜ Maubert-Mutualité.
– Lyon : 10 quai Tilsitt, 69002. ☎ 04-72-44-13-40. Lun-sam 9h30-18h30. Ⓜ Bellecour.
– Marseille : 12 rue Breteuil, 13001. ☎ 04-84-25-21-80. Lun-sam 9h30-18h30. Ⓜ Estrangin.
– Toulouse : 43, rue Peyrolières, 31000. ☎ 05-62-30-15-00. Lun-sam 9h30-18h30. Ⓜ Esquirol.
– Bordeaux : 26, cours du Chapeau-Rouge, 33800. Lun-sam 9h30-18h30.
– Lille : 76, rue Nationale, 59160. ☎ 03-28-34-68-20. Lun-sam 9h30-18h30.

Comptoir des Voyages s'impose comme une référence incontournable dans le voyage sur mesure, avec 80 destinations couvrant les 5 continents. Ses voyages s'adressent à tous ceux qui souhaitent vivre un pays de façon simple en s'y sentant accueillis. Les conseillers privilégient des hébergements typiques, des moyens de transport locaux et des expériences authentiques pour favoriser l'immersion dans la vie locale. Comptoir vous offre aussi la possibilité de rencontrer des francophones habitant dans le monde entier, des greeters, qui vous donneront, le temps d'un café, les clés de leur ville ou de leur pays. Comptoir des Voyages propose aussi une large gamme de services : échanges par visioconférence, devis web et carnet de voyage personnalisés, assistance téléphonique tous les jours 24h/24 pendant votre voyage.

▲ FLEUVES DU MONDE
– Paris : 28, bd de la Bastille, 75012. ☎ 01-44-32-12-85. ● fleuves-du-monde.com ● Ⓜ Bastille. Lun-ven 8h-18h30, sam 10h-18h.

Depuis plus de 25 ans à l'affût d'odyssées singulières, Fleuves du Monde vous propose une autre manière de voyager en naviguant le long des fleuves et des côtes. Appréhender l'histoire d'un pays, pénétrer le cœur d'une civilisation, toucher l'intimité d'une culture et savourer le silence de la nature constitue l'objet de ces voyages au fil de l'eau. À bord de bateaux de charme où le nombre de passagers est limité, on savoure l'exotisme des plus beaux fleuves de la planète à la découverte du patrimoine naturel des civilisations de l'eau, pimentées de rencontres inoubliables.

▲ MADAGASCAR SUR MESURE
● madagascar-sur-mesure.com ●
Contactez *Madagascar sur Mesure*, une agence locale de confiance, pour organiser votre voyage sur mesure à Madagascar. Ses conseillers, fins connaisseurs du terrain et de la réalité du pays, vous accompagnent dans la préparation de votre voyage, en couple, en famille ou en groupe d'amis. Vous avez ainsi accès à un service personnalisé en bénéficiant d'un prix accessible. Membre de la communauté bynativ, *Madagascar sur Mesure* propose un maximum de garanties et de services : règlement en ligne sécurisé, possibilité de souscrire à une assurance de voyage et de bénéficier de garanties solides en cas d'imprévu. De quoi voyager de façon authentique et en toute tranquillité !

▲ HUWANS – CLUB AVENTURE
☎ 04-96-15-10-20. ● huwans-clubaventure.fr ●
– Lyon : 38, quai Arloing, 69009. ☎ 04-96-15-10-52. Ⓜ Bellecour ou Ampère. Lun et sam 10h-13h, 14h-18h ; mar-ven 9h-19h.
– Marseille : 4 rue Henri-et-Antoine-Maurras, 13016. ☎ 04-96-15-10-20. Sur rdv slt.

HERTZ MADAGASCAR, LOUEZ EN TOUTE CONFIANCE

Les offres de Hertz Madagascar :
- Un large choix de véhicules récents
- Des formules de location et des services adaptés à votre besoin
- La possibilité de livraison et restitution dans les principales villes grâce au réseau Hertz Madagascar

MADAUTO - Rue Dr Raseta Andraharo Antananarivo - Madagascar
hertz-madagascar@madauto.mg - WWW.HERTZ.MG
+261 34 05 811 13

Hertz

– Paris : 18, rue Séguier, 75006. ☎ 01-44-32-09-30. ● Saint-Michel ou Odéon. Lun-sam 10h-19h.

Spécialiste du voyage d'aventure, ce tour-opérateur privilégie la randonnée en petits groupes, en famille ou entre amis pour parcourir le monde hors des sentiers battus. Leur site propose près de 1 000 voyages dans 90 pays différents, à pied, en pirogue ou à dos de chameau. Ces voyages sont encadrés par des guides locaux et professionnels.

▲ NOMADE AVENTURE

☎ 0825-701-702 (0,15 €/mn + prix appel). ● nomade-aventure.com ●
– Paris : 40, rue de la Montagne-Sainte-Geneviève, 75005. ☎ 01-43-54-76-12. ● Maubert-Mutualité. Lun-sam 9h30-18h30.
– Lyon : 10, quai Tilsitt, 69002. ☎ 04-72-44-13-59. ● Bellecour. Lun-sam 9h30-18h30.
– Marseille : 12, rue Breteuil, 13001. ☎ 04-91-33-22-13. ● Estrangin. Lun-sam 9h30-18h30.
– Toulouse : 43, rue Peyrolières, 31000. ☎ 05-62-30-10-80. ● Esquirol. Lun-sam 9h30-18h30.

Nomade Aventure propose des circuits inédits partout dans le monde, à réaliser en famille, entre amis, avec ou sans guide. Également la possibilité d'organiser, hors de groupes constitués, un séjour libre en toute autonomie et sur mesure. Spécialiste de l'aventure avec plus de 600 itinéraires (de niveau tranquille, dynamique, sportif ou sportif +) faits d'échanges et de rencontres avec les habitants, Nomade Aventure donne la priorité aux expériences authentiques à pied, à VTT, à cheval, à dos de chameau, en bateau ou en 4x4.

▲ ROOTS TRAVEL

– Paris : 17, rue de l'Arsenal, 75004. ☎ 01-42-74-07-07. ● rootstravel.com ● Bastille. Lun-ven 10h-13h, 14h-18h ; sam sur rdv.

Roots Travel, spécialiste de Madagascar, propose des séjours individuels qui permettent la découverte de l'île en toute liberté. Des itinéraires à la carte, sur la route du nord au sud et sur toutes les îles. Réservation des billets d'avion, vols intérieurs, d'hôtels de charme et de bungalows, location de voiture avec chauffeur. Roots Travel est aussi spécialisé sur Cuba, la République dominicaine, New York, le Maroc et l'Islande.

▲ LA ROUTE DES VOYAGES

– Paris : 10, rue Choron, 75009. ☎ 01-55-31-98-80. ● Notre-Dame-de-Lorette.
– Angers : 6, rue Corneille, 49000. ☎ 02-41-43-26-65.
– Annecy : 4 bis, av. d'Aléry, 74000. ☎ 04-50-45-60-20.
– Bordeaux : 19, rue des Frères-Bonie, 33000. ☎ 05-56-90-11-20.
– Lyon : 59, rue Franklin, 69002. ☎ 04-78-42-53-58.
– Toulouse : 9, rue Saint-Antoine-du-T, 31000. ☎ 05-62-27-00-68.

Agences ouvertes lun-jeu 9h-19h, ven 18h. Rdv conseillé. ● route-voyages.com ●

23 ans d'expérience de voyage sur mesure sur les 5 continents ! 14 pays en Europe complètent à présent leur offre de voyages sur mesure. Cette équipe de voyageurs passionnés a développé un vrai savoir-faire du voyage personnalisé : écoute, conseils, voyages de repérage réguliers et des correspondants sur place soigneusement sélectionnés avec qui ils travaillent en direct. Son engagement à promouvoir un tourisme responsable se traduit par des possibilités de séjours solidaires à insérer dans les itinéraires de découverte individuelle. Elle a aussi créé un programme de compensation solidaire qui permet de financer des projets de développement locaux.

▲ TERRE VOYAGES / TERRE MALGACHE

– Paris : 28, bd de la Bastille, 75012. ☎ 01-44-32-12-86. ● terre-voyages.com/terre-malgache ● Bastille. Lun-ven 8h-18h30, sam 10h-18h.

Marque du groupe Terre Voyages, Terre Malgache, défricheur, explorateur, passionné et expert de cette destination depuis plus de 20 ans, privilégie une découverte originale et insolite de l'île Rouge. Les spécialistes de Terre Malgache sont des fins connaisseurs et experts de Madagascar car natifs ou passionnés de

Evasion Sans Frontière
MADAGASCAR

- Le spécialiste du Nord -

DIEGO SUAREZ
62, rue Colbert Antsiranana
tél : +261 32 11 00 396
esfdiego.direct@moov.mg

NOSY BE
6, rue Passot Hell Ville
tél : +261 32 11 00 596
esf.nosybe@blueline.mg

www.evasionsansfrontiere.com

cette destination. Ils sauront écouter vos attentes pour créer une offre de voyages sur mesure qui réponde à vos envies de découverte et vous proposeront une approche authentique des cultures et des peuples dans le respect de leur environnement naturel et au juste prix. Pour tous les voyageurs qui attendent d'une échappée lointaine plus qu'une simple visite mais, au contraire, une véritable connaissance et un apprentissage responsable des différentes cultures en totale immersion, Terre Malgache est le spécialiste qu'il leur faut.

▲ TERRES D'AVENTURE

No Indigo : ☎ *0825-700-825 (0,15 €/mn + prix appel).* ● *terdav.com* ●
– Paris : 30, rue Saint-Augustin, 75002. Ⓜ *Opéra ou Quatre-Septembre. Lun-sam 9h30-19h.*
Agences également à Bordeaux, Chamonix, Grenoble, Lille, Lyon, Marseille, Nantes, Rennes, Rouen, Strasbourg et Toulouse.

Depuis 1976, Terres d'Aventure, spécialiste du voyage à pied, propose aux voyageurs passionnés de marche et de rencontres des randonnées hors des sentiers battus à la découverte des grands espaces de notre planète. Voyages à pied, à cheval, en bateau, en raquettes... Sur tous les continents, des aventures en petits groupes ou en individuel encadrés par des professionnels expérimentés. Les hébergements dépendent des sites explorés : camps d'altitude, bivouac, refuge ou petits hôtels. Les voyages sont conçus par niveaux de difficulté : de la simple balade en plaine à l'expédition sportive en passant par la course en haute montagne.

En province, certaines de leurs agences sont de véritables *Cités des Voyageurs* dédiées au voyage. Consultez le programme des manifestations sur leur site internet.

▲ TUI

Rens & résas au ☎ *0825-000-825 (0,20 €/mn + prix d'appel).* ● *tui.fr* ●
dans les agences de voyages TUI présentes dans tte la France.

TUI, numéro 1 mondial du voyage, propose tous les circuits Nouvelles Frontières, ainsi que les clubs Marmara et un choix infini de vacances pour une expérience unique. TUI propose aussi des offres et services personnalisés tout au long de vos vacances, avant, pendant et après le voyage. Un circuit accompagné dans une destination de rêves, un séjour détente au soleil sur l'une des plus belles plages du monde, un voyage sur mesure façonné pour vous, ou encore des vacances dans un hôtel ou dans un club, les conseillers TUI peuvent créer avec vous le voyage idéal adapté à vos envies. Ambiance découverte, familiale, romantique, dynamique, zen, chic... TUI propose des voyages à deux, en famille, seul ou entre amis, parmi plus de 180 destinations à quelques heures de chez vous ou à l'autre bout du monde.

▲ VOYAGEURS EN AFRIQUE

● *voyageursdumonde.fr* ●
– Paris : La Cité des Voyageurs, 55, rue Sainte-Anne, 75002. ☎ *01-42-86-16-00.* Ⓜ *Opéra ou Pyramides. Lun-sam 9h30-19h. Avec une librairie spécialisée sur les voyages.*
Également des agences à Bordeaux, Grenoble, Lille, Lyon, Marseille, Montpellier, Nantes, Nice, Rennes, Rouen, Strasbourg et Toulouse. Également Bruxelles et Genève.

Parce que chaque voyageur est différent, que chacun a ses rêves et ses idées pour les réaliser, Voyageurs du Monde conçoit, depuis plus de 30 ans, des projets sur mesure. Les séjours proposés sur 120 destinations sont élaborés par leurs 180 conseillers voyageurs. Spécialistes par pays et même par région, ils vous aideront à personnaliser les voyages présentés à travers une trentaine de brochures d'un nouveau type et sur le site internet où vous pourrez également découvrir les hébergements exclusifs et consulter votre espace personnalisé. Au cours de votre séjour, vous bénéficiez des services personnalisés Voyageurs du Monde, dont la possibilité de modifier à tout moment votre voyage, l'assistance d'un concierge local, la mise en place de rencontres et de visites privées et l'accès à votre carnet de voyage via une application iPhone et Android.

Roots Travel
Voyages Authentiques

L'autre voyage à MADAGASCAR

- VOLS NATIONAUX ET INTERNATIONAUX
- VOYAGES À LA CARTE EN INDIVIDUEL
- LOCATION 4X4 AVEC CHAUFFEUR GUIDE
- SÉJOURS ITINÉRANTS ET BALNÉAIRES
- CROISIÈRES ET PLONGÉE À NOSY BE
- ENTRÉES PARCS ET RÉSERVES

La Route du Sud
Circuit Individuel - 11 jours / 10 nuits

A partir de **2151 €*** TTC

ANTANANARIVO / ANTSIRABE / RANOMAFANA / FIANARANTSOA / RANOHIRA / PARC ISALO / TULEAR / IFATY

- Vols Paris-Antananarivo AR taxes & vols intérieurs
- Location 4X4 + carburant et chauffeur-guide
- Entrées parcs, accueils & transferts
- Hébergements en hôtels demi-pension (sauf jour 1 & 2)

* Prix par pers, en base chambre double, selon disponibilités

Autres destinations, forfaits et promos sur
http//:www.rootstravel.com

Roots Travel
17, rue de de l'Arsenal 75004 Paris
Tel : 01 42 74 07 07 / Fax : 01 42 74 01 01
E-mail : info@rootstravel.com

Voyageurs du Monde est membre de l'association ATR (Agir pour un tourisme responsable) et a obtenu sa certification Tourisme responsable AFAQ AFNOR.

> Voir aussi au sein de chaque ville les agences locales que nous avons sélectionnées.

Comment aller à Roissy et à Orly ?

Toutes les infos sur notre site ● *routard.com* ● à l'adresse suivante : ● *bit.ly/aeroports-routard* ●

En Belgique

▲ CONTINENTS INSOLITES
– *Bruxelles : rue César-Franck, 44 A, 1050.* ☎ *02-218-24-84. Lun-ven 10h-18h ; sam 10h-16h30 sur rdv.* ● *continents-insolites.com* ●
Continents Insolites, organisateur de voyages lointains sans intermédiaire propose une gamme étendue de formules de voyages détaillées dans leur guide annuel gratuit sur demande.
– *Voyages découverte sur mesure* : à partir de 2 personnes. Un grand choix d'hébergements soigneusement sélectionnés : du petit hôtel simple à l'établissement luxueux et de charme.
– *Circuits découverte en mini-groupes* : de la grande expédition au circuit accessible à tous. Des circuits à dates fixes dans plus de 60 pays en petits groupes francophones de 7 à 12 personnes. Avant chaque départ, une réunion est organisée. Voyages encadrés par des guides francophones, spécialistes des régions visitées.

▲ GLOBE-TROTTERS
– *Bruxelles : 15 rue Franklin 1000.* ☎ *02-732-90-70.* ● *globe-trotters.be* ● *Lun-ven 9h30-13h30, 15h-18h, sam 10h-13h.*
En travaillant avec des prestataires exclusifs, cette agence permet de composer chaque voyage selon ses critères : de l'auberge de jeunesse à l'hôtel de charme, de l'autotour au circuit accompagné, d'une descente de fleuve en pirogue à un circuit à vélo... Spécialiste du Québec, du Canada, des États-Unis, Globe-Trotters propose aussi des formules dans le Sud-Est asiatique et en Afrique. Assurances voyages. Cartes d'auberges de jeunesse (IYHF). Location de voitures, motorhomes, et motos.

▲ HUWANS – CLUB AVENTURE
– *Bruxelles : Nomades Voyages, pl. Saint-Job, 27, 1180.* ● *huwans-clubaventure.fr* ●
Voir texte dans la partie « En France ».

▲ TUI
● *tui.be* ●
– Nombreuses agences dans le pays dont Bruxelles, Charleroi, Liège, Mons, Namur, Waterloo, Wavre et au Luxembourg.

▲ PAMPA EXPLOR
– *Bruxelles : av. du Parc, 10, 1060.* ☎ *02-340-09-09.* ● *pampa.be* ● *Lun 13h-19h ; mar-ven 10h-19h ; sam 10h-18h. Également sur rdv, dans leurs locaux, ou à votre domicile.*
Spécialiste des voyages « à la carte », Pampa Explor propose plus de 70 % de la « planète bleue », selon les goûts, attentes, centres d'intérêt et budgets de chacun. Pampa Explor privilégie des découvertes authentiques et originales, pour ceux qui apprécient la jungle et les Pataugas ou ceux qui préfèrent les voyages de luxe. En individuel ou en petits groupes, mais toujours « sur mesure ».

▲ SENS INVERSE ÉCOTOURISME MADAGASCAR
– *Louvain La Neuve : Cours d'Orval 5A, B, 1348.* ☎ *010-688-528.* ● *sensinverse.eu* ●
Agence de voyages écotouristique qui propose des voyages accompagnés de guides locaux passionnés, et axés sur la découverte de l'environnement naturel, culturel, rural et humain de différentes régions de France comme à l'étranger, notamment à Madagascar. L'équipe est très engagée dans la protection de la nature et la sauvegarde du patrimoine et des cultures. Tous leurs voyages ont comme point commun la marche à pied à un rythme modéré et en petit groupe.

Vivre l'essentiel.

Madagascar en version originelle

Cultivez l'étonnement !

La Route des Voyages
Le Voyage sur mesure
www.route-voyages.com
Tél. 05 56 90 11 20

PARIS LYON ANNECY TOULOUSE BORDEAUX ANGERS GENÈVE

EUROPE   ASIE PACIFIQUE   AMÉRIQUE DU NORD ET DU SUD   AFRIQUE ET PROCHE-ORIENT

▲ TERRES D'AVENTURE
– Bruxelles : chaussée de Charleroi, 23, 1060. ☎ 02-543-95-60. ● terdav.com ● Lun-sam 10h-19h.
Voir texte dans la partie « En France ».

En Suisse

▲ HUWANS – CLUB AVENTURE
– Genève : rue Prévost-Martin, 51, 1205. ● huwans-clubaventure.fr ●
Voir texte dans la partie « En France ».

▲ STA TRAVEL
● statravel.ch ● ☎ 058-450-49-49.
– Fribourg : rue de Lausanne, 24, 1701. ☎ 058-450-49-80.
– Genève : Pierre Fatio, 19, 120. ☎ 058-450-48-00.
– Genève : rue Vignier, 3, 1205. ☎ 058-450-48-30.
– Lausanne : bd de Grancy, 20, 1006. ☎ 058-450-48-50.
– Lausanne : à l'université, Anthropole, 1015. ☎ 058-450-49-20.
Agences spécialisées notamment dans les voyages pour jeunes et étudiants. 150 bureaux STA et plus de 700 agents du même groupe répartis dans le monde entier sont là pour donner un coup de main *(Travel Help)*.
STA propose des tarifs avantageux : vols secs *(Blue Ticket)*, hôtels, écoles de langues, work & travel, circuits d'aventure, voitures de location, etc. Délivre la carte internationale d'étudiant et la carte Jeune.

▲ TERRES D'AVENTURE
– Genève : Neos Voyages, rue des Bains, 50, 1205. ☎ 022-320-66-35. ● geneve@neos.ch ●
– Lausanne : Neos Voyages, rue Simplon, 11, 1006. ☎ 021-612-66-00. ● lausanne@neos.ch ●
Voir texte dans la partie « En France ».

▲ TUI
– Genève : rue Chantepoulet, 25, 1201. ☎ 022-716-15-70.
– Lausanne : bd de Grancy, 19, 1006. ☎ 021-616-88-91.
Voir texte dans la partie « En France ».

Au Québec

▲ EXPÉDITIONS MONDE
● expeditionsmonde.com ●
Expéditions Monde est à l'avant-garde du voyage d'aventure, de découverte, de trekking, de vélo, et d'alpinisme sur tous les continents. Les voyages en petits groupes facilitent les déplacements dans les régions les plus reculées et favorisent l'interaction avec les peuples locaux pour vivre une expérience authentique. Expéditions Monde offre aussi la possibilité de voyager en Europe à pied, ou à vélo en liberté.

QUITTER MADAGASCAR

Voir plus haut les coordonnées des compagnies aériennes dans le chapitre « Les compagnies régulières ».

➤ *Pour Paris :* depuis Tananarive, avec *Air Madagascar,* plusieurs vols/sem (ainsi qu'avec *Air France*).
➤ *Pour le Kenya :* de Tana, vols pour Nairobi avec *Kenya Airways* (● kenya-airways.com ●).
➤ *Pour La Réunion :* depuis Tana avec *Air Austral* et *Air Madagascar,* plus depuis Tamatave, Majunga et Nosy Be avec *Air Austral.*
➤ *Pour l'île Maurice :* depuis Tananarive, nombreux vols/sem avec *Air Madagascar* et *Air Mauritius* (● airmauritius.com ●).
➤ *Pour Mayotte :* depuis Tananarive, vol pour Dzaoudzi avec *Air Madagascar* ainsi que depuis Majunga et Nosy Be.

 en team avec

Un voyage sur mesure, quel que soit votre projet !

AVEC NOUS, CRÉEZ VOTRE VOYAGE PERSONNALISÉ

Notre spécialiste de **Madagascar** vous aidera à concevoir **un voyage sur mesure d'exception !**

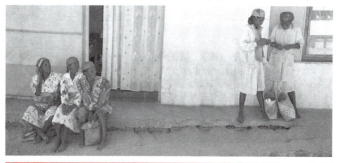

Contactez Céline au 01.44.32.12.86 ou www.terre-voyages.com
ou prenez un rendez-vous au 28 boulevard de la Bastille - 75012 Paris

NOUVEAUTÉ

BUDAPEST (mars 2018)

À cheval sur le fleuve majestueux qui sépare la colline de Buda, à l'ouest, et la ville de Pest, en face, reliées par l'agrafe du Pont des Chaînes, la capitale hongroise est fière de ses 2000 ans d'une histoire splendide et douloureuse. Autrefois convoitée par les Turcs, soumise par les Autrichiens, meurtrie par les nazis et asservie par les Soviétiques, la « grande dame du Danube » a retrouvé son lustre à la faveur de son adhésion à l'UE. Desservie par les lignes aériennes *low-cost*, on y part volontiers sur les traces de sa grandeur passée avec son magnifique Parlement et ses demeures Sécession. Venez découvrir la tradition des bains chauds en plein air, l'émouvant quartier juif, ses magnifiques musées, la tournée des *ruin-pubs* et le festival rock de Sziget. Voici une cité jeune et bouillonnante de vie tout comme Prague et Berlin.

MADAGASCAR UTILE

● Carte générale *p.9*

ABC de Madagascar

- ❏ *Population :* 24,5 millions d'habitants (estimation 2017).
- ❏ *Surface :* 587 295 km² (un peu plus que la France) et 4 800 km de côtes.
- ❏ *Densité :* 42,4 hab./km².
- ❏ *Capitale :* Antananarivo (Tananarive), environ 2,6 millions d'habitants.
- ❏ *Indice de développement humain :* 0,512 (162ᵉ rang mondial), plus de 90 % des emplois dans le secteur informel.
- ❏ *Devise :* « Patrie, Liberté, Honnêteté. »
- ❏ *Espérance de vie :* environ 65 ans.
- ❏ *Langues officielles :* malgache et français.
- ❏ *Monnaie :* l'ariary (Ar).
- ❏ *Régime :* république démocratique à caractère présidentiel.
- ❏ *Président de la République :* Hery Rajaonarimampianina, élu en 2013. Nouvelles élections en principe en 2018.
- ❏ *Groupes ethniques :* 18 officiellement, sans compter quelques sous-groupes. Communautés d'Indo-Pakistanais, de Chinois, de Comoriens et d'Européens, dont beaucoup de Français (environ 20 000).
- ❏ *Religions :* catholicisme, protestantisme, islam, ainsi que rites traditionnels et culte des ancêtres.

AVANT LE DÉPART

Ambassades et consulats

– Infos pour organiser son séjour sur ● *madagascar-tourisme.com* ●

■ *Ambassade de Madagascar :* 4, av. Raphaël, 75016 Paris. ● ambassade-madagascar.com ● Ⓜ La Muette. Pour les visas : ● visasmadagascar@yahoo.fr ●, mais ceux-ci peuvent être achetés à l'arrivée à l'aéroport (plus simple).

■ *Consulats de Madagascar en France :* liste des consulats en province sur le site ● ambassade-madagascar.com ●

■ *Ambassade de Madagascar :* av. de Tervueren, 276, 1150 Bruxelles, **Belgique.** ☎ (02) 770-17-26. ● madagascar-embassy.eu ● Lun-ven 9h30-12h.

■ *Ambassade de Madagascar :* 38, av. de Riant-Parc, 1209 Genève, **Suisse.** ☎ (022) 740-16-50. ● ambassade-madagascar.ch ●

■ *Consulat de Madagascar :* 14, Kappelergasse, BP 2517, 8022 Zurich, **Suisse.** ☎ (044) 212-85-66. ● madagaskar.ch ● Mar 8h30-11h30.

■ *Ambassade de Madagascar :* 3, rue Raymond, Ottawa (Ontario) K1R 1A3, **Canada.** ☎ 613-567-0505. ● madagascar-embassy.ca ●

Ariane

pour votre sécurité à l'étranger, restons connectés !

Ariane est un service gratuit mis à disposition par le ministère français des Affaires étrangères pour vous alerter en cas de risque pouvant affecter votre sécurité lors de vos déplacements à l'étranger.

↪ Créez votre compte et inscrivez vos voyages personnels ou professionnels !

↪ Les informations postées sur Ariane seront utilisées uniquement en cas de crise pendant votre séjour.

↪ Quelle que soit votre destination, ayez le réflexe Ariane !

Inscrivez-vous sur diplomatie.gouv.fr

Formalités

> Pensez à scanner passeport, visa, carte bancaire, billet d'avion et *vouchers* d'hôtel. Ensuite, adressez-les-vous par e-mail, en pièces jointes. En cas de perte ou de vol, rien de plus facile pour les récupérer. Les démarches administratives seront bien plus rapides.

Visas et passeport

Le visa est obligatoire et payant. Il est délivré avant le départ par le consulat (s'assurer du délai de délivrance au préalable) ou, beaucoup plus simplement, à l'arrivée à l'aéroport de Tananarive (ou dans les aéroports de province reliés à l'île de La Réunion ou à Mayotte). Pour une durée de 1 mois, compter environ 27 €, 33 € jusqu'à 60 jours et environ 46 € pour celui de 90 jours. **ATTENTION ! Toutes ces infos sont à vérifier car la situation peut évoluer** (ne serait-ce que le cours de l'ariary). Par ailleurs, il faut comptabiliser exactement son temps de séjour sur place au jour près, car les douaniers ne manqueront pas de le faire. Dans tous les cas, **fournir un billet retour et un passeport valable encore 6 mois après le retour**.

Les *mineurs* doivent être munis de leur propre pièce d'identité (carte d'identité ou passeport). Pour l'autorisation de sortie de territoire lorsque les enfants ne sont pas accompagnés par un de leurs parents, chaque pays a mis en place sa propre régulation. Ainsi, pour **les mineurs français,** une loi entrée en vigueur en janvier 2017 a **rétabli l'autorisation de sortie du territoire.** Pour voyager à l'étranger, ils doivent être munis d'une pièce d'identité (carte d'identité ou passeport), d'un formulaire signé par l'un des parents titulaire de l'autorité parentale et de la photocopie de la pièce d'identité du parent signataire. Renseignements auprès des services de votre commune et sur ● *service-public.fr* ●

Pour l'obtention du visa à l'avance auprès du consulat, voici une agence spécialisée dans le service d'obtention de visas :

■ *Action-Visas.com :* *10-12, rue du Moulin-des-Prés, 75013 Paris.* ☎ *01-45-88-56-70. Fax : 01-45-88-59-84.* ● *action-visas.com* ● Ⓜ *Place-d'Italie (sortie « Bobillot » bd Blanqui). Ouv lun-ven 9h30-12h, 13h30-18h30. Sam 9h30-13h. Prix du service entre 33 et 50 € selon destinations plus les frais consulaires. Réduction de 8 €/pers pour nos lecteurs pour chaque destination : prendre alors l'option paiement par chèque et déduire directement sur le total indiqué cet avantage en indiquant « routard » sur votre bon de commande.* Cette agence sérieuse s'occupe d'obtenir votre visa pour toutes destinations. Délais rapides, traitement immédiat du dossier dès réception (aucune attente) et service fiable. Pour la province, demandez le visa par correspondance quelle que soit la destination. Les commandes de visas peuvent s'effectuer sur le site internet qui est actualisé quotidiennement et vous recevrez directement les formulaires et la liste des pièces à fournir. Réception d'un courriel sur votre messagerie à chaque étape du processus d'obtention du visa. Par ailleurs, Action-Visas prélève 1 € de sa marge commerciale pour financer un projet humanitaire qui peut être suivi en direct sur leur site internet.

Avoir un passeport européen, ça peut être utile !

L'Union européenne a organisé une assistance consulaire mutuelle pour les ressortissants de l'UE en cas de problème en voyage.

Vous pouvez y faire appel lorsque la France (c'est rare) ou la Belgique (c'est plus fréquent) ne disposent pas d'une représentation dans le pays où vous vous trouvez. Concrètement, cette assistance vous permet de demander de l'aide à l'ambassade ou au consulat (pas à un consulat honoraire) de n'importe quel État

membre de l'UE. Leurs services vous indiqueront s'ils peuvent directement vous aider ou vous préciseront ce qu'il faut faire.
Leur assistance est, bien entendu limitée aux situations d'urgence : décès, accidents ayant entraîné des blessures ou des lésions, maladie grave, rapatriement pour raison médicale, arrestation ou détention. En cas **de perte ou de vol de votre passeport,** ils pourront également vous procurer un **document provisoire** de voyage. Cette entraide consulaire entre les États membres de l'UE ne peut, bien entendu, vous garantir un accueil dans votre langue. En général, une langue européenne courante sera pratiquée.

Ariane, le fil à suivre

Ariane : pour votre sécurité, restez connecté. Ariane est un service gratuit, mis à disposition par le centre de crise et de soutien du ministère français des Affaires étrangères pour vous alerter en cas de risque sécuritaire lors de vos déplacements à l'étranger. Créez votre compte et inscrivez vos voyages personnels ou professionnels. Les informations renseignées sur Ariane seront utilisées uniquement en cas de crise pendant votre durée de séjour et permettent notamment de contacter les proches lors des situations d'urgence. Pour en savoir plus : ● *diplomatie.gouv.fr* ●

Vaccins

Consulter avec soin notre rubrique « Santé » un peu plus loin. Aucun vaccin n'est obligatoire pour les voyageurs en provenance d'Europe, mais il est recommandé d'être à jour pour les vaccins suivants :
– *DTCoqPolio* (Repevax®), renouvelable tous les 15 ans ;
– *hépatite A* (probable protection à vie après une injection suivie d'un rappel effectué entre 6 et 18 mois plus tard) ;
– *hépatite B* (renouvelable avec une fréquence variable selon l'âge de la primovaccination) ; probable immunité à vie si primovaccination complète effectuée avant l'âge de 20 ans ;
– *fièvre typhoïde :* le vaccin est fortement conseillé (renouvelable tous les 3 ans) ;
– *fièvre jaune :* obligatoire uniquement si un voyage en Afrique noire continentale est prévu avant ou après votre séjour (renouvelable tous les 10 ans) ;
– pour les longs séjours ou les séjours en zone reculée (loin de l'Institut Pasteur de Tana), prévoir de se faire vacciner contre la *rage* : 3 injections espacées sur 1 mois (J-0, J-7, J-28). En cas de morsure, cela donne un répit pour faire un rappel (2 doses). Cela évite ainsi bien souvent l'injection d'un sérum antirabique. Beaucoup de chiens ou d'animaux errants dans les villages. Se méfier aussi d'éventuelles morsures de lémuriens ;
– Contre le *choléra,* il existe un vaccin, le Dukoral (à prendre par voie orale en 2 doses) qui présente l'avantage de protéger aussi contre la turista !
– *traitement antipaludique :* indispensable. Lire la rubrique « Santé ».
Enfin, pour connaître le centre de vaccination le plus proche de chez vous, consultez ● *routard.com/guide_voyage_page/66/les_vaccinations.htm* ●

Assurances voyage

– Une *assurance assistance-rapatriement* est une sage précaution à prendre avant le départ, c'est même indispensable à Madagascar ! Vérifier si elle est incluse dans les conditions de l'agence de voyages. En individuel, il est conseillé de souscrire une garantie qui couvre toute la durée du voyage. Vérifier aussi qu'elle inclut votre rapatriement en cas de pépin. Les cartes de paiement offrent aussi, souvent, une assurance rapatriement. À voir avec votre banque.
– Assurez aussi votre matériel photo si celui-ci a une certaine valeur.

Voici quelques adresses :

■ **Routard Assurance** (c/o AVI International) **:** 40-44, rue Washington, 75008 Paris. ☎ 01-44-63-51-00. ● avi-international.com ● Ⓜ George-V. Depuis 20 ans, Routard Assurance en collaboration avec AVI International, spécialiste de l'assurance voyage, propose aux voyageurs un contrat d'assurance complet à la semaine qui inclut le rapatriement, l'hospitalisation, les frais médicaux, le retour anticipé et les bagages. Ce contrat se décline en différentes formules : individuel, senior, famille, light et annulation. Pour les séjours longs (2 mois à 1 an), consultez le site. L'inscription se fait en ligne et vous recevrez dès la souscription tous vos documents d'assurance par e-mail.

■ **AVA :** 25, rue de Maubeuge, 75009 Paris. ☎ 01-53-20-44-20. ● ava.fr ● Ⓜ Cadet. Un autre courtier fiable pour ceux qui souhaitent s'assurer en cas de décès-invalidité-accident lors d'un voyage à l'étranger, mais surtout pour bénéficier d'une assistance rapatriement, perte de bagages et annulation. Attention, franchises pour leurs contrats d'assurance voyage.

■ **Pixel Assur:** 18, rue des Plantes, BP 35, 78601 Maisons-Laffitte. ☎ 01-39-62-28-63. ● pixel-assur.com ● RER A : Maisons-Laffitte. Assurance de matériel photo et vidéo tous risques (casse, vol, immersion) dans le monde entier. Devis en ligne basé sur le prix d'achat de votre matériel. Avantage : garantie à l'année.

ARGENT, BANQUES, CHANGE

Argent

L'unité monétaire est l'*ariary* (Ar), qui a remplacé en 2005 le franc malgache (Fmg). Dans certaines provinces, surtout au nord, les prix sont parfois encore donnés en francs malgaches : faites-vous le préciser pour éviter les malentendus ! Un ariary, mot signifiant « cinq francs », vaut cinq fois plus que 1 Fmg (soit 1 Ar = 5 Fmg). On trouve des billets de 10 000, 5 000, 2 000, 1 000, 500, 200 et 100 Ar. Il existe aussi une série de pièces de 50, 20 et 10 Ar que vous aurez peu l'occasion d'avoir en main.

> Compte tenu de la grande fluctuation du cours, nous avons choisi d'utiliser 3 500 Ar pour 1 € dans nos conversions, mais ce taux peut avoir varié au moment où vous lirez ces lignes.

Quelques infos utiles

– Le marché noir est une vieille pratique nationale. S'il est parfois avantageux, il pourrait être une source d'ennuis. D'autant qu'il y a de la fausse monnaie en circulation.
– Il est interdit de sortir du territoire plus de 400 000 Ar.
– On peut rechanger les ariary en euros à Tananarive avant de prendre l'avion. Se reporter à « Arriver à l'aéroport. Argent et change ».
– *Conseil :* pensez à vous munir de suffisamment d'argent liquide entre 2 villes (mais pas trop non plus vu l'insécurité latente). Pendant un séjour en brousse, la carte de paiement ne vous sera pas d'un grand secours.

Moyens de paiement

Argent liquide

On conseille de partir avec de l'argent liquide en euros (mais pas trop, sécurité oblige...). Il est presque partout possible de les changer. Sachez, à cet effet, que les billets de 50 € et plus sont souvent gratifiés d'un meilleur taux (qui peut atteindre un bon 5 %) ! Assurez-vous qu'ils soient en bon état. Les francs suisses et dollars canadiens ne sont acceptés que dans les grandes villes. Sinon, TOUJOURS AVOIR DE LA PETITE MONNAIE sur soi car les commerçants et chauffeurs de taxi en ont rarement.

NOUVEAUTÉ

COLOMBIE (avril 2018)

Pays d'une étonnante diversité : de l'océan Pacifique à la côte caraïbe, des lacs d'altitude et sommets enneigés en passant par les vastes prairies qui mènent à l'Amazonie, sans oublier, autour de Medellín, cette région fertile qui produit le meilleur café du monde et, cerise(s) sur le gâteau, les îles de San Andrés et Providencia… Une nature qui se prête à l'aventure : rafting et parapente à San Gil, escalade et treks dans le majestueux parc El Cocuy, randonnées en Amazonie et, sur la côte caribéenne, à la découverte de la *Ciudad Perdida*. De quoi en prendre plein les yeux à Villa de Leyva, Barichara et la capitale Bogotá, avec son fameux museo de Oro et le quartier de La Candeleria, aux murs couverts de superbes *murals*. Faire battre son cœur au rythme de la salsa à Calí et à Medellín, s'émerveiller devant les vestiges précolombiens de San Agustín, laisser filer le temps à Salento, adorable bourgade colorée au cœur de la *zona cafetera,* ou encore à Mompox, petite ville coloniale au bord du río Magdalena, qui s'anime pour son festival de jazz. Enfin, parcourir à pied les remparts et ruelles de la mythique Cartagena de Indias… Ce qui unit les Colombiens aujourd'hui ? Un incroyable sens de la fête, qui prouve que la population a su courageusement tourner la page des années noires.

Cartes de paiement

> **Avertissement**
>
> Afin d'éviter d'être limité, vous pouvez demander à votre banque de relever votre plafond de retraits par carte de crédit pendant votre déplacement. Le liquide file vite ici. Il est de toute manière **très vivement conseillé** d'avertir votre banque avant votre départ (pays visités et dates). En effet, **votre carte peut être bloquée dès le premier retrait** pour suspicion de fraude. C'est de plus en plus fréquent. Bonjour les complications !

– On trouve des ***distributeurs automatiques*** dès l'aéroport et dans presque toutes les banques des villes.
– ***Important :*** la carte *MasterCard* est moins souvent acceptée dans les distributeurs que la *Visa,* même si ça change petit à petit (privilégiez la *BNI*). Certaines banques comme la *BOA* l'acceptent au guichet, mais l'opération peut demander du temps. Quant à *American Express* et *Diners Club* : oubliez ! En tout état de cause, évitez de multiplier les « petits » retraits : les commissions renchériraient alors le cours moyen appliqué par votre banque. Bon, certes, les retraits sont limités, selon les banques malgaches, entre 200 000 et 400 000 Ar maximum...
– Dans les plus petites localités sans distributeurs, ***les délais aux guichets*** peuvent être assez variables (entre 10 mn et 1 journée), car aucune somme ne peut être délivrée sans une autorisation obtenue par téléphone. Petit conseil : n'attendez jamais d'être à sec pour vous lancer à la recherche de liquide et soyez prévoyant dès que vous quittez les sentiers battus et les principales agglomérations. Attention, les règlements éventuels de notes d'hôtel ou prestations touristiques avec une carte de paiement sont franchement très désavantageux : les commerçants ajoutent pour la plupart une « surtaxe » !

> Quelle que soit la carte que vous possédez, chaque banque gère elle-même le processus d'opposition et le numéro de téléphone correspondant. Notez-le bien avant de partir (il figure souvent au dos des tickets de retrait, sur votre contrat ou à côté des distributeurs de billets). Bien entendu, conservez ces informations en lieu sûr et séparément de votre carte.

Par ailleurs, l'assistance médicale se limite aux 90 premiers jours du voyage et l'assistance véhicule aux cartes haut de gamme (renseignez-vous auprès de votre banque). N'oubliez pas non plus de VÉRIFIER LA DATE D'EXPIRATION DE VOTRE CARTE DE PAIEMENT !

– ***Carte Bleue Visa :*** *numéro d'urgence* (Europ Assistance) *:* ☎ (00-33) 1-41-85-85-85 (24h/24). ● *visa.fr* ●
– *Carte MasterCard : numéro d'urgence :* ☎ (00-33) 1-45-16-65-65. ● *mastercardfrance.com* ●
– ***American Express :*** *téléphonez en cas de pépin au* ☎ *(00-33) 1-47-77-72-00.* ● *americanexpress.com* ●

> **Petite mesure de précaution**
>
> Si vous retirez de l'argent dans un distributeur, utilisez de préférence les distributeurs attenants à une agence bancaire. En cas de pépin avec votre carte (carte avalée, erreur de numéro...), vous aurez un interlocuteur dans l'agence, pendant les heures ouvrables du moins.

Banques et transfert d'argent

Le réseau bancaire est privé et se compose des mêmes banques dans toutes les villes principales et la plupart des villes secondaires du pays. Elles sont ouvertes du lundi au vendredi (hors jours fériés et veilles de jours fériés), de 7h30 (ou 8h) à 11h30-11h45 et de 14h ou 14h30 à 16h-17h. À Tana, la plupart font la journée continue de 8h à 16h et ouvrent le samedi matin. Dans l'ensemble, toutes disposent d'un distributeur. Noter qu'il y a moins de monde dans les banques le jeudi, car ce jour-là est *fady* (interdit) pour tout ce qui touche à l'argent pour les Malgaches !

Besoin urgent d'argent liquide

Vous pouvez être dépanné en quelques minutes grâce au système **Western Union Money Transfer.** L'argent vous est transféré en moins de 1h. La commission, assez élevée, est payée par l'expéditeur. Possibilité d'effectuer un transfert auprès d'un des bureaux *Western Union* ou, plus rapide, en ligne, 24h/24 par carte de paiement (*Visa* ou *MasterCard*).

Même principe avec d'autres organismes de transfert d'argent liquide comme **MoneyGram, PayTop** ou **Azimo.** Transfert en ligne sécurisé, en moins de 1h.

Dans tous les cas, se munir d'une pièce d'identité. Toutefois, en cas de perte/vol de papiers, certains organismes permettent de convenir d'une question/réponse-type pour pouvoir récupérer votre argent. Chacun de ces organismes possèdent aussi des applications disponibles sur téléphone portable. Consulter les sites internet pour connaître les pays concernés, les conditions tarifaires (frais, commission) et trouver le correspondant local le plus proche :

● *westernunion.com* ● *moneygram.fr* ● *paytop.com* ● *azimo.com/fr* ●

– Autre solution, envoyer de l'argent par *la Poste* : le bénéficiaire, muni de sa pièce d'identité, peut retirer les fonds dans n'importe quel bureau du réseau local. Le transfert s'effectue avec un mandat ordinaire international (jusqu'à 3 500 €) et la transaction prend 4-5 jours en Europe (8-10 vers l'international). Plus cher, mais plus rapide, le mandat express international permet d'envoyer de l'argent (montant variable selon la destination – 34 au total) sous 2 jours maximum, 24h lorsque la démarche est faite en ligne. *Infos :* ● *labanquepostale.fr* ●

ACHATS

Le sens de la récupération est élevé ici au rang d'art à part entière. Le talent des Malgaches pour réparer n'importe quelle panne mécanique avec les moyens du bord (bois, résine, morceaux de chambre à air, chewing-gum et la grâce de Dieu) laisse imaginer à quel point l'artisanat peut être riche et varié. Il en existe 1 001 formes, souvent très locales ; attention donc, si vous craquez pour tel objet dans une ville ou un village, rien ne vous assure que vous retrouverez le même ailleurs dans le pays, si ce n'est peut-être à Tananarive et plus cher...

– **Artisanat du bois :** la palme incontestée revient à la ville d'Ambositra et à sa marqueterie. Ne pas manquer les reproductions des albums de *Tintin* (dont un hypothétique *Tintin à Madagascar*), réalisées avec des bois aux teintes différentes. Elles existent aussi sous forme de boîtes, tapissées à l'intérieur. Un chef-d'œuvre d'imitation. D'ailleurs, on peut toujours commander une reproduction d'un dessin ou d'un tableau en fournissant un modèle.

On trouve pas mal de jeux en bois également, comme le solitaire, le *fanorona* national, les dames chinoises ou l'*awélé* africain. Excepté pour ce dernier, qui se joue avec des graines, les autres se jouent avec des pierres très jolies, mais pas précieuses pour un sou (lire plus loin).

Divers bois précieux sont utilisés pour fabriquer de belles maquettes de bateaux ou d'avions (à Tana notamment), des pots, bols, boîtes, porte-couverts, coffrets, pots à miel, dont certains sont sculptés par les Zafimaniry. Ce peuple vivant près d'Ambositra, dans les forêts de l'Est, pratique une sculpture sur bois ancestrale aux motifs géométriques devenus célèbres dans tout le pays. Portes, volets, pignons, chaises sont superbes, mais pas toujours faciles à transporter... Dans le Sud, on trouve parfois des reproductions d'*aloalo*, les totems mahafaly de la région de Betioky. Chanceux si vous en trouvez peints de couleurs vives : ils sont encore plus beaux ! Mais attention à ne jamais acheter les modèles anciens, volés sur les tombeaux, c'est évidemment interdit. Au Nord-Est et à Sainte-Marie, les artisans sculptent les baleines dans des bois nobles.

– *Bijoux en argent :* des bracelets le plus souvent, spécialité des Antandroy du Sud. Les hommes en portent de superbes, très gros, signe de leur lien familial et tribal profond, mais de plus en plus signe extérieur de richesse. Attention aux faux bijoux en argent, généralement légers et fabriqués à partir de pièces de monnaie fondues ! Pas chers, mais ça noircit. Possibilité également de faire réaliser des bijoux sur commande, à partir d'un dessin ou d'une vieille bague dont on ne veut plus...

– *Bouteilles de sable :* spécialité de Majunga. Très belles bouteilles composées de motifs savants à partir de sables de toutes les nuances, extraits dans la région.

– *Broderies :* on trouve de très jolies nappes en coton blanc ou écru, brodées par les femmes de motifs représentant des palmiers ou un arbre du voyageur, des scènes de la vie quotidienne, des lémuriens... ou le tout en même temps. Une nappe avec ses serviettes de table peut demander 2 ou 3 semaines de travail, voire jusqu'à 1 mois. On en trouve au marché de Tana, mais plus encore à Antsirabe ou à Nosy Be, où elles peuvent être brodées au point « richelieu » (prononcer « riselie ») autour de pans ajourés. On les utilise souvent ici comme rideaux de porte ou de fenêtre.

– *Confection :* il est possible de se faire confectionner toutes sortes de vêtements pour pas cher en apportant un modèle chez un couturier de Tananarive. Là encore, l'imitation est parfois surprenante de réalisme... Plein de confections bon marché, de plus ou moins bonne qualité, sur les marchés de l'île. Pour du haut de gamme, le plus grand choix se trouve bien sûr à Tana. Quelques sociétés locales commercialisent de jolis T-shirts pleins d'humour et de couleurs *(Baobab Company, Maki Company, Sobika, Carambole).*

– *Cuir et corne de zébu :* la peau du zébu sert à tout, notamment à confectionner des sacs de voyage, des sandales ou encore des chapeaux. Le cuir est généralement clair et... pas très bien tanné, il faut bien le dire (raide, quoi !). Plein de petits objets en corne : bijoux, couverts, boîtes de dés, etc.

– *Épices et vanille :* poivre, girofle, coriandre, piment, curry, citronnelle, paprika, safran, cannelle, baies roses se trouvent facilement sur les marchés, ou conditionnés, prêts à être glissés dans le sac. On trouve également des achards (voir rubrique « Cuisine ») de mangue, de carotte et de citron dans des bouteilles de *Johnny Walker* récupérées. La vanille provient principalement de la côte du même nom (à l'est), mais les prix ont connu une envolée incontrôlée ces derniers temps. Pour reconnaître de la bonne vanille, assurez-vous que les gousses soient longues, d'aspect gras, suffisamment souples pour

LE GOSSE À LA GOUSSE

Edmond Albius (1829-1880) était un esclave de 12 ans quand il découvrit, à La Réunion, le procédé de la pollinisation manuelle de la vanille. La vanille sauvage avait bien été rapportée du Mexique, mais sans l'abeille qui la féconde naturellement. Edmond ne tira rien de cette découverte. Il passa 3 ans au bagne pour une histoire de vol et mourut dans la misère. Peu de rues portent son nom et, pourtant, les producteurs du monde entier lui doivent beaucoup.

pouvoir être pliées, et que leur couleur soit bien noire ou tirant vers le rouge ; en aucun cas elles ne doivent être brunes, ni tachées de blanc (une gousse moisie contamine toutes ses voisines). Attention, interdiction de quitter le pays avec plus de 2 kg de vanille préparée (en gousse ou tressée) ou 1 kg de poivre sans autorisation spéciale.

– **Instruments de musique :** le plus traditionnel (et le plus simple à rapporter) est la *valiha,* une sorte de cithare en bambou gravée de différents motifs. Madagascar compte beaucoup de virtuoses de cet instrument. Le plus connu s'appelle Justin Vali. Il est plus difficile de se procurer le *kabosy,* une espèce de guitare ou luth local, souvent bricolé et très pittoresque. À Tana, avenue de l'Indépendance, on vend des sortes de *djembé* locaux.

– **Lamba :** on parle là de cotonnades bon marché imprimées de couleurs vives et portant un proverbe malgache, ou d'étoffes de raphia ou de soie, plus rares mais plus belles. Les *lamba* servent à tout : à se protéger du froid, du soleil ou du vent, de porte-bébé, à se vêtir avec coquetterie, mais aussi pour les cérémonies. C'est le costume traditionnel malgache par excellence, et même davantage : une sorte de parure. Il existe quelques variantes, comme le *lambahoany* dans le Sud. Le *lambamena,* en soie grège, sert de linceul pour les ancêtres. À vrai dire c'est le plus beau, mais ne pas s'en servir comme d'un vulgaire tissu de confort, cela choquerait profondément. On en trouve au marché aux fleurs de Tana.

– **Papier antaimoro :** selon la tradition, les Antaimoro, peuple de la région de Manakara, auraient songé à fabriquer du papier dès leur arrivée à Madagascar pour retranscrire les versets du Coran. Leur papier est merveilleux. Épais et par définition imparfait, on y ajoute aujourd'hui des fleurs ou des feuilles sur la pâte encore fraîche. Ambalavao, au sud de Fianarantsoa, s'en est fait une spécialité.

– **Pierres précieuses et semi-précieuses :** le sous-sol malgache est très riche et les ruées vers le saphir, façon Far West, font régulièrement les titres des journaux locaux. Beaucoup de trafiquants écument le pays et certaines grandes fortunes en sont nées. Mieux vaut se tenir à l'écart de ces zones, par essence turbulentes, d'autant que les pierres brutes sont difficiles à identifier pour un non-initié. Si vous souhaitez néanmoins rapporter quelques « cailloux » à usage personnel, achetez-les à Antsirabe, plaque tournante de la taille des pierres, ou chez des bijoutiers capables de vous fournir une autorisation d'exportation délivrée par la direction des Mines et de l'Énergie. Pour les pierres semi-précieuses et ornementales, pas de problème, sauf si elles sont serties dans un métal lui-même précieux. Dans ce cas, il faut également une autorisation délivrée par le bijoutier. Attention, interdiction de quitter le pays avec plus de 1 kg de bijoux sans autorisation spéciale.

– On peut se contenter d'acheter un **solitaire** (le jeu, pas la bague) ou un **fanorona,** le jeu national. Les pierres ornementales ne valent pas grand-chose, mais sont jolies à regarder. Méfiez-vous néanmoins des très grands modèles de solitaires (impressionnants !) intégrant du bois précieux. Des douaniers tatillons ou aux fins de mois difficiles pourraient vous demander une autorisation d'exportation. Les artisans fabriquent aussi des tableaux sous verre représentant de

DRÔLES DE DAMES

Un bout de carton, un stylo et quelques pierres ou coquillages, voilà tout ce qu'il faut pour jouer au fanorona, le jeu traditionnel malgache. Véritable institution, on raconte que ce jeu de dames local, où l'objectif est d'éliminer les pions de son adversaire, a influencé jusqu'au sort du pays... La dernière reine, Ranavalona III, aurait décidé de sa stratégie militaire sur un coup de fanorona (et non de poker !). Peu de temps après, la monarchie prenait fin... Piètre joueuse ?

façon très amusante la carte du pays et la richesse géologique du sous-sol, entourée par les différents souverains malgaches.
– **Raphia et vannerie :** d'une région à l'autre, raphia, palmes, joncs, roseaux, paille de riz ou sisal sont utilisés par les femmes pour réaliser de magnifiques chapeaux, des sacs à main, mallettes, nattes, sets de table, baobabs et animaux décoratifs, sandales et autres casquettes, teintés souvent de couleurs vives ou pastel... Plus mode, y a pas ! Les paniers pour transporter les légumes, le poisson ou la poule du jour s'appellent des « soubiques » *(sobika).* La rabane, un tissu végétal, s'obtient à partir de fibres de raphia lavées, teintés, puis redécoupées en fils très fins tissés sur un métier manuel. Yves Saint Laurent s'en est servi pour ses collections dans les années 1960. La rabane est une spécialité d'Ambositra, mais on en trouve aussi dans les boutiques de Tana. Plus fin et plus cher, le *jabo* (prononcer « dzabe ») est un mélange de fils de raphia et de soie.
– **Taxis-brousse et véhicules miniatures :** l'illustration absolue de l'art de la récupération. Adorables 404 bâchées, bus, motos, avions et vieilles « deudeuches » en fer-blanc recyclé. Matériaux choisis ? Boîtes de conserve, canettes de grandes marques de sodas, bombes insecticides ou boîtes de lait concentré ! Cet artisanat originaire surtout des Hautes Terres se vend jusqu'en France. Un vrai souvenir rigolo et pas cher ! Sur la route d'Antsirabe, on trouve des semi-remorques en bois en modèles réduits (assez impressionnants). Ne pas oublier non plus les miniatures adorables des pousse-pousse d'Antsirabe.
– Formalités à l'exportation : ● *douanes.gov.mg/voyageurs* ●

BAGAGES

Les parcs et réserves de l'île se prêtent à de belles randonnées, et la nature malgache au sens large à des bivouacs solitaires sur les plages... Si vous ne voyagez pas avec une agence, il vous faudra prévoir un minimum de matériel.
– Une **tente** et du **matériel de camping.** *Madagascar National Parks (MNP),* qui gère les parcs et les réserves, n'en loue presque pas. En revanche, on trouve de plus en plus de guides locaux qui en louent à des prix raisonnables.
– Une gourde, une moustiquaire et un **sac de couchage** sont également essentiels si l'on ne fréquente pas seulement les hôtels.
– Un **sac à dos** qui ne craint pas trop les transports en taxi-brousse ni les intempéries, et un poncho pour le protéger des averses tropicales.
– Une **pochette** à glisser sous les vêtements pour vos valeurs et votre passeport.
– Pensez à prendre une **lampe frontale,** indispensable dans les Tsingy et pour repérer les yeux des lémuriens lors de vos visites nocturnes, ainsi que des piles de rechange.
– Un **vêtement imperméable coupe-vent** est indispensable, bien sûr en saison des pluies, mais aussi en toute saison si vous allez sur la côte est, et pour toute balade en mer. Sur les Hautes Terres, il vous faudra un **gros pull** pour pallier les rigueurs de l'hiver austral (juillet et août). On ne plaisante pas, il y a de quoi attraper un gros rhume à Tana à cette période !
– De **bonnes chaussures** de marche s'imposent. Prévoir d'acheter une paire de tongs sur place pour éviter de marcher pieds nus dans les douches ou sur les plages.
– Une **protection antimoustiques** (cela n'exclut en rien un traitement antipaludique ; voir la rubrique « Santé »), sinon on trouve des produits répulsifs naturels auprès des boutiques *Homeopharma,* des serpentins à brûler ou des lotions dans les pharmacies.
– Partir avec des **crèmes solaires,** car là-bas elles sont chères, et de vieux T-shirts (pour protéger votre dos du soleil pendant vos séances de snorkelling). Le chapeau et les lunettes de soleil (souvent des contrefaçons) peuvent s'acheter sur place.

– Si vous comptez voir des petits poissons, tâchez d'emporter votre *masque,* vos *palmes* et votre *tuba.* Il n'est pas toujours facile de s'en procurer, ou alors la location est chère.
– Photo : on trouve sans problème des *cartes mémoire* à Tananarive et dans certaines grandes villes, mais on vous conseille plutôt d'apporter les vôtres.
– Prévoyez d'emporter des *petits cadeaux* à offrir éventuellement en remerciement, du style échantillons de parfum ou vêtements, matériel scolaire (à remettre aux encadrants), cartes postales de votre région... Les Malgaches sont très friands de ces petites marques d'attention.
– Si vous le pouvez ou le souhaitez, prenez contact par e-mail ou par téléphone avec l'une des *ONG* que l'on indique et demandez-leur de quoi elles ont besoin. Cela vous permettra, en fonction de vos possibilités, d'apporter des choses vraiment utiles. C'est aussi l'occasion, notamment à Tananarive, d'entrer en contact direct avec elles en allant voir sur place ce qu'elles font.
– De manière générale, *ne donnez rien aux enfants directement,* mais plutôt à leur famille, ou à l'instituteur s'il s'agit de matériel scolaire. Il faut éviter, comme dans d'autres pays, que les enfants qui vont à l'école la désertent de leur propre chef ou sur incitation de leurs parents parce qu'ils « gagnent » plus à solliciter les touristes.
Avant de boucler vos bagages, n'oubliez pas d'y glisser encore :
– des *bouchons d'oreilles* si vous ne souhaitez pas être réveillé par les taxis-brousse, les hurlements des chiens et le chant des coqs, bref, le bruit en général ;
– un *drap propre* (ou acheter un *lamba* bon marché sur place) et une serviette de toilette (il n'y en a pas dans les petits hôtels) ;
– un *couteau suisse* (que vous ne rangerez surtout pas dans votre bagage à main quand vous prendrez l'avion !) ;
– des *sacs en plastique* pour protéger vos affaires de l'humidité (et de la ficelle pour les faire sécher) ;
– un petit *cadenas* pour fermer soigneusement vos bagages et un autre pour fermer la porte de votre chambre au cas où il n'y aurait pas de clé ;
– votre *pharmacie personnelle* (voir la rubrique « Santé ») ;
– des photocopies ou, mieux, des *scans* des billets d'avion, passeport, visa... que vous prendrez soin de vous envoyer sur votre boîte e-mail.

BAKCHICH

Les salaires sont tellement bas que c'est une pratique répandue dans tout le pays, courante notamment à l'égard des chauffeurs de taxis-brousse surchargés qui ne passent souvent les « contrôles » de police qu'en versant une espèce de « péage ». Théoriquement, vous ne devriez pas être sollicité dans les transports en commun ni dans les voitures particulières. Si vous êtes en règle, pas de problème, on respecte grandement les *vazaha* (les étrangers) à Madagascar. En fait, le cas le plus fréquent est celui du passage à la douane lorsque vous rapportez des souvenirs encombrants : certains indélicats réclament un droit de bagage supplémentaire qui va droit dans leur poche.
Les autres problèmes qui peuvent se poser interviennent lorsque vous n'êtes pas en règle. Par exemple, vous avez oublié votre passeport à l'hôtel (à éviter !), ou bien il est au ministère de l'Intérieur à Tana pour prolongation de visa et vous n'en possédez aucune photocopie certifiée sur vous... Là, vous risquez de devoir sortir au moins un billet de 5 000 Ar pour éviter les tracasseries ou tout simplement pour éviter de finir au poste. Parfois, ce n'est que de l'intimidation, mais on ne sait jamais jusqu'où cela peut aller et, comme disent certains policiers : « Qu'arriverait-il si je n'étais pas en règle dans votre pays ? » Prudence, surtout si cela vous arrive la nuit et à fortiori dans la capitale. Cela étant dit, attention de ne pas inciter à la corruption : cela peut aussi être un piège. Il arrive aussi que

l'on vous demande un billet pour photographier un site privé ou des tombeaux, notamment ceux des Mahafaly et des Antandroy dans le Sud. Si votre guide ou les Malgaches autour de vous ne vous indiquent aucun *fady* (interdit) particulier, c'est que l'on vous demande un bakchich. Certains touristes cèdent. Nous, on préfère ne pas faire la photo, pour ne pas encourager cette pratique.

BUDGET

Le pays reste très bon marché si on accepte de loger dans des petits hôtels malgaches rudimentaires ou si on campe, si l'on se restaure dans les *hotely* et les gargotes et que l'on voyage en taxi-brousse exclusivement. Là, on peut s'en tirer pour env 50 000 Ar/j. (dans les 15 €). Le budget augmente dès lors que l'on visite les parcs et les réserves en raison des droits d'entrée et de « guidage ». Idem si l'on souhaite un certain niveau de confort et que l'on fait ses excursions avec des tour-opérateurs locaux : déplacements en 4x4 avec chauffeur, eau chaude à l'hôtel et voilà que le budget enfle. Pour peu que l'on voyage en avion d'une ville à l'autre, il explose !
Noter que certains hôtels indiquent leurs prix en euros, préférés car plus stables que l'ariary.

L'hébergement

Voici nos fourchettes de prix sur la base d'une chambre double, sans le petit déjeuner :
– **Très bon marché :** jusqu'à 20 000 Ar (env 6 €).
– **Bon marché :** de 20 000 à 40 000 Ar (env 6 à 11 €).
– **Prix moyens :** de 40 000 à 80 000 Ar (env 11 à 23 €).
– **Chic :** de 80 000 à 150 000 Ar (env 23 à 43 €).
– **Plus chic :** de 150 000 à 250 000 Ar (env 44 à 71 €).
– **Beaucoup plus chic :** plus de 250 000 Ar (plus de 71 €).

La nourriture

Pour un repas par personne, sans la boisson :
– **Très bon marché :** jusqu'à 10 000 Ar (env 3 €).
– **Bon marché :** de 10 000 à 20 000 Ar (env 3 à 6 €).
– **Prix moyens :** de 20 000 à 35 000 Ar (env 6 à 10 €).
– **Chic :** de 35 000 à 60 000 Ar (env 10 à 17 €).
– **Plus chic :** plus de 60 000 Ar (env 17 €).

Les transports

– **Le taxi-brousse :** quelques ordres d'idée de tarifs au départ de Tananarive, seulement indicatifs : Tamatave (environ 20 000 Ar), Fianarantsoa (25 000 Ar), Tuléar (45 000-50 000 Ar), Majunga (30 000 Ar) ou encore Diego-Suarez (dans les 70 000 Ar).
– **Le taxi-ville :** pour une course à Tananarive, compter 7 000 à 12 000 Ar selon l'heure et la distance. Pour rejoindre l'aéroport de Tana, les chauffeurs agréés demandent généralement autour de 50 000 Ar.
– **La location de voitures :** cher. Si vous ne disposez que d'un petit budget, essayez d'abord de louer un taxi-brousse, un *taxi-be* ou un taxi « spécial », à l'heure ou à la journée. Comptez environ 120 000-180 000 Ar par jour selon les lieux. Parfois le carburant est compris, parfois pas, ça dépend souvent de la distance parcourue. Bien se le faire préciser. Sinon, auprès d'une agence, prévoyez

plutôt 150 000 à 200 000 Ar par jour, avec chauffeur-guide et 200 000 à 300 000 Ar pour un 4x4. Bien vérifier avant ce qui est inclus ou pas : chauffeur, guide, leurs repas et hébergement, l'essence, le prix du kilométrage, celui du retour du véhicule s'il revient sans vous, la TVA (20 %), l'assurance, etc. Pour les informations pratiques, voir plus loin la rubrique « Transports ».
– **L'avion :** les tarifs d'Air Madagascar se sont envolés et tournent tous autour de 250 € l'aller entre les grandes villes... Ceux qui arrivent sur la Grande Île avec la compagnie nationale peuvent bénéficier toutefois d'une réduction de 50 % selon les vols (s'y prendre tôt, dès la résa du vol international car offre soumise à quota).

Les parcs et réserves

Le ticket d'entrée des parcs et réserves gérés par les *MNP (Madagascar National Parks)* varie de 45 000 à 65 000 Ar par jour et par personne, selon la catégorie du parc (tarifs dégressifs sur plusieurs jours). Ces tarifs sont susceptibles d'être revus à la hausse. À cela s'ajoute le tarif de guidage, généralement obligatoire et de toute façon essentiel : de 10 000 à 50 000 Ar par itinéraire, généralement pour un groupe de 4 ou 5 personnes.

CLIMAT

On devrait parler des climats tant ils sont différents d'une saison et d'une région à l'autre. On distingue officiellement deux grandes saisons : la saison sèche (incluant l'hiver austral), d'avril à novembre, et la saison des pluies, de décembre à mars. ***La saison idéale pour tout voir partout en même temps est la période de septembre à octobre. L'intersaison d'avril à juin est aussi une bonne période*** (mais, en avril, on pâtit encore des conséquences des pluies sur les pistes).

En juillet et août, c'est la haute saison, et les billets d'avion sont les plus chers à ce moment-là. Enfin, malgré le début de la saison des pluies, novembre et décembre restent relativement fréquentés. De janvier à mars, les risques de cyclone sont plus forts (et les billets d'avion moins chers).
– **Les Hautes Terres (région de Tananarive) :** la saison sèche dure d'avril à octobre, avec une période d'hiver austral de juin à août, très fraîche et venteuse, voire carrément glaciale le soir et la nuit. Prévoir une grosse laine ! Les pluies sont fortes mais courtes de mi-novembre à mars et parfois en juin.
– **La côte ouest :** c'est la côte la plus sèche et la plus ensoleillée de Madagascar. Le Sud subit un soleil de plomb presque toute l'année avec quelques pluies de faible intensité de décembre à mars. À Nosy Be (nord-ouest), la saison sèche s'étend de mai à octobre. De novembre à mars, il y fait plus chaud, mais il peut y tomber beaucoup d'eau soudainement.
– **La côte est :** deux saisons, la saison des pluies, de décembre à avril, et... la saison où il pleut, de juin à août ! Bon, disons que la côte subit moins de pluies au cours des mois de mai, septembre, octobre et novembre : les meilleures périodes pour la parcourir. ***Les mois les plus arrosés sont juillet et août,*** mais ce sont aussi ceux des baleines à Sainte-Marie.

LES NOMS DES CYCLONES

Depuis le XVIIIe s, on donne un nom aux cyclones. Façon de conjurer le sort ? Certainement misogyne, le météorologue Wragge prenait des prénoms de femmes... ou de politiciens qu'il n'aimait pas. Depuis 1979, face aux critiques féministes, les cyclones sont baptisés alternativement par des prénoms masculins et féminins. Les listes sont d'ailleurs établies à l'avance. Les parents d'enfants turbulents peuvent les utiliser pour leur progéniture à venir !

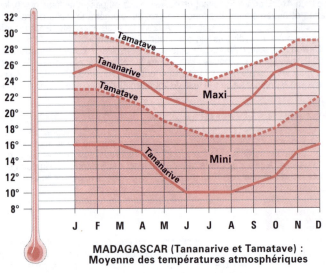

MADAGASCAR (Tananarive et Tamatave) :
Moyenne des températures atmosphériques

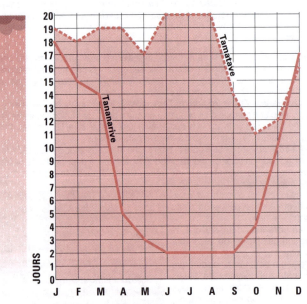

MADAGASCAR (Tananarive et Tamatave) :
Nombre de jours de pluie

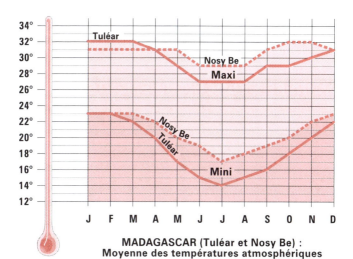

MADAGASCAR (Tuléar et Nosy Be) :
Moyenne des températures atmosphériques

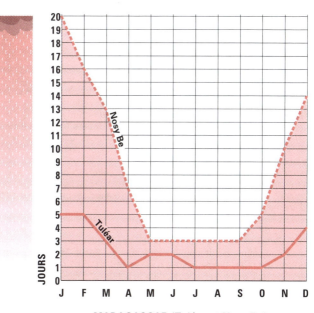

MADAGASCAR (Tuléar et Nosy Be) :
Nombre de jours de pluie

– *La saison cyclonique :* officiellement de mi-décembre à mi-avril, mais surtout de janvier à mars. S'il n'y a pas de cyclones tous les ans et s'ils ne touchent jamais tout le pays en même temps, ils sont en général assez destructeurs. La côte est et les pointes nord et sud sont toujours les plus touchées. Dans le meilleur des cas (pas de cyclone), il pleut beaucoup, même si cela ne veut pas dire partout ni tout le temps... Il fait d'ailleurs souvent très beau sur la côte ouest à cette période.

DANGERS ET ENQUIQUINEMENTS

Le sourire facile des Malgaches et leur sens de l'accueil ne peuvent malheureusement cacher certains soucis de sécurité, fortement liés à la situation sociale, politique et économique désastreuse de l'île. Plusieurs faits divers récents ont semé le doute et n'ont pas contribué à renforcer la confiance des touristes dans l'île. Le lynchage de deux Français et un Malgache à Nosy Be en 2013 a fortement marqué les esprits, tandis que des groupes de touristes se sont fait détrousser dans les parcs nationaux, sur des plages isolées ou lors de la descente de la Tsiribihina.
Pour autant, pas de paranoïa, ces événements restent localisés et ponctuels. Des débuts de solution ont parfois été mis en place (patrouilles sur la Tsiribihina par exemple, ou dans le quartier d'Isoraka à Tana, accès aux parcs nationaux interdit la nuit, etc.). Mais comme partout, il s'agit avant tout de *respecter scrupuleusement quelques règles de conduite.* Consultez le site du *ministère français des Affaires étrangères,* qui répertorie (un peu trop assidûment sans doute) les risques potentiels et prodigue ses conseils, région par région : ● *diplomatie.gouv.fr* ● Et avant de vous aventurer dans une zone donnée, renseignez-vous sur la situation sécuritaire.

Quelques règles générales

– La première chose à faire est de *ne pas* arriver en pays conquis ni *exhiber ses richesses* (éviter les bijoux, même sans valeur). Achetez éventuellement une pochette à glisser sous le T-shirt pour vos valeurs et votre passeport. Pour la petite monnaie et le menu fretin, des poches fermées feront l'affaire.
– *Respecter les coutumes du pays et les interdits* **(fady),** c'est le deuxième point très important à Madagascar. Hors des sentiers battus, toujours partir avec un guide qui connaît les *fady* et les coutumes locales (sélectionnez le bon, il y a des tocards...). Et n'hésitez pas à questionner votre hôtelier ou d'autres voyageurs.
– *Éviter absolument de sortir le soir et la nuit seul(e) et à pied* dans les grandes villes (notamment Tana). Avoir sur soi son passeport ou une photocopie certifiée (y compris du visa). *Une fois la nuit tombée, il est indispensable de prendre un taxi,* même pour un court trajet.
– En cas de pépin mécanique, vous pourriez vous retrouver à des dizaines de kilomètres de la première ville. Ne roulez donc pas seul sur les routes et les pistes la nuit. *Évitez* même tout court *de rouler de nuit avec un véhicule privé* qu'il s'agisse de voiture ou de deux-roues (comme à Sainte-Marie ou à Nosy Be). Maintenant, en taxi-brousse, vous n'êtes pas à l'abri d'une attaque de grand chemin de nuit, digne du Far West, dans le but de rançonner les véhicules. Bon, ça reste tout de même assez rare, mais le phénomène devient assez préoccupant sur la RN 7.
– *Les vols sont malheureusement en progression,* y compris dans certains parcs nationaux. Faites attention à ne pas laisser vos valeurs à la vue de tous, gardez-les avec vous ou mettez-les dans un coffre quand il y en a, en demandant un reçu tamponné précisant la valeur exacte de ce que vous y laissez. Faites notamment attention à Tana et sur les sites touristiques, on nous a signalé des vols dans les chambres d'hôtel, voire les coffres individuels des chambres !

– Des agressions ont eu lieu sur des plages. *En cas d'agression, NE RÉSISTEZ PAS,* donnez la petite somme d'argent que vous aurez préalablement séparée du reste de vos valeurs.
– En ce qui concerne la **prostitution,** notamment des enfants, se reporter à notre rubrique « Tourisme sexuel » à la fin du chapitre « Hommes, culture, environnement ».

La mendicité

Elle est omniprésente dans la capitale et existe dans certaines villes de province. Certaines familles envoient leurs enfants mendier, d'autres arrivent des campagnes dans ce but. On vous le dit tout net, le tourisme encourage ce genre d'attitude, et il vaut mieux ne pas y céder car c'est ensuite le début d'un processus pervers. Pourquoi des parents très pauvres (et analphabètes) enverraient-ils leurs mômes à l'école alors qu'ils se débrouillent dans la rue ? Donner inconsidérément sape souvent le travail des ONG locales, qui font des efforts surhumains, notamment à Tana, pour sortir les enfants des rues. En revanche, payez les adultes contre un service rendu. Par exemple, à Tana, quand certains gardent les places de voitures ou les voitures elles-mêmes. Sinon faites des dons d'argent aux personnes âgées qui ne peuvent subsister seules et ont parfois été abandonnées par les familles, ou directement aux ONG (voir la rubrique « ONG et aide au développement » dans « Hommes, culture, environnement »). Offrez vos médicaments (inutilisés ou prévus à cet effet) aux ONG et aux dispensaires locaux, mais jamais directement aux gens.

Les maladies

On change de registre, mais voilà un risque qu'il s'agit de ne pas prendre à la légère. Les moustiques aiment la peau bien blanche et affûtent leur dard de jour comme de nuit. Outre le risque de contracter le paludisme ou le chikungunya (aussi nommé le « 500 000 », parce qu'il faut 500 000 Ar pour être traité), sans virer dans la psychose inutile, on conseille vivement de privilégier les traitements préventifs et de se couvrir les bras et les jambes dans la mesure du possible.
Vous entendrez aussi peut-être parler de cas de peste. Ceux-ci sont essentiellement identifiés dans des zones très rurales sur les Hauts Plateaux, et parfois au nord de l'île. Les risques sont plus élevés entre novembre et février, mais n'affectent normalement pas les touristes lambda.
Se reporter aux sites de l'OMS (● who.int/fr ●) ou de l'Institut de veille sanitaire (● invs.santepubliquefrance.fr ●) en cas de doute. Voir aussi notre rubrique « Santé » dans les généralités un peu plus loin.

La mer

Voilà encore un tout autre sujet, mais ce pourrait bien être le plus important de tous. La mer ici n'est pas exempte de dangers : requins, courants violents, récifs... la baignade n'est pas partout possible, loin s'en faut. Renseignez-vous toujours avant de mettre un pied à l'eau ! Si vous envisagez de partir en mer, les risques s'accentuent : de nombreuses embarcations sont en piteux état et menacent de flancher à tout moment. Les moteurs tombent souvent en panne et, face à la houle qui forcit, les accidents et naufrages sont assez fréquents. Celui d'un des bateaux reliant la Grande Terre à Sainte-Marie a fait des dizaines de morts en 2001... Les conditions minimales de sécurité ne sont souvent pas respectées ici. Choisissez donc votre bateau avec attention et assurez-vous toujours d'avoir un gilet de sauvetage par personne. SOYEZ TRÈS PRUDENTS OU RENONCEZ À CE MODE DE TRANSPORT SI VOUS AVEZ LE MOINDRE DOUTE, y compris météorologique.

Et puis, concernant la **plongée sous-marine**, certains coins de la côte sont réputés pour leurs fonds marins. Sachez qu'il n'y a pas de chambre de décompression à Madagascar, et l'assistance DAN, en Afrique du Sud, mettra au moins 6h à arriver... seulement pour les clubs qui lui sont affiliés. Alors prudence avant de foncer masque baissé vers les profondeurs.

DÉCALAGE HORAIRE

L'été, quand il est 12h à Paris, il est 13h à Tananarive. L'hiver, c'est 2h en plus : quand il est 12h à Paris, il est 14h à Tananarive. Attention, durant l'hiver austral, le soleil se lève dès 5h30-6h et se couche vraiment tôt, vers 17h30-18h. Et c'est encore pire en descendant vers le sud !

DOUANE

Il est interdit de sortir plus de 400 000 Ar du pays en liquide et plus de 1 kg de bijoux (sous réserve d'un certificat de change), plus de 2 kg de vanille (déjà préparée) et plus de 1 kg de poivre et de café.
– **Interdictions à l'exportation :** outre les pierres précieuses sans autorisation (voir la rubrique « Achats »), il est interdit d'exporter les *aloalo* anciens, autrement dit les totems funéraires d'origine mahafaly (sud du pays). Et heureusement ! Les reproductions sont exportables (demandez une facture ou la carte de la boutique si possible) mais, pour les modèles anciens, on risque la prison... Même sanction pour les œufs d'æpyornis (l'oiseau-éléphant), malheureusement objets de trafic, l'artisanat à base de tortue et de crocodile, sauf s'il a été acheté dans une ferme d'élevage reconnue par l'État et tous les animaux vivants et plantes endémiques de Madagascar. Pour les épices et les plantes aromatiques, il est obligatoire de passer au guichet phytosanitaire de l'aéroport de Tananarive pour les quantités de plus de 5 kg.
– Formalités à l'exportation : ● *douanes.gov.mg/voyageurs* ●

ÉLECTRICITÉ

Le courant utilisé est du 220 V et les prises sont les mêmes qu'en France. Les grandes villes connaissent régulièrement des dysfonctionnements dans l'approvisionnement en électricité : la Jirama (société d'État) coupe souvent plusieurs heures par jour dans les zones non prioritaires... Certains établissements y suppléent par leur propre groupe électrogène, et les panneaux solaires commencent à s'étendre. Ne pas oublier les lampes de poche (avec dynamo, plus pratique !). Dans certaines régions très isolées, il n'y a parfois pas d'électricité du tout. Le soir, c'est bougie ou lampe à pétrole.

HÉBERGEMENT

Selon son budget, on trouve de tout à Madagascar : de la simple case en *falafy* (palme) rudimentaire mais très bon marché à l'hôtel chic dans un vieux bâtiment colonial. Les adresses intermédiaires ont la qualité d'être généralement propres, même si les installations (plomberie entre autres) sont assez souvent vieillottes. Et, au final, on ne se ruine pas.
Les hôtels sont un peu plus chers à Tananarive et sur les sites dits « touristiques » (Nosy Be et Sainte-Marie notamment). Durant notre été (l'hiver austral là-bas), des suppléments « haute saison » sont souvent appliqués. Pensez à réserver à ces périodes (vacances scolaires : juillet-août et période de Noël), encore que, ces dernières années, les touristes ne s'y soient pas toujours bousculés...

L'hébergement est très bon marché en brousse, mais il se réduit la plupart du temps à sa plus simple expression. Avoir sa propre moustiquaire n'est pas superflu.

Les campings

C'est une excellente idée pour profiter à fond des parcs et réserves de l'île et pour être proche de la nature. L'hôtellerie est parfois éloignée des sites, ou franchement mauvaise. Pratiquement tous les parcs et réserves de l'île proposent des terrains de camping moyennant le paiement d'un petit droit (certains sont mêmes gratuits). En revanche, il vaut mieux apporter son matériel ; les locations existent, mais elles sont rares, et rien ne vous garantit la qualité. Amenez aussi une moustiquaire, ainsi que des vivres et des réserves d'eau minérale en quantité suffisante. Enfin, faire gaffe aux scorpions (notamment dans le massif de l'Ankàrana), aux mygales et aux scolopendres.

Les petits hôtels pas chers

Ne les confondez pas avec les *hotely*, qui, paradoxalement, sont des... restaurants ! Les petits hôtels pas chers sont souvent constitués sur le même modèle : des bungalows aux murs en *falafy* et toit de palme, avec sol en ciment ou en béton ciré (rouge). Parfois, les murs sont en dur. Ajoutez à cela un lit, une ampoule et, dans les zones plus touristiques, parfois, une petite terrasse devant pour lézarder. Les matelas sont souvent en mousse (génial pour la transpiration !). Pour les adresses les moins chères, les sanitaires sont partagés, avec douche « malgache » – à savoir un bac, une réserve d'eau et un bidon pour la verser. Eau froide garantie. Cela étant dit, pas mal de petites adresses ont aussi des bungalows ou chambres avec douche, basiques mais privées ; on en trouve même de plus en plus qui disposent d'un chauffe-eau (plus cher, évidemment). Les toilettes communes façon trou malodorant ou w-c à la turque douteux sont devenues rares dans les zones les plus fréquentées. Dans tous les cas, prévoir son propre papier hygiénique (en vente dans toutes les épiceries), un drap pour recouvrir un matelas douteux, du savon, une serviette et, surtout, sa propre moustiquaire.

Les hôtels traditionnels

Normalement, ils sont officiellement classés par étoiles et *ravinala*. Quelques dizaines d'entre eux possèdent même un « label vert » eu égard à leur conscience environnementale. Cela dit, les hôtels de catégorie moyenne ne brillent en général ni par leur génie ni par leur confort. Il s'agit pour la plupart de versions plus ou moins améliorées des petits hôtels pas chers : une moustiquaire et une douche quasi garanties, une TV (parfois en supplément), un ventilo (sauf parfois en bord de mer), voire l'AC pour les chambres les plus chères. Les matelas, durs, sont rarement confortables, et les lumières un peu glauques (néons).
Dans la catégorie « Chic », on trouve déjà plus d'adresses dégageant une once de charme, avec souvent quelques touches de déco malgache en plus. Dans « Plus chic », ça oscille entre vieux établissements décatis et tarifs élevés (quand ce n'est pas les deux en même temps !). Un prix qu'y n'affranchit d'ailleurs pas des problèmes d'eau (pas toujours bien chaude) et d'électricité... Là, l'accueil est souvent inversement proportionnel au prix de l'établissement ! Enfin, en haut du panier, les adresses « Beaucoup plus chic »... Elles sont rares dans certains secteurs, plus nombreuses dans d'autres, comme Nosy Be ou Sainte-Marie. Si on est prêt à mettre la main au portefeuille, on peut trouver là des lieux de grand charme coûtant autant par nuitée que 3 mois de salaire malgache.

À noter qu'une petite taxe touristique et/ou taxe de séjour est perçue par les hôtels de catégories supérieures. Son montant varie d'un lieu à l'autre et peut atteindre 10 000 Ar.

Chez l'habitant

À Tana, on trouve de très belles maisons d'hôtes. C'est une manière extra d'entrer en contact et une bonne occasion de conversations enrichissantes. On en trouve aussi dans les zones balnéaires. Elles sont le plus souvent tenues par des *vazaha* et peuvent se révéler fort chères, même si le service y est souvent aux petits oignons. Dans les villages de brousse, c'est une tout autre histoire. Là, parler un tant soit peu le malgache ou être accompagné d'un guide devient impératif. Il s'agit de bien respecter les us et coutumes, à savoir les *fady* (interdits), mais également de porter une tenue correcte, d'avoir une façon de s'exprimer et de se comporter respectueuse des habitants et de l'environnement.

LANGUE

La langue malgache fait partie de la famille des langues malayo-polynésiennes, comme l'indonésien, dont elle est issue. Néanmoins, elle a intégré des influences bantoues, arabes et européennes.

À Madagascar, vous n'aurez pas de mal à vous faire comprendre : on parle le français dans toute l'île. Ce qui ne signifie pas pour autant que tout le monde parle le français, loin de là. Cela dépend évidemment de l'endroit où l'on se trouve (ville ou campagne), mais aussi de la génération de votre interlocuteur. Environ 4/5e de la population ne parle pas le français.

La « malgachisation » de l'enseignement (jusque-là prodigué en français) a commencé un peu avant le premier avènement de Ratsiraka en 1975. Une malgachisation réclamée par les étudiants lors des événements de 1972. Sous le règne de Marc Ravalomanana, l'anglais fut déclaré langue officielle en 2007, avant que le français ne reprenne le dessus avec l'arrivée de d'Andry Rajoelina. Depuis 2010, Madagascar ne compte plus que deux langues officielles : le malgache et le français. Quand les langues sont aussi une question de géopolitique et de gros sous... Détail amusant : pour faire face à la modernité, la langue malgache a dû emprunter des mots français comme *bisikileta* pour « bicyclette » ou *elekitirisite* pour « électricité » !

Prononciation du malgache

L'une des principales difficultés, c'est la prononciation correcte de l'accent tonique. S'il n'est pas placé au bon endroit, cela risque de modifier le sens de votre propos. Par exemple : *tanàna* = « le village » (accent sur l'avant-dernière syllabe), à ne pas confondre avec *tànana* = « la main » (accent sur la première syllabe).

L'alphabet malgache ne comporte que 21 lettres mais prononcées parfois différemment du français : le « e » se prononce *é*, le « o » se prononce *ou*, le « g » se prononce *gue* (même devant un « e » ou un « i »), le « j » est proche de *dz*, le

MUETTE, MAIS PAS APHONE

En général, l'accent porte sur l'avant-dernière ou l'avant-avant-dernière syllabe de manière très marquée, ce qui fait que la finale reste en suspens, à peine audible. Ne commettez pas cependant l'erreur fréquente d'omettre totalement la dernière voyelle... Si c'était ainsi, des termes comme vola *(« argent »),* voly *(« culture ») et* volo *(« cheveu ») seraient confondus. Laissez-vous bercer par la musicalité de cette langue, et vous finirez par être capable, vous aussi, de laisser la fameuse voyelle en suspens.*

« r » est plutôt roulé. Les prononciations les plus dures étant le « ao », les deux voyelles se mêlant pour donner un son proche du *o* français, le « tr » qui se prononce *tch,* et le « dr » qui se prononce *dj.*

Petit lexique

Politesse

oui	*eny (dans les Hautes Terres) / eka (dans le Nord-Ouest)*
non	*Tsia*
bonjour (à Tana)	*manao ahoana* (« manaon' »)
bonjour (Fianar et sud-est)	*akore aby* (« acouriabé »)
bonjour (au nord)	*mbola tsara* (« m'boul'tsara »)
bonjour (à l'ouest)	*Salama*
madame, monsieur	*tompoko* (« toup'ko »)
bienvenue	*tonga soa* (« tounga sou »)
au revoir	*veloma* (« veloum' »)
bon voyage	*soàva dia* (« souav'di »)
merci (beaucoup)	*misaotra (betsaka)* (« misotch »)
de rien	*tsy misy fisaorana* (« tsich'isorana »)
s'il vous plaît, pardon	*azafady* (« azafad' »)
comment ça va ?	*manao ahoana ?*

Expressions courantes

d'où venez-vous ?	*avy aiza ianao ?*
je suis français(e), belge, suisse	*izaho dia frantsay, belge, suisse*
comment t'appelles-tu ?	*iza no anaranao ?*
comment dit-on... ?	*ahoana ny fiteny hoe... ?*
attention !	*tandremo !*
connaissez-vous ?	*fantatrao ve ?*
avec/sans	*miaraka/tsy miaraka*
qu'est-ce que c'est ?	*inona ity ? inona izana ?*
je ne comprends pas	*tsy azoko*
il y a, j'en ai, avez-vous	*misy* (« mich »)
il n'y a pas, je n'en ai pas	*tsy misy* (« tsimich », « tsich »)
je descends (du bus)	*misy miala*
bien, beau, bon (très)	*tsara (be)*
demain / hier / aujourd'hui	*rahampitso / omaly / androany* (« andjouan' »)

Vie pratique

centre	*Afovoany*
bureau de poste	*Paositra*
office de tourisme	*biraon'ny* ou... *office de tourisme*
marché	*Tsena*
banque / bureau de change	*banky / birao fanankalozam bola* ou... *bureau de change*
toilettes	*gabone* ou *toilettes*
police	*Polisy*
téléphoner	*miantso an tariby*

Transports

gare des bus / gare des trains	*fandraisana bus / gara*
billet, ticket	*tapakila* ou *billet*
à quelle heure y a-t-il un bus pour... ?	*amin' ny firy no misy bus... ?*
aller-retour	*mandroso-miverina*

voiture	*Fiarakodia*
vite	*Malaky*

Argent

argent	*Vola*
billet, monnaie	*taratasy, vola*
payer	*mando vola*
prix	*Vidiny*
combien ça coûte ?	*hoatrinona ?*
cher/bon marché	*lafo/mora*
réduction	*fiainan-bidy*
prenez-vous la carte Visa ?	*mandray carte Visa ve inao ?*

À l'hôtel

chambre / simple / deux lits / lit pour deux	*efi trano / fandriana iray / fandriana roa / fandraina iray lehibe ho an'olon-droa*
puis-je voir une chambre ?	*mety mahazo efi trano fatoriana ve ?* ou *mety mahazo chambre ve azafady ?*
eau froide, eau chaude	*rano mangatsiaka, rano mafana*
drap, couverture	*drap, bodofotsy*
savon	*Savony*

Au restaurant

manger	*Mihinana*
repas	*Sakafo*
chaud / froid	*mafana / mangatsiaka*
zébu / poulet / poisson	*omby / akoho / trondro* (« tchoudjou »)
eau	*Rano*
y a-t-il un plat du jour ?	*sakafo anio ?*
entrée, plat principal, dessert	*fanokafambavony, vary sy lôka, tsindrintsakafo*
légumes	*Legioma*
l'addition, s'il vous plaît !	*ny vola tokony aloanay !*
pourboire	*kadou*

Jours de la semaine

lundi	*alatsinainy*
mardi	*atalata*
mercredi	*alarobia*
jeudi	*alakamisy*
vendredi	*zoma*
samedi	*asabotsy*
dimanche	*alahady*

Nombres

1	*iray*		8	*valo*
2	*roa*		9	*sivy*
3	*telo*		10	*folo*
4	*efatra*		20	*roapolo*
5	*dimy*		50	*dimampolo*
6	*enina*		100	*zato*
7	*fito*			

Pour en savoir plus

Le mieux est d'acheter *Le Malgache de poche* dans la collection « Assimil » ou, sur place, l'un des nombreux manuels et dictionnaires franco-malgaches.

LIVRES DE ROUTE

La littérature malgache est d'abord orale. La tradition des *hain-teny,* poèmes à la beauté singulière qui enchantèrent l'écrivain français Jean Paulhan (1884-1968), est toujours vivante au cœur de l'Imerina. Elle a nourri l'inspiration de poètes durant la période coloniale, notamment Flavien Ranaivo, Jacques Rabemananjara et Rabearivelo, qui écrivaient en malgache et en français. Lire leurs poèmes, que l'on trouve dans toutes les anthologies de littérature francophone, c'est sans doute la meilleure façon d'accéder à l'âme malgache. À Paris, consulter *L'Harmattan,* 16, rue des Écoles, dans le 5e arrondissement (☎ *01-40-46-79-11),* et, non loin de là, *Présence Africaine,* 25 bis, rue des Écoles (☎ *01-43-54-13-74).*

– **Le Aye-aye et moi,** de Gerald Durrell (Payot, coll. « Payot Voyageurs », n° 313, 2002). Frère du célèbre romancier Lawrence Durrell, cet ardent défenseur de la nature nous raconte son périple à Madagascar pour tenter de sauver des espèces en voie d'extinction, tel le fameux lémurien nocturne, le aye-aye. Un récit rocambolesque qui met le doigt là où ça fait mal (aïe, aïe !), sans jamais oublier cet humour de survie propre à l'espèce anglo-saxonne !
– **Région inhabitée** (1964), de Robert Mallet (Gallimard, coll. « Folio », n° 2359, 1991). Le plus beau roman d'amour franco-malgache, celui d'une rencontre sans avenir entre un ethnologue et la « femme sauvage ». Une histoire touchante et bien écrite, par l'ancien recteur de la Sorbonne et doyen de la faculté de lettres et sciences humaines de Tananarive dans les années 1960.
– **Rade terminus,** de Nicolas Fargues (Gallimard, coll. « Folio », n° 4310, 2006). Des joies et des angoisses de l'expatriation dans un « bout du monde », Diego-Suarez, à travers les portraits souvent crus, voire cruels, de *vazaha* et de personnages locaux. Mon tout vu par l'ancien directeur de l'Alliance française locale.
– **Combattant de l'espérance, autobiographie d'un insurgé,** du père Pedro (Lattes, 2005). Le parcours de ce prêtre qui a dédié sa vie aux hommes et aux femmes de Madagascar pour les « aider sans les assister ». Voir plus loin « ONG et aide au développement » dans « Hommes, culture, environnement ».
– **Beaux livres :** citons *Madagascar* d'Olivier Joly, dans la collection « L'Album » aux éditions Hermé ; *Madagascar et le zébu - un couple en danger* aux éditions Raimeux ; *Madagascar, le grand livre des petits métiers* aux éditions Snoeck ; *Vanille, la route Bourbon,* aux éditions Bourbon. Sans oublier le travail et l'art de Paul Bloas autour de Diego-Suarez.
– **Nour, 1947,** de Jean-Luc Raharimanana (Du Rocher, coll. « Histoire Vécue », 2003). Après deux recueils de nouvelles, *Lucarne* et *Rêves sous le linceul,* qui annonçaient déjà la couleur, ce premier roman livre une vision écorchée de l'histoire de Madagascar entre missionnaires, colonisation et conquêtes intérieures par l'ethnie dominante merina. Une voix singulière, celle d'un écrivain trop violent pour être dans son pays. Raharimanana ne se remet pas d'une douleur d'enfance profonde, ravivée par l'arrestation de son père lors de la crise de 2002. Cet événement a été l'origine d'un autre récit : *L'Arbre anthropophage* (2004), éd. Joëlle Losfeld.
– **Chants de corail et d'argent** (2001), de Laurence Ink (éd. Robert Laffont). Une fiction historique basée sur la rencontre, au XIXe s, entre l'aventurier français Jean Laborde et l'enfant qui lui est confiée, fille d'une paysanne morte en couches. Le regard de l'enfant vient en contrepoint de celui du célèbre *vazaha be,* comme pour mieux révéler la splendeur mais aussi l'immuabilité de la société malgache.
– **Nos enfants, ces inconnus,** de Frédérik Canard et S. Rabenarivo (L'Harmattan, 2003). Un ouvrage sur les enfants des rues, rédigé avec la collaboration d'une ONG de Tananarive. Certains ont participé à l'aventure en réalisant des dessins et des photos illustrant leur environnement immédiat. Quelques photographes connus ont aussi apporté leur contribution, comme Pierrot Men. Un livre qui voudrait changer le regard des classes les plus aisées comme des touristes.

– **Comprendre les Malgaches,** de Loïc Hervouët (éd. Riveneuve, 2016). Ni un carnet de route, ni un guide, plutôt un manuel de compréhension entre Français et Malgaches, nourri d'histoires vécues par ce journaliste qui a, entre autres, réalisé le tour intégral du pays par ses côtes. Ce recueil de récits permet de découvrir la culture malgache, pétrie de partage, de justice et de respect des anciens tout en soulevant les réalités actuelles que subit cette communauté.

– **Pangalanes, Retour à Madagascar,** de Chantal Serriere (L'Harmattan, 2011). Ce récit de voyage retrace le parcours d'une femme qui retourne pour la première fois à Madagascar, sa terre natale, après avoir quitté l'île dans les années 1970 en raison des troubles politiques. Mais depuis, beaucoup de choses ont changé, et la réalité n'est pas conforme à l'univers imaginé. S'engage alors un travail de deuil, de compréhension et de reconstruction.

– **Akamasoa, rêves d'enfants,** de Pierre Lunel et de Pedro Opeka (Ed. du Rocher, 2014). Un livre qui rend hommage à 25 ans d'engagement humanitaire du père Pedro. Un combat de toute une vie qui a permis la scolarisation de milliers d'enfants malgaches. Et ce n'est pas terminé !

– **La Dame de Tamatave,** de Janine et Jean-Claude Fourrier (éd. Orphie, coll. « Richesse et diversité d'Outre », 2014). La biographie de la princesse Juliette Fiche, épouse de trois Français qui marqua l'histoire de la côte est de Madagascar au XIXe s. Une bonne façon de s'intéresser aux soubresauts de l'île gagnée par la présence française. Un ouvrage conséquent (500 pages), richement documenté, pour les férus d'Histoire.

– **La Sentinelle de Fer – Mémoires du bagne de Nosy Lava,** de Roland Villela (Plon, coll. « Terre Humaine », 2016). À travers le témoignage d'Albert Abolaza, un ancien prisonnier condamné aux travaux forcés à perpétuité, l'ouvrage rend compte des sévices, humiliations et meurtres dont furent victimes, en toute impunité, les détenus de Nozy Lava. Ce livre, bouleversant, jette une lumière froide sur la réalité du dernier bagne de Madagascar, qui ne ferma définitivement ses portes qu'en 2010.

– **Livres locaux :** les éditions *No Comment* publient des livres d'auteurs locaux (malgaches ou *vazaha*), polars, nouvelles, romans, mais aussi un fameux *Guide de survie à Madagascar* franchement rigolo. Citons **Le Vieux Mangeur de temps** d'Alexis Villain, **Roman vrac** de Jean-Claude Mouyon, **Madagascar Dahalo** de Bilal Tarabey... Pour plus d'informations, voir à Tananarive **No Comment Éditions** dans les adresses utiles, ou **Le Flamant Rose** dans la rubrique *Achats*.

MARCHANDAGE

Pour les achats et l'artisanat, le marchandage reste une tradition très forte. Il serait même impoli de ne pas marchander ! Cela étant dit, il faut être raisonnable : les petits vendeurs survivent plus qu'ils ne vivent de leur métier. Sauf cas d'arnaques flagrants, on peut espérer faire baisser les prix de 30 % environ, parfois un peu plus. Mais mégoter méchamment pour 500 Ar à Madagascar, franchement, ce n'est pas le lieu.

Pour le reste, assurez-vous de toujours négocier les services au départ et de ne les payer qu'après. Cela est valable pour les taxis, les excursions et les guides en particulier. Toujours se renseigner sur les prix « normaux » (nous vous les indiquons autant que possible) et se méfier de certains tarifs « spécial *vazaha* », doubles ou triples. Mais ne rêvez pas : vous paierez toujours un peu, voire beaucoup plus cher que les Malgaches, sauf pour les trajets en taxi-brousse, aux prix fixes.

Attention, les guides sont parfois enclins à revenir sur le tarif entendu, même ceux qui sont agréés par le *MNP*, l'organisme officiel qui gère les parcs et réserves de l'île ou alors ils réclament en plus un petit pourboire « parce que ça fait toujours plaisir »... Si tout paraît baigner dans un flou artistique, écrivez sur un papier les « termes du contrat » !

PHOTOS

– ***Matériel :*** on peut trouver des cartes mémoire dans les grandes villes, mais on conseille vivement d'emporter vos marques favorites avec vous, c'est plus sûr.
– ***Rapport à l'image :*** de manière générale, les Malgaches, sans y être franchement hostiles, ne sont pas particulièrement friands de se faire prendre en photo. Demandez-leur tout simplement la permission. En revanche, les enfants dans les villages ont une attirance naturelle pour l'appareil. Là encore, si un adulte est dans les parages, demander l'autorisation. Souvent, on vous demandera d'envoyer les photos. C'est la moindre des choses.
– Attention aux lieux dits *fady* (interdits). Toujours se renseigner avant sur la possibilité de photographier. On pense notamment aux tombeaux. Il peut arriver que l'on vous demande de payer quelque chose avant ou après la photo. C'est la plupart du temps un bakchich, tout simplement, car on joue souvent sur la culpabilité du touriste vis-à-vis des *fady*. Mais si vous enfreignez réellement un interdit, cela peut être une source d'ennuis importants, autant le savoir, notamment pour les tombeaux mahafaly et antandroy dans le Sud.

POSTE

Le courrier est généralement lent entre Madagascar et l'Europe, et assez peu fiable. Éviter les bureaux de poste des toutes petites localités. Timbres décollés, cartes postales oubliées ou dérobées sont légion… Au retour, malheureusement, les colis à destination des amis rencontrés pendant le séjour n'arrivent pas souvent intacts (mieux vaut les faire passer par des candidats au voyage sur place ou par un réseau malgache en France).

POURBOIRE

Le pourboire est fréquemment suggéré, notamment par les guides locaux. Ici, tout service rendu mérite un petit « cadeau », même parfois si vous avez juste demandé votre chemin au coin d'une rue… On n'y est pas obligé, bien sûr. Sinon, cela encourage un réflexe vis-à-vis des *vazaha* que l'on trouve malsain. Cela étant, ce conseil fera sourire plus d'un *zanatany* (« fils de la terre », né à Madagascar ou apparenté), car c'est une vieille pratique née des rapports institués jadis entre les Malgaches et les colons français. Dans les restaurants, il est d'usage de laisser entre 5 et 10 % pour le service, mais, là encore, c'est à votre libre appréciation. N'oubliez pas les porteurs dans les hôtels, dont les salaires sont très faibles. Si vous louez un véhicule avec chauffeur, prévoyez environ 5 € par jour pour son pourboire.

RESTAURANTS

On peut merveilleusement bien manger à Madagascar, mais il faut **être précautionneux,** même dans les restos de catégories supérieures. Tous les établissements n'ont pas de frigo ou de générateur et, même s'ils en ont, les incessantes coupures de courant ont vite fait de rompre la chaîne du froid. Bref, évitez le poisson et les fruits de mer dans les terres. On recommande de ne consommer que la viande ou le poisson qu'on a vu auparavant. C'est la seule garantie.
Contrairement à ce que leur nom pourrait laisser supposer, les **hotely** sont des petits restos populaires très bon marché ! Le plus souvent, de vraies gargotes rudimentaires en bord de route, dans les stations de taxis-brousse ou en ville. Il

faut y faire très attention à l'hygiène, voire les éviter (si vous en franchissez le seuil, préférez les aliments très cuits). Cela dit, certains restos qui présentent mieux ont aussi leurs problèmes d'hygiène...
À noter que dans presque toutes les villes (notamment à Diego-Suarez et à Tamatave), des stands se montent le soir à même le trottoir. On y mange souvent bien, pour pas cher et dans une ambiance typiquement malgache franchement sympa ! Et ça a l'avantage d'être frais, car cuisiné sur l'instant.

SANTÉ

Madagascar ne possède pas encore d'infrastructure médicale d'urgence, hormis *l'hôpital militaire de Tana* et *l'Espace médical*, sorte de SAMU-SMUR privé, plus ou moins performant. On conseille en fait de s'adresser à la partie clinique de *l'Institut Pasteur de Tana* (médecins français). Quelques villes et villages importants sont équipés d'un dispensaire, d'une mission, ou comptent au moins un médecin ou un infirmier, mais souvent dépourvus de tout médicament et matériel médical. Alors, pensez à **prendre une pharmacie de base** qui, si elle ne vous est pas utile, peut être laissée à une mission ou à une ONG. Ne pas faire don des médicaments à des particuliers à cause des risques de surdose ou de mauvais diagnostic, un médicament mal utilisé peut s'avérer très dangereux. En revanche, pour les petits bobos vraiment classiques, par exemple une plaie qui s'infecte, un flacon de *Bétadine* vous assurera des sourires pleins de soleil... En retour, on vous proposera peut-être de bénéficier des connaissances remarquables des Malgaches en matière de plantes médicinales.
Mais **en cas d'accident grave** ne pouvant être pris en charge sur place, il faut immédiatement contacter votre assurance personnelle, prise avant votre départ bien sûr, pour être rapatrié à Tana dans un premier temps, puis à La Réunion qui n'est qu'à 1h de vol, ou vers l'Europe.

Quelques règles générales pour rester en bonne santé

– Faire attention aux légumes crus, sauf ceux qui ont été bien lavés, pelés ou bouillis. Mais on n'est jamais certain de l'eau utilisée. Le mieux est de se passer de crudités. En effet, si l'on ne boit que de l'eau capsulée, on ne prend pas suffisamment garde aux aliments lavés avec une eau impropre. Le résultat se fait pourtant vite sentir.
– Éviter tout fruit déjà pelé. Les peler soi-même avec les mains propres.
– Se laver les mains avant les repas et toute manipulation d'aliments.
– Éviter, surtout en début de séjour, les grands verres de jus de fruits, souvent acides, qui déséquilibrent la flore intestinale et éviter les glaçons.
– Désinfecter immédiatement les coupures et égratignures. Sous ces climats, elles peuvent s'infecter et mettre beaucoup plus de temps à guérir.
– Des chaussures neuves, qui peuvent provoquer des ampoules, sont à éviter car, en plus d'être désagréables, les blessures aux pieds sont très difficiles à résorber.
– La chaleur, couplée avec l'humidité ambiante, peut provoquer l'apparition de lésions cutanées. Bien se sécher après une douche ou un bain de mer et porter des vêtements larges et légers, si possible en coton.
– Rincer un peu le bac à douche avec du shampooing avant de se laver.

Petite pharmacie de base

Contre le mal des transports, mieux vaut s'équiper avant de partir d'un antinauséeux et antivomitif, à prendre 30 mn avant le départ, tel que la *Nautamine*®. Et puis n'oubliez pas les produits usuels, tels que : antipaludique (lire plus loin), antibiotique à large spectre, antalgique (paracétamol), désinfectant cutané, pansements et compresses, collyre antiseptique, répulsif antimoustiques, protection solaire efficace, crème apaisante et traitements personnels habituels. De petits ciseaux, une pince à échardes et un thermomètre pourraient vous être utiles. À prévoir éventuellement : une trousse de premiers soins tel que le Steripack® contenant du fil de suture avec aiguille, des seringues et des aiguilles stériles à fournir en cas de besoin à du personnel médical.

■ *Sante-voyages.com :* les produits et matériels utiles aux voyageurs, parfois difficiles à trouver, peuvent être achetés par correspondance sur le site de *Santé Voyages* ● *sante-voyages.com* ● Infos complètes toutes destinations, boutique en ligne avec paiement sécurisé, expéditions Colissimo Expert ou Chronopost. ☎ *01-45-86-41-91 (lun-ven 14h-19h).*

Les principaux problèmes

Le paludisme

L'ensemble du pays est classé en zone 3. Cette maladie due au *Plasmodium falciparum* (parasite transmis par les moustiques) est présent à 90 % à Madagascar et tue ici plusieurs centaines de personnes par jour ! Il a une durée d'incubation qui va de 7 jours à 3 mois. En cas de fièvre pendant ou après le voyage, il vous faudra consulter rapidement un spécialiste.
Il est indispensable de prendre un ***traitement antipaludique*** :
– soit de la *Malarone®* : 1 comprimé par jour à commencer la veille de l'arrivée, à poursuivre tout le séjour et 7 jours après le retour ; doses de *Malarone* pour les enfants, selon le poids, voir avec votre médecin traitant. On peut désormais trouver des génériques (atovaquone-proguanil), ce qui rend son coût nettement plus abordable qu'auparavant. S'adresser pour cela aux pharmacies ayant un débit significatif.
– soit de la *Doxycycline* (adultes, enfants de + de 8 ans) : 1 comprimé par jour à commencer la veille de l'arrivée, à poursuivre tout le séjour et 4 semaines après le retour ; vraiment moins cher mais des précautions sont nécessaires contre la photosensibilisation pour les peaux blanches. À privilégier car il présente un autre avantage : il prévient aussi l'infection par la peste !
– soit du *Lariam* : 1 comprimé par semaine à commencer 10 jours avant le départ, à poursuivre tout le séjour et 3 semaines après le retour. Certains le supportent, d'autres pas du tout.
Dans tous les cas, la résistance des souches évoluant constamment, il est plus prudent de demander conseil, avant de partir, à un médecin ou à un centre spécialisé soin et conseil quant au traitement le plus adapté.
Voici cependant des règles à observer concernant la ***prévention*** :
– le soir, porter des vêtements les plus couvrants possible et, mieux encore, traités (par exemple, avec *Insect Ecran® trempage* ou *vaporisation,* efficace durant 6 semaines malgré cinq ou six lavages à basse température) ;
– sur les parties découvertes, utiliser lotions ou crèmes répulsives efficaces. De très nombreux sprays, crèmes ou lotions vendus en grande surface et même en pharmacie sont très peu ou pas du tout efficaces. Les spécialistes reconnaissent davantage les produits contenant l'une ou l'autre des substances actives suivantes : DEET à 50 % ou à défaut agent 35/35. Dans tous les cas, s'enduire les parties découvertes du corps toutes les 4h au maximum, dès le coucher du soleil ;
– utiliser une moustiquaire imprégnée (à réimprégner quand ouverte depuis plus de 6 mois).
Il est fortement déconseillé aux femmes enceintes de traverser des zones impaludées : d'une part, le palu est abortif et, d'autre part, elles ne peuvent prendre aucun antipaludique ou presque (la *Malarone®* est quasi l'exception mais avec l'accord du médecin), ni utiliser de spray répulsif sans risque pour l'embryon (la citronnelle est sans risque, mais moins efficace : ce n'est donc pas une solution).

Autres problèmes

– **L'eau** est le principal vecteur de maladies. Ne jamais consommer l'eau du robinet, lavage des dents compris ! Boire de l'eau en bouteille cachetée. Attention aux glaçons et aux jus de fruits qui ne sont pas préparés devant vous (on peut y ajouter de l'eau !) ; évitez également de consommer des crudités si vous ne savez pas comment elles ont été lavées. Attention aussi aux verres mal rincés (les essuyer avec un mouchoir propre est utile). Heureusement on trouve quasiment partout de l'eau minérale, du thé ou du… Coca bien sûr ! Enfin, on signale un système assez génial : les pailles à travers lesquelles on peut boire de l'eau de marigot. Avantage : elles se gardent toute une vie. Attention à bien choisir sa paille : le format classique ne permet pas de filtrer les virus, simplement les bactéries ; seuls les modèles plus gros filtrent les virus pour une sécurité infectieuse que l'on peut aujourd'hui qualifier de totale. Demander conseil.

– **La turista :** en raison des changements d'alimentation et de climat, on échappe rarement à ce que l'on appelle une turista, la « courante » locale… Le traitement d'une turista simple de l'adulte repose sur l'association d'un antibiotique en une prise, une seule fois (*Zithromax®* : 2 comprimés) et d'un inhibiteur de la sécrétion, le *Tiorfan®* : 1 gélule, puis 1 gélule trois fois par jour, si possible pendant les repas, sans dépasser 7 jours).

– **L'hépatite A,** transmise par l'eau et l'alimentation, est très fréquente à Madagascar. La vaccination est indispensable ! On considère aujourd'hui qu'après deux injections à 6 mois d'intervalle, on est immunisé à vie. Noter que la première injection est déjà efficace.

– **La bilharziose** et certaines autres parasitoses peuvent s'attraper lors des baignades en eau douce. Évitez de vous baigner dans les boues et eaux stagnantes (lacs, rivières à faible débit…). Les bains de mer sont, en revanche, inoffensifs (attention tout de même aux requins, crocodiles marins et autres nuisances !).

– **Le soleil :** il peut cogner fort. Couvrez-vous la tête (on trouve de très beaux chapeaux à Mada !), mettez des lunettes de soleil réellement anti-UV et enduisez-vous de crème solaire à indice élevé. Renouvelez la crème solaire souvent et portez absolument un T-shirt pour le snorkelling (dos constamment exposé). Pensez à boire beaucoup également.

– **Les petites bêtes :** dans les forêts humides de la côte est, vous verrez parfois sortir les **sangsues.** Deux solutions : marcher en short et sandales et retirer les sangsues une par une (le meilleur moyen est de les arroser de gros sel) ou porter des vêtements longs et des guêtres parfaitement hermétiques. Méfiez-vous de certains **scorpions** et **mygales** (surtout dans le massif de l'Ankàrana, mais aussi dans l'Ouest et le Sud), ainsi que des **scolopendres,** sortes de mille-pattes plats avec deux pinces sur la tête, que l'on trouve souvent en brousse. Si vous campez, inspectez votre tente, soulevez les pierres plates et accrochez vos chaussures en hauteur la nuit. Si vous êtes piqué par l'une de ces bestioles, en général les habitants brûlent la plaie avec une braise (pratique dangereuse unanimement condamnée par ailleurs, attention), et il faut rester allongé sans paniquer. Dangereux si vous êtes déjà en mauvaise santé, mais dans ce cas vous ne partiriez pas en brousse, n'est-ce pas ? En revanche, il n'y a aucun serpent venimeux à Madagascar. Les **parasy** sont de petites puces de sable (puce « chique ») qui ont la fâcheuse manie de pondre sous la peau de vos orteils nus. Rien de méchant, mais très désagréable. Si vous sentez une petite piqûre au pied et qu'à l'observation vous voyez une espèce de petite boule blanchâtre surmontée d'un petit point noir, c'est ça ! Demandez à un Malgache de vous l'enlever (c'est là où vous serez content d'avoir été vacciné contre l'hépatite B et le tétanos). Ils savent le faire sans éclater la poche d'œufs. Appliquez un antiseptique durant quelques jours et, dorénavant, portez des Pataugas quand vous marchez sur des sols sablonneux… Enfin, de petites mouches appelées **mokafohy** pullulent sur certaines plages de la côte est, de Sainte-Marie ou de Nosy Be. S'enduire de répulsifs (DEET, sur les vêtements seulement !), mais aussi de citronnelle, protections adéquates si on veut éviter d'avoir le dos « défiguré ».

– **La rage :** de nombreux chiens errants sont porteurs de la maladie, y compris dans le centre de Tananarive, mais il faut tout aussi bien se méfier d'une griffure de chat ou d'une morsure de lémurien. Si on voyage longtemps ou avec des enfants en bas âge, il est plus prudent de les faire vacciner préventivement, car ils ne ressentent pas toujours la morsure ou ne s'en plaignent pas. La rage se transmet par la salive et une incision, même bénigne, sans saignement, peut la transmettre. Le vaccin se fait en trois injections : il faut donc s'y prendre au moins 1 mois avant le départ. En cas de morsure, il convient de se rendre à l'Institut Pasteur de Tananarive dans les 48h.

– **Le choléra,** qui se transmet par l'eau, est malheureusement en passe de devenir endémique dans certaines parties de Madagascar, notamment dans les régions proches des Comores (Majunga). Il convient donc d'appliquer les mesures d'hygiène courantes pour ce genre de pays au sujet de l'eau (voir plus haut). Il convient d'être vigilant devant toute diarrhée aqueuse (c'est-à-dire incolore) abondante de plus de 48h, sans fièvre. Vomissements fréquents également. Dans l'attente de consulter au plus vite, se réhydrater au maximum (autant que le supportera votre estomac !) de Coca, bouillon de légumes, eau de riz... Le choléra n'est grave que par les pertes qu'il entraîne en eau, sodium, potassium et autres sels minéraux. Dès que ces pertes sont compensées, on peut être considéré comme guéri. Et n'oubliez pas que cette maladie se soigne très bien dès lors que l'on consulte au plus vite dans un service bien équipé. Enfin, important à signaler, **il existe un vaccin,** le Dukoral (à prendre par voie orale en 2 doses) qui présente l'avantage de **protéger aussi contre la turista** !

– **La peste** bubonique a connu ces dernières années un développement inquiétant. Selon le ministère de la Santé, 500 cas sont répertoriés en moyenne chaque année, entre septembre et avril (période la plus chaude), Madagascar étant devenu le premier pays au monde touché par la peste. Les prisons sont particulièrement touchées, en raison des conditions d'hygiène dégradées. Aussi, en cas de séjour prolongé avec immersion profonde dans les populations villageoises, s'éloigner des rongeurs (porteurs de puces) et se prémunir contre les piqûres de ces mêmes puces. Et si vous voyez un ou plusieurs rats morts, abandonnez « le navire » au plus vite !

– **Sida et MST :** si le nombre de sidéens semble plutôt moins élevé que dans le reste de l'Afrique, une extrême prudence s'impose ! Madagascar possède, en effet, tous les paramètres favorisant une propagation forte et rapide des maladies sexuellement transmissibles, qui sont nombreuses et diverses par ailleurs. Toutes les protections universelles sont donc à prendre, à commencer par le préservatif. Mais le rejet par les Malgaches de la *kapaoty* est si fort que les autorités en ont modifié le nom. Elle est désormais appelée *fimailo,* ce qui peut se traduire par « prendre du plaisir en restant sur ses gardes » !

Centres de vaccinations internationales

Pour les centres de vaccination partout en France, dans les DOM-TOM, en Belgique et en Suisse, consulter le site internet : ● *astrium.com/centres-de-vaccinations-internationales.html* ●

SITES INTERNET

● *routard.com* ● Le site de voyage n° 1, avec plus de 800 000 membres et plusieurs millions d'internautes chaque mois. Pour s'inspirer et s'organiser, près de 300 guides destinations actualisés, avec les infos pratiques, les incontournables et les dernières actus, ainsi que les reportages terrain et idées week-end de la rédaction. Partagez vos expériences avec la communauté de voyageurs : forums de discussion avec avis et bons plans, carnets de route et photos de voyage.

Enfin, vous trouverez tout pour vos vols, hébergements, voitures et activités, sans oublier notre sélection de bons plans, pour réserver votre voyage au meilleur prix.
- **madagascar-tourisme.com** • Le site de l'office national du tourisme de Madagascar (assez sommaire).
- **normada.com** • Site non commercial avec toutes les informations sur le nord de Madagascar (des cartes du coin) et tous les contacts pour les voyageurs ou les futurs résidents.
- **parcs-madagascar.com** • Le site de *MNP*, qui gère les parcs et réserves de l'île. Liste des parcs avec cartes, photos et caractéristiques.
- **madonline.com** • Magazine en ligne sur Madagascar. Articles sur tous les sujets : politique, société, économie, vie quotidienne, culture...
- **newsmada.com** • Site d'un groupe de presse malgache. Infos sociétales, sportives, culturelles – et même une rubrique « élucubrations » pour prendre la température !
- **nocomment.mg** • Éditeur passionné par la Grande Île, *No Comment* s'intéresse aussi à la vie culturelle et nocturne de Tana, sans manquer de suivre les tendances.

TÉLÉPHONE ET TÉLÉCOMMUNICATIONS

La numérotation

Il est encore difficile de joindre certaines localités, mais cela s'arrange. Les liaisons téléphoniques ont en effet connu un fort développement grâce à la téléphonie mobile, que se partagent 3 sociétés : *Orange* (032), *Airtel* (033) et *Telma Mobile* (034). Les **lignes fixes,** gérées par Telecom Malagasy, dit *Telma* (020) sont peu à peu délaissées par les utilisateurs.

– À noter qu'il existe un ***indicatif téléphonique*** pour chaque zone de Madagascar (ex. : les 22, 23 ou 24 pour Tananarive, le 44 pour Antsirabe...). **On vous l'indique au début de chaque ville,** mais *il doit être systématiquement inclus* dans la numérotation, que vous soyez dans la même zone ou à l'autre bout de l'île, que vous appeliez d'un fixe ou d'un portable.

– Dans le cas d'un **appel à partir d'un cellulaire vers un poste fixe,** vous devrez en plus composer le 020 devant. Exemple, pour joindre un numéro de Tuléar : 020-94-XXX-XX. Pour appeler un portable, l'indicatif de l'opérateur (voir plus haut) suffit, quelle que soit l'origine de votre appel.

– ***Madagascar → France :*** 00 + 33 + le numéro de votre correspondant à 9 chiffres (le numéro à 10 chiffres sans le 0). Pour passer par un opérateur, composer le 10.

– ***France → Madagascar :*** 00 + 261 + 20 + le numéro de votre correspondant comportant l'indicatif régional. Pour joindre un portable, 00 + 261 + le numéro du portable sans le 0 devant.

Votre téléphone portable en voyage

On peut utiliser son propre téléphone portable à Madagascar avec l'option « International ».

– ***Activer l'option « international » :*** elle est en général activée par défaut. Sinon pensez à contacter votre opérateur pour souscrire à l'option (gratuite) au moins 48h avant le départ.

– ***Le « roaming » ou itinérance :*** c'est un système d'accords internationaux entre opérateurs. Concrètement, cela signifie que lorsque vous arrivez dans un pays, le nouveau réseau s'affiche automatiquement. Vous recevez rapidement un SMS de votre opérateur qui propose un ***pack voyageurs*** plus ou moins avantageux, incluant un forfait limité de consommations téléphoniques et de connexion Internet.

– *Tarifs :* ils sont propres à chaque opérateur et varient en fonction des pays (le globe est découpé en plusieurs zones tarifaires). ***N'oubliez pas qu'à l'international, vous êtes facturé aussi bien pour les appels sortants que les appels entrants, idem pour les textos.*** Donc quand quelqu'un vous appelle à l'étranger, vous payez aussi. Soyez bref !
– *Forfaits étranger inclus :* certains opérateurs proposent des forfaits où **35 jours de roaming par an sont offerts** dans le monde entier. On peut donc cumuler plusieurs voyages à l'étranger sans se soucier de la facture au retour. Attention, si SMS, MMS et appels sont souvent illimités, la connexion internet est, elle, limitée. D'autres opérateurs offrent carrément le ***roaming toute l'année vers certaines destinations.*** Renseignez-vous auprès de votre opérateur.
– *Internet mobile :* utiliser le wifi à l'étranger et non les réseaux 3G ou 4G. Sinon on peut faire exploser les compteurs, avec au retour de voyage des factures de plusieurs centaines d'euros ! Le plus sage consiste à ***désactiver la connexion*** « données à l'étranger » (dans « Réseau cellulaire »). Il faut également penser à ***supprimer la mise à jour automatique de votre messagerie*** qui consomme elle aussi des octets sans vous avertir (option « Push mail »). Opter pour le mode manuel.

Bons plans pour utiliser son téléphone à l'étranger

– *Acheter une carte SIM/puce sur place :* c'est une option très avantageuse. On peut acheter un téléphone dans n'importe quelle ville. En fait, on en trouve partout. Compter environ 30 000 à 40 000 Ar pour l'achat d'un téléphone et la carte SIM (avec un peu de crédit dessus). Puis on achète des recharges au fur et à mesure chez de nombreux commerçants et partout dans des kiosques de rue composés d'une simple table et d'un parasol. Si vous gardez votre téléphone, avant de signer le contrat et de payer, essayez donc, si possible, la carte SIM du vendeur dans votre téléphone – préalablement débloqué – afin de vérifier si celui-ci est compatible. Attention, ne pas acheter les téléphones les plus bas de gamme. Ils sont réputés pour dégager les ondes les plus puissantes ! On vous attribue alors un numéro de téléphone local et un petit crédit de communication. C'est toujours plus pratique pour trouver son chemin et bien moins cher que si vous appeliez avec votre carte SIM personnelle. Les communications sont bon marché... à condition de téléphoner à un interlocuteur qui possède le même opérateur ! Sinon, mieux vaut privilégier *Telma Mobile* qui propose des tarifs avantageux vers les autres opérateurs et les fixes.
– *Se brancher sur les réseaux wifi* est le meilleur moyen de se connecter au Web gratuitement ou à moindre coût. De plus en plus d'hôtels, restos et bars disposent d'un réseau, payant ou non.
Dans les hôtels de gamme moyenne ou supérieure le wifi peut rame et n'est fréquemment disponible qu'à l'accueil ou dans les parties communes.
– Une fois connecté au wifi, vous avez accès à tous les services de la ***téléphonie par Internet. Whatsapp, Messenger*** (la messagerie de *Facebook*), ***Viber, Skype,*** permettent d'appeler, d'envoyer des messages, des photos et des vidéos aux quatre coins de la planète, sans frais. Il suffit de télécharger – gratuitement – l'une de ces applis sur son smartphone. Elle détecte automatiquement dans votre liste de contacts ceux qui utilisent la même appli.

Urgence : en cas de perte ou de vol de votre téléphone portable

Suspendre aussitôt sa ligne permet d'éviter de douloureuses surprises au retour du voyage ! Voici les numéros des quatre opérateurs français, accessibles depuis la France et l'étranger.

– **SFR :** depuis la France, ☎ 1023 ; depuis l'étranger, 📱 + 33-6-1000-1023.
– **Bouygues Télécom :** depuis la France comme depuis l'étranger, ☎ + 33-0800-29-1000 (service et appel gratuits).
– **Orange :** depuis la France, ☎ 0800-100-740 ; depuis l'étranger, +33-969-39-39-00.
– **Free :** depuis la France, ☎ 32-44 ; depuis l'étranger, ☎ + 33-1-78-56-95-60.

Vous pouvez aussi demander la suspension de votre ligne depuis le site internet de votre opérateur.
Avant de partir, notez (ailleurs que dans votre téléphone portable !) votre numéro IMEI utile pour bloquer à distance l'accès à votre téléphone en cas de perte ou de vol. Comment avoir ce numéro ? Il suffit de taper sur votre clavier *#06#, puis reportez-vous au site ● *mobilevole-mobilebloque.fr* ●

TRANSPORTS

Distances

Les distances sont importantes entre les villes et l'état du réseau routier n'est pas extraordinaire. Sur les quelque 50 000 km de routes du pays, à peine plus de 10 % sont goudronnés ! Et encore, ces 10 % sont-ils souvent constellés de nids de poules... Le reste se partage entre des grandes pistes pleines d'ornières et de petites pistes complètement cabossées. Ces dernières sont souvent impraticables en saison des pluies (de novembre à avril). Dans tous les cas, les nationales ne permettent que rarement d'atteindre une moyenne de 50 km/h ; elle tourne même souvent plus vers 30 km/h. Les RN 7 (de Tana à Tuléar) et RN 6 (dans le Nord vers Diego-Suarez), par exemple, ne se sont pas mal dégradées ces dernières années. Bref, les distances s'évaluent en temps de trajet et non en kilomètres. En taxi-brousse, les distances ne s'évaluent d'ailleurs même pas (car on ne peut pas non plus prévoir les pannes !). *On vous donne les temps de trajet estimés dans le tableau récapitulatif de ce chapitre, mais tout cela n'est que grossièrement indicatif.*

Taxi-brousse, mode d'emploi

De tous les modes de transport de l'île, le taxi-brousse est le plus typique, le moins cher et, donc, le plus populaire... mais aussi le plus dangereux vu l'état des véhicules et la manière de conduire des chauffeurs. C'est le seul moyen de déplacement pour la majorité des Malgaches qui ne peuvent se payer ni voiture ni voyage en avion. D'ailleurs, pour beaucoup, même le taxi-brousse revient cher. Les taxis-brousse sillonnent l'essentiel du pays, en tout cas sur les liaisons rentables. Certains vont jusqu'au fin fond de la brousse mais, là, les départs sont rares. On s'étonne de voir certains véhicules rouler encore... Les pannes, petites ou grosses, sont fréquentes (euphémisme !), mais l'ingéniosité des Malgaches en matière de mécanique leur permet de mener leurs véhicules jusqu'à leur dernier souffle. Toujours bondé et parfois surchargé à en dépasser l'entendement, le taxi-brousse reste un excellent moyen de côtoyer de (très) près la population locale... Moyennant quelques conseils à suivre et quelques précautions à prendre avant le départ, voyager en taxi-brousse vous laissera d'incroyables souvenirs, c'est sûr !

Les différents types de taxis-brousse

Sous le terme général de « taxi-brousse », on désigne tout véhicule de transport en commun reliant un lieu à un autre, aussi courte soit la distance. Les plus courants, notamment pour les longues distances, sont des ***minibus asiatiques*** aux places théoriquement limitées (3 personnes par banquette). Toutefois, pour les trajets intra-régionaux, même longs et nocturnes, il est autorisé 1 personne

supplémentaire par banquette... Et beaucoup plus si le chauffeur paye le bakchich escompté aux contrôles de police ! Dès qu'on sort des sentiers battus, les **404 bâchées, 504 breaks, bus Tata,** voire des **4x4 – Land Cruiser** ou **camions Mercedes** – se substituent aux vans habituels. Dans ces cas-là, il n'est pas rare de s'y retrouver entassés à plus de 20, sans compter les bagages ! À éviter si possible ou à réserver pour les petits et courts trajets.
Heureusement il existe désormais des compagnies de **taxis-brousse 1ʳᵉ classe** pour certains trajets au départ de Tana (Tamatave, Majunga, Morondava, Fianarantsoa, etc.). Nous essayons de les indiquer. Il s'agit notamment des compagnies Cotisse (● *cotisse-transport.com* ●), Sonatra Plus, Malagasy Car (Majunga), Gasy Car (Antsirabe), etc. Climatisation, sièges confortables, wifi à bord, petit déjeuner... On n'arrête pas le progrès et **cela vaut le coup de payer plus cher** avec ces compagnies quand on peut se l'offrir, croyez-nous !

Réservation et choix des places

Il est important, pour les longs trajets, de réserver sa place en passant la veille au stationnement des taxis-brousse. Pour plus de confort, il est toujours possible d'acheter deux places pour être moins serré, mais il faudra ensuite réussir à faire respecter ce choix... on n'hésitera pas à rajouter à vos côtés 2 ou 3 personnes si vous ne dites rien !
Les places à l'avant, à côté du chauffeur sont celles qui offrent le plus d'espace pour les jambes, la meilleure vue... mais, en cas d'accident (qui ne sont pas rares), ce sont les plus exposées. En plus, il n'y a pas d'appui-tête et on se trouve au-dessus du moteur : on a vite chaud aux fesses !

La sécurité

Soyez toujours vigilant sur les conditions de sécurité : chauffeur ivre ou mort de fatigue, manière de rouler, véhicule en décrépitude, surcharge... Des **accidents** se produisent régulièrement, notamment sur la RN 7 (Tana-Tuléar) et la RN 2 (Tana-Tamatave), et ils ne sont pas beaux à voir. PRUDENCE, donc. En effet, plus l'état d'une route permet de rouler vite, plus le chauffeur et son véhicule deviennent potentiellement dangereux. Être vigilant et ne surtout pas hésiter, lorsqu'on ne se sent pas à l'aise, à quitter un taxi-brousse pour en chercher un autre. Il vaut mieux perdre quelques milliers d'ariary, quelques heures et se retrouver planté au bord d'une route à attendre que passer de vie à trépas ! Enfin, depuis quelques années, surtout au sud de l'île, des **bandes armées** arrêtent les taxis-brousse pour les détrousser la nuit, même lorsque les convois de taxis-brousse sont accompagnés par des gardes armés ! Ça ne rigole pas. Mieux vaut dans tous les cas voyager de jour.

Les « horaires » et tarifs

Contrairement aux apparences, le trafic obéit à de vraies logiques d'exploitation. Les taxis n'arrivent théoriquement jamais à destination de nuit, ce qui détermine leur heure de départ. Cela dit, hormis sur les longues distances, on ne peut pas vraiment parler d'horaires : les véhicules ne partent généralement que lorsqu'ils sont pleins, souvent 1h ou 2h après l'heure annoncée... Le matin, avec l'afflux des voyageurs, on a plus de choix et l'on attend moins. Chaque ligne ayant ses règles et ses contraintes, le mieux est de se renseigner auprès des autres usagers.
Côté prix, les choses sont claires : ils sont parfois affichés, fixes pour chaque type de voiture, pour toutes les places et ils ne se marchandent pas. Au stationnement des villes les plus importantes, adressez-vous aux stands des coopératives. Mais vous verrez que certains font des « promos » pour attirer le chaland... ce ne sont pas forcément les meilleures compagnies ! Évitez les rabatteurs (ce qui ne sera pas facile, ceux-ci vous repèrent au premier orteil posé dans l'espace d'une « gare » routière !), car, s'ils connaissent tous les départs et les taux de remplissage des

ÉTAPES	DISTANCES	DURÉE estimative
LES HAUTES TERRES		
Antananarivo / Ampefy	124	2h30-3h
Antananarivo / Antsirabe	168	3-4h
Antsirabe / Ambositra	90	2-3h
Ambositra / Fianarantsoa	150	4-5h
Ambositra / Ranomafana	150	3-4h
Ranomafana / Manakara	175	3-4h
Ranomafana / Mananjary	130	3-4h
Ranomafana / Fianarantsoa	65	2h
Fianarantsoa / Ambalavao	56	1h30
Ambalavao / Ranohira	230	4h
Ranohira / Tuléar	240	4h
LE GRAND SUD		
Tuléar / Ifaty - Mangily	27	1h30
Itampolo / Lavanono	180	7-8h
Lavanono / Berenty	195	7-8h
Berenty / Fort Dauphin	100	5-6h
LE MOYEN OUEST		
Antsirabe / Miandrivazo	220	4h à 4h30
Miandrivazo / Morondava	270	5-6h
Morondava / Belo sur Tsiribinha	110	3h30-4h
Belo sur Tsiribinha / Tsingy	92	3h30 min
L'EST		
Tana / Andasibe	160	2h30
Andasibe / Tamatave	226	4 à 5h
Tamatave / Foulpointe	50	1h30
Foulpointe / Mahambo	28	45 mn
Mahambo / Soanierana Ivongo	74	2h30
LE NORD		
Ankify / Ambanja	25	30 mn à 1h
Ambanja / Ambilobe	108	3-4h
Ambilobe / Diego	138	4-5h
Joffre ville / Diego	30	45 mn
Ambilobe / Vohémar	164	7-8h (saison sèche)
Vohemar / Sambava	153	3 à 4h
Sambava / Antalaha	89	1h30 à 2h
Sambava / Andapa	110	2h30-4h
Tana / Majunga	558	10-12h

OBSERVATIONS

LES HAUTES TERRES

Route goudronnée en bon état, dégradée en fin de parcours

Route goudronnée en bon état

Route goudronnée en bon état

Route goudronnée en bon état

Route goudronnée en bon état

Route goudronnée en bon état

Route goudronnée en bon état

Route goudronnée

Route goudronnée en bon état, quelques tronçons dégradés

Route goudronnée en bon état

Route goudronnée en bon état

LE GRAND SUD

Route goudronnée

Piste en rocaille, sable et boue

Piste sablonneuse et route très dégradée

Route goudronnée très dégradée

LE MOYEN OUEST

Bonne route goudronnée, dégradée vers Miandrivazo

Bonne route goudronnée avec quelques tronçons dégradés

Piste

Piste localement dégradée

L'EST

Route goudronnée en bon état

Route goudronnée en bon état

Route goudronnée en état de délabrement

Route goudronnée en état de délabrement

Route goudronnée, en état de délabrement jusqu'à Fénérive

LE NORD

Route goudronnée dégradée

Route goudronnée dégradée

Route goudronnée très dégradée

Route goudronnée, bonne au début, dégradée à la fin

Piste saisonnière très difficile

Route goudronnée en bon état

Route goudronnée en bon état

Route goudronnée sinueuse en bon état

Route goudronnée en bon état avec quelques tronçons dégradés véhicules, ils prennent aussi une commission sur le prix de votre billet (et celle-ci n'est généralement pas insignifiante). À l'achat d'une place, on reçoit un ticket justificatif. Les compagnies sont en général réglo. Pour les petits trajets, on paie directement au conducteur ; si vous prenez un taxi-brousse en cours de route, il vous demandera parfois de payer le prix du trajet entier.

Conseils pour mieux vivre son voyage
– Éviter vraiment les trajets de plus de 8 ou 9h d'affilée et même de plus de 4 ou 5h si possible. Au-delà, ça commence à devenir intenable. Faire des étapes.
– Si possible, éviter absolument les trajets de nuit (les plus dangereux).
– Essayer de dégager de la place pour les jambes (du luxe !) et d'être près d'une fenêtre pour avoir de l'air ; inversement, durant l'hiver austral sur les Hautes Terres (il fait très frisquet), prévoir un pull ou une couverture en cas de trajet de nuit.
– Les arrêts dans les villages permettent de se ravitailler mais mieux vaut prévoir les petites choses qui rendent le voyage supportable : eau, gâteaux, etc.

Avion

La compagnie nationale **Air Madagascar** (● airmadagascar.com ●) possède un **bon réseau intérieur** qui permet de pallier les difficultés ou l'absence de liaison routière dans certaines régions. Elle dessert près d'une vingtaine de localités, principalement sur des ATR ou des petits Twin-Otter de 15 places aux sensations garanties.
Tout cela serait parfait si les vols n'étaient pas aussi chers et si les annulations et les retards n'étaient pas aussi fréquents...
Pour répondre à la première doléance, *Air Madagascar* offre de **fortes réductions sur les vols intérieurs** à ceux qui prennent leur vol international chez eux (en général 50 %, taux différents pour Tuléar). Cette offre étant soumise à un quota limité de places, il est conseillé d'effectuer la réservation et demander cette offre le plus tôt possible, voire dès l'achat du vol international en France. C'est cependant moins intéressant si on vient de La Réunion.
Concernant les **retards,** il est indispensable de **vérifier par téléphone l'horaire de son prochain vol** (qu'il soit national ou international) la veille au soir ! Vous pourrez aussi laisser vos coordonnées (numéro de portable par exemple) à l'agence *Air Madagascar* de la localité où vous vous trouvez, afin d'être – normalement – prévenu (par SMS) d'éventuelles modifications horaires. Les annulations sont moins fréquentes, sauf en saison des pluies, mais attention également aux départs anticipés de quelques heures... pas si rares ! N'arrivez pas au dernier moment. Enfin, étudiez bien vos bagages : mieux vaut un seul sac de 20 kilos (gratuit) que deux de 10 kilos (le 2e étant payant).
Il faut faire vos réservations au plus tôt si vous partez en haute saison (vacances scolaires), car certains vols sont complets plusieurs mois à l'avance. Ne jamais hésiter à **s'inscrire sur une liste d'attente** (voire plusieurs), les places pouvant se débloquer jusqu'au dernier moment.
– ATTENTION encore : **en cas de correspondance, mieux vaut prévoir une solide marge** horaire entre deux vols. Il est absolument indispensable d'envisager une nuit à Tananarive avant votre vol international de retour.
– Face à ce monopole, la compagnie **Madagasikara Airways** (● madagasikaraairways.com ●) a fait son apparition récemment. Encore en développement, ses fréquences de vols et la liste des villes desservies restent encore balbutiantes sur certaines régions, mais la compagnie fait l'unanimité pour la qualité de ses services à bord et pour ses prix, plus avantageux que ceux de la concurrence. À suivre !

Location de véhicules

Vous trouverez dans toutes les grandes villes touristiques des **agences** proposant la location de voitures. La plupart du temps, celles-ci vous seront proposées avec un *chauffeur-guide.* Les hôtels peuvent également faire jouer un réseau souvent un peu moins cher mais sans assurance. Les berlines sont abordables, mais un 4x4 s'avère souvent nécessaire sur les pistes, et là les prix sont assez élevés (voir « Budget »).

Vous pourrez également trouver à louer des *voitures sans chauffeur,* mais il est indispensable d'être déjà rompu à la conduite à Madagascar dans ce cas : mauvais état des routes et des pistes, longues distances, pannes, circulation chaotique et traversées de piétons, charrettes, troupeaux, vélo et autres pétrolettes... Et on ne vous parle même pas des véhicules sans lumières de nuit et des (certes rares) braquages sur certaines routes !

Dans les villes, le *stationnement* est très empirique et l'intégrité du véhicule pas vraiment garantie (risque de vols, de dégradations...). Pour charger le zébu, en cas de pépin grave, Madagascar est démuni en matière d'évacuation et d'urgences dès qu'on quitte Tana. Même avertissement pour les motos... À la limite, on peut louer un scooter pour rayonner très localement. En général, les loueurs souscrivent une assurance, mais le principe tient plutôt du « tu casses, tu paies », alors méfiance (prenez votre propre *assurance* au départ) !

■ *BSP Auto :* ☎ 01-43-46-20-74 *(tlj).* ● *bsp-auto.com* ● Les prix proposés sont attractifs et comprennent le kilométrage illimité et les assurances. *BSP Auto* vous propose exclusivement les grandes compagnies de location sur place, vous assurant un très bon niveau de services. Les plus : vous ne payez votre location que 5 jours avant le départ. Remise spéciale de 5 % aux lecteurs de ce guide avec le code « ROUTARD18 ».

■ *Madauto/Budget* (plan couleur centre Tananarive, B1, **17**) : *4, av. de l'Indépendance, Tananarive.* ☎ *020-22-611-11 ou 032-05-811-13.* ● *budget.mg* ● Location de berlines et 4x4 au départ de Tananarive ou des agences *Budget* de province (Tamatave, Diego, Majunga, Tuléar et Fort-Dauphin).

■ *Hertz :* ☎ 0825-861-861 *(0,18 €/mn + prix appel).* ● *hertz.com* ● À *Tana,* ☎ *(+261) 20-22-660-68 et 20-22-229-61.*

■ *Europcar :* ☎ 0825-358-358 *(0,15 €/mn + prix appel).* ● *europcar.fr* ●

■ *Avis :* ☎ 0821-230-760 *(0,15 €/mn + prix appel).* ● *avis.fr* ●

Taxis-ville, *taxis-be* et taxis spéciaux

– **Les taxis-ville** sont très nombreux dans la majorité des grandes villes. À Diego, la plupart sont de vieilles 4L jaunes pleines de charme (il y en a aussi à Tana, et des « deudeuches » !). Les taxis n'ont jamais de compteur et le tarif doit être fixé en montant, mais les chauffeurs sont rarement malhonnêtes. Reportez-vous à nos informations ou renseignez-vous auprès des habitants. Selon les villes, les taxis peuvent être individuels (prix du taxi pour une course) ou collectifs, c'est-à-dire qu'ils peuvent prendre d'autres passagers (« théoriquement » pas plus de quatre). Les prix doublent généralement la nuit. On vous rappelle que, à Tana (et même ailleurs), il est impératif de se déplacer en taxi de nuit, même sur une courte distance.

– Vous pourrez parfois avoir besoin de *taxis spéciaux* : il s'agit d'un taxi-ville que vous louerez, pour vous seul, à l'heure ou à la journée. Utile pour explorer une ville ou ses environs. Les tarifs varient un peu selon les régions et l'état des routes, mais tournent en général autour de 120 000-150 000 Ar la journée. Quoi qu'il en soit, négociez avec le chauffeur avant de vous engager et ne payez qu'à la fin de votre expédition.

– **Les taxis-be** sont des véhicules de transport en commun, type minibus, qui relient un quartier à un autre. Il est souvent très difficile de les utiliser si l'on ne connaît pas les lignes. En revanche, c'est très bon marché.

Tuk-tuks

Introduits relativement récemment à Madagascar, ils gagnent du terrain dans nombre de grandes et moins grandes villes. Consommant très peu d'essence, ils permettent de proposer des passages pour presque rien : 500 Ar, le plus souvent, dans un centre-ville, et 1 000 Ar pour se rendre en périphérie (tarifs doubles de nuit en général).

Pousse-pousse

Venus d'Asie il y a bien longtemps, ils peuvent transporter 1 ou 2 personnes. La capitale malgache du pousse-pousse est Antsirabe : ils sont ici plusieurs milliers à se livrer une concurrence acharnée pour vous prendre en charge (jusqu'à la limite du harcèlement parfois !). On en trouve aussi à Tamatave, à Tuléar, à Majunga et à Manakara. Il y a également de multiples variantes façon rickshaw (tracté par un vélo), moto-rickshaw (tracté par une pétrolette), ...
Faire courir devant vous un homme, le plus souvent pieds nus et tout frêle, ne sera peut-être pas sans vous poser quelque cas de conscience ou vous donner des scrupules. Cela dit, ces courses sont une ressource essentielle pour eux. Les prix annoncés sont évidemment toujours supérieurs pour les touristes, variables en fonction de la distance et des bagages. Les courses de nuit sont un peu plus chères et déconseillées dans certaines villes (Tuléar par exemple) où certains pousse-pousse organisent des guets-apens pour vous détrousser. Négociez et payez avant pour éviter des discussions inutiles, ou assurez-vous d'avoir beaucoup de monnaie.

Train

– La ligne de marchandises reliant Tananarive à Tamatave accepte désormais des passagers, mais uniquement sur le *tronçon Moramanga-Tamatave.* Le tortillard circule en début de semaine via Ambila-Lemaitso, Brickaville et Andasibe. Compter pas moins de 12h éprouvantes (pas de 1re classe), à travers de beaux paysages de montagne. Tarif : dans les 10 000 Ar le trajet, mais à confirmer avant le départ bien sûr. ● *madarail.mg/voyages_train_voyageur.php* ●
– La ligne Fianarantsoa-Manakara quant à elle (train FCE ou Fianarantsoa-côte est) est à nouveau sur les rails. Mais ce trajet est aussi superbe qu'éprouvant (ça y va *mora-mora*...) et aléatoire (annulations régulières, train s'arrêtant en cours de trajet, voire déraillement...). Sur 170 km, on dévale 1 200 m de dénivelée en passant par 21 tunnels, 42 ponts et 17 gares ! On y découvre des paysages hallucinants, escarpés, forestiers et spectaculaires. Compter 40 000 Ar en 1re classe.

Stop

Ne comptez pas dessus, les véhicules privés étant beaucoup trop rares. Vous risquez de ne rencontrer que camions, taxis-brousse ou collecteurs de langoustes (dans le Sud), qui vous demanderont de toute façon de payer votre voyage. On peut cependant essayer de profiter des véhicules d'agences ou de tour-opérateurs rentrant à vide d'une expédition. Les chauffeurs seront souvent prêts à vous transporter, mais le prix est généralement bien supérieur à celui du taxi-brousse (vos conditions de voyage seront aussi nettement plus confortables et vous arriverez beaucoup plus vite). Se renseigner autour des hôtels touristiques (en restant discret) ou carrément auprès des agences, qui en font parfois la promotion, comme *Évasion sans Frontière* entre Nosy Be et Diego-Suarez.

Charrettes à zébus, pirogues, boutres et ferries...

– Les *charrettes à zébus* pourront vous dépanner lorsque aucun transport collectif ne fait la liaison entre deux villages de brousse, ce qui est assez courant hors des sentiers battus. Très rustique, très physique et inoubliable pour nos dos d'Occidentaux ! À ne faire que si vous avez un tant soit peu le sens de l'aventure et beaucoup de temps devant vous !

– Les ***pirogues et boutres*** vous permettront de relier des villages inaccessibles autrement qu'en 4x4, notamment le long de la côte ouest. Les pirogues descendent les rivières, comme la Tsiribihina. Cela dit, nous attirons votre attention sur les risques liés à tous les transports en bateau, quels qu'ils soient, à Madagascar (voir la rubrique « Dangers et enquiquinements »).

URGENCES

En cas d'urgence, un rapatriement vers La Réunion, voire vers la métropole, est indispensable.

■ *À La Réunion :* centre hospitalier régional Félix-Guyon, Bellepierre, | 97400 Saint-Denis de La Réunion. ☎ 02-62-90-50-50. ● chr-reunion.fr ●

– Voir aussi la rubrique « Santé » dans nos pages sur Tananarive pour les coordonnées de médecins et centres de soin.
– En cas de perte ou de vol de carte bancaire, se reporter à la rubrique « Argent, banques, change » en début de guide.
– En cas de perte ou de vol de téléphone portable, se reporter à la rubrique « Téléphone et télécommunications » quelques pages en arrière.

LES HAUTES TERRES

- **Tananarive (Antananarivo)** 90
  - Le parc botanique et zoologique de Tsimbazaza • Le parc de Tsarasaotra • L'élevage de crocodiles Croc' Farm • Lemur's Park • Atelier Violette et Dieudonné • Les douze collines sacrées de l'Imerina : Ilafy, Ambohimanga et Antsahadinta
- **À l'ouest de Tananarive, Ampefy et le lac Itasy** 126
- **DE TANANARIVE À FIANARANTSOA**.......127
- **De Tana à Ambatolampy**..............128
  - Iavoloha • Ampangabe • Behenjy • Ambatolampy
- **Antsirabe**..............130
  - Brasserie Star • Randonnées à cheval ou à VTT dans le Vakinankatatra • Le lac Andraikiba • Le lac Tritriva • Descente de la Tsiribihina
- **Ambositra**..............140
  - Les villages zafimaniry : Antoetra, Ifasina, Ankidodo, Ambohimanarivo, Faliarivo et Sakaivo
  - Balade à Manandriana : Anjoman-Akona, la cascade d'Andohariana, Soatanana
  - La réserve villageoise d'Ankazomivady
- ● *La route du Sud-Est* ... 147
- **Ranomafana et son parc national** 148
- **Mananjary**..............152
  - Le canal des Pangalanes • Les plages
- **Manakara**..............154
- ● *Le sud du pays Betsileo* 157
- **Fianarantsoa**..............157
  - Soatanana • Les plantations de thé de Sahambavy
- **Ambalavao et le massif de l'Andringitra** 167
  - Ambalavao : le site écotouristique d'Anja • Le massif de l'Andringitra et son parc national : l'ascension du pic Boby

● Carte *p. 89*

Souvent appelées « hauts plateaux », les Hautes Terres constituent l'épine dorsale du pays. Un centre géographique, mais aussi historique, politique et culturel. C'est dans cette région que vivent les groupes ethniques merina et betsileo.
Du haut de ses collines sacrées, Tananarive domine le pays et d'abord la région de l'Imerina, avec ses paysages déboisés, ses rizières et ses petits villages traditionnels aux maisons de pisé. C'est la région la plus froide de Madagascar, où l'hiver austral porte bien son nom. L'ancienne ville thermale d'Antsirabe, aux portes de la capitale, forme, elle, un havre de fraîcheur pendant les grosses chaleurs. Au-delà, l'Imerina cède la place au Betsileo. Là, d'Ambositra à Fianarantsoa, le paysage est marqué par des collines sculptées de rizières en terrasses. Tout pousse ici, carottes, asperges, pêches, pommes, jusqu'aux vignobles à flanc de coteaux ! Plus tarabiscoté, plus vert, plus frais également que l'Imerina, le Betsileo se présente politiquement et culturellement comme un intermédiaire entre Tana et le Sud ensoleillé.

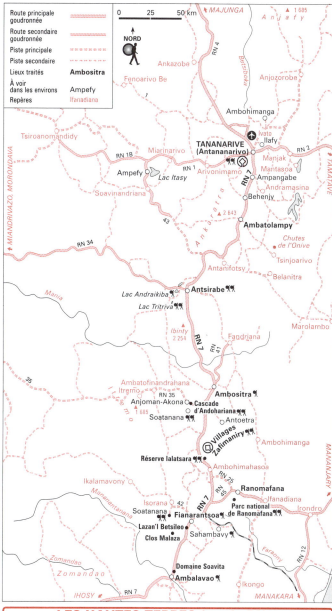

LES HAUTES TERRES (par la RN7)

TANANARIVE (ANTANANARIVO)

env 2 000 000 hab.　　　IND. TÉL. : 22, 23 ou 24

● Plan d'ensemble *p. 94-95* ● Plan centre *p. 96-97*

La capitale malgache, Tana pour les intimes, n'est pas une ville qui s'offre facilement : elle a grandi pêle-mêle sur un ensemble de 12 collines sacrées, chacune jadis détenue par un roitelet différent. Aujourd'hui, le Grand Tana s'étend même sur 18 collines, présentant une topographie pour le moins tortueuse qui n'est pas pour déplaire. Du cœur de la Ville basse, où se regroupent services et animation, les longs rubans des escaliers et les ruelles tortueuses se lancent à l'assaut de la Ville intermédiaire et de la Ville haute. D'ici à y parvenir, le souffle est souvent court tant la pente est raide... Sous le regard, les toits de tuiles et de tôle ondulée rouillée font écho aux vieilles bicoques délabrées, rappelant pour certaines la gloire fanée de la colonie. En bas, les marchés, innombrables, s'animent de mille et un petits métiers. Les trottoirs eux-mêmes sont occupés par des hordes de vendeurs ambulants, les rues par la cacophonie des embouteillages. Ici, la pollution, l'insécurité et la pauvreté font des ravages. Comme toutes les capitales des pays du tiers-monde, Tana attire son lot de misère qui frappe de plein fouet ceux qui croient y trouver l'eldorado.

Ceux que la pauvreté attriste ou choque ne resteront pas longtemps à Tana, si ce n'est pour voir le palais de la Reine, celui du Roi à Ambohimanga, ou pour acheter ce merveilleux artisanat du marché d'Andravoahangy. La Ville haute mérite que l'on arpente un peu ses ruelles tout en relief, pavées et tortueuses, pour profiter des nombreux points de vue qu'elle offre sur la capitale. Si vous avez le choix entre y faire halte en début ou en fin de séjour, on vous conseille la seconde solution... le choc sera moins grand et vous serez moins vulnérables à cette concentration urbaine et humaine que vous ne retrouverez nulle part ailleurs sur la Grande Île.

UN PEU D'HISTOIRE

De la forêt bleue à la cité des Mille...

Tananarive est née sur la plus haute colline de la ville actuelle : *Analamanga*, recouverte de sa « forêt bleue ». En 1610, le roi Andrianjaka en déloge les tribus vazimba qui l'occupent, mystérieux premiers habitants de l'île. Il décide de protéger le site avec 1 000 hommes en armes et lui donne logiquement le nom d'*Antananarivo*, ou « ville des mille guerriers ». La cité des Mille est née... Il fait bâtir son palais (ou Rova) à l'emplacement de l'actuel palais de la Reine, lieu définitivement sacré et consacré à la royauté merina jusqu'à la dernière reine, Ranavalona III.

Naissance de Tananarive

Au début du XVIIIe s, l'Imerina est morcelé en plusieurs villages fortifiés, perchés sur une douzaine de collines. Andrianampoinimerina, « celui qui règne au cœur de l'Imerina », prend la colline d'Antananarivo en 1794. Fin stratège et habile politicien, il unifie la région par la diplomatie en épousant 12 femmes des 12 villages rivaux. Il confie à chacune l'administration d'une colline, et décrète que toutes sont sacrées. Puis il proclame Antananarivo capitale de son royaume. Le tour est joué ! La ville et les campagnes environnantes se développent. À la mort du roi en 1810, Antananarivo compte 15 000 âmes.

Radama Ier prolonge et amplifie l'œuvre de son père. Il ouvre la ville aux missionnaires européens, notamment aux Anglais, avec lesquels il conclut une alliance stratégique pour contrecarrer l'influence française sur la côte orientale de la Grande Île. Le commerce est florissant, l'architecture occidentale bourgeonne dans le style de l'époque, et les écoles de la *London Missionary Society* poussent comme des champignons.

Mais, à la mort du roi, en 1828, sa veuve Ranavalona Ire vire brutalement de bord. Elle chasse les Européens, condamne le christianisme au nom des ancêtres et fait massacrer tous les hérétiques... Pourtant, elle autorise le Français Jean Laborde, puis l'Anglais James Cameron, à réaliser des œuvres de première importance, comme le palais de la Reine ou le tombeau de son Premier ministre.

De la « bataille de Tana » à la Seconde Guerre mondiale

En 1895, sous le règne de la reine Ranavalona III, les troupes du général Duchesne attaquent Tananarive par surprise. Un unique obus tombé dans la cour du palais de la Reine suffit à désarmer les consciences ! Quelques mois plus tard, Madagascar est déclarée colonie française. Tana compte alors 50 000 habitants. La France décide de développer la capitale et d'utiliser la prédominance politique des Merinas à ses fins colonialistes : amélioration des communications entre Tana et les côtes, création des administrations à la française, où l'on nomme essentiellement des Merinas, construction des tunnels et agrandissement des marchés de la capitale. Pendant la Seconde Guerre mondiale, Tana tombe aux mains des Anglais qui tentent de neutraliser les forces françaises locales acquises à Vichy. La ville est rendue à la France libre en 1943, mais pas aux Malgaches... La suite, on la connaît (lire la rubrique « Histoire » dans « Hommes, culture, environnement »).

Tana post-indépendance

La capitale demeure le centre du pouvoir malgache. C'est ici, et nulle part ailleurs, que les manifestations jettent assez de monde dans les rues pour changer le cours de l'Histoire du pays. Tous les présidents en ont été victimes au cours du dernier demi-siècle, laissant tour à tour apparaître la puissance et la faiblesse des Merinas. C'est dans ce cadre que, le 6 novembre 1995, le palais de la Reine fut victime d'un terrible incendie. Certains parlent de règlement de comptes politique. On aurait voulu toucher au cœur même de la monarchie merina, et donc à son autorité morale et politique sur l'île. D'autres avancent la thèse d'un pillage du palais camouflé en incendie...

Aujourd'hui, le grand Tana compte plus de 2,5 millions d'habitants, soit la moitié de la population urbaine de l'île. La ville abrite toujours la majeure partie des activités commerçantes, ainsi que l'élite administrative et politique de Madagascar.

Arrivée à l'aéroport

➤ **Aéroport international d'Ivato :** *à env 18 km au nord de la ville.* Le terminal des vols intérieurs jouxte celui des vols internationaux. De taille modeste, cet aéroport vous mettra tout de suite dans l'ambiance, avec ses porteurs et chauffeurs de taxi en quête de clients.

– **Visas à l'arrivée :** formalité relativement rapide. Munissez-vous du formulaire d'entrée distribué dans l'avion et de la somme nécessaire en euros (on vous rendra la monnaie), car les distributeurs se trouvent dans le hall des arrivées, au-delà du bureau des visas (voir « Formalités » dans « Madagascar utile »).

– **Argent, change :** plusieurs banques dans le hall d'arrivée font le change

et disposent de distributeurs automatiques accessibles en tout temps. Le bureau de la *Socimad,* qui offre le meilleur taux (aussi bon qu'en ville), est ouvert 24h/24. Celui-ci, tout comme un **petit kiosque de change** coincé entre deux boutiques (peu visible) sont les seuls à changer les ariary en euros au moment du retour : la Socimad avec un minimum de 50 €, le petit bureau de change sans minimum. Évitez le marché noir : certains petits malins plient les billets pour faire croire qu'il y a deux liasses... En plus, c'est illégal.
– *Office du tourisme :* dans le hall. ☎ 22-661-75. • madagascar-tourisme. com • Tlj.
– *Dormir près de l'aéroport :* si vous arrivez en fin d'après-midi, voire en pleine nuit et que vous avez une correspondance le lendemain matin, on conseille vivement de dormir à proximité immédiate de l'aéroport. On s'économise ainsi deux courses de taxi, et surtout de fastidieux bouchons. Lire la rubrique « Où dormir ? Où manger près de l'aéroport ? ». Certains hôtels viennent chercher leurs clients en réservant.

Comment rejoindre la ville en taxi ?

Adressez-vous aux taxis blancs. Compter dans les 50 000 Ar (tarif officiel) ; durée du trajet : au moins 1h en journée, selon les bouchons. Certains hôtels et chauffeurs tenteront de vous faire payer plus cher en vous présentant une fausse grille de tarifs officiels. Soyez fermes et courtois... l'aventure malgache commence.

Orientation

Le Grand Tananarive s'étend sur 18 collines. Située à une altitude comprise entre 1 200 et 1 500 m, la capitale malgache se divise en Ville basse, Ville intermédiaire et Ville haute.
– *La Ville basse :* son cœur s'étend autour de l'avenue de l'Indépendance, qui relie le marché d'Analakely à la vieille gare ferroviaire de Soarano. Tsaralalàna, le quartier commerçant des Indo-Pakistanais (les Karanes) la prolonge vers le sud-ouest. Il est lui-même accolé au « quartier populaire » d'Isotry (« Isoutch »). Au sud de la colline d'Isoraka, s'étendent le lac Anosy (prononcer « Anouch ») et le quartier du *Carlton,* où se trouvent également les grands ministères, *Mahamasina,* le quartier du stade et, plus au sud encore, *Tsimbazaza,* avec l'Assemblée nationale et le parc zoologique et botanique.

– *La Ville intermédiaire :* au sud de la Ville basse, Isoraka regroupe l'essentiel de ce que Tana compte de restos et de bars branchés. Un peu plus à l'est, juste au-dessus d'Analakely, la place de l'Indépendance (à ne pas confondre avec l'avenue) est entourée par le palais présidentiel, les hôtels *Colbert* et *du Louvre,* et pave le chemin en direction de la Ville haute.
– *La Ville haute ou Vieille Ville :* occupant une colline qui enserre la Ville basse par l'est et le sud-est, elle culmine au palais de la Reine (le Rova). On y trouve aussi le palais du Premier ministre et on y bénéficie de panoramas dominants.
– *Au nord* de la Ville basse se succèdent *Behoririka* (prononcer « Berourirk' ») et son petit lac, Antanimena et, surtout, *Andravoahangy* et son surprenant marché.

Comment circuler ?

À pied

Tana est étendue et tortueuse du fait de ses collines et rues en colimaçon mais, si vous vous en tenez aux secteurs principaux, ce relief trompeur se parcourt plutôt bien à pied. Un taxi vous fera cependant économiser vos efforts – et vos poumons ! – d'un quartier à l'autre. **LE SOIR ET LA NUIT, LE TAXI EST OBLIGATOIRE, MÊME POUR QUELQUES CENTAINES DE**

MÈTRES. Ne rigolez pas avec ça : son coût est modique, ne tentez pas le diable pour des économies de bout de chandelle.

En taxi

Le taxi vous évitera de trop marcher et vous assurera la sécurité de nuit. Restent les embouteillages omniprésents... Les taxis « officiels » du centre-ville, de couleur beige, possèdent une enseigne blanche « Taxi Antananarivo ». Les autres sont clandestins.

– *À savoir* : il n'y a que peu de noms de rues à Tana, ou du moins personne ne les connaît ! D'ailleurs, les plaques sont rares. Alors, plutôt qu'une adresse précise, indiquez au chauffeur le quartier de destination et un lieu connu proche de votre point de chute. Les chauffeurs sont débrouillards et en feront leur affaire.

– *Tarif des taxis :* pas de compteur, donc **toujours négocier avant de monter.** Pour une course en ville, compter minimum 7 000-12 000 Ar, en marchandant bien, selon la distance (ville basse ou haute) et l'heure de circulation. C'est plus cher lorsqu'il y a des embouteillages. Pour des trajets plus longs et des temps d'attente éventuels, négocier au cas par cas. Pour un taxi à la journée (en ville), compter à partir de 60 000 Ar (essence en sus) selon le type de véhicule et les kilomètres parcourus ; par agence, les tarifs montent jusque vers 150 000 Ar.

En *taxi-be* et en bus

Les *taxis-be* sont des minibus privés de 18 places ou plus (une planche amovible pouvant servir de strapontin central), qui desservent Tana jusqu'à 15 km alentour selon des itinéraires fixes. Mais les habitants de Tana eux-mêmes s'y perdent. Chacun utilise « sa » ligne et connaît rarement les autres. Il vous faudra donc demander à l'hôtel ou auprès des riverains... et éviter de transporter des objets de valeur et gros sacs. Les quartiers traversés sont indiqués sur un panneau à l'avant, sous le numéro de la ligne. Pour faciliter leur reconnaissance, les *taxis-be* arborent des couleurs précises pour chaque ligne. Cependant, une même ligne reliant les deux mêmes terminus peut emprunter deux chemins différents et il n'est pas possible de descendre (ni de monter) du véhicule en dehors des arrêts imposés. Mieux vaut donc être sûr de son coup ! Il existe bien une appli Taxibe, disponible sur Android et iOS, mais elle n'est ni complète ni forcément à jour.

– Pour rejoindre les quartiers nord à partir du centre-ville, se rendre avenue Rabezavàna à Analakely, et pour gagner ceux du sud, aller rue Mahafaka à Tsaralalàna. Le tarif est partout le même : environ 400 Ar le trajet.

En voiture

Vous trouverez des comptoirs *Budget* et *Hertz* à l'aéroport et un bureau *Budget* avenue de l'Indépendance, face à la gare *(plan centre B1)*. Cela étant dit, en ville, la difficulté à circuler et les embouteillages constants incitent plutôt à recourir aux taxis et aux bus.

Dangers et enquiquinements

– Le jour, le centre de Tana n'est pas à proprement parler dangereux. Tout au plus des vendeurs de tout et n'importe quoi vous suivront-ils avec insistance. En revanche, au risque de radoter : *taxi obligatoire pour n'importe quel déplacement, même court, le soir et la nuit.*

– Toujours avoir sur soi son passeport ou une photocopie de celui-ci et du visa (surtout le soir et la nuit). Les contrôles de police n'ont parfois pour but que de vous extorquer un bakchich.

– Bon, même de jour, ne jouez pas au vilain touriste plein de bijoux, Ray-Ban sur le nez et gilet multipoches bien garni. Un peu de prudence s'impose, notamment lors de la visite des marchés, sur la place de l'Indépendance

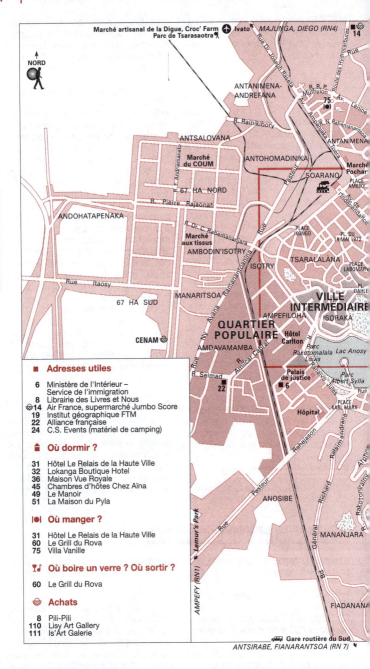

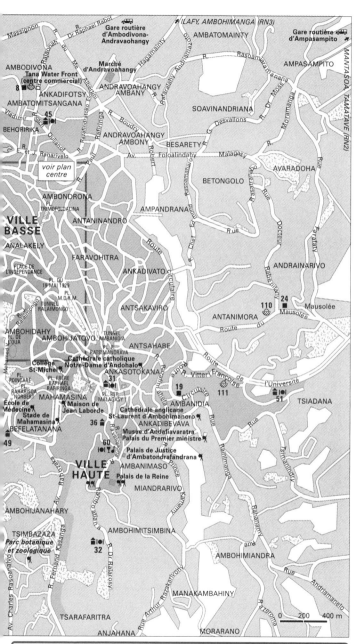

TANANARIVE – Plan d'ensemble

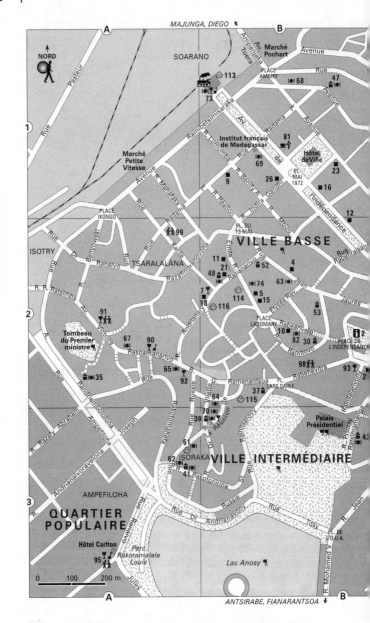

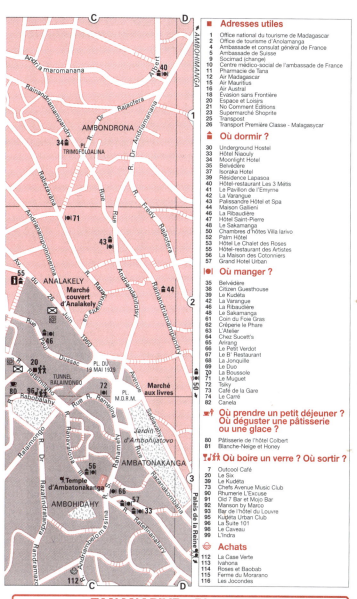

TANANARIVE – Plan centre

(Ville intermédiaire) et sur l'avenue de l'Indépendance (Ville basse). Gare aux habiles pickpockets qui vous aborderont à plusieurs en faisant l'aumône. Le luxe ostentatoire n'est pas seulement une imprudence, c'est une provocation dans une ville où la misère fait des ravages...

Adresses et infos utiles

Informations touristiques

❚ *Office régional de tourisme d'Analamanga (plan centre B2, 2) : kiosque d'information près de la pl. de l'Indépendance, escalier Ranavalona Antaninarenina.* ☎ *22-270-51 ou* 📱 *034-20-270-51.* ● *tourisme-antananarivo. com* ● Des cartes gratuites et quelques informations sur la capitale, la région et même au-delà.

■ *Association des chauffeurs guides Look Gasy Aventures : à l'hôtel Niaouly (voir « Où dormir ? »).* 📱 *33-21-090-21 ou 34-98-333-23.* ● *chauffeur-guide-madagascar-lga. com* ● Une association d'une douzaine de chauffeurs-guides compétents.

Représentations diplomatiques

■ *Ambassade et consulat général de France (plan centre B2, 4) : 3, rue Jean-Jaurès, Ambatomena.* ☎ *22-398-98 et 50 (urgences).* ● *ambafrance-mada.org* ● *Lun-jeu 8h-17h45 (17h30 ven). Attention, horaires variables selon service.* C'est ici qu'il faut vous adresser en cas de perte de passeport ou problème de santé grave. Le consulat peut, en cas de difficultés financières, vous indiquer la meilleure solution pour que des proches puissent vous faire parvenir de l'argent, ou encore vous assister juridiquement si nécessaire.

■ *Consulat honoraire de Belgique : Groupe Fraise, rue Rayonanahitriniarivo, Ankorondrano.* 📱 *033-37-006-00.* ● *consulatbelgiquemada@yahoo. com* ●

■ *Ambassade de Suisse (plan centre B2, 5) : immeuble Aro, 2ᵉ étage, rue Solombavambahoaka, Frantsay 77, Antsahavola.* ☎ *22-629-97 ou 98.* ● *eda.admin.ch/antananarivo* ● *Lun-ven 8h30-11h30.*

Prolongation de visas

Théoriquement, il est possible de faire prolonger son visa dans les chefs-lieux de province, mais il faut ABSOLUMENT vérifier cette possibilité avant de quitter Tana, en appelant le ministère de l'Intérieur, et se méfier des délais... Bref, vous l'aurez compris : demander la prolongation à Tana est nettement plus prudent.

■ *Ministère de l'Intérieur – Service de l'immigration (plan d'ensemble, 6) : dans le quartier d'Anosy, près de l'hôtel Carlton. Y aller en taxi. Lun-ven 8h-12h, 14h-17h. Demander le service de l'immigration. Essayer de déposer sa demande le mat pour espérer retirer le visa dans l'ap-m.* Attention, ne pas croire que la prolongation soit acquise d'avance. En effet, les autorités craignent de voir de plus en plus de « touristes » se transformer en « immigrants »... Il faut d'abord aller retirer un dossier sur place, on vous dira à ce moment-là quels documents sont nécessaires. Il s'agit normalement du billet d'avion retour (photocopie), du passeport (photocopie), d'un justificatif bancaire, d'une demande manuscrite de prolongation de visa, de 4 photos d'identité et d'un certificat d'hébergement d'un hôtel (ou d'un ami), à remplir par l'hébergeant et l'hébergé. Dernier conseil important : il faut laisser son passeport au ministère, et donc obtenir une photocopie légalisée de celui-ci et du visa auprès d'une mairie d'arrondissement afin d'éviter les bakchichs en cas de contrôle nocturne à Tana !

Poste, téléphone et Internet

✉ *Bureau de poste de la Ville basse (plan centre C2) : à Analakely, face au marché. Lun-ven 8h-16h, sam 8h-10h.* Service internet *(Cyberpaositra ; voir plus loin)* et poste restante.

TANANARIVE / ADRESSES ET INFOS UTILES | **99**

✉ *Bureau de poste de la Ville intermédiaire* (plan centre C2) *: à Antaninarenina. Lun-ven 8h-16h, sam 8h-11h, mais ouvre souvent plus tard...* Poste restante.

■ *Téléphone :* le mieux si vous séjournez un moment à Mada est d'avoir un vieux portable de base désimlocké et d'acheter sur place une carte SIM de *Airtel* (033), *Orange* (032) ou *Telma* (034). Puis on achète du crédit par le biais d'une carte à gratter ou le revendeur vous envoie du crédit directement sur votre portable. On trouve des vendeurs de téléphones, de cartes et de crédits absolument partout en ville. Voir aussi la rubrique « Téléphone et télécommunications » dans « Madagascar utile ».

■ *Renseignements téléphoniques :* ☎ *12 (depuis un poste fixe).*

@ *Internet :* le wifi, quoique capricieux, est disponible dans la plupart des hôtels, qui disposent aussi pour certains d'un ordinateur. Sinon, **Cyberpaositra,** *à la poste de la Ville basse, à Analakely (plan centre C2), et à la poste de la Ville intermédiaire (plan centre C2).*

Argent, banques, change

Il est facile de retirer de l'argent aux distributeurs des grandes banques et, si besoin, d'y faire du change. Vous les trouverez principalement sur l'avenue de l'Indépendance et aux abords de la place de l'Indépendance. Les retraits sont limités à une somme comprise entre 200 000 Ar et 400 000 Ar. On peut les renouveler plusieurs fois (néanmoins, autant de commissions prises par votre banque).

■ *Socimad* (plan centre B1, *9*) *: 14, rue Radama-Ier, à Tsaralalàna.* ☎ *22-365-80.* 📱 *032-07-152-27. Lun-ven 8h-11h45, 14h-16h30 ; sam 8h-10h30.* En principe, pratique un des meilleurs taux de change en ville (liquide uniquement). S'il vous reste des ariary avant de quitter le pays, il est possible, ici, de les reconvertir en euros (pour au moins 50 €), ce qui est impossible dans les banques. C'est aussi le cas à l'annexe de l'aéroport d'Ivato *(ouv 24h/24).* Présentation du passeport et du billet d'avion retour pour cette opération.

– *Change :* de nombreux hôtels et commerces font du change si vous êtes en panne. Il existe également un marché noir assez actif, mais la prudence s'impose. C'est illégal, la fausse monnaie circule et les voleurs rôdent... On déconseille.

– *Urgence financière :* en cas de besoin urgent d'argent liquide, *Western Union* est représenté par les banques *BFV-SG* et *BOA.*

Santé

En cas de problème sérieux, il faut se faire rapatrier sur l'île de La Réunion ou en Europe et ne pas plaisanter avec cela. S'il s'agit de problèmes classiques ou de première urgence, les adresses suivantes vous seront utiles. Vous pouvez aussi demander conseil au **Centre médico-social de l'ambassade de France** (plan centre B2, *10*) *: villa Éliane Michel, rue Rabearivelo à Antsahavola.* • cms.tananarive@gmail.com • ☎ *22-236-62. Lun-ven 7h30-12h30, 13h30-16h30 (15hven).* Ils vous donneront les adresses de spécialistes en fonction de vos besoins.

✚ *Petits soins et urgences, l'Espace médical : lot IVO 110 GO, quartier Anbodivona.* ☎ *22-625-66.* 📱 *034-02-088-16 ou 034-02-009-11.* Consultations au dispensaire pour les urgences et les petits soins, visites à domicile et toutes sortes de soins courants et d'analyses urgentes 24h/24.

✚ *Urgences : pour les urgences 24h/24, s'adresser à l'Hôpital Militaire (HOMI ;* ☎ *23-397-51 et 23-397-53) ou à la Polyclinique Ilafy (*☎ *22-425-66 ou 69). Sinon Médical Plus, à Ankaditoho (Docteur Luc :* ☎ *22-567-58.* 📱 *032-04-602-05 ou 033-11-613-05), et Assistance Plus, à Ivato (*📱 *032-07-801-10), assurent transports médicaux, urgences et consultations à domicile* (en principe remboursées par la Sécurité sociale française). Pour les radios, le meilleur spécialiste est le **CDT** *(à Ambohimanarina ;* ☎ *23-307-60).*

■ *Analyses médicales, vaccins et palu : Institut Pasteur,*

Ambatofotsikely, quartier d'Avaradoha. ☎ 22-401-64 et 65 ou 22-412-72. Pour les analyses, lun-ven 7h-16h30, w-e 8h-15h sur rdv slt ; lun-ven 8h-11h30, 14h-16h pour les vaccins. Autre **Institut Pasteur** à Ankorondrano, centre commercial Zoom. 📱 034-02-426-66. Financé par la coopération française et très bien structuré. Sans aucun doute le meilleur laboratoire de Tana et du pays, dans un parc superbe ! Mentionnons enfin le **Centre Technique Biomédical** (CTB), géré par un Français avec des antennes dans plusieurs villes du pays. Sur Tana : lot 66 MA, Mandrosoa, Ivato, ☎ 020-22-583-16 ; lot IIN 64 G, Analamahitsy, ☎ 020-26-323-17 ; lot IVL 4, Ambodivonkely, ☎ 020-22-450-61 ; • ctb.tana@blueline.mg •
- **Pharmacies : Pharmacie Amboditsiry,** dans le quartier d'Amboditsiry (sur la route d'Ambohimanga). ☎ 22-528-21. Ouv 24h/24. **Pharmacie Pergola,** Antaninarenina (Ville haute). ☎ 22-237-17. Lun-sam mat. **Pharmacie Métropole,** 7, rue Ratsimilaho, dans le même quartier. ☎ 22-200-25. Lun-ven 8h-12h30, 14h-18h30 ; sam 8h-12h. La plus ancienne de Madagascar, elle fut inaugurée par Gallieni ! **Pharmacie de Tana** (plan centre B2, **11**), 2, rue Ratianarivo. ☎ 22-207-17 ou 22-549-09. Lun-ven 8h-12h, 14h-19h ; sam 8h-12h. Consulter le quotidien Les Nouvelles du vendredi pour connaître les pharmacies de garde. La liste est également affichée sur les portes de toutes les officines et disponible sur Internet à l'adresse : • moov.mg/pharmacie.php •

Compagnies aériennes

- ***Air France*** (plan d'ensemble, **14**) : tour ZITAL (5e étage), route des Hydrocarbures, à Ankorondrano. ☎ 23-230-23 ou à l'aéroport ☎ 22-589-40 (les j. de vol à partir de 20h). Assez excentré, mieux vaut téléphoner. Lun-ven 8h30-17h, sam 8h30-12h30. Représente Kenya Airways (vols indirects Paris-Tana via Nairobi).
- ***Air Madagascar*** (plan centre B1-2, **12**) *:* 31, av. de l'Indépendance (Ville basse). ☎ 22-222-22 ou 22-510-00 (call center 7h30-19h lun-sam, 15h30 dim). • airmadagascar.com • Lun-ven 7h30-16h30, sam 8h-11h. **Vérifiez** *toujours par téléphone l'horaire de votre prochain vol* (qu'il soit national ou international) : les changements sont (très) fréquents !
- **Corsair :** bureau à l'aéroport, ouv 4h avt le décollage. ☎ 24-261-36. • corsair.fr •
- ***Air Mauritius*** (plan centre B2, **15**) *: chez* **Rogers Aviation,** 77, rue Solombavambahoaka, Antsahavola. ☎ 22-359-90 ou 📱 034-49-359-90. • airmauritius@orange.mg • Lun-ven 8h30-12h30, 13h30-17h30 ; sam 8h30-12h.
- ***Air Austral*** (plan centre B1, **16**) *:* 23, av. de l'Indépendance. ☎ 22-303-31 ou 22-440-66 (tlj, à l'aéroport). • air-austral.com • Lun-ven 8h-12h, 13h30-17h ; sam 9h-12h.
- ***Madagasikara Airways :*** LACITY, Ivandry. 📱 032-05-970-07. • ankoay@madagasikaraairways.com • madagasikaraairways.com •

Agences, treks et circuits

Il existe de nombreuses agences et chauffeurs indépendants à Tana. Voici une petite sélection, mais rien ne vous empêche de consulter les bons tuyaux des routards sur le forum de • routard.com •

- ***Évasion sans Frontière*** (plan centre B2, **18**) *:* 22, rue Andrianary-Ratianarivo, Ampasamadinika. ☎ 22-616-69 ou 📱 032-11-000-96. • info@evasionsansfrontiere.mg • evasionsansfrontiere.com • Lun-sam 8h30-18h. Agence de voyages, tour-opérateur et loueur de voitures tout à la fois, Évasion sans Frontière est l'un des principaux acteurs du marché touristique malgache, avec des antennes à Diego-Suarez et Nosy Be. Spécialisée dans le voyage sur mesure et à la carte (expédition, trek ou descente de rivière, mais aussi les grands classiques), cette agence est très engagée dans le développement durable et soutient aussi certains projets sociaux. Une équipe très pro, des chauffeurs compétents, sécurisants, et des guides chevronnés.
- **Papavelo Trekking :** bureau du côté de l'aéroport. ☎ 26-036-85. 📱 032-02-344-99 et 034-85-327-02. • papavelo@malagasy.com • philippelecadre@live.

fr ● *papavelotrekking.com* ● Une petite structure à taille humaine emmenée par le sympathique Fifi. Ce Chamoniard passionné de ski et de trek est tombé amoureux de Mada comme on tombe d'une chaise. Il propose de vrais treks et raids en VTT dans des régions peu visitées, hors des sentiers battus : massifs de l'Andringitra, de Makay, de l'Isalo, cap Masoala, porte du pays zafimaniry. Également des circuits à la carte : descente du fleuve Tsiribihina, canal des Pangalanes, les Tsingy... Un gîte à Antoetra sert de point de départ de sorties de 1 à 12 jours en pays zafimaniry, tanala ou antaimoro le long du corridor forestier. Possède également un camp de pêche dans le sud de l'île, à Andramandeo. Grand professionnalisme, organisation sérieuse et état d'esprit axé sur l'échange humain et la culture locale (soirées en musique).

■ *À la Carte à Mada :* lot IBK 47, Ampasamadinika. ☎ 24-761-59. ▪ 032-02-039-08. ● *madacarte@moov.mg* ● Comme son nom l'indique, circuits à la carte selon son budget, dans tout le pays. On peut vous organiser tous les classiques avec un confort adapté à votre demande ou des variantes plus *roots* (par exemple, des treks dans l'Isalo ou dans l'Andringitra, des périples vers Morondava et les Tsingy, du côté de Tamatave, du canal des Pangalanes et de Sainte-Marie ou encore vers le nord de l'île). Richard Rakotoarison et Monny, d'une grande gentillesse, ont une solide expérience d'une vingtaine d'années dans le tourisme et sur le terrain.

■ *Mamcar :* à Itaosy. ▪ 032-07-563-71 et 033-11-412-42. ● *mamcar@moov.mg* ● Une petite société de location de 4x4 avec chauffeur, longtemps tenue par Mamy. Ses deux fils ont repris le flambeau, à leur rythme et toujours de manière artisanale. Ils peuvent organiser des circuits à la carte en étudiant votre budget.

Librairies et loisirs

On trouve plus facilement des quotidiens et des magazines français récents (récupérés dans les avions) en vente dans les rues qu'en librairie... Vous pourrez les négocier quasiment à leur prix d'origine, contrairement aux librairies, où ils sont trois fois plus chers. Outre l'historique mais antique *Librairie de Madagascar,* avenue de l'Indépendance (Ville basse) :

■ *Espace et Loisirs* (plan centre C2, 20) *: 11, rue Ratsimilaho.* ☎ *22-214-75. Tlj sf dim 8h-12h, 14h-17h30 (17h sam).* Bien pourvu en magazines français, beaux livres sur l'île, mais presque pas en quotidiens.

■ *Librairie des Livres et Nous* (plan d'ensemble, 8) *: Tana Waterfront.* ▪ *034-07-179-03. Dans un centre commercial récent et moderne, à proximité de la route de l'aéroport. Lun-sam 9h-19h, dim 13h-13h.* La librairie la plus fournie de Tana : livres sur Mada, beaux livres, cartes, etc.

■ *No Comment Éditions* (plan centre B2, 21) *: 2, rue Ratianarivo, Antsahavola.* ☎ *22-334-34.* ● *nocomment-editions.com* ● *Lun-ven 9h-12h30, 14h-17h.* Publie un intéressant mensuel gratuit plein de petites infos (et beaucoup de pub), bons plans et articles de fond. Cette maison édite également des livres (romans, nouvelles, polars) d'auteurs locaux, ainsi qu'un guide de survie à Madagascar franchement rigolo. Elle propose même une application téléchargeable sur *Google Play* !

■ *Institut géographique FTM* (plan d'ensemble, 19) *: rue Dama-Ntsoba, sur la route Circulaire, à Ambanidia.* ☎ *22-229-35.* ● *ftm.mg* ● *Un peu loin du centre. Lun-ven 8h-16h30.* Spécialisé dans la cartographie régionale de Madagascar et de ses grandes villes, l'Institut propose notamment des centaines de cartes qui couvrent le territoire malgache au 1/100 000 et de nombreuses autres au 1/50 000 pour la randonnée. Seul hic : elles ne sont pas toutes actualisées...

■ *Institut français de Madagascar* (plan centre B1) *: 14, av. de l'Indépendance (Ville basse).* ☎ *22-213-75 ou 22-236-47.* ● *institutfrancais-madagascar.com* ● *Administration ouv lun-ven 8h30-12h15, 14h-18h ; médiathèque mar-sam 10h-18h sf jeu 14h-18h slt.* Ce centre culturel francophone très actif propose expositions, concerts, spectacles de danse, débats, lectures et cinéma, avec des artistes malgaches et français de qualité. Médiathèque avec des ouvrages spécialisés sur le pays, bien sûr.

■ *Alliance française* (plan d'ensemble, *22*) : à Andavamamba. ☎ 22-211-07 ou 📱 032-07-218-84. ● alliancefr.mg ● Lun-sam 8h-17h. Madagascar est l'un des pays possédant le plus grand nombre d'Alliances françaises (une trentaine !). Celle de Tana est très active et propose expositions, spectacles, concerts gratuits ou non (entrée 5 000-10 000 Ar selon programmation), ateliers artistiques, etc. Médiathèque accessible à tous *(consultation gratuite sur place, ouv mar-sam sf jeu mat).* Cafétéria.

✿ *Supermarchés* : *Shoprite*, *parmi les plus centraux, vous en trouverez un derrière l'hôtel de ville dans la Ville basse (plan centre, B1, 23). Lun-sam 8h30-19h30, dim 8h30-15h.* Dans un style à l'occidentale (avec les prix à l'avenant !), il y a aussi *Jumbo Score, entre autres sur la route des Hydrocarbures (plan d'ensemble, 14), au nord d'Antanimena, ou encore à Tanjombato, au sud du stade Mahamasina.*

■ *Matériel de camping et outdoor* : *C.S. Events (plan d'ensemble, 24), route du Mausolée, à Andrainarivo.* ☎ 22-413-82. 📱 033-12-576-11. ● csevents-madagascar.com ● *Lun-ven 8h-12h30, 13h30-18h ; sam 8h-13h.* On y trouve tentes, couchages, lampes, GPS, sacs à dos... du matériel de qualité mais à des prix un peu élevés. Mieux vaut appeler avant de passer.

Où dormir ?

À Tana, les hôtels sont un peu plus chers que dans le reste du pays. Mais le choix est aussi plus vaste, et le confort globalement meilleur. Pensez à réserver en haute saison, et faites attention à vos objets de valeur et à vos affaires en général, on nous signale parfois des vols dans les chambres.

Dans la Ville haute

Chic (80 000-150 000 Ar / env 23-43 €)

🛏 *Hôtel Le Relais de la Haute Ville (plan d'ensemble, 31) : lot VK 24, Ambohimanoro.* ☎ 22-604-58. 📱 034-14-604-58. *Double 91 000 Ar, petit déj inclus.* 📶 Cette belle maison du XIXᵉ s couleur saumon, agrémentée d'avancées, de hauts pignons, de festonnages et de petits balcons et terrasses, offre un vaste panorama sur la Ville basse. On y trouve 9 chambres un peu comme à la maison, familiales et confortables, avec salle de bains, coffre (dans certaines), TV et vue dominante pour la plupart... Évitez juste celles situées au-dessus des cuisines. Il faut dire que c'est également un resto très recommandable (voir « Où manger ? »).

Beaucoup plus chic (plus de 250 000 Ar / env 71 €)

🛏 🍽 *Lokanga Boutique Hotel (plan d'ensemble, 32) : lot VW 115, Ambohimitsimbina.* ☎ 22-235-49. 📱 034-14-555-02. ● lokanga-hotel.mg ● *Fermé de mi-fév à début mars. Compter 125-137 € selon saison. Repas env 20 €.* 📶 C'est l'une des plus belles adresses de Tana. Cette superbe demeure en brique des années 1930, avec pignons pointus, balcons et petites avancées, offre un panorama exceptionnel sur la ville depuis sa généreuse terrasse. Beaucoup de boiseries, parquets cirés, meubles de style et antiquités font écho aux couleurs chaudes, aux détails qui attirent l'œil et aux couettes douillettes. Chacune des 5 chambres dégage une atmosphère différente, trois se partagent un vaste balcon. Pour compléter ce joli tableau, on y sert une excellente cuisine, que l'on déguste sur la terrasse *(resto fermé lun, résa conseillée).* Seul inconvénient : on est ici un peu loin de tout et le taxi s'impose.

🛏 *Maison Vue Royale (plan d'ensemble, 36) : Vs 4, Lalana Printsey Kamamy.* 📱 *34-20-388-38.* ● vueroyale.com ● *Double 100 €, petit déj inclus.* 📶 Si le cachet du bois fait singulièrement défaut à cette *guesthouse* moderne, pour la vue – forcément royale – on ne peut trouver guère mieux. Les 5 chambres entièrement carrelées et rutilantes bénéficient chacune d'une terrasse dominant la ville. Salle de petit déj au dernier étage, encore mieux pour le panorama !

Dans la Ville intermédiaire

Le quartier d'Isoraka, parmi les plus agréables de la capitale, regroupe les adresses les plus charmantes.

De bon marché à prix moyens (20 000-80 000 Ar / env 6-23 €)

▲ |●| *Hôtel Niaouly (plan centre C3, 33) : rue Tsiombikibo, Ambatovinaky.* ☎ *22-627-65.* ● *niaouly.com* ● *Résa indispensable. Doubles 35 000- 55 000 Ar.* 🛜 *(au resto).* Le *Niaouly* dispose de chambres très bien tenues, toutes avec salle de bains (eau chaude), d'un confort et d'un goût pour la déco rares dans cette catégorie. Les moins chères sont en bas, sans fenêtre, sans être pour autant sinistres – difficile de se plaindre à ce prix. Certaines, parmi les plus chères, ont une vue sur la ville. Le petit resto, avec son bar (souvent enfumé) veillé par une rangée de rhums arrangés, son bout de balcon en surplomb de la ville est l'occasion de nombreuses rencontres. Plats fort bien amenés à prix raisonnables. L'association des chauffeurs-guides *Look Gasy Aventures* est basée ici.

▲ *Moonlight Hotel (plan centre C1, 34) : 62, rue Rainandriamampandry, Ambondrona.* ☎ *22-268-70.* ● *hasinaherizo@yahoo.fr* ● *Doubles 28 000- 42 000 Ar.* 🛜 Parmi les adresses les moins chères du quartier, la maison, agrippée à flanc de colline, abrite une douzaine de chambres propres, très correctes, avec ou sans douche et/ou w-c (sanitaires communs à chaque étage). Évitez juste celles du rez-de-chaussée et préférez celles du 2e étage, avec terrasse et salon à partager avec les voisins. Les murs colorés, vert, rouge et jaune, donnent un peu de chaleur aux lieux.

▲ *Isoraka Hotel (plan centre B2, 37) : 11, av. du Général-Ramanantsoa, à Isoraka.* ☎ *22-355-81.* ● *hotel@isoraka.org* ● *Réception au 1er étage. Doubles 46 000-56 000 Ar. Pas de petit déj.* 🛜 Ce petit hôtel est bien situé. Inconvénient, il est assez bruyant, car la rue en contrebas est vraiment très passante (prévoir des bouchons d'oreille). Les petites chambres (vraiment minus pour les plus petites), colorées et pimpantes, se répartissent sur 2 étages : plus c'est haut plus c'est calme, mais aussi plus cher. Toutes ont ventilateur et coffre mural. Les moins chères sont d'un avantageux rapport qualité-prix.

De chic à plus chic (80 000-250 000 Ar / env 23-71 €)

▲ *Belvédère (plan centre A2, 35) : lot IF 27, Isoraka.* ☎ *22-321-10.* 📱 *034-16-950-79.* ● *hotel-antananarivo-belvedere.com* ● *Accessible par une ruelle, juste derrière le tombeau du Premier ministre (fléché). Double 119 000 Ar, studio 210 000 Ar.* 🛜 Perché au sommet de la colline d'Isoraka, près de bons bars et restos, cet hôtel abrite une trentaine de chambres et studios d'un bon niveau de confort. Le rez-de-chaussée étant sombre, préférez celles de l'étage avec vue et, mieux encore, les familiales, généralement lumineuses, avec mezzanine et parquet. Les studios ont en plus kitchenette, jacuzzi et lecteur DVD. Remarquez l'étonnant arbre à litchis qui pousse jusqu'au 2e étage. Depuis les terrasses, notamment celles du sympathique restaurant-bar (voir « Où manger ? »), la vue sur la ville est imprenable.

▲ |●| *Chambres d'hôtes Villa Iarivo (hors plan centre par D2, 50) : lot IIC 15, tt au sud de la rue Rainandriamampandry (ouf !), Ambohijatovo.* ☎ *22-568-18.* ● *villaiarivo.wix.com/villaiarivo* ● *Double 30 € ; également des familiales.* 🛜 Dans sa vaste maison familiale de la fin du XIXe s surplombant la ville, Mme Noro a aménagé 4 chambres à thème spacieuses et charmantes : « Zébu », « Baobab », « Coquillages » et « Pierre »... Chacune dispose d'une double exposition et d'une salle de bains privative, avec douche ou baignoire. On apprécie l'accueil aux petits oignons, la table d'hôtes en famille le dimanche midi, le salon cosy, la bibliothèque de livres français et le jardinet bien tenu. En plus, le petit déj est bon !

Hôtel-restaurant Les 3 Métis *(plan centre, C1, 40)* : *lot IVA 1, Ambondrona Antaninandro.* ☎ *22-359-83.* 📱 *033-05-520-20.* ● *les-trois-metis. com* ● *Doubles 115 000-260 000 Ar. Menus 24 000-35 000 Ar le midi, 45 000 Ar le soir.* 📶 Si l'hôtel est un peu excentré, il dispose de 24 chambres et suites confortables à prix raisonnables (certaines avec terrasse ou balcon) et présente un vrai cachet. Intérieur chaleureux mâtiné de bois exotiques. Son restaurant à l'ambiance cosy *(12h-14h, 19h-22h)*, *La table d'Épicure*, est très recommandable avec des tables hautes en salle ou une terrasse en jardin, plus bruyante car proche de la route. Service délicieux de surcroît.

La Maison des Cotonniers *(plan centre C3, 56)* : *rue Lalana Ranavalona III, Ambatonakanga 101.* ☎ *22-209-54.* ● *maisondescotonniers@andilanahotels.com* ● *andilanahotels.com* ● *Doubles 54-81 €. Formules midi 16 000-21 000 Ar, plats 15 000-30 000 Ar.* 📶 L'adresse tendance dans laquelle il est de bon ton de loger ou se restaurer. Il faut dire que la déco d'inspiration espagnole a de quoi séduire, les chambres lumineuses aux standards européens de quoi rassurer et la carte de paellas et tapas de quoi se réjouir.

Grand Hotel Urban *(plan centre C3, 57)* : *rue Lalana Tsiombikibo 12, Ambatovinaky 101.* ☎ *22-209-80.* ● *ghu@andilanahotels. com* ● *grandhotelurbanmadagascar. com* ● *Doubles 63-95 €. Plats 15 000-20 000 Ar.* 📶 Même chaîne que le précédent et même esprit espagnol, dans un hôtel nettement plus grand (45 chambres) et présentant encore plus de cachet derrière ses larges baies surplombant la ville. Resto tendance où rivalisent rétro et modernité dans la déco. Carte classique mais aussi planchas, tapas, etc. Le renouveau de Tana !

Résidence Lapasoa *(plan centre B3, 39)* : *15, rue de La Réunion, à Isoraka.* ☎ *22-611-40.* 📱 *032-07-611-40.* ● *lapasoa.com* ● *Doubles env 157 000-192 500 Ar ; également des familiales et apparts.* 💻 📶 Cette bâtisse élégante, au parquet embaumant l'encaustique, propose une dizaine de grandes chambres doubles et 1 familiale bien insonorisées, joliment décorées, réparties de manière égale entre parties ancienne et plus récente. Salle de bains soignée, ventilo, double vitrage, coffre, TV, théière et cafetière (mais pas de clim). L'adresse est entourée par les restos les plus branchés de Tana et surplombe le *Kudéta* (voir « Où manger ? »), où se prend le petit déj.

Beaucoup plus chic (à partir de 250 000 Ar / env 71 €)

Tana ne manque pas d'hôtels chic et de grands classiques : vous entendrez parler de l'incontournable *Colbert* remontant à l'époque coloniale (avec son aile ancienne trop chère restée dans son jus), du *Louvre* (à la superbe piscine), du *Carlton* (déclinant), mais on vous conseille plutôt ces adresses plus confidentielles, plus intimes. Les tarifs y sont généralement communiqués en euros, les cartes de crédit acceptées et le petit déj compris.

La Varangue *(plan centre B3, 42)* : *17, rue Printsy-Ratsimamanga, à Antaninarenina.* ☎ *22-273-97.* 📱 *032-05-273-97.* ● *hotel-restaurant-lavarangue-tananarive.com* ● *Doubles 80-90 € ; suites plus chères.* 💻 📶 Située dans la ruelle pavée le long du Palais présidentiel, cette belle adresse occupe une maison ancienne aux relents de musée. De vieilles voitures de collection françaises dorment dans la cour, des instruments de musique envahissent le bar, des lampes à pétrole, des écriteaux coloniaux, de vieux téléphones et photos sépia couvrent mobilier et murs. Des 10 chambres, les 3 plus charmantes se trouvent dans la maison principale, mais toutes sont spacieuses, tout confort et agréablement décorées, avec chauffage, voire baignoire, balcon et AC dans certaines. Les moins chères situées dans l'annexe sont plus récentes, plus classiques aussi. Excellent restaurant (lire « Où manger ? »).

🏠 🍽 *Le Pavillon de l'Emyrne* (plan centre A3, **41**) : *12, rue Rakotonirina, à Isoraka.* ☎ *22-259-45.* 📠 *033-02-566-38.* ● *pavillondelemyrne.com* ● *Doubles 79-109 €, petit déj inclus ; également un appart. Resto tlj sf dim, plats 16 000-23 000 Ar.* 📶 Imaginez une belle villa coloniale en brique entourée de fleurs et de plantes en pots, s'ouvrant par un élégant salon au parquet ciré où trône une cheminée. L'ambiance est feutrée, les chambres pas très grandes mais douillettes avec leur beau mobilier et leurs hauts plafonds. On aime un peu moins celles de l'annexe, plus récentes, quoique certaines y bénéficient de superbes terrasses privées. Cerise sur le gâteau, un massage de 40 mn est offert chaque jour aux hôtes, à moins qu'ils préfèrent brushing ou manucure ! Et puis il y a le resto de cuisine européenne, entièrement vitré, *La Verrière*, où la qualité du *romazava* n'a rien à envier aux meilleures tables de la ville.

🏠 *Maison Gallieni* (plan centre C2, **44**) : *rue Rainandriamampandry, Faravohitra.* ☎ *22-313-45.* 📠 *032-11-274-00.* ● *maisongallieni.com* ● *Doubles 120-160 €, petit déj inclus.* 📶 Dans cette splendide demeure de 1879 entièrement rénovée (aux armes du consulat de Monaco !), le confort n'est pas un vain mot. Les planchers en bois de palissandre, les hauts plafonds, les peignoirs, tout parle de prestance. Deux des trois chambres (climatisées) du rez-de-chaussée donnent sur une adorable piscine nichée dans son carcan de verdure, la troisième à l'arrière sur « le rocher » (la falaise à laquelle la maison est adossée). Nec plus ultra, l'immense suite de l'étage. Les boissons sont offertes et le petit déj, maison, servi en terrasse avec vue panoramique sur la Ville basse.

🏠 🍽 *Palissandre Hôtel et Spa* (plan centre C2, **43**) : *13, rue Andriandahifotsy, Faravohitra.* ☎ *22-605-60.* ● *hotel-restaurant-palissandre.com* ● *Double 137 € avec petit déj, mais dès 85 € en période de promo (régulières sur Internet).* 📶 Cette grosse structure (48 chambres), moderne, s'amarre à flanc de colline, au-dessus de la Ville basse, que dominent allègrement ses belles terrasses en bois de palissandre, occupées par une piscine, un resto, et celles des chambres tournées du bon côté (à préciser au moment de la réservation, car les chambres côté rue sont au même prix). Le service est de qualité, très professionnel, le confort assuré et la déco, très boisée, présente une belle unité. Si la table, réputée, est assez chère, un joli menu *(42 000 Ar)* permet d'adoucir la note. Salle de fitness, spa et hammam gratuits.

Dans la Ville basse

De bon marché à prix moyens (20 000-80 000 Ar / env 6-23 €)

🏠 🍽 *Underground Hostel* (plan centre B2, **30**) : *18, rue Rainitovo.* 📠 *034-29-909-07 ou 034-20-019-83.* ● *madagascarunderground.com* ● *Lit en dortoir 29 000 Ar, doubles 50 000-63 000 Ar.* 📶 Malgré son nom très british et sa clientèle pour bonne partie anglo-saxonne, l'*Underground* est tenu par de jeunes Français de retour du sud de Madagascar. Cette auberge de jeunesse, espèce unique dans le pays, abrite deux dortoirs de 8 et 9 lits (théoriquement séparés entre filles et garçons) et 5 chambres privées très bien tenues – l'une avec sanitaires partagés, les 4 autres avec leur propre douche, dont une familiale. Le soir, le bar réunit tout le monde autour d'une humeur festive, de petits plats mexicains et de bonnes bières (bière de baobab, au chocolat, cidre de litchis, etc.). *Cheers !*

🏠 *Hôtel-restaurant des Artistes* (plan centre C2, **55**) : *Ambatomena, Analakely.* 📠 *034-64-879-31.* ● *hotelesartistes-tana.com* ● *À 30 m de l'av. de l'Indépendance. Double 70 000 Ar.* 📶 Tenu par un Lyonnais, Landry, ce bar-resto populaire auprès des expats français se double d'un petit hôtel aux chambres d'un assez bon rapport qualité-prix. Elles sont bien équipées, avec coffre-fort, ventilo, Canalsat, bonne literie et eau chaude assurée, mais certaines, au rez-de-chaussée, font un peu chausse-pied. L'endroit reste un bon pied-à-terre pour un séjour prolongé à Tana (avec réductions à l'avenant) pour autant que l'on aime les effluves de Ricard et les noubas du week-end...

🏠 *Le Manoir (plan d'ensemble, 49) : 31, rue Andriba, à Mahamasina-Sud.* ☎ *22-657-95.* • *lemanoir@moov.mg* • *Doubles 61 000-72 000 Ar. Carte Visa acceptée.* 📶 Le secteur, proche du stade de Mahamasina, au sud du centre-ville, n'est pas folichon et un peu loin de tout – le taxi s'impose *(env 10 000 Ar)*. Cela étant dit, cette belle maison d'hôtes aux allures de petit manoir, datant de 1925, a de la prestance et les 6 chambres (dont 1 familiale en duplex), au charme suranné, sont d'un prix très abordable. Pas super bien insonorisées, mais elles ont toutes une salle de bains privée (eau chaude) et certaines un balcon. Les hôtes bénéficient de 10 % de réduction au *Petit Verdot* (voir « Où manger ? »), appartenant aux mêmes proprios. Accueil souriant.

🏠 |●| Hôtel Saint-Pierre *(plan centre B1, 47) : av. Rabezavana, à Soarano.* ☎ *22-270-32.* 📱 *033-14-075-61.* • *hotelsaintpierre.biz* • *Double env 50 000 Ar, familiale.* 📶 Niché dans un secteur très animé et bruyant, ce petit hôtel à la façade brique – pas terrible soyons francs – abrite une quinzaine de chambres sobres, raisonnablement tenues mais sans aucun charme.

De prix moyens à plus chic (à partir de 80 000 Ar / env 23 €)

🏠 |●| *Le Sakamanga (plan centre B2, 48) : rue Ratianarivo.* ☎ *22-358-09.* 📱 *032-02-668-34 ou 033-11-769-27.* • *sakamanga.com* • *Résa fortement conseillée. Chambres 20-80 €, appart 100 €.* 📶 Ce « Chat Bleu » est sans doute l'un des plus beaux hôtels de Tana. Sa bonne quarantaine de chambres se dissémine dans un joli labyrinthe de couloirs colorés agrémenté de verdure, d'objets et de sculptures africains, faisant de ce lieu un véritable petit musée. Si les chambres « relax » sont toutes petites (et peu lumineuses), elles permettent de bénéficier de l'atmosphère du lieu sans se ruiner. Les « soft » sont plus confortables, les « charm » plus... charmantes, mais toujours d'un bon rapport qualité-prix. Un cran au-dessus encore, il y a les suites (« Sup » et « Lux »). En prime : petite piscine un peu coincée entre les édifices mais agréable, espace jardin avec coin bistrot, snack, massages et plein d'infos utiles pour les routards. Le soir, on se retrouve dans les deux restaurants (voir la rubrique « Où manger ? »).

🏠 |●| *La Ribaudière (plan centre C2, 46) : rue Paul-Dussac, Analakely-Sud.* ☎ *24-215-25.* 📱 *032-02-411-51.* • *hotel-laribaudiere.com* • *Doubles 100 000-152 000 Ar. Également des appartements.* Dans un bâtiment à l'architecture agréable ou dans l'une de ses annexes, voilà de bien jolies chambres. Sans air conditionné pour les moins chères, avec baies vitrées et balcon pour les plus onéreuses, elles déploient un charme contemporain : tons clairs aux murs, tabac sur les boiseries, coffre et salles de bains bien équipées. Pourtant situé au cœur de la capitale, le lieu dégage une atmosphère d'auberge de campagne avec son jardin, ses poutres, colombages et chambres du haut mansardées. On y mange bien, dans une atmosphère chaleureuse.

🏠 *Hôtel Le Chalet des Roses (plan centre B2, 53) : 13, rue Rabary, Antsahavola.* ☎ *22-642-33.* • *chaletdesroses.com* • *Double env 115 000 Ar.* 💻 📶 Le *Chalet des Roses* reste un classique. Son hall un poil vieillissant n'est pas très séduisant, mais ses chambres, confortables et bien tenues, sont une bonne surprise (salle de bains, coffre et clim). Autre point fort : le calme du quartier et de la rue. Fait aussi resto mais la qualité de la cuisine s'avère inconstante.

🏠 *Palm Hôtel (plan centre B2, 52) : rue Ratianarivo, Antsahavola.* ☎ *22-253-73.* 📱 *032-05-536-80.*

TANANARIVE / OÙ DORMIR ? OÙ MANGER... ? | 107

● hotelantananarivo.com ● Chambres et studios 98 000-150 000 Ar. 🛜 Très central, cet hôtel dispose d'une grande chambre et d'un studio (avec kitchenette) tout confort à chacun de ses 4 étages. Pas de charme particulier, mais on ne vous propose pas pour autant le cadre aseptisé d'un hôtel de chaîne (portes en bois sculpté, toiles d'artiste à chaque étage...). Également un loft de 70 m^2.

Excentré

🏠 **La Kaze des Volontaires** (plan d'ensemble, à l'est) : quartier Andrainarivo. ☎ 034-17-920-50 et 032-02-356-01. ● reservationlakaze@gmail.com ● lakaze.org ● À 15 mn en bus et 25 mn à pied d'Analakely. En taxi, demander Betongolo, l'infirmerie militaire, puis à droite et tt droit jusqu'au portail gris. Double 30 000 Ar, nuitée en dortoir 20 000 Ar. 🛜 Un genre d'auberge de jeunesse pouvant accueillir jusqu'à 15 personnes, repaire des volontaires de passage à Tana. Accueil très chaleureux de Bodo, la tenancière, qui peut préparer de délicieux repas malgaches sur demande et même donner des cours de cuisine. Rencontres assurées avec des bénévoles, stagiaires et membres d'ONG sur la terrasse devant le coucher de soleil, idéal pour demander conseil sur la ville et le pays, le tout pour un budget minime.

🏠 |●| **La Maison du Pyla** (plan d'ensemble, 51) : route de l'Université, à Tsiadana, à l'est du centre. ☎ 033-11-386-74 et 032-02-439-36. ● lamaisondupyla.com ● Pour y aller en taxi (obligatoire), c'est à 200 m après l'espace Dera, par un chemin que l'on emprunte à pied (40 m en direction du pensionnat Oasis). Résa conseillée. Doubles 100 000-125 000 Ar (sans ou avec sdb), petit déj inclus. 🖥 🛜 C'est une charmante maison aux murs jaunes, adossée à la colline. Fanja, la maîtresse de maison, est très accueillante, et ses chambres gaies et chaleureuses, à la jolie patine ocre et au parquet ciré, lui ressemblent. Grande terrasse au dernier étage, laverie, transfert pour l'aéroport et table d'hôtes commune. Bref, une bonne adresse typiquement malgache et très calme... mais excentrée.

🏠 |●| **Chambres d'hôtes Chez Aïna** (plan d'ensemble, 45) : lot IVC 147A, à Ambatomitsangana. ☎ 033-14-565-54 ou 034-12-188-12. ● chez-aina.com ● Au-dessus du pont de Behoririka, entre les stations Shell et Total. Téléphoner avt, c'est un peu perdu dans un dédale de ruelles et préciser au taxi qu'il ne s'agit pas de l'hôtel Aïna d'Antaninarenina ! Résa indispensable. Doubles 24-35 € avec ou sans sdb. Compter 12 € le lit en dortoir. 🖥 🛜 Aïna tient sa jolie maison avec beaucoup de cœur et les habitués sont nombreux à s'y retrouver. Certes, elle est excentrée, mais le petit jardin a un vrai goût d'oasis et l'intérieur, chaleureux, est joliment aménagé, relevé de notes malgaches. En plus des chambres (celles avec salle de bains sont aussi plus larges), Aïna propose un dortoir pour 6 personnes. Le dîner, sur résa, est excellent... mais pas donné. Une rare petite adresse de charme.

Où dormir ? Où manger près de l'aéroport ?

En cas d'arrivée tardive et de départ matinal le lendemain, on conseille vivement de passer la nuit près de l'aéroport : inutile de se taper les bouchons infernaux pour gagner le centre.

🏠 |●| **Le Manoir Rouge** : lot K IV 023, à **Ivato**, à côté du marché. ☎ 032-05-260-97. ● hotel-manoirrouge-madagascar.e-monsite.com ● Face au stationnement des taxis, à 900 m de l'aéroport. Double 65 000 Ar sans ou avec sdb ; familiales. Plats à partir de 10 000 Ar. 🛜 Si la façade côté rue n'est guère avenante, côté pile, se révèle un sympathique bout de jardin où se côtoient pamplemoussier, pêcher et longues tables en bois. Chambres pas très grandes mais agréables et bien propres sans ou avec salle de bains privées. Il y a aussi des familiales et des bungalows avec cuisine. Coin salon avec cheminée ronronnant en hiver. Restauration honnête, transfert gratuit depuis l'aéroport (sur résa) et salle TV.

🏠 🍴 **Gassy Country House** : lot 043 MMAII, à **Ivato**, à moins de 5 mn de l'aéroport. 📱 033-07-144-64 ou 034-07-144-64. • gassycountryhouse.mg • Doubles avec sdb 70 000-150 000 Ar. 📶 Parfait pour ceux qui veulent séjourner à proximité de l'aéroport, tout en bénéficiant d'un confort certain. Chambres plaisantes, voire même charmantes avec leur beau parquet. Terrasse ou balcon selon l'étage. Dans le jardin, piscine entourée de transats pour se rafraîchir ou faire la sieste avant de prendre l'avion. Possibilité d'y manger.

🏠 🍴 **Ivato Hotel** : lot K6 28, à **Ivato**, à 1 km de l'aéroport (prendre la route de Tana, puis à gauche à env 600 m). ☎ 22-445-10. • ivatohotel.com • Doubles 90 000-125 000 Ar. CB acceptées. Transfert aéroport 10 000 Ar. 📶 Un hôtel d'une trentaine de chambres, toutes avec salle de bains, ventilées, calmes et propres. Le mobilier est un peu fatigué, mais rien d'alarmant. Les plus chères ont un lit plus grand et confortable ainsi qu'une TV. Pas de moustiquaire, mais des spirales se chargeront d'éloigner les indésirables… Resto abordable de cuisine malgache saupoudrée de touches chinoises.

Où manger ?

Tananarive offre un bon panorama de la cuisine de Madagascar… et d'ailleurs. Cela va de l'*hotely*, la petite cantine populaire locale (attention aux estomacs sensibles si vous venez juste d'arriver) à la table française traditionnelle en passant par les cuisines du monde : indienne, chinoise, italienne. La capitale offre aussi un choix important de tables assez chic à prix somme toute très raisonnables si l'on compare avec la France…

Dans la Ville haute

Prix moyens (20 000-35 000 Ar / env 6-10 €)

🍴 **Hôtel Le Relais de la Haute Ville** (plan d'ensemble, **31**) : lot VK 24, à Ambohimanoro. ☎ 22-604-58. 📱 034-14-604-58. Tlj. Résa conseillée. Le midi, menu 27 000 Ar. Voir aussi « Où dormir ? ». Surplombant la ville, *Le Relais* mitonne une cuisine réussie et régulière. La carte, bien étoffée, propose autant de plats français que de spécialités malgaches : spécialités de *manara molotra* (queue, langue de bœuf et viande de zébu), bons achards, savoureux gratin de fruits de mer, etc. Les desserts ne sont pas mal non plus.

🍴 **Le Grill du Rova** (plan d'ensemble, **60**) : à Ambanimaso. ☎ 22-627-24. Env 100 m avt le palais de la Reine, face à l'ancien palais de justice, qui ressemble à un temple grec. Tlj sf lun 10h-22h. Fermé janv-mars. Menu dégustation 35 000 Ar. Le dimanche, de midi au coucher du soleil, les concerts de musique traditionnelle et les danses attirent beaucoup de monde. On s'y retrouve alors volontiers devant des plats franco-malgaches très classiques, mais de qualité : *ravitoto*, *romazava*, thon au coco, pavé de zébu, brochettes de poulet… sans oublier quelques plats végétariens. C'est aussi une adresse parfaite pour prendre une glace ou boire un verre après votre visite du Rova.

Dans la Ville intermédiaire

Bon marché (jusqu'à 20 000 Ar / env 6 €)

🍴 **Crêperie Le Phare** (plan centre A3, **62**) : 14 bis, rue Rakotonirina, à Isoraka. ☎ 26-323-28. Tlj sf lun. Galettes 6 000-18 000 Ar. Un bout de côte bretonne échoué à Mada, dans des tons bleu et blanc. Pour peu on entendrait les mouettes ! Plébiscite pour les délicieuses crêpes et galettes aux noms familiers : « Bigoudenne », « Brocéliande », « Cancalaise »… Également des salades gourmandes pour les moins nostalgiques.

Prix moyens (20 000-35 000 Ar / env 6-10 €)

🍴 **Coin du Foie Gras** (plan centre A3, **61**) : 29, rue de Russie, à Isoraka.

☎ 032-07-924-83. *Tlj sf dim 9h-19h.* Émanation de l'établissement éponyme situé à Behenjy, sur la route du Sud (à 45 km de Tana), cette boutique doublée d'un petit resto en terrasse se propose de faire découvrir des foies gras de qualité, en conserve ou frais (essayez donc l'assortiment de cinq), ainsi que le canard sous toutes ses formes.

|●| Le Petit Verdot *(plan centre C3, 66)* : *27, rue R.-Samuel-Rahamefy, Ambatonakanga.* ☎ *22-392-34.* ☎ *034-11-806-71. Tlj sf sam midi, dim et j. fériés. Résa conseillée. Formules déj (avec verre de vin) à prix très attractif.* Ce petit « verre d'eau » est en fait le meilleur bar à vins de Tana et un classique du circuit culinaire de la ville, tenu par Philippe, un personnage. Les vins viennent de partout y compris de Madagascar, à déguster avec une assiette de fromage d'Antsirabe ou de charcuterie, du canard et l'inévitable foie gras. Les grands classiques, bien ficelés et copieux, sont aussi tous là : caille au raisin, pigeon aux petits pois, civet de sanglier...

|●| Belvédère *(plan centre A2, 35)* : *lot IF 27, Isoraka.* ☎ *22-321-10.* ☎ *034-16-950-79. Voir « Où dormir ? ».* Carte traditionnelle malgache, italienne et française sur une terrasse en coursive au-dessus de la végétation et de la ville. Un cadre verdoyant, à la fois bruyant et apaisant.

|●| Ne pas négliger les cartes à tonalités espagnoles (mais pas seulement) de 2 adresses à la mode et presque voisines : la **Maison des Cotonniers** et le **Grand Hotel Urban** *(plan centre C3, 56 et 57)* : *voir « où dormir ? ».* ☎ *22-209-80 et 54.* Ambiance plus feutrée au *Cotonniers,* mais plus de charme et une jolie vue à l'*Urban.* Tarifs encore raisonnables et intéressantes formules à midi.

|●| Arirang *(plan centre A2, 65)* : *rue Ramanantsoa, à Isoraka.* ☎ *032-02-323-90. Tlj sf dim.* Petit bijou un peu caché, ce minuscule resto déguisé en *hotely* recèle les délices d'une cuisine coréenne traditionnelle. Tout au fond, quelques tables dotées d'un réchaud offrent une petite vue sur la ville. Ouvrez-vous l'appétit avec des sushis avant d'embrayer sur les plats coréens, à partager. Ce voyage culinaire s'arrêtera avant le dessert, qu'on ira prendre ailleurs. Accueil prévenant.

|●| Chez Sucett's *(plan centre B2, 64)* : *23, rue Raveloary, à Isoraka.* ☎ *22-261-00. Tlj sf dim midi.* Adresse de référence dans le quartier, ce restaurant réunionnais un poil daté dispense une cuisine créole plutôt soignée. Au menu, caris et rougails côtoient plats français (magret de canard, gibier en saison), malgaches, chinois et même thaïlandais. Pour patienter, on vous amènera un assortiment de sauces à tartiner. Jolie carte de vins de France, de Madagascar ou d'Afrique du Sud. Service attentionné.

Chic (35 000-60 000 Ar / env 10-17 €)

|●| Le Kudéta *(plan centre B3, 39)* : *15, rue de La Réunion, à Isoraka.* ☎ *22-281-54. Tlj sf dim midi. Résa conseillée, surtout le w-e. Formule à prix moyens le midi en sem.* Le *Kudéta* est l'un des bastions branchés de Tana. Cet écrin chaleureux et chic, aux faux airs du pub british et aux murs couverts d'œuvres d'artistes malgaches et internationaux, est parfait pour l'apéro ou un verre en soirée. La table tient bien la route et la carte variée. Tendance nouvelle cuisine française, un rien tournée vers l'Asie, sans oublier les fondamentaux de l'île. Le foie gras mérite le détour. Belle carte de vins. Ne boudez pas les desserts, comme le fondant au chocolat, certes chers mais bien appétissants !

|●| L'Atelier *(plan centre B2, 63)* : *lot 22, rue Jean-Jaurès.* ☎ *034-92-954-57. En face de l'ambassade de France ; entrée au fond de la cour, au rez-de-chaussée. Tlj sf dim.* Tenu par un jeune chef malgache, le resto-bistrot gourmet joue la carte de la modernité, de la jeunesse et de la gastronomie. Le cadre dépouillé (béton ciré, bois et métal brut) n'a rien d'africain et plaira aux esprits urbains. Les propositions du jour apportent une heureuse diversité au choix relativement restreint de la carte. Il n'y a que la musique et la présence de l'écran TV diffusant des clips qui pêchent un peu, mais les goûts et les couleurs...

IOI La Ribaudière (plan centre C2, **46**) : *rue Paul-Dussac.* ☎ *24-215-25.* 📱 *032-02-411-51. Tlj.* Dans une agréable cour tropicale ou dans de chaleureuses salles qui se prolongent par une véranda, on découvre une carte qui ose la diversité : *flamenkuche*, fondue savoyarde, raclette, pizzas, plats malgaches, végétariens... Pour vous faire plaisir, posez un pied en terre malgache avec un *romazava royal*, ou un canard à la confiture de vin. Le coulant au chocolat finira de vous faire fondre ! Une adresse appréciée des expats.

IOI La Boussole (plan centre B3, **70**) : *rue du Docteur-Villette.* ☎ *22-358-10.* 📱 *032-07-605-03. Tlj.* Installé dans une demeure de 1937 à la bien jolie véranda, cet établissement chaleureux propose des « valeurs sûres », parfois rehaussées d'une touche innovante : foie gras, carpaccio et pavé de zébu, mais aussi plats végétariens et choucroute de la mer. Un classique qui ne déçoit pas au fil des années. Bon service. Expos de peinture et concerts épisodiques.

IOI Le B' Restaurant (plan centre A2, **67**) : *72, rue Rasoamanarivo, à Isoraka.* ☎ *22-316-86. Tlj midi et soir.* Dans la droite ligne des *Buddha Bars* qui essaiment sur la planète, le *B'* décline gros bouddha de carton, menu sur iPad, musique *lounge* et atmosphère cool. Le tout savamment distillé dans la grande salle doucement éclairée, prolongée par une terrasse paisible. L'endroit est apprécié des expats en mal d'ambiances urbaines et au portefeuille garni. La cuisine, globalement bien faite, quoique sans grande originalité, navigue entre ingrédients locaux et classiques européens. À midi, vous pourrez composer vous-même votre salade en piochant dans une longue liste d'ingrédients. Côté rue, aménagé dans un cellier, un bar à vins *(tlj sf dim)* propose charcuterie, fromages et vins de tous pays.

De chic à plus chic (plus de 35 000 Ar / env 10 €)

IOI La Varangue (plan centre B3, **42**) : *17, rue Printsy-Ratsimamanga, à Antaninarenina.* ☎ *22-273-97. Tlj sf dim et j. fériés. Le midi, formules et menu 40 000-75 000 Ar ; sinon, le soir, repas env 55 000-90 000 Ar.* Installé dans une maison d'hôtes de charme (voir « Où dormir ? ») connue pour ses collections d'objets anciens, ce resto chic et cher offre l'occasion d'une plongée nostalgique dans le Tana d'autrefois. La carte change 2 fois par an, mais vous devriez y trouver le carpaccio de capitaine et ses condiments, le filet de zébu, le poêlon de foie gras, et, en dessert, une explosion de chocolat. Tout cela est aussi raffiné que bien présenté, l'accueil et le service sont en général irréprochables. Belle carte des vins et bonne sélection de rhums arrangés.

IOI Citizen Guesthouse (plan centre B3, **38**) : *Lot IC, 12, rue d'Angleterre, à Isoraka.* 📱 *034-05-720-60. Tlj sf dim soir. Formules midi 35 000 Ar, plats 25 000-30 000 Ar, buffet dim midi 50 000 Ar.* L'adresse chic et charme du quartier dans une historique villa posée au-dessus du lac. À midi, délicieuse terrasse couverte et parasols. Le soir, ambiance feutrée à volonté dans un intérieur aux tonalités rouges. Dans l'assiette, une cuisine française gastronomique de haute volée.

Dans la Ville basse

De très bon marché à bon marché (moins de 20 000 Ar / env 6 €)

IOI La Jonquille (plan centre B1, **68**) : *7, av. Rabezavàna.* ☎ *22-206-37.* 📱 *034-04-728-29. Tlj sf lun.* On s'empile à qui mieux-mieux dans une salle croquignolette servant depuis fort longtemps de bons plats chinois revus et corrigés à la mode locale, mais copieux et goûteux. Prix démocratiques mais attente parfois longue !

IOI Le Muguet (plan centre C2, **71**) : *av. Rabezavàna, au pied des escaliers d'Ambondrona. Tlj sf dim soir.* Alter ego de *La Jonquille*, Le Muguet entonne un air semblable, où soupes chinoises et plats de nouilles à trois francs six ariary tiennent le dessus du pavé. Pas de *vazaha* ici, rien que des Malgaches, par familles entières, dans une salle-ruche brute de décoffrage. Probable qu'on vous invite à partager une table !

|●| Le Duo *(plan centre B1, 69) : av. de l'Indépendance (à côté de l'Institut français). ☎ 033-12-592-92. Lun-sam 10h-20h30, dim 12h-15h.* Plus que pour les pizzas, on y vient avant tout pour le choix de plats du jour. La clientèle, variée, réunit Malgaches, touristes de passage et *vazaha* qui travaillent dans le coin. Les tables en terrasse, sous les arcades, offrent une halte à la fois centrale et animée.

|●| Tsiky *(plan centre C2, 72) : rue Ramelina, à Ambohijatovo. ☎ 22-283-87 ou 22-603-14. Tlj midi et soir sf dim jusqu'à 21h-21h30.* Tsiky signifie « sourire ». On l'a, c'est vrai, en découvrant ce resto discrètement perché, à la terrasse panoramique à demi-couverte. À l'intérieur, parquet ciré, cheminée et nappes brodées dessinent une enclave plus tradi. Le *ravitoto*, gentiment servi, est bon et pas cher, de même que la côte de porc farcie pannée, le médaillon de zébu au foie gras et le magret de canard sauce vanille. À l'entrée, un côté traiteur propose des sandwichs bon marché transformables en formule, avec boisson et dessert.

Prix moyens (20 000-35 000 Ar / env 6-10 €)

|●| Le Sakamanga *(plan centre B2, 48) : rue Ratianarivo, à Ampasamadinika. ☎ 22-358-09. Tlj jusqu'à 22h30 env. Résa vivement conseillée le soir.* L'élégante maison en bois, partagée entre hôtel (voir « Où dormir ? ») et restaurant, est un lieu de rendez-vous incontournable des expatriés et des *vazaha* de passage à Tana, une valeur sûre. On apprécie sa belle cuisine aux excellents plats européanisés, façon filet de zébu, tagliatelles, subtil foie gras et confit de canard. Également un plat du jour à prix raisonnable et un menu enfants (rare !). Le service est au diapason et l'ambiance parfois bien arrosée autour du bar où coulent les rhums arrangés... Piscine pour agrémenter le tout.

|●| Café de la Gare *(plan centre B1, 73) : dans la gare, tt au bout de l'av. de l'Indépendance. ☎ 22-611-12. Lun-sam 8h30-23h, dim 11h-22h (brunch musical 11h-15h).* La vieille gare Soarano, laissée à l'abandon pendant des années, a repris du poil de la bête avec ce restaurant séduisant. Le bar avec cheminée, les longues banquettes et l'éclairage étudié font écho à une fort belle terrasse prolongée par une pelouse semée de quelques tables. Bref, tout cela serait parfait si la cuisine, était un peu plus constante et le service plus efficace... À la carte, signalons les spécialités de rôtisserie (coquelet à la broche), les filets de zébu grillé, le *romazava* et... la tartiflette au fromage d'Antsirabe !

|●| Canela *(plan centre B2, 82) : rue Rabearivelo, Antsahavola. ☎ 032-03-060-05. Tlf sf lun 7h-18h.* Un jardinet moderne et chic en diable bercé par le glouglou d'un mur d'eau. Des assiettes de tapas, des salades améliorées et des plats plus travaillés. Et, en vedette, des pâtisseries présentées comme dans une bijouterie, excellentes mais vraiment pas données.

Chic (35 000-60 000 Ar / env 10-17 €)

|●| Le Carré *(plan centre B2, 74) : rue Solombavambahoaka, à Antsahavola. ☎ 032-60-498-00. Tlj sf dim. Lun-ven midi, menu à prix moyens.* Ce resto branché, fréquenté par une clientèle internationale, dessine une parenthèse de luxe et de modernité. On s'y retrouve au bar-lounge, face à une cheminée design, avant de dériver vers celle de la salle principale, tout de blanc et de gris, ou vers la grande cour intérieure. Croustillant de chèvre frais, porc aigre-douce et magret de canard au miel et épices font chanter les papilles. En prime : un service impeccable et diligent.

|●| Villa Vanille *(plan d'ensemble, 75) : 24, rue Radama, à Antanimena. ☎ 22-205-15. Tlj 11h30-14h, 19h-23h.* Oscillant entre nostalgie et côté désuet, cette élégante maison de 1904 abrite un classique du circuit culinaire et touristique de Tana, à privilégier surtout pour le soir. La carte y décline volontiers la cuisine franco-malgache sur des notes de vanille : escalope de foie gras à la vanille et aux physalis, crevettes royales cloutées à la vanille, mais aussi couscous et (petites) pizzas ! Chaque soir, un orchestre malgache entre dans la danse, alternant standards du jazz tropicalisés ou rengaines éternelles de crooners...

Où prendre un petit déjeuner ?
Où déguster une pâtisserie ou une glace ?

- *Pâtisserie de l'hôtel Colbert* (plan centre C2, 80) : *pl. de l'Indépendance, Ville intermédiaire.* ☎ *22-219-52. Tlj 6h30-19h.* C'est le moment de déguster une bonne religieuse en un éclair (au chocolat) ! Également un peu de salé. S'il n'y a pas trop de place pour s'asseoir en bas, le salon de thé de l'étage compense.
- *Blanche-Neige* et *Honey* (plan centre B1, 81) : *15 et 13, av. de l'Indépendance, Ville basse.* ☎ *22-206-59 et 22-621-67. Blanche-Neige tlj sf lun 7h30-18h30 (fermé 12h-14h30 le w-e) ; Honey tlj sf mar 8h-18h30 (fermé 12h-14h dim).* Quasi côte à côte, ces 2 glaciers-salons de thé un peu rétros, appartenant aux mêmes proprios, débitent viennoiseries, glaces maison, crêpes sucrées et salées, quiches, croque-monsieur, etc. Chez *Honey*, gaufres et *sambos* sont davantage à l'honneur.

Où boire un verre ? Où sortir ?

Dans la Ville haute

- *Le Grill du Rova* (plan d'ensemble, 60) : *tt à côté du palais de la Reine... Voir aussi « Où manger ? ».* C'est l'un des plus beaux points de vue sur la ville pour boire un verre. Allez-y de préférence le dimanche pour profiter des après-midis musicales et assister aux spectacles de danse.

Dans la Ville intermédiaire

C'est dans le quartier d'Isoraka que tout se passe. Là, entre hôtels et restos branchés, se disséminent quelques bars avidement fréquentés par les expatriés. Le secteur est relativement sûr de nuit (quelques patrouilles arpentent les rues).

- *Outcool Café* (plan centre B2, 7) : *rue Andrianary-Ratianarivo, à Ampasamadinika. Lun-sam 10h-23h (1h ou plus le w-e).* Ce troquet offre un sympathique lieu de rendez-vous pour boire une bière (mais pas de vin). Musique cool et ambiance « groupe de potes ». En fin de semaine, c'est vite blindé de monde, surtout le dernier samedi du mois pour le slam ouvert à tous.

- *Rhumerie L'Excuse* (plan centre A2, 90) : *rue Rasoamanarivo, à Isoraka.* ☎ *034-12-621-31. Mer-sam à partir de 19h30.* Pas besoin d'excuse pour venir écluser les bons rhums, arrangés ou non, et les cocktails inventifs de ce bar tout en bois, où l'on s'installe autour de tonneaux. Les plus demandés ? Les rhums gingembre et *pok pok* (physalis). Ajoutez une dose de bonne humeur, les matchs sur grand écran et des concerts parfois.

- *Old 7 Bar* (plan centre A2, 91) : *av. de la Victoire, à Isoraka.* ☎ *034-20-933-19. Lun-sam à partir de 18h.* Boire un gorgeon au calme, se déhancher sur les rythmes endiablés balancés par DJ Weeman ou débarquer sapé en ange pour la soirée blanche, tout est possible au *Old 7* selon l'heure et le jour.

- *Mojo Bar* (plan centre A2, 91) : *av. de la Victoire, à Isoraka, entre l'Old 7 et le Bé.* ☎ *032-07-605-03. Tlj à partir de 18h.* Derrière une façade rouge et noir se cache un autre repaire à expats qui trouvent ici une variété complète de whiskies. Musique sympa et en prime, la vue sur Tana.

- *Le Kudéta* (plan centre B3, 39) : *à Isoraka. Tlj 6h30-23h (18h dim).* Ce resto-bar (voir « Où manger ? »), rendez-vous des expats et coopérants de la capitale, est un lieu sympa le soir pour boire un verre entre amis. Ambiance nettement plus animée en fin de semaine.

Y Manson by Marco (plan centre A2, **92**) : *rue Rasoamanarivo, à Isoraka.* ☎ *032-05-050-32. Tlj à partir de 19h. Interdit moins de 18 ans.* À l'étage d'une petite maison, cet autre refuge des expats s'anime autour d'un bar ondulant au même rythme que les clients tanguent. Quand c'est chaud, on y danse et en fin de semaine, on est serrés comme dans le métro. Pour prendre un bol d'air, rendez-vous sur la terrasse du 2ᵉ. À côté, bar-lounge-dining en musique au **Cuba Tana** *(le soir slt, à partir de 19h),* sous le regard avisé du Che.

Y Bar de l'hôtel du Louvre (plan centre B2, **93**) : *pl. de l'Indépendance.* ☎ *22-390-00. Tlj 6h-23h.* Ni Vénus de Milo, ni Joconde dans le lobby de ce Louvre-là, mais une chic exposition de peintres locaux, objets en vannerie, photos de Pierrot Men... que l'on peut acheter pour peu qu'on ait gagné au loto malgache. Au centre, un sol vitré offre une vue sur la superbe piscine de l'hôtel. C'est dans ce cadre qu'on sirote d'excellents jus de fruits, un petit choix de bière à la pression et tout ce qu'un bar de qualité peut proposer comme cocktails et sodas. Un rien m'as-tu-vu, peut-être...

Dans la Ville basse

Y ♪ Chefs Avenue Music Club (plan centre B1, **73**) : *à l'étage du resto le Café de la Gare, tt au bout de l'av. de l'Indépendance.* ☎ *22-611-12.* 📱 *032-07-090-50. Ouv selon événements. Entrée : de gratuit à 10 000 Ar max selon concerts.* C'est surtout en fin de semaine que s'anime ce vaste lounge bar épuré tout en gris et blanc (donnant sur une cuisine ouverte), tendance élitiste. Il accueille alternativement longues *happy hours* en musique, DJs, groupes aux sons métissés ou jazz et soirées à thème.

Dans le quartier populaire

Y ♪ 👯 Kudéta Urban Club (plan centre A3, **95**) : *rue Ranaivo, au bord du lac Anosy, dans l'hôtel* Carlton *; le club se trouve à l'entresol.* ☎ *22-677-85. Tlj sf dim, de 10h jusque très tard, mais c'est surtout le soir qu'on y vient. Entrée gratuite.* 📶 Incontournable de la scène locale, le lieu marie un lounge bar très fréquenté à une boîte active du mercredi au samedi soir. Montant en énergie et en rythme au fur et à mesure de la soirée, le son, éclectique, navigue de la world fusion à la musique malgache en passant par du plus commercial, histoire d'inviter le chaland à guincher. Le mercredi, c'est danse latina et certains jeudis, c'est même en live.

♪ Des concerts ont régulièrement lieu au **Palais de la Culture,** derrière le stade de Mahamasina. Consulter les journaux.

Les boîtes

Pour info, aucune boîte n'échappe à la prostitution. Dans tous les cas, allez-y et revenez-en en taxi (prix double la nuit).

♪ 👯 **La Suite 101** (plan centre C2-3, **96**) : *26-28, rue Ratsimilaho, à Ambatonakanga.* 📱 *032-11-123-23.* S'il fallait n'en citer qu'une, ce serait forcément celle-ci. Un lieu *gay friendly* qui a les faveurs de tous les noctambules un peu smart en quête de bonne musique plutôt que de rencontres faciles... Concerts le mercredi, rythmes latinos le jeudi (avec cours de danse), soirées à thème, *ice bar* pour se rafraîchir, etc.

👯 **Le Six** (plan centre C2, **20**) : *rue Ratsimilaho.* 📱 *034-42-666-66. Ven-sam slt, pas avt 21h.* En plein centre, cet autre classique est apprécié pour ses bons DJs et sa sécurité. Musique plus occidentale que malgache.

👯 **Le Caveau** (plan centre B2, **98**) : *non loin de la pl. de l'Indépendance, à Antaninarenina.* ☎ *22-343-93. Ts les soirs. Entrée payante.* Fondée en 1949, c'est la plus vieille boîte de la capitale, assourdissante et bondée mais pas toujours très bien fréquentée...

👯 **L'Indra** (plan centre A2, **99**) : *à Tsaralalàna, dans le quartier populaire, ts les taxis connaissent.* Cette boîte de nuit très populaire est aussi un haut lieu de prostitution de la capitale. Bonne musique, grosse ambiance, mais une grande prudence s'impose à la sortie.

Achats, marchés et galeries

Achats et galeries

Ceux qui n'ont pas le temps ou l'envie de flâner dans les marchés trouveront leur bonheur dans ces boutiques.

🏵 *Lisy Art Gallery (plan d'ensemble, 110) : en montant vers le mausolée, à Antanimora.* ☎ 22-277-33. 📱 *034-03-541-50. Lun-sam 8h (8h30 sam)-18h. CB acceptées.* Panorama complet de tout l'artisanat du pays, avec une multitude de salles par spécialité, ainsi que des vêtements, des épices, du savon, des produits alimentaires, des miels locaux, etc. Les prix sont raisonnables, voire bon marché.

🏵 *La Case Verte (plan centre C3, 112) : rue Andriambelomasina, à Ambohidahy.* ☎ 22-382-02. *Lun-ven 8h30-12h, 14h-18h ; sam 8h30-18h.* Essentiellement de la vannerie.

🏵 *CENAM (plan d'ensemble) : 67, Ha Sud, le long du canal. Lun-ven env 9h30-16h30 et sam mat.* Regroupement de nombreux artisans et revendeurs dans des petits kiosques ; les prix sont parfois élevés. On y trouve de belles écharpes en soie sauvage.

🏵 *Ivahona (plan centre B1, 113) : dans la gare Soarano.* 📱 *032-07-090-93. Tlj 9h-20h.* Une élégante boutique proposant des produits de qualité : savons artisanaux aux parfums d'ici, quelques épices, huiles essentielles, vannerie, étoffes diverses... Une autre boutique au centre commercial *Waterfront (plan d'ensemble).*

🏵 *Roses et Baobab (plan centre B2, 114) : allée des Palmiers, à Antsahavola.* 📱 *032-40-615-60.* ● *rosesetbaobab.com* ● *Tlj sf dim 9h-19h.* Près de 80 artistes de différentes régions de Madagascar exposent au sein de cette association. Parmi les pièces les plus étonnantes, au milieu des collections de vieux appareils photos, téléphones et autres « introuvables inaccessibles dont vous rêviez » : un ensemble de sculpture érotique sakalava. Il y a même des œufs d'æpyornis, mais ils ne sont pas à vendre !

🏵 *Les Jocondes (plan centre B2, 116) : 19, rue Andrianary-Ratianarivo, Ampasamadinika.* ☎ 22-384-68. 📱 *032-04-400-11.* ● *teitenmada@yahoo.fr* ● *Lun-sam 8h-18h.* Palissandre, eucalyptus, ébène, bois pourri, bois de boutre de récup', Jean-Jacques Teiten fait naître de la matière des formes féminines évocatrices qui font encore corps avec le bois brut. Dans son studio, les sculptures envahissent tout. Mais il y a aussi de toutes petites pièces, pour le plaisir du toucher et de l'œil.

🏵 *Fabricants de tampons en caoutchouc (plan centre B-C2) : dans l'escalier qui mène d'Analakely à la pl. de l'Indépendance.* On admire l'ingéniosité de ces petits artisans, capables de fabriquer un tampon avec votre nom sur fond de baobabs ou de taxi-brousse en quelques heures (passer commande et revenir plus tard le chercher !).

🏵 *Maquettes de bateaux : Le Village, sur la route principale d'Ambohibao, 5 km avt d'arriver à l'aéroport.* ☎ 22-451-97. 📱 *034-07-129-50. Lun-sam 8h-17h. CB acceptées. En taxi, env 15 000-20 000 Ar depuis le centre-ville.* On y trouve les plus grandes, les plus belles, les plus complexes des maquettes de bateaux. Les vieux gréements peuvent demander jusqu'à 10 mois de travail ! Le choix est énorme. En semaine *(lun-ven 8h-16h30),* on peut visiter les ateliers, sans obligation d'achat. Tout, absolument tout est tourné sur place, jusqu'à la moindre petite pièce.

🏵 *Pili-Pili (plan d'ensemble, 8) : à Tana Waterfront, dans un centre commercial moderne et haut de gamme, à proximité de la route de l'aéroport. Tlj 9h-18h30 (13h dim).* Un spécialiste des épices qui n'hésite pas sur les prix, mais il est vrai qu'elles sont joliment conditionnées. Autre boutique sur la route de l'aéroport.

🏵 *Gastronomie :* pour le foie gras, aller chez **Coin du Foie gras** *(voir « Où manger ? » à Isoraka)* ou chez **Bongou** *(plan d'ensemble), à env 100 m à gauche du CENAM, 67 Ha Sud, le long du canal* (☎ 22-440-85 *; tlj sf dim 9h30-18h – 17h sam).* Pour le café (demander le zanatany grand cru) et autres finesses (thés, alcools), se rendre chez **Taf** (enceinte Zone Zital, quartier d'Ankorondrano, à côté du magasin Jumbo Score. ☎ 22-224-05. Lun-sam 8h30-18h). Pour le chocolat 80 % de cacao Le Robert, grandes surfaces comme **Shoprite**.

❦ **Vanille :** vous en trouverez sur les marchés (les vendeurs ambulants se feront un plaisir de vous harceler), mais aussi, tout simplement, dans les supermarchés, où elle peut être meilleure (sa conservation est mieux assurée). Pour la choisir, assurez-vous que les tiges soient longues et pas cassantes, qu'elles aient un aspect gras et que leur couleur noire tire éventuellement sur le rouge, mais pas sur le brun. Le hic : le cours de la vanille a explosé ces dernières années, du coup ce n'est pas donné !

❦ **Ferme du Morarano** (plan centre B2, 115) : lot IB 8, à Isoraka. 🖳 034-67-862-07. ● nanou.le.savoyard.de.madagascar.over-blog.com ● Lun-sam 8h-18h. L'aromatique pour votre santé, tous les produits naturels (bio) de la ferme de Nanou le Savoyard pour vos petits maux, épicerie fine, huiles essentielles, rhums arrangés.

❦ **Galerie de photos Fabrice Delannoy** (plan centre D3) : 121 ter, rue Rainandrinamampandry, à Farahovitra. 🖳 032-43-717-90. ● fabrice-delannoy.com ● Sur rdv. La galerie d'un photographe installé à Mada depuis des années. Albums en vente dans divers formats.

❦ **Is'Art Galerie** (plan d'ensemble, 111) : Lot VC 59Q, rue Vittori Françoise, Ampasanimalo. 🖳 33-25-148-73 et 33-25-148-71. ● isart.galerie@gmail.com ● isart-galerie.mg ● Un lieu hors des sentiers battus qui propose des expos dans une ambiance loft urbain. Cette ancienne teinturerie réhabilitée héberge la fine fleur du monde artistique underground de Tana qui vient créer ici toute l'année : plasticiens, photographes, dessinateurs, peintres, musiciens (concerts le vendredi soir !), artistes visuels, danseurs. Et qui sait, peut-être repartirez-vous avec une œuvre originale, témoignage de ce Mada d'aujourd'hui... précurseur de demain ?

Marchés

Les marchés actuels sont tous une émanation disloquée du mythique Zoma, « le plus grand marché du monde » qui fut fermé en 1994 principalement pour des raisons de sécurité. Il courait sur presque 1 km dans le centre de Tana. Bien sûr, les consignes habituelles de prudence s'imposent quand vous entrez dans un marché : évitez de venir avec des objets de valeur. Soyez sur vos gardes et faites-vous accompagner si vous le pouvez.

– **Le marché d'Andravoahangy** (prononcer « Andjiavountj » ; plan d'ensemble) : au nord-est du centre. Y aller en taxi. Tlj de 5h-6h à la tombée de la nuit, mais slt 9h ou 10h-17h env pour l'artisanat. Plus actif mer, réduit dim. Voici le marché le plus important de Tana depuis la disparition du Zoma. Un vrai marché à la malgache, rassemblant des centaines de vendeurs disséminés dans un dédale d'étroites allées de terre et de boue, autour d'un vilain pavillon en béton regroupant des petits hotely (restos locaux). Il se divise en d'innombrables secteurs : vêtements, chaussures, viande (bonjour les mouches !), légumes en pagaille, mais aussi tout l'artisanat malgache. Un coin est réservé aux brodeuses. Les sollicitations sont parfois insistantes : la concurrence est rude et les fins de mois difficiles... Des gardiens officiellement badgés vous proposeront de vous accompagner.

– **Le marché du COUM** (plan d'ensemble) : 67 Ha Nord. À l'ouest du centre-ville. Taxi obligatoire (env 6 500 Ar). Plus actif jeu soir, ven et surtout sam. Une fois sur place, il convient d'être perpétuellement sur ses gardes, sans pour autant tomber dans la paranoïa. C'est sans doute à l'heure actuelle, en ce qui concerne l'artisanat, le marché le mieux fourni et le moins cher, car encore très peu fréquenté par les touristes. Dès lors, les marges de négociation sont plus réduites. On y trouve de tout : jeux, sculptures, vannerie, broderie, vêtements, meubles...

– **Le marché couvert d'Analakely** (plan centre C2) **:** *tlj sf dim, dans les pavillons face à la grande poste.* De l'immense Zoma de jadis demeure un petit labyrinthe de vendeurs de vêtements, chaussures, articles en tout genre, légumes... Un bout d'allée est consacré à l'artisanat. Davantage d'activité le vendredi.
– **Le marché artisanal de la Digue** (hors plan d'ensemble) **:** *sur la route de l'aéroport. Tlj env 9h-18h. En taxi, env 15 000 Ar depuis le centre-ville.* On y trouve toutes sortes de souvenirs, sur près de 1 km, mais l'ambiance est moins authentique qu'à Andravoahangy. Beaucoup s'y arrêtent en retournant à l'aéroport.
– **Le marché aux puces d'Isotry** (prononcer « Isoutch' » ; plan d'ensemble) **:** *67 Ha Nord, à l'ouest du centre-ville. Plus important sam lorsqu'il s'étend aux quartiers environnants ; on l'appelle alors le marché d'Ambodin'Isotry. En taxi, env 6 500 Ar depuis le centre-ville.* On y trouve un peu d'artisanat, de la vannerie, mais surtout une incroyable variété d'articles en tout genre : produits ménagers, quincaillerie, volailles et même chats, serrures, cordages, câbles, chaussures et fringues de seconde main, etc. Comme à Bombay et ailleurs, c'est aussi le « marché aux voleurs » : on peut y retrouver ses pompes dérobées la veille au soir ! Attention aux pickpockets pour ne pas vous faire piquer votre pantalon après avoir retrouvé vos chaussures !
– **Le marché Pochart** (plans couleur d'ensemble et centre B1) **:** *près de la gare ferroviaire de Soarano. Tlj mais plus actif le ven.* Pas incontournable : surtout des vêtements, des chaussures, des tissus et du petit matériel électronique.
– **Autres marchés : marché aux tissus** (plan d'ensemble), *à Ambodinisotry. Tlj sf dim ; plus d'activité sam.* On y trouve toutes sortes d'étoffes à des prix dérisoires. **Marché aux livres** (plan centre C2), *aux abords du jardin d'Ambohijatovo, à côté d'Analakely. Tlj sf dim.* De vrais bouquinistes : plein de livres français et d'anciens Ici Paris, Paris Match... **Marché de Mahamasina** (plan d'ensemble), *devant le stade. Surtout le jeu, aussi le dim.* Meubles, ustensiles domestiques, fruits et légumes et la meilleure adresse pour la friperie. Très grand et populaire.
– **Le marché Petite Vitesse** (plan centre A1) **:** *tlj jusqu'à 15h-16h.* Ce marché populaire longe une ancienne voie de chemin de fer où les trains passaient à petite vitesse ! Pas d'artisanat ici, mais un marché aux légumes, de la quincaillerie, de l'électronique chinoise, quelques oies et canards... Mais pas le marché le plus sûr.

À voir

C'est entre la place de l'Indépendance et le palais de la Reine, entre Ville intermédiaire et Ville haute que Tana livre ses plus jolies ruelles pavées et ses points de vue les plus dominants. Oh, rien de véritablement inoubliable, mais une vraie ambiance entre vieilles demeures et détails attachants du quotidien.

La Ville intermédiaire

Coincée entre Ville basse et Ville haute, cette bien-nommée Ville intermédiaire s'agrippe à flanc de collines. Tout part de la ***place de l'Indépendance*** *(plan centre B2).* Autour de son petit jardin ombragé gravitent hommes d'affaires, *vazaha* en quête d'un journal ou d'une pause en cours de journée, petits vendeurs de cigarettes ou de souvenirs, et jeunes en haillons qui gardent les places de parking pour quelques centaines d'ariary. C'est aussi un lieu privilégié pour les voleurs. Évitez de vous y promener seul(e) le soir.

🗲🗲 **Le palais présidentiel d'Ambohitsirohitra** (plan centre B3) **:** *à 100 m de la place, par la rue Rainilaiarivony.* Ce fier édifice de 1886 abrita la résidence officielle des gouverneurs et hauts-commissaires français avant l'indépendance. Il était donc logique et hautement symbolique que le président de la République, puis le maire de la ville, en prennent possession par la suite. Le président Ravalomanana le réinvestit à nouveau en 2002, puis il fut pris d'assaut par les putschistes en mars 2009. Ne vous approchez pas trop : les gardes sont un peu sur les dents...

➢ De la place de l'Indépendance, on peut rejoindre la Ville basse par le grand escalier envahi de vendeurs de souvenirs qui descend vers **Analakely** (plan centre C2). On peut aussi aisément rejoindre le **quartier d'Isoraka** (plan centre B2), Q.G. de la vie nocturne, par la rue Rabehevitra et y découvrir, tout à l'ouest, un petit parc, le grand **tombeau** hindouisant (plan centre A2) de **Rainiharo** (1846), Premier ministre de la reine Ranavalona Ire. De la place de l'Indépendance toujours, les amateurs de grandes balades remonteront sinon la très animée **rue Ratsimilaho** (plan centre C2), bordée de bijouteries appartenant à des Karanes (Indo-Pakistanais) et de nombreux commerces autour de la poste ainsi que du vénérable hôtel Colbert. En ligne de mire : le palais de la Reine, sur les hauteurs.

La Ville haute (plan centre C3 et plan d'ensemble), balade jusqu'au palais de la Reine

Les plus courageux y grimpent à pied depuis la place de l'Indépendance (30-40 mn), par les rues Ratsimilaho, Ranavalona III, puis Printsy-Ratefinanahary (plan centre C2-3). Mais c'est une montée éprouvante physiquement et pas toujours très sûre. Prendre plutôt le taxi ou le taxi-be (n°s 134 et 190), facile à attraper au gré de la fatigue à l'un des arrêts qui jalonnent la montée. Une fois arrivé, nous suggérons en revanche de marcher un peu dans ce quartier révélant quelques bâtiments anciens et de multiples points de vue sur la ville et la plaine.

🗝 **Le temple d'Ambatonakanga** (plan centre C3) : *à l'angle des rues Ranavalona-III et Rahamefy, à Ambatovinaky. Fermé, y venir à l'heure de l'office le dim*. Bâti en granit en 1867, il a été fondé par les missionnaires anglais en mémoire des martyrs chrétiens. C'est la deuxième plus ancien édifice en pierre de la ville. Un témoin de ces temps où l'influence britannique précéda celle de la France.

🗝 Passé le temple, la pente s'accentue. Plus haut, une esplanade avec rambarde offre un point de vue panoramique sur la ville et le lac Anosy, en forme de cœur. D'ailleurs, c'est un peu le Montmartre local, et les amoureux y ont élu domicile.

🗝 Un peu plus haut encore, on accède au petit parc d'Andohalo (où se trouve une annexe de l'office de tourisme), haut lieu des cérémonies royales aux XVIIIe et XIXe s. L'esplanade est veillée par la **cathédrale catholique Notre-Dame d'Andohalo** (plan d'ensemble), bâtie entre 1873 et 1890. De là, se révèle un autre point de vue. On enchaîne avec la **maison de Jean Laborde** (plan d'ensemble) dans une ruelle étroite, un peu après la cathédrale sur la droite. C'est dans cette jolie maison en bois de 1862 que le célèbre aventurier et industriel français s'installa après son retour d'exil, à la mort de la reine Ranavalona Ire. L'édifice est actuellement occupé par la mission de coopération et d'action culturelle de l'Ambassade de France, mais on peut y jeter un œil aux heures de bureau. Quasiment en face de la ruelle, se dresse la **cathédrale anglicane Saint-Laurent d'Ambohimanoro** (1889), néogothique.

🗝 Toujours plus haut, le **palais du Premier ministre** (plan d'ensemble), un édifice en pierre, datant de 1872, réservé à l'usage du Premier ministre de l'époque, Rainilaiarivony, qui épousa successivement trois reines afin de mieux asseoir son pouvoir. Il abrite le **musée d'Andafiavaratra** (10 000 Ar l'entrée). Mais l'accueil insistant par des guides non officiels rend le coup d'œil désagréable. La façade, plutôt originale, mêle différents styles, à tendance baroque ; elle a été reconstruite en 1976. Le musée abrite quelques objets sauvés de l'incendie du palais de la Reine en 1995, des cadeaux offerts par les autorités françaises et britanniques de l'époque... Il faut dire que la concurrence entre les deux nations européennes pour s'attacher la faveur des souverains malgaches était rude !

🚶 Toujours plus haut, en face du Grill du Rova, le **palais de justice d'Ambatondrafandrana**, édifié sous la reine Ranavalona II en 1881, prend la forme d'un temple grec. Il est ouvert sur l'extérieur : tous pouvaient ainsi entendre les sentences.

> ### JUGEMENT À LA NOIX
>
> *Jusqu'à son interdiction en 1863 par le roi Radama II, les Malgaches ont souvent fait appel à un rituel de jugement des plus aléatoires : les accusés étaient contraints d'absorber une décoction de noix de tangena, hautement toxique. Les survivants étaient déclarés innocents, les autres catalogués comme sorciers et interdits de sépulture dans le caveau familial... Plusieurs milliers d'innocents périssaient ainsi chaque année.*

🚶🚶 **Le palais de la Reine** *(plan d'ensemble)* **ou Rova** *(prononcer « Rouv' »)* : *tlj 9h-17h. Entrée : 10 000 Ar. Beaucoup de mauvais et faux guides à l'entrée ; si vous en trouvez un bon, ses explications ne seront pas inutiles (20 000 Ar pour 1-3 pers). Mais là encore, l'accueil n'est pas très engageant.*
Le palais de la Reine a malheureusement fait la une de l'actualité en novembre 1995, lorsqu'un incendie ravagea la structure intérieure en bois, ainsi que nombre d'objets de grande valeur. Disparurent aussi le « palais d'argent » en bois de Radama II (1845) et le palais original d'Andrianampoinimerina (1796), ainsi que les ornements des tombes royales... Cet acte sans doute criminel eut lieu pendant une période d'élections et de campagne électorale (souvent mouvementées à Madagascar). Un geste politique par excellence, mais surtout une atteinte à l'un des sites les plus sacrés du pays des Merinas. Pourtant, certains affirment encore que ce fut un simple accident... Depuis des années, la restauration avance lentement.

Un peu d'histoire
Vous vous trouvez en quelque sorte sur le lieu de naissance de Tananarive. À l'origine, le roi Andrianjaka, vainqueur des premières tribus vazimba, voulut s'installer sur le point culminant de la région (1 460 m). Il délimita l'endroit à l'aide de pieux et le baptisa *rova*, ou « place fortifiée ». Par la suite, respectant la tradition, une suite ininterrompue de reines et de rois s'y installèrent ou y firent construire leur « palais » (et leur tombe) : Radama Ier, Radama II, Rasoherina et les reines Ranavalona Ire, Ranavalona II et Ranavalona III. Seul Andrianampoinimerina fut enterré à Ambohimanga (voir « Dans les environs de Tananarive »), mais ses restes furent transférés ici par Gallieni en 1896 afin de tenter d'amadouer le sentiment anticolonial.

La visite
– Un **aigle en bronze** français, cadeau de l'aventurier Jean Laborde à Ranavalona Ire au nom de Napoléon III, surmonte le porche d'entrée.
– Une fois à l'intérieur, la coquille vide du **palais de la Reine** se dresse devant vous. Le premier édifice en bois, bâti en 1839 par Jean Laborde pour sa (supposée) maîtresse, la reine Ranavalona Ire, est parti en fumée en 1995. Ce palais était soutenu par un énorme pilier central en palissandre haut de 39 m, peut-être constitué de trois morceaux en fait. Toujours est-il qu'il fut acheminé depuis les forêts de la côte est par plusieurs milliers d'hommes, dont beaucoup auraient péri en route. Un édit de la reine Ranavalona II permit à l'architecte anglais James Cameron d'édifier par-dessus le palais de Laborde la structure actuelle en pierre, entre 1869 et 1872, en emballant en quelque sorte l'édifice original. On voit le résultat : le palais en bois a brûlé, mais l'œuvre de Cameron est toujours là !
– La visite se poursuit en contournant le palais de la Reine par la gauche. Là, à son pied, deux petits pavillons abritent les **tombes royales du XIXe s :** 4 reines à gauche, 3 rois à droite, inhumés à 7 m de profondeur (chiffre sacré). À l'arrière, 7 autres tombeaux en bois tout simples abritent des sépultures plus anciennes.

– Plus avant, au pied même de la façade et du palais de la Reine, le très modeste **palais en bois d'Andrianampoinimerina** (1787-1810) a été reconstitué. Il ne s'agit guère que d'une grosse cahute au sol en terre battue, à laquelle on accède (pied droit en premier !) par une porte en bois sculpté de deux seins – emblème matriarcal.
– Passé la piscine sacrée, on découvre ensuite le **temple de Ranavalona II,** reine éminemment protestante, réalisé en 1869 par le missionnaire William Pool dans un style italien. L'intérieur brûla également en partie en 1995 mais a été restauré.
– Profitez aussi des multiples **points de vue sur la ville** avec, à l'ouest surtout, le lac Anosy, le fort Voyron sur la colline (fort militaire colonial) et le parc zoologique de Tsimbazaza. De l'autre, le lac Mandroseza et les rizières à distance.

> ### UN ROI MÉFIANT
> Le grand Andrianampoinimerina craignait les visites impromptues. Soucieux de sa sécurité, il se cachait chaque fois sous le toit de sa modeste demeure, pendant que sa femme recevait le visiteur. Si celui-ci lui semblait animé de bonnes intentions, il adressait un signal discret à son épouse pour qu'elle invite l'hôte à sortir un instant. Le roi descendait alors de son perchoir pour le recevoir officiellement...

|◐| ♈ ♪ Avant ou après la visite du palais de la Reine, faites une halte au **Grill du Rova** (plan d'ensemble, 60), où l'on peut assister à des spectacles de danse et des concerts tous les dimanches (lire les rubriques « Où manger ? » et « Où boire un verre ? »). Parfait pour boire un verre.

🎭 Tout au bout de la route, après avoir dépassé le palais, on parvient à **Ambohipotsy** (prononcer « Ambohipout »), l'un des temples érigés en hommage aux chrétiens massacrés. Celui-ci est dédié à Rasalama, première martyre chrétienne du pays en 1837. Derrière le temple, un kiosque surplombe la ville. C'est le rendez-vous des jeunes couples.

La Ville basse

Comme son nom l'indique, c'est la partie de la ville qui s'étend au pied des collines. Elle est centrée autour de l'avenue de l'Indépendance, qui relie la jolie **gare ferroviaire de Soarano** (1910 ; plan centre A-B1), inactive mais réhabilitée en boutiques et café-restaurant, au bruissant **marché d'Analakely** (plan centre C2). L'avenue est veillée en son centre par l'**Hôtel de ville,** incendié pendant les manifestations de 1972 à l'origine du départ du premier président, Philibert Tsiranana, et finalement reconstruit en 2010. Le maire depuis 2015

> ### MARCHÉ CONCLU
> Institué au XVIIIe s, le célèbre Zoma était l'un des plus grands et des plus beaux marchés au monde. Le jour du zoma (« vendredi »), des milliers d'étals protégés par des parasols envahissaient tout le centre-ville sur presque 1 km, de l'avenue de l'Indépendance jusqu'aux pavillons couverts d'Analakely. Un véritable mythe, mais qui ferma en 1994. Des touristes y étaient trop régulièrement dépouillés, sans parler des insurmontables problèmes d'hygiène...

n'est autre que la femme de Marc Ravalomanana, lui-même ancien maire de Tana et président de 2002 à 2009. Flâner sur ces espèces de Champs-Élysées malgaches est malheureusement devenu un peu tristounet. Sous les arcades, mal éclairées, des familles déshéritées trouvent refuge et il est déconseillé d'y traîner une fois la nuit tombée.

➢ À l'est de l'avenue de l'Indépendance, là où elle se rétrécit et prend le nom d'avenue du 26-juin-1960, un *grand escalier* se hisse vers la place de l'Indépendance et la *Ville intermédiaire*. Fabricants de tampons et vendeurs de souvenirs s'y agglutinent, poursuivant les rares touristes de leurs assiduités...

➢ Presque en face, derrière le marché d'Analakely, un *autre grand escalier* grimpe vers le quartier perché d'*Ambondrona*. Là encore, animation garantie sur les marches, en compagnie de vendeurs de légumes ou de bric-à-brac !

Au sud de la colline d'Isoraka se dessine le cœur du *lac Anosy (plan centre A-B3)*, aménagé en 1830 par James Cameron pour la reine Ranavalona Ire, dite « la Sanglante ». Certains chuchotent qu'il en était un peu amoureux... Aujourd'hui, c'est là que s'écoulent les eaux usées de la ville, ce qui est nettement moins romantique. En son centre, l'ange du *mémorial de l'Ange-Noir*, construit par les Français en l'honneur des soldats tombés au champ d'honneur pendant la Première Guerre mondiale, a été repeint couleur argent, puis or ! Pas de grandes balades sur les berges : le coin, pauvre, n'est pas très bien fréquenté.

LARMES DE BOIS

Les jacarandas qui ceignent le lac Anosy arborent, en octobre et novembre, leur plus belle parure violette en pleurant toutes les larmes de leur corps... au sens propre ! Ces arbres suintent des gouttes d'eau à longueur de journée (rien à voir avec de la sève qui colle et tache), au point de former d'étranges petites mares à leur pied.

Fêtes et manifestations

– **Nouvel an malgache** (ou Alahamady Be) : *3 premiers j. du 1er mois lunaire, janv-mars.* Particulièrement fêté sur toutes les collines des hauts plateaux, et notamment à Ambohimanga, « la colline bleue », où se trouve le sacro-saint palais du Roi. Grandes cérémonies traditionnelles. Lire aussi le chapitre consacré à cette « ville sainte ».
– **Fête de l'Indépendance :** *26 juin.* Particulièrement intéressante dans la capitale.
– **Hira Gasy :** *théoriquement ts les dim ap-m sur la pl. Hira-Gasy-Ramala, à Isotry. Sinon, de temps à autre au Grill du Rova (voir « Où manger ? » et « Où boire un verre ? »).* Kabary (discours), chansons et danses traditionnelles.

DANS LES ENVIRONS DE TANANARIVE

Le parc botanique et zoologique de Tsimbazaza (plan d'ensemble) : *à 3 km au sud du centre-ville, près de l'Assemblée nationale.* ☎ *22-311-49. Prendre le bus n° 115 pour le terminal de Tsimbazaza depuis la SICAM à Analakely. Tlj 9h-17h. Entrée : 10 000 Ar ; réduc enfants. Des guides (pas très utiles) proposent leurs services à l'entrée.* Parmi les rares parenthèses vertes de Tana, ce parc doublé d'une sorte de petit zoo pourrait faire l'objet d'une promenade agréable s'il était mieux entretenu.

FILLE OU GARÇON ?

Les femelles crocodiles ont, avec les tortues, la particularité de pondre et d'enterrer leurs œufs dans le sable à une profondeur variable. Plus l'œuf est enfoncé, plus sa température est basse. C'est cette seule différence de chaleur qui détermine le sexe des petits : les chromosomes n'ont qu'à aller se rhabiller !

DANS LES ENVIRONS DE TANANARIVE | 121

Les enfants des écoles locales vont y découvrir les diverses espèces de lémuriens et d'oiseaux de l'île (en cages), ainsi que quelques bestioles « exotiques » (autruche, dromadaires...) offertes par des dignitaires étrangers. Le vivarium est lui aussi en piteux état. Restent un joli lac, des aigrettes sauvages, une palmeraie et, juste à côté, la reproduction de quelques tombes et maisons traditionnelles.
– Par une entrée séparée, on peut accéder aux deux petits **musées d'Ethnographie et d'Histoire naturelle.**

Le parc de Tsarasaotra : *île aux Oiseaux, Tsarasaotra, Alarobia-Amboniloha.* ☎ 22-248-47. 📱 *033-12-441-27. À env 5 km au nord du centre-ville ; indiquer au taxi que c'est après le contrôle technique des voitures. Visite tlj 6h-17h. Entrée : env 13 000 Ar. Retirer son billet au bureau de l'agence Boogie Pilgrim, au centre commercial Tana Water Front, Ambodivona, lun-ven 8h-17h.* Situé sur l'ancien domaine (de 27 ha) d'un Premier ministre de la reine Ranavalona III, Tsarasaotra est le premier site privé classé par la convention Ramsar, qui agit en faveur de la protection des zones humides. Au bord des deux lacs, les amoureux des oiseaux (munis de leurs jumelles) pourront observer plus de 60 espèces, dont une quinzaine sont endémiques et d'autres en voie de disparition. L'endroit gagnerait néanmoins à être un peu mieux entretenu s'il y avait plus de moyens.

L'élevage de crocodiles Croc' Farm : *près de l'aéroport d'Ivato, au nord.* 📱 *034-14-300-20 ou 032-41-301-43. Avt l'aéroport, prendre la piste à gauche sur 3 km. Préférable d'y aller en taxi, mais la course est chère, sans compter le temps d'attente. Essayer d'y aller avt de prendre un avion, ou alors en* taxi-be *jusqu'à Ivato puis, au terminus, reprendre un taxi-brousse pour Anjomakely. Tlj 9h-17h. Entrée : 15 000 Ar (30 000 Ar avec un plat au resto) ; gratuit jusqu'à 7 ans.* Il s'agit d'un élevage de crocodiles dont les peaux sont principalement destinées à l'industrie du luxe. Un certain nombre d'entre eux finissent néanmoins dans la boutique de souvenirs ou dans votre assiette (resto sur place, dans un cadre plaisant), mais on ne peut pas dire que le patron ne soit pas un passionné ! Le parc abrite quelques oiseaux, reptiles, lémuriens (notamment le *microcebus*), et même des *fosa* (sorte de félin aux airs de mangouste). Mais, évidemment, la grande attraction, ce sont les crocodiles du Nil (la seule espèce présente à Mada), qui peuvent atteindre 6 m de long. Renseignez-vous sur l'heure de leurs repas (n'attendez néanmoins rien de spectaculaire).

Lemur's Park : *à 25 km à l'ouest de Tananarive, sur la RN 1.* 📱 *033-11-252-59.* ● lemurspark.com ● *Accès en taxi-be de la ligne G (véhicules blancs avec une ligne bleue des coopératives Kofiamo ou Fifia, en direction de Meritsetosika ; à prendre devant l'hôpital, au sud du lac Anosy). Pour le retour, taxi-be devant l'épicerie du village, à 5 mn à pied. Prévoir 1h30-2h de trajet aller, à bon entendeur... Tlj 9h-17h (dernière entrée à 16h). Visite guidée obligatoire (1h30). Entrée : 30 000 Ar ; 12 000 Ar jusqu'à 12 ans.* Dans ce joli petit parc de 5 ha créé de toutes pièces, où une multitude d'arbres ont été plantés, vous serez sûr de voir des lémuriens (9 espèces, surtout diurnes), ainsi que des tortues et quelques caméléons. La plupart sont nés sur place et évoluent en liberté, à l'exception de quelques individus agressifs ou plus petits. La visite guidée est intéressante et donne le temps d'observer de près leurs cabrioles (en particulier celles des lémuriens danseurs).

Atelier Violette et Dieudonné : *au village d'Ankazobe, commune d'Alasour, à 7 km à l'est. Pas loin du boulevard circulaire (route de Tamatave). En bus, descendre à Mpanaefay ou, mieux, y aller en taxi-be.* ● dieudonnemadagascar@gmail.com ● *Tlj 7h-17h (pause à midi).* On se donne du mal pour y arriver, mais ce centre de création et de design d'objets en métal n'est pas comme les autres. Ce lieu magique, à l'architecture originale, permet à 200 salariés (dont deux tiers de femmes) de vivre décemment. Leurs enfants (plus de 400) ont le droit à une école et à manger sainement (maraîchage maison en permaculture). Le credo : donner leur chance à ceux qui n'ont rien. Une sorte de familistère malgache, mais tout

LES HAUTES TERRES

sauf utopique ! On allait oublier les différentes boutiques et le choix impressionnant d'objets d'artisanat, finement travaillés et pas seulement en métal. Faites-vous plaisir, vous en ferez aussi !

LES DOUZE COLLINES SACRÉES DE L'IMERINA

Les alentours de la capitale alternent petits villages de brique, collines plus ou moins boisées et rizières cultivées sur fond de latérite, cette terre rouge indissociable des hauts plateaux. Visiter la région permet de découvrir le patrimoine rural et historique merina. Vous trouverez des guides auprès des agences spécialisées ou des hôtels et de bonnes publications. Un véhicule, avec ou sans chauffeur, suffit alors.

Ralambo, un sacré roi

C'est le roi Ralambo (1575-1615) qui le premier unifia les petits royaumes merinas disséminés sur les hauts plateaux. Il appela son royaume *Imerina Ambaniandro*, « le pays élevé sous le soleil ». « Je l'appelle Imerina parce que j'occupe tous les sommets. Il n'y a rien qui ne soit à moi dans tout ce qui est sous la lumière du jour. » Ambitieux et poétique. Ralambo institua divers rituels pour consolider l'unité de son peuple, dont le sacrifice du coq rouge, les ablutions purificatrices, le nettoyage des tombeaux qui donna le *famadihana* (voir la rubrique « Religions et croyances » dans « Hommes, culture, environnement »), l'abattage des bœufs et la fête du bain royal purificateur qui célèbre le Nouvel an malgache à la pleine lune du mois d'*alamahady* (janvier). La coutume lui associe le sacrifice et la consommation de zébus et, pendant la célébration du *fandroana*, on offre au souverain la bosse et l'arrière-train des zébus sacrifiés. Par ailleurs, pendant la cérémonie, des zébus étaient lâchés dans les rues, et ils appartenaient à ceux qui réussissaient à les attraper. Ces zébus symbolisaient le cadeau du souverain au peuple.

Andrianampoinimerina, le grand roi

Durant les XVIIe et XVIIIe s, les successeurs de Ralambo s'entre-déchirèrent, divisant ses terres en quatre royaumes rivaux. Par la force, le roi Andrianampoinimerina (de son véritable nom Andrianampoinimerinandriantsimitoviaminandriampanjanka, soit « le seigneur qui règne au cœur de l'Imerina » !) reprit possession des trois autres et imposa l'unité : il sut habilement rendre hommage aux 12 grands rois qui l'avaient précédé en attribuant à chacun un rite d'allégeance sur une colline différente, siège d'une tribu rivale qu'il voulait assujettir. Pour s'assurer définitivement leur fidélité, Andrianampoinimerina épousa une femme issue de chacune (qui lui donnèrent 26 enfants !) et exigea qu'on lui rende hommage autant qu'à lui-même. Ainsi émergea le concept des 12 collines sacrées. Inutile de chercher à les recenser précisément : la liste évolua au fil du temps selon les priorités politiques de l'époque. Seul le nombre de 12, chiffre sacré renvoyant aux mois du calendrier luni-solaire comme aux signes du zodiaque malgache, le *vintana* (« destin »), resta inchangé.

Durant son règne (de 1787 à 1810), Andrianampoinimerina affirma Ambohimanga comme capitale du royaume merina. Son fils Radama Ier la réinstalla définitivement à Tananarive (voir aussi la rubrique « Histoire » plus haut).

Ilafy et Ambohimanga (« la colline bleue »)

◈ Les deux collines sacrées les plus intéressantes à visiter d'un point de vue historique sont celles d'Ilafy et d'Ambohimanga, qui se trouvent sur la même route : la RN 3, en direction du nord. Leur visite peut se combiner en une demi-journée. Elles sont directement accessibles avec le *taxi-be* H (blanc avec une bande verte),

LES ENVIRONS... / LES DOUZE COLLINES SACRÉES DE L'IMERINA | 123

qui se prend derrière le marché d'Andravoahangy *(plan d'ensemble)*. Liaisons fréquentes entre 5h et 18h environ, mais prenez vos précautions pour le retour.
➢ *Pour Ilafy :* s'arrêter au km 8, puis marcher sur un chemin de terre pendant 2 km.
➢ *Pour Ambohimanga :* attention, si tous les H passent non loin d'Ilafy, Ambohimanga n'est le terminus que de quelques-uns ; bien s'en assurer auprès du receveur du *taxi-be*. Les véhicules s'arrêtent à la première des sept portes du village. Sinon, prendre un taxi (préciser « Ambohimanga Rova ») à la journée.

🏛 *Le rova d'Ilafy : tlj sf lun 9h-12h, 14h-17h. Entrée modique.* Cette résidence est la reproduction (réalisée en 1967) de celle utilisée par le roi hédoniste Radama II et le clan des Menamaso, avant qu'ils ne soient presque tous assassinés en 1863 (avec le roi, bien sûr) par le clan adverse, les Andafiavaratras. La maison est une grande case en palissandre dans le style du *rova* d'Ambohimanga, mais en moins spectaculaire. Elle abrite un petit Musée ethnographique, un peu fourre-tout mais bien distrayant.

🏛 *Le village d'Ambohimanga :* exception faite de quelques échoppes, on dirait que le village n'a presque pas changé depuis le règne du roi, même si on n'y était pas... Ne manquez pas à l'entrée la reconstitution de la très belle porte traditionnelle en latérite, avec son énorme disque de pierre. Impressionnant, surtout quand on sait qu'il y en avait sept comme celle-ci et que des esclaves devaient faire rouler les disques chaque soir pour interdire l'accès au village ! Jusqu'à la fin du XIXe s, le *rova* était totalement *fady* (interdit) aux étrangers.

🏛 *Le rova d'Ambohimanga : tlj 9h-16h30. Entrée payante. D'excellents guides proposent leurs services 1h durant ; convenez du tarif.* On y accède en faisant travailler un peu ses mollets, mais la montée en vaut la peine. L'enceinte se présente comme une forteresse agrémentée de figuiers, d'arbres sacrés et d'emblèmes de la puissance royale. À l'intérieur, on commence la visite par le **palais du Roi** proprement dit, une grande case de palissandre noir, ornée d'une plaque commémorative. Cela pourra en surprendre plus d'un, mais c'est bien un palais, d'une simplicité extrême. Ici, on entre du pied droit pour recevoir la bénédiction des ancêtres. À l'intérieur, dans le coin nord-est (le plus sacré), on trouve un lit suspendu dans lequel le roi Andrianampoinimerina partageait la couche avec l'une de ses 12 femmes. La **maison de campagne des reines** est une jolie demeure en bois à étage avec des balustrades ouvragées. À l'intérieur, un lit, du mobilier, dont une glace de Venise offerte par la reine Victoria ! Notez le joli belvédère vitré de la salle des Traités et son royal panorama. Enfin, contournez le *rova* et allez admirer le très beau **point de vue** depuis l'énorme rocher encastré dans la colline, sur lequel les rois et les reines jouaient au *fanorona,* le jeu national.

🍽 🍷 ♪ *Restaurant Ambohimanga Rova : au pied du rova, sur la droite. Tlj le midi. Menu bon marché.* Agréable resto ouvrant sur un grand jardin avec une vue magnifique sur la plaine de Tananarive, le lac d'Ambohibao et Ivato. Le menu propose une cuisine touristique, mais on vient surtout ici pour profiter de la vue et du bon air, ou pour boire un verre. Les samedi et dimanche après-midi, danses et chants traditionnels très chouettes. Les artistes jouent parfois aussi en semaine, à la demande, quand il y a des clients. Ne pas oublier de leur donner quelque chose.

Antsahadinta (« la colline aux sangsues »)

🏛 *Le rova :* ☎ 032-07-745-66. *On peut accéder en taxi-brousse au village d'Ampilanonana ; ensuite, 20 mn de marche. Tlj sf lun 10h-16h. Entrée bon marché.* Située à une vingtaine de kilomètres au sud-ouest de Tana, Antsahadinta est l'une des 12 collines sacrées de l'Imerina. Du haut de ses 1 400 m, la vue s'étend sur la plaine, les rizières et les reliefs alentour ; mais c'est surtout pour découvrir les vestiges du *rova* du XVIIIe s qu'on y va. Un peu avant d'y arriver, on peut voir, sur la droite après le petit village d'Ambohibary-nord, une pierre levée à côté d'un tombeau. Ces pierres révèlent le(s) haut(s) fait(s) d'un homme ou marquent un événement historique.

Ce *rova* fut édifié par Andriamangarira, premier roi à avoir régné sur cette colline, vers 1725 ; il le flanqua de sept fossés successifs, dont on aperçoit un bout qui jouxte un domaine de l'époque coloniale ! Si les vestiges du *rova* ne sont aujourd'hui pas légion (les constructions nobles étant jadis exclusivement en bois, le temps a fait son œuvre...), on y découvre des tombes de souverains, dont l'ordonnancement respecte des règles strictes, et des arbres rares et séculaires – comme ce grand ficus, une essence assimilée à un emblème royal, réceptacle des forces magiques. La visite étant guidée (on parcourt notamment le petit musée), on ne vous en dira pas plus. En route !

Où dormir dans la région ?

▲ **Saha Forest Camp :** *à 60 km au nord du rova, dans le village d'Anjozorobe, Fokontany Antsahabe Est, sur la route d'Ambohimanga.* ☎ *22-3336-23.* 📱 *032-07-843-44 et 034-02-351-66.* ● *sahaforestcamp.mg* ● *Compter 2h de route depuis Tana puis 30 mn de piste carrossable (4x4 indispensable en période de pluie). Compter 195 000 Ar pour 2, petit déj compris. Menu 50 000 Ar.* En pleine forêt primaire (10-15 mn de marche depuis le parking), à l'intérieur d'une aire protégée, ce camp, composé d'une dizaine de bungalows en semi-dur constitue une bien belle adresse, alliant le confort et la vie en pleine nature. Restaurant avec grande terrasse surélevée invitant à la sérénité. L'ensemble appartient à une communauté villageoise voisine et les bénéfices leur sont directement reversés, ce qui a permis le développement rapide du village. Un bel exemple de tourisme durable. Possibilité d'excursions accompagnées de guides forestiers.

QUITTER TANANARIVE (ANTANANARIVO)

EN TAXI DE 1re CLASSE

Pour ces transports, il est impératif de réserver au moins la veille et, si possible, 2 ou 3 jours à l'avance. Outre le meilleur confort, on a l'avantage d'arriver et partir du centre-ville.

– *Transpost (plan centre B-C2, 25) : rue Ratsimilaho, pl. de l'Indépendance.* ☎ *22-302-27.* 📱 *033-75-503-94. Tlj sf dim 8h-17h30 (11h sam).* En dehors de convoyer du courrier, cette entreprise postale assure un service spécial de minibus pour voyageurs à destination de **Majunga** à 7h ; poids des bagages maximum 15 kg/personne.

– *Transport Première Classe – Malagasycar (plan centre B1, 26) : 3, rue Indira-Gandhi, dans l'hôtel Grand Mellis,* 📱 *032-40-134-76 ou 033-15-488-88.* ● *malagasycar.com* ● *Résa 72h avt.* Ce transporteur dessert également **Majunga** (minibus confortables transportant 7 passagers), tlj vers 7h, mais le tarif est nettement plus élevé : 80 000 Ar/personne, petit déj et déjeuner inclus. Trajet : env 10h.

EN TAXI-BROUSSE

Il existe 3 gares routières à Tana : la **gare routière d'Ambodivona-Andravoahangy** pour le nord de l'île et Tamatave, la **gare routière du Sud** pour... le sud, le sud-est et l'ouest ainsi que la **gare d'Ampasapito** pour l'est, dont Andasibe. Pour s'y rendre, prendre un taxi, car elles sont assez éloignées du centre-ville. Un conseil : sur place, achetez toujours vos places aux guichets des coopératives (elles sont nombreuses) plutôt qu'à des vendeurs à la sauvette qui prendront leur commission. Pour les longues distances, il vaut franchement mieux privilégier le taxi 1re classe ou faire le voyage en plusieurs étapes car les trajets sont longs et souvent éprouvants ! Préférez les minibus aux bus Tata, un poil moins chers mais souvent plus lents. On vous indique des durées approximatives de transport, mais elles peuvent varier considérablement selon la saison (sèche ou pluvieuse), le temps de remplissage du véhicule, les nombreux arrêts... et les pannes ! Attention à vos bagages, ne les confiez à personne.

De la gare routière d'Ambodivona-Andravoahangy

🚌 *Gare routière d'Ambodivona-Andravoahangy* (plan d'ensemble) : *au nord de la ville, derrière le marché d'Andravoahangy. Attention : la gare devrait déménager au niveau de la route de contournement de Tamatave, au nord-est.* L'inconvénient : c'est loin du centre-ville ! Privilégiez les compagnies *Cotisse*, *Vatsy*, *Kofmad* ou encore *Trans-Benjy*.

➢ *Majunga* (trajet env 11h) : tlj vers 8h et 16-17h.
➢ *Diego-Suarez* (24h, voire plus !) : avec *Kofmad*, *Transbenja* ou *Kofimanga*, départs tlj dans l'ap-m.
➢ *Ambanja et Ankify (Nosy Be)* : mêmes conditions que Diego-Suarez, mais moins long. Trajet : 11h-12h.
➢ *Tamatave* (8h) : tlj vers 7h et 17h.

De la gare routière d'Ampasapito

🚌 *Gare routière d'Ampasapito* (hors plan d'ensemble) : *au nord-est de la ville, sur la route de Tamatave.* Dessert les villes de l'Est et Tamatave. Bien organisée, cette gare a un kiosque pour chaque destination.

➢ *Andasibe* : on peut prendre un taxi-brousse pour Tamatave depuis Ambodivona et descendre à la bifurcation, mais le mieux est d'aller jusqu'à Moramanga (voir ci-dessous) et, de là, reprendre un taxi-brousse pour la réserve. De Moramanga, départ 6h-18h (trajet 30-45 mn). Si l'on est chargé, cela évite de marcher trop longtemps.
➢ *Moramanga* (2h30-3h) : avec *Kofimanga*, *Vatsy* ou *Kofito*. Départ env ttes les heures, 6h-18h.

De la gare routière du Sud

🚌 *Gare routière du Sud* (hors plan d'ensemble) : *au sud de la ville, au lieu-dit Fasan'ny Karana (le tombeau des Karanes), à Ankadimbahoaka. Attention : la gare pourrait déménager dans le quartier d'Ambohimanan-Bola, toujours au sud de la capitale.* Les « grandes lignes » partent côté droit (les compagnies y ont chacune un guichet), les « lignes régionales » côté gauche (là, on s'adresse directement aux chauffeurs). Certaines entreprises ont meilleure réputation comme *Mafio*, *Sonatra*, *Cotrafiam*, *Cotisse*, etc.

Vers le sud

➢ *Antsirabe* : départs fréquents, 5h-18h. Trajet : 3h30.
➢ *Ambositra* : départs 6-18h. Trajet : env 5h.
➢ *Fianarantsoa* : départs vers 7-8h et 18h. Trajet : env 8h.
➢ *Tuléar via Ranohira (parc de l'Isalo)* : départ tlj vers 14h-15h. Trajet : env 24h (12h pour Ranohira).
➢ *Fort-Dauphin* : 3 départs/sem, le mat. Trajet : 2 à 3 j. !

Vers l'ouest

➢ *Miandrivazo* : départs tlj, tôt le mat et en début d'ap-m. Trajet : env 8h.
➢ *Morondava* : même départ que ci-dessus. Trajet : 12-13h.

Vers le sud-est

➢ *Mananjary* : départ tlj en début d'ap-m. Trajet : env 11h.
➢ *Manakara* : départ tlj en début d'ap-m. C'est aussi le terminus de la seule ligne ferroviaire de passagers du pays (quand elle fonctionne !). Trajet : env 11h.
➢ *Ranomafana* : même taxi-brousse que pour Mananjary. Trajet : 8h.

EN TRAIN

Actuellement, aucune ligne de *Madarail* ne transporte de voyageurs au départ de Tana.

EN AVION

Pour les informations pratiques de l'aéroport, voir la rubrique « Arrivée à l'aéroport » en tête de chapitre.
– Le maillage du réseau intérieur d'*Air Madagascar* est assez bon, mais oblige parfois à repasser par Tana et y dormir une nuit entre deux avions. Problème supplémentaire : horaires et plans de vols changent fréquemment, et ce jusqu'à la dernière minute. Les retards (souvent conséquents) sont la règle ici ! À moins que votre avion ne parte en avance, ce qui arrive aussi... Les principales villes et destinations touristiques du pays (Nosy Be, Sainte-Marie) sont normalement desservies à raison de 1 ou 2 vols/j. Pour les villes secondaires, comptez plutôt entre 1 et 4 vols/sem. Côté tarifs, ça douille : environ 250 € pour un billet aller, mais on peut bénéficier de bonnes réductions (jusqu'à 50 %) si on prend son vol international avec *Air Madagascar*.
– Récente et encore en développement, la compagnie *Madagasikara Airways* fait l'unanimité pour la fiabilité de ses services et pour ses prix, mais seulement sur les destinations principales. À suivre donc !

Retour à l'aéroport d'Ivato

Prévoir d'être à l'aéroport au moins 2h30 avant un vol international et 1h30 avant un vol intérieur. En effet, le surbooking est une pratique courante. Même en ayant reconfirmé votre vol (ce que nous recommandons), si vous ne venez pas suffisamment tôt, on peut considérer que vous ne viendrez pas et donner votre place à un passager sur liste d'attente ! Quand à vos bagages, ils pourraient fort bien n'embarquer que le lendemain ou le surlendemain (prévoyez une trousse de « secours »)...

À L'OUEST DE TANANARIVE, AMPEFY ET LE LAC ITASY

➢ À environ 120 km à l'ouest de Tana. Accès : taxis-brousse au départ de la gare routière du Sud à Tana, tôt le matin. En voiture, accès par la RN 1 (le meilleur macadam de toute l'île !). À Analavory, bifurcation à gauche ; trajet : environ 2h.
Rien à voir avec les collines sacrées ! Ampefy est située sur les rives du lac Itasy, troisième plus grand plan d'eau de Madagascar après ceux d'Alaotra et Kinkony. La région, volcanique, est magnifique et jouit d'un microclimat très apprécié des habitants de Tana qui viennent en nombre le week-end (résa indispensable dans les hôtels). Les sols, très fertiles, produisent du riz, du manioc et du maïs, ainsi que des avocats, des ananas et des pastèques. L'élevage est également important ; dans les années 1950, des immigrants réunionnais se sont installés à Babet-Ville (Ankadinondry-Sakay) et en ont fait une région de vaches laitières.
Le lac lui-même occupe un ancien cratère. Très poissonneux, il est d'abord et avant tout été fréquenté par les amateurs de pêche. Pour avoir la meilleure vue, grimper jusqu'à l'îlot de la Vierge (environ 5 km de marche aller). Autres points d'intérêt dans les environs : les geysers situés à 16 km d'Ampefy (petite entrée payante) et les chutes de la rivière Lily, à 5 km du village (également payantes ; ne pas se baigner à cause des risques de bilharziose).

Adresse et info utile

– Pas de banque. Prévoir suffisamment de liquide.
– *Location de VTT : Randotrek VTT,* ☎ *032-05-260-96.* ● *vtt.mg* ● *Au Petit Manoir Rouge, voir « Où dormir ? ».* Bon matériel. Organise aussi des virées en pleine nature.

Où dormir ? Où manger ?

De bon marché à prix moyens (20 000-80 000 Ar / env 6-23 €)

⌂ |●| **Auberge de la Belle Vue :** *à la sortie du village.* ☎ *034-06-118-21 ou 033-11-599-07.* ● *auberge-belle-vue.com* ● *Doubles et bungalows avec sdb 35 000-52 000 Ar.* Un ensemble de bungalows simples et agréables, dispersés au sein d'un jardin ombragé et fleuri. C'est propre, très bien tenu par un couple franco-malgache. 2 chambres avec sanitaires attendent les petits budgets. Il y a aussi une maison pour 8 personnes (prix intéressants). Chacun y trouvera son compte. Pas de vue sur le lac, mais on n'est qu'à 5 mn à pied et puis, le jardin est tellement plaisant... Resto très honnête.

⌂ |●| **La Terrasse :** *dans la rue principale.* ☎ *48-840-28.* ☎ *032-07-167-80.* ● *ampefy.com* ● *Doubles avec sdb (eau chaude) 50 000-55 000 Ar.* 📶 Ce bel établissement propose des bungalows aménagés avec soin et parfaitement tenus. Les moins chers se trouvent dans le beau jardin niché à l'arrière du restaurant, les autres de l'autre côté de la route, en bord de lac (un cadre de rêve !). Également un bungalow en duplex idéal en famille, et une villa pour 6 personnes avec cuisine équipée pour les plus longs séjours. La cuisine, servie en terrasse (ouverte sur la route) est fort appréciable (le cassoulet maison vous tente ?). Embarcation à pédales à disposition. Une belle adresse.

⌂ |●| **Hôtel Kavitaha :** *au bord du lac.* ☎ *034-10-459-70.* ● *hotelkavitaha.net* ● *Doubles avec sdb 58 000-72 000 Ar selon vue (piscine ou jardin).* 📶 Cet hôtel de 1930, le plus ancien des lieux, offre un jardin coquet, des chambres confortables qui respirent la propreté, et un magnifique point de vue sur le lac Kavitaha. Pas mal de poissons au resto. Piscine. Location d'embarcation à pédales, canoë et de bateau. Une valeur sûre.

⌂ **Le Petit Manoir Rouge :** *fléché sur la gauche à la sortie du village.* ☎ *032-05-260-96.* ● *manoirrouge.com* ● *Double sans ou avec sdb 75 000 Ar.* Patrick Lheureux a de quoi être content d'avoir retapé cette grande maison... blanche qui domine gentiment le lac. Les photos de ses escapades à travers le pays qui ornent les murs attirent immanquablement le regard. En tout, 7 chambres dont 3 familiales (TV, ventilo, eau chaude). Les repas se prennent au bord d'un jardinet planté de bananiers. Patrick organise des virées à pied ou en VTT (location sur place). Pas vraiment un manoir, mais plutôt une maison d'hôtes où l'on se sent bien.

DE TANANARIVE À FIANARANTSOA

« On est heureux, nationale 7 ! »

Charles Trenet

Eh oui, Madagascar a sa route des vacances, sa nationale 7 ! Pas de tout repos, certes, vu son état sur certains tronçons. Elle prend son élan

128 | **LES HAUTES TERRES / DE TANANARIVE À FIANARANTSOA**

depuis Tana à environ 1 300 m d'altitude pour s'évaporer dans le touffeur de Tuléar, au sud-ouest, arrêtée par la mer, à près de 1 000 km de là... En chemin, les paysages changent du tout au tout : on traverse d'abord les rafraîchissantes Hautes Terres avec leurs élégantes maisons de pisé, leurs petites églises juchées sur des mamelons ou à flanc de colline, des rochers imposants, des rizières en terrasses telles de grandes marches d'escalier et, tout autant spectaculaire, des *lavaka*, effondrements dus à l'érosion. Et puis c'est la jolie ville thermale d'Antsirabe et ses milliers de pousse-pousse, le pays betsileo, avec Ambositra, capitale de l'artisanat du bois, et Fianarantsoa, le potager de Madagascar, où l'on cultive le thé et l'unique vignoble de l'île. Ensuite, on plonge vers le Sud aride, avec ses troupeaux de zébus sur les routes, gardés de loin par quelques baobabs débonnaires.

Mille kilomètres de pur plaisir où chaque col réserve des paysages différents, que chaque saison modèle diversement : durant la saison sèche, la terre est tantôt noircie par les feux de brousse, tantôt rouge, rouge comme par la honte d'être si nue... Alors que, pendant et juste après la saison des pluies, un manteau d'herbe verte pare pudiquement cette terre et donne une toute autre impression. Par ailleurs, durant l'hiver austral, il fait vraiment très froid sur les Hautes Terres (et les chambres ne sont pas chauffées). On croise alors sur le bord de la route les silhouettes si particulières des Betsileos emmitouflés dans leurs couvertures chapeautés de leurs couvre-chefs traditionnels.

DE TANA À AMBATOLAMPY

La route du Sud débute aux portes de Tana, dans le quartier de Tanjombato, où les marchands agglutinés se mêlent à la circulation automobile, presque au milieu de la RN 7.

À 15 km de Tana, **Iavoloha**, l'énorme palais blanc de l'ancien président Ratsiraka, conçu selon le schéma symbolique du palais de la Reine et bâti à grands frais par des Nord-Coréens sous son premier règne. Puis la nature prend le pas : collines, énormes blocs de pierre ronde et villages traditionnels des hauts plateaux, avec leurs petites maisons orientées à l'ouest, aux murs de latérite coiffés de chaume, et cette fumée qui, faute de cheminée, s'évade par la porte... Chaque village silhouette l'horizon d'une belle trinité d'églises : protestante, catholique et adventiste... Enfin, les rizières font leur apparition durant la saison des pluies, transformées en briqueteries à ciel ouvert après les moissons, qui durent de mars à mai. Tout au long du trajet, des vendeurs de poteries, de légumes, de fruits de saison, mais aussi des statues de la Vierge, des instruments de musique et des jouets (camions très colorés et plus vrais que nature).

On traverse **Ampangabe** avec son artisanat du raphia. Énorme *lavaka* en forme de cœur à gauche, à la sortie du village. 5 km plus loin à gauche, jetez un œil aux petites chutes d'Amboasary et aux produits en sisal sur le bord de la route (vannerie, chapeaux, sacs...).

Plus loin encore **Behenjy**, à 47 km de Tana, la ville qui approvisionne les restos de Tana en foie gras.

|●| *Le Coin du Foie Gras :* au centre de Behenjy (l'établissement à l'entrée sud est plus touristique). ☎ 034-97-296-05. Tlj, dès le petit déj. Au pays autoproclamé du foie gras, pas de couac dans cette petite adresse toute dédiée au canard à toutes les sauces, pour le plus grand plaisir d'une clientèle métissée de Malgaches et de touristes. Les réfractaires aux plumes pourront se régaler de zébu, lapin, et même de grenouilles. Service avenant

AMBATOLAMPY *(IND. TÉL. : 42)*

Petite ville-étape à 70 km au sud de Tana. Tous les taxis-brousse entre Tana et Antsirabe y passent. Elle mérite essentiellement un arrêt déjeuner afin de déguster de délicieuses écrevisses à la saison des pluies, de novembre à avril. À moins que vous ne souhaitiez découvrir les impressionnantes chutes de l'Onive (2h de route vers l'est), ainsi que la réserve forestière de l'Ankaratra (1h de route, puis compter une bonne heure et demie pour faire la boucle en voiture). Ambatolampy est aussi connue pour fournir toutes les marmites de Madagascar, fabriquées avec de l'aluminium de récupération grâce à un système de moule perdu composé à base d'un sable unique ici. La fonderie occupe une cour très typique, 50 m en retrait de la nationale (dans la rue qui part à gauche juste après la voie ferrée). Autres spécialités de la ville : la fabrication de baby-foot et de billards, restauration de carrosserie de vieilles voitures, objets d'art en aluminium...

Où dormir ? Où manger ?

De bon marché à prix moyens

Au Rendez-Vous des Pêcheurs : dans le centre, sur la route principale. ☎ 492-04. 032-05-098-43. madarun.com Doubles 40 000-50 000 Ar. Menus 18 000-30 000 Ar. Bien des touristes font étape ici, au déj, sur la route du Sud. Le cadre n'est pas forcément glamour, mais la cuisine y est réputée, en particulier les cuisses de nymphes. Rien de grivois, ce sont des cuisses de grenouilles. Et l'accueil très serviable. Au-dessus de la grande salle de resto, 7 chambres (les moins chères avec w-c sur le palier) rustiques, propres et avec eau chaude.

La Pineta : dans le centre, en face du Tribunal. ☎ 493-02. 034-74-265-40. lapinetasarl@yahoo.com Une bonne étape proposant 4 chambres spacieuses dans cette maison coloniale et un bungalow. Bons plats locaux, pizzas, brochettes, raclette ou encore fondue bourguignonne. Ambiance rétro dans la salle intérieure du restaurant ou sur la belle terrasse dans les pins. Aire de jeux pour les enfants. Camping et location de vélos. Accueil agréable et centre d'interprétation sur place (visite 20-30 mn).

Restaurant Iskurna : Ihazolava. À gauche de la RN 7, 9 km au sud de la ville. 032-40-290-34. iskurna27@yahoo.fr Tlj au déj jusqu'à 16h. Menu 18 000 Ar. Après plusieurs années au service d'une mission catholique espagnole, le propriétaire s'est lancé dans la restauration. Au menu, tapas, *bocadillos,* paella et crème caramel maison, servis en salle ou dans le jardin, très agréable. Une excellente halte, bon marché, sur la route du Sud.

Où dormir ? Où manger sur la route d'Antsirabe ?

Ferme et Jardin : à 20 km au nord d'Antsirabe sur la RN 7 (panneau blanc et vert). 034-20-601-14. arletteliliane@yahoo.fr 2 bungalows 40 000 Ar, petit déj inclus. Dîner sur commande, 15 000-25 000 Ar. Maison d'hôtes proposant la visite de la ferme familiale et surtout l'achat de produits frais : fromage *le carré* et confitures.

ANTSIRABE 226 000 hab. IND. TÉL. : 44

● Plan *p. 133*

Jadis surnommée « Vichy malgache », Antsirabe est une ancienne ville thermale qui a su garder un cachet suranné. Du prestigieux *hôtel des Thermes,* qui accueillit autrefois le roi du Maroc, Mohammed V, en exil, jusqu'aux thermes et en passant par la gare ferroviaire presque désaffectée, tout rappelle cette effervescence d'une époque coloniale révolue. Or, la cité semble plutôt partie pour une cure de sommeil que perturbent les allées-venues incessantes des milliers de pousse-pousse battant son pavé, et qu'intensifie son marché du samedi. Coloré et festif !
Les autres jours, la ville est paisible et agréable. Fraîche, voire frisquette en plein hiver austral car à plus de 1 400 m d'altitude, on s'y installe volontiers quelques jours pour effectuer de jolies balades à VTT ou à cheval.

UN PEU D'HISTOIRE

Antsirabe signifie « là où il y a beaucoup de sel ». Car ses eaux sont chargées en chlorure de sodium. Les missionnaires norvégiens luthériens ne s'y trompèrent pas, au XIXe s. En plantant leur croix ici, ils s'offraient le miracle d'une oasis de fraîcheur en pays tropical, que baignaient de surcroît ces riches eaux thermales.
Quelques années plus tard, les colons français développèrent l'idée jusqu'au bout, en parant la cité de ses plus beaux atours architecturaux : les thermes, l'hôtel qui en prit le nom, la gare,

LA VICHY MALGACHE

Ironie de l'histoire, pendant la Seconde Guerre mondiale, les Alliés envisagèrent un temps de diviser Madagascar en deux zones, comme pour la France occupée. Tandis que la partie nord de l'île serait passée sous leur contrôle, Antsirabe serait ainsi devenue la capitale des forces françaises locales fidèles à… Vichy, la collabo ! Décidément, les villes thermales semblent abonnées à un destin douteux. Heureusement, Antsirabe échappa à cette funeste réputation.

la poste, des jardins et toutes ces constructions à colonnades encore visibles… quoi que désormais décaties. Il faut imaginer ces dames sous leurs ombrelles et ces beaux messieurs venus prendre les eaux dans la ville d'Antsirabe, à quelques lieues des pesanteurs et du stress de la capitale…
En 1953, le roi du Maroc, Mohammed V, déposé par les Français, fut exilé pour quelques années avec son fils (futur Hassan II) dans la cage dorée du prestigieux *hôtel des Thermes.* Finalement, rappelé en 1955, Mohammed obtint l'indépendance du Maroc l'année suivante. Ce séjour royal laissa un profond souvenir. Ironie de la géopolitique, la dernière reine malgache, Ranavalona III avait été exilée (également) par les Français en 1897… au Maghreb (en Algérie).

Ville fleurie et fleuron industriel

Aujourd'hui, la ville compte une forte majorité de Merinas. Si le destin a pratiquement mis fin aux thermes, Antsirabe a quelques raisons de rester souriante. Elle figure parmi les tout premiers centres industriels du pays en écoulant 75 % de sa production à Tananarive, la capitale, à seulement 3h de route.

Antsirabe est aussi célèbre pour son eau minérale gazeuse, la délicieuse *Visy Gasy,* bien que détrônée en popularité par une autre boisson gazeuse locale, faite d'orge et de houblon : la fameuse *Three Horses Beer (THB),* produite par la brasserie *Star.*

La Cotonnière d'Antsirabe, ou *Cotona,* est la première unité textile de tout l'océan Indien et possède même une succursale sur l'île Maurice... en plein royaume de la confection. Ajoutons à cela les importantes productions de tabac, de fruits et légumes, de lait ou de farine, sans oublier la taille et le commerce des pierres semi-précieuses.

Arriver – Quitter

En taxi 1re classe

Pour ce transport, il est impératif de réserver au moins la veille, y compris pour le petit déj optionnel (pas très cher et copieux). Outre le confort, on a l'avantage d'arriver et de partir du centre-ville.

Gasy Car (plan B1, 4) : route d'Antanarivo, dans les locaux de la Résidence des Hauts-Plateaux. ☎ 032-05-777-90. • gasycarvip@gmail.com • *Env 26 000-36 000 Ar/pers (min 2-3 pers).* Départ pour Antananarivo à 6h15 en minibus récent, en bon état où chaque passager a son siège. Arrivée vers 10h15 au *Chalet des Roses* au centre de la capitale.

En taxi-brousse

Gare routière principale d'Antsirabe (hors plan par B1, 1) : juste derrière l'hôtel Avana, près de l'hippodrome, à env 3 km au nord du centre-ville. Bus pour rejoindre le centre-ville sur la RN 7 ou pousse-pousse (2 500-3 000 Ar env). Elle dessert (presque) ttes les villes de la RN 7, au nord comme au sud, ainsi que les localités de l'Ouest jusqu'à Morondava. Prendre directement son billet auprès d'une des nombreuses coopératives sur place.

➢ *Ambatolampy et Tananarive :* départs fréquents. Trajet : 3h-3h30.

➢ *Ambositra et Fianarantsoa :* départs réguliers tlj. Trajet : 6h pour Fianarantsoa.

➢ *Tuléar :* un taxi-brousse/j. (à 15h) qui transite par Fianarantsoa.

➢ *Miandrivazo et Morondava :* départs tlj pour Miandrivazo quand les taxis-brousse sont pleins (4-6h de trajet) et pour Morondava vers 15-16h (attention, arrivée matinale car trajet d'env 12h).

➢ Pour le *lac Andraikiba,* départ du centre-ville. Terminus à la bifurcation du lac Andraikiba, puis marche de 2 km. Prévoir de rentrer avant 19h. De la bifurcation, on peut aussi essayer d'attraper un véhicule pour Belazao et continuer à pied pour le lac Tritriva.

Comment se déplacer ?

En pousse-pousse

En pousse-pousse (ou cyclo-pousse), le tarif d'une course en ville en journée avoisine les 1 000 Ar (voire un peu plus pour les touristes). Officiellement les pousse-pousse doivent être équipés d'une lumière la nuit. Or, à y (vraiment) bien regarder, il doit y avoir un dicton local qui dit que « La nuit tous les pousse-pousse sont gris... »

Le peu de *taxis* en activité se retrouve devant le petit marché quotidien d'Antsenakely *(zoom, 3)* ou aux **stationnements d'Ivory et d'Asabotsy** *(plan A2, 2).* Les tuk-tuk sont plus nombreux. Mêmes prix que les taxis. Compter environ 5 000 Ar la course au centre-ville.

Adresses utiles

Infos touristiques et pratiques

■ **Office de tourisme** *(plan B2)* : *rue du Maréchal-Foch.* ● *antsirabe-tourisme.com* ● *Lun-ven 8h-12h, 14h-17h30.* Pas hyper dynamique, mais renseigne et trouve des guides (généralement de l'une des associations ci-dessous) pour les excursions dans le Vakinankaratra.

■ **Alliance Française** *(plan B2, 14)* : *rue de l'Alliance Française, entre la poste et la gare routière.* 032-05-119-88. ● *afantsirabe@yahoo.fr* ● *Lun-ven 8h-12h, 14h-17h30.* Concerts au café de l'Alliance (034-43-222-26, *ouv mar-sam pour les repas*).

■ **Location de VTT : Rando Raid Madagascar** *(plan B3, 10)*, *rue Stavanger.* 032-04-900-21. ● *randoraidmadagascar.com* ● *Lun-sam 8h30-12h, 15h-18h ; dim sur résa slt.* Location de vélos (prix variables selon la qualité) avec kit de réparation et antivol, ainsi que de petites motos. Peut également organiser des randos à cheval entre autres. Également **chez M. Alain** *(plan B2, 12)*, *rue du Maréchal-Foch.* 033-80-064-34 ou 034-59-964-65. *Tlj sf dim.* Partage la boutique avec une fleuriste. VTT de bonne qualité. Ou encore à l'hôtel **Green Park** *(plan B3, 22)*.

✿ **Supermarché** *(zoom, 11)* : **Shoprite**, *angle des av. Jean-Ralaimongo et Dupleix. Tlj sf dim.*

Excursions

■ **Association Ravaka** : à **Tarasaotra** *(à proximité de la prison).* ☎ 498-87. 033-12-462-75. ● *ravaka.rando1@yahoo.ca* ● Organise des circuits pédestres bien encadrés, de 1 à 4 jours, avec visites de villages d'artisans et nuit en gîte ou chez l'habitant. Frais de guide et repas compris.

■ **Association des guides professionnels agréés du Vakinankaratra** : **Mahazoarivo-Sud.** 034-07-407-77 ou 032-40-407-77. ● *agpavak@gmail.com* ●

■ **Adresses utiles**
- 🅗 Office de tourisme
- 🚐 1 Gare routière principale
- 🚐 2 Stationnements d'Ivory et d'Asabotsy
- 🚐 3 Stationnement d'Antsenakely *(zoom)*
- ✚ 🚐 4 Espace médical et Gasy Car
- 5 BOA
- 6 BFV-SG
- 7 BNI-CA
- 8 Pharmacie Mahasoa *(zoom)*
- ✚ 9 Centre médical Santé Plus
- 10 Rando Raid Madagascar
- 11 Supermarché Shoprite *(zoom)*
- 12 M. Alain (location de VTT)
- @ 13 Cyber Kool *(zoom)*
- 14 Alliance Française
- 15 Rencontre avec Dago *(zoom)*
- 22 Hôtel Green Park (location de VTT)

🛏 **Où dormir ?**
- 4 La Résidence des Hauts-Plateaux
- 20 Chez Billy *(zoom)*
- 21 La Maison du Bonheur
- 22 Green Park
- 23 Couleur Café
- 24 Soa Lodge
- 25 Salemako
- 26 Aty Guesthouse
- 27 Hôtel Hasina
- 28 Le Louis XV
- 29 Hôtel Vatolahy
- 30 Les Chambres du Voyageur
- 31 Le Trianon
- 32 Résidence Camélia
- 33 Pension Sulby *(zoom)*
- 34 Au Bivouac

🍽 **Où manger ?**
- 13 Razafimamonjy *(zoom)*
- 41 L'Arche
- 42 Chez Zandina
- 43 Le Venise

☕ **Où prendre le petit déjeuner ? Où déguster une pâtisserie ?**
- 10 Salon de thé Mirana

🍷 **Où boire un verre ?**
🕺 **Où sortir ?**
- 13 Razafimamonjy *(zoom)*
- 50 Coyotte Bar *(zoom)*
- 51 Boîte de nuit de l'hôtel Diamant

🛍 **Marchés et achats**
- 3 Marché d'Antsenakely *(zoom)*
- 42 Marché aux pierres fines
- 70 Marché d'Asabotsy

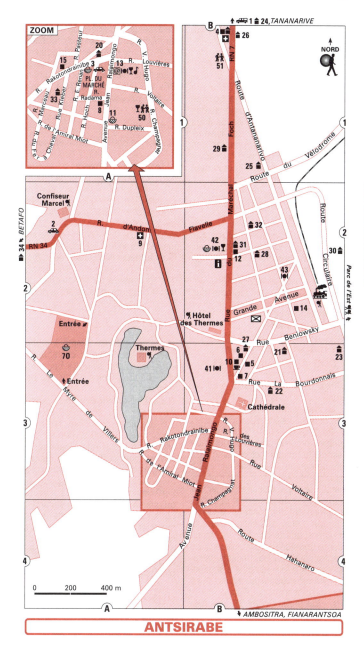

ANTSIRABE

■ *Sentiers Authentiques Malagasy :* 033-12-989-67 ou 034-41-846-40. ● sentiers_authentik@yahoo.fr ●
■ *Rencontre avec Dago* (zoom, **15**) : *immeuble Imahasoa, lot 0112R12, Antsenakely (petit marché).* 034-36-613-40 ou 032-677-18-57. ● rencontreavecdago.com ● Une agence de voyages solidaires qui propose des circuits originaux, hors des sentiers battus. 50 % des bénéfices sont reversés à l'association de protection des enfants des rues « *Grandir à Antsirabe* » (● grandirailleurs.org ●). Hébergement possible en petite maison d'hôtes.

Télécommunications et banques

@ *Internet : Cyber Kool* (zoom, **13**). *Tlj 8h30-21h30.* Postes internet ou wifi gratuits si on consomme au *Razafimamonjy* voisin.
■ *Banques :* ouv lun-ven 8h-12h, 14h-16h30. Elles s'alignent comme des billets de banque, au nord de l'avenue Ralaimango. Équipées de distributeurs de billets pour cartes *Visa* (et *MasterCard* pour la *BNI-CA*, mais seulement aux heures d'ouverture de la banque). Transferts *Western Union* et change. *BFV-SG* (plan B3, **6**) ; *BOA* (plan B3, **5**) ; *BNI-CA* (plan B3, **7**).

Urgences

■ *Agence consulaire de France :* BP 59. ☎ 488-93. ● acfa@moov.mg ●
✚ *Urgences médicales :* pour les petits soins, **Centre médical Santé Plus** (plan A2, **9**), sur la route de Betafo. ☎ 498-51. Pour des urgences tlj 24h/24, s'adresser à l'*Espace médical* (plan B1, **4**), à côté de la Résidence des Hauts-Plateaux. ☎ 936-75. 034-44-936-75. Médecins malgaches parlant le français.
■ *Pharmacie Mahasoa* (zoom, **8**) : *rue Radama. Lun-sam mat 8h-12h, 14h-19h.* En dehors de ces heures, pharmacie de garde affichée sur la porte.

Où dormir ?

Bon marché (20 000-40 000 Ar / env 6-11 €)

🛏 *Chez Billy* (zoom, **20**) : *près du marché.* ☎ 484-88. 032-45-740-71. ● chez-billy.com ● *Résa fortement conseillée en saison. Doubles env 25 000-30 000 Ar.* 📶 De belles chambres propres, au sol parqueté ou en simple béton poli coloré, avec salle d'eau commune. Un endroit simple, à l'ambiance chaleureuse que les routards adorent, notamment pour échanger des tuyaux. Au rez-de-chaussée, petit bar-resto proposant des concerts de temps en temps (selon affluence). Outre le bon rapport qualité-prix des chambres, l'adresse possède une agréable terrasse sur le toit, avec tables, transats, parasols, vue sur la ville et appel à la prière de la mosquée voisine (au moins, on ne tarde pas au lit le matin !). Resto.
🛏 *Pension Sulby* (zoom, **33**) : *rue Kleber, près du marché.* 032-80-476-22. *Double env 27 000 Ar. Pas de petit déj.* Petite pension de famille qui propose une dizaine de chambres auxquelles on accède par une ruelle dans laquelle jouent des enfants. Simple, très simple même, mais toutes les chambres sont équipées d'une salle de bains (douche chaude). Correct pour les petits budgets.
🛏 *La Maison du Bonheur* (plan B3, **21**) : *Tsarasaotra.* ☎ 965-16. 032-69-102-69. ● maisonbonheur110@yahoo.fr ● *Doubles 30 000-38 000 Ar.* 📶 Des allures de motel (avec parking juste devant) pour cette adresse qui abrite 2 appartements mitoyens de 4 chambres. Soit vous louez l'appart pour 9-10 personnes, soit vous n'occupez qu'une chambre. Dans le second cas, vous partagerez la cuisine (supplément), et les sanitaires. Chambres, carrelées et sobres, mais les murs font un effet, couverts qu'ils sont de tableaux en taffetas. Ensemble propre, à prix plutôt doux et accueil cool.

Prix moyens (40 000-80 000 Ar / env 11-23 €)

🛏 *Salemako* (plan B1, **25**) : *rue du Docteur-Rasakaiza (route d'Antananarivo).* 034-04-566-08. ● julirako@

gmail.com ● *Double env 42 000 Ar.* Bien que cette villa soit située en bord de route, son nom se traduit par « havre de paix » et se justifie par la décoration intérieure de l'immense salon-salle à manger. Vitraux, fresques et *aloalo* (totem) rappellent certaines villas d'artistes ! Les 8 chambres d'hôtes, dont deux font sanitaires communs, sont un peu moins séduisantes, et mériteraient un brin d'originalité. À la table d'hôtes, des menus d'inspiration française ou malgache. Service de blanchisserie. Grand jardin à l'arrière. Accueil variable...

▲ **Le Louis XV** (plan B2, **28**) : *rue Manodidina-Ny-Gara, à côté de Colis Express/Fedex.* 📱 *034-06-861-09. Double env 42 000 Ar.* 📶 Cette grande maison crème étale ses extérieurs chic, façon années 1920 : au rez-de-chaussée, une galerie qui s'abrite derrière de massives colonnes et au premier étage une large terrasse à balustres dont profitent deux des chambres. Chambres par ailleurs spacieuses, dotées de salles de bains très modernes et puis, il y a... Louis XV ! S'il n'a jamais posé son auguste pied royal à Antsirabe, il a signé le style du mobilier de cet hébergement. Bon accueil, lieu plutôt central, que demande le bon peuple ?

▲ **Aty Guesthouse** (plan B1, **26**) : *rue du Maréchal-Foch.* 📱 *033-11-757-99.* ● *atyguesthouse@yahoo.fr* ● *Même réception que l'hôtel* Volavita. *Doubles 50 000-60 000 Ar. Table d'hôtes sur résa.* 📶 Surprise ! En arrivant sur le parking, on n'aurait pas imaginé un tel éden caché à l'arrière de l'hôtel *Vola Vita*. Une volée de marches dévoile 4 ravissants pavillons comprenant au total 5 chambres, répartis autour d'un plan d'eau et d'un jardin fleuri, entièrement conçus par l'adorable patron, ex-président des hôteliers de la région. Équipement et tenue des chambres impeccables, dont une dotée d'un bar-kitchenette. Les repas se prennent dans la salle à manger au fond du jardin, à peine troublé par le chant des oiseaux.

▲ **Green Park** (plan B3, **22**) : *Kianja Tsarasaotra.* 📱 *051-90.* 📱 *034-08-725-13.* ● *greenparktsara@yahoo.fr* ● *Doubles env 45 000-50 000 Ar. Loc de vélos.* 📶 Une quinzaine de bungalows noyés dans la verdure et au milieu de plans d'eau (attention, les moustiques aussi se mettent au vert ici) : cet hôtel n'a pas usurpé son nom ! Confort simple et sanitaires privés avec eau chaude. Le tout n'est pas de la première jeunesse, mais très correct vu les prix et le cadre. Fait aussi resto (juste correct) avec une jolie vue sur le parc. Guide d'excursions sur place.

▲ **Au Bivouac** (hors plan par A2, **34**) : *à 2 km du centre sur la route de Betafo, peu avt d'arriver à l'usine Star.* 📱 *495-95.* 📱 *034-15-500-38.* ● *obivouac@gmail.com* ● *Compter 50 000 Ar.* 📶 6 chambres guillerettes avec salle de bains située dans le bâtiment à côté du beau jardin bien entretenu. Un lieu de vie vraiment cool, à l'image de Lala, l'adorable propriétaire. Repas sur commande.

▲ **Hôtel Hasina** (plan B2-3, **27**) : *av. Jean-Ralaimongo.* 📱 *485-56.* 📱 *033-16-084-65 ou 032-84-773-43.* ● *hotelhasina@moov.mg* ● *Doubles 40 000-55 000 Ar. Parking intérieur.* 📶 En plein centre, dans un immeuble en béton, une trentaine de chambres accueillantes aux noms de fleurs, avec ou sans w-c. L'ensemble s'avère beaucoup moins froid que la façade ne le laisse supposer. Les chambres sont accueillantes et fonctionnelles (toutes avec douche ; w-c extérieurs pour les moins chères). Quelques familiales spacieuses dans le bâtiment côté rue (plutôt calme, Antsirabe se couche tôt...). Accueil extra et bon service.

Chic (80 000-150 000 Ar / env 23-43 €)

▲ **Couleur Café** (plan B3, **23**) : *RN 7, route d'Ambositra.* 📱 *485-26.* 📱 *032-02-200-65.* ● *couleurcafeantsirabe.com* ● *Double 130 000 Ar. Menu env 40 000 Ar. Résa indispensable.* 📶 L'une des plus belles adresses en ville, qui blottit ses chambres dans des bungalows autour d'un jardin verdoyant. Chambres élégantes et spacieuses, et gros coup de cœur pour le *galta* (grenier avec poutres) aménagé en loft familial. Salon de jardin où est servi le petit déj, et une honnête cuisine malgache. Possibilité de massage (sur résa), vente de produits locaux (épices, huiles essentielles, etc.). Un cocon de sérénité.

🛏 *Les Chambres du Voyageur (plan B2, 30) : route circulaire.* ☎ *032-40-866-22 et 032-83-083-61.* • *andradenis@yahoo.fr* • *chambres-voyageur.mg* • *Doubles 120 000-140 000 Ar.* 📶 Une poignée de bungalows en brique nichent dans un parc tropical où gambadent quelques tortues et s'ébrouent de nombreux oiseaux. Joliment décorés, vastes et chauffés, ils disposent d'un apaisant coin terrasse. Quatre jardins « andalousant », « exotisant », avec grand bassin ou colombier incitent à la paresse. Vous aurez tout loisir d'y méditer sur la couleur du caméléon perché sur la branche au-dessus de votre transat.

🛏 *Le Trianon (plan B2, 31) : rue du Maréchal-Foch.* ☎ *051-40.* 📱 *034-05-051-40.* • *hotel-letrianon-antsirabe.com* • *Double 92 000 Ar.* 📶 Un peu en retrait de la route (très calme en soirée), cette jolie demeure écrue aux fenêtres bleues constitue une petite adresse de charme. Au rez-de-chaussée, bar chaleureux (avec terrasse) et beau resto (cuisine malgache et européenne). À l'étage, une dizaine de chambres de belle taille, joliment meublées, parquetées, décorées dans les tons bleus et toutes équipées d'une salle de bains coquette. Une belle adresse, douillette et feutrée.

🛏 *Soa Lodge (hors plan par B1, 24) : lot 910 E 97, Vatofotsy Mahafaly (voiture ou pousse-pousse obligatoire).* 📱 *032-02-279-90.* • *soa_guesthouse@outlook.com* • *À 8 mn au nord du centre-ville et 100 m de la RN 7. Double 70 000 Ar. Table d'hôtes 20 000 Ar/pers (sur résa).* Qu'on se le dise, « Soa » c'est la beauté... Et bien avec Holy, la douce propriétaire discrète et attentive à ses hôtes, c'est réussi. Dans ce petit hôtel de charme avec vue panoramique, 7 chambres joliment décorées (pas trop éclairées !) et une vaste suite traditionnelle avec balcon pouvant accueillir 4 personnes. Également, dans le jardin, 4 bungalows avec 2 chambres en duplex se partageant une salle de bains. Impeccable. Holy sait exactement ce que les voyageurs attendent : confort bien entendu, mais aussi simplicité naturelle, chaleur de l'accueil et conseils touristiques avisés. Tout y est ! Un lieu bien attachant.

🛏 *La Résidence des Hauts-Plateaux (plan B1, 4) : route d'Antananarivo.* ☎ *483-47.* • *residence-sociale-antsirabe.com* • *Double env 120 000 Ar.* 📶 Une ancienne maison de retraite qui ouvre ses portes aux touristes (15 chambres), tout en accueillant des gens âgés, de jeunes lycéens, des stagiaires en classe de découverte... Immense bâtiment en brique avec de vastes espaces, ouvrant sur un superbe jardin. Chambres charmantes, claires et spacieuses (et des suites au mobilier en palissandre), parquetées de bois blond. Élégamment décorées de mobilier années 1930 ou anglo-indien, elles nous ramènent à une époque révolue au gré de longues galeries. Calme assuré ! Salon-bibliothèque et coin TV. Petit déj, repas sur commande et service de blanchisserie. Jetez un œil à l'imposant piano au feu de bois de la cuisine, une pièce de collection, le petit musée *Jadis et Naguère* (un voyage dans le temps, à la découverte d'Antsirabe des années 1930 ; don souhaité), mais aussi l'atelier de peinture sur soie et la boutique au rez-de-chaussée dont les ventes reviennent à l'association *Enfants du soleil,* qui soutient les orphelins.

🛏 *Résidence Camélia (plan B2, 32) : 24 av. de l'Indépendance.* ☎ *488-44.* • *laresidencecamelia@gmail.com* • *Doubles 72 000-128 000 Ar.* 📶 Une quinzaine de chambres dispersées dans 3 maisons disposées autour d'un beau jardin fleuri. Il y en a 4 sortes, aux tarifs allant du bas au haut de cette rubrique de prix. Visitez-en plusieurs avant de choisir. Toutes sont à l'image du lieu : coquettes, avec tendance pour les « prestiges » et particulièrement bien tenues. Espace bien-être. Fait également table d'hôtes sur résa dans une salle à manger-véranda où trône un élégant piano.

🛏 *Hôtel Vatolahy (plan B1, 29) : rue du Maréchal-Foch.* ☎ *937-77.* 📱 *03-11-937-77.* • *hotelvatolahy@hotmail.fr* • *vatolahyhotel.e-monsite.com* • *Doubles 81 000-135 000 Ar. Parking intérieur.* 📶 Bel hôtel de charme, très bien placé entre la gare routière et le centre-ville, et immanquable avec sa large façade rouge brique. Brique que l'on retrouve d'ailleurs dans les chambres chaleureusement décorées, impeccables et bien calmes car réparties sur les 2 étages du bâtiment arrière. Large choix de prestations de la *twin* à la suite, ainsi qu'une chambre familiale. Accueil gentil comme tout, resto-pub pour un repas simple mais bon. Piscine et sauna.

Où manger ?

Bon marché
(10 000-20 000 Ar / env 3-6 €)

|●| L'Arche *(plan B3, 41)* : *rue du Maréchal-Foch.* ☎ *032-02-479-25. Tlj sf dim, du mat jusqu'à minuit.* Petit resto-bar intime et sympa où aiment se retrouver expats, humanitaires en mission et voyageurs de la RN 7. Cadre coloré sans déco particulière (mais salle intérieure un peu enfumée), et quelques places en terrasse. Petite cuisine malgache simple, à prix fort modérés. Goûter à leur rhum arrangé version « poubelle ».

|●| Razafimamonjy *(zoom, 13)* : *av. Jean-Ralaimongo, face au marché.* ☎ *483-53.* Ce resto a déjà pas mal d'heures de vol au compteur et offre un décor simple et bien patiné par le temps avec son bar rouge à l'entrée et l'immense arrière-salle. Portions copieuses et sans chichis, du style *min tsao* (spaghettis dans une sauce bien garnie), soupes, nems, viande ou poisson avec du riz. Plats plus locaux également (tripes, *tsok* au bœuf, anguille). Quant au canard, lorsqu'il ne se laque pas, il se met aux olives. Cabaret plusieurs fois par semaine et concerts les dimanches midi.

Prix moyens
(20 000-35 000 Ar / env 6-10 €)

Les chambres d'hôtes de la rubrique « Où dormir ? » proposent toutes des menus sur commande. Cette alternative permet de découvrir de nouvelles saveurs et, parfois, de faire des rencontres sympathiques.

|●| Le Venise *(plan B2, 43)* : *Manadinany Gara.* ☎ *338-70. Tlj midi et soir.* Dès l'entrée, la gentillesse de l'accueil et le feu dans la cheminée quand il fait froid ne donnent qu'une envie : boire un coup engoncé dans un fauteuil ou s'attabler et s'attarder dans la salle à la mise soignée. La carte propose des plats qui séduisent gentiment le palais, mélangeant les influences où l'Italie n'est pas si présente malgré le nom. Ne pas manquer le zébu (la spécialité de la maison) ou le magret de canard miel et gingembre. Terrasse. Une valeur sûre.

|●| ▼ Chez Zandina *(plan B2, 42)* : *5, rue du Maréchal-Foch.* ☎ *034-17-984-22. Tlj 11h-23h.* Le resto qui cartonne en ville parce qu'il réussit à combiner le bar d'un côté et de l'autre la « table », bonne et belle (nappes, tableaux aux murs – en vente –, objets décoratifs artisanaux et fleurs fraîches). Le même soin est apporté à la cuisine, fraîche, variée et servie généreusement : salades composées, crevettes sauce coco, filet de zébu au foie gras, cari de poulet, plus un beau choix de pizzas cuites au feu de bois. Le resto ne désemplit pas, et ça se comprend. D'autant plus que les desserts ne sont pas en reste : crèmes renversées, bananes flambées et crêpes justifient d'y revenir.

Où prendre le petit déjeuner ?
Où déguster une pâtisserie ?

☕ Salon de thé Mirana *(plan B3, 10)* : *av. Jean-Ralaimongo. Tlj sf lun 7h-18h30.* Mini-épicerie, boulangerie et pâtisserie avec quelques tables à l'intérieur. Vous y trouverez croissants, pains au chocolat, gâteaux au yaourt, au rhum... Ainsi que des expressos, des glaces et quelques snacks. Bref, de quoi se caler, du petit déj à la fin de journée.

Où boire un verre ? Où sortir ?

🍸 🎵 **Razafimamonjy** (zoom, 13) : voir « Où manger ? ». Ce bar-resto organise des soirées musicales (tlj sf lun 20h30-1h du mat et dim 12h). Excellente Gold blanche et THB à la pression, rare !

🍸 👫 **Coyotte Bar** (zoom, 50) : rue R.-Champagnat. ☎ 520-89. Tlj 19h30-minuit. Musique et danse ven-sam dès 21h30. Un point de chute qui attire les vazaha autour de son billard américain. De l'autre côté de la rue, pour changer, un saloon-bar typiquement malgache.

👫 Pour ceux qui ne pourraient s'en passer, l'hôtel **Diamant** (plan B1, 51), à l'entrée de la ville, possède une boîte de nuit qui ouvre tous les soirs à partir de 21h30. En fin de journée (entre 16h et 18h vendredi et samedi) organise aussi des karaokés.

Marchés et achats

⊛ **Marché d'Antsenakely** (zoom, 3) : tlj, mais davantage d'animation sam. On prend le pouls d'Antsirabe dans ce petit marché du centre-ville. On y trouve surtout des fruits et légumes, et des stands de plats locaux à consommer sur place (à réserver aux estomacs aguerris).

⊛ **Marché d'Asabotsy** (plan A3, 70) : de la rue d'Andon, gare routière d'Ivory et d'Asabotsy à la rue Le Myre-de-Villers. Tlj, mais davantage d'animation sam. L'un des plus grands marchés à ciel ouvert de Madagascar. De l'alimentaire, mais surtout de la quincaillerie, des paniers, des tissus.

⊛ **Marché aux pierres fines ou gemmes** (plan B2, 42) : tlj 8h-17h. La majorité des vendeurs de pierres sont regroupés au Cercle Mess Mixte. Antsirabe est la plaque tournante du commerce des pierres dites semi-précieuses. Améthyste, topaze, béryl, tourmaline, grenat... Pourquoi Antsirabe ? Parce que c'est dans cette région volcanique que l'on trouve le plus de lapidaires, ces petits artisans qui taillent et polissent les pierres sur des meules, souvent au fond d'un atelier sombre et mal aéré... Il y a beaucoup de choix et on vous sortira même de derrière les fagots des boîtiers contenant encore des dizaines de pierres. Difficile de s'y retrouver et, à dire vrai, de séparer le bon grain de l'ivraie. Les arnaques existent, alors, à moins d'être un spécialiste équipé de tout le matos (on en a vu !), évitez de laisser le budget vacances sur ce qui semble être la pierre du siècle et qui n'est qu'une résine plastique colorée ou marbrée. Surtout, négocier ferme : les vendeurs tapent d'office haut et fort ! Enfin, INDISPENSABLE au moment de la tractation : **demander impérativement une facture** qui vous sera nécessairement exigée en douane en cas de contrôle.

À voir. À faire

🏊 **Les thermes** (plan A3) : près du lac Ranomaimbo. ☎ 480-19. Ouv mar-ven le mat slt. Fermé en juin. Soins, lun-ven slt. Piscine et bassin ordinaire, tlj. Entrée payante. Ranomaimbo signifie « eau qui pue », à cause des sources d'eaux chaudes, sulfureuses et gazeuses ! Les thermes portent encore le nom pompeux de l'époque coloniale : Centre national de crénothérapie et de thermoclimatisme ! Les Malgaches s'y pressent toujours, et certains touristes viennent ici, façon de parler, aux thermes de leur voyage (apporter son paréo et sa serviette). La source jaillit d'une profondeur d'environ 22 m et sort à 52 °C. On a vérifié, c'est chaud ! Et c'est bourré de potassium, magnésium, calcium, sulfureux ferrique, gaz d'arsenic, hélium. Bref, plein de bonnes choses pour lutter contre les rhumatismes, la goutte, l'arthrite, l'hyper et l'hypotension artérielle, et on en passe...

🏃 *L'hôtel des Thermes* (plan B2) *et la gare ferroviaire* (plan B2) : *aux deux extrémités de la Grande Avenue.* Chacun mérite une petite visite. La gare ne fonctionne quasiment plus, mais possède un charme tout ce qu'il y a de plus nostalgique avec son horloge ayant perdu ses aiguilles et son buffet totalement rétro. L'hôtel est quant à lui chargé d'histoire à plus d'un titre. Construit en 1897 et situé face à un grand parc, c'est le symbole de la colonisation française à Antsirabe. Énorme architecture évoquant un passé à peine enfoui, quand les colons venaient prendre les eaux dans la Vichy malgache... Il toise toujours le trafic de rickshaws du haut de ses potiches faîtières, avancées de toiture, marquises, clochetons et lambrequins...

🏃🏃 *Circuit des Artisans* (hors plan par B2) :
Plusieurs fabriques artisanales avec démonstrations (et boutique) à la clef. Un cours de système D pour un résultat bluffant !
– *Broderie Voahirana :* *parc de l'Est. Après avoir passé la voie ferrée, suivre la piste ; à la fourche à droite. Pour voir les brodeuses à l'ouvrage, venir en sem 7h-16h30.* Cette grande maison de plusieurs étages rassemble l'atelier, où se relaient quelques brodeuses (beaucoup travaillent chez elles), et la boutique, où sont vendus les draps, nappes ou chemises brodés. Les ouvrages sont parmi les plus raffinés du circuit sur la RN 7 et les broderies faites à partir de fil *DMC,* une référence durable. Pour des nappes brodées sur commande, prévoir les frais de port en sus. Un endroit où le travail est gentiment présenté sans pour autant vous presser à l'achat.
– *Miniatures Mamy :* *juste à côté de* Voahirina. ☎ *032-42-693-00.* Mamy est un vrai Mac Gyver de la fabrication de miniatures à base de matériaux de récupération. Le résultat est étonnant. Ou comment avec quelques bouts de gaine de câble, de fils électriques, de pêche ou de perfusion (fils périmés récupérés en pharmacie), de bouts de semelle ou de pneu et de boîtes de lait concentré, fabriquer en moins de 10 mn, sous vos yeux ébaudis, un véritable vélo hollandais avec béquille ! Démo très amusante. Vélos, motos, voitures (2CV adorables !) et magnets sont vendus sur place.
– *Maminirina :* *dans la même rue que Mamy.* ☎ *032-63-139-56.* Encore une démo incroyable. En moins de 10 mn, on fabrique une cuillère à café depuis une corne de zébu brute. La corne est bouillie et ramollie pour en extraire l'os. Elle est ensuite assouplie, découpée et arrondie à petits coups de marteau. Puis polie avec une sorte de pâte à dents et lustrée sur un tour entraîné par un moteur de machine à laver. Sortie, par la boutique, ça va de soi, les bras chargés de beaux objets originaux et pas chers. Accueil franchement adorable, ce qui ne gâche rien.
– *Le confiseur Marcel* (plan A2) : *sur la route de Betafo.* ☎ *499-71. Tlj 7h-17h30. Prévenir avt de passer.* Cette démonstration (15 mn) de Marcel et de ses assistants dans leur minuscule laboratoire tient presque de la miniperformance. À la fois sympathique et instructive, la visite est payante, mais vous repartirez avec quelques paquets de bonbons à la fraise, à l'ananas ou au coco... Des dizaines de parfums.
– *Soie Kololandy* (hors plan par B4) : *à 3 km au sud d'Antsirabe par la RN 7, tourner à gauche (usine* Sacimem*) ; piste sur 400 m et fléché à gauche juste après le chemin de fer.* ☎ *032-07-927-76. Lun-ven 8h-12h, 14h-17h. Prévenir avt de passer.* Viviane est une fée du (mé)tissage ! Celui des matières, puisqu'elle utilise la soie pure ou mâtinée de raphia, voire de coton. Celui des matériaux puisque des boutons de coco parent ses compositions teintées au naturel (feuille de tomate, garance...). Celui des genres, car cette styliste de formation crée aussi bien des étoffes en maille serrée, aérée, voire au crochet. Celui des modèles, enfin, avec au programme des écharpes, robes, chapeaux. Bref, visite intéressante de son petit monde avec métiers à tisser et explications sur le ver à soie. Pour visiter la *magnanerie* *(oct-déc slt, 10 km plus au sud),* il suffira de suivre le fil de Viviane.

DANS LES ENVIRONS D'ANTSIRABE

🍴 Brasserie Star : *à 1 km sur la route du lac d'Andrakiba, Betafo, Miandrivazo, Morondova. On peut s'y rendre en pousse-pousse ou à VTT.* ☎ *489-97 ou 488-82.* ● usine.antsirabe@star.mg ● *Visite guidée gratuite sur rdv, mar 9h-11h et 14h-16h ; dégustation.* La brasserie fabrique la bière la plus populaire de Madagascar : la THB (pour *Three Horses Beer*).

➢ **🐎🚴 Randonnées à cheval ou à VTT :** le *Vakinankatatra* se prête bien à des balades écotouristiques. Vous pouvez faire les excursions décrites plus loin par vous-même, accompagné d'un guide, à cheval ou à VTT. On peut louer des VTT en ville (voir « Adresses utiles ») et des chevaux à prix raisonnables à des particuliers en allant au parc de l'Est, à droite de la gare (derrière *Telecel*), ou encore chez M. Jean de Dieu Rakotoudrafara *(lot 22 A 15, rue Benyowski, Tsarasoatra)*. Pensez toujours à prendre un chapeau, de l'eau (il fait vite chaud) et de quoi manger. Si vous partez à VTT, méfiez-vous quand même de la difficulté des pistes. Pour ceux qui veulent pédaler seuls sans risque de se perdre, la route principale vers Ambositra au sud offre de très beaux paysages de rizières, de collines et de villages, en allant vers Manandona (quelle belle plaine !). Cela dit, prudence, vous êtes sur la RN 7 quand même...

📷 Le lac Andraikiba : *à 7 km à l'ouest, au village de Talata. Accès par la route de Betafo à vélo ou en bus (lignes n°s 10 et 11). Consulter la rubrique « Arriver – Quitter » pour s'y rendre. Passage obligé pour aller au lac Tritriva. Accès libre. Hôtel-restaurant sur place.* Lac d'une circonférence de 4 km. Stands de vente de pierres. Une promenade proche d'Antsirabe qui est un lieu de pique-nique du dimanche pour les locaux.

📷📷 Le lac Tritriva : *à 11 km au sud du lac Andraikiba. Aller jusqu'à Belazao (à VTT ou en taxi-brousse) et continuer sur une mauvaise piste de 7 km. Attention, ça grimpe et c'est parfois épuisant sous le soleil ! Le mieux, si vous le pouvez, est de vous y rendre en voiture (4x4 slt) ; la route traverse de jolis villages. Entrée : 5 000 Ar. Possibilité de prendre un guide : 10 000 Ar (prix affichés).* Très beau lac d'origine volcanique, d'un bleu saisissant. Si profond et même si fascinant que, d'après une légende, deux amants qui s'étaient vu refuser leur mariage s'y seraient précipités et noyés. On se demande comment ils ont fait, car on est continuellement suivi par le gardien et une ribambelle de gamins qui veulent à tout prix vous vendre quelque chose ! Un sentier facile permet de faire le tour du lac (environ 30 mn).

➢ **📷📷📷 Descente de la Tsiribihina :** *voir, plus loin, le chapitre consacré à la descente de cette rivière, dans la partie « Le Moyen-Ouest »*. On peut s'organiser depuis Antsirabe pour descendre la rivière Tsiribihina entre Miandrivazo et Belo-sur-Tsiribihina. Pour s'éviter bien des complications, certains guides proposent de s'occuper de tout, matériel de camping, provisions... Faites fonctionner le bouche à oreille pour choisir le bon guide.

AMBOSITRA

32 800 hab. IND. TÉL. : 47

● Plan *p. 143*

À 90 km au sud d'Antsirabe, là où la RN 7 traverse des paysages somptueux après la chaîne montagneuse de l'Ankaratra. Chaque écorchure de terrain saigne jusqu'au sang de la terre. Chaque repli de terrain est le théâtre d'un camaïeu de verts où les rizières en espaliers jouent le rôle principal. Chaque vénérable église chaulée et chapeautée de tuile rouge signale sa communauté d'âmes. Les parallélépipèdes ocre des maisons en pisé semblent droit sortis d'un tableau cubiste de Braque. Les zébus bossent dans les champs car ces terres ne connaissent jamais la jachère et produisent trois fois par an des pommes de terre, du manioc, des haricots ou encore de l'orge. Belles photos en perspective !

QUAND L'OPPOSITION COUPE LES PONTS

La carcasse ruinée de pont métallique sur la rivière Fatihita, au nord d'Ambositra, le long de la RN 7, est une victime collatérale de la lutte de pouvoir entre les deux clans qui se disputaient la présidence du pays en 2012. Ceux de la côte décidèrent d'isoler ceux des montagnes en détruisant les ponts stratégiques... Monsieur Nobel, inventeur de la dynamite, ne leur aurait pas décerné celui de la paix !

À 1 350 m d'altitude, dans ces « alpages tropicaux » à l'air vivifiant, Ambositra (prononcer « Ambousstch ») est une grosse bourgade paysanne du Betsileo. Sans glorieux passé, elle tire surtout sa réputation de l'artisanat du bois, de la sculpture et de la marqueterie, fruits du savoir-faire zafimaniry, du nom de cette peuplade installée dans la forêt dense de l'Est. Entre fraîcheur et douceur, la géographie d'Ambositra offre une variété de paysages qu'on apprécie pour les possibilités de balades qu'elle offre dans les monts environnants et la visite des villages des artisans. Une étape à ne pas manquer ! Surtout pour les fêtes de Pâques, célèbres pour leur *savika*, une sorte de rodéo de zébus dans une arène. Bon esprit, bonne ambiance.

– La gentillesse des habitants d'Ambositra croisés le jour ne doit pas faire oublier que nuit rime ici avec piraterie. À méditer avant de partir faire bombance dans des coins sombres.

Arriver – Quitter

En taxi-brousse

Station du sud (hors plan par A3, **1**) : en contrebas de la RN 7. Pour Fianarantsoa, plusieurs départs/j. Trajet : 4-5h. Départs également pour les localités de la région, Manandriana, Ambatofinandrahana et Antoetra. Vers Morondava, passer par Antsirabe mais ça demeure sportif.

Station du nord (plan B1, **2**) : la station se trouve sur la RN 7, à 1 km au nord du centre-ville. Liaisons régulières tlj avec Tananarive (6-7h) et Antsirabe (2h30). Attention, départs moins fréquents le dim.

Adresses utiles

Infos touristiques, circuits et guides

■ **Tours Mania** (plan B2, **3**) : RN 7. 032-49-321-92 (M. Richard). • tours mania@moov.mg • À l'hôtel Mania. Cette mini-agence de l'hôtel *Mania* propose des randonnées dans la région, de la demi-journée à plusieurs jours. Tarifs plutôt élevés incluant transferts, droits de visite, guidage et repas. Accompagnement pro.

– **Guides indépendants :** toujours demander à voir la carte du guide. En voici deux sérieux. Chacun ayant ses petites bottes secrètes, car les campagnes alentour regorgent de lieux insolites et de villages aux traditions vivaces de typicité. **Olivier Herinantenaina** (032-73-447-58. • olivier.gasy@yahoo.fr •) et **Hery Razafindrazaka** (032-49-321-92. • heryrichardguide@yahoo.fr •).
■ **Alliance française** (plan A2, **4**) : derrière l'antenne Telma, en face de

la CNAPS. ☎ 032-05-119-89. Presse locale et magazines en français à consulter sur place, cours de malgache, concerts, expositions et films en français. C'est ici que vous pouvez laisser vos livres : ça alimentera la bibliothèque !

🚌 *Station de taxis* (hors plan par A3) : *sur la route principale, devant le marché Alakamisy (sortie sud, à 1 km du centre).*

Poste et banques

■ ✉ **Poste** (plan A2) : *pl. du 29-Mars, sur la route circulaire Tompon'l Vinany. Lun-ven 8h-11h30, 13h-16h.*
■ **Banques** : *ouv lun-ven 8h-12h, 14h-16h30.* **BNI-CA** (plan B3, **5**) ; **BOA** (plan B3, **6**) ; **BFV-SG** (plan B2, **7**). Toutes sont équipées d'un distributeur de billets pour cartes *Visa* (et *MasterCard* concernant la *BNI-CA*), font des transferts *Western Union* et changent les devises.

Santé

■ ✚ **Urgences médicales** (hors plan par A3) : *hôpital public. Au sud du centre, à droite de la RN 7, au-dessus du stationnement sud des taxis-brousse. Nuit et w-e, service de garde joignable au* ☎ *711-03, mais prévoir la traduction en malgache.*
■ **Pharmacie** (plan B1, **8**) : *Rakotoarisoa, rue principale.* ☎ *710-02. Ouv tlj, 24h/24.*

Où dormir ? Où manger ?

Bon marché

🏠 |●| **Hôtel Anjara** (plan A2, **12**) : *Vohidahy, le quartier des marqueteurs.* ☎ *032-55-931-91.* ● *hotelanjara.blogvie.com* ● *Excentré et accessible slt par un chemin, pas d'accès voiture donc difficile avec des bagages. Doubles 30 000-45 000 Ar. Plats 10 000-15 000 Ar.* Un lieu plein de bonheur. Pour ses proprios, Benoît et Zouzou, gentils tout plein. Et pour ses aménagements bien pensés, quoique parfois un tantinet artisanaux. Les chambres sont spacieuses et le bois omniprésent. Plus on grimpe dans les étages, plus la vue est panoramique. Ajoutons une médaille de cordon bleu à Zouzou, ce qui évite de ressortir le soir en ville (le chemin piéton peut réserver de mauvaises rencontres !).

🏠 |●| **Hôtel Jonathan** (plan B3, **13**) : *dans la rue principale, en face de la station Jovenna.* ☎ *713-89.* ☎ *032-07-019-72.* ● *hoteljonathan.com* ● *Doubles 31 000-37 000 Ar avec douche ou baignoire.* Bâtiment sans grand charme, en léger retrait de la rue, accueillant quelques chambres simples et claires, toutes équipées de salles de bains. Accueil gentil.

|●| **Ny Tanamasoandro** (plan B2, **15**) : *dans le centre.* ☎ *713-65.* ☎ *034-31-121-18 (signalisé « Hotely gasy La Fatra » en caractères stylisés). Plats 6 000-15 000 Ar.* Une adresse haute en couleur (le nom signifie « rayon de soleil ») grâce à cette décoration hétéroclite chargée d'artisanat zafimaniry, de mobilier finement marqueté, de soldats de bois... On y mange des plats locaux variés, ainsi que des pizzas et des grillades. Adresse parfois phagocytée par les groupes le midi, l'accueil et la cuisine peuvent s'en ressentir.

|●| **L'Oasis** (plan A3, **16**) : *sur la RN 7 au sud du centre-ville.* ☎ *713-01. Tlj sf dim soir, jusqu'à 20h30.* Simple et sans caractère particulier, mais propre. Terrasse à l'étage bien agréable. On y propose une cuisine bien du coin ainsi que des plats végétariens ou chinois, à des prix défiant toute concurrence. Également d'excellentes pâtisseries : tartelettes noix de coco, crêpes à la goyave, cakes au chocolat. Idéal pour une pause sucrée. Patronne adorable.

Prix moyens

🏠 **Hôtel Mania** (plan B2, **3**) : *RN 7, proche du centre-ville.* ☎ *710-21.* ☎ *034-97-478-90 ou 032-04-620-91.* ● *toursmania@moov.mg* ● *Doubles 41 000-47 000 Ar. Résa conseillée.* 📶 Dans un bâtiment un peu à

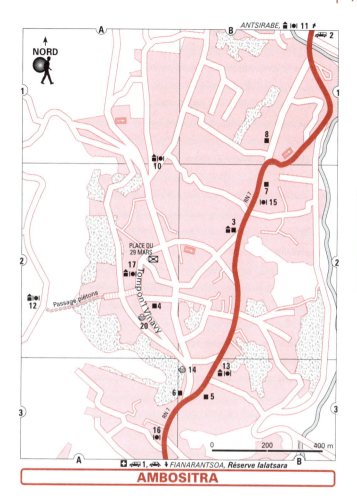

AMBOSITRA

■ **Adresses utiles**
- 1 Station du sud
- 2 Station du nord
- 3 Tours Mania
- 4 Alliance française
- 5 BNI-CA
- 6 BOA
- 7 BFV-SG
- 8 Pharmacie

■ **Où dormir ? Où manger ?**
- 3 Hôtel Mania
- 10 L'Artisan
- 11 Motel Violette
- 12 Hôtel Anjara
- 13 Hôtel Jonathan
- 15 Ny Tanamasoandro
- 16 L'Oasis
- 17 Le Grand Hôtel

Achats
- 14 Voajanahary
- 20 Magasins d'artisanat

l'écart de la rue principale, une adresse tenue par madame Eva, l'une des animatrices du tourisme et des activités locales. Une vingtaine de chambres très calmes en pleine ville, assez jolies, colorées et surtout très propres. Celles au dernier étage bénéficient d'une terrasse avec joli point de vue. Repas possible. Un excellent point de chute dans votre périple. Organise aussi des excursions dans les environs (voir « Adresses utiles »).

▲ |●| *Le Grand Hôtel (plan A2, 17) : à 200 m de la poste ☎ 712-62. ▪ 034-02-712-62 ● grandhotel-ambositra. com ● Doubles 40 000-50 000 Ar. Dortoir pour 4 env 20 000 Ar/pers.* 📶 Créé en 1912, ce fut le premier hôtel de la région, aujourd'hui entièrement rénové. Les chambres sont correctes, certaines équipées de sanitaires privés. Accueil agréable. Restaurant offrant une cuisine franco-malgache à prix doux.

▲ |●| *L'Artisan (plan A1, 10) : Manarintsoa. ▪ 032-51-996-09 ou 034-04-642-53. ● artisan_hotel@yahoo.fr ● À 300 m du centre. Doubles 70 000-900 000 Ar. Menu complet 30 000 Ar, plats et pizzas 10 000-15 000 Ar.* 📶 À l'abri de son enclos, cet hôtel prend des airs de village suisse avec ses bungalows de brique et de bois qui entourent une petite cour fleurie. Le bâtiment principal est flanqué de jolies galeries, et d'une charmante salle de restauration parée de bois. Les chambres des bungalows (doubles ou familiales) sont petites, contrairement à celles de la maison, plus simples dans la déco, mais plus agréables à vivre. Au resto, cuisine malgache de bon aloi ou pizza et musique traditionnelle certains soirs.

▲ |●| *Motel Violette (hors plan par B1, 11) : sur la RN 7. ☎ 710-84. ▪ 032-56-117-23. ● motel-violette. com ● À 1,5 km au nord du centre-ville. Double 35 000 Ar (ancien bâtiment) et 45 000-55 000 Ar (bungalows).* Le bâtiment principal a posé les valises directement en bord de nationale. Il dispose de chambres un peu fanées, aux premières loges du trafic et exposées surtout à la nuisance du karaoké, de 14h à minuit ! De l'autre côté de la route, en contrehaut, une brochette de bungalows confortables avec grandes salles de bains, portes sculptées et fauteuils somptueusement tapissés. Également quelques bungalows familiaux avec une chambre en mezzanine. On aime bien de ce côté-ci, le calme, l'espace aéré et la vue. Pour dîner, vu l'éloignement au centre, on est un peu captif du resto de l'hôtel. Prévoir sa lampe de poche pour descendre le long de la route mal éclairée.

Achats

⊛ *Voajanahary (plan B3, 14) : route circulaire Tompon'I Vinany. Tlj.* Petite boutique offrant un beau choix d'écharpes en soie sauvage (l'argent de chaque écharpe achetée est reversé à la femme qui l'a tissée – son nom est indiqué sur la petite étiquette). Aucune pression, des modèles aux coloris actuels, des prix raisonnables et un accueil charmant. On vous conseille d'ailleurs de faire vos achats ici. Par la suite, les autres boutiques de la RN 7 pratiquent des prix nettement moins avantageux.

⊛ *Magasins d'artisanat (plan A2, 20) : route circulaire Tompon'I Vinany.* On y trouve les fameux **bois zafimaniry** (statues, pots, marqueterie...) sculptés et ornés d'une marqueterie qui aurait une lointaine origine indonésienne, voire polynésienne. Attention à ne pas trop rechercher l'authenticité malgache, à l'image de ces masques, copiés sur des modèles africains. On trouve cependant des articles de très belle facture, notamment ces chaises longues croisées, certes un peu compliquées à rapporter, ou encore des objets marquetés.

– Le coin est aussi réputé pour sa vannerie de **raphia,** qui ne pousse pas du tout dans la région mais se tisse, en revanche, du côté de Sandrandahy et de Fandriana. Grand choix de paniers à suspendre...

À voir. À faire

➤ **Petite balade en ville :** Ambositra se prête surtout à la flânerie commerciale, au gré des marchés et boutiques d'artisanat. Au bout de la rue circulaire, imposante **bâtisse des jésuites,** toute de brique rouge vêtue, ainsi que l'**église catholique.** Ces édifices respectables et paisibles confèrent sans conteste une atmosphère sereine à la ville.

🎥 **Le palais royal :** *le palais ou rova s'atteint aisément en taxi ou à pied. Depuis l'hôtel Prestige, tt droit face à la montagne, à 500 m prendre le chemin à gauche qui longe l'église et continuer vers le sommet. GRATUIT.* Petit cours de malgache pour débutant : *rova* signifie « palissade » mais qualifie toujours le palais dans son ensemble. L'entrée est matérialisée par une pierre rappelant le sacrifice du vieux Rainihananana, esclave qui s'offrit à être enterré vivant afin de protéger le roi Mpanalina. Plus haut, on atteint le rocher sur lequel ce souverain mourut, marquant la fin de la royauté betsileo du Nord...

> **ÉCHEC ET MAT !**
>
> Au début du XIXe s, le monarque betsileo Mpanalina, bien qu'assiégé, avait préféré s'en remettre aux devins qui lui garantissaient l'immortalité tant qu'il se trouvait dans l'enceinte de son palais. Le roi lézardait inconsciemment au soleil, sur la grande pierre où il aimait à jouer au fano-rona, jeu d'échecs malgache, lorsque son adversaire, Radama II le tira comme un lapin depuis la colline d'en face.

La maison du roi, *Tranovola* (« maison d'argent »), ayant été foudroyée, la seule demeurant ici est la *Tandapa,* réservée aux conseillers du roi. Voir quand même le *kianja,* ou place publique, et le tombeau de Mpanalina, juste à côté. Un guide n'est pas absolument nécessaire.

➤ 🎥🎥 **Le mont Antety** (1 864 m) rando à faire de préférence avec un guide (compter 5h aller-retour) L'ascension de cette grosse colline qui surplombe Ambositra se fait sans difficulté majeure. Suivant la ligne de crête, on jouit d'un très beau panorama sur la ville et, de l'autre côté, sur la plaine de l'Ouest. La rando est aussi l'occasion de découvrir une intéressante végétation tropicale d'altitude, composée d'orchidées, d'aloès et autres plantes médicinales.

Fêtes traditionnelles et manifestations

Plusieurs festivals traditionnels au programme, avec des manifestations « betsileo » pur jus. Renseignements à l'Alliance française ou à *Tours Mania* (voir la rubrique « Adresses utiles »).
– **Savika :** *Pâques-Pentecôte principalement. Aux arènes.* À cheval entre corrida et rodéo, des Betsileos en costume traditionnel doivent chevaucher un zébu (pas trop consentant) le plus longtemps possible en s'agrippant à la bosse.
– **Volambetohaka :** *en août. Festival itinérant dans tte la région.* Festivités très typées betsileo autour d'un bon *galeoka* (le rhum local, hips !)
– Deux autres événements : une **foire de l'artisanat** *(en juin pdt 1 sem)* et un **festival de danses traditionnelles** *(en août).*

DANS LES ENVIRONS D'AMBOSITRA

LES VILLAGES ZAFIMANIRY

Ces fameux « Zafimaniry », au nombre de 25 000, seraient des « Betsileos » réfugiés dans les forêts d'altitude de l'Est pour échapper à la conscription militaire de la reine Ranavola Ire. Là, ils auraient appris à maîtriser l'art du travail du bois à l'écart de la « civilisation ». Leurs villages, aux maisons de bois assemblées sans clou et portes sculptées de motifs géométriques uniques, classés par l'Unesco au titre du Patrimoine culturel immatériel de l'humanité, sont indéniablement parmi les plus beaux de Madagascar. Ils se visitent au prix d'une excursion d'une journée minimum. Un guide est nécessaire pour communiquer ou obtenir l'autorisation de camper et il faut s'acquitter d'un droit

> ### DANSE MACABRE
>
> *Une grande cérémonie célébrée chez les Zafimaniry tous les 7 ans : on exhume, on retourne et on ré-enterre les morts. L'occasion d'une grande fête qui permet d'honorer les défunts, mais aussi de chasser les tristes souvenirs, les mauvais sorts qui poursuivent les vivants après leur décès. Les veuves à cette occasion placent une pierre à côté de feu leur époux, afin de lui marquer leur attachement pour l'éternité. La cérémonie achevée, elles deviennent... des veuves joyeuses !*

d'entrée pour chaque village. Hélas, la saleté des patelins et le côté pressant des enfants dissuadent de plus en plus les routards de faire cette coûteuse excursion.

Rejoindre d'abord en voiture **Antoetra** (droit de visite modique), capitale zafimaniry sans grand intérêt, à 40 km d'Ambositra. Compter 2h de route (15 km goudronnés et le reste en piste !). Trajet carrément pénible en saison des pluies (de décembre à mars). En revanche, en saison sèche, il fera frais, très frais même, et toujours humide. Donc, pour passer un bon moment, prévoir vêtements et chaussures adéquats. Antoetra, plus animée le mercredi, jour de marché, est donc le point de départ du trek. C'est également là que **Papavelo Trekking** (voir « Agences, treks et circuits » dans les « Adresses et infos utiles » de Tana) fournit le gîte en dortoir, en tente ou dans une caravane, et le couvert (bonne cuisine au feu de bois). Un autre hébergement a ses aficionados : **Sous le soleil de Mada,** tenu par Brigitte et Jean-Marc (☎ 033-07-344-14. ● *souslesoleildemada.monsite-orange.fr* ●). Un écolodge avec bungalows en bois très simples mais bien décorés. Accueil adorable. Fait aussi resto. Étape idéale pour la visite des villages.

Le village zafimaniry : au gré d'un chemin agréable, mais avec un guide pour cette rando de moyenne montagne, pas vraiment difficile pour de bons marcheurs, en 2h30 de marche (6 km). Ce village le plus proche est perché dans la forêt **Ifasina.** Petit droit de passage pour l'accès au village et droit de camping assez prohibitif. Prévoir aussi un petit cadeau pour le chef du village (comme il fait froid, les textiles sont très appréciés, mais il n'est pas indifférent au sucre ou au café). Toutes les maisons, petits bijoux en soi, y sont rigoureusement disposées d'est en ouest selon la coutume. Construites en bois de palissandre et en bambou, les pièces sont assemblées sans aucun clou. Les volets et les pignons sont finement sculptés de motifs zafimaniry typiques. Chaque personne, chaque objet y a sa place désignée selon une tradition solidement ancrée. Ifasina étant devenu touristique, compter au minimum 2 ou 3 nuits sur place et pousser plus loin pour apprécier cette culture à sa juste valeur, dans d'autres villages non payants : **Ankidodo, Ambohimanarivo, Faliarivo,** ou encore **Sakaivo,** l'un des plus beaux. De Sakaivo, par temps dégagé, on peut voir la mer. Parcours sportif (réservé aux bons marcheurs, bien équipés) et aventure assurée !

BALADE À MANANDRIANA

Manandriana est le nom de l'ancien royaume du Betsileo nord, au sud-ouest d'Ambositra. On risque de se perdre un peu dans les villages et les cultures, donc guide nécessaire. Point de départ au village d'**Anjoman-Akona,** que l'on atteint facilement en 45 mn par la RN 35 en direction d'Ambatofinandrahana. Vers l'ouest, les paysages sont déjà plus secs et évoquent le pourtour méditerranéen. Quelques sites intéressants.

🎥🎥 D'abord, la *cascade d'Andohariana,* un peu après Anjoman-Akona, près de la route. À cet endroit, l'eau sort de son lit, s'éveille et s'écoule vivement le long de la paroi de granit qui se raidit progressivement. Cascade plus belle à voir de janvier à mars car elle est plus forte. On peut (prudemment !) descendre tout en bas, là où l'eau n'est plus que poussière. Sur cette paroi, entre les écoulements, se sont installés de surprenants jardins naturels plantés d'aloès, de *tapia* et d'orchidées. C'est une merveille à la saison des fleurs, d'octobre à décembre.

🎥🎥 À 45 mn au sud-ouest d'Anjoman-Akona, par une piste de terre, village paysan de **Soatanana** où l'on tisse la soie sauvage. Au fond d'une petite maison enfumée et noire de suie, entourée de mille enfants, on assiste à toutes les étapes, du cocon au tissage. Le fil de soie (brun, car sauvage) patiemment tiré pour constituer des pelotes. Il faut 3 kg de cocon pour réaliser un *lamba mena,* ces grands tissus qui servent encore aujourd'hui de linceul. Rien n'est trop précieux pour les ancêtres ! On peut en acheter à Soatanana.

« MEETIC »

Au village de Mandrosonoro, encore plus à l'ouest, se déroule un drôle de marché... à la mariée ! Au jour dit, les belles se revêtent de leurs plus beaux atours et sont confinées dans un parc clos. Leurs soupirants viennent pour y chercher la femme de leur vie. Ça palabre, ça échange, et lorsque le Roméo veut signifier sa flamme, il entoure d'un châle les épaules de sa Juliette. Que les machos ne sourient pas ! C'est elle qui a le dernier mot : si le garçon lui convient, elle fixe le prix de sa dot. Mais elle peut aussi repousser l'avance, tout bonnement, en jetant le châle par terre !

🎥 **La réserve villageoise d'Ankazomivady :** *à 34 km au sud d'Ambositra et 3 km après Ambalamanakana, le long de la RN 7.* ☎ *033-46-283-87.* ● *associationtantelygasy@gmail.com* ● *tantelygasy.blogspot.fr* ● *Entrée : 5 000 Ar, guide 5 000-15 000 Ar/h pour 1-15 pers. Paillotes pour pique-niquer.* C'est l'une des dernières forêts naturelles des hauts plateaux. Une forêt dense et humide abritant lémuriens, oiseaux, reptiles et plantes rares dont il ne reste plus que 600 ha suite à une exploitation illicite et à des feux de brousses répétitifs. L'association Tantelygasy œuvre à sa préservation. Les sentiers (30 mn-2h30) présentent peu de dénivelé. Pour aider au reboisement, venez planter un arbre (5 000 Ar).

LA ROUTE DU SUD-EST

Pas de panique, on reprendra quelques pages plus loin le cours de la RN 7 vers le sud des Hautes Terres et Fianarantsoa, capitale du pays betsileo. Mais on va d'abord découvrir une portion de la côte orientale en aller-retour.
C'est sans doute son enclavement qui a fait l'unité de cette région. En effet, seules une route et une voie de chemin de fer des temps jadis la relient à Fianarantsoa et ainsi... au reste de l'île. Le développement s'en est ressenti. De Mananjary au nord jusqu'à Vangaindrano et Manambondro au sud, plane une atmosphère chaude et humide, faite d'effluves exotiques de café et de girofle flottant dans l'air, une brousse touffue et bien vivante, trépidant au rythme du ricanement de cet oiseau masqué, appelé martin triste. Pourtant, cette riche région mise en valeur par les colons demeure un pôle important d'exportation de cultures de rente, telles que celles du café, de la cannelle et du poivre.
Le climat de la côte sud-est n'est pas facile. Une humidité permanente qui peut être assez pénible. Les meilleurs mois sont août et septembre : la chaleur n'y est alors pas étouffante, le ciel bleu apparaît et les pistes sont sèches. Ou, du moins, en partie...

Direction, dans un premier temps le parc de Ranomafana, en se régalant au passage de riants paysages de bananiers, de gingembres sauvages, et de fougères arborescentes qui encadrent la vertigineuse *cascade Andriamamovoka,* juste au bord de la route.

RANOMAFANA ET SON PARC NATIONAL

env 10 000 hab.   IND. TÉL. : 75

À environ 65 km au nord-est de Fianarantsoa. Perché là où les hauts plateaux commencent à dévaler vers la mer, ce petit village se cache au fond d'une grande vallée encaissée et dans la forêt touffue de l'Est. Il ne serait jamais sorti de l'anonymat si sa source chaude naturelle (*Ranomafana* signifie d'ailleurs « eau chaude ») ne l'avait révélé vers la fin du XIXe s. Témoins de cette époque, les bains et le vieil hôtel colonial. Bien plus tard, le gouvernement malgache reconnut le caractère exceptionnel et fragile de la faune et de la flore de la région, créant alors en 1991 le parc national. Ranomafana est depuis devenu un classique du tourisme à Madagascar. Attention, notez que les nuits peuvent être glacées dans la vallée en saison sèche.

Arriver – Quitter

6 km séparant le village de l'entrée du parc, tous deux le long de la RN 25, bien préciser au chauffeur du taxi-brousse où l'on désire être déposé. Attention, depuis et vers Ambositra, passage et changement obligatoire à Fianarantsoa.

➢ *Fianarantsoa :* bus tlj 5h-16h. Trajet : 1h30. Si vous comptez faire la visite dans la journée, levez-vous dès « potron-lémurien » pour prendre l'un des premiers taxis-brousse… On peut aussi louer une voiture avec chauffeur (voir la *Maison des guides* dans « Adresses utiles » à Fianarantsoa). À vélo, superbe balade (principalement en descente) avec possibilité de rapatriement des vélos par l'agence *Mad Trekking* de Fianarantsoa. Les excursions à la journée organisées par les hôtels de Fianarantsoa sont vraiment (trop) chères !

➢ *Mananjary :* trajet 3h30.
➢ *Manakara :* trajet 4h-4h30.

Adresse et info utiles

✉ *Poste : dans le village, sur la pl. du marché. Lun-ven 8h-16h, sam 8h-12h.*
■ *Attention :* ni banque ni distributeur à Ranomafana. Il faut prendre ses précautions à l'étape précédente.

Où dormir ? Où manger dans le coin ?

Au village

Bon marché (20 000-40 000 Ar / env 6-11 €)

🏠 *La Palmeraie : près de l'église ; panneau sur la gauche 100 m avt d'arriver dans le village.* ☎ *034-52-251-84 ou 033-15-117-97. Double env 20 000 Ar.* L'endroit est petit, très simple, rustique, et l'ambiance celle d'un logement chez l'habitant. Les chambres les plus onéreuses ont un petit balcon. Sanitaires à l'extérieur dans deux cahutes distinctes.

Patronne souriante. Jardin agréable. Fait aussi resto et petit déj (de l'autre côté de la rue).

Prix moyens (40 000-80 000 Ar / env 11-23 €)

▲ |●| *Hôtel Grenat : au bord de la RN 25, 100 m à droite après la pl. du marché.* 📞 *034-12-780-84 ou 033-73-379-24. Double env 70 000 Ar.* 📶 On ne peut le manquer avec sa belle façade... grenat. Assez récent, il est composé de bungalows situés à l'arrière, et même assez élégants pour les derniers bâtis, avec terrasse. En duplex, ils peuvent accueillir jusqu'à 4 personnes. On préfère évidemment ceux qui donnent directement sur la rivière. Resto tout à fait correct. Quant à l'accueil, il sait rester naturel et gentil comme tout, même en présence de groupes.

▲ *Soa Nature Gîte : en contrehaut de la RN 25, à gauche en arrivant dans le village.* 📞 *033-09-532-33 ou 033-12-591-21. ● soa_guesthouse@hotmail.com ● Bungalow 2 pers 70 000 Ar.* Récompense d'avoir grimpé un interminable escalier pour accéder à cet hébergement, on a pris une belle hauteur pour profiter pleinement du panorama sur la vallée et le village. Cette petite sœur de la *Soa Guesthouse* qu'on a largement vantée à Antsirabe, propose ici des bungalows à flanc de montagne dont vous nous direz des nouvelles... Bon accueil.

▲ *Chez Gaspard : 70 m à gauche après la pl. du marché, à gauche du petit pont.* 📞 *032-87-115-15 ou 033-01-155-05. ● chezgaspard.ranomafana@gmail.com ● Réception ouv 6h-21h, fermée dim 8h-11h. Double env 50 000 Ar.* Un petit écolodge géré par la mission catholique. Une quinzaine de bungalows disposés en rang d'oignons le long d'un torrent, au confort modeste avec quelques touches de déco, comme ces abat-jours brodés. Tenue impeccable. Attention, une poignée seulement disposent d'un grand lit. Accueil adorable...

▲ |●| *Manja Hotel : RN 25, à 500 m du centre, à la sortie est du village.* 📞 *033-09-010-22. Double env 55 000 Ar.* 📶 *(payant).* Au bord de la nationale ou sur la hauteur, on choisit entre des chambres simples logées dans des bâtiments sans grande âme. Également des bungalows récents mais proches de la route ou plus anciens et perchés là-haut (on aime bien la vue). Choix cornélien donc, visitez avant. Cuisine simple, familiale et goûteuse. Bon accueil.

À proximité du parc

Bon marché (20 000-40 000 Ar / env 6-11 €)

⚐ |●| *Varibolo Resto & Kayak : à l'entrée du parc à droite.* 📞 *034-06-298-45. ● khen.randriamamonjy@gmail.com ● Repas complets 20 000 Ar. Pique-nique (sur résa) 13 000 Ar.* Un micro-camping pour aller voir les microlémuriens, ça colle, non ? Tenu par une adorable famille, on retient avant tout la possibilité d'y caler un creux ou d'y boire un coup, du petit déj jusqu'au soir. Les plats sont d'une saine simplicité. Et si vous leur commandez un pique-nique, gardez-le jalousement, qu'un animal du parc n'aille pas le chaparder ! Propose des descentes de la rivière Namonora en canoë gonflable.

▲ ⚐ |●| *Gîte Rianala : à l'entrée du parc à gauche.* 📞 *034-43-221-79. ● ria nalagite@gmail.com ● Dortoir (8 pers) 14 000 Ar/pers. En tente, 5 000 Ar/pers.* 3 dortoirs donnant sur la terrasse du resto. Très simple, à la façon d'un dortoir d'alpages. Bloc sanitaire correct et, en principe, douche à l'eau chaude. Gère également le camping en contrebas (à gauche), au bord de la rivière, avec des abris sous lesquels planter sa tente. Douche (eau froide), toilettes sommaires, point d'eau et barbecues. Restaurant avec plats à la carte et *lunch box*.

Plus chic (150 000-250 000 Ar / env 43-71 €)

▲ *Setam Lodge : au bord de la RN 25, à 1 km en contrebas de l'entrée du parc et à 5 km à l'ouest du village.* ☎ *20-26-412-97 (à Tana). ● setam-madagascar.com ● Doubles 130 000-200 000 Ar.* Perché au-dessus de la route, ce gros bâtiment dépare dans l'environnement naturel. Les chambres occupent des maisonnettes de meilleur goût, agrippées à la colline, disséminées dans des jardins et relativement éloignées les unes des autres. Vastes, confortables, claires, très propres, leur déco reste très sobre. Lits doubles de belle taille et douillets. Belle salle de petit déj, dont la baie vitrée vous plonge directement dans le paysage de verdure. Repas possible mais chérot et choix indigent.

À voir. À faire autour du village

⚑ Les thermes : *depuis la pl. du marché, descendre vers l'hôtel* Thermal. *Prendre le sentier à droite jusqu'au pont de bois (c'est fléché). C'est sur l'autre rive.*
La beauté du *parc,* bien entretenu, rappelle la splendeur passée des thermes : bananiers et *ravinala* le disputent aux grands pins et à ces superbes plantes d'eau que sont les *viha,* appelées en français « oreilles d'éléphant ».
– **Les bains et massages :** *sur le haut du parc. Tlj sf mar et mer ap-m 7h-11h30, 14h-16h30. Ni résa ni certificat médical à fournir. Accès au bain seul : 5 000 Ar. Massage aux huiles (30 mn) : 10 000 Ar.* Rien à redire en général sur la propreté. Chaque cabine privative (vraiment rudimentaire) contient une baignoire dans laquelle coule en permanence l'eau de la source thermale (38 °C), réputée pour ses propriétés thérapeutiques et cicatrisantes. Les curistes viennent guérir leurs rhumatismes, asthme, obésité, diabète et goutte. Dès la fin du XIXe s, la dernière reine malgache, Ranavalona III, fréquentait déjà l'établissement.
– **La piscine d'eau chaude :** *à droite après le pont, le long de la rivière. Tlj sf mar 6h-18h. Entrée : 5 000 Ar.* La piscine est fermée le mardi pour son grand nettoyage hebdomadaire. L'eau est alors complètement renouvelée. Préférer donc le mercredi pour vous y baigner ! Beau plan d'eau. Ne pas emporter de valeurs (aucun casier pour ranger vos affaires).

⚑ L'arboretum : *RN 25, à 2 km à l'est du village. Lun-sam 8h-17h, dim 14h-17h. Entrée (visite guidée incluse mais non obligatoire) : 5 000 Ar.* Le site se visite en suivant un petit circuit fléché au milieu des arbres autochtones et fruitiers (plus de 150 espèces), tous présentés par de petits panneaux explicatifs pas mal faits. On y croise quelques caméléons

L'ARBRE ANTI-SOIF

Le ravenala, originaire de Madagascar, est surnommé arbre du voyageur pour ses vertus désaltérantes. Chacune de ses palmes contient 1 litre de sève potable. Les voyageurs ne s'en privaient pas pour éviter de dessécher sur pied dans ce pays gorgé de soleil.

débonnaires et de très beaux arbres du voyageur. On peut même sortir son pique-nique pour profiter plus longtemps du lieu (petit supplément).

La visite du parc

– **Bureau du MNP :** *à l'entrée du parc, à 6 km en amont du village, en bordure de RN 25 (en direction de Fianarantsoa).* ● *parks-madagascar.com* ● *Tlj 7h-16h (derniers départs à 15h). Droit d'entrée : 55 000 Ar pour 1 j., prix dégressif. Guides pour 2-4 pers. Trekking de 3-4 j. possibles.* On trouve ici les renseignements sur le parc et on s'y acquitte de l'intégralité de la prestation (entrée + guidage). De là partent tous les circuits, obligatoirement guidés. Disons-le franchement, nombre de lecteurs se plaignent du guidage parfois fait mécaniquement et sans enthousiasme sur de petits circuits tout tracés et empruntés par une foultitude de gens en même temps (et la chasse au lémurien systématique peut s'avérer fatigante quand elle se fait au détriment de toutes les explications plus botaniques). Il est indispensable de bien fixer les règles au départ avec votre guide.

Un incroyable écosystème

Cette dense forêt tropicale humide s'accroche au relief et dévale la vallée. Sur plus de 40 000 ha, entre 400 et 1 400 m d'altitude, le parc rassemble une grande diversité d'espèces animales et végétales qui ont, depuis les années 1980, attiré l'attention des scientifiques du monde entier. On répertorie ainsi 12 espèces de lémuriens (sur la trentaine que compte Madagascar), dont le très rare *hapalémur doré,* découvert en 1986. Cette forêt contient également des centaines d'espèces d'orchidées.
De larges zones demeurent encore inexplorées à cause du relief. De fait, la totalité de la diversité biologique du parc n'a pas encore été établie. Le *MNP* protège cette forêt, tout en proposant des activités à la population périphérique, qui vivait encore récemment de ses ressources. L'écotourisme en est une.

Le climat

Il pleut dans la vallée de Ranomafana en toute saison. Plus en saison chaude, un peu moins en saison froide. Pensez toujours à emporter un vêtement imperméable et un répulsif pour les insectes. Un traitement antipaludique est indispensable pour explorer cette zone. Par ailleurs, ce n'est pas une région torride. Dans la journée, un généreux soleil peut briller ; néanmoins, les soirées sont fraîches. Pensez à prendre des vêtements chauds et des chaussures adaptées, même si, par temps sec, les balades se font facilement en tennis. Par temps humide, présence de sangsues.

La visite

Venir tôt, quand les lémuriens descendent chercher à manger. Après, ils se cachent ou dorment. D'une manière générale, la meilleure période pour les observer se situe entre août et décembre. On peut voir des orchidées en toutes saisons, même si certaines espèces démarrent leur floraison en avril et de novembre à mars... les sangsues sont alors de sortie.
Les circuits les plus immédiats sont regroupés sur le site de « Talatakely », où les lémuriens sont les plus faciles à apercevoir. Il existe cinq circuits différents, d'une durée de 2h30 à... 6 jours de marche avec camping. Périples sans grosses difficultés néanmoins.
Pour la plupart, ces balades empruntent des chemins balisés dans une forêt secondaire. Pour le circuit de 3h, les avis divergent. D'aucuns vont le trouver vraiment trop balisé (on recroise des chemins déjà parcourus) et se plaindre du faible nombre d'animaux aperçus. D'autres vont trouver que la belle nature traversée et les explications du guide (s'il est bon et enthousiaste) valent bien le déplacement. Question lémuriens, on arrive quand même à en voir quelques-uns. Évidemment, la probabilité augmente avec les treks de plusieurs jours qui s'enfoncent profondément dans la forêt primaire. On peut y découvrir des espèces isolées, comme le gros *Eulemur vari.* En résumé, malgré des guides connaissant parfaitement les chemins et les bons coins où dénicher des différentes espèces, rien n'est jamais garanti, et rentrer bredouille sans avoir aperçu la moindre queue de primate est toujours possible. On multiplie ses chances en mars-avril, quand les adorables bestioles descendent faire bombance de goyaves.
Le parc étant interdit la nuit, une ***visite nocturne*** est officieusement organisée par les guides en bordure de RN 25 (en limite extérieure du parc) entre 18h et 20h, mais celle-ci consiste surtout à appâter le lémurien microcèbe avec une banane (tiens, on croyait qu'un animal sauvage ne doit pas être nourri par l'homme !). Franchement pas sexy, et très souvent on ne voit « lémurien » du tout ! Ou bien, au mieux, une grenouille arboricole et deux caméléons... Si l'écotourisme c'est ça, autant aller au zoo !

MANANJARY

env 28 500 hab.   IND. TÉL. : 72

À environ 130 km à l'est de Ranomafana et 170 km au nord de Manakara (bonne route goudronnée). La ville et la vie de la coloniale Mananjary sont principalement alimentées par le très beau canal des Pangalanes qu'on pourra explorer depuis ici, mais à des tarifs vraiment élevés. Moins courue que ses voisines côtières du nord (Tamatave) et du sud (Manakara), la ville dégage une atmosphère nonchalante qui ne laisse pas indifférent. Il faut flâner dans le centre à l'ombre des somptueux badamiers, autour du vieux quartier tracé à la règle par les colons français. Le temps semble y couler plus lentement qu'ailleurs.

COUPE COLLECTIVE

Les Antambahoakas, d'origine arabe, pratiquent un islam mâtiné de traditions malgaches. Le Sambatra est de celles-là, consistant en une cérémonie de circoncision collective, qui se tient tous les 7 ans (prochaine édition en 2021). Sur fond de festivités frénétiques qui durent près d'un mois, les garçons de moins de 10 ans, tout vêtus de rouge comme le petit chaperon, suivent tout un cérémonial avant d'être circoncis. Ou simplement bénis... si la « coupe » est intervenue entre-temps.

Arriver – Quitter

➢ *En taxi-brousse :* arrêt des taxis-brousse au Bazary Be. Liaisons avec *Fianarantsoa* (départ 5h-13h ; trajet : 6h) via *Ranomafana* (trajet : 4h), et vers *Manakara* (départ 6h-8h ; trajet : 4h). Liaisons *pour Tana* à 15h (trajet : 16h), mais ça fait voyager de nuit : vous savez ce qu'on en pense.
➢ *En avion :* 2 liaisons/mois dans les 2 sens avec Tananarive, assurées par *Air Madagascar* (les mêmes vols desservent Farafangana). Tarifs rédhibitoires !

Adresses et infos utiles

■ *Banques :* ouv lun-ven 8h-11h30, 14h-16h. La *BFV-SG* et la *BOA* font agents *Western Union* et disposent de distributeurs de billets pour carte *Visa* (et *MasterCard* pour la *BFV-SG*).
– Dans la ville également une *poste*, une *station-service* et une *pharmacie* (Pangalana ; 📱 034-10-308-33 ; ouv lun-sam mat 9h-12h30, 15h-19h30), dans la rue principale, 2 rues par-delà l'hôtel *Chez Stenny*. En cas d'urgence médicale, *Docteur Chris* (📱 034-43-536-10).
– *Orientation :* difficile de se perdre ici ! La RN 25 aborde le bourg depuis l'ouest. De cette route partent deux axes principaux, parallèles à la plage et longs de 1,5 km. Le reste des (rares) rues forme un quadrillage sans histoire...

Où dormir ? Où manger ?

Bon marché (20 000-40 000 Ar / env 6-11 €)

🛏 *Yvonna Bungalows :* Ambodiampaly. ☎ 090-39. 📱 032-02-049-93. À env 2 km du centre. En arrivant par l'ouest, juste après le premier pont tourner à gauche (panneau « Vahiny Lodge ») ; après 700 m de piste, prendre à gauche, c'est 300 m plus loin à droite. Bungalows avec sdb extérieure 12 000 Ar, avec *sdb 15 000-25 000 Ar. Eau chaude sur demande. Possibilité de (très bons) repas sur résa.* Loin de la mer, dans un quartier populaire à l'ambiance de village, une douzaine de jolis bungalows avec cloisons intérieures en arbre du voyageur, toit en feuilles du même arbre et murs extérieurs en bambou. Les maisonnettes sont un peu proches les unes des autres peut-être et pas très bien isolées, mais l'ensemble est parfaitement tenu, l'environnement boisé, soigné, reposant et l'accueil excellent. Un bel endroit d'un très bon rapport qualité-prix.

▲ **Chez Stenny :** *Anosinakoho.* ☎ *032-41-973-34. À env 800 m du marché, dans une petite rue perpendiculaire à la rue principale. Double avec sdb env 20 000 Ar. Petit déj et repas sur résa.* Chambres rudimentaires donnant sur une courette, dans un environnement plutôt bruyant (les chiens du coin se soucient assez peu de respecter le silence de vos nuits !), mais l'ensemble reste propret, agrémenté d'un bon accueil.

|●| **Le Grillon :** *peu après le pont sur le canal et la station-service, presque en face de la BFV-SG.* ☎ *032-43-670-34. Plats 5 000-10 000 Ar.* Déco sans prétention avec une poignée de tables à l'intérieur et une terrasse couverte. Outre les pâtisseries vendues au comptoir derrière des vitrines bien astiquées, l'endroit propose aussi une carte offrant une bonne petite sélection de plats chauds (un poil gras, cependant) à prix doux.

Prix moyens (40 000-80 000 Ar / env 11-23 €)

▲ |●| **Le Jardin de la Mer :** *au sud du front de mer.* ☎ *032-04-896-39.* ● *jardindelamer@free.fr* ● *Bungalows 30 000-60 000 Ar, doubles 70 000-90 000 Ar. Plats 12 000-18 000 Ar.* 🛜 Les bungalows à l'intérieur frais et propre sont magnifiquement situés là où le canal rejoint la mer. Un long bâtiment récent sans fard accueille, lui, des chambres moins charmantes mais plus modernes et vastes. Entre les bungalows et la mer, un joli rideau de cocotiers, d'araucarias et de filaos, ces grands résineux qui vrombissent au vent. L'un des rares endroits de Mananjary où l'on peut nager dans l'eau douce du canal sans se soucier des remous. Fait aussi resto, proposant une carte généreusement axée sur l'Océan. Bon accueil.

▲ |●| **Sorafa Hotel :** *sur le front de mer.* ☎ *092-01 ou 090-30.* 📠 *034-15-388-73. Double 60 000 Ar, bungalow 67 000 Ar.* Bien situé, près du centre. Une dizaine de chambres fonctionnelles mais sans caractère particulier. Même s'ils sont très proches les uns des autres, les bungalows sont plus sympas (et moins décatis) que les chambres, avec possibilité d'installer un lit supplémentaire sur la mezzanine. Beau jardin derrière. Eau chaude capricieuse. Piscine en dépannage, pour ceux qui ont peur des requins dans l'océan. Carte de pâtes, pizzas, spécialités chinoises et de fruits de mer. Excursions possibles au départ de l'hôtel (notamment pour Manakara).

Beaucoup plus chic (plus de 250 000 Ar / 71 €)

▲ |●| **Vahiny Lodge :** *en arrivant à Mananjary par l'ouest, juste après le premier pont tourner à gauche (fléché sur 4 km d'une piste défoncée).* ☎ *032-02-468-22.* ● *vahinylodge@yahoo.fr* ● *Double 300 000 Ar. Menu 50 000 Ar.* 🛜 Perdus en pleine nature (mieux vaut arriver de jour !), 6 bungalows spacieux, sobres, avec de beaux meubles en palissandre et plein de détails coquets. Tous possèdent une petite terrasse, et, au milieu de tout ça, piscine et restaurant sous la véranda où sont servis des plats élaborés, souvent à base de langouste et de crabe. En descendant un peu, vous arriverez au bord d'un bras du canal.

À voir. À faire dans la région

– Ne pas manquer le retour de la pêche vers 12h, en direction de l'estuaire, au sud du *Jardin de la Mer* (voir « Où dormir ? Où manger ? »).

◆◆ **Excursions en bateau :** *rens au* Vahiny Lodge, *au* Sorafa Hotel *et au* Jardin de la Mer *(voir « Où dormir ? Où manger ? »).* Outre la location de bateaux à moteur dans les hôtels de la ville *(compter 500 000 Ar/bateau 1-4 pers),* on peut louer ces petites pirogues pour une balade sur l'eau. Évidemment, on n'ira pas très loin, mais ça revient beaucoup moins cher.

↖↖↖ *Le canal des Pangalanes : les prix suivants sont forfaitaires par bateau (1-4 pers) à partager entre les participants. Hébergement, repas et droits de visite inclus pour les balades de plus de 1 j. Balade autour de Mananjary (½ journée) : 230 000 Ar. Section au nord de Mananjary (1 j.) : 620 000 Ar. Excursions (2-3 j.) : 1 220 000-1 680 000 Ar. Mini-croisière de Mananjary à Manakara : 3 120 000 Ar.*
Une beauté, un trésor, ce canal ! Depuis Tamatave jusqu'à Farafangana, il s'étire le long de la côte sur 700 km, tantôt sous forme de lac, tantôt en un canal étroit. Ce sont les Français qui ont entrepris, à la fin des années 1940, de réunir cette succession d'estuaires pour en faire une voie de navigation nord-sud plus sûre que l'océan, très agité et dangereux. Lire aussi le passage qui est consacré au canal des Pangalanes dans la partie « L'Est ».
Creusé dans le sable et malheureusement non entretenu, le canal s'est peu à peu refermé à certains endroits, de telle façon qu'il est aujourd'hui difficile, voire impossible, d'effectuer la totalité du parcours en bateau. À partir de Mananjary, pourtant, de belles balades sont possibles.
La partie nord du canal, toujours fonctionnelle, sert toujours à évacuer les produits d'exportation vers le port international de Tamatave. Les aventuriers peu pressés pourront embarquer sur un des bateaux de marchandises (départ généralement tous les 2 ou 3 jours). La voie d'eau s'apparente à une jolie autoroute un peu monotone. On joint ainsi Mahela, Ambohitsara ou Nosy Varika.
La partie sud vaut nettement plus pour le charme de ses canaux étroits, souvent recouverts d'une végétation touffue. Dans ce dédale, on découvre des villages reculés, qui ne vivent que par le canal. En période sèche, par manque d'eau, il faut parfois descendre de l'embarcation et marcher un peu.

⌂ *Les plages :* sincèrement, entre les requins dans l'océan, les courants et l'eau maronnasse du canal, le soleil qui vous grille en moins de deux tel un homard thermidor, et les rejets divers et variés à proximité des zones habitées, autant oublier les bains et se planter sur la plage, face à l'océan, à regarder passer les zébus désœuvrés.

MANAKARA
38 000 hab.   IND. TÉL. : 72

Manakara est la plus grande ville de la côte sud-est. Elle est reliée à Fianarantsoa, dans les Hautes Terres, par une bonne route, et surtout la fameuse ligne de train *FCE (Fianarantsoa-côte est).*
Malgré les coupures d'eau récurrentes, cette capitale du pays antaimoro est une étape reposante et vaut surtout le détour pour les beaux paysages traversés et les excursions en pirogue sur le canal des Pangalanes. C'est dans les environs de Manakara que l'on trouve la végétation la plus sauvage, que les canaux sont plus étroits (principalement accessibles en pirogue) et que la vie des villages s'avère la plus (attr)active.

Arriver – Quitter

➤ *En taxi-brousse : départ et arrivée des taxis-brousse à l'entrée de la ville, à* 2,5 km du marché et du centre. Liaisons avec *Mananjary* (tlj 7h-14h ; trajet : 4h),

Fianarantsoa (tlj 9h-18h ; trajet : 6h) via *Ranomafana* (trajet : 4h), *Farafangana* (2-3 bus/j. ; trajet : 3h) et *Tananarive* (départ env à 16h ; trajet : 15h).

➢ **En train FCE** : voir les infos à Fianarantsoa.

Adresses utiles

■ **Banques** *: ouv lun-ven 8h-11h30, 14h-16h.* La *BFV-SG*, *BNI-CA* et la *BOA* font agents *Western Union* et disposent de distributeurs de billets pour carte *Visa* (et *MasterCard* pour la *BNI-CA*).

■ Sur place, également un **agent consulaire français** *(Jean Boudy, lot 52 A, Ambalakaraina.* ☎ *034-31-760-95.* ● *jeanboudy@aol.com* ●*)*, un représentant d'**Air Madagascar** (à côté de l'hôtel *Délices de l'Orient*), la **pharmacie du Levant** *(proche de la grande église lorsqu'on pénètre dans le centre-ville ; tlj 7h30-12h30, 14h30-18h30).*

Où dormir ?

Au moins l'hébergement de Manakara ne vous ruinera pas, mais ne vous retiendra pas non plus de sauter dans le premier bateau partant vers les lointains horizons du canal des Pangalanes ou dans le premier train qui remonte sur Fianar…

De très bon marché à bon marché (jusqu'à 40 000 Ar / env 11 €)

▲ **Les Bungalows du Sud :** *dans une rue en terre battue, un peu à l'écart du marché.* ☎ *034-55-377-12. À 500 m sur la rue du resto* Délices de l'Orient*, en tournant le dos au marché. Bungalows 15 000-25 000 Ar.* Dans un joli jardinet fleuri, quelques bungalows en bois avec toilettes à l'extérieur et des chambres tout confort dans un bâtiment en dur. L'accueil, le sourire et l'humanité d'Anatolie, la patronne, ajoutent au charme de cette rue calme. Hélas, on nous a signalé des vols.

▲ **Les Flamboyants :** *à 30 m à l'ouest du marché, 10 mn de la gare ferroviaire.* ☎ *234-42.* ☎ *032-52-459-51.* ● *leflamboyantmanakara@yahoo.fr* ● *Doubles 20 000-40 000 Ar ; familiales. Repas possible. Parking sécurisé.* Rien de flamboyant dans l'ancien bâtiment. C'est mieux dans l'annexe récente qui donne directement sur la place avec des chambres de taille et confort variables (moustiquaire et ventilo, avec ou sans salle de bains, etc.). Elles sont petites mais fraîches et nettes. Belle terrasse couverte où l'on prend son (bon) petit déj. Concert de temps à autre. Sur place, location de VTT, motos et scooters.

Prix moyens (40 000- 80 000 Ar / env 11-23 €)

▲ **Lac Vert :** *à 1,5 km du marché en laissant la station-service à droite ; au bout de cette rue, à gauche (carrefour en T), puis 2ᵉ rue à droite.* ☎ *034-94-449-56.* ● *lacvert.e-monsite.com* ● *Doubles 60 000-70 000 Ar.* Une maison d'hôtes aux bons soins de Lanto et Jean-Michel qui ont planté 6 bungalows dans l'agréable parc de leur maison. Tout vêtus de vert et de blanc, chaume à l'extérieur et bois brut à l'intérieur, ponctués d'une agréable décoration. Les lits se parent de moustiquaires, les murs de toiles peintes. Salles de bains simples avec eau chaude. Repas sur résa, dont le prix joue un peu sur l'éloignement du centre…

▲ **Délices de l'Orient :** *à quelques pas à l'ouest du marché.* ☎ *217-34.* ☎ *032-41-747-95.* ● *delicehotel@orange.mg* ● *Doubles 25 000-50 000 Ar.* Les chambres situées au 1ᵉʳ étage du restaurant éponyme sont toutes équipées de meubles en bois, ventilo, moustiquaire, douche chaude et w-c. Si les plus petites relèvent de l'abribus (à prix minus), on en trouve d'autres plus au large (plus chères aussi) et de surcroît à l'arrière du bâtiment (donc abritées des tintements de verres du resto). Accueil souriant.

Où manger ? Où boire un verre ?

Bon marché (10 000-20 000 Ar / env 3-6 €)

|●| ▼ Chez Élisa : *juste au nord du marché.* Sympathique petite gargote jaune et verte. La reine des nuits de Manakara accueille les noctambules jusqu'à 6h du mat' autour d'un rhum arrangé au citron ou au gingembre. Langoustes d'un excellent rapport qualité-prix.

|●| Délices de l'Orient : *voir plus haut l'hôtel du même nom.* Plus connu sous le nom des *Délices,* ce petit resto pas cher, avec une carte de plats *gasy,* chinois et créoles, est une halte réconfortante après un long voyage. La terrasse sur la rue est agréable de fraîcheur, mais un peu sommaire, et l'accent créole du patron, Sully, est aussi épicé que son rougail saucisse. Organise parfois des soirées musicales et dansantes.

|●| La Belle Vue : *Manakara Be, à côté du pont effondré (accès à Manakara Be dans la rubrique « À voir »).* ☎ 216-07. *Tlj.* Belle terrasse sur le canal pour contempler le pont métallique écroulé, et les piroguiers pagayant au-dessous. La cuisine est honorable, autour d'une carte terre-mer plutôt fournie et même quelques desserts. Cadre vraiment plaisant.

Prix moyens (20 000-35 000 Ar / env 6-10 €)

|●| La Guinguette : *Manakara Be, à côté du pont effondré (accès à Manakara Be dans la rubrique « À voir »).* ☎ *032-02-683-35. Tlj.* Belle bicoque en bois, repeinte en vert, offrant une délicieuse terrasse donnant sur le canal et le pont. Poisson du jour, mais aussi quelques spécialités françaises originales par ici : steak haché de zébu, bouillabaisse manakaraise... et même du fromage. Prix raisonnables pour une cuisine goûteuse. Ne pas être pressé.

|●| ▼ Le Capitaine : *à 50 m à l'ouest du marché. Fermé dim midi et lun midi.* Si vous souhaitez rencontrer d'autres *vazaha* autour d'un pastaga ou déguster un plateau de fromages locaux accompagné d'un verre de clos-malaza, voici donc votre point de ravitaillement. C'est le seul endroit où vous trouverez des pizzas, mais aussi du... miel de litchi.

À voir. À faire

✦ Manakara Be : *accès en véhicule depuis le centre par un pont provisoire excentré ; à pied, parcourir 1,5 km vers l'est depuis le marché, puis traverser en pirogue au niveau du pont écroulé.* Quartier enclavé entre le fleuve Manakara et l'océan. Entre deux eaux donc, encore riche de très beaux arbres (dont de splendides badamiers), Manakara Be étire deux avenues parallèles sur lesquelles subsistent des demeures coloniales ensommeillées, décaties par le temps et les éléments. Un isolement désormais accru par l'effondrement du pont métallique, qui a mal supporté le passage d'un camion hors tonnage.

✦ Au-Trou-du-Commissaire : *à 8 km du centre ; en direction de la plage, prendre à droite après le pont qui enjambe le canal.* Derrière ce nom pas forcément très engageant (!) se cache une très jolie plage où l'on peut se baigner (la prudence étant toujours de mise, bien sûr). Il y a même un bar-restaurant sur place.

✦✦ En pirogue sur le canal : *contacter Gaulex,* ☎ *034-80-502-77. • gaulex50@gmail.com • Résa la veille min. Excursion de 1 j. 60 000 Ar/pers (base de 2 à 4 pers) avec pique-nique. Excursions plus longues possibles.* Au programme : jardin botanique, visite des villages de pêcheurs de requins, entre mer et lagune, poissons (langoustes selon saison) grillés pour un pique-nique en bord de mer et, bien sûr, découverte de la vie qui s'écoule au fil du canal. Les villageois sont très accueillants.

LE SUD DU PAYS BETSILEO

Ceux qui auront fait le petit crochet sur la côte apprécieront sans doute le retour sur les hautes terres, avec leur climat agréable et leurs paysages d'anthologie.

FIANARANTSOA   195 000 hab.   IND. TÉL. : 75

• Plan *p. 159*

Campés dans les monts découpés et verts du Betsileo, Fianarantsoa en est la capitale. C'est une véritable ville carrefour entre le Nord et le Sud, au cœur d'un terroir très productif, dont le vin et le thé font la renommée. Même si la cité paraît plutôt froide (*kaï kaï* en saison sèche !) et sans charme, elle gagne cependant à être connue.
De son passé religieux, « Fianar » a hérité de nombreux édifices religieux. C'est aussi un bon camp de base avant de partir pour le Sud-Est ou pour explorer des environs bien différents les uns des autres : Soatanana et son atmosphère religieuse si particulière, Ambalavao et ses maisons traditionnelles, son marché aux zébus, ou encore le superbe massif de l'Andringitra ou le parc de Ranomafana pour les amateurs de nature.

UN PEU D'HISTOIRE

La ville connut un réel essor lorsque les églises chrétiennes s'implantèrent. Vers 1870, la libéralisation des pratiques de culte autorisa en effet leur diffusion vers le sud. De nombreux édifices religieux et des écoles furent alors construits. Fianarantsoa fut promue pépinière d'intellos, réputation qui perdure aujourd'hui. Par la suite, les colons français développèrent davantage la ville.

Arriver – Quitter

En taxi-brousse

➤ *Gare des taxis-brousse (plan B2, 1) :* un seul lieu pour ttes les destinations lointaines. Ttes les coopératives ont un guichet en dur ; attention aux rabatteurs qui vendent de faux billets, assurez-vous que la personne qui vous vend un ticket possède un registre avec noms des passagers et sièges correspondants ! Pour les longs trajets, surtout en période de grosses chaleurs, les taxis-brousse partent à la fraîche.
➤ *Ambalavao :* 1 départ/h, 6h-15h.
➤ *Ranomafana, Mananjary et Manakara :* tlj 6h-14h pour Mananjary. Pour Manakara, un départ à 8h et un à 19h. Tous ces bus desservent Ranomafana au passage.

➤ *Tuléar :* 2 compagnies, *Mofio* ou *Kofifi*. Env 2 départs/j. en minibus (un à 8h et un à 19h).
➤ *Antsirabe et Tananarive :* plusieurs coopératives assurent le trajet. Départ tlj à 8h et 21h pour Antsirabe. Tlj à 8h et 19h pour Tana. Trajets en minibus.

En train

➤ *Gare ferroviaire (plan B1) :* **à l'est du centre.** Une jolie gare de style Art déco, achevée en 1936 par les Français.
➤ *Le train FCE* (Fianarantsoa-côte est) est **sur les rails de façon aléatoire.** Ce train mixte, marchandises et passagers (dont un voiture de

1re classe) effectue un voyage assurément mémorable le long de cette voie construite par les colons au début du XXe s pour ouvrir Fianarantsoa sur le port de **Manakara**. Tout bringuebalant, sur 170 km, il dévale 1 200 m de dénivelée et franchit 21 tunnels, 42 ponts, 17 gares (soit une tous les 10 km !). Privilégier les places à gauche en allant vers Manakara (et à droite dans l'autre sens) pour les points de vue. Les paysages traversés sont hallucinants mais le voyage peut tourner au cauchemar en fonction des conditions. Des liaisons souvent interrompues en pleine saison des pluies et juste après. Le train stoppe parfois en cours de trajet et rebrousse chemin ou attend là… un certain temps (les gens ne sont pas pressés ici) quand il ne déraille pas. Réservation obligatoire, environ 70 000 Ar en 1re classe (pour la classe spéciale Vazaha).

Orientation et circulation

Fianarantsoa s'étage sur 3 niveaux.
– En bas, ce sont les quartiers populaires autour d'*Ampasambazaha* et d'*Antarandolo*. Très animés. On y trouve de nombreuses boutiques et de petits marchés quotidiens.
– En montant via Ambalapaiso ou Anjoma, la Ville intermédiaire et moderne, implantée le long de grandes avenues, regroupe les banques et administrations.
– Enfin, en grimpant encore, on atteint la Ville haute, *Tanana Ambony*, et sa cathédrale. Siège de l'archevêché, on la surnomme parfois le « Vatican de Fianarantsoa » !
À l'image de Tananarive, qui a servi de modèle, la ville est une succession de monts et de vaux. Les taxis, dont la course est à prix fixe et modique dans le centre, sont des alliés précieux.

Adresses utiles

Infos touristiques et culturelles

Office régional de tourisme *(plan B3)* : *dans la rue qui longe la mairie par la gauche.* ☎ *904-67.* 📱 *034-36-866-56. Lun-ven 8h-12h, 14h-18h.* Peu d'infos, mais accueil gentil.

■ **Alliance française** *(plan B3, 8)* : *Tsianolondroa.* ☎ *515-71.* ● *alliance.fianar@gmail.com* ● *À 50 m par la rue longeant la mairie à gauche. Mar-sam 8h30-12h, 14h-17h. Fermée en août et fin déc.* Journaux et magazines français à consulter sur place, en bibliothèque. L'Alliance organise en outre la majorité des événements culturels de la ville : théâtre, concerts et cinéma. N'hésitez pas, Fianar est une ruche pour les amoureux de la culture *gasy*.

■ **Maison des guides** *(plan B1, 3)* : *dans le wagon rouge stationné juste devant la gare ferroviaire.* 📱 *032-02-728-97 ou 034-03-123-01.* ● *coeurmalgache@hotmail.com* ● Ces guides, qui ont suivi une formation de tourisme, connaissent bien leur ville et ses alentours et sont une mine d'infos. Ils proposent des trekkings de 3 à 7 jours sur des sentiers vierges (corridors forestiers) entre Fianarantsoa et Ambalavao, avec visite possible des parcs Isalo, Ranomafana et Andringitra. Également des demi-journées à thème pour la découverte de la ville ou encore du tourisme écosolidaire à la rencontre des villageois avec logement chez l'habitant. Tarifs dégressifs suivant le nombre de participants, qui n'incluent pas le transport. Possibilité de location de voitures avec chauffeur et minibus.

■ **Mad Trekking** *(plan A2, 7)* : *Ambatolahikosoa.* 📱 *032-02-221-73, 033-15-221-73 ou 034-14-221-73.* ● *mad.trekking@moov.mg* ● Petite agence proposant la location de VTT et de voitures avec chauffeur (dont des 4x4) mais aussi des excursions ou des trekkings au pic Boby et dans les parcs de l'Andringitra ou l'Isalo. Pour Ranomafana, aller-retour possible dans la journée en excursion, mais aussi une formule originale : vous descendez

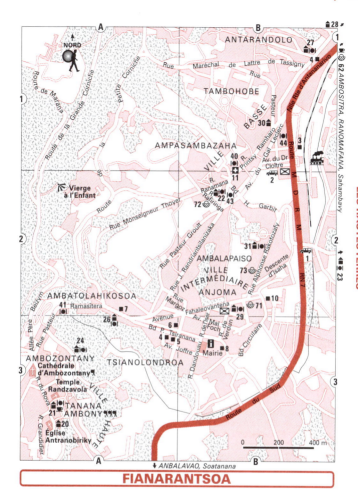

FIANARANTSOA

	Adresses utiles	22 Hôtel Cotsoyannis	40 Chez Domm
	Office régional de tourisme	23 Arinofy Hotel	41 La Surprise Betsileo
	Gare routière des taxis-brousse	24 École hôtelière La Rizière	43 Le Panda
2	Taxis-brousse suburbains	26 Tsara Guesthouse	44 L'Ancre d'Or
3	Maison des guides	27 Mini Croq	
4	BFV-SG	28 Hôtel Mahamanina	**Où déguster une viennoi-serie, une pâtisserie ?**
5	BOA	29 Hôtel Zomatel	
6	BNI-CA	30 Villa Sylvestre	62 Salon de thé du Soafia
7	Mad Trekking	31 Résidence Matsiatra	
8	Agence consulaire de France et Alliance française	**Où manger ?**	**Achats**
10	Pharmacie Soava	21 Snack Imanoëla	62 Atelier Pierrot Men
11	Centre de santé Marie Stopes International	22 Restaurant de l'hôtel Cotsoyannis	71 Marché du Zoma
		24 École hôtelière La Rizière	**Les vins et spiritueux de Fianarantsoa**
	Où dormir ?	26 Restaurant de la Tsara Guesthouse	
20	Vàla Maison d'hôtes	27 Mini Croq	72 Boutique du Clos Malaza
21	Chambres d'hôtes Peniela	29 L'Entrecôte du Zoma	73 Boutique du Domaine Lazan'I Betsileo

par vous-même en vélo et vous revenez en véhicule.

🚖 *Stations de taxis :* en face du tribunal, sur le marché du Zoma et à la sortie des stationnements de taxis-brousse.

Poste, télécommunications et banques

✉ *Poste principale* (plan B1-2) : *dans la Ville basse, face à la gare. Tlj sf dim 8h-18h.* **Autre bureau** *(plan B2) dans la Ville intermédiaire, ouv à peu près aux mêmes horaires.*

@ *Internet :* plusieurs cybercafés dans le quartier des banques. Mais matériel vétuste et connexions souvent laborieuses...

– Les banques sont grosso modo ouvertes du lundi au vendredi 8h-11h30 et 14h-16h. Elles font des transferts **Western Union,** changent les devises et disposent d'un distributeur de billets pour carte *Visa* (et *MasterCard* pour la BFV-SG et la BNI-CA) : **BFV-SG** *(plan A3 et plan B1,* **4***) ;* **BOA** *(plan A3,* **5***),* **BNI-CA** *(plan A-B3,* **6***).*

Urgences

✚ *Urgences médicales :* **centre de santé Marie Stopes International** *à Ampasambazaha (plan B1,* **11***).* ☎ *500-38. Tlj sf dim 8h-17h (12h sam). Également le* **Docteur Marianne Solange,** *quartier Isaha, près de l'école française.* 📱 *032-02-258-85. Sur rdv slt.*

■ *Pharmacie Soava (plan B2,* **10***) :* pl. *du Zoma, juste à côté du Plazza Inn.* ☎ *510-63.* 📱 *032-53-170-91. Tlj sf sam ap-m et dim, 8h-12h, 14h-18h.* La liste des pharmacies de garde est normalement affichée sur les portes de toutes les officines.

■ *Agence consulaire de France (plan B3,* **8***) :* dans *les bâtiments de l'Alliance française.* 📱 *034-36-003-75.* ● *michel sommerard@yahoo.fr* ●

Où dormir ?

Dans la Ville basse

Bon marché (20 000-40 000 Ar / env 6-11 €)

🏠 *Mini Croq* *Hôtel (plan B1,* **27***) : Antarandolo.* 📱 *033-12-202-02.* ● *mini. crocq@yahoo.fr* ● *Au-dessus du resto du même nom. Accès par le parking. Double 40 000 Ar. Petit déj inclus.* Dans le genre bloc de béton sans charme, mais dans l'ensemble bien tenu. Chambres avec ou sans sanitaires, simples et rudimentaires. Celles donnant sur le couloir sont un peu sombres. Côté rue, elles sont bruyantes. Quelques familiales. Un point de chute intéressant qui demeure bien situé.

🏠 |●| *Arinofy Hotel (hors plan par B2,* **23***) : Ville basse.* 📱 *032-43-091-99 ou 034-16-087-81.* ● *arinofyhotel@gmail. com* ● *À 150 m en contrehaut de la gare routière (fléché), chemin de l'Université. Double 29 000 Ar.* Pas cher et bien calme, car situé en retrait, sur une hauteur de la ville. Petit établissement avec ses plafonds lambrissés et ses sols en béton peints. Une dizaine de chambres seulement avec ou sans salle de bains. Celles côté jardin donnent sur un grand balcon dominant la ville. Les sympathiques proprios proposent une très bonne cuisine typiquement malgache. Service de laverie.

Prix moyens (40 000-80 000 Ar / env 11-23 €)

🏠 *Hôtel Mahamanina (hors plan par B1,* **28***) : Antarandolo.* ☎ *521-11.* 📱 *032-04-931-48.* ● *hotel-mahamanina@moov. mg* ● *Après l'hôtel-resto Mini Croq, dépasser la station-service et monter la rue en face sur 300 m. Doubles 45 000-55 000 Ar ;* *familiales.* 📶 Son slogan : « Un maximum de confort dans la complicité pour un minimum de prix pour votre tranquillité. » 24 chambres fraîches, propres et confortables. Il y en a pour tous les budgets ou presque, des chambres avec sanitaires extérieurs (très propres et avec eau chaude) à celles tout confort avec balcon. Certaines retapées, certaines en cours de l'être, toutes très correctes. Bon compromis dans cette catégorie. Fait aussi resto-bar. Accueil adorable.

De chic à plus chic (plus de 80 000 Ar / env 23 €)

🏠 **Villa Sylvestre** (plan B1, **30**) : *rue Pasteur, Tambohobe.* ☎ *511-19.* 📠 *034-21-449-97 ou 032-11-248-07.* ● *villasylvestre@blueline.mg* ● *villa sylvestre.com* ● *Résa indispensable. Doubles 134 000-160 000 Ar.* 📶 Bâtie en 1920 dans le plus pur style des maisons des Hautes Terres, la villa est un trésor délicatement préservé et entretenu depuis 3 générations. Demeure austère de prime abord où les propriétaires, ont largement misé sur la sécurité (souriez, vous êtes filmé !). Or, à l'intérieur, surprise, un ensemble de maisonnettes en brique occupe une cour sur laquelle donne la salle à manger contemporaine et sa longue baie vitrée. Les délicieux petits déjeuners (inclus dans le prix) se prennent dans une autre pièce, baignée de lumière, et qui domine la ville. Les 5 chambres sont parfaitement isolées, vastes, luxueuses (coffre-fort, sèche-cheveux, TV...) et très élégamment décorées, entre modernité et tradition. Autant le dire, l'atmosphère y est feutrée et réconfortante dans cette ville qui grouille.

🏠 **Hôtel Cotsoyannis** (plan B2, **22**) : *Ville basse.* ☎ *514-72.* 📠 *032-40-209-86.* ● *cotso@malagasy.com* ● *hotel.cotsoyannis.mg* ● *Parking fermé et gardé.* 📶 Gros hôtel calme et bien situé dans un coin populaire et animé de la Ville basse. L'endroit cache bien son jeu avec sa façade grillagée et peu avenante, qui dissimule un petit havre de paix avec une cour verdoyante où se trouve le patio du resto (voir « Où manger ? »), entouré à l'étage par les chambres simplement mais joliment aménagées et confortables.

Dans la Ville intermédiaire et la Ville haute

Bon marché (20 000-40 000 Ar / env 6-11 €)

🏠 **Chambres d'hôtes Peniela** (plan A3, **21**) : *Tanana Ambony.* 📠 *034-45-431-57 ou 032-02-739-63.* ● *peniela.house@yahoo.fr* ● *Tt en haut (et ça grimpe !) à gauche de la rue principale, au niveau de l'église protestante, petit déj 7 000 Ar ; menu 16 000 Ar.* Cet ancien presbytère appartient au temple réformé Antranobiriky, juste en face. C'est une superbe maison traditionnelle avec de beaux volumes, parquets en bois qui craquent, épais volets de bois, murs de brique... Une poignée de chambres (dont un studio familial), assez sommaires et de style rustique, qui donnent pour certaines directement sur la galerie extérieure avec vue sur l'église et les collines au loin. Une vue réellement enchanteresse. Attention, chambres pas hyper bien isolées, il peut y faire très frais en hiver. Pour le petit déj, descendez donc chez *Imanoëla* (voir plus bas « Où manger ? »).

De prix moyens à chic (40 000-150 000 Ar / env 11-43 €)

🏠 🍴 **Résidence Matsiatra** (plan B2, **31**) : *rue Alphonse-Rakotsasafy, Villa Jacta.* 📠 *034-65-598-18.* ● *residencematsiatra@gmail.com* ● *Proche du stationnement des taxis-brousse et de la gare ferroviaire (Manakara). Double 50 000 Ar. Parking.* 📶 Cet établissement récent, d'une capacité de 12 personnes, possède des chambres spacieuses, très propres, chacune avec sanitaires privés et eau chaude. Au restaurant, déco malgache et plats locaux, européens et chinois. Bar, kiosque pour les repas dans le joli jardin, terrasse sous les frangipaniers. Une bonne adresse comme chez soi pour un prix raisonnable.

🏠 🍴 **Tsara Guesthouse** (plan A2-3, **26**) : *Ambatolahikosoa.* ☎ *502-06.* 📠 *032-05-516-12.* ● *tsaraguest@moov.com* ● *Doubles 98 000-160 000 Ar, plus petit déj. Plats 12 000-15 000 Ar. À gauche de la route en montant vers la Ville haute. Résa impérative. Carte Visa acceptée (commission comptabilisée sur la note).* Cette adresse de charme associe avec beaucoup de goût les matières naturelles, mêlant mobilier en bambou, parquets et batiks accrochés au mur. Les 16 chambres sont à l'avenant, avec une déco subtile, modeste mais élégante, faite de brique et de bois. Les plus économiques, délicatement appelées « voyageurs », occupent l'étage, avec sanitaires extérieurs. Les plus confortables, dites « supérieures », sont dans l'annexe, au bout de la cour pavée fleurie d'où l'on jouit d'une belle vue sur la Ville haute. Une délicieuse maison à l'ambiance plutôt chic et feutrée sans être guindée pour autant. Outre un excellent restaurant (voir « Où manger ? »), l'autre raison d'élire domicile ici, les bénéfices reviennent à la *Fondation Heritsialonina*, créée par le propriétaire, pour la sauvegarde du patrimoine du vieux Fianarantsoa.

I●I École hôtelière La Rizière *(plan A3, 24)* : *Antady.* ☎ *75-502-15.* ● *info@lariziere.org* ● *lariziere.org* ● ♿ *(chambres du rdc). Doubles 130 000-142 000 Ar, petit déj inclus. Plats 9 000-17 000 Ar, menu pédagogique 33 000 Ar.* 🛜 On en pince pour cette école d'application hôtelière qui donne sa chance à des jeunes désireux de sortir des rizières pour s'initier aux métiers de l'hôtellerie. On y est très bien accueilli et on se pose dans l'une des adresses les plus calmes et panoramiques de toute la ville. À l'écart du centre tout en gardant un œil dessus. La dizaine de chambres avec salle de bains privée ont élu domicile dans 2 bâtiments coquets, totalement relookés par une designer malgache, parés de matériaux nobles.

🏠 Vàla Maison d'hôtes *(plan A3, 20)* : *Tanana Ambony. Infos auprès de Tsara Guesthouse (voir plus haut). Tt en haut (et ça grimpe !) à gauche de la rue principale, au niveau de l'église protestante. Grand portail. Ouv slt avr-mai, juil-nov et 15 déc-15 janv.* 🛜 Cette superbe résidence traditionnelle, posée au faîte de la colline au milieu d'un magnifique jardin clos est gérée par la *Fondation Heritsialonina* (le proprio privé leur rétrocède tous les bénéfices). En dormant ici, on fait ainsi une bonne action tout en profitant d'un lieu paisible et agréable. 4 chambres claires, simples mais impeccables et de bon confort (bonnes literies). Une avec lits superposés à partager idéalement en famille ou entre amis car il y a 2 salles de bains communes pour l'ensemble. Possibilité de repas sur commande, servis dans la vaste salle à manger.

🏠 I●I Hôtel Zomatel *(plan B2, 29)* : ☎ *507-97.* ☎ *034-07-255-27,* ● *zomatel-madagascar.com* ● *Près du marché du Zoma. Doubles 110 000-130 000 Ar ; également des suites et familiales.* 🚻 🛜 C'est le bon gros hôtel de luxe de Fianarantsoa, hyper central et immanquable avec sa façade de brique rose fleurie, fief de la clientèle d'affaires et des touristes fortunés. Grandes chambres modernes, claires et climatisées, salles de bains design, mobilier contemporain, écrans plats... et une insonorisation optimale pour toutes les chambres de la nouvelle annexe. Dans l'ancienne, les chambres moins vastes mais tout aussi modernes ont l'avantage du prix, mais l'inconvénient d'avoir une fenêtre donnant sur le couloir. Entre les deux, le patio, le resto (voir la rubrique « Où manger ? ») et la superbe piscine (accessible aux non-résidents moyennant 10 000 Ar). Une belle affaire en fin de compte !

Où manger ?

Dans la Ville basse

Bon marché (jusqu'à 20 000 Ar / env 6 €)

I●I Chez Domm *(plan B1, 40)* : *Ampasambazaha.* ☎ *034-01-975-78. Tlj sf dim. Fermé 14h-17h30.* Bien fichu, ce petit bar est très fréquenté par les jeunes expats et les guides de la région. Il propose une carte snack de bon aloi. C'est très européen (pâtes, salades et hamburgers), mais il n'est pas désagréable de changer de régime de temps à autre, n'est-ce pas ? Beau choix de rhums arrangés et jus de fruits maison. Bonne ambiance et bon quartier général pour rencontrer d'autres voyageurs et glaner de bons tuyaux. Accueil sympa.

I●I Mini Croq *(plan B1, 27)* : *Antarandolo. Mar-sam 9h30-14h, 16h30-21h30 ; dim-lun slt le soir.* Un de ces « épibars » fréquentables, avec ici une forte influence chinoise. Petits box tranquilles, façon *diner*. Ça reste assez simple et classique tout de même, dans le genre *tsa siou* et *van tane mine*. Spécialités de crabe (farci notamment) et crevettes.

Prix moyens (20 000-35 000 Ar / env 6-10 €)

|●| Le Panda (plan B2, **43**) : *Ampasambazaha*. ☎ *505-69. Tlj sf dim.* Volets jaune canari et murs rouge sang, on ne peut le louper ! À l'intérieur, déco tendance musée d'Histoire naturelle avec une carapace de tortue, une peau de crocodile et deux pandas s'accouplant croqués en peinture sur le mur du fond. Carte de mets exotiques très intéressante avec le gibier local et plusieurs sortes de canards sauvages. Également les cuisses de nymphes (de grenouilles, quoi) en persillade, le pigeonneau rôti et le carpaccio de zébu... Accompagner le tout d'un côtes-de-fianar pour rester dans les couleurs locales.

|●| Restaurant de l'hôtel Cotsoyannis (plan B2, **22**) : *Ampasambazaha.* ☎ *514-72.* 📱 *032-40-209-86. Tlj midi et soir jusqu'à 22h.* Salle à manger agréable. Plancher en bois, brique rouge, baie vitrée donnant sur la verdure et, en hiver, feu de bois dans la cheminée. Accueil sympa et bonne cuisine d'une réjouissante régularité. Spécialités à la fois européennes et malgaches, et notamment des pizzas cuites au feu de bois. Très bons desserts (hmm ! la crêpe au chocolat noir de Madagascar) et vin servi au verre.

Dans la Ville intermédiaire et la Ville haute

Bon marché (jusqu'à 20 000 Ar / env 6 €)

|●| 🥡 Snack Imanoëla (plan A3, **21**) : *Tanana Ambony, à mi-chemin du sommet de la vieille ville.* 📱 *034-61-726-13. Tlj sf dim mat 9h-18h30.* Tout dans l'endroit séduit : l'esprit (la carte est toute petite, avec sandwich et soupe du jour, produits locaux extra-frais), le cadre (une minuscule salle tout en bois et une adorable terrasse surélevée, coquette et fleurie à l'arrière), les prix très doux et l'accueil si chaleureux de la patronne, Mariette. L'adresse idéale pour goûter au thé produit dans la région, notamment celui à la vanille, délicieux. Sert d'excellents petits déj avec jus de fruits frais, pains et cakes maison.

|●| L'Ancre d'Or (plan B1, **44**) : *proche de la gare, face au Soratel.* ☎ *034-12-459-21. Tlj (fermé l'ap-m dim). Formule du jour 20 000 Ar.* Terrasse sur la rue ou 2 salles un peu sombres. Une bonne petite adresse proposant cuisine du monde et spécialités locales. Le patron organise des sorties baptêmes parapente.

Prix moyens (20 000-35 000 Ar / env 6-10 €)

|●| Restaurant de la Tsara Guesthouse (plan A2-3, **26**) : ☎ *502-06.* 📱 *032-05-516-12. Tlj. Résa impérative. Carte Visa acceptée (commission comptabilisée sur la note).* Sans doute l'une des tables les plus élégantes et les plus créatives en ville, au gré d'une carte qui évolue au fil des saisons. Poisson sur fondue de poireaux et légumes à la vanille, magret de canard au miel caramélisé, sauté de crevettes à la banane... ou comment découvrir le terroir malgache autrement. Excellents desserts, dont un mémorable ravier coulant au pur cacao de Madagascar. Produits frais, service attentionné et cadre intimiste participent évidemment du plaisir. Et quitte à passer un bon moment, autant prendre un digestif dans les larges fauteuils, dans le jardin. Une bien belle adresse...

|●| La Rizière (plan A3, **24**) : *Antady.* ☎ *75-502-15. Tlj.* On est traité aux petits oignons dans cette école d'application. Si on n'a pas choisi d'y poser les valises (voir plus haut « Où dormir ? »), on peut au moins y planter la fourchette dans des plats mettant à l'honneur des produits locaux apprêtés et présentés justement avec application. Le service balbutiant (ce sont de jeunes élèves) est toujours souriant et bien encadré par les aînés qui se plieront en quatre et même en huit pour vous garantir un agréable moment. Le soir dans l'ancienne chapelle de ce qui fut une école jésuite (salle chic) ou le midi dans le pavillon largement vitré avec une vue à couper le souffle ! C'est dans ce même pavillon qu'ont régulièrement lieu (principalement le week-end) des événements musicaux accompagnés de tapas.

I●I La Surprise Betsileo (plan A2, 41) : *rue principale, entre la Ville intermédiaire et la Ville haute.* ☎ *034-01-998-04 ou 033-03-388-19.* ● *info@lasurprisebetsileo.com* ● *Tlj, sf lun janv-mai. Résa souhaitable, surtout en soirée.* Cette imposante maison de brique traditionnelle, posée en bord de route, offre une vue saisissante sur la ville et sa partie ancienne. Madame au service et son frère en cuisine sont fiers d'avoir redonné vie à leur maison d'enfance et ravis de partager leur culture avec les touristes (dont les groupes heureusement placés à l'étage !). Déco dans le pur style local (objets, tissus, tableaux) et excellente cuisine malgache de saison : camarons, porc à la bière, rouleaux de crustacés... Plats généreux, certains même raffinés, assaisonnés d'une pointe de créativité, et produits du marché extra frais. Quelques plats végétariens et des desserts à se pâmer. Une belle surprise !

Chic
(plus de 35 000 Ar / env 10 €)

I●I L'Entrecôte du Zoma (plan B2, 29) : ☎ *507-97. Tlj. Plats 18 000-25 000 Ar.* Sans conteste, le resto chic et choc de la ville, abrité sous les pentes d'une superbe structure en bois. Carte variée, constituée uniquement de produits locaux achetés tout à côté au marché, du même nom que le resto. Plats résolument créatifs, comme cette brochette de zébu à la pistache. Et pour griser l'instant culinaire, belle carte des vins dont certains du cru (l'occasion d'y goûter pour bien réfléchir avant d'en ramener 2 caisses à la maison !). Bon service hôtelier classique, pas empesé du tout.

Où dormir ? Où manger dans les environs ?

🏠 **I●I Lac Hotel Sahambavy :** *à Sahambavy.* ☎ *958-73 et 959-06.* ● *lachotelsahambavy@gmail.com* ● *lachotel.com* ● *À env 20 km à l'est de Fianarantsoa, près de l'unique plantation de thé de Madagascar. Doubles 90 000-170 000 Ar (env 27-50 €), wagon aménagé 250 000 Ar.* Voici l'adresse idéale pour les âmes romantiques. Les bungalows les moins chers, déjà agréables, sont tapis dans un coin du jardin tout fleuri, quasi botanique tant il compte d'essences. Les autres, de bonne taille et à l'intérieur en bois joliment décoré, plantent leurs pilotis dans l'eau et écarquillent leurs fenêtres sur le joli lac. Assez idyllique. Pour un coup de folie moins lacustre, une voiture de train s'est gentiment aménagée en suite. Resto sur place pour profiter du charme et de la douceur des lieux tout en se régalant de plats originaux, faits de produits locaux. Très bons desserts, même si le porte-monnaie vous fait la tête le reste de la soirée. Propose des activités aquatiques et sportives.

Où déguster une viennoiserie, une pâtisserie ?

☕ **Salon de thé du Soafia** (hors plan par B1, 62) : *dans l'enceinte de l'hôtel Soafia. Tlj 6h-12h, 15h (16h dim et j. fériés)-19h.* Bons petits déjeuners et viennoiseries, sympa à grignoter en regardant cartes postales ou clichés achetés au labo voisin de Pierrot Men. Beau choix de cakes, gâteaux à la crème et yaourts aromatisés.

Achats

🛍 **Atelier Pierrot Men** (hors plan par B1, 62) : *dans l'enceinte de l'hôtel Soafia.* ☎ *034-07-729-85.* ● *pierrotmen.com* ● *Lun-sam 9h-12h, 14h-18h.* Le plus célèbre des photographes malgaches est installé à Fianarantsoa. On peut acheter ici pour un prix très abordable des reproductions de ses clichés noir et blanc ou en couleur, sous forme de cartes postales, affiches ou encadrés. Ses photos illustrent le plus souvent la vie quotidienne malgache pleine de moments gais et d'autres tristes... Les contrastes sont toujours très travaillés. Où que l'on aille dans le pays, on finit toujours par tomber sur une photo de Pierrot Men, mais c'est ici que se trouve le plus grand choix. Un must.

Le marché (plan B2, 71) : *Ville intermédiaire. Zoma* signifie « vendredi ». C'est que le marché est particulièrement intéressant ce jour-là, colonisant les rues alentour. C'est un grand marché à la malgache avec ses « arrondissements », très étendu et bien fourni.

Les vins et spiritueux de Fianarantsoa

C'est sur les collines au sud de la ville, entre Fianarantsoa et Ambalavao, que se sont implantés les seuls vignobles de Madagascar. Ne pas s'attendre aux magnifiques paysages du Champenois ou de la Bourgogne, ici la vigne survit comme elle peut... Les méthodes de vinification étant elles-mêmes soumises à quelques aléas (température ambiante, installations de fermentation et de stockage souvent artisanales), le vin résultant est une curiosité locale mais on n'aura pas besoin de vous lancer les sempiternels avertissements sur les « zébus » d'alcool, etc. Votre palais modérera vite vos élans. Le plus acceptable est généralement le gris. Deux des maisons parmi les plus connues ont un comptoir de vente en ville :

Le Clos Malaza (Ville basse ; plan B2, 72), Immeuble Régulier, Ambatomena. ☎ 506-70. 📱 032-05-300-15. *Ouv lun-sam mat 8h-12h, 14h-18h. Dégustation payante, au domaine Ambohimalaza, Andoharanomaitso. Pour la visite,* 📱 034-17-257-70 et 034-07-505-00. ● soamaffianar@gmail.com ●

L'un des pionniers des vins malgaches, créé au début du XXe s par les jésuites, propose rouge, blanc (sec ou doux), rosé gris et vin d'ananas (à ne pas rater) mais aussi des eaux-de-vie de vin et liqueurs. Propose aussi des visites et activités au domaine (pêche, canoë, repas Malagasy), à 30 km de Fianar dont 20 km de piste et compliqué d'accès sans véhicule... Mais la région est sublime !

Lazan'l Betsileo (Ville intermédiaire ; plan B2, 73) : Ambalapaiso. 📱 034-03-286-46. *Ouv lun-sam 8h-18h. Attention, pas d'enseigne. Pas de dégustation.* Eau-de-vie et vins des trois couleurs. Le domaine est à 12 km au sud de Fianar, le long de la RN 7 (théoriquement visitable, mais souvent désert !).

Le domaine Soavita (fléché à gauche à 2 km au nord d'Ambalavao ; 📱 032-04-421-27 ; lun-sam 7h-11h, 13h-17h) n'est pas représenté à Fianarantsoa, mais mérite un petit crochet pour qui descend vers le sud. Il produit, entre autres vins, une eau-de-vie de marc à faire damner un saint !

À voir. À faire

La vieille ville

🐾🐾🐾 La vieille ville (ou *Tanana Ambony* ; parce qu'elle est « en haut » ; plan A3) constitue la mémoire historique de Fianar, mais elle est aussi un endroit des plus agréable et une petite balade s'y impose. Balade à faire de préférence au petit matin, voire en fin de journée car les points de vue sur la campagne y sont superbes au coucher du soleil.
Tel un village provençal, cette **Ville haute,** fondée en 1830, est un ensemble de maisonnettes et de boutiques adossées à la colline jusqu'à son sommet, ménageant entre elles de secrètes venelles pavées. Les quelques édifices religieux, rassemblés dans cet espace restreint, confèrent au lieu une atmosphère paisible.

– **Un chef-d'œuvre en péril :** kiosque **Betsileo Discovery** en haut de la rue principale. ☎ 903-49. Tlj sf dim 8h-18h. Visites : 2h ; env 7 000 Ar/pers. De préférence à partir de 15h pour assister au coucher du soleil. La vieille ville a été réhabilitée grâce au travail et à l'acharnement des membres de la *Fondation Heritsialonina*. Beaucoup a déjà été réalisé pour la protection de ce joyau, à commencer par l'aménagement de la chaussée, l'entretien des rues et l'éducation de la population de ce quartier populaire, les réfections de toitures et encore la création de latrines familiales. Un dispensaire, une maternité ont complété ces travaux, faisant office de réels acquis sociaux. Il règne dans ce patrimoine architectural exceptionnel une atmosphère de quiétude et de sécurité qui tranche avec la nouvelle ville. Parallèlement, un volet écotouristique a été mis en place avec la réhabilitation de bâtiments destinés à accueillir les touristes et à la formation professionnelle en hôtellerie, permettant aux habitants de vivre de cette activité. Mais il reste du pain sur la planche et il y a urgence. Chaque année, plusieurs maisons s'écroulent sous l'intensité des pluies ou tout simplement pour cause de vétusté. La vieille ville figure à ce titre au rang des 100 sites les plus menacés au monde.

🎭 *La cathédrale d'Ambozontany* (plan A3) : *au pied de la Ville haute.* L'édifice, de style néo-toscan, date de 1871, époque de libéralisation des pratiques cultuelles. De l'invasion merina aux années 1870, seule la religion protestante était effectivement autorisée par les colons, parce que déjà religion d'État en Imerina. À l'intérieur, nef et latéraux richement peints.

🎭🎭 *Visite de la Ville haute :* en remontant la rue principale à gauche de la cathédrale, *petit marché* croquignolet sur la droite, fait de maisonnettes en briques avec des toits tuilés en écailles de poisson. Juste après, un *lavoir* surtout intéressant lorsque sévissent les lavandières. Une borne clame ensuite les remerciements à toutes les institutions qui se sont penchées sur cette vieille ville en péril. Toutes les maisons ont un fond de coquetterie avec leurs balcons ouvragés, parfois totalement clos, avec également leurs toits en tuiles ourlés de jolis lambrequins en bois peint, avec enfin leurs volets et huisseries de fenêtres colorés. Après avoir passé deux temples, prendre la ruelle à gauche. Elle mène au « *jardin vue* » (fléché), ancien lieu de détente des gouverneurs offrant un superbe panorama sur la montagne en face. En léger contrebas, le *temple Randzavola* toujours lieu de prière mais devenu également une école. Voir le pupitre, l'harmonia à pédale d'origine, et le magnifique portail en bois sculpté. En continuant la même ruelle, retour à la rue principale au niveau du *temple réformé Antranobiriky,* qui se trouve être la plus ancienne église du sud de Madagascar (1859). En continuant toujours plus haut, on contourne l'ancien *palais des Gouverneurs merinas* dont il ne reste rien : c'est devenu une école. Seule subsiste dans la cour de récré la pierre où l'on décapitait les condamnés. Très beaux points de vue sur le lac artificiel Anosy, reproduction de celui du palais des Gouverneurs de Tananarive, les rizières et les quartiers sud de Fianarantsoa.

➢ 🎭 *Le mont Kianjasoa :* on peut facilement grimper au sommet de cette montagnette de quelque 1 370 m qui domine la ville. Départ devant la cathédrale d'Ambozontany ; montée (2 km environ) jusqu'au point de vue. Vers le sommet, on franchit un à un les différents fossés qui protégeaient l'ancien village de Fianar. Côté ouest, on aperçoit en bas une rizière arrondie, bien dessinée, qui fut l'hippodrome des colons français. Le mont est le premier site d'installation des Betsileo. C'est depuis cette colline aussi que la *Vierge à l'Enfant* (plan A2) protège la ville. Très belle vue. On peut redescendre en ville par un long escalier qui aboutit presqu'en face de la *Tsara Guesthouse* (plan A2-3, **26**).

DANS LES ENVIRONS DE FIANARANTSOA

– Si les **excursions** et **circuits** vers le *Grand Sud* et le *massif de l'Isalo,* ainsi qu'au *parc de Ranomafana* (aller-retour dans la journée), peuvent s'organiser depuis

Fianarantsoa (voir les principaux hôtels), les prix pratiqués sont généralement bien élevés. Pour Ranomafana, on peut y descendre à vélo avant d'être rapatrié en véhicule à Fianarantsoa (renseignement auprès de l'agence *Mad Trekking,* voir la rubrique « Infos utiles »).
– Les localités de la zone suburbaine sont accessibles en taxi-brousse. Dans ce cas, le stationnement des taxis-brousse *(plan B1-2,* **2***)* se trouve juste à côté de l'agence des Télécoms malgaches.

🌟🌟 *Soatanana :* *à env 40 km à l'ouest de Fianarantsoa.* Ce village est le fief de l'église Fifohazana (« le réveil »). Un lieu magique le dimanche, à l'heure de la messe, dans un cadre magnifique entouré de falaises de granit et terre rouge. Seul problème, l'accès : épuisant à vélo, peu réaliste en stop (les voitures de touristes sont souvent pleines et les camions de transport ne sont pas censés accepter des passagers sous peine d'amende) et compliqué en taxi-brousse (le dimanche le taxi va jusqu'à Isorana et en repart tôt avant 12h, ce qui ne permet pas d'assister à la messe en entier !). Bref, autant louer un véhicule avec chauffeur.
Alors, que peut-on voir dans ce village propret, bien rangé autour de maisonnettes en ordre ? À gauche en arrivant se trouve la partie religieuse autour de l'impressionnante basilique. Ni vraiment jolie ni charmante, mais simplement étonnante avec son autel en hauteur. Tout autour, les rues sont à angle droit. À droite, le village traditionnel betsileo, plus classique mais peut-être de meilleure tenue que d'habitude. Il est évident que la communauté religieuse a une influence sur Soatanana. Ses membres sont vêtus de blanc, des pieds à la tête. Le dimanche, on peut assister à la messe, surtout intéressante pour ses chants. Au sortir, une longue procession s'étire depuis la basilique et traverse le village. Les jeunes comme les vieux défilent dans leurs habits de pureté. Leur tempérament est à l'avenant. On y est bien accueilli, d'un mot amical ou d'un sourire. Pour cette visite dominicale, un guide ne s'impose pas, mais il peut être intéressant pour raconter la réalité des Fifohazanas.

🌟 *Les plantations de thé de Sahambavy :* *à 20 km à l'est de Fianarantsoa. Accès par la RN 7 vers Tananarive sur env 10 km et tourner à droite au village d'Ambalakely (fléché « Sidexam »). Pour voir l'usinage, venir en sem 8h-15h. Entrée : env 7 000 Ar.* Outre les vignes, les champs de thé font la réputation de Fianarantsoa : les plantations s'étalent sur 300 ha. Petite visite guidée, mais à vrai dire, vaut essentiellement pour la balade au sommet des monts et des collines recouverts d'arbustes de thé à perte de vue. Vente sur place.

Fêtes traditionnelles

– **Les Ianonana :** grandes fêtes traditionnelles familiales du Betsileo du Sud. Elles se déroulent sans date fixe sur plusieurs jours et rassemblent de nombreux villages. Pour y assister, il faut être introduit (se renseigner sur les prochaines fêtes auprès des guides locaux). Le jeu en vaut la chandelle malgré l'éloignement et les difficultés d'accès des villages. Toujours bien accueilli, on assiste au plus près à la vie en brousse malgache. Chants et danses rythment les jours et les nuits. C'est très authentique, très typique.

AMBALAVAO ET LE MASSIF DE L'ANDRINGITRA

Situé à une soixantaine de kilomètres au sud de Fianarantsoa, sur la RN 7, Ambalavao s'atteint facilement en traversant les seuls (et modestes) vignobles du pays. À environ 23 km de Fianar, sur le côté droit de la route, jetez un œil au petit village d'Anjamany, surmonté d'un gros rocher : c'est celui qui était dessiné sur les anciens billets de 500 Fmg, pour ceux qui en auraient gardé. Et puis on passe une sorte de col, marqué par un monument (avec sa croix de Lorraine) dédié à deux aviateurs français morts dans un crash à cet endroit lors de la Seconde Guerre mondiale. La vallée d'Ambalavao s'ouvre soudainement comme un décor de western dans un film de John Ford... magique !

AMBALAVAO (IND. TÉL. : 75)

Niché au fond d'un cirque montagneux, contrefort du massif de l'Andringitra, Ambalavao vit sous l'influence du Sud, qui plante ici son décor. Il y fait déjà plus chaud et les alentours sont désertiques, rugueux. Les troupeaux de zébus convergent ici après avoir traversé les infinies steppes du sud. Les campagnes d'Ambalavao demeurent néanmoins ancrées dans la tradition des Hautes Terres : on y trouve d'ailleurs parmi les plus belles bâtisses de style betsileo, ponctuées d'originalités architecturales. Bref, Ambalavao est une ville charnière.

Arriver – Quitter

➢ *En taxi-brousse :* *départ et arrivée des taxis-brousse au sud du centre, près du marché aux zébus.* Liaisons avec *Fianarantsoa* (tlj 5h30-17h30 ; trajet : 1h30), *Tuléar* (tlj ; trajet : 6-8h).

Adresses et infos utiles

■ *Banque BOA :* *au centre du bourg. Lun-ven 8h-15h30.* Bureau *Western Union*, change et distributeur de billets pour les cartes *Visa*.
■ *Bureau d'accueil du MNP :* *Lot III – H 50 Ambohitsoa.* ☎ *340-81.* 📠 *033-12-507-18.* ● *arg@parcs-madagascar.com* ● *parcs-madagascar.com* ● *À l'entrée nord d'Ambalavao. Lun-ven 8h-12h, 14h-18h.* Possibilité d'acheter la carte des circuits. Dans le massif même, on trouve 2 autres bureaux d'accueil *MNP* où sont vendus les tickets d'entrée : le principal au village de Sahalava Namory, à l'est, qui est aussi le centre d'interprétation et le point de rendez-vous des guides ; l'autre à Morarano, à l'ouest (près du *Camp Catta*).
■ *JB Trekking :* *sur le parking de la gare routière en face de l'hôtel* Aux Bougainvillées. 📠 *033-40-279-27 ou 032-46-596-36.* ● *jbtrekking@gmail.com* ● *Tlj sf dim mat. Fermé 12h-14h en basse saison.* Une petite agence proposant des excursions, randos, location de voitures avec chauffeur ou vélos à prix raisonnables. Propose aussi des treks dans le massif de l'Andringitra et de l'escalade au pic Boby. Marches de 2 à 3 jours avec nuit en campement (*Meva camping*). Bonnes conditions physiques requises.

Où dormir ? Où manger ?

Bon marché (20 000-40 000 Ar / env 6-11 €)

🛏 |●| *Hôtel et salon de thé Tsienimparihy :* 📠 *033-02-607-22 ou 034-08-158-62.* ● *hoteltsienimparihy@yahoo.fr* ● *Doubles 35 000-40 000 Ar.* *Parking. Ne pas confondre avec le Tsienimparihy Lodge, excentré, à 1,5 km au nord de la ville et beaucoup plus cher.* Dans un grand bâtiment orangé, sur 3 étages en face du marché, mais un peu en retrait de la rue, une vingtaine de chambres, à l'arrière, avec eau chaude, à la déco plutôt rudimentaire mais claires et propres. Literie variable, cela dit. Si celles avec vue sur le massif de l'Andringitra sont déjà prises, vous devrez vous contenter du panorama qu'offre la terrasse commune. Côté rue, une boulangerie-pâtisserie (cakes, *muffins,* snacks) et un resto (table reconnue). Une adresse conviviale.

🏠 |●| 🍷 *Zébu Bar :* *un peu excentré. Au rond-point d'Ankofika, prendre la piste en direction du parc national de l'Andringitra ; 200 m après l'entrée de la nouvelle école « Bambins Juniors ».* ☎ *034-50-165-45 et 032-77-661-45.* ● *manolotsoalodge@gmail.com* ● *Double 45 000 Ar, empl. tente 10 000 Ar. Brunch dim à partir de 10h.* 2 chambres doubles, chacune avec sanitaires privés, eau chaude et terrasse donnant sur le parc arboré. On vient ici surtout pour déjeuner de tapas au calme dans le beau jardin, pour le menu du jour ou pour faire la fête le soir en dégustant des cocktails, des brochettes, des grillades, des fajitas et écouter de la musique traditionnelle dans une ambiance *Mafana.*

🏠 |●| *Hôtel Le Tropik :* *à l'entrée de la ville en venant de Fianarantsoa, à env 1,5 km du centre.* ☎ *341-82.* ☎ *033-02-012-91.* ● *letropikhotel.com* ● *Double 36 000 Ar.* Bloc massif à la façade un peu fermée. Cette vaste structure semble assez froide et impersonnelle au premier abord, mais les chambres aux noms de fleurs, avec petit balcon pour la plupart, se révèlent spacieuses et confortables. Bien tenu. L'endroit est également un resto tout à fait honorable.

Prix moyens (40 000-80 000 Ar / env 11-23 €)

🏠 |●| *Résidence du Betsileo :* ☎ *034-10-665-45 ou 032-82-841-81.* ● *resi dencedubetsileo@gmail.com* ● *Près de la pl. centrale, au bord de la route principale, vers la sortie du village en direction du sud. Doubles 40 000-60 000 Ar. Plats 20 000-25 000 Ar.* Comme les bouteilles de bière, les chambres ici sont petit modèle ou grand modèle ! Simples et colorées, elles sont confortables et impeccables. Celles au rez-de-chaussée ont l'inconvénient d'être un peu sombres, tandis que celles à l'étage, côté « jardin », ont une jolie vue sur la nature environnante. Tout comme la terrasse du resto. Parmi les spécialités en cuisine, le bourguignon de zébu, les foies gras de canard au ratafia d'Ambalavao, les cuisses de nymphe et les écrevisses de la vallée.

🏠 |●| *Aux Bougainvillées :* ☎ *340-01.* ☎ *032-74-737-85 ou 033-08-737-85.* ● *auxbougainvilleesambalavao@gmail.com* ● *Double 61 000 Ar.* 📶 *(au resto).* D'ici partent de nombreux groupes pour des trekkings. L'accueil, l'ambiance et l'entretien fatalement s'en ressentent. Dommage, car cette structure est plantée dans un bien joli décor, abondamment fleuri avec différents petits jardins. Les chambres sont propres et avec eau chaude ! Ravissants bungalows avec mezzanine pour les familles. Resto ouvert sur le jardin. Bonne cuisine, mais on en revient au service moyen... Cet hôtel abrite la fabrique de papier antaimoro (voir plus loin).

À voir à Ambalavao et dans les environs

🎬 *Le marché aux zébus :* *à la sortie sud-ouest du bourg. Mer ap-m et jeu mat.* Ambalavao constitue la plaque tournante du commerce du zébu dans la région. Le marché de zébus (le deuxième plus grand de Madagascar) s'installe sur le flanc d'un monticule. D'un corral à l'autre, les bovidés passent et repassent dans des nuages de poussière, excités par les sifflets des *mpiarak'andro* (« ceux qui vont avec le jour »). Un encorné peut coter entre 200 000 et 1 000 000 Ar (mais rien ne vous oblige à en ramener un). On estime à 2 000 têtes le nombre de zébus qui pointent la corne à Ambalavao chaque semaine !

🎬 *Nathocéane :* *sortie nord du bourg, à 100 m de la station-service sur la RN 7, un peu avt l'hôtel* Tropik. ☎ *032-04-421-27. Tlj sf dim 8h-17h.* Des dames brodent des tapisseries de taille moyenne, selon des motifs modernes et colorés créés par

Nathalie Verger (proprio du domaine viticole Soavita, soit dit au passage). À mi-chemin entre l'esprit de Toffoli et Völkl Fischer. Pas donné, mais on aime.

%% *La fabrique de papier antaimoro :* à l'hôtel Aux Bougainvillées ; fabrique au fond de la cour. ☎ 341-82. 📱 032-43-680-69. Tlj 7h30-11h30, 13h-17h (7h30-15h dim). GRATUIT (mais on ne manquera pas de vous accompagner à la case boutique – très chère – à la fin). Le papier antaimoro fut mis au point en Arabie et introduit par les immigrés au VIIe s. Les populations antaimoro (autour de la ville de Manakara) ont perpétué cette technique. Ce n'est qu'en 1936 que le Français Mathieu « redécouvrit » le papier et entreprit d'en fabriquer à Ambalavao. On utilise la souplesse de la fibre de l'*avoha*, un arbuste, pour obtenir un papier rustique assez épais, agrémenté de fleurs et de plantes fraîches. Il porte, paraît-il, bonheur. Des gamins n'auront pas manqué de vous en proposer dans la rue, non ?

%% *Atelier Soalandy – élevage de vers à soie :* en face de l'hôtel Tropik, en bord de route. 📱 033-14-987-45. GRATUIT. Visite intéressante pour comprendre dans le détail la fabrication d'écharpes en soie sauvage ou d'élevage, depuis la récolte du cocon jusqu'au tissage, en passant par toutes les phases dont la teinture naturelle. En bonus, on peut goûter les vers à soie qui sont consommés par le personnel : excellent !

%%%% *Le site écotouristique d'Anja :* larintsena Fokontany, à env 12 km au sud de la ville, sur la RN 7. 📱 033-09-588-53. Taxis-brousse réguliers depuis Ambalavao. Tlj sf dim 7h-17h30. Entrée du site : env 10 000 Ar. Guide obligatoire : 24 000-36 000 Ar pour 1-2 pers pour les circuits de 45 mn à 5h (*récapitulez bien le contenu et le prix total de la prestation avt le départ !*). Un regroupement de six villages exploite ce petit parc qui héberge, entre autres, plus de 350 lémuriens. Le guide vous expliquera les animaux que vous aurez la chance de croiser en chemin ou encore les grottes qui ont abrité les populations autrefois et qui hébergent désormais les lémuriens la nuit. Une jolie façon d'observer ces bestioles en liberté mais accoutumées à l'homme. Ce n'est pas une raison pour les papouiller ou les nourrir.

△ |●| *Camping et restaurant du site :* env 5 000 Ar/pers. Il est possible de planter sa tente sur place dans un espace avec abri ; douche et toilettes. Également un resto standard.

LE MASSIF DE L'ANDRINGITRA ET SON PARC NATIONAL

Superbe massif de granit et de gneiss propice à de longues marches, aux joies (très sportives) de l'escalade et à la rencontre des Betsileos et des Baras qui peuplent les villages alentour, d'une authenticité assez exceptionnelle et encore préservée.
– *Guides :* dans le parc national et autour, on vous laissera rarement vous promener seul. Dans le parc, un guide est obligatoire. Aux abords du parc, notamment dans la vallée du Tsaranoro, les hébergements sur place vous imposent souvent un guide pour découvrir les environs.
– *Climat :* la zone touristique du parc est soumise à un climat tropical typique d'altitude. Les températures les plus froides varient de - 7 °C (juin-juillet) à 25 °C. Entre les mois de mai et août, les températures peuvent descendre sous 0 °C. Les pluies se répartissent entre décembre et février.
– *Recommandations :* bonnes chaussures de marche, chapeau, vêtements chauds et imperméable. La collecte du bois de chauffe à l'intérieur du parc est prohibée sauf auprès des vendeurs agréés.
– *Infos pratiques :* 2 bureaux sur place, à Namoly ou à Morarano, mais il est préférable de se renseigner au bureau du MNP à Ambalavao (voir « Adresses et infos utiles » à Ambalavao). ● parcs-madagascar.com ● Droit d'entrée : 45 000 Ar pour

AMBALAVAO ET LE MASSIF DE L'ANDRINGITRA / À VOIR... | 171

1 j. (tarif dégressif) ; à acquitter à l'un des bureaux du MNP. Tarif de guidage : env 20 000 Ar/j. (dégressif selon la durée). Portage : 10 000 Ar/j. pour 20 kg. 6 circuits dans le parc (de 2h à 4 j.). Droit de camping : 6 000 Ar/nuit/tente. Loc de sacs de couchage et ustensiles de cuisine.

Il existe au moins deux façons d'aborder le massif de l'Andringitra :
– **Par la vallée de Namoly :** l'entrée principale du parc national se trouve dans le village d'**Ambalamanandray**, à 47 km d'Ambalavao. Depuis Ambalavao, un seul taxi-brousse direct, 2 fois par semaine *(mar et jeu, les j. de marché ; départ entre 6h et 8h du mat ; retour les mêmes j. à partir de 16h)*. Sinon, 1-2 taxis-brousse par jour jusqu'à Sendrisoa, puis 17 km de marche (aïe !) jusqu'à Ambalamanandray. Si vous disposez d'un 4x4, accès par une piste carrossable à péage ; compter environ 3h d'Ambalavao à l'entrée du parc.

Camping et gîte de MNP : *à Ambalamanandray.* MNP propose *5 terrains de camping aménagés dans le parc et situés sur les circuits de randonnée. Emplacement tente 6 000 Ar/j. ; tente à louer 5 000 Ar/j. ; couverture itou (se rens avt, il y a peu de matériel).* Tous les terrains ont une cuisine, de l'eau courante ou de rivière, des toilettes, et la majorité ont des douches. Pour le matériel de couchage et de cuisine, possibilité de s'adresser aux guides à Sahalava-Namoly ou au village d'Ambalamanandray, mais le bon état de celui-ci n'étant pas garanti, mieux vaut avoir le vôtre. Pour le **gîte de Namoly,** *résa min 15 j. avt ; lit simple 13 000 Ar, lit double 30 000 Ar.* Dortoirs ou chambres pouvant accueillir 2 à 4 personnes. Douche et w-c communs (eau chaude par panneau solaire). Coin cuisine ou possibilité de louer les services de cuisinières locales, à condition, bien sûr, d'apporter ses propres vivres. Des guides locaux proposent aussi de venir dîner chez eux. C'est souvent très bon et cela représente une bonne expérience.

Maison d'hôtes Tranogasy : *Ambalakajaha 303. 033-11-264-27 ou 033-14-306-78. ● tranogasy. com ● À côté du centre d'interprétation. Pour 2 pers, bungalows avec sanitaires communs ou privés 40 000-69 000 Ar.* Dans un beau cadre, une petite dizaine de bungalows joliment arrangés. Possibilité de manger sur place. On peut également vous organiser le transfert depuis Ambalavao *(250 000 Ar).*

– **Par la vallée du Tsaranoro :** cette option conviendra tout particulièrement aux adeptes de l'escalade qui trouveront là de nombreux sites où grimper. La vallée du Tsaranoro borde la lisière du parc national. À environ 35 km au sud d'Ambalavao par la RN 7, la piste est indiquée par un grand panneau sur la gauche. Il reste alors 21 km à parcourir. Les randonneurs très courageux peuvent les parcourir à pied après s'être fait déposer au départ de la piste par l'un des taxis-brousse desservant la RN 7 vers le sud. Autre possibilité : prendre d'Ambalavao un des deux taxis-brousse desservant le lundi ou samedi le village de Vohitsaoka, situé 10 km avant les différentes structures d'hébergement. Les plus argentés s'offriront un transfert en 4x4 proposé par un hébergement du parc (soit depuis Ambalavao, soit depuis Vohitsaoka). Quel que soit votre moyen d'accès, un péage de 5 000 Ar/personne est exigé pour l'accès. Bon, tout cela en vaut la peine, car le paysage est magnifique. On traverse de jolis villages, des cours d'eau avec le massif en arrière-plan, comme dans un décor de western, jusqu'à cette belle vision du pic de l'Idondo, spectaculaire de bout en bout. Ah ! les jeux de lumière, surtout en fin de journée ou lorsque les nuages sont de la partie... Et comme vous ne voudrez pas en repartir :

Tsarasoa : *au pied du Caméléon. 033-17-374-22 ou 034-60-193-26 ● fianamax@gmail.com ● madamax. com ● Bungalows (2-4 pers) 60 000-160 000 Ar sans ou avec sdb ; empl. tentes. Paillote commune pour les repas en groupe (25 000 Ar).* Créateur du *camp Catta,* Gilles Gautier, aventurier-sportif connaissant bien la vallée et ses problématiques, a fondé *Le*

Permalodge au pied des grands murs du Tsaranoro, un écolodge en harmonie avec la nature et les communautés avoisinantes. Une nuitée au *Tsarasoa* permet de financer la plantation d'un arbre. Restaurant *Sakafo* privilégiant la cuisine bio locale et les saveurs du Gondawana. Organisation d'excursions, randonnées, activités sportives. Transferts sur demande. À ne pas rater pour vivre une belle expérience dans un environnement exceptionnel.

△ ▲ |●| *Camp Catta : résa auprès de Mme Helga Soarivololona. 034-96-957-04. • helgamada@gmail.com • campcatta.com • Accès (voir ci-dessus) ; transfert depuis Ambalavao, Fianarantsoa et Vohitsaoka. Empl. tente 8 000 Ar ; loc de tente (2 pers) 24 000-50 000 Ar selon saison. Bungalows (2-4 pers) 80 000-180 000 Ar pour 2 sans ou avec sdb. Cuisine accessible : apporter ses provisions. Petit déj délicieux et repas possibles.* Le coin est superbe, et on loge à l'intérieur d'un joli village traditionnel reconstitué, au pied de cet impressionnant Tsaranoro, qu'on ne se lasse pas de contempler dès le matin au réveil... Les bungalows de luxe ressemblent à des chalets savoyards : on a le choix entre les « rustiques » (eau chaude à disposition), et les « confort », avec salle de bains privée. Sinon, des tentes pour 2 sous abri. Resto en bois avec coin salon et repas se terminant parfois en musique. Piscine écologique (pas toujours propre). Guides à disposition.

△ |●| *Tsara Camp : 1re structure en arrivant dans la zone du Camp Catta. Résa auprès de Boogie Pilgrim, à Tana (033-12-441-27. • boogiepilgrim-madagascar.com •) : île aux Oiseaux, Tsarasaotra (lire dans le chapitre « Tananarive. À voir. Dans le quartier de la Ville basse. Le site ornithologique de Tsarasaotra »). ☎ 22-248-37 ou 43. Transfert possible (1-4 pers) de Tanambao (bifurcation sur la RN 7) ou de Vohitsaoka. Séjour en pens complète env 200 000 Ar/pers.* Attention, là on parle de « camp de luxe ». Il y a certes des tentes, mais pas de simples canadiennes, ce sont plutôt des tentes militaires équipées comme des chambres, avec bougie et lampe tempête pour l'éclairage, et une armoire. Elles disposent même d'une douche privée, mais les toilettes restent communes.

À faire

➢ *Plusieurs circuits guidés : compter 6-15 km, 4-12h de marche, 30 000-80 000 Ar/pers sur la base de 4 pers.* Chute sacrée de 300 m, paysage lunaire, forêt humide primaire avec lémuriens, plateau avec palmiers rares, piscine naturelle, beau coucher de soleil...Les options sont variées !

➢ *L'ascension du pic Boby : un circuit plus long, appelé Imarivolanitra (« proche du ciel »). A/R 28 km ; à faire en 3 j. (2 nuits). Pente raide, accès moyen-difficile, changement brusque de climat.* Le pic Boby est le plus haut sommet accessible de Madagascar (2 658 m). Il doit son nom occidentalisé au premier d'un groupe de géologues à en atteindre le sommet en 1956... leur chien. Le mieux est d'aborder le massif par sa face nord, bénéficiant du panorama sur toute la vallée, magnifique au lever du soleil. Bassin et rivière très chouettes pour se baigner en route. Traversée de Diavolana (« pleine lune »), appelé aussi « l'extraterrestre » pour son aspect lunaire. Mieux vaut faire l'ascension du pic le matin, pour ne se faire surprendre ni par un changement de climat ni par la nuit. Compter au moins 2h d'ascension. Arrivé en haut, la récompense : le calme absolu et de beaux points de vue sur l'Andringitra.

LE GRAND SUD

- *D'Ambalavao au parc national de l'Isalo*........... 173
  - Ihosy
- *D'Ihosy au parc national de l'Isalo* 176
- Le parc national de l'Isalo et Ranohira........176
  - Le canyon des Makis
- Le canyon des Rats
- La piscine naturelle
- La grotte des Portugais
- La Reine de l'Isalo et la Fenêtre de l'Isalo • La Maison de l'Isalo • Le circuit Malaso
- *De Ranohira à Tuléar..* 181
- La rivière Ilakaka
- Sakaraha
- Tuléar (Toliara) 182
  - L'arboretum d'Antsokay

LE PAYS VEZO................. 189

DE TULÉAR À FORT-DAUPHIN........201

• Carte *p. 174-175*

D'AMBALAVAO AU PARC NATIONAL DE L'ISALO

À Ambalavao, les Hautes Terres viennent échouer la proue de leurs rizières et le Sud peut étaler sur toute la largeur de l'île ses paysages de plus en plus arides. De gros rocs en forme de gigantesques crânes transforment ces étendues en des sortes de catacombes pour géants à ciel ouvert. Le monde des humains aussi a légué de somptueux tombeaux à cette contrée. Bref on pénètre un nouveau territoire... 35 km après la *réserve d'Anja*, le village d'*Anka-ramena* renferme, dit-on, le plus beau flamboyant de l'île, dans la cour de l'école primaire. À partir de *Sandrakely,* surgis-

sent en point de mire continu deux énormes rochers arrondis, l'un au-dessus de l'autre, baptisés par les Malgaches « le bonnet d'Évêque » ou encore « le bonnet du Pape ». *Mahasoa* puis *Zazafotsy* (« l'enfant blanc ») sont les derniers villages où l'on peut se ravitailler quelque peu avant d'atteindre *Ihosy*.

IHOSY

Cette petite ville bien calme, capitale du pays *Bara,* un peuple d'éleveurs de zébus, ville carrefour sur la RN 7, à la jonction des routes entre Tuléar et Fort-Dauphin, présente peu d'intérêt, en dehors de la période de floraison des flamboyants qui colorent toute la ville en rouge.
La route de presque 500 km qui la relie à Fort-Dauphin est redoutable. Même en saison sèche, en 4x4, cette piste défoncée n'est destinée qu'aux aventuriers en herbe. Les camions-brousse font une halte à *Beraketa* ou *Betroka* (petits gîtes rustiques). On vous conseille de faire de même car le voyage ne peut se faire en un jour. Même la dernière partie entre Ambovombe et Taolagnaro où l'on rejoint un semblant de route goudronnée est bourrée de trous. Pour rejoindre Fort-Dauphin... privilégier l'avion.

🏠 |●| *Hotel Tiana :* à Ihosy. 📱 034-81-833-44. ● *tianahotel@gmail.com* ● Doubles 41 000-110 000 Ar. Menu 25 000 Ar. 📶 Un hôtel récent avec 9 chambres très confortables, dotées de salles de bain. Piscine. Un petit paradis avant de s'attaquer à la piste menant à Fort-Dauphin ou de continuer sa route vers Tuléar. Accueil chaleureux.

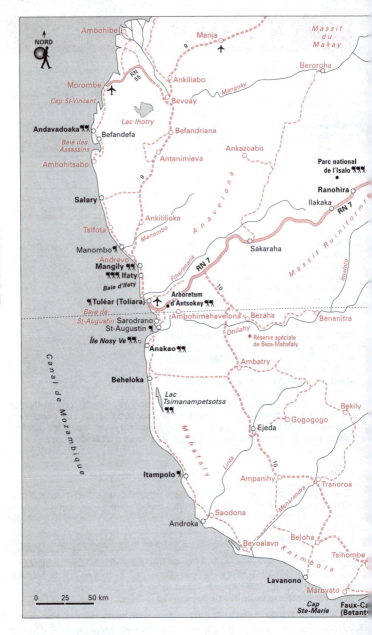

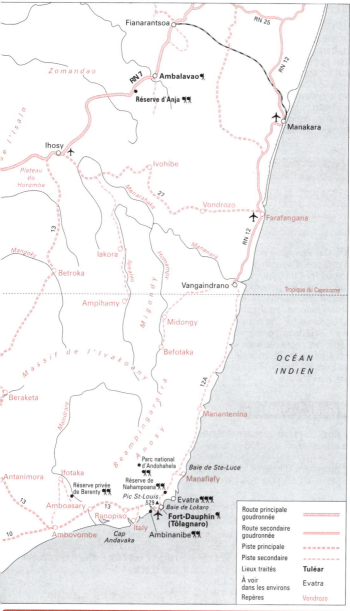

LE GRAND SUD

D'IHOSY AU PARC NATIONAL DE L'ISALO

On franchit ensuite le paysage de steppe du *plateau du Horombe,* avec ses termitières géantes et ses troupeaux de zébus... Cette nationale 7 que l'on s'était appropriée au cours des 500 premiers kilomètres de sa course folle, il faut ici apprendre à la partager avec les troupeaux de zébus qui s'accaparent la chaussée comme s'ils en avaient toujours eu l'usufruit. On suit alors le rythme chaloupé de leur pas en voyant fuir à l'horizon le petit cordon d'asphalte : Dieu, que la route à parcourir encore semble infinie ! Tout cela a un goût de plaines du Far West... Et justement, le massif de l'Isalo (prononcer « Issale ») vers lequel on se dirige est surnommé « le Colorado malgache » !

LE PARC NATIONAL DE L'ISALO ET RANOHIRA

● Plan p. 177

✵✵✵ Cet immense massif de grès érodé datant du jurassique (il y a 135 à 205 millions d'années) étend sur près de 82 000 ha ses reliefs ruiniformes qui vous font imaginer quelque forteresse antique plantée à chaque détour du paysage. Des panoramas proprement splendides. Le soir, tout s'embrase au soleil couchant... et le lendemain, canyons profonds, piscine naturelle, grottes, rivières, pachypodiums et lémuriens se relèvent de leurs cendres pour agrémenter une nouvelle journée de somptueuses randonnées qui s'inscriront en lettres d'or sur votre carnet de route.
Le soir, on entre repu au village de Ranohira, simple base arrière de ces excursions dans le massif. Un bourg sans grand intérêt fréquenté par les cow-boys du saphir en provenance d'Ilakaka... On vous avait promis le Far West, non ?

Arriver – Quitter

🚐 *Arrêt des taxis-brousse de Ranohira :* devant l'hôtel Orchidée. Souvent plein, il est parfois préférable d'aller au stationnement d'Ilakaka, à 25 km au sud (taxi 3 000 Ar), pour rejoindre **Tuléar** (trajet 5h), **Fianarantsoa** (7h), **Antananarivo** (15h), ou **Ambalavao** (5h). Départ le matin pour éviter les transports de nuit à risque.

Adresse et infos très utiles

■ **Bureau d'accueil du MNP :** *près de l'hôtel Berny.* ☎ *033-49-402-36.* ● *parcs-madagascar.com* ● *Tlj 6h30-16h30. Entrée du parc : 65 000 Ar pour 1 j. (dégressif).* C'est le point de passage obligé pour régler le droit d'entrée avant de pénétrer dans le parc. Les paiements de frais de guidage ainsi que la taxe communale *(2 000 Ar/pers)* se font juste en face du bureau du Parc. Même si le parc est grand, n'essayez pas de resquiller. Il y a des contrôles et, si le prix d'entrée est un peu élevé, l'argent est censé aller à la population locale et au *MNP.*

À propos des guides et des tarifs...

– ***Les guides :*** un guide agréé par le *MNP* est obligatoire. Ils sont en majorité indépendants mais leurs photos (70

LE PARC NATIONAL DE L'ISALO ET RANOHIRA | 177

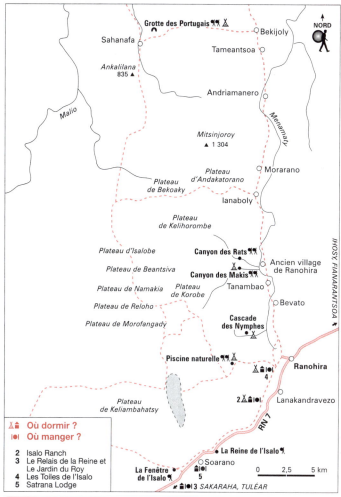

LE PARC NATIONAL DE L'ISALO

sont affichées au bureau. Certains sont spécialistes de la flore et de l'ornithologie. Les tarifs de guidage connaissent une sacrée inflation depuis quelques années, et les arnaques à touristes sont monnaie courante. Méfiez-vous des guides « spontanés » : dans tous les cas, le visiteur doit venir avec son guide avant d'acheter le ticket. S'il n'est pas répertorié, il sera refusé.

– *Tarifs de guidage :* affichés et fixés quelle que soit la visite, à pied ou en voiture. Compter, pour un groupe de 4 personnes, 80 000-120 000 Ar de 4h de visite à plus de 5h. Possibilité de combiner plusieurs circuits. Le guide peut proposer le repas (à négocier), à déguster à l'ombre en compagnie des lémuriens. Attention il est strictement interdit de leur donner de la nourriture

car ils deviennent parfois agressifs. Pour les budgets serrés, les visiteurs peuvent amener leur repas.
– **Trek avec bivouacs :** pour ceux qui veulent camper dans le parc, les frais de guidage sont de 120 000 Ar/j. La nourriture du guide et celle du porteur-cuisinier en plus : 40 000 Ar/j. Ce dernier s'occupe du matériel de cuisine et de toute la préparation.
– **Location de tentes et de duvets :** tentes et duvets sont loués par les guides. Bien regarder l'état du matériel.
– **Location de VTT :** pour les sportifs, compter 20 000 Ar la ½ journée, 30 000 Ar/j.

Où dormir ? Où manger ?

Camping

Sans conteste, la meilleure façon d'être proche de la nature et loin du bourg. Se méfier néanmoins des averses en saison des pluies. Dans le parc national : on peut planter la tente à la *piscine naturelle*, au *canyon des Makis*, à la *cascade des Nymphes (Namaza)* et à la *grotte des Portugais*. Pour le camping à Namaza et à la piscine naturelle, un droit est demandé : autour de 10 000 Ar par emplacement et par nuit. Les autres sites sont un peu moins chers. On peut aussi camper chez *Momo Trek* (dans le village), à l'*Isalo Ranch* (carte, 2) et aux *Toiles de l'Isalo* (carte, 4 ; version camping de luxe), tous deux au sud du village. Lire un peu plus loin.

À Ranohira

De bon marché à prix moyens (moins de 80 000 Ar / env 23 €)

Chez Alice : 032-02-055-68 ou 033-07-134-44. • chezalice@yahoo.fr • *Au carrefour, prendre la piste à droite de l'hôtel Berny et après le château d'eau à gauche sur 500 m. Paillote avec sdb 35 000 Ar, bungalow avec sdb 41 000 Ar. Menu 24 000 Ar.* Le chemin pour y accéder n'est pas des plus engageant, mais l'adresse vaut vraiment le coup. Dieu sait que Mme Alice, charmante et envoûtante, a beaucoup d'allure avec son fume-cigarette ! Elle propose à ses hôtes une brassée de paillotes et bungalows disséminés dans une nature quasi vierge, à flanc de colline face au massif de l'Isalo. Belles constructions en pisé et toit de graminées. Impeccable, et déco intérieure très chaleureuse. Salle de restaurant agréable. Repas d'un excellent rapport qualité-prix avec une remarquable pâtisserie et un rhum arrangé. Grillade party avec animation dansante certains soirs. Bar. Propose un circuit de rando pour découvrir un village traditionnel *Bara* et ses alentours.

ITC Lodge-Momo Trek : 032-44-187-90 ou 032-45-70-336. • momo_trek@yahoo.fr • *100 m au-delà le bureau du MNP par le chemin qui descend, c'est sur la droite. Double 55 000 Ar. Possibilité de camper (10 000 Ar).* Une quarantaine de tentes à louer, des matelas et même des duvets. Également des cases à l'africaine, avec moustiquaire et sanitaires extérieurs, un dortoir pour 6 ou de confortables bungalows pour 2 à 6 personnes. Resto-bar dans une ambiance vraiment festive proposant des plats malgaches de bonne qualité. Organisation de treks au parc de l'Isalo et au massif de Makay (6 jours).

De prix moyens à chic (40 000-150 000 Ar / env 11-43 €)

Hôtel Berny : *pl. du village.* 032-05-257-69. • hotelbernyisalo@orange.mg • *Doubles 45 000-130 000 Ar.* Une vingtaine de chambres au calme et donnant sur un jardin. 3 choix suivant les budgets : des chambres rudimentaires et propres, avec sanitaires extérieurs ; d'autres très correctes avec balcon, moustiquaire, ventilateur et salle de bains en pierre du pays ; enfin, des chambres plus récentes dans un bâtiment en pierre dit

« le Château » à cause de sa tourelle, charmantes mais au rapport qualité-prix moins intéressant. Piscine naturelle. Confort minimaliste au resto *Oasis*, mais au final la forte personnalité de Berny et l'accueil chaleureux de sa femme donnent du caractère à l'ensemble.

🏠 ⦿ *Hôtel Orchidée :* pl. du village. ☎ 032-44-676-89. • hotelorchideeisalo@gmail.com • orchidee-isalo.com • Réception au resto Le Zébu Grillé. Doubles 45 000-130 000 Ar. 🛜 (au resto). 3 bâtiments avec pour chacun sa catégorie de chambres, propres avec moustiquaires et eau chaude. Celui dit « économique », aux allures de motel, propose des doubles assez spacieuses et peu onéreuses. Pour la catégorie intermédiaire, c'est la déco pierre apparente qui fait la différence. Les chambres de la partie récente, en bord de piscine, sont très agréables et impeccables. Au resto Le Zébu Grillé, plats traditionnels sur commande. Correct malgré l'ambiance cantoche et les groupes parfois envahissants.

Autour de Ranohira

Chic (80 000-150 000 Ar / env 23-43 €)

⛺ 🏠 ⦿ *Les Toiles de l'Isalo* (carte, 4) : à la sortie sud du village. ☎ 034-39-325-38 et 034-99-067-79. • hoteltoiles-isalo.com • Compter 90 000-125 000 Ar, camping 50 000 Ar pour 2. Menu 30 000 Ar. Les bungalows de ce terrain peu arboré et doté d'une belle piscine réveilleront le vieux combat entre les tenants de la tradition et ceux du modernisme. Les premiers apprécieront les cahutes basses de plafond, ripolinées de blanc qui jouent la carte du fonctionnel et du toit de chaume. Les seconds aimeront les plus chères aux plus hauts volumes et bien belles salles de bain. Pour toutes, eau chaude et moustiquaire. Jolie salle de resto pour partager de très bons repas. Personnel sympa.

⛺ 🏠 ⦿ *Isalo Ranch* (carte, 2) : à 5 km au sud du village, sur la droite. Résas auprès de l'agence Le Voyageur, lot II 22, Aj Morarano Alarobia, à Tananarive. ☎ 26-011-11. • madagaskar. travel • ou à Ranohira, ☎ 034-02-510-25. • isalo-ranch.com • Double 145 000 Ar. Petit déj 14 000 Ar. 🛜 L'une de nos adresses préférées. D'abord, c'est un coin très calme, loin du bourg. Et puis on dort dans de très beaux bungalows avec sanitaires privés. Moustiquaires et eau chaude partout. Électricité solaire. Préférer les bungalows rénovés, et ceux qui se trouvent en première ligne face au piton de Kandrarezo (même prix que les autres et vue sublime). Belle piscine. Fait resto-bar, avec un menu à la carte midi et soir (35 000 Ar). Transfert gratuit vers Ranohira le matin pour la visite du parc. Pour les petits budgets, possibilité de camper dans l'enceinte de l'*Isalo Ranch* en dépannage, mais apporter sa tente (sol un peu dur quand même).

Beaucoup plus chic (plus de 250 000 Ar / env 71 €)

🏠 ⦿ *Satrana Lodge* (carte, 5) : à 7 km au sud du village, un peu à l'écart mais très bien indiqué, sur la RN 7, direction Tuléar. ☎ 22-832-53. ☎ 034-14-260-87. • satranalodge-madagascar. com • Compter 245 000-310 000 Ar pour 2. Petit déj 20 000 Ar. Menus déj 45 000 Ar, dîner 75 000 Ar. 🛜 (réception). Ici, c'est Out of Africa version grand luxe. Le voyage commence sur une hauteur où se trouve la vaste réception, parquetée de larges lames de bois qui mènent à la piscine et à des paysages splendides. Les tentes, aussi confortables que des bungalows en dur, se partagent le flanc de la colline, toutes orientées vers l'imposant massif de l'Isalo, aux couleurs magnifiques en fin de journée. Salles de bains modernes accolées à l'arrière des tentes, en dur, avec deux douches, dont une à ciel ouvert. Un charme absolu qui mérite que vous creviez le cœur de votre porte-monnaie. Accueil classe et courtois.

🏠 ⦿ *Le Relais de la Reine et le Jardin du Roy* (carte, 3) : à 14 km au sud de Ranohira. Résa impérative, à confirmer pour plus de sûreté, à Tananarive auprès de Madagascar Discovery Agency, ☎ 034-02-123-29. • htl@madagascardiscovery.com • 2 adresses mitoyennes tenues par les mêmes propriétaires, avec des tarifs différents selon le confort mais des prestations souvent communes *(magnifique petit déj 22 000 Ar, menus déj-dîner 50 000-65 000 Ar, transferts pour Ranohira, 🛜, etc.)*. **Le Relais de la Reine :** ☎ 034-41-782-73. • resa@lerelaisdelareine.com • lerelaisdelareine.com • *Doubles standard 250 000-300 000 Ar selon saison.* **Le Jardin du Roy :** *plus luxueux.* ☎ 033-07-123-07. • lejardinduroy.com • *Doubles standard 350 000-430 000 Ar selon saison.* Tout d'abord, il y a le site, de splendides blocs de grès posés sur le sable et la pelouse chlorophyllienne. Ensuite, l'incroyable pari de cette famille de transformer ce coin désertique en une référence de l'hôtellerie malgache. Impossible de vous lister les multiples atouts de ces 2 magnifiques adresses. Des lieux où les espaces infinis du paysage ont été capturés à l'intérieur (voir les volumes des parties communes !). Des chambres baignées de calme, douillettes, confortables, modernes. Piscine, spa, tennis et même un centre équestre. Resto raffiné offrant un service hôtelier inattendu dans une nature aussi inhospitalière. Location de 4x4.

À voir. À faire

Si vous ne disposez que d'une journée, contentez-vous de choisir parmi les trois premières excursions de cette rubrique.
– **Attention :** pour marcher dans l'Isalo, il est nécessaire d'être en bonne condition physique, prévoir des chaussures adaptées, une bonne petite laine pour les soirées d'hiver (de juin à septembre), un couvre-chef, des lunettes de soleil et emporter beaucoup d'eau avec soi (journées très chaudes et pas d'ombre). Les personnes âgées y regarderont à deux fois, car certains coins ne sont pas faciles d'accès et certains guides ont tendance à ne pas prévenir.
À savoir, en saison des pluies, les visites des canyons, des piscines et de la cascade des Nymphes sont déconseillées après 14h voire suspendues en raison de risques d'éboulements.

🚶🚶 *Le canyon des Makis :* compter environ 2h30 à pied pour y aller (environ 9 km) depuis le village. En véhicule 4x4, piste d'approche de 17 km, puis 1 km à pied (visite à faire le matin). Vous découvrirez le village originel de Ranohira (l'autre n'est apparu que pour le business...). Petite marche dans les rizières, puis dans une mini-forêt. C'est là que votre guide tentera de débusquer l'une des sept sortes de lémuriens qui y pointent les oreilles, comme le *Propithecus verreauxi* (blanc), le *Eulemur fulvus rufus* (marron) ou le *Eulemur catta* (queue annelée noir et blanc), et sans doute quelques lémuriens nocturnes et caméléons sur le chemin... Et au milieu, dans une sorte d'oasis, coule une rivière. Tout au fond, le joli canyon des Makis. Noter la présence de tombeaux bara, des cavités creusées dans la paroi rocheuse, bouchées par des pierres.

🚶🚶 *Le canyon des Rats :* il se trouve à environ 45 mn de marche après le canyon des Makis (mais ils ne communiquent pas entre eux, il faut ressortir du premier pour atteindre le second). Un peu plus difficile d'accès. Ah, au fait, il n'y a pas de rats, ils ont quitté ce « navire » depuis belle lurette ! Tombeaux bara là encore.

🚶🚶 *La piscine naturelle :* depuis Ranohira, aller à 3 km (en voiture ou à pied !) au sud du village et marcher encore 3 km depuis le parking. C'est plus gratifiant bien sûr d'y aller depuis le canyon des Makis, mais il faut dans ce cas compter environ 6h de marche pour 16 km ! Pour la balade normale, ça ne grimpe jamais beaucoup (20 mn de montée en pente moyenne ; 65 m de dénivelée), sans difficultés réelles. En cours de chemin, mini-escalade d'un rocher livrant un panorama grandiose à 360°. La fameuse piscine (baignade autorisée) est joliment entourée de pandanus et de « pulseurs », plus fins, plus élancés. Bien entendu, en haute saison, vous risquez de ne pas être seul... Camping à proximité *(5 000 Ar pour 2)*. Un petit effort de plus, grimpez donc la colline surplombant la piscine. Belle vue sur un autre canyon. Jetez un œil sur les sépultures *Bara* et *Sakalava*.

🎥🎥 *La grotte des Portugais :* pour les adeptes du trekking bien organisés (eau et vivres, guide, matériel de camping, éventuellement porteurs), car c'est toute une expédition. Ne jamais partir seul ! La grotte, de peu d'attrait, aurait abrité des naufragés portugais au XVIe s. L'intérêt est surtout de traverser des sites très différents (le *MNP* organise un circuit de 7 jours).

🎥 *La Reine de l'Isalo et la Fenêtre de l'Isalo :* ces deux sculptures naturelles figurent, dans l'imagination des Malgaches, une reine et une fenêtre (vous aviez deviné !). On les trouve respectivement à 12 et 17 km au sud de Ranohira, en bordure de route. Un peu loin pour y aller à pied, donc. Essayez d'atteindre la Fenêtre pour le coucher de soleil, c'est plus joli. Et préférable d'y aller en groupe, les agressions de touristes sont fréquentes.

🎥 *La Maison de l'Isalo :* *en bord de route, malheureusement très mal située (à 8 km au sud de Ranohira, sur la gauche). Lun-ven 7h-12h, 14h-18h. GRATUIT.* Petit musée sur la formation géologique du parc, la faune et la flore du parc, et l'histoire du peuplement de la région.

➤ **🎥 *Le circuit Malaso :*** tours de 15 km ou 18 km d'une demi-journée dans l'Isalo à faire en 4x4 uniquement, avec quelques marches tout de même, mais nettement moins sportif que les autres circuits. Une sorte de safari touristique, quoi ! Voir le *MNP* pour l'organisation et les tarifs.

DE RANOHIRA À TULÉAR

🎥 À une trentaine de kilomètres au sud du parc de l'Isalo, la ***rivière Ilakaka*** a été le témoin d'un phénomène sociologique unique à Madagascar. Alors que le pays est entré dans le XXIe s sans échapper à une extrême pauvreté, le moindre gisement de pierres précieuses mis au jour est l'occasion d'une véritable « fièvre bleue », celle du saphir. Des milliers de Malgaches se sont ainsi rués autour de la rivière et y ont érigé en quelques mois un village champignon ! De 20 000 à 50 000 personnes vivraient actuellement dans des abris de fortune, ou plutôt d'infortune, constructions de branchages et de terre, vieilles bâches de récupération, planches pour les plus argentés. D'anciens agriculteurs, conducteurs de taxis-brousse, qui n'ont pour la plupart pas vraiment fait fortune ici. Au contraire, beaucoup de prospecteurs sont morts, ensevelis par leur propre galerie, ou, par absence de soins, de la dysenterie ou du paludisme. En mars 2004, un nouveau gisement a été trouvé à Bevilani, entre Ilakaka et Sakaraha. Une manne de courte durée pour les villageois qui se sont vite fait racketter. En parallèle, les commerces et hôtels de passage ont également fleuri dans le village pour ravitailler et héberger cette population, au prix... des pierres précieuses. Tout ce beau monde se méfie, se réfugie derrière des grilles, essaie de chaparder le voisin... Le Far West, qu'on vous disait ! Vous comprenez pourquoi le touriste ne traîne pas ici...

🎥 *Sakaraha :* après la plaine des baobabs cette petite ville sans intérêt à mi-chemin entre l'Isalo et Tuléar est une plaque tournante du trafic du saphir. Évitez de regarder les beaux cailloux, vous seriez repéré... au risque de vous faire racketter plus loin sur la route. Le touriste passe ici aussi son chemin.

> ## OR BLEU DANS L'ÎLE ROUGE
>
> *Le saphir présente une palette de couleurs allant du jaune au bleu, les pierres bleues étant les plus recherchées. Les chercheurs apportent leurs trouvailles auprès de l'un des « experts » tenant comptoir ; les pièces sont alors estimées et achetées à des prix bien inférieurs à leur valeur réelle. Le jeudi, c'est jour des transactions, les boss de Tana viennent chercher leur précieux butin.*

TULÉAR (TOLIARA)   115 000 hab.   IND. TÉL. : 94

• Plan *p. 183*

Tuléar, située à 950 km au sud de Tana, à la fin de la RN7, ville de poussière et de chaleur, accablée par sa propre torpeur, où le temps se serait arrêté un moment sans pouvoir repartir. Capitale du Sud-Ouest où certaines âmes errent et d'où les touristes repartent souvent amers... Car Tuléar, c'est plutôt une atmosphère, un carrefour. On y croise tous les Blueberry et Corto Maltese de la terre, en escale ou restés ici à fond de cale. Même la ville, qui doit sa création récente (1895) à un architecte français sans imagination et au gouverneur général Gallieni qui implanta ici les services administratifs, fait parfois penser à une bande dessinée qui vous case des bulles plein la tête *!* Vous l'avez compris, il n'y a pas grand-chose à faire à Tuléar même. Autant explorer ses charmants environs, Anakao, Ifaty ou Saint-Augustin pour profiter de la mer et partir à la rencontre de ce magnifique peuple de pêcheurs, les fameux Vezos qui vivent à l'abri d'une barrière de corail longue de 100 km.

Arriver – Quitter

En taxi-brousse et en bus

- *Gare routière principale (plan B2, 1)* : *Sanfily, à l'entrée de la ville.* La plupart des départs ont lieu le mat 6h-9h, puis l'ap-m 14h30-16h.
> *Pour le Nord :* départ tlj pour ttes les villes de la RN 7 jusqu'à Tana, *Ranohira* (massif de l'Isalo ; trajet : 5h), *Ambalavao* (trajet : 9-10h), *Fianarantsoa* (trajet : 10-11h).
> *Pour l'ouest et le sud-est de l'île :* les trajets pour *Morombe* et *Morondava* (ouest) ou *Ampanihy* et *Fort-Dauphin* (sud-est) sont réservés aux baroudeurs blindés : plusieurs jours non-stop, sur des pistes cahoteuses, les fesses sur des bancs de bois, entassés... l'aventure ! Liaisons coupées en saison des pluies.
- *Station Sanfily (hors plan par B2)* : 300 m plus à l'est que la précédente, station de moindre importance, mais on y trouve les bus pour *Saint-Augustin,* 1 départ/j. à 14h30 ; venir 1h avt.
- *Station des taxis-brousse pour Ifaty-Mangily (hors plan par A1, 2)* : nombreux départs tlj.

En avion

- *Aéroport (hors plan par B2)* : *à 7 km de la ville.* Pas le choix, pour le centre-ville il faut prendre un taxi (15 000-20 000 Ar, à négocier). Certains hôtels assurent aussi le transfert (payant).
- *Air Madagascar (plan A2, 6)* : *rue Henri-Martin, près du marché.* ☎ 415-85. 034-11-222-01 (agence) ou 034-11-222-06 (aéroport). *Lun-ven 8h-11h30, 15h-17h ; sam 8h-10h.*
> *Tana :* 1 vol/j.
> *Morondava :* 2 vols/sem (lun et ven).
> *Fort-Dauphin :* 1 vol/sem.
> *Morombe :* très aléatoire.
- *Madagasikara Airways :* 032-05-970-08. • ankoay@madagasikaraairways.com • madagasikaraairways.com •

Comment circuler ?

En *pousse-pousse* pour les petits déplacements. *Éviter impérativement* ce mode de transport en soirée et la nuit, de nombreux cas d'agression

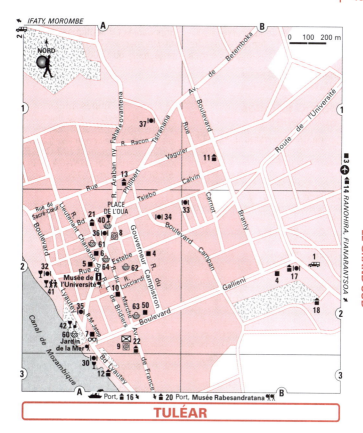

TULÉAR

- **Adresses utiles**
  - Office de tourisme
  - 1 Gare routière principale
  - 2 Taxis-brousse pour Ifaty-Mangily
  - 3 Pharmacie Sanfily
  - 4 BOA
  - 5 BNI-CA
  - 6 Air Madagascar
  - 7 Alliance française
  - @ 8 Prilimite Ganivala
  - @ 9 Telma
  - 10 BFV-SG

- **Où dormir ?**
  - 11 Hôtel Le Palmier
  - 12 Hôtel Al Shame
  - 13 Moringa Hotel
  - 14 Le Victory
  - 16 Hôtel Vahombe
  - 17 L'Escapade
  - 18 Chez Alain
  - 20 Hôtel Hyppocampo
  - 21 Hôtel Saifee
  - 22 Hôtel Albatros

- **Où manger ?**
  - 17 L'Escapade
  - 30 Le Blû
  - 32 Le Bœuf
  - 33 Le Jardin de Giancarlo
  - 34 Corto Maltese, Bistro Rital
  - 35 Étoile de Mer
  - 36 Le Panda
  - 37 L'Estérel

- **Où boire un verre ?**
- **Où sortir ?**
  - 7 Vakok' Arts
  - 30 Le Blû
  - 32 Le Bœuf
  - 40 La Terrasse
  - 41 Zaza Club
  - 42 Tam Tam

- **Où faire une bonne action tout en s'amusant ?**
  - 50 ONG Bel Avenir

- **Achats et marchés**
  - 40 T-shirts
  - 60 Marché aux coquillages
  - 61 À la Bonne Épice de Tuléar
  - 62 Bazary Be
  - 63 Supermarché Score
  - 64 L'Univers de la Pierre

de touristes avérés. Faire également attention au prix de la course (2 000-3000 Ar en ville) : tomber d'accord avant, sinon on risque d'avoir des suppléments. Pour les courses plus importantes ou nocturnes, prendre un *taxi.* Autour de 4 000 Ar la nuit (3 000 Ar en journée), ou 5 000 Ar avec l'aéroport.

Adresses utiles

Infos touristiques et culturelles

- **Office de tourisme** *(plan A2) : Bazar Be, en face du grand marché.* ☎ 448-81. 📱 034-74-459-19 *Lun-sam mat 8h30-12h, 15h-18h.* Plein d'infos pratiques sur la ville et ses environs.
- **Agence consulaire de France :** *Jackie Mélard, consul honoraire, rue Refotaka, collège Étienne-de-Flacourt, BP 421.* ☎ 032-22-133-92. • *jean. emile024@gmail.com* •
- **Alliance française** *(plan A2, 7) : sur le front de mer.* ☎ 413-92. *Lun-sam sf lun mat 9h-12h, 15h-18h30 (horaires de la bibliothèque proches, mais fermée lun mat et jeu mat).* Pour consulter les journaux et les magazines à la bibliothèque, il faut acheter un ticket journalier (pas cher) ou une carte de membre. Cours de langue, bonne doc et quelques manifestations culturelles (expos, concerts).

Poste, télécommunications et banques

- ✉ **Poste** *(plan A2) : lun-sam mat 7h30-11h, 14h30-17h.*
- @ **Telma** *(plan A2, 9) : à gauche de la poste. Lun-sam mat 7h30-11h30, 14h-17h.* Vente de cartes pour cabines téléphoniques et une palanquée de postes pour Internet *(Cyberpaositra).* Sinon, aller chez **Prilimite Ganivala** *(plan A2, 8), au rdc du Central Hôtel dans l'artère commerçante principale. Lun-sam 8h-12h, 15h-17h45.* Agréable et bien placé.
- **Les banques :** *ouv lun-ven 8h-11h et 14h-16h.* Toutes proposent du change de devises, des transactions *Western Union* et sont équipées de distributeurs pour carte *Visa* (plus *MasterCard* concernant la *BNI-CA).* **BOA** *(plan A2 et B2, 4) ;* **BNI-CA** *(plan A2, 5) ;* **BFV-SG** *(plan A2, 10).*

Santé

- **Pharmacie Sanfily** *(hors plan B2, 3) : RN 7, à 100 m de la gare routière.* ☎ 427-75. *Lun-ven 8h-12h, 15h-18h.* Demander Docteur Laurent, la pharmacienne.
- ✚ **Urgences médicales :** *dispensaire de la Fraternité, sur la route d'Ifaty, rue Setaline (hors plan par A1).* 📱 032-04-438-33. *Le Docteur Rajoanah, médecin référent du consulat de France, reçoit en semaine 8h-11h30, 15h-17h30.*

Location de motos

- **Trajectoire** *(hors plan par B2) : RN 7, 800 m à l'est de la station de taxis-brousse.* ☎ 433-00. 📱 032-07-433-00. *Tlj sf sam ap-m et dim 7h30-12h, 14h-17h.* Compter 250 000 Ar/j. *(moto). Tarifs dégressifs.* Le grand spécialiste de la location de motos. Connu dans tout le pays pour son professionnalisme. Raids et circuits aventure. Caution de 500 € (ou CB en dépôt) et pièce d'identité demandées.
- **Kooki Travel** *(plan A2) : face à la mosquée Khodja et la station Shell.* 📱 034-38-057-69. • *kooki_travel@yahoo.fr* • Organisation de circuits vers Fort-Dauphin ou vers Morondava, par la côte ou au départ d'Antananarivo.

Où dormir ?

De très bon à bon marché (moins de 40 000 Ar / env 11 €)

- 🏠 **Hôtel Al Shame** *(plan A3, 12) : bd Lyautey, en front de mer.* 📱 032-05-267-24. *Doubles 18 000-28 000 Ar.* 25 chambres basiques, au confort sommaire (pas d'eau chaude pour les plus simples), literies pas de la première jeunesse, mais terrasse privative à l'avant de chacune et la proximité du front de mer en font un petit point de chute finalement pas si désagréable, pas cher et très prisé des routards.

▲ **Hôtel Le Palmier** (plan B1, **11**) : *bd Branly, Tanambao Morafeno.* ☎ *032-40-209-50 ou 032-04-334-25. Doubles 30 000-38 000 Ar.* 🛜 Géré par un couple anglo-malgache, un bon petit hôtel bien tenu. Chambres avec eau chaude et ventilo, mais demander à voir avant, si possible, car tailles variables. Les plus chères sont évidemment les meilleures. Bonne ambiance, y compris au resto qui propose une agréable cuisine locale.

Prix moyens (40 000-80 000 Ar / env 11-23 €)

▲ **Hôtel Vahombe** (hors plan A3, **16**) : *bd Lyautey.* ☎ *441-61.* 📱 *034-48-835-29.* • *hotel-vahombe.com* • *Double 45 000 Ar.* 🛜 Un tout petit hôtel en bordure du « port », avec ses charrettes à zébus, ses barques et ses pirogues. Les chambres sont d'un volume aussi petit que leur prix. Certaines au rez-de-chaussée un peu sombres : préférez celles à l'étage, le must étant évidemment celle avec vue sur mer. Accueil discret, déco à l'avenant avec force murs chaulés de blanc. Agréable salle de petit déj tournée vers les flots.

▲ |●| **L'Escapade** (plan B2, **17**) : *bd Gallieni, Sanfily.* ☎ *411-82.* 📱 *034-94-411-82.* • *escapade@gmail.com* • *escapadetulear.com* • *Double 55 000 Ar.* 🛜 Derrière le bon restaurant (voir « Où manger ? »), chambres modestes autour d'un jardin, plutôt mignonnes décorées de jolies peintures murales. Confort correct : salle de bains avec eau chaude, électricité et sanitaires privés. Excellent accueil, ce qui ne gâche rien ! Billard, babyfoot et coin TV. Une de nos adresses préférées.

▲ **Chez Alain** (plan B2, **18**) : *au fond d'une ruelle près de la gare des taxis-brousse.* ☎ *415-27.* 📱 *034-66-543-83.* • *chez-alain.com* • *Compter 60 000-100 000 Ar pour 2. Menu 30 000 Ar.* 🛜 Le Quartier n'est pas glamour, mais l'hôtel est au calme dans un beau et vaste jardin tropical en retrait de la route. Bungalows et chambres, presque à tous les prix et au confort très variable (demander à visiter). Avec w-c extérieurs ou tout confort, climatisés ou ventilés. Également une suite pour les plus fortunés. Resto sur place, mais personne ne vous oblige...

▲ **Hôtel Saifee** (plan A2, **21**) : *rue de l'Église.* ☎ *410-82.* 📱 *032-05-410-82 ou 034-05-410-82* • *saifee_hotel@yahoo.fr* • *Double 65 000 Ar, petit déj inclus.* 🛜 Un hôtel résolument moderne, très lumineux, organisé autour d'un vaste atrium. Une vingtaine de chambres confortables (clim, TV satellite, petit salon), toutes avec leur balcon, et d'une propreté irréprochable. Un bon hôtel, très bien placé en centre-ville.

▲ **Hôtel Albatros** (plan A2, **22**) : *av. de France, Tsimenatse III.* ☎ *432-10.* • *hotelalbatros@moov.mg* • *Doubles 45 000-65 000 Ar.* 🛜 Petit hôtel en béton propret, avec vérandas et balcons. Chambres confortables avec 3 catégories de prix, selon l'étage, les plus chères étant climatisées. Salle de bains carrelée et tenue impeccable. Accueil sympa.

De chic à plus chic (80 000-250 000 Ar / env 23-71 €)

▲ |●| **Le Victory** (hors plan par B2, **14**) : *RN 7, en direction de l'aéroport.* ☎ *440-64.* 📱 *032-42-820-87.* • *hoteltulear-victory.com* • *Doubles 90 000-137 000 Ar selon confort. ½ pens : 52 000 Ar/pers.* 🛜 Des chambres doubles toutes carrelées, des bungalows spacieux et des familiales tout confort, il y en a pour tous les goûts ! Literie confortable, coffre-fort et minibar. Mobilier classique. Adresse bien tenue, organisée autour de son joli jardin et de sa belle piscine (une vraie ! avec des transats tout autour). Très propre, accueillant. Fait aussi resto. Organise les transferts et des excursions vers Ifaty. Loin du centre, sa proximité de l'aéroport en fait une étape idéale pour qui arrive tard ou repart de bonne heure.

🛏 **Moringa Hotel** (plan A1, **13**) : Tsianaloka. ☎ 441-55. 📱 034-75-512-05. ● moringa-tulear.mg ● *Double 180 000 Ar, petit déj inclus ; ½ pens 40 000 Ar/pers.* 📶 Ce *Moringa*-là, conçu par l'architecte Hervé Brugoux, a planté ses racines au centre-ville de Tuléar. Fait de bois et de pierre, sur 2 étages, le bâtiment clair offre de beaux volumes, à l'image de la trentaine de chambres équipées dernier cri, d'un resto et d'un snack. Coffre, clim, balcon, moustiquaire. Service à la hauteur. L'hôtel (ainsi que celui de Ranomafana ● thermal-ranomafana.mg ●) appartient à l'association *Le Relais Magasikara*, qui accompagne vers l'emploi des personnes en insertion sociale.

🛏 **Hotel Hyppocampo** (hors plan par A3, **20**) : av. de France, à 500 m de la poste. ☎ 410-21. 📱 032-42-866-83. ● hyppocampo-tulear.com ● *Doubles 165 000-200 000 Ar.* 📶 Sans doute l'une des adresses les plus élégantes en ville, alors même que la devanture évoque davantage un centre d'affaires qu'un hôtel de charme. Chambres réparties sur 2 étages (vue sur la mer au 2e étage), parfaitement isolées, joliment meublées et dotées de tout le confort. Également 2 suites, dont une en rez-de-chaussée avec terrasse, bien plus chères. Excellent resto de plein air : tables disposées dans le jardin, autour de la micropiscine. On adore les tableaux dans les parties communes ! Le tout sous la houlette d'Anita, un petit brin de femme bien dynamique à l'origine de l'orphelinat *Nathanaël*, qu'elle pourra vous faire visiter (● orphelinat-nathanael.org ●). Une belle œuvre.

Où manger ?

De bon marché à prix moyens (10 000-35 000 Ar / env 3-10 €)

🍽 **Le Panda** (plan A2, **36**) : *pl. de l'OUA. Tlj sf dim.* Petit resto chinois tout en longueur, sans aucun charme, réputé pour son canard laqué, son poisson farci ou ses soupes chinoises (*misao*) vraiment pas chères. Également une carte de plats classiques.

🍽 **Le Blû** (plan A3, **30**) : *bd Lyautey.* ☎ 444-05. Bar-restaurant dont la large terrasse, idéalement placée, déborde sur un bout de plage privée, pas très propre. C'est le repaire des expats et l'exemple parfait de ce que les matériaux locaux permettent de créer en termes d'aménagements. Charmant et bonne ambiance.

🍽 **Le Jardin de Giancarlo** (plan A-B2, **33**) : *rue du Général-Leclerc.* ☎ 428-18. *Tlj sf mer.* Dans ce *Jardin*, tables et chaises sont disséminées dans un décor qui fait penser à une comédie de boulevard à l'italienne. Un peu kitsch. Côté *al forno*, grand choix de pizzas au feu de bois fines et craquantes (au capitaine, au mérou, etc.), pâtes et spaghettis aux *frutti di mare*, le tout arrosé d'un lambrusco pas si cher étant donné le voyage pour arriver jusqu'ici. Ne pas négliger la mozzarella fabriquée sur place par les missionnaires de Don Bosco de Tuléar. Superbes pâtisseries. Rhums arrangés en fin de repas. Accueil chaleureux.

🍽 **Étoile de Mer** (plan A2, **35**) : *bd Lyautey.* ☎ 428-07. 📱 032-02-605-65. *Tlj.* La carte ne fait pas moins de 10 pages, alors commandez un apéro le temps de gérer vos envies. D'autant que le service à suivre prend bien son temps... Gratin de fruits de mer, fricassée de poissons, grillade, zébu à toutes les sauces, plats typiquement malgaches, cuisine indienne, pizzas salées et même sucrées. Délicieux beignets également. Les portions laisseraient toutefois un tigre sur sa faim.

🍽 **Corto Maltese, Bistro Rital** (plan A2, **34**) : *rue du Général-Leclerc.* ☎ 433-15. 📱 032-02-643-23. *Tlj sf w-e.* Accueil tout en sourire et en humour de Renato, au bar. On y mange bien, et cela grâce à Béatrice, notre *mamma* à tous, qui officie en cuisine. Carte franco-italienne, de qualité constante, où tout est exquis. Et ambiance vraiment chaleureuse, en terrasse ou en salle. On aime !

🍽 **L'Estérel** (plan A1, **37**) : *rue de la Voirie.* 📱 032-40-026-20. *Tlj sf dim. Plats*

11 000-13 000 Ar. Voici un cadre tout à la fois frais, coloré et élégant, avec ses nappes et chaises pimpantes. Charmant jardin bien protégé pour déguster la spécialité de la maison : les pâtes fraîches. Vous l'aurez compris, le lieu est tenu par des Italiens... d'où les classiques tomates mozzarella (fabriquée par les missionnaires de Don Bosco).

|●| **Le Bœuf** *(plan A2,* **32***) : bd Lyautey. Ouv 7h-1h.* ☎ *034-95-690-42. Tlj.* Ce bar-restaurant propose, dans une ambiance animée, des cocktails, diverses boissons et, comme son nom l'indique, de la bonne viande, mais aussi des plats à base de poisson, des pizzas et du pain maison cuit au feu de bois. Pour le calme, profiter du jardin à l'arrière (moins d'expats qui jouent à des jeux de société et de dames de compagnies accrochées au bar).

Chic (35 000-60 000 Ar / env 10-17 €)

|●| **L'Escapade** *(plan B2,* **17***) : voir aussi « Où dormir ? ». Prix moyen d'un repas 40 000 Ar.* Salle de resto agréable à l'étage et terrasse aérée pour une bonne cuisine traditionnelle. Pas mal de choix et une ardoise qui tourne selon les arrivages. Spécialités locales telles que pâté de zébu aux œufs, darne de thazard (sorte de gros maquereau) au lait de coco, etc. Et un rhum arrangé à l'ail à effrayer un vampire ! Jus naturels au rayon *softs.* Service très gentil.

Où boire un verre ? Où sortir ?

▼ **La Terrasse** *(plan A2,* **40***) : pl. de l'OUA.* ☎ *032-02-650-60. Tlj sf dim 6h-22h.* 📶 *(moyennant une conso à renouveler ttes les heures).* Q.G. de la ville, idéal pour observer l'animation locale et écouter les derniers potins... Lieu incontournable si on veut se renseigner sur tout et n'importe quoi. Boissons, snacks, glaces, plats et petits déj.

▼ |●| **Le Blû** *(plan A3,* **30***) : voir « Où manger ? ».* 📶 Un endroit où tout est toujours bon pour boire un coup. Concerts, matchs de rugby ou de foot retransmis sur grand écran...

▼ **Le Bœuf** *(plan A2,* **32***) : voir « Où manger ? ».* 📶 Bar-restaurant à l'ambiance animée. Rendez-vous des expats. Propose aussi des excursions.

▼ 🕺 **Zaza Club** *(plan A2,* **41***) : bd Lyautey. Ouv en principe ts les soirs à partir de 22h30.* La boîte de nuit la plus connue de la ville. Ambiance très chaude parfois, attention. Et pas mal de belles de nuit.

▼ 🎵 **Tam Tam** *(plan A2,* **42***) : bd Lyautey. Tlj 18h-2h (5h le w-e).* Le dernier lieu à la mode, qui fait restaurant-bar-cabaret. Concert live tous les soirs avec de bons groupes locaux ; chaude ambiance musicale malgache. Resto agréable sur la terrasse.

👓 **Vakok' Arts** *(plan A2,* **7***) : bd Lyautey.* ☎ *032-77-695-48.* Organise avec l'aide de l'alliance française, des projections de films documentaires 1-2 fois par semaine, des concerts de bonne musique malgache, pièces de théâtre *(ven-sam en début de soirée ; env 5 000 Ar).* Pour ceux qui séjournent quelques temps, ateliers de danse, impro, cirque...

Où faire une bonne action tout en s'amusant ?

■ **ONG Bel Avenir** *(plan A2,* **50***) : à l'enseigne de l'ex Cinéma Tropic, bd Gallieni (siège av. de France).* ☎ *438-42.* ☎ *032-05-450-01.* ● *ongbelavenir. org* ● Cette ONG participe à l'éducation environnementale, sanitaire et sociale d'environ 30 000 enfants, chaque année, dans la cinquantaine d'écoles de la ville. Cinoche le mercredi matin (gratuit), ouvert à tous mais surtout pour les enfants. Défilés des groupes de musique (les filles du *Bloco Malagasy* sont proprement exceptionnelles !) un dimanche tous les 3 mois. Des expos photos y sont organisées afin de promouvoir leurs actions. On peut participer au tourisme volontaire dans le village de Mangily ou les villes de Tuléar et Fianarantsoa.

Achats et marchés

- **Bazary Be** (plan A2, 62) : *le grand marché dans le centre-ville. Tlj.* On y trouve parfois de belles langoustes grillées en fin de matinée...
- **Marché aux coquillages** (plan A2, 60) : *sur le front de mer.* Coquillages, artisanat, et parfois des *aloalo*, les totems mahafaly. Autant les commander si vous n'allez pas à Betioky, leur lieu principal de fabrication. N'achetez que des reproductions car l'exportation des *aloalo* anciens est rigoureusement interdite ! Quelques vendeurs de bracelets antandroys en argent, faits avec des francs malgaches, l'ancienne monnaie de Mada !
- **L'Univers de la Pierre** (plan A2, 64) : *bd Tsiranana.* ☎ *032-02-532-02.* • *universdelapierre.com* • *Tlj sf dim. CB acceptées.* Madagascar est reconnue pour ses pierres fines et pierres précieuses. Rubis, saphir, tourmaline, émeraude, aigue marine... Ici les bijoux ou pierres sont garantis sur facture. *L'Atelier Bijou* peut fabriquer en 24h votre bijou personnalisé. Une maison sérieuse, qui crée ses propres bijoux. Beaucoup de choix à tous les prix, et possibilité de passer commande.
- **À la Bonne Épice de Tuléar** (plan A2, 61) : *en face d'Air Madagascar.* ☎ *412-41. Tlj sf dim ap-m 7h-12h, 14h-18h.* Pour faire le plein d'épices, allez chez la joviale Mme Rihanna, chef des potions magiques ! À vous « vinegraitte » (sic), poudres et autres lotions.
- **T-shirts** (plan A2, 40) : *pl. de l'OUA.* Vous trouverez toutes les boutiques des marques désormais classiques (*Carambole, Baobab C*ⁱᵉ*, Maki*...). Parfait pour les cadeaux souvenirs !
- **Supermarché Score** (plan A2, 63) : *rue du Marché. Tlj sf dim ap-m 7h-12h, 14h30-19h30.*

À voir à Tuléar et à proximité

Le musée Rabesandratana (*musée de la Mer ; hors plan par A3*) : *au port.* ☎ *032-40-956-64. Lun-ven et sam mat 8h30-12h, 15h-17h30. Fermé dim et j. fériés. Visite guidée payante : 10 000 Ar ; réduc.* Avec son squelette de cachalot dans la cour, le musée en lui-même semble bien vieillot. Mais les explications sur le patrimoine maritime de la région (de Fort-Dauphin à Morombe) peuvent s'avérer passionnantes si l'on tombe sur la bonne personne. À noter ce *Conus milneedwardsi*,

LE VIEUX TROPHÉE DU MUSÉE

Un cœlacanthe mâle fut capturé en 1995 par des pêcheurs vezos près d'Anakao. Ce poisson de 1,34 m aux origines préhistoriques remonterait à 360 millions d'années avant notre ère. Il serait carrément, d'après certains scientifiques, la preuve de la vie aquatique qui a évolué vers la terre ferme. On pensait qu'il n'en restait que dans l'archipel des Comores. Une découverte donc tout à fait exceptionnelle !

un coquillage rarissime (une dizaine collectée de par le monde) pour lequel un collectionneur fortuné proposa... sa Land Rover toute neuve ! Sinon, vous saurez tout sur toutes les variétés d'éponges et de coraux, les mollusques et autres coquillages de profondeur, les concombres de mer aphrodisiaques, le requin-guitare tout mignon (ah bon ?)...
Bon, on ne dévoile pas tout, sinon on va se faire taper sur les doigts par la charmante conférencière !

Le Musée régional de l'université de Toliara (plan A2) : *rue Flayelle, près du marché Bazary-Be. Lun-sam mat 7h30-11h30, 14h30-17h30. Entrée : 5 000 Ar.* Objets funéraires (reconstitution de tombeaux), artisanat mahafaly, vezo, sakalava... d'intérêt moyen ainsi qu'un œuf fossilisé de l'oiseau-éléphant préhistorique l'*aepyornis*. Possibilité de prendre des renseignements sur les tombeaux mahafaly et antandroys entre Tuléar et Fort-Dauphin, et éventuellement de s'adjoindre les services d'un guide.

🎬 **L'arboretum d'Antsokay :** *RN 7, à 12 km du centre de Tuléar.* ☎ *936-59.* 📱 *032-02-600-15.* ● *antsokayarboretum.org* ● *Tlj 7h30-18h30. Fermé en fév. Entrée : 15 000 Ar, visite guidée incluse (env 1h).* Sans doute l'arboretum le plus connu de Madagascar, créé dans les années 1980 par un botaniste suisse, M. Petignat, aujourd'hui disparu et repris par son fils. Outre les arbres, on y trouve sur 4 ha plus de 900 plantes rares ou endémiques du Sud-Ouest malgache. En majorité des euphorbes, mais également des baobabs, des pachypodiums, etc. Chaque type de plante est répertorié. Visite très intéressante. Également des tortues *radiata* et *pyxis* (naines). Enfin, ne manquez pas « l'épave-surprise » (la 1ʳᵉ Citroën du fondateur de ce lieu) ainsi que le petit musée qui présente la vie quotidienne locale, des objets des populations Mahafaly et Antandroy…Également une collection de fossiles, des minéraux, des scorpions, des insectes conservés dans l'alcool. Une belle visite avant d'arriver à Tuléar.

🏠 🍽 **Auberge de la Table :** *à l'arboretum d'Antsokay.* 📱 *034-07-600-15.* ● *aubergedelatable.com* ● *Transfert aéroport ou Tuléar possible (10 000 Ar/pers pour min 2 pers). Doubles 100 000-150 000 Ar (petit déj en sus). Menu 35 000 Ar.* 📶 Le nom de l'auberge vient de la forme de la montagne en face et on s'y attable justement pour déguster la spécialité du lieu, le fromage de chèvre, pas si fréquent que ça à Mada. Et puis, si on a un coup de cœur pour l'arboretum, on peut passer la nuit dans d'agréables bungalows avec douche, ventilation et eau chaude, dispersés dans le grand jardin et chaulés de blanc. Piscine. Très calme.

LE PAYS VEZO

- Les Vezos, les nomades de la mer......190
- *La côte au nord de Tuléar.........................191*
- La baie d'Ifaty..............191
- D'Ifaty à Salary............195
  - Manombo • Ampasilana • Salary
- De Salary à Andavadoaka............196
  - Andravongny • Ambatomiloha et Befandefa
  - Andavadoaka
- *La côte au sud de Tuléar........................197*
  - Saint-Augustin et Sarodrano : la stèle au Tropique du Capricorne
  - La grotte d'eau douce de Sarodrano
- Anakao........................198
  - L'île de Nosy Ve • Le lac Tsimanampetsotsa

Rejoignons les routes et les eaux du territoire vezo. La côte est vraiment de toute beauté avec ses plages et sa barrière de corail ininterrompue sur 100 km de long où essaiment des villages de pêcheurs, des paysages de dunes et de savane sous l'œil débonnaire de troupeaux de baobabs. Au menu, poisson et langouste vous changeront un peu du zébu.
En visitant les villages d'Anakao, d'Ifaty, de Mangily, ou encore de Saint-Augustin, on reste dans les rails de nombreux routards désireux de sortir des sentiers battus, sans pour autant jouer un nouvel épisode d'Indiana Jones. Au-delà, plus au sud ou au nord, on pénètre des domaines plus

INCROYABLE MAIS (PEUT-ÊTRE) VRAI !

La côte vezo compte ses personnages fantasmatiques : les Mikeas. Ces anciens pêcheurs qui vivent totalement désocialisés ne sortent que la nuit. Ils ont les pouvoirs magiques que leur confère leur statut d'astrologues (dont celui d'être invisible). Ils peuvent se passer de boire de l'eau, qui pourrait même leur être fatale. Ils se nourrissent de tubercules enfouis par 1 m dans le sol, qu'ils sont seuls à pouvoir trouver. Ils améliorent ce quotidien de hérissons et de miel… Info ou intox ?

inaccessibles nécessitant des moyens financiers et logistiques : 4x4 avec chauffeur, ou carrément voyager à la manière vezo en lâchant la piste pour partir sur l'eau... tout cela supposant une bonne connaissance du pays et de ses coutumes.

LES VEZOS, LES NOMADES DE LA MER

Territoire et population

Les Vezos sont des pêcheurs côtiers. Leur « territoire » s'étend grosso modo de Morondava, au nord, jusqu'au cap Sainte-Marie et Androka au sud, soit plus de 750 km. C'est dans la partie nord qu'ils sont le plus nombreux. Même si nul ne sait précisément affirmer si cette peuplade, sous-groupe des Sakalavas de l'Ouest, compte 10 000 ou 50 000 âmes. Nul ne sait non plus dire s'ils viennent d'Afrique tant leur dialecte et leur culture sont plus influencés par l'Asie. Bref, ces nomades des mers illustrent la magie du brassage ethnique façon malgache.

Coutumes et mode de vie

De l'Indonésie, les Vezos ont emprunté l'utilisation des pirogues à balancier. Notez l'étonnante voile constituée d'un rectangle de toile accroché à deux mâts posés en V. Tout cela semble ne tenir à rien du tout. Les amateurs de photo se régaleront de la simplicité de ces esquifs dans la lumière crue du soleil ou de la fin de journée, sur fond d'eaux tantôt turquoise, tantôt d'un bleu profond...

Les Vezos pêchent souvent à proximité de leur village, mais sont capables d'effectuer des centaines de kilomètres le long des côtes pour rapporter du poisson. Les villages sont constitués de simples cahutes, généralement d'une seule pièce, où l'on jette une natte de jonc sur le sol pour dormir. Si les femmes se font des masques de beauté à base de poudre de bois coloré (souvent jaune ou orange) qui les protègent du soleil, les hommes sont reconnaissables pendant les cérémonies à leur tenue traditionnelle constituée de pièces d'étoffe rouge, dont ils se ceignent la tête et le torse. Enfin, le Vezo doit être enterré à l'endroit précis où il est né, et ce afin de ne pas couper le fil spirituel qui l'unit à ses ancêtres.

La saison et les rites de la pêche

La pêche dure environ 4 mois, durant l'hiver austral. Car à la saison des pluies, la mer est mauvaise, et les pêcheurs ne pourraient ni sécher ni fumer le produit de la pêche pour le conserver. Voilà pourquoi ils doivent pêcher de façon intensive et parfois se déplacer sur de longues distances. Les stocks de poisson fumé et grillé serviront à tenir durant la « saison morte », mais aussi de monnaie d'échange contre d'autres marchandises ou seront tout simplement vendus par les femmes sur les marchés.

> **UNE VOILE À TOUT FAIRE**
>
> *Les Vezos utilisent la voile de leurs pirogues pour leurs campements éphémères. En attachant ce rectangle de toile à quatre mâts plantés dans le sable, ils font une ombrelle le jour. La nuit, ils s'en font une tente en forme de tipi, surnommée « maison-voile ». Parfois, ils s'enroulent carrément dedans pour se protéger du froid ou du vent. Bref, c'est un accessoire dans le vent pour ces nomades des mers.*

La pêche traditionnelle se pratique au harpon et au filet. La plus emblématique étant celle de la tortue. Non seulement celle-ci donne du prestige à ceux qui l'exercent, mais elle obéit à des règles particulières, quasi sacrées. Normalement, la tortue, qui peut atteindre 200 kg, doit être sacrifiée à un endroit précis. La découpe des différentes parties du reptile se fait selon un schéma ancestral. Les morceaux les plus nobles vont aux membres masculins les plus importants de la communauté. À Ifaty, par exemple, on assiste parfois à ces découpages sous un grand tamarin au centre du village.

Ces rites qui choqueront quelques âmes sensibles font partie intégrante de la culture vezo. Ils sont nettement moins dévastateurs que les systèmes de pêche intensive dont les Vezos sont les premiers à souffrir : ils doivent aller chercher le poisson de plus en plus loin, et leur propre mode de vie s'en trouve fragilisé. Les Vezos ne cherchent pas à s'enrichir. Au contraire, ils aiment avant tout leur mode de vie et leur liberté.

Excursions à la mode vezo

– Vous ne pourrez pas partir en mer en *saison des pluies* pour des raisons évidentes : il pleut (si, si), et la mer est souvent mauvaise.

– Les *points de départ* pour cette aventure sont en général Anakao au sud et Ifaty au nord, plus sûrs pour s'organiser. Rien n'empêche néanmoins de partir d'autres villages moins balisés comme Manombo (au nord) ou de changer de pirogue de village en village.

– Le plus important est de bien choisir son ou ses *piroguiers.* Renseignez-vous bien sur les bons et les moins bons : n'oubliez pas que vous partez plusieurs jours... Lire aussi les infos concernant les balades en pirogue dans « D'Ifaty à Salary », plus bas.

– Si vous avez emporté vos palmes, masque et tuba, c'est bien sûr une super idée pour admirer le lagon, mais ne franchissez pas la barrière de corail : danger, *requins !*

– *Le gîte et le couvert :* vérifiez bien si la *nourriture* et l'*équipement* sont inclus dans le prix. Ça change un budget. On vous rappelle que dormir totalement à la belle étoile sans moustiquaire vous expose dangereusement au risque de paludisme. Si vous n'avez pas de tente, ça risque d'être dur d'en trouver une... On en loue parfois. Sinon, on peut acheter une voile vezo d'occasion en guise de toile de tente voire louer des cahutes dans certains villages ou dormir chez l'habitant avec l'autorisation du chef du village (toujours laisser quelque chose).

– *Tarifs :* le tarif d'excursion est généralement un forfait par personne pour la totalité du trajet. En effet, la navigation se faisant en pirogue, tributaire des vents, le trajet peut varier de 1 jour ou 2 sur le programme prévu. À l'arrivée, vous paierez le même tarif, quelle que soit la durée. Exemples de tarifs annoncés, hors équipement et nourriture : pour Ifaty-Anakao, compter environ 65 000 Ar pour 3 jours de navigation maximum ; Ifaty-Morombe, 100 000 Ar pour 4 jours maximum.

LA CÔTE AU NORD DE TULÉAR

LA BAIE D'IFATY

IND. TÉL. : 94

À une trentaine de kilomètres au nord de Tuléar, la baie d'Ifaty baigne les villages d'*Ifaty* et de *Mangily*. Le tourisme y sévit depuis des lustres, avec son lot de petites arnaques, de pratiques anti-commerciales et un défilé de mode de gamines grimées d'un rouge à lèvres un peu trop rouge et qui en dit un peu trop long... Et pourtant, on aime à paresser face à ces plages où s'affairent les bateaux de pêcheurs qui trouvent toujours de bonnes raisons de partir ou revenir. Et l'on aime à se régaler de ces excellents produits de la mer dans de bons petits restos.

Arriver – Quitter

Depuis et vers Tuléar

🚌 *En taxi-brousse :* départ de Tuléar depuis la station des taxis-brousse au nord de la ville *(hors plan Tuléar par A1, 2), à Mangily sous le tamarin au centre du village (à l'écart de la RN 9).* Compter 30 km de piste, env 5 000 Ar et 40mn de trajet. On part lorsque le taxi est plein ! Avantage depuis peu la route est goudronnée.
– *Par le biais d'un transfert organisé :* quelques hôtels assurent les transferts. Depuis l'aéroport de Tuléar, compter 40 000 Ar/pers (min 2 pers) en 4x4 ou en minibus.
– *En taxi, à moto : loc de motos, voir « Adresses utiles » à Tuléar.* On peut privatiser un taxi depuis Tuléar, plus cher mais à plusieurs ça peut valoir le coup.

Vers le nord

➢ *Morombe :* les taxis-brousse pour cette ville partent généralement le matin de Tuléar. Mais il n'est pas garanti d'y trouver de la place car ils arrivent souvent bondés à Ifaty. Cela dit, à Mada, la place, on la fait... même sur le toit ! Trajet : compter la journée.

➢ *Manombo :* taxi-brousse tlj en début d'ap-m. Par-delà, vers le petit village de pêcheurs de Salary et ainsi de suite jusqu'à Andavadoaka et Morombe le long de la côte... prévoir des connexions en pirogue ! Pour les aventuriers en herbe.

Où dormir ? Où manger ?

À Mangily

Bon marché (jusqu'à 40 000 Ar / env 11 €)

🛏️ 🍽️ *Chez Freddy Village : de la RN 9, dans le village prendre la 2ᵉ rue à gauche sur 300 m.* 📞 *034-19-842-76.* • *freddymada@yahoo.fr* • *À 200 m de la plage. Doubles 15 000-20 000 Ar. Resto tlj sf lun. Plat env 20 000 Ar ; buffet sam soir env 35 000 Ar.* On vient chez le sémillant Freddy tout d'abord pour sa cuisine et son équipe enjouée. Les entrées sont étudiées, le poisson fondant à souhait, et les desserts du même tonneau. Mais on peut aussi y séjourner, soit dans une chambre très simple et propre à l'arrière, soit au 1ᵉʳ étage avec 2 chambres simples, toutes avec sanitaires extérieurs. Pour les petits budgets et profiter de l'ambiance du restaurant.

Prix moyens (40 000-80 000 Ar / env 11-23 €)

🛏️ 🍽️ *Villa Maro Loko : de la RN 9, prendre la 2ᵉ rue à gauche dans le village, c'est tt au bout, à 500 m, au départ des taxi-brousses.* 📞 *034-20-034-43.* • *maroloko.com* • *Chambres 65 000-90 000 Ar selon taille. Plats 15 000-25 000 Ar.* 📶 *(au resto slt).* Une villa de charme au cœur du village. Les propriétaires franco-malgaches se sont donnés du mal pour restaurer cet hôtel et lui conférer un bon standing. 8 chambres côte à côte, équipées de douches à l'italienne (avec eau chaude), ventilateur et électricité solaire, toutes avec terrasse, en léger retrait de la mer, mais offrant une petite vue quand même. Sur le devant, pieds dans l'eau, le restaurant où Yannick, le chef propriétaire, mitonne une cuisine savoureuse aux saveurs de monde. Club nautique dans l'hôtel.

🛏️ 🍽️ *Sur la Plage, Chez Cécile : au nord de la plage d'Ifaty, Mangily.* 📞 *034-94-907-00.* • *surlaplagechezcecile.com* • *Compter 25 000-100 000 Ar selon confort.* 📶 *(au resto).* Simple, avec des bungalows en dur, confortables et propres, avec douche (eau froide) et w-c (extérieurs pour les moins chers). Géré par Carole, depuis que Cécile s'est installée plus au nord. Un des points de repère de la plage. Fait aussi resto. Sorties pirogue sur le lagon avec Baby, qui pourra aussi vous préparer un excellent barbecue de poisson. Laverie sur demande.

🛏 I●I **Le Jardin de L'Isle :** *au sud de la plage, à côté hôtel Ifaty Beach.* ☎ *034-29-947-84 ou 034-87-761-31.* ● *lejardindelisle-mangily.com* ● *Doubles 50 000 Ar.* Cet hôtel-gîte récent est composé de 5 chambres agréables avec terrasse et patio, toutes équipées de cabinet de toilettes avec douche (eau chaude), ventilateur. Pas de restaurant mais une grande cuisine commune à disposition. Un beau jardin fleuri avec barbecue qui permet de griller poissons et langoustes. Accès direct à la plage, grands parasols. Calme et bon accueil de Serge et Dominique.

De chic à plus chic (80 000-250 000 Ar / env 23-71 €)

🛏 I●I **Hôtel Solidaire Mangily :** *rue à droite de la RN 9 à l'entrée du village.* ☎ *034-02-666-60.* ● *hotelsolidairemangily.com* ● *Bungalows pour 2 pers 100 000-140 000 Ar. Possibilité de ½ pens ou pens complète. Repas env 35 000 Ar.* 📶 *Transfert aéroport 85 000 Ar pour 4 pers.* Notre coup de cœur du côté de Mangily, un hôtel écologique créé pour financer l'ONG *Bel Avenir* et son programme d'éducation environnementale des populations locales. Ses superbes bungalows sont bien espacés les uns des autres, en bois et pierre blanche d'Ifaty, magnifiquement meublés et dotés de tout le confort. Au centre, la vaste piscine autour de laquelle sont disposées quelques tables. Au resto, excellente cuisine créative (malagasy et européenne), à base de produits venant des jardins bio de l'association et réalisée par un vrai chef cuistot. Également un espace de relaxation.

🛏 I●I **Princesse du Lagon :** *à 100 m au nord de la pl. du tamarin par la ruelle qui longe le bord de mer.* ☎ *034-98-887-49.* ● *princessedulagon.com* ● *Doubles 130 000-190 000 Ar. ½ pens obligatoire 37 €/pers.* Posée en bord de plage, cette maison coloniale toute blanche, dégage un charme empreint de sérénité. 9 chambres, avec balcon pour les moins chères et accès direct à la plage pour les autres, toutes très bien équipées et sobrement meublées de bois exotique. La douceur de l'accueil et la qualité du resto, douillettement installé à même le sable, ajoutent à l'envoûtement du lieu. Espace fitness, petite piscine dominant la plage... Une véritable invitation au voyage !

🛏 I●I **Bamboo Club :** *au nord du village, après la forêt de baobabs.* ☎ *902-13.* ☎ *034-66-552-31.* ● *bamboo-club.com* ● *Bungalows env 49 000-147 000 Ar avec eau chaude. Menu 37 000 Ar. Transfert sur demande.* 📶 Le *Bamboo Club* est lové sur une baie de sable blanc. Dans un coin bien au calme, au sein d'une belle végétation, d'agréables bungalows dans le style vezo, alliant pierres, bambou et matériaux locaux, les pieds dans l'eau et 5 appartements indépendants. Piscine à débordement, soins relaxants, club nautique, beach volley, pétanque...

À Ifaty

Pour une fin de séjour, après avoir crapahuté sur des pistes et pour quelques jours de repos, mais ambiance autarcique et de bout du monde, autant le savoir !

De plus chic à beaucoup plus chic (à partir de 150 000 Ar / env 43 €)

🛏 I●I **Le Nautilus :** *à 3 km au sud de Mangily, entre les hôtels* Le Paradisier *et* Lakana Vezo. ☎ *032-04-848-81.* ● *nautilusmada.mg* ● *Compter 160 000 Ar le bungalow pour 2. Clim en été et ventilo. Transfert sur demande.* 📶 Certains des bungalows sont encastrés dans la dune au bord de la plage (les plus originaux et les plus design), en surplomb de la plage, d'un blanc immaculé très relaxant, impeccables et élégants. D'autres sont en retrait avec terrasse privée, perdus sous les arbres, et donc à l'ombre. Fait resto à prix chic, avec des plats utilisant tous les produits de la mer ou presque, et un service aux petits oignons. Excellents desserts. Massages et alambic traditionnel pour les huiles essentielles. En résumé, une bonne adresse pour conjuguer activités sportives et farniente.

🏠 🍽 *Le Paradisier :* à 10 km au sud de Mangily ; y aller en voiture et ne plus bouger ! 📱 032-07-660-09. ● paradisier.net ● Résa obligatoire. Doubles 330 000-365 000 Ar. Menu 55 000 Ar. 📶 Transfert possible. Envie de calme dans un espace élégant, décoré avec soin ? Disséminés dans un jardin tropical, des bungalows ronds, en pierre, avec mezzanine, terrasse et vue sur la mer. Sensation unique d'être seul au monde. Au coucher du soleil les microcèbes (petits lémuriens) se laissent facilement observer. Aménagements et décoration de goût. Piscine à débordement avec vue sur le canal du Mozambique. Au programme, snorkelling, observation des baleines à bosses, plongée, balades en pirogue, massages, alambic traditionnel pour les huiles essentielles, vélo... Le paradis !

À voir. À faire

➢ *Balades en pirogue :* on vous en proposera à chaque détour de chemin. Évitez le premier rabatteur de plage venu et négociez le prix, en fixant par avant ce qui est inclus ou pas (dont le repas du midi, souvent un pique-nique au pied marin, à même la plage). Vous pouvez aussi interroger votre hôtelier qui évitera de vous mettre entre n'importe quelle pagaie. La prestation consiste souvent en une sortie vers la barrière de corail avec parfois location de tuba et palmes et un pique-nique dans un village vezo. De juillet à septembre, observation des baleines à bosses qui viennent ici s'accoupler, ou donner naissance. Il n'est pas rare non plus de voir des dauphins. Pour les périples plus lointains, de plusieurs jours, se reporter plus haut au chapitre « Excursions à la mode vezo ».

■ *Plongée et sorties en mer :* plusieurs clubs de plongée sur place. **Atimoo Plongée** sur le terrain de l'hôtel *La Bella Donna* (📱 034-02-529-17. ● atimoo. com ●). Instructeurs PADI (jusqu'au Dive Master). Également des sorties baleines, un bateau à fond de verre et une école de kitesurf à l'hôtel **Le Nautilus** (voir « Où dormir ? »). Ou encore **Mangily Scuba** (📱 034-64-781-76. ● ifatyscuba.com ●), sur la plage à côté de l'hôtel *Maro Loko*. Dirigé par une Américaine, biologiste de formation, qui connaît très bien le monde sous-marin.

🐟 La baie d'Ifaty est assez réputée pour ses fonds marins. Pour la plongée avec bouteilles, bien lire la rubrique « Dangers et enquiquinements. La mer » dans Madagascar Utile. Pour l'apnée, les principaux clubs de plongée et certains hôtels louent des masques et tubas à la journée. Et quasiment tous les clubs proposent des sorties pour observer les baleines entre juillet et septembre.

🌿 *Association humanitaire Bel Avenir :* coordonnées, voir « Où dormir ? ». ● ongbelavenir.org ● *Visites sur résa : 10 000 Ar ; gratuit pour les résidents de l'hôtel.* En plein village, voici l'occasion de toucher du doigt le fonctionnement d'un lieu entièrement dédié à l'action humanitaire. Le site est largement écoresponsable avec, en prime, fruits et légumes 100 % bio venant des jardins potagers. Et les jeunes formés ici travaillent tout à la fois à l'entretien, aux cuisines et au service de la structure hôtelière... Visite intéressante saluée par quelques baobabs joufflus et les ânes qui se la coulent douce (tout Madagascar en compte une trentaine seulement !). Le lieu travaille aussi à la culture et à la transformation du *moringa olifeira*, une plante originaire d'Inde dont les graines servent à purifier l'eau, les racines se font épice et les feuilles complément alimentaire (très prometteur dans les pays pauvres).

🌿 *Kamaileon :* en entrant dans le village, à droite. Fléché. 📱 034-93-245-99 ou 034-25-892-65. *Tlj 8h-18h. Visite : 10 000 Ar.* Étonnant animal que ce caméléon, dont vous aurez peut-être déjà croisé quelques spécimens parmi les espèces recensées à Madagascar. On les rencontre ici dans de grandes cages pouponnières, à l'abri de leurs prédateurs naturels : les chiens, les chats, les taxis-brousse, les serpents et les rapaces. Sans compter l'homme pour qui le caméléon est à Mada ce que le chat noir est à l'Occident : associé des sorcières, animal maléfique, jeteur de sort... Joli jardin botanique attenant où l'on observe toutes sortes de légumes, de plantes aromatiques ou médicinales...

La réserve Reniala : à 800 m au nord du village, piste à droite qu'on suit sur 800 m. Bureau dans le village. 032-02-513-49 ou 034-03-790-40. • reniala-ecotourisme.jimdo.com • Tlj 5h30-17h30 (6h-18h l'hiver). Visite guidée (obligatoire) : 1h-1h30 (petit parcours de 1,5 km) et 2h-2h30 (grand parcours de 2,5 km), 18 000-35 000 Ar ; gratuit jusqu'à 12 ans. On peut aussi y dormir dans des chambres simples mais propres pour 30 000-40 000 Ar. Intéressante visite de l'arboretum et du sentier botanique créés par un professeur de biologie français et par son épouse malgache. Nombreux baobabs – dont le plus gros, *Adansonia fony,* de 13 m de circonférence –, didiéréacées, pachypodiums, etc. Bref, la flore endémique du Sud-Ouest. Observation des oiseaux et de la faune (lémuriens notamment) sur rendez-vous, la veille de préférence. Cette réserve est un centre de réinsertion de makis ayant subi des traumatismes... Tout autour de cette réserve officielle se sont montés des parcs officieux profitant de l'aubaine.

Le Village des Tortues : à 800 m au nord du village, piste à droite qu'on suit sur 600 m. 034-19-841-55. Tlj 8h-17h. Entrée : 10 000 Ar ; réduc enfants. L'ASE (Association de sauvegarde de l'environnement), financée par la SOPTOM (projets identiques montés à Gonfaron (Var), en France et au Sénégal), accueille et soigne les tortues du sud du pays : les *radiata* (ou

DES AMOURS TORTUEUSES

Sous ses airs plan-plan, monsieur Tortue est un chaud lapin. S'il fait sa cour à madame Tortue de façon totalement muette, le passage à l'acte s'accompagne, lui, de petits cris que ne renierait pas une fameuse chaîne cryptée, autour de minuit. C'est le seul moment de sa vie où la tortue émet un son.

sokake), ou encore tortue étoilée) et les *pyxis,* ou *sokapila,* vivant entre Tuléar et Fort-Dauphin. Il y a en moyenne 4 000 spécimens sur place, mais toutes ne sont pas visibles, car en quarantaine. Pas mal d'enclos et de panneaux sur leur mode de vie.

Manifestation

– Durant les **fêtes de Pâques,** au niveau du *Mangily Hotel,* 3 jours de musique (1er jour), de boxe (2e jour) et de course de charrettes à zébus (3e jour) !

D'IFATY À SALARY

Grandes plantations de coton, récolté durant l'hiver austral, jusqu'au village de **Manombo** avec son marché et sa mission catholique. On peut y louer une pirogue pour Salary. À 15 km plus au nord, petit village d'**Ampasilana** et sa société de culture des algues qui entrent dans la composition de médicaments. Encore 30 km plus loin, avant d'arriver à **Salary,** on longe une côte de toute beauté, avec un lagon d'un bleu pur, des mangroves et des euphorbes abritant des couas coureurs (à tête bleue) ou servant de points d'observation aux milans, ces adorables petits rapaces tachetés.

Où dormir ? Où manger sur la piste côtière qui mène à Morondava ?

▲ |●| *Un Peu Plus Au Nord :* *à 65 km au nord de Tuléar, 4 km de Tsiandamba, 12 km au sud de Salary et 100 km au sud de Morombe.* ☏ *034-19-844-91 ou 032-89-100-84.* ● *unpeuplusaunordce cile.com* ● *Bungalow double 80 000 Ar, petit déj 12 000 Ar, menu 30 000 Ar.* Cécile de Mangily a créé à Ambokatra un petit hôtel écologique composé de 4 bungalows donnant sur une plage de sable blanc devant un lagon turquoise et 2 dans la forêt. Un lieu idéal pour une escale de quelques jours pour ceux qui ont entrepris de suivre la piste côtière de Tuléar à Morondava. Convivialité autour de la table d'hôtes. En plein pays vezo, farniente, balade dans la forêt proche où vivent les Mikeas, baignades, balades en mer et plongée sous-marine. Qui dit mieux ?

✗ ▲ |●| *Salary Bay :* *résa à l'hôtel* Cotsoyannis, *Fianarantsoa.* ☎ *75-514-86.* ☏ *032-49-120-16.* ● salarybay.com ● *Bungalows doubles 220 000-315 000 Ar. ½ pens obligatoire 87 500 Ar/pers en sus. Transfert sur demande (très cher !).* Place au farniente, au lagon et à la barrière de corail, idéal pour un repos très luxueux, bien mérité... Bungalows confortables, dominant la mer. La nuit, les couvertures sont les bienvenues. Distractions : pirogue, bateau, balades dans les villages vezos, dans la forêt des Mikeas, etc.

▲ |●| *Sirena del Mare – Chez Francesco :* *juste avt Salary Bay. Bungalow env 65 000 Ar.* Tenu par un Italien original. Bungalows confortables construits avec une sorte de chaux à base de poudre de coquillages. Sanitaires communs. Repas très copieux avec pain maison et authentiques pâtes Barilla ! Poisson que Francesco rapporte de ses plongées en apnée, auxquelles on peut participer.

DE SALARY À ANDAVADOAKA

La barrière de corail continue de se dérouler dans l'isolement le plus total... On croise d'abord, à 18 km de Salary, le joli village d'**Andravongny,** superbement situé au pied des dunes et du lagon. Toujours le charme des habitants et des enfants. Ici, c'est une école *Aide et Action* qui constitue, après le village lui-même, la structure la plus précieuse. Ensuite, on traverse le village d'**Ambatomiloha** (prononcer « Ambatoumilou »), avec ses dunes et ses collecteurs de langoustes, puis **Befandefa.** Dans les terres, flopées de baobabs-bouteilles et de didiéréacées, ces faux cactus dressés vers le ciel et toujours aimantés par la lumière du Sud... À 70 km de Salary, on arrive enfin à **Andavadoaka,** où s'achève en beauté la barrière de corail. Le site est sauvagement découpé. Un bout du monde et une belle transition avant de repartir pour de nouvelles aventures. Plage, retour de pêche et farniente au programme. Quelques îles dans les environs, et des pirogues pour s'y rendre. De quoi s'arrêter plusieurs jours.

Où dormir ? Où manger à Andavadoaka ?

▲ |●| *Bungalows Coco Beach :* ☏ *034-14-001-58.* ● *nassim.tahora@ gmail.com* ● *Bungalow 50 000 Ar (avec sdb mais eau chaude à la demande). Petit dej 10 000 Ar. Menu complet à base de fruits de mer 25 000 Ar.* Avez-vous lu le roman *37°2 le matin* de Philippe Djian ? On se croirait un peu dans une version tropicale du bouquin. Certes, l'entretien laisse un peu à désirer ! Vérandas qui font le tour et vue sur la côte déchiquetée. Joli resto belvédère (frisquet en hiver), pour admirer la région en dégustant des huîtres, langoustes, calamars sautés, du thon et autre poisson selon arrivage local... Sorties en mer possibles. À louer sur place, des masques et des palmes. Un gros bémol, la difficulté pour arriver jusqu'ici (180 km de Tuléar).

🏠 |⚫| À 2 km au sud, dans le village de pêcheurs de la baie d'Anternanangy, le *Manga Lodge,* tenu par des Français, avec 7 bungalows, dont 4 avec 2 chambres, salle d'eau et w-c privés *(prévoir 100 000 Ar pour 2).* Cuisine soignée composée de poissons et fruits de mer. Un petit paradis pour se baigner dans une eau à 30 °C ou se balader en pirogue dans le lagon. Sinon, *Chez Antoine,* pour les petits budgets.

LA CÔTE AU SUD DE TULÉAR

SAINT-AUGUSTIN ET SARODRANO

À 30 km au sud de Tuléar par la RN 7 sur 12 km, puis emprunter une piste qui part sur la droite sur 18 km. Pour y aller, un seul taxi-brousse par jour (pas pratique car il quitte Tuléar à 14h30, retour le lendemain matin (donc, nuit sur place obligatoire). Louer un taxi à la journée peut être une solution également. Évidemment plus court en 4x4, en empruntant le bac pour rejoindre Anakao et la piste côtière allant à Fort-Dauphin. Ne manquez pas au passage :

🎯 *La stèle au Tropique du Capricorne : sur la piste, à 4 km de l'embranchement de la RN 7.* En pleine aire protégée de Tsinjoriake, ce monument célèbre le passage de l'un des deux tropiques que compte notre planète. Ceux qui croyaient voir une ligne tracée à la peinture blanche, coupant le paysage en deux, auront droit à 2h de colle !

🏠 |⚫| *Bakuba Lodge :* à 3,5 km de la RN 7, route de Saint-Augustin, Ankilibe, proche de la stèle au Tropique du Capricorne. ☎ 032-51-528-97. ● bakuba-lodge.com ● *Doubles 115-165 €. Menu 20 €.* Crée par Bruno Decorte, un architecte designer de génie, cet ensemble digne d'un film de fiction est à voir et mérite une halte pour au moins boire un verre. Sinon, séjour pour touristes fortunés ou en lune de miel offrant 3 chambres immenses et 3 suites sur plusieurs niveaux.

🎯 *La grotte d'eau douce de Sarodrano : sur la piste, à 14 km de l'embranchement de la RN 7. Droit de visite 5 000 Ar.* Cette grotte à ciel ouvert, vraiment pas exceptionnelle, a été vaguement aménagée pour les touristes Elle concrétise la résurgence d'une rivière souterraine, sensée regorger de poissons aveugles. Elle est sacrée, alors soyez plein de retenue si vous vous y baignez.

🎯 *Sarodrano :* en une matinée (aller et retour), on peut se rendre à pied à ce village de pêcheurs depuis Saint-Augustin. Un poil sportif, mais sans difficulté majeure. Superbe balade. On peut également y accéder par la mer depuis Saint-Augustin ou Tuléar. Belle vue sur la baie et la mangrove. Au bout, la récompense : de superbes dunes, la mer et des rencontres très sympathiques dans le village.

🎯🎯 *Saint-Augustin : par la piste, à 18 km de l'embranchement de la RN 7.* Très beau panorama sur la baie en route. Sachez que celle-ci était truffée de pirates et de marchands d'esclaves aux XVIe et XVIIe s ! D'ailleurs, l'auteur de *Robinson Crusoé* s'en inspira largement. Ce village authentique suspendu dans le temps, habité par des pêcheurs et des éleveurs (moutons, chèvres), offre de nombreuses possibilités de balades. En pirogue, partez voguer sur la mer et le fleuve (la démarcation entre l'eau salée et l'eau douce est très nette), puis allez sur l'autre rive à la rencontre des flamants roses. Plage et poissons frais et crustacés au menu. Source avec petite piscine naturelle qu'on atteint en 1h15 à pied ou en 45 mn en pirogue. Très bel environnement, mais ne pas aller au banian du fond, qui est *fady.*

🏠 🍽 **Le Paradis d'Espérance :** ☎ 032-40-787-53. • beauparadis@yahoo.fr • *Bungalows 20 000-40 000 Ar. Menu 13 000 Ar.* Espérance, la patronne, offre une dizaine de bungalows simples mais avec douche-w-c pour certains, en bordure de plage, au cœur du village. Resto en terrasse très agréable servant des produits de la mer à petits prix. Accueil chaleureux. Une bonne étape pour attendre le bac qui mène à Soalara.

ANAKAO

IND. TÉL. : 94

Au sud de Saint-Augustin, Anakao est un village de pêcheurs vezos de rêve, très apprécié pour ses retours de pêche et pour ses possibilités d'excursions, de snorkelling ou de plongée en pirogue. Les amateurs de glisse commencent aussi à y farter leurs surfs (parlez-leur de la fameuse *Flam'ball* !). Il règne là un petit parfum de bout du monde, bien agréable, à savourer dans une grosse poignée de bonnes adresses. Les téléphones portables passent peu, voire pas du tout. Et les banques n'ont pas traîné leurs coffres jusqu'ici, alors prenez vos précautions à Tuléar.

Arriver – Quitter

Oubliez l'option par la route, nécessitant un détour invraisemblable (8h de piste... et en 4x4, s'il vous plaît !). Non, décidément, la solution la plus adaptée est le bateau. Mais attention, l'enchaînement des transferts nécessite de passer (au moins) une nuit sur place.
Les finasseurs dégoteront une barquasse de pêcheur pour gagner quelques roupies, mais au détriment de la sécurité. Les deux compagnies suivantes proposent des transferts dans des bateaux rapides et plutôt sûrs. 1 bateau/jour (sauf privatisation), départ vers 7h30 d'Anakao et vers 9h30 de Tuléar (embarcadère de Mahavatse). Traversée 1h environ.
– *Quelques conseils :* réservez la veille, y compris pour votre retour et prenez une marge solide (la veille, même) si vous avez un avion à prendre. Il arrive qu'il y ait des problèmes de réservation. Par grosse mer – ce qui est fréquent –, prévoyez des sacs étanches pour protéger vos bagages et un vêtement pour ne pas être complètement trempé.

■ *Anakao Express* (hors plan Tuléar par A3) : sur le port, à l'extrémité du bd Lyautey, à côté de l'hôtel Vahombe. ☎ 924-16. 📱 034-60-072-61 ou 032-07-114-38. • transfert@anakaoexpress.com • anakaoexpress.com • *Compter 100 000 Ar l'A/R.*
■ *Transfert Anakao* (hors plan Tuléar par A3) : embarquement devant le restaurant Le Blu. 📱 034-91-468-36. • transfert.anakao.com • *Compter 100 000 Ar l'A/R.*
■ *Bac Faviota :* reliant Saint Augustin à Soalara, village à 12 km d'Anakao. 📱 034-03-265-50. *Compter 100 000 Ar/véhicule.* C'est une solution plus courte pour relier en 4x4 Anakao et la piste côtière menant à Beheloka, Ambola, Fort-Dauphin. En fonction des marées : aller les dim, mer et ven, souvent avant 12h ; retour les ap-m lun, jeu et sam. Toujours reconfirmer le passage avec le numéro d'immatriculation du 4x4, et vérifier que le bateau est bien programmé le jour choisi.

Où dormir ? Où manger ?

Quasiment tous les hébergements donnent sur la plage. Attention, grosse affluence en saison et pas mal d'hôtels affichent alors complet. Il est prudent de réserver.

Bon marché (20 000-40 000 Ar / env 6-11 €)

▲ |●| *Chez Émile : resto sur la plage, hébergement en retrait dans le village.* ☎ *922-45.* 📱 *032-04-023-76. Bungalows 20 000-25 000 Ar Plats 15 000 Ar.* Émile est une célébrité locale, et il est gentil comme tout. Ses bungalows en bois brut simples, très basiques, sont plantés en plein cœur de la vie villageoise. Pour les petits budgets... Excursions pirogue à voile ou à moteur, snorkelling.

▲ |●| *Chez Soalaza* (Solange) : *sur la plage, à la limite nord du village.* 📱 *034-10-726-15 ou 034-17-229-83.* ● *hotel-soalaza.com* ● *Doubles 25 000-47 000 Ar. Plats 12 000-15 000 Ar.* 💻 📶 Soalaza se prononce « Sois à l'aise » en malgache. Et c'est vrai qu'on se sent bien dans cette petite adresse sans prétention, accueilli par la charmante Solange, au calme, avec ses 6 chambres doubles dans des bungalows, rustiques (mais avec sanitaire privé à l'intérieur). Resto, transats, bar avec rhums arrangés. Une adresse comme on les aime.

De prix moyens à plus chic (40 000-250 000 Ar / env 11-71 €)

▲ |●| *Atlantis Madagascar : sur la plage à 400 m avt le village.* ☎ *700-42.* 📱 *034-10-000-72.* ● *atlantismadagascar.com* ● *Bungalows 25 000-70 000 Ar. Campeurs 10 000 Ar. ½ pens possible.* 📶 Un hôtel avec 3 bungalows simples (douche au seau mais w-c) et 2 avec salle d'eau privée. Petite piscine d'eau de mer, électricité 24h/24 et eau chaude. Également un club de plongée PADI (packages possibles). Au restaurant, produits locaux (mer ou terre) sans oublier, le punch coco, le romazave et les fameuses crêpes bananes chocolat. Excursions baleines, sur les îles avoisinantes au parc Tsimanampetsose, en charrette à zébus... Une adresse conviviale.

▲ |●| *Eco Lodge Lalandaka : à 10 mn au nord du village.* ☎ *922-21.* 📱 *032-05-622-80.* ● *lalandaka.com* ● *Bungalow 100 000 Ar. Plats env 18 000 Ar.* Au milieu des dunes, des bungalows en bois pleins de charme, décorés simplement, avec leurs lits bien moelleux, où l'on se love avec plaisir. Terrasse individuelle, douche et toilettes privées. Le soir, on se retrouve autour du bar joliment décoré, en écoutant le ressac. Bons repas, petit déj avec pain fait maison. Accueil très cordial. Un de nos coups de cœur sur la plage.

▲ |●| *Peter Pan : en limite sud du village, à côté du club de plongée Il Camaleonte.* 📱 *032-82-614-54.* ● *chezpeter.pan@gmail.com* ● *peterpanhotel.com* ● *Bungalows 30 000-80 000 Ar pour 2 ; chambre pour 8 pers 100 000 Ar ; également des appartements. Plat 20 000 Ar.* 📶 Les paillotes plus ou moins grandes de Dario et Valerio se la jouent robinsonnade dans une ambiance gay-friendly. Tout est fait avec astuce pour offrir un confort simple, sans jamais trahir l'environnement de ce joli bout du monde : énergie et eau chaude solaires, menuiserie faite maison... Bonne cuisine de Valerio avec brochettes de calamar, tagliatelles maison d'anthologie et autres pizzas à la mozza de zébu. Également au menu, observation de cétacés, plongée, balades en pirogue, farniente...

▲ |●| *Longo Vezo : à 25 mn à pied au nord du village.* 📱 *032-02-695-12 ou 032-02-631-23.* ● *longovezo.com* ● *Paillotes pour 2, 60 000-80 000 Ar selon taille et confort. 2 maisons d'hôtes pour 4 pers 170 000 Ar/j. (min 2 j.) ou à la sem. Menu 35 000 Ar.* Des bungalows sur des dunettes et au milieu de la végétation riche en euphorbes, disposés en étage. Sympathiques hamacs en terrasse. Ici, tout fonctionne à l'énergie solaire. Et pour vous rafraîchir les idées, vous pourrez faire de la plongée avec Éric (voir plus bas). Hasard de la vie ou pas, son nom de famille n'est ni plus ni moins que... Vézo. Excursions aux îles, surf, observation des baleines, balades en 4x4.

▲ |●| *Safari Vezo : bureau au port de Tuléar (embarquement privé, transfert aéroport) :* ☎ *413-81.* 📱 *034-94-413-81 ou 034-07-602-52 ou 032-07-602-52.*

● safarivezo.com ● Bungalow env 260 000 Ar en ½ pens pour 2, suite 340 000 Ar. Une quinzaine de bungalows avec douche et eau chaude fournie (au Katafray, plante locale aux vertus apaisantes) ou 2 suites avec eau chaude solaire. Le tout alliant brique, bois et bambou, joliment décoré et avec des salles de bains élégantes en mosaïque, face à la plage et au milieu d'arbustes typiques du Sud. Au resto, ouvert sur la mer, des produits de la mer, évidemment ! Excursions à Nosy Ve, Nosy Satrana et sorties baleines.

Beaucoup plus chic (plus de 250 000 Ar / env 71 €)

Les très fortunés iront au sud de la baie découvrir l'**Anakao Ocean Lodge :** ☎ 921-76 et 919 57 (Tuléar). 032-05-306-92. ● anakao-madagascar.com ● Doubles 420 000-540 000 Ar. Repas 72 000 Ar. Paiement en CB à Tuléar. Très retiré. Parfait pour les *honeymooners*. Prestations haut de gamme bien sûr, spa et délicieuse cuisine de la mer.

À voir. À faire

Pas grand-chose à faire d'autre que buller... hors et... dans l'eau ! Pour la plongée avec bouteilles, bien lire la rubrique « Dangers et enquiquinements – La mer » dans Madagascar Utile. Trois **clubs de plongée** sur la plage : le premier club est tenu par Éric, du **Longo Vezo** (voir « Où dormir ? Où manger ? » ; 032-02-695-12). Il est moniteur CMAS et fait passer les niveaux 1, 2 et 3. **L'Atlantis** est tenu par Laurence, instructeur PADI (☎ 700-42 034-10-000-72. ● atlantismadagascar@gmail.com ● atlantismadagascar.com ●) et **Il Camaleonte** (032-63-672-34. ● camaleonteanakao@gmail.com ●) par un couple sympa et sérieux d'Italiens qui proposent également des locations de kayaks (35 000 Ar/h, 120 000 Ar/j.), kitesurf (100 000 Ar/h, 250 000 Ar/ 1/2j.). ou de *stand-up-paddle* (50 000 Ar/h, 150 000 Ar/j.). Pour les plongées compter : baptême 170 000 Ar, une sortie 150 000 AR, location matériel env 120 000 Ar.

Proche d'Anakao, l'*île de Nosy Ve* offre une superbe plage (presque) déserte, de très beaux fonds et abrite une colonie de pailles-en-queue, qui nichent dans les buissons à même le sable pour pondre. L'île entière est sacrée et les oiseaux marins sont régulièrement observés par les scientifiques car, avec La Réunion, c'est l'un des seuls sites connus de nidification de ces oiseaux dans tout l'hémisphère sud. Compter environ 40 000 Ar par personne pour l'excursion, plus 5 000 Ar de taxe par personne pour accéder aux îles.

DES OISEAUX À LA POINTE

Avec de la chance, vous observerez à Nosy Ve des pailles-en-queue (phaeton) – ces oiseaux très élégants et très rares, blancs striés de noir. On les reconnaît surtout à leur queue en fourche, formée par deux plumes effilées en pointe. Ils passent le plus clair de leur temps en pleine mer, mais reviennent nicher sur terre.

Le lac et le parc Tsimanampetsotsa (qui signifie « sans dauphin », vous voilà prévenu !) : *voir plus loin « De Tuléar à Fort-Dauphin. Beheloka ». Compter 1h30 de trajet pour 50 km : 120 000 Ar/pers pour le 4x4, 45 000 Ar pour l'accès au parc et 23 000-50 000 Ar en fonction du circuit pour le guide*. Géré par *MNP*, le seul lac d'eau salée de Madagascar. Au programme, flamants roses, flamants nains, sarcelles, poissons aveugles, riche végétation (baobabs de 1 500 ans !) et grottes (chaussures de marche et lampe nécessaires). Prévoir une bonne journée avec de l'eau, une protection contre le soleil et de l'antimoustique.

DE TULÉAR À FORT-DAUPHIN

- **La piste des Tombeaux**..............201
  - Beheloka • Ambola
  - Itampolo • Lavanono
  - Le cap Sainte-Marie
  - Faux-Cap (Betanty)
- **Fort-Dauphin (Tôlagnaro)**...................205
- Balade sur la pointe Evatra et la baie de Lokaro • Ambinanibe
- Balade sur la piste du Nord et ses jardins tropicaux • La réserve de Nahampoana • La réserve privée de Berenty • Randonnées vers la grotte du cap Andavaka • Le parc national d'Andohahela
- Balade dans la vallée de Ranomafana
- Sainte-Luce

Un périple réservé uniquement aux heureux utilisateurs de 4x4 en saison sèche ou alors aux courageux et patients voyageant comme ils le peuvent. Partant de Tuléar, en pays vezo, on quitte progressivement l'univers des nomades de la mer pour entrer sur un gigantesque plateau aride, terre des Mahafaly. Ce groupe ethnique partage avec les Antandroys (l'une des tribus les plus pauvres de l'île) la tradition des tombeaux funéraires, notamment dans la région de Betioky, la capitale des *aloalo* (totems funéraires), et autour d'Ampanihy, la capitale des tapis mohair.

Agriculteurs, les Mahafaly ne forment curieusement sur leur terre que 25 % de la population. Les pasteurs antandroys et baras sont aussi nombreux, tandis que les Antanosy, originaires de la région de Fort-Dauphin et du nord de Betioky, représentent la moitié de la population. Dans cette région trop pauvre et trop aride pour le riz (qui est d'ailleurs considéré ici comme un luxe), on cultive surtout du manioc et des patates douces, et on élève des zébus et des chèvres.

La région recèle également un littoral de toute beauté qui borde le pays des Mahafaly. Beheloka, Itampolo, Lavanono, le cap Sainte-Marie ou Faux-Cap, où fraient les baleines de juillet à mi-septembre, sont de vrais bouts du monde. L'océan Indien et la luxuriance du Sud-Est surgissent alors comme un mirage, comme une oasis après le désert subaride de l'intérieur des terres… Pléthore d'euphorbes, de pintades sauvages, de *couas* coureurs, de huppes et de *drongos*, les « rois des oiseaux malgaches ».

LA PISTE DES TOMBEAUX

Si ce n'était l'état des routes et le respect dû aux ancêtres, on pourrait presque dire que la RN 10 se visite « à tombeau ouvert », tant il y en a. Et ce, de Tuléar à Ampanihy, mais également sur les nombreuses pistes de traverse qui vont jusqu'au littoral.

Les Mahafaly et les Antandroys

Avant d'être construits, les tombeaux donnent lieu à de grandes funérailles pouvant durer plusieurs mois, avec sacrifices de zébus à la clé. Tout cela coûte cher, très cher même, et contraste terriblement avec la pauvreté de la région. D'ailleurs, ces rituels onéreux ne sont pas sans rappeler ceux des tribus torajas aux îles Célèbes (Sulawesi) en Indonésie, pour ceux qui connaissent. Il faut savoir que pour les Mahafaly (« ceux qui rendent heureux ») et les Antandroys (« ceux des épines », à cause de la végétation semi-désertique de la région), comme pour tous les Malgaches, la vie après la mort et le lien avec les ancêtres ont bien plus de valeur que notre simple passage sur Terre.

Les tombeaux-monuments

Les tombeaux des deux groupes ethniques sont de grandes constructions en dur de 5 à 20 m de côté et de 1 à 1,50 m de haut, parfois plus grandes encore pour les tombes royales. Placés en bordure de route pour être vus et reconnus socialement, ou à l'abri des regards et des photographes dans la nature, les édifices en pierre ont tendance à disparaître, remplacés par le béton, dernier nec plus ultra de la modernité, voire de l'importance sociale. Les murs sont souvent ornés de peintures vives représentant des scènes de la vie quotidienne ou encore... des militaires en armes et des gendarmes. Parfois, le coût total de la construction est écrit en toutes lettres, ce qui amuse ou déconcerte souvent les touristes.

Sculptures et *aloalo*

Le plus surprenant, ce sont les représentations de taxis-brousse ou d'aéroplanes sculptés dans le béton. Peintes elles aussi, elles surmontent les tombeaux. L'avion est le symbole de l'importance sociale, le défunt ayant effectivement pris l'avion dans sa vie ou rêvant de l'avoir fait ! Très pratique pour monter au ciel... Il n'est pas rare d'y voir écrit le nom de la compagnie aérienne nationale. Sous ces sculptures se trouve l'habitacle où repose le défunt, parfois décoré de petits miroirs. Sachez qu'un tombeau ne renferme qu'un seul défunt à la fois. Tout autour de son cercueil sont disposées des pierres et des cornes de zébus sacrifiés lors des funérailles (là aussi, la quantité compte), ainsi que des ustensiles ayant servi au mort et qui lui serviront dans sa vie future.
Si les pierres levées fixées contre deux murs opposés appartiennent aux Antandroys, les fameux *aloalo* ou totems en bois sculpté sont à l'origine une spécificité mahafaly. Les *aloalo* mesurent entre 1 m et 1,80 m environ, sont peints (à l'origine) et orientés vers l'est. Contrairement aux statues sakalavas, ils ne représentent jamais de scènes érotiques. Au début, ils figuraient seulement des ibis ou des zébus. Aujourd'hui, outre leurs motifs géométriques, les statuettes incarnent des scènes réalistes, la personnalité du mort ou la nature de ses biens. Exemples : une femme consultant un sorcier, un convoi funèbre, des guerriers en arme, un cycliste, un fumeur de pipe, ou encore un gendarme arrêtant un voleur ! Du beau, du très beau travail. Il faut savoir que les *aloalo* sont considérés comme les « intermédiaires » entre les vivants et les morts. Ils se paient encore parfois entre un et deux zébus pièce !
– Notez que l'on vous demandera souvent de payer pour faire une photo d'un tombeau en invoquant le caractère sacré de celui-ci. Cette mauvaise habitude n'a pas toujours à voir avec les *fady*, mais n'insistez pas. D'autre part, si cela se présentait, n'achetez jamais d'*aloalo* ancien où que ce soit. Bien sûr, c'est totalement sacrilège et vous risquez de sérieux ennuis, et pas qu'à la douane.

Comment y aller ?

Quel que soit le mode de transports, prévoyez de gros efforts physiques sous le soleil et du matériel de camping. On peut demander aux chefs de village l'autorisation de dormir quelque part en laissant quelque chose. Mais ne partez surtout pas à l'aventure sans argent ni provisions ! Ce voyage ne s'improvise pas et est réservé surtout aux habitués des conditions difficiles.
– Par l'intérieur des terres, la sinueuse **RN 10** qui relie Tuléar à Fort-Dauphin sur 600 km est en fait une piste infernale, pour ne pas dire totalement défoncée !
– Par la côte (895 km), en passant par Betioky et Beheloka, dans le meilleur des cas, compter 28h de pistes, et même de passages à gué à la Menarandia (quand c'est possible, surtout en saison sèche). En principe un seul taxi-brousse par semaine entre Tuléar et Itampolo (à vérifier à Tuléar). Sinon, il faut partir en pirogue à moteur ou bien combiner des taxis-brousse avec des charrettes à zébus et de la marche. Une galère !
– Il est assez judicieux de rallier d'abord Anakao (lire plus haut « Anakao et l'île de Nosy Ve ») en bateau à moteur (3h) pour s'éviter une longue route par Betioky (280 km, 8h de pistes). On pourra rattraper la RN 10 plus tard. D'Anakao, relier le village de Beheloka à environ 30 km au sud.

– Une autre solution pour les chanceux qui ont un 4x4 et un chauffeur : rejoindre Anakao avec le bac *Fiavota* (034-03-265-50) qui relie Saint-Augustin à Soalara. (Voir plus haut le chapitre sur Anakao.) Et suivre la route côtière.

BEHELOKA

À 35 km d'Anakao par la piste côtière ou à 250 km de Tuléar par la RN 10, en passant par Betioky, qui est à environ 100 km à l'intérieur des terres. La piste est surtout balisée par les pintades, les termitières géantes et de nombreux baobabs. Ceux-ci sont souvent reconvertis par la population en réservoirs pour l'eau de pluie, en témoignent ces sortes de fenêtres et d'échelles sculptées dans les troncs. On rejoint enfin Beheloka, un petit village de pêcheurs donnant sur une très jolie baie avec possibilité de *camper* en bord de plage. Petit hôtel sur place.

|●| **La Canne à Sucre :** *en bordure d'une superbe plage. 034-72-395-34. • romanoambola@gmail.com • la-canne-a-sucre.com • 5 bungalows 50 000-70 000 Ar. Camping 8 000 Ar. Repas 25 000 Ar.* Une adresse connue sous le nom de *chez Bernard,* décédé en 2016, et reprise par sa femme depuis. Repos, baignades, balades en pirogue et visite du parc national de Tsimanampetsotse à 20 km.

➤ De Beheloka, on peut rejoindre Ambola par la piste côtière et admirer au passage, après les 25 premiers km, des *tombeaux* assez incroyables dont l'un a coûté 200 millions de francs malgaches, c'est écrit dessus en gros. Bien sûr, on vous demande souvent un billet pour prendre la photo (et rembourser l'investissement ?).

※ Dans le secteur, le *lac du parc national de Tsimanampetsotsa* : tickets sur place ou au bureau *MNP* de Tuléar, 45 000 Ar/j., hors guides. 5 circuits sont proposés par les guides (obligatoires) qui attendent à l'entrée du parc. À faire en voiture ou à pied. Des grottes, des baobabs et surtout un lac salé reposant sur du calcaire marneux où des colonies de flamants roses ont élu domicile ainsi que plus de 70 espèces d'oiseaux. En 2015, un plongeur y a découvert une grotte sous-marine jonchée de centaines de squelettes d'animaux disparus comme des lémuriens géants, des hippopotames nains ou des crocodiles à cornes ! Plongées spéléo en vue...

AMBOLA

Au bord d'une belle plage, ce village de pêcheurs à 75 km d'Anakao n'est situé qu'à 1,5 km d'Efoetse et du lac Tsimanampetsotse. Un endroit rêvé pour se détendre, profiter des eaux chaudes de l'océan Indien, et de la joie de vivre de ses habitants.

|●| **La Cannisse :** *à 100 m du village, sur la plage à côté des pêcheurs. 032-02-112-48. • lacannisse.com • Fermé juin-sept. Bungalows 50 000-70 000 Ar, nuitée en dortoir 25 000 Ar. Camping possible. Repas 25 000-35 000 Ar.* 5 bungalows avec électricité, terrasse et douche au seau. Sinon dortoir pour 8 personnes. Pour les passionnés de nature, découverte d'espèces endémiques, sortie pirogue pour pêche au gros et exploration des fonds marins. Très bon accueil.

|●| **Hôtel Vahombe :** ☎ *94-441-61. 034-48-835-29 et 034-84-152-42. • hotelvahombe.com • Doubles 45 000-65 000 Ar. Repas 25 000 Ar.* Pour les Robinson en herbe sur cette plage de rêve, une dizaine de bungalows ainsi que 5 lodges confortables et spacieux. Joies simples de la convivialité et produits de la mer en cuisine. Ne pas manquer la soirée avec les villageois autour d'un feu de camp. Possède un autre hôtel à Tuléar près du port.

- **Domaine d'Ambola :** 034-66-413-47. • *domaineambola.com* • Double avec sdb 140 000 Ar. Repas 40 000 Ar. Transfert Anakao et Tuléar. Au bord du lagon et de la barrière de corail, 7 jolies chambres en dur avec salle de bains, aux tons rappelant la Grèce. Resto avec four à pizzas. Excursions dans le parc avec charrette à zébus, location de 4x4. Location de pirogues avec pique-nique pour voir les baleines, en saison. Un endroit pas toujours aimable avec les chauffeurs, dommage !

> Environ 50 km après le tombeau le plus cher de la région (décrit plus haut), on se dirige très doucement vers le village d'Itampolo... Attention, il faut ralentir sur le territoire des tortues *radiata*, avec leurs écailles et leurs rainures, si pratiques pour connaître l'âge de ces charmantes vieilles dames. Heureusement, elles sont épargnées en raison d'un *fady* (interdit). On en rencontre jusqu'à Faux-Cap. Sur la piste, des *didiereas*, ou « arbres-pieuvres », du sisal, des cactus et des figues de Barbarie, parfaites pour se désaltérer (quand elles sont bien rouges !).

ITAMPOLO

À 130 km d'Anakao. C'est un autre petit coin de paradis, un joli village de pêcheurs de langoustes, avec son marché du vendredi, une superbe plage et des baleines de juillet à mi-septembre environ.

Quelques camions-brousse relient de manière aléatoire Tuléar-Soalara-Anakao à Itampolo, notamment le jour où le bac propose des passages.

- **Royal Itampolo – Chez Nany :** 034-43-376-27. Doubles 50 000-60 000 Ar. Possibilité de camper. Menu 20 000 Ar. Une bonne adresse au calme pour se reposer. Une poignée de bungalows (dont 4 avec salle d'eau) dotés d'une terrasse donnant directement sur la plage. Un endroit accueillant.

- **Gîte d'étape Sud Sud,** annexe de **Chez Alain** (Tuléar) : 415-27. 034-66-543-83. • *chez-alain.com* • Doubles 30 000-75 000 Ar. Menu 25 000 Ar. 2 chambres au-dessus du bar et 4 bungalows. Le patron n'est pas toujours là, partagé entre la France et Tuléar, mais c'est une adresse accueillante, au bon rapport qualité-prix, au calme pour profiter des flots bleus et d'une des plus belles plages du sud.

> Possibilité de rejoindre la RN 10 au niveau d'**Ejeda**, d'accès très difficile, par une piste d'environ 80 km, en charrette à zébus ou 4x4. On peut poursuivre l'aventure le long de la côte jusqu'à **Androka** et **Lavanono** selon l'état de la piste, ou passer à gué les rivières *Linta* et *Menarandra* quand c'est possible, sinon vous devrez peut-être rejoindre Ampanihy, puis Beloha, d'où il vous faudra effectuer de nouveau 40 km au sud pour Lavanono avec les moyens du bord : 4x4 (veinard !), stop, charrette à zébus ou marche... Sympathique récompense dans ce trajet éprouvant : plein de tombeaux surmontés d'aéroplanes ou de taxis-brousse !

LAVANONO

Village de pêcheurs et paradis pour les amateurs de windsurf et kitesurf. Certains viennent de l'île de La Réunion pour profiter de ces belles vagues ! Un endroit magnifique mais quelle épreuve pour y arriver ! D'Itampolo à Lavanono, 180 km de pistes de sable (compter 7 à 8h en saison sèche).

Attention au camping sauvage, en principe interdit ; renseignez-vous avant sur les *fady* (interdits) en vigueur, nombreux dans les parages.

- **Lavanono Lodge – Chez Gigi :** 032-22-187-37. • *lavanono.com* • Bungalow double 120 000 Ar et familial 150 000 Ar. Menu env 40 000 Ar. Résa conseillée (point de chute des agences). Au milieu d'un jardin botanique de 6 ha, les habitants du village ont construit ce lodge en utilisant le maximum de matériaux locaux. Bungalows électrifiés en soirée, mais pas salle d'eau. Au restaurant panoramique, grillades de la mer au charbon de bois. Excursions au cap Sainte-Marie (50 mn en 4x4), pêche, observation des baleines, marchés locaux et... farniente. Malheureusement les prix sont un peu surévalués par rapport au confort.

🛏️ 🍽️ *Tea Longo, chez Evelyne :* au bord de la plage. ☎ 032-86-763-48.

● tea-longo100@yahoo.fr ● Doubles 30 000-40 000 Ar, camping possible, menu 15 000 Ar. Une petite dizaine de bungalows rudimentaires avec toilettes extérieures, assez éloignées des chambres. Dommage qu'à cet endroit la belle plage soit envahie d'algues. Accueil peu souriant. En dépannage pour les petits budgets.

LE CAP SAINTE-MARIE

Le cap Sainte-Marie est à 25 km au sud de Lavanono et à 280 km de Fort-Dauphin. C'est la pointe la plus au sud de Madagascar, tout en étant une réserve spéciale gérée par *MNP* (tarif : 45 000 Ar pour 1 j.). On peut apercevoir des baleines sauter au loin (de juillet à mi-septembre environ) et, à nos pieds, des tortues étoilées de Madagascar *(Astrochelys radiata)* ou quelques rares arachnides, ainsi que des colonies entières de sauterelles de toutes les couleurs. À 5 km environ, sur la piste de Faux-Cap, aller voir le *tombeau antandroy* surmonté d'un avion et d'une voiture fluo ! Traverser ensuite le village de Marovato et, 3 km après, prendre la bifurcation à droite pour Faux-Cap sur 30 km.

FAUX-CAP (BETANTY)

Faux-Cap doit son nom à une erreur des navigateurs portugais du XVIe s qui pensaient qu'il s'agissait de la pointe méridionale de l'île (pas de bol, c'était le cap Sainte-Marie). Le village est très accueillant et le site magnifique ! Fréquenté par les baleines, il est aussi connu pour ses fragments d'œufs d'æpyornis, ces « oiseaux-éléphants » qui vivaient ici il y a 2 000 ans. Mais attention, interdiction absolue de les ramasser, au risque de détruire une partie du patrimoine extraordinaire de Madagascar et de finir avec une amende, si ce n'est en prison ! Hôtel-restaurant rustique sur place. Ne pas manquer les beaux *tombeaux* à environ 30 km en partant vers le nord (Tsihombe) ainsi que les marchés, le lundi au village ou le vendredi à Tsihombe.

🛏️ 🍽️ *Cactus Hotel :* en surplomb de la mer, à 10 m de la plage, à la pointe de Madagascar. ☎ 032-45-646-71. Double 35 000 Ar, plats (langoustes) 20 000 Ar. Moins de 10 bungalows rustiques en bois avec w-c et douche au seau. Tenu par Zela, l'ex-institutrice du village, et sa famille. Un lieu convivial pour petits budgets.

FORT-DAUPHIN (TÔLAGNARO)   46 000 hab.   IND. TÉL. : 92

● Plan p. 208-209

La ville et son arrière-pays constituaient jusqu'à il y a peu une région particulière. Blottie sur un bout de littoral étroit, coincée contre l'océan par la chaîne de montagnes anosienne sur laquelle elle s'appuie, prenant en pleine face les alizés marins, Fort-Dauphin bénéficie à la fois d'un climat et d'une végétation

très « Sud-Est » (pluies !) et d'une influence « Grand Sud ». En fait, il pleut moins qu'au nord et il fait moins chaud qu'au sud.
La région propose ainsi un peu tous les faciès naturels : montagne, forêts luxuriantes, plages et même désert, puisqu'il suffit de 2h de route pour débouler dans la plaine aride d'Amboasary, où le soleil cogne dur. Elle a connu ces dernières années un gros bouleversement avec la découverte d'ilménite, un minerai qui a entraîné le développement de nombreuses infrastructures (routes, etc.).

UN PEU D'HISTOIRE

Le nom de la ville vient du fort que les Français construisirent en 1643 sur la corniche, aujourd'hui bien protégé. Ce n'était pourtant pas la première installation européenne. Dès 1504, les Portugais avaient déjà échoué sur la côte et s'étaient établis sur un îlot dans l'embouchure, dite *Ambinanibe,* au sud de l'actuel Fort-Dauphin. Ils y demeurèrent jusqu'en 1535, quand les Antanosy décidèrent que la cohabitation avait trop duré. Ils massacrèrent alors les Portugais. Ce n'est qu'un siècle plus tard, en 1642, que les Français débarquèrent dans la baie de Sainte-Luce (Manafiafy), sous le commandement de Jacques Pronis. Il y créa sa première colonie qu'il déplacera l'année suivante sur la péninsule de Taolankarana, à une trentaine de kilomètres au sud. C'est sur cette corniche face à l'océan que fut construit en 1643 le fort Dauphin, baptisé ainsi en l'honneur du jeune roi Louis XIV.

Arriver – Quitter

En taxi-brousse

Si vous le sentez, arrivez ou rejoignez Tana (3 départs/sem ; durée : 5-6 j.) ou Tuléar (trajet : 3 j.) en taxi-brousse, c'est possible, mais vos os pourraient vous le faire payer tout le reste de votre vie. Il faudra passer par quantité de « routes » et de pistes dans un état affolant, et le temps de voyage vous paraîtra assurément très long.

🚌 *Stationnement des taxis-brousse (plan A1) : vers la sortie de la ville, sur la route nationale même, après le grand bazar.*

➢ Vers l'ouest, **Amboasary** (env 75 km) et **Ambovombe** (env 110 km ; 3h de trajet) : départ tlj, plusieurs fois/j. Attention au monde lun, jour de marché (aux zébus surtout, impressionnant !) à Ambovombe. La RN 13 est correctement goudronnée jusque-là.

➢ Des taxis-brousse desservent aussi plusieurs localités de la zone régionale, comme la **vallée de Ranomafana** (en principe, mar et ven), mais ils ne partent pas toujours régulièrement. Pour atteindre la **côte nord** jusqu'à Manantenina (RN 12), il faut partir du stationnement d'Anivorano *(plan B1).*

➢ **Sainte-Luce** (côte sud-est ; voir plus loin « Dans les environs de Fort-Dauphin ») : départ du stationnement d'Anivorano également. Trajet : 2h30, 50 km, en 4x4, surtout en saison des langoustes (janv-sept).

En avion

✈ *Aéroport : à 4 km à peine à l'ouest du centre-ville.*

➢ **Tananarive :** 5 vols/sem, faisant parfois escale à Tuléar.
➢ **Tuléar :** 3 vols/sem.
➢ **La Réunion :** en projet avec *Air Austral*, à suivre...

Orientation

Le centre-ville se concentre sur la presqu'île qui divise la côte en 2 grandes et belles baies, la baie Dauphine au nord et la baie des Galions au sud.

FORT-DAUPHIN / ADRESSES UTILES

Administrations, banques et hôtels sont rassemblés sur ce caillou. Les quartiers populaires sont derrière. On y trouve, entre autres, le marché, intéressant pour son animation.

Comment circuler ?

Les taxis sont collectifs et les prix changent classiquement en fonction de la distance. De l'aéroport, compter env 5 000 Ar/pers pour rallier le centre-ville. Si jamais vous descendez d'un petit zinc débarquant peu de monde, il arrive parfois que les taxis ne se déplacent pas. Il vaut donc mieux, par sécurité, réserver dans un hôtel qui enverra une navette (payante et plus chère qu'un taxi simple). En centre-ville, compter 3 000 Ar, en tuk-tuk 1 000 Ar (à négocier).

Adresses utiles

■ @ *Office de tourisme* (plan D1) : pl. de France. ☎ 904-12. ● fortdauphin.ort@gmail.com ● Lun-ven 8h-12h, 14h30-17h30. Peu d'informations. Plan de la ville payant. Pas très dynamique, s'adresser plutôt aux tour-opérateurs ci-dessous.

■ *Alliance française* (plan C2, **10**) : quartier Bazarkely. ☎ 032-22-427-33. ● alliancefr.mg ● Mar-sam 8h-12h, 14h-18h (hiver 17h30). Outre la médiathèque, organise toutes les festivités de la ville : *Madajazzcar*, Semaine de la francophonie, concerts, ateliers...

Poste, banques et internet

✉ *Poste* (plan D1) : pl. de France. Lun-ven 8h-12h, 14h-17h30.

@ *Internet* : *Cybercafé* (plan D1, **5**), derrière la poste, dans la petite rue qui descend vers la mer. Lun-sam 8h-20h. Slt 3 postes. Juste en face, *Cashpoint*, aussi rudimentaire, qui fait aussi le change. *Cybercafé Mendrika Service*, (plan B1, **9**), dans le quartier populaire de Tanambao, à 500 m de chez Perline, en revenant vers la ville.

■ *Banques :* pour les retraits aux guichets avec les cartes de paiement, prévoir un délai qui dépend du téléphone (souvent le matin pour le soir). Les banques avec distributeurs et change se trouvent principalement *av. du Maréchal-Foch :* **BFV-SG** (plan C1, **2**), **BOA** (plan C1, **3**), **BNI-CA** (plan D1, **4**).

■ *Urgence financière :* en cas de besoin urgent d'argent liquide, *Western Union* est représenté par la *BFV-SG* et la *BOA* ainsi que par la *Caisse d'épargne* et *la poste*.

Urgences

■ *Agence consulaire de France :* Gérard Schumacher (permanence à l'école française mar à 16h30). ☎ 032-05-415-64. ● consulatfortdauphin@hotmail.fr ●

✚ *Urgences médicales :* privilégier le *centre médical de Tôlagnaro* du Dr Jane (☎ 034-20-009-21), situé en face de l'hôtel La Croix du Sud (plan C2). Lun-sam mat 8h-17h ou sur rdv. Sinon à *l'hôpital public Philibert-Tsiranana* (plan B1). ☎ 212-58 (sf w-e).

■ *Pharmacies :* *pharmacie Kaleta* (plan B1, **14**), route nationale. ☎ 211-41. Tlj 8h-12h, 14h-18h. *Pharmacie Endor* (plan B1, **15**), quartier Tanambao. ☎ 414-98. Tlj.

Tour-opérateurs et compagnie aérienne

■ *Air Madagascar* (plan C1, **6**) : ☎ 032-05-222-80 et 034-11-222-08. Lun-ven 8h-12h45, 14h-16h45 ; sam 8h-10h.

■ *Air Fort Services* (plan C1, **8**) : en plein centre. ☎ 034-11-212-34 ou 034-46-122-80. Lun-sam mat 8h30-12h, 14h30-17h. ● airfortservices.com ● L'agence la plus dynamique de Fort-Dauphin. Gère la superbe réserve de Nahampoana. Mais on peut s'y rendre aussi par soi-même (voir plus loin).

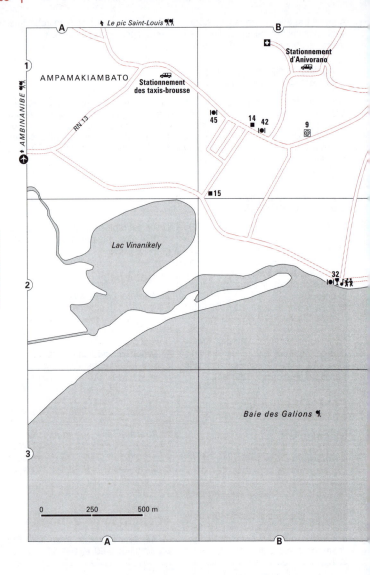

	Adresses utiles	6 Air Madagascar	🛏	**Où dormir ?**
🛈	@ Office de tourisme	8 Air Fort Services		31 Le Port et Gina Village
2	BFV-SG	@ 9 Cybercafé Mendrika Service		33 Anita
3	BOA	10 Alliance Française		34 Chambres d'hôtes Lavasoa
4	BNI-CA	14 Pharmacie Kaleta		35 Le Dauphin
@ 5	Cybercafé et Cashpoint	15 Pharmacie Endor		37 Népenthès
		48 SHTM		

| 209

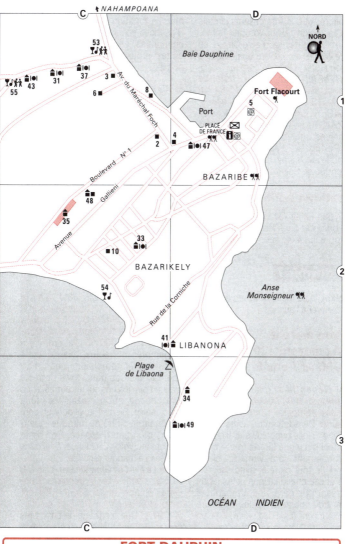

FORT-DAUPHIN

41	Au Local, Chez Georges
43	Le Tournesol
47	Hôtel Kaleta
48	La Croix du Sud
49	Talinjoo

|●| Où manger ?

32	Chez Marceline
33	Anita
41	Au Local, Chez Georges
42	Chez Perline
43	Le Tournesol
45	Les Chasseurs
47	Kaleta
49	Talinjoo

♀♪ Où boire un verre ?
♟♞ Où sortir ?

32	Titi Bar
53	Groovebox Panorama
54	Freedom et Rio
55	Florida

LE GRAND SUD

Billets pour toutes directions, location de voitures et bus, intéressants circuits dans la région (Ambovombe, Tsimelahy et Mangatsiaka, Faux-Cap, Cap Sainte-Marie, etc.). Gère également le *Talinjoo Hôtel* (● *talinjoo.com* ●).

■ *SHTM (plan C2, 48)* : *à l'hôtel La Croix du Sud.* ☎ *032-05-416-84 ou 034-11-212-34.* ● *madagascar-resorts. com* ● En plus de la réserve de Berenty, propose de nombreuses excursions exclusives pour découvrir la région : l'îlot Portugais, le parc botanique de Saïadi, le lac Anony, la baie de Lokaro et la crique de Sainte-Luce…

Location de 2 et 4 roues

Il va vous falloir faire un effort financier : compter dans les 250 000 Ar par jour pour un 4x4, sans le carburant.

Quelques hôtels disposent de véhicules, mais la location reste surtout le fait d'agences spécialisées. Pour faire des économies, seule solution : négocier un taxi-brousse entier pour la journée ou plus.

■ *Air Fort Services (plan C1, 8)* : *voir plus haut.*

■ *ProRent* : *à l'entrée de la ville entre les stations Galana et Total.* ☎ *033-23-210-20.* ● *prorent.mg* ● Un grand garage reconnu comme le plus fiable de Fort-Dauphin et la location la moins chère de la ville.

■ *Aiko aventure* : *en face de la discothèque Le Grove box-Panorama, au pied de l'hôtel Le Port (plan C1, 31).* ☎ *034-80-493-37.* ● *aikoaventure.com* ● Location de VTT, scooters, motocross, 4x4, etc.

Où dormir ?

Attention, la capacité hôtelière est limitée, réserver à l'avance.

De bon marché à prix moyens (20 000-80 000 Ar / env 6-23 €)

🏠 |●| *Népenthès (plan C1, 37)* : *Ampasikabo.* ☎ *032-04-455-54.* ● *lenepenthes@yahoo.fr* ● Doubles 52 000-65 000 Ar. Dans le centre, accrochés à la colline, 5 jolis bungalows et 8 chambres, tenus par une famille très sympa. Environnement verdoyant. Excellent confort, le tout carrelé, avec salle de bains et eau chaude. Bons petits repas (sur résa) pris dans une atmosphère authentiquement familiale. Organise des excursions (baie de Lokaro, virée en bateau, etc.). Notre meilleure adresse.

🏠 |●| *Le Tournesol (plan C1, 43)* : *un peu après l'hôtel Le Port, dans la rue principale.* ☎ *033-12-513-16 et 032-22-508-08. Doubles 50 000-60 000 Ar.* 8 plaisants bungalows avec petite terrasse, autour d'un agréable minijardin. Très propre, salles de bains carrelées, ventilateurs, TV, eau chaude, etc. Et, pour une fois, une déco aux tons chauds ! Bon resto également (voir « Où manger ? »). En revanche, musique le soir, et tard !

🏠 |●| *Anita (plan C2, 33)* : *dans le quartier populaire de Bazarikely, sur la presqu'île.* ☎ *034-03-049-52.* ● *anitahotel.restaurant@gmail.com* ● Doubles 35 000-45 000 Ar. D'abord, il y a 8 chambres correctes, avec douche commune (et eau chaude), bon marché. Et puis des bungalows corrects mais un peu les uns sur les autres, avec eau chaude et/ou mezzanine, tous avec ventilo. Bien situé, et pour un coût raisonnable ; l'hôtel manque néanmoins d'un peu d'espace. Bon resto également (voir « Où manger ? »), dans une salle à manger rénovée.

🏠 |●| *Le Port et Gina Village (plan C1, 31)* : *au centre-ville, proche du Groovebox Panorama.* ☎ *034-11-001-88.* ● *leport-hotel.com* ● Doubles 43 000-82 000 Ar. Une quinzaine de chambres correctes, ventilées ou climatisées avec douche mais eau chaude aléatoire. En bord de route principale, préférer donc celles donnant sur l'arrière. Tout à côté, *Gina Village* (même propriétaire) avec 2 chambres seulement, rudimentaires, un peu moins chères. Resto à l'hôtel *Le Port*, en terrasse surplombant la route ou à l'intérieur.

🏠 Signalons, sur la plage de Libanona, près du resto *Au Local, Chez Georges (plan C2, 41)* : ☎ *032-48-097-38.*

● *georgesliban@yahoo.fr* ● Env 70 000 Ar. 2 apparts à louer avec sanitaires privés et eau chaude. Notre préféré est à l'étage avec un petit balcon et les flots bleus pour horizon.

Plus chic (150 000-250 000 Ar / env 43-71 €)

▲ |●| *Hôtel Kaleta* (plan D1, *47*) : *pl. de France.* ☎ *212-87.* ▯ *034-92-212-87* ● *kaletaresa@moov.mg* ● *Double 150 000 Ar, ½ pens et pens complète possibles.* Impressionnant hôtel proche du fort, offrant une quarantaine de chambres modernes et confortables avec TV et minibar. Grand espace patio-bar-resto, petite piscine et surtout à l'entrée bonne boulangerie-pâtisserie. Malgré les boiseries en guise de déco, l'ensemble se laisse cependant un peu aller.

▲ *Chambres d'hôtes Lavasoa* (plan D3, *34*) : *au-dessus de la plage de Libanona.* ▯ *033-12-517-03.* ● *info@lavasoa.mg* ● *lavasoa.com* ● *Doubles 150 000-190 000 Ar.* Une belle adresse dans cette catégorie, pleine de charme, même si excentrée. Surplombant une belle plage, littéralement accrochées à la colline, 5 adorables chambres en bois et en dur (dont 1 studio avec cuisine), toutes avec terrasse et panorama privilégié sur la baie. Environnement verdoyant, confort et en prime l'accueil de Jeannot, qui connaît bien la région.

▲ |●| *Le Dauphin* (plan C2, *35*) : *bd de l'OUA (bd N° 1).* ▯ *032-05-416-83 ou 033-23-210-07.* ● *fortdauphin@madagascar-resorts.com* ● *madagascar-resorts.com* ● *Carte Visa acceptée (+ 5,25 %). Doubles 160 000-220 000 Ar.* Appartient au groupe SHTM qui possède également la fameuse réserve de Berenty (lire « Dans les environs de Fort-Dauphin »). On indique cet hôtel en particulier pour son jardin où la végétation est vraiment agréable, particulièrement les badamiers offrant leur généreux ombrage à la terrasse et les *ravinala* toujours magistraux. Les bâtiments s'en trouvent un peu avantagés. Les chambres climatisées s'avèrent assez inégales et décorées dans un style très années 1950, façon kitsch, donc en visiter plusieurs. Resto dans une grande salle ou au jardin proposant une cuisine franco-malgache.

▲ *La Croix du Sud* (plan C2, *48*) : *bd de l'OUA.* ▯ *032-05-416-83 ou 033-23-210-07.* ● *fortdauphin@madagascar-resorts.com* ● *madagascar-resorts.com* ● *Carte Visa acceptée (+ 5,25 %). Doubles 200 000-270 000 Ar.* Tenu par le même groupe SHTM, le plus bel hôtel de Fort-Dauphin. Des chambres luxueuses, avec un grand confort. Joli bar mais pas de resto.

Beaucoup plus chic (plus de 250 000 Ar / env 71 €)

▲ |●| *Talinjoo* (plan D3, *49*) : *en surplomb de la plage de Libanona (donc excentré).* ▯ *034-05-212-35 ou 034-01-894-48* ● *talinjoo.com* ● *Doubles 230 000-340 000 Ar selon saison ; menu 40 000 Ar. Transfert aéroport gratuit.* Emplacement exceptionnel avec une quinzaine de chambres très confortables dotées de terrasses et donnant sur l'océan. La propriétaire-architecte a décoré l'ensemble avec goût. Piscine, spa, accès direct à la plage. Resto-bar pour un repas romantique avec vue panoramique ou pour boire un verre en admirant le coucher du soleil.

Où manger ?

De très bon marché à bon marché (jusqu'à 20 000 Ar / env 6 €)

|●| *Anita* (plan C2, *33*) : *resto de l'hôtel du même nom (voir « Où dormir ? »).* ☎ *904-22.* ▯ *034-03-049-52. Tlj* *7h-22h env. Voir aussi « Où dormir ? ».* Dans ce cadre simple, très bon peint, l'ambiance est celle d'un petit resto de quartier malgache, assez convivial, sans protocole ni solennité. Carte avec peu de plats disponibles mais qualité relativement régulière. En général, fruits de mer, plats malgaches ou indiens (sur

commande), voire du *nasi goreng* (riz frit indonésien). Prévoir l'apéro en plus, car le service peut être très long.

Chez Marceline (plan B2, 32) : *au bord de la plage d'Ankoba, petit chemin descendant, face au Club Sandwich.* ☎ 032-40-287-15. Sous une varangue, une belle terrasse couverte les pieds dans l'eau, à l'abri du vent (et Dieu sait que parfois ça souffle !), on goûte quelques plats piochés sur l'ardoise. Priorité aux fruits de mer, au canard (selon saison) et au zébu. En attendant, observons les rouleaux de la mer, bien installé dans un transat. Puis succombons à une crêpe au chocolat. Accueil à l'avenant. Très prisé par les routards de passage.

Chez Perline (plan B1, 42) : *dans le quartier populaire de Tanambao, route de l'aéroport, avt le stationnement des taxis-brousse.* ☎ 033-11-433-06. Tlj 7h30-21h. Petit bar-resto avec une toute petite salle, sans fard ni fioritures, genre case en tôle peinte. Le repas est copieux et bon marché. On trouve ici, notamment, l'une des langoustes les moins chères de la ville. Perline et ses cuisinières proposent, en outre, du poisson sous toutes ses formes. Service un peu long cela dit, et parfois désinvolte.

De bon marché à prix moyens (jusqu'à 35 000 Ar / env 10 €)

Le Tournesol (plan C1, 43) : *300 m après l'hôtel* Le Port, *sur la gauche.* ☎ 033-12-513-16. Salle de resto un peu froide avec terrasse, un jardin et quelques tables, le tout en surplomb de la route principale. Carte assez pléthorique mais bien exécutée. Goûtez, par exemple, aux calamars (en saison), le péché mignon de la maison, ou aux langues de zébu cuisinées à toutes les sauces (piquante, au poivre vert...), servies avec de délicieuses pommes sautées. Vous ne le regretterez pas. Voir aussi « Où dormir ? ».

Les Chasseurs (plan B1, 45) : *Tanambao II, un peu avt la gare routière.* ☎ 034-20-123-17. L'une de nos meilleures expériences culinaires à Madagascar. Vu son emplacement, on dirait un peu le routier du coin. Mais Serge, qui a monté ce resto avec des copains réunionnais (chasseurs, bien sûr), vous servira du gibier en saison (c'est-à-dire hors période cyclonique) dont vous nous direz des nouvelles... Également, sur commande, des huîtres, un plateau de fruits de mer ou encore des moules.

Au Local, Chez Georges (plan C2, 41) : *très bel emplacement sur la jolie plage de Libanona.* ☎ 032-48-097-38. Dans une grande case en bois, avec une petite terrasse sous un badamier, face à la mer, on vient déguster quelques produits frais en toute décontraction. Crabe, crevettes, thon ou langouste sont cuisinés couleur locale. Quelques plats de viande pour ceux à qui ça manquerait. Fait aussi le petit déj. Bar sympa.

Où boire un verre ? Où sortir ?

Freedom (plan C2, 54) : *tlj jusqu'à 23h.* Petite bicoque surplombant merveilleusement la baie des Galions. Belle collection de rhums arrangés.

Rio (plan C2, 54) : *tout à côté, tlj jusqu'à 2h.* Terrasse non abritée à l'inverse du précédent, mais toujours une vue superbe. Le lieu branché du moment.

Titi Bar (plan B2, 32) : *sur la plage.* C'est le bar de *chez Marceline*, le vendredi soir surtout, jusqu'à pas d'heure.

Florida (plan C1, 55) : *avt le resto* Le Tournesol. Une discothèque à la chaude ambiance tous les soirs avec karaoké. Mais pas mal fréquenté par les belles de nuit...

Groovebox Panorama (plan C1, 53) : *proche de l'hôtel* Le Port. *Mer-sam à partir 20h.* Immense bar, musique techno et tropicale. Billard. Calme la semaine, déchaîné le week-end. Pas mal fréquenté par les belles de nuit... lorsqu'elles ne sont pas au *Florida*.

À voir. À faire

Petit trek urbain

🎥🎥 Partir de l'*avenue du Maréchal-Foch,* rue commerçante de Fort-Dauphin, sans charme malgré quelques bâtiments de style colonial. La plupart se regroupent plus loin, sur la *place de France.* De là, on peut respirer au grand vent de la baie Dauphine, sa plage désertée, ses épaves attaquées par les éléments, et profiter de la vue sur le port, tranquille.

🎥 Poursuivre vers le **fort Flacourt** *(plan D1),* aujourd'hui caserne de l'armée malgache. Jeter un œil aux ruines qui datent du XVIIe s et grouper la visite avec celle du petit *musée* ; assez réduit, cela dit. Cartes et photos anciennes sur l'histoire du fort et de la région Anosy *(lun-sam 9h-11h30, 14h30-17h ; entrée 10 000 Ar).*

🎥🎥 En descendant, on traverse ensuite ce quartier authentique de **Bazaribe** *(plan D1),* avec sa petite mosquée récente mais pas vilaine. Poursuivre le long de la corniche, en haut de la petite falaise qui offre une vue plein ouest sur le large.

🎥🎥 En haut de la côte, descendre à gauche face à l'**anse Monseigneur** *(plan D2),* du nom de celui qui en pinçait pour le coin sans doute. Il faut dire que c'est beau. Étrangement, ce bout de péninsule n'est plus habité. Tout au fond, dans la forêt de résineux, les anciennes maisons des évangélistes américains. Ce terrain étant privé, vous serez obligé de bifurquer en bas de la descente, à droite, vers la **plage de Libanona.** Ça tombe bien, c'est la plus belle plage de Fort-Dauphin. Du moins, la plus agréable, car protégée en partie du vent du large et des vagues trop fortes. Son nom évoque le Liban, du temps où Madagascar abritait une forte communauté originaire du pays du cèdre… Si vous vous y baignez, attention à vos affaires, il y a un peu de passage !

🎥 Remonter vers le promontoire du restaurant *Miramar* (fermé) qui sépare Libanona de la **Fausse-baie des Galions** *(plan B3).* On suit alors cette grande anse où les vagues sont puissantes et permettent de faire du surf. Malgré la vue, le chemin du bord est très mal entretenu et assez sale. Tourner alors dans une rue à droite qui ramène vers le centre. Il est aussi possible, et sympa, de faire le tour de la presqu'île par le bas, sur la platière marine, à marée basse.

🎥🎥 **Le pic Saint-Louis** *(hors plan par A1) :* vous ne pouvez pas le rater, c'est le sommet qui domine Fort-Dauphin. Attention, ça souffle ! Son ascension est un classique des tours locaux, nécessitant un guide (certaines agences en préconisent même deux pour éviter les rackets lors de la grimpette car la zone est réputée dangereuse). Pour les voyageurs indépendants, les guides officiels vous aborderont dans la rue (demandez-leur toujours leur carte).
Classique la balade, oui. Mais pas anodine : d'abord parce que, dans un sens comme dans l'autre, elle s'avère un peu sportive ; ensuite, parce que le parcours et le panorama final sont tout bonnement géniaux. Partez tôt le matin pour être revenu avant que le soleil ne cogne (et donc évidemment par beau temps !). Le parcours est plus ou moins balisé par des bandes de plastique nouées aux arbres. De toute façon, il s'agit de suivre la crête ! Il vaut mieux, en effet, effectuer l'ascension dans le sens crête-sommet que dans l'autre. Car côté nord, ça grimpe dur, dur, dans un mauvais chemin assez sportif. Il y en a pour 2h de montée et pour moins de 1h de descente.
Faites-vous déposer chez les religieuses de Marillac : le départ est bien indiqué et suit pour commencer l'excellent chemin fleuri qui monte à la statue de la Vierge. Dépassez-la et poursuivez. On oscille alors sur la crête, franchissant quelques casques de granit. La végétation évolue, mimosa, puis steppe herbeuse plus haut et enfin petites forêts denses, de *ravinala,* de palmiers et de fougères arborescentes qui dévalent le flanc jusqu'au fond de la vallée. À cette heure matinale,

la rosée mouille mais rafraîchit l'effort. Soudain, on arrive au pied du pain de sucre. Commence alors la montée finale du plaisir : on s'élève vers le sommet, sortant de la végétation, baigné de soleil par le nord. Tout là-haut, à 530 m, perché sur le rocher stupidement graffité, on perçoit l'espèce de « petite baie de Rio », de la pointe Evatra jusqu'au cap Ranavalona et plus ! La descente par la face nord est moins drôle, par un mauvais chemin, genre lit de rivière caillouteux. Les genoux travaillent ! Arrivée à l'usine *SIFOR*, à 3 km de la ville. Prévoir éventuellement une voiture.

DANS LES ENVIRONS DE FORT-DAUPHIN (TÔLAGNARO)

Si l'on s'en donne les moyens, la région regorge de sites plus beaux les uns que les autres. Profitez-en, mais faites gaffe à votre budget !

Balade sur la pointe Evatra et la baie de Lokaro : une super balade, un enchantement, notre préférée. Le mieux est de passer par un tour-opérateur local qui vous fournira la logistique la plus sécurisante et les repas. Prévoir la journée ou un circuit avec bivouac. Et puis, bien sûr, maillot de bain, casquette, bouteilles d'eau et un coupe-vent pour le retour à la tombée de la nuit. Accès très difficile par la piste, même en 4x4, et la balade est nettement plus intéressante sur l'eau. Gare aux piroguiers sans expérience et bien regarder l'état de la pirogue, surtout si la météo est agitée, cela peut être dangereux... En bateau à moteur, départ à 7h, retour à 16h. En pirogue à pagaie et voile, prévoir 2 jours avec logement à Evatra, très succinct, avec douche au seau. Immersion dans la vie malgache. **Air Fort Services** par exemple propose cette excursion sur la journée.

Nepenthes Village Vacances : 034-64-787-94. ● *hotel@lenepenthes.com* ● Double 52 000 Ar. Voir aussi « Où dormir ? ». Réservation à l'hôtel du même nom au centre-ville qui propose ici des bungalows et des excursions en bateau à moteur.

– Départ sur le *lac* d'eau douce *de Lanirano* qui alimente la ville. Un canal étroit et adorable dévoile un monde aquatique où cohabitent « oreilles d'éléphant », pandanus, aigrettes et quelques (invisibles) crocos. Traversée du *petit* et du *grand lac d'Ambavarano*, où l'eau saumâtre régale les anguilles, tilapia et autres marguerites. C'est le territoire des mangroves qui commence.
– Belle arrivée au charmant village d'**Evatra** à l'embouchure, là où le lac communique avec la mer, là où deux reines, selon la légende, se seraient rencontrées un jour. En général, on se restaure ici, d'autant qu'on y vend de belles langoustes fraîches... Cependant, attention à la petite forêt juste derrière le village : elle est *fady*, donc ne pas s'en approcher. À partir du village, marche de 10 km avec toute une série de criques plus mignonnes les unes que les autres, où l'on se baigne avec plaisir. Conseillé de partir vers la gauche pour bénéficier de la belle vue au retour. Crique de sable noir, baie de pêcheurs, avec ses vieilles pirogues, puis montée sur le col. Plein de jolies bébêtes. Vue prodigieuse sur le village et l'embouchure ! Le lac rejoint la mer, et avec le village au premier plan, c'est un vrai décor de rêve par beau temps.
– Continuer sur la **grotte des Sacrifices**, où l'on pratiquerait encore l'exorcisme de nos jours... Dans le secteur, plein de népenthès, ces plantes dites « carnivores », et des pervenches de Madagascar, utilisées contre la leucémie par les grands labos occidentaux. Jeter un œil à la **crique des Amoureux**, sa piscine naturelle et son rocher brûlant appelé de façon charmante « le crématoire » ! Dans la crique suivante, coraux en fleurs, puis l'on arrive sur la colline surplombant la baie de Lokaro. Superbe point de vue sur l'immense arrondi de la baie. Quand le soleil tape à la verticale, on ne sait plus où l'on se trouve : vision de marais salants

ou de baie exotique, tous les sens sont sens dessus dessous ! Quelques zébus bronzent parfois au soleil, remplaçant les touristes au sabot levé.
– Après quelques baignades le long des criques, retour par la forêt humide secondaire et le village d'**Anena.**

🎭🎭 **Ambinanibe** (hors plan Fort-Dauphin par A1) : *à une dizaine de km.* Cette grande embouchure vaut pour ses dunes et le panorama sur le vaste plan d'eau appelé Andriambe. Facilement accessible en voiture en une trentaine de minutes, mais aussi à VTT, le site est parfait pour une balade au crépuscule, un pique-nique ou une sortie baignade. Spot de surf aussi. Quoi qu'il en soit, on n'a pas forcément besoin d'un guide pour se rendre à Ambinanibe. Il suffit de tourner à gauche, à une dizaine de kilomètres du centre-ville, un peu plus loin que l'aéroport, sur une piste de sable.
Au milieu de l'embouchure, à 10 km de Fort-Dauphin, l'*îlot Portugais* abrite encore les ruines de la Tranovato, fortin de pierre construit par les premiers colons portugais au XVIe s. Ce serait la plus ancienne construction européenne du pays. Pour voir ça, vous devrez demander une autorisation (150 000 Ar, moins cher en groupe) à la société *SHTM* (voir l'hôtel *Le Dauphin* à Fort-Dauphin, ● *madagascar-resorts.com* ●), à laquelle appartient le site.

🏠 Pour les amoureux, le **Vinanibe Lodge** (● *madagascar-resorts.com* ●) offre des bungalows fort sympathiques.
🏠 Pour un beau point de vue sur la baie et le lac, dans les hauteurs à 15 mn de la ville (piste herbeuse pour la fin), le **Andriambe Lodge** (📞 034-54-153-57 ; ● *andriambe.lodge@gmail.com* ●) propose de camper sous 2 grandes tentes *(20 000 Ar)* ou de loger dans 2 bungalows *(30 000- 50 000 Ar).* Resto-bar-grill pour admirer le coucher de soleil. Circuit en bateau pour l'Île des Portugais.

➢ 🎭🎭 **Balade sur la piste du Nord et ses jardins tropicaux :** avec un VTT, vous pouvez vous lancer sans guide sur la piste du Nord, vers Manafiafy, qui traverse de beaux paysages de forêt et quelques villages antanosy. En saison sèche, quand la piste est praticable, c'est très sympa. Sur 14 km, on croise aussi trois **parcs naturels** à visiter : le premier, **Saiadi,** propriété de la *SHTM* (hôtel *Le Dauphin,* 📞 032-25-416-84 ● *madagascar-resorts.com* ●), est à une dizaine de kilomètres de Fort-Dauphin. Beau jardin botanique, cher, qui présente plusieurs espèces locales. Plus loin, on arrive à la **réserve de Nahampoana** (lire ci-après). Enfin, encore un peu plus loin, il y a **Mandena,** qui est une **réserve forestière.** Pour visiter ses parterres de népenthès, plantes tubulaires carnivores, il faudra demander une autorisation aux Eaux et Forêts en ville.

🎭🎭 **La réserve de Nahampoana** (hors plan Fort-Dauphin par C1) : *prendre la route qui part derrière le Panorama, le long de la mer ; on peut aussi prendre un taxi ; sinon, transfert avec Air Fort Services (voir la rubrique « Adresses utiles » de Fort-Dauphin), qui gère la réserve. Entrée : env 22 000 Ar, guide et tour en barque inclus. Transfert au même prix/pers, à partir de 2 pers.* Nahampoana est un très beau jardin tropical, agrémenté de quelques colonies de lémuriens. Par son côté intime et la richesse de ses essences, une vraie balade coup de cœur ! À l'origine, en 1901, c'était un « jardin d'essai » (botanique), comme en témoigne la jolie photo rétro affichée sous la varangue de la maison coloniale (la maison date de 1912). À l'indépendance, l'État malgache récupéra le tout pour en faire des plantations d'arbres fruitiers, des pépinières et des cultures d'agrumes.
Réserve privée depuis 1997, le sympathique propriétaire a conservé l'esprit du lieu en réimplantant un grand nombre de plantes et d'arbustes. Cerisier du Brésil, eucalyptus d'Australie, euphorbes, didiéréacées, sisal, camphre, girofle, etc., cohabitent avec d'autres types de cultures traditionnelles. Côté lémuriens, on y rencontre les réjouissants et peu farouches makis *catta, sifaka, hapalémur* mangeurs de bambou et microcèbes qui se partagent les 50 ha de la réserve. Après cette bonne prise de contact, balade jusqu'à une petite cascade avec les montagnes en toile de fond et retour en barque par le mini-canal des Pangalanes où

vivaient autrefois des crocodiles (aujourd'hui sagement parqués dans un coin de la réserve à l'entrée). Sympa comme tout.

🏠 🍴 Pour ceux qui souhaiteraient profiter du calme ambiant de ce jardin bien ordonné, possibilité de dormir dans l'une des chambres de l'édifice colonial. *Compter 95 000 Ar pour 2, petit déj inclus.* Fait aussi resto *(passer commande le mat).* Service très cool. Pour patienter, visite nocturne de la réserve. Possibilité de camper et de transfert avec Fort-Dauphin.

🎥 *La réserve privée de Berenty :* *à 85 km de Fort-Dauphin. Entrée : 70 000 Ar/ pers (guide inclus). Résa obligatoire.* ☎ *210-08.* 📱 *032-05-416-84* • *madagascar-resorts.com* • *Bungalows à partir de 95 000 Ar et chambre supérieure (avec AC) à 210 000 Ar. Repas 30 000 Ar. Excursions possibles de 2 j. à partir de Fort-Dauphin, infos à l'hôtel La Croix du Sud.* Fondée en 1936 par la famille de Heaulme, la réserve s'attache à protéger les lémuriens et leur milieu naturel, la forêt à galerie dominée par les tamariniers et la forêt sèche épineuse. Parmi les 1 000 ha protégés, 250 (bordant les berges du fleuve Mandrare) sont ouverts à la promenade et à la découverte des 2 000 lémuriens qui y vivent en toute liberté. La réserve en compte 5 espèces dont le célèbre *sifaka danseur*, le *lémur catta* et le *microcèbe nocturne* que vous ne pourrez croiser qu'avec l'aide indispensable des guides lors d'une visite de nuit. C'est un lieu enchanteur et presque unique. Plusieurs centaines d'espèces animales exotiques ou endémiques y sont répertoriées par les nombreux scientifiques qui y viennent régulièrement : oiseaux, reptiles, chauves-souris, tortues... Pour compléter la balade, un musée tout à fait inattendu mais très exhaustif présente les objets du quotidien et les us et coutumes de la population Antandroy.

➤ 🎥 *Randonnées vers la grotte du cap Andavaka :* c'est une randonnée vraiment chouette, mais elle nécessite un guide. Vous aurez probablement à passer par une agence de Fort-Dauphin qui vous organisera un circuit complet de 1 journée, toujours assez cher. Il démarre par 3h de route vers le cap en question, distant de quelque 70 km, dont 1h de piste bringuebalante dans le bush sauvage en direction de l'océan. Laissant la voiture, on effectue la marche d'approche sur la platière sédimentaire, à même la mer, sautant de caillou en caillou, croisant pêcheurs et collecteurs de langoustes. Prévoir une protection contre le soleil !
La grotte, surprenante, apparaît après 45 mn, creusée dans la falaise. La roche, attaquée par le haut et érodée par le bas, s'effrite et s'effondre peu à peu. Les blocs énormes jonchent le fond de cette vaste « caverne à ciel ouvert ». Vingt mètres plus haut, les arbres de la surface lancent leurs racines, qui ressemblent alors à des rampes de pompier. L'érosion du sol n'a pas été régulière et, par-ci par-là, plusieurs cheminées étroites trouent le plafond vers le ciel. On a beau se trouver en climat sec, l'ombre et la fraîcheur de la grotte maintiennent une humidité très agréable quand on vient de cuire pendant plusieurs heures de trajet. Cette humidité profite surtout à une incroyable végétation de forêt pluviale, qui n'a absolument pas sa place ici, mais a pu se développer dans ce microclimat. C'est génial de retrouver ici lianes et fougères arborescentes. On se croirait dans le décor d'une jungle reconstituée pour un mauvais film. Progressant à travers le chaos de pierres, on parvient dans le fond, où quelques lémuriens makis ont élu domicile.
En ressortant par la magistrale porte qui ouvre sur l'océan infini, on peut poursuivre la balade et gagner le haut de la falaise. On boucle ainsi le tour à travers la végétation de surface, dont l'adaptation à la sécheresse lui donne toujours des formes étranges et impressionnantes.

🎥 *Le parc national d'Andohahela :* *entrée 55 000 Ar la journée + les frais de guidage (8 000 Ar).* Institué en 1997, ce parc rassemble, à l'image de la variété régionale, trois types de forêts. La forêt pluviale vers l'est, le bush épineux vers l'ouest et, entre les deux, une zone intermédiaire où pousse en exclusivité mondiale le fameux palmier trièdre. L'inventaire de la faune et de la flore a révélé une grande richesse du parc, qui compte 1 800 espèces végétales, 150 oiseaux,

13 lémuriens. Il faudrait y ajouter caméléons, tortues, crocodiles et serpents. Enfin, s'étendant sur 76 000 ha, Andohahela constitue le plus important château d'eau de la région. On y trouve également des piscines naturelles creusées dans une roche de couleur rose. Deux petits circuits sont organisés, un moyen et un grand. À voir avec votre guide à l'arrivée.

MNP a balisé les sites de visite. Le meilleur endroit pour se renseigner sur l'accès au parc n'est pas le plus pratique : il s'agit du *Centre d'interprétation* posté à 45 km et 1h15 de Fort-Dauphin, sur la RN 13. Derrière ce nom se cache un point d'information, ainsi qu'un petit musée sur les groupes de populations locales, les Antandroys et les Antanosy *(tlj 7h-15h).* On peut plus facilement se renseigner à Fort-Dauphin au bureau *MNP* derrière la boutique *Au Bout du Monde.* Les taxis et loueurs de 4x4 font tous le site de Tsimilahy dans le parc national. Compter environ 50 000 Ar en taxi pour la journée ou s'adresser à un tour-opérateur local.

Balade dans la vallée de Ranomafana : dans ce coin, noter qu'on peut faire facilement une balade sympa en voiture dans la vallée de Ranomafana, qui borde le parc par l'est. À 13 km de Fort-Dauphin, tourner à droite au village Soanierana (fléchage Ifarantsa et Isaka-Ivondro). Vous vous engagez alors sur ce qui est peut-être la plus belle piste du pays, qui autorise à rouler à vive allure ! En chemin, on croise de très belles et surprenantes sépultures antanosy. Elles se composent de plusieurs hautes stèles agrémentées de nombreuses cornes de zébu. Il ne s'agit pas de cimetière. En fait de sépultures, ces petits obélisques ont surtout pour fonction de commémorer l'âme d'un ancêtre inhumé ailleurs. Auparavant, on trouvait sur ces mausolées de très beaux poteaux funéraires sculptés. Le vol les a aujourd'hui rendus rares. Poursuivant, on franchit le col Manangotry et on atteint le village antanosy d'Isaka-Ivondro. Belles vues sur la forêt. On peut improviser une balade en prenant un guide dans le village même.

Sainte-Luce : à 40 km de Fort-Dauphin sur la côte nord-est, là où plusieurs bateaux européens accostèrent dans l'histoire. La baie était en effet parfaite pour faire halte sur la route des Indes. Les Français s'y installèrent, avant de migrer vers le sud sur le site de l'actuelle Fort-Dauphin. À une cinquantaine de kilomètres vers le nord, Manafiafy, de son nom malgache, fait l'objet d'une balade montée par plusieurs tour-opérateurs de la place. On peut difficilement faire sans eux. Généralement, on s'y rend en 4x4, mais l'accès en bateau est possible (voir l'agence *Air Fort Services* : ● *airfortservices.com* ● La route n'est pas mauvaise en saison sèche, malgré quelques passages difficiles ; compter quand même 2h30 pour atteindre la baie. Le temps d'une journée, la rencontre d'un village de pêcheurs, une très belle forêt dense, une jolie plage abritée.

➢ Enfin, signalons que depuis Fort-Dauphin s'organisent des **circuits** vers le Grand Sud, Faux-Cap, le cap Sainte-Marie, le spot de surf de Lavanono et Tuléar. Voir dans « Adresses utiles » l'agence *Air Fort Services* ● *airfortservices.com* ●

LE MOYEN-OUEST

- Miandrivazo 219
- La descente de la Tsiribihina 221
- Belo-sur-Tsiribihina.....223
- Le parc national des Tsingy de Bemaraha................226
  - Les gorges de la Manambolo
  - Le circuit d'Andadoany (les petits Tsingy)
  - Le circuit d'Andamozavaky (les grands Tsingy)
  - Le circuit Ranotsara (les grands Tsingy)
  - Le circuit Anjohy Manitsy • Le circuit Berano • Circuits sportifs dans la région
  - La descente de la rivière Manambolo
  - Le site lacustre de Befotaka-Soamalipo (Andranobe)-Ankerika, le lac Antsamaka, la forêt de Tsimembo et le lac Bemamba
- Entre Belo-sur-Tsiribihina et Morondava...............232
  - La forêt de Kirindy
  - Le baobab sacré
  - Les « baobabs amoureux » • L'allée des Baobabs
- Morondava..................233
- Belo-sur-Mer 239
  - Les salines d'Antsira
  - La forêt de baobabs-bouteilles • Le parc national de Kirindy Mite

• Carte *p. 219*

« L'Ouest, le vrai » ! Entre Antsirabe et Morondava, une route de crête sillonne, sur près de 490 km et en 10-12h, des paysages dignes du Far West. La RN 34, une route goudronnée, dernier avatar de l'époque coloniale, joue au mirage réconfortant qui pousse à quitter la fraîcheur d'Antsirabe et des Hautes Terres pour se jeter dans les bras d'une honnête fille, Miandrivazo, nom signifiant « j'attends ma maîtresse »... Dans cette région qui cultive le tabac, Miandrivazo constitue le dernier avant-poste d'un Ouest sauvage gouverné par les pistes et les fleuves, telle

la superbe Tsiribihina qui se descend avec un bonheur plus intense qu'une *THB* bien glacée. Et Dieu sait qu'il fait chaud ! La nature aimant varier les plaisirs, on enchaîne sur les fameux Tsingy, ces églises naturelles aux clochers de karst classées par l'Unesco, et qui font ici office de Grand Canyon.
Et puis en route pour la vaste zone protégée d'Antimena et la ville de Morondava, la nonchalante. On croise parfois, se traînant sur la piste, des camions pleins à ras bord dans un remake du *Salaire de la peur.* Repos bien mérité pour les routards cow-boys dans la « station balnéaire » de l'Ouest, avant de descendre un peu plus au sud, à Belo-sur-Mer. Ce village est le plus intéressant chantier naval de goélettes de la côte, dont le savoir-faire fut hérité de marins bretons. Bienvenue au Menabe, qui signifie « le grand rouge » à cause de ses fleuves charriant la latérite, et bienvenue au pays des Sakalavas, celui des « longues vallées », qui surent tenir tête à la dynastie merina avant de les accueillir ensuite. Mais c'est aussi le pays des nomades vezos, de la savane et des baobabs, bref, un territoire qui emprunte les espaces de l'Ouest américain et les paysages d'Afrique...

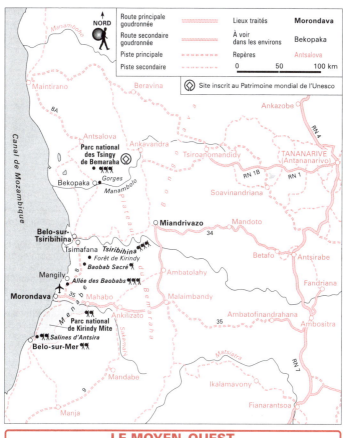

LE MOYEN-OUEST

MIANDRIVAZO   10 000 hab.   IND. TÉL. : 95

Seulement 220 km séparent Antsirabe, l'une des villes les plus froides de Madagascar, de Miandrivazo, l'une des plus chaudes. C'est dire si l'on change d'altitude et de relief aussi rapidement que de climat. Miandrivazo est une bourgade encaissée et paisible. Elle présente l'intérêt de marquer le point de départ de la descente de la Tsiribihina ou une simple étape dans votre périple par la route jusqu'à Morondava. Agréable en tout cas pour profiter du coucher de soleil sur la rivière.

Arriver – Quitter

Les taxis-brousse stationnent à l'intersection des routes pour Antsirabe et Morondava, en face de la station-service *Galana*, à 2,5 km du centre-ville.

En taxi-brousse

➢ **Antsirabe :** départ tlj env 3h-10h. Trajet : 5-6h.
➢ **Morondava :** départ tlj env 6h30-9h. Trajet : 6h. Sinon, on peut prendre les taxis-brousse en provenance de Tana ou d'Antsirabe, s'il y a de place (ce qui est rare).
➢ **Tana :** départ tlj vers 15h-16h. Trajet : min 9h.

Adresse utile

■ *Banque BOA :* à *1 km du centre-ville, direction Morondava, en face de la gendarmerie. Lun-ven 8h-11h30, 14h-16h30.* Change. Distributeur acceptant carte *Visa*. Service *Western Union*.

Où dormir ? Où manger ?

De bon marché à prix moyens (20 000-80 000 Ar / env 6-23 €)

🏠 I●I *Hôtel-restaurant Baobab : au centre-ville, à 2,5 km de l'arrêt des taxis-brousse.* ☎ *032-24-620-45 ou 033-17-217-42. Doubles sans ou avec sdb 25 000-45 000 Ar.* Petit hôtel de bonne tenue proposant une dizaine de chambres pour 2 à 4 personnes, carrelées et ventilées. Certaines disposent d'un balcon. Douche froide (ou modérément tiède). Quelques petits problèmes de pression, autant être prévenu. Dans la salle de resto, des tables avec nappes en tissu, apprêtées avec soin. Bon accueil.

🏠 *Horizon Hotel :* à *env 800 m de l'arrêt des taxis-brousse, en direction de Morondava, face à La Pirogue.* ☎ *032-58-952-37.* ● *moryclement891@gmail.com* ● *Bungalow env 32 000 Ar pour 2. Repas sur commande.* En retrait de la route principale, une poignée de bungalows construits sur le principe des maisons locales, entoure un petit jardin et une terrasse faisant office de salle à manger. Ils sont simples, mais plutôt agréables, avec douche (eau froide), w-c, moustiquaire et ventilateur.

🏠 I●I *La Pirogue :* à *env 800 m de l'arrêt des taxis-brousse, sur la route de Morondava.* ☎ *032-07-508-37.* ● *lakanahotel@yahoo.fr* ● *Chambres 1 ou 2 lits 35 000-45 000 Ar, bungalows 45 000-60 000 Ar.* Sur les hauteurs, ce petit établissement bénéficie d'une jolie vue sur la Tsiribihina. C'est d'ailleurs l'un de ses points forts. 6 chambres avec sanitaires, ventilateur et moustiquaire. Ceux qui rechercent un peu plus de confort choisiront l'un des 6 bungalows dotés d'une terrasse face à la vallée. L'ensemble est un poil défraîchi mais propre. Belle vue depuis la terrasse du resto. Le matin, le coq ne vous laissera guère de répit...

Chic (80 000-150 000 Ar / env 23-43 €)

🏠 I●I *Hôtel Princesse Tsiribihina : sur la route de Morondava, 800 m après La Pirogue.* ☎ *034-05-828-45 et 032-11-301-72.* ● *princesse-tsiribihina.com* ● *Fermé déc-fév. Double 100 000 Ar. Repas à prix moyens.* À flanc de colline, une douzaine de jolies chambres reparties dans des maisonnettes avec terrasses, salles de bains (eau chaude solaire), moustiquaire et ventilateur. Certaines pour 3 ou 4 personnes. La déco est soignée, l'ensemble coquet. Salle de resto élégante, aérée, et offrant une vue apaisante sur la vallée. Piscine et transats pour se relaxer, calme assuré. Excellent accueil. Peuvent organiser la descente sur le fleuve (l'établissement appartient à la très sérieuse agence *Espace Mada*, voir plus loin).

LA DESCENTE DE LA TSIRIBIHINA

La Tsiribihina, dans l'esprit, est plus proche de l'Afrique équatoriale que du Nil, mais le fleuve invite à une balade totalement contemplative, en pleine nature. En pirogue ou en bateau à moteur, le périple de 150 km peut se faire dans les deux sens et dure plusieurs jours, dans des conditions parfois assez sommaires, autant le savoir.

Ambiance *African Queen* en tout cas garantie, sur des eaux ocre la plupart du temps et au courant rarement impétueux. Deux systèmes de gorges et beaucoup de points de vue : par endroits, la Tsiribihina s'étale sur près de 1 km de large ! D'immenses bancs de sable laissent toute latitude aux bivouacs pour s'installer et à l'imagination pour s'envoler…

C'est un moyen vraiment authentique et dépaysant de rallier Belo-sur-Tsiribihina. Certaines agences proposent des prolongations de parcours jusqu'aux Tsingy ou Morondava (ou les deux) avec des formules incluant le transport en 4x4, l'hôtel, les repas, voire un départ d'Antsirabe… C'est bien sûr plus cher. À vous d'étudier et de comparer les prestations.

Préalables à savoir

– On ne peut pas partir en **saison des pluies** (de mi-décembre à début avril). En saison sèche, il y a des départs fréquents, et presque tous les jours en haute saison (de juin à septembre environ).

– *Un point important :* des règlements de comptes entre guides et piroguiers (avec comme victimes collatérales les touristes qu'ils transportent) ou la complicité entre certains piroguiers et des brigands locaux pour détrousser les voyageurs se sont produits ces dernières années. Du coup, les autorités et les professionnels ont mis en place des patrouilles de surveillance le long du fleuve. Un mot d'ordre : **bien choisir avec qui l'on part, ET NE JAMAIS PARTIR SEUL avec un piroguier.** Il faut être également accompagné d'un guide qualifié.

– La descente s'effectue généralement en 3 jours et 2 nuits. Au-delà (certains proposent l'excursion en 4 ou 5 jours), ça peut devenir ennuyeux.

– Le périple demande un minimum d'**organisation**. Les nuits se font en **bivouac** sur les berges ou les bancs de sable. Les tentes et matelas sont fournis. En revanche, seules les agences prévoient sacs de couchage ou couverture (il peut faire frais la nuit) et draps. Emporter une lampe-torche, une petite laine, de quoi vous couvrir la tête, sans oublier un anti-moustique. Il est préférable d'avoir un couteau suisse. La nourriture est comprise dans les tarifs, ce qui ne vous empêche pas de prévoir quelques provisions supplémentaires. Ne sous-estimez pas vos besoins en eau (2 l par jour et par personne est un minimum). Il fait souvent très chaud, notamment de septembre à décembre. **Faites le point sur ces différents aspects** avec le guide avant le départ.

– Toujours avant le départ, **se faire enregistrer au commissariat de police** (prévoir 1 000 Ar/pers). On vous demandera de préciser le nombre de jours de votre périple. C'est obligatoire, et aussi un gage de sécurité. Les guides accomplissent généralement cette démarche (surtout si vous passez par une agence). Demandez-leur le reçu d'enregistrement.

– Il n'y a **pas de toilettes à bord** des embarcations. Du coup, certaines plages sont souillées et ce n'est franchement pas glorieux. Chacun doit veiller aux règles d'usage : on enterre sa production et les papiers ! Heureuse initiative, certains chalands amènent désormais des toilettes sèches sur les bivouacs.

– Et *pour faire sa toilette ?* Le premier jour et le matin du 2ᵉ jour ne posent pas de problème, car tous les circuits prévoient une première nuit près du site d'Anasinampela, avec des cascades où l'on peut faire sa toilette. Pour la suite, les agences qui organisent la descente en pirogue à moteur prévoient des jerricanes d'eau. En pirogue traditionnelle, il faudra attendre la fin du périple...
– Prévoir éventuellement des « *cadeaux* » à remettre aux instituteurs ou médecins dans les dispensaires.

Comment faire la descente ?

En pirogue traditionnelle

C'est le moyen le moins cher et le plus « naturel », mais à la dure. La descente prend de 3 à 5 jours (soit de 2 à 4 nuits), en fonction de l'endroit où l'on termine le périple. On navigue près de 7h par jour, généralement sans ombre.
– Ne pas être trop nombreux (risque de surcharge) : 3-4 touristes par pirogue constitue une bonne base, auxquels il faut ajouter le piroguier et le guide.
– *Comment choisir son guide et son piroguier ?* S'en remettre à un guide et à un piroguier qu'une connaissance vous a recommandé. Privilégier le bouche à oreille. Demander au guide sa carte officielle. Certains proposent parfois cette descente à l'aéroport d'Ivato, à Tananarive. On vous le déconseille. Des embrouilles se sont déjà produites. À Miandrivazo, évitez à tout prix les rabatteurs à l'arrivée en ville et intermédiaires. Antsirabe est le point de départ de la route pour Miandrivazo. On peut y trouver un bon guide.
– *Tarifs :* compter environ 350 000 Ar par personne (minimum 2 personnes) la descente de 3 jours, tout compris (bivouac, repas, guide, etc.). Le retour Belo-sur-Tsiribihina à Morondava, lui, n'est pas compris (à négocier). N'oubliez pas le pourboire pour le guide et le piroguier.

En bateau à moteur

Les excursions sont proposées par des agences. C'est nettement plus confortable que la pirogue mais évidemment plus cher. Les embarcations ont une capacité de 10 à 15 passagers environ, plus l'équipage. On peut aussi partir à moins. Certaines d'entre elles servaient autrefois à transporter le tabac que la région produit encore. Gros avantage : les bateaux à moteur sont ombragés, quand il faut mettre chapeau et crème solaire sur une pirogue traditionnelle. Sans parler de l'espace et des prestations qui vont avec. Contrairement aux pirogues traditionnelles, les bateaux arrivent généralement à Belo-sur-Tsiribihina. On débarque vers midi, ce qui laisse le temps de filer ensuite vers Morondava ou les Tsingy.
– *Tarifs :* pour une descente de 3 jours, compter env 390 €/pers, tout compris sur la base de 2 personnes (215 €/pers sur la base de 4 personnes). Transfert vers Morondava ou les Tsingy en supplément.

Agences

Pour organiser une descente en bateau à moteur et prévoir des transferts vers les Tsingy ou Morondava, s'adresser aux tour-opérateurs dès Tananarive ou Antsirabe. Voici une sélection de nos meilleurs contacts :

■ *Espace Mada : lot VV 205, Marohoho Manakambahiny 101, Tananarive.* 034-05-828-45. ● *madagascar-circuits.com/fr* ● Ce tour-opérateur sérieux travaille avec des guides chevronnés qui arpentent la région depuis plus de 20 ans. Descente uniquement en chaland. Propose également une formule « Départ garanti » à dates fixes (voir le site internet), et à tarifs très intéressants : 170 €/pers, tout

compris que l'on soit 2 ou 12 personnes.
- *Évasion sans Frontière :* *22, rue Andrianary-Ratianarivo, Ampasamadinika à Tananarive.* ☎ *22-616-69.* • *evasionsansfrontiere.com* • *Lun-ven 8h30-18h et sam mat.* Agence spécialisée dans le voyage sur mesure et à la carte (expédition, trek ou descente de rivière comme la Tsiribihina, mais aussi les grands classiques). Agence très engagée dans le développement durable. Une équipe très pro, des chauffeurs compétents et sécurisants, et des guides chevronnés.
- *Menabe Evasion :* *BP 3609, Tananarive 101.* 📱 *032-02-304-78 ou 06-05-36-60-89 (en France).* • *menabe-evasion.com* • Descente en 4 jours, découverte des Tsingy du Mémaraha... Circuits combinés possibles.

C'est parti !

➤ Les bateaux à moteur partent de bon matin de l'embarcadère de Masekapy à 1h30 de voiture (transfert inclus). Les pirogues traditionnelles partent généralement de **Miandrivazo** (depuis Masekapy en période sèche). Dans les deux cas, on navigue d'abord sur la rivière Mahajilo, qui se jette en douceur dans la Tsiribihina. C'est alors vraiment parti pour environ 140 km, après avoir béni l'embarcation avec du rhum !

🎬🎬🎬 *La traversée des gorges :* le périple vous fera traverser deux gorges taillées dans le calcaire et pouvant atteindre 50 m de haut, les **gorges de Bemaraha** le 1er jour, puis celles de **Menabe.** Baobabs, kalanchoés, pachypodiums bicolores constituent la flore, ainsi que des lambeaux de forêts primaires peuplées de lémuriens comme le *Propithecus verreauxi,* le *Eulemur fulvus* et le *Microcebus* nocturne. Beaucoup d'oiseaux (hérons, guêpiers, canards siffleurs, à bosse...), mais aussi des chauves-souris géantes, des tortues bleues, des caméléons et quelques crocodiles, mais ils sont plus rares (pas de danger si l'on ne va pas les chercher !).

🎬🎬 *Le site d'Anosinampela :* *dans les gorges de Bemaraha. Droit d'accès : 7 000 Ar, valable 24h.* Tous les bateaux bivouaquent juste en face, sur l'autre rive. Ce site protégé abrite une cascade à 100 m seulement de la rivière, des piscines naturelles, des *tsingy* et une grotte de 1 km de long. Seuls les circuits de 4 jours permettent d'accéder à l'ensemble du site. Sinon, on se contente d'une trempette dans la première piscine naturelle, aux eaux turquoise, ce qui n'est déjà pas si mal ! En principe, pas de problème pour se baigner dans le fleuve et dans les cascades, la bilharziose étant absente de la région. Pour plus de sûreté (ce serait dommage de finir dans l'assiette d'un croco !), demandez tout de même à votre guide les meilleurs endroits.

🎬🎬 C'est aussi **à la rencontre des gens du fleuve** que la descente vous emmène. La vie s'écoule doucement au fil de la Tsiribihina et vous pourrez découvrir la culture du riz, du tabac, l'élevage de zébus ou la pêche, mais aussi la toilette, la cuisine ou la lessive traditionnelle. On peut aussi visiter les villages cachés sur les berges.

➤ Le dernier jour, les pirogues traditionnelles débarquent généralement au village de **Tsaraotana** en fin de matinée (qui se trouve à une demi-journée de navigation en amont de Belo-sur-Tsiribihina, quand même). De là, si vous n'avez pas réservé un 4x4 à l'avance, poursuivre en charrette à zébu (30 mn env) pour rejoindre la piste sur laquelle vous pouvez raisonnablement espérer attraper un taxi-brousse pour le village de Tsimafana (là où se trouvent l'embarcadère pour Belo-sur-Tsiribihina et les taxis-brousse pour Morondava). On vous rappelle que les bateaux à moteur vont jusqu'à Belo-sur-Tsiribihina.

BELO-SUR-TSIRIBIHINA

env 4 000 hab.

À ne pas confondre avec Belo-sur-Mer, au sud de Morondava. Comme son nom l'indique, ce gros village se trouve dans le delta de la Tsiribihina,

sur la rive droite (côté nord). C'est le point d'arrivée de ceux qui font la descente de la rivière en bateau et le passage obligé pour ceux qui souhaitent se rendre aux Tsingy, que l'on arrive par le fleuve ou par la piste depuis Morondava. À coup sûr, il vous faudra à un moment ou à un autre emprunter le bac pour traverser le fleuve. Toute une expérience en soi !

LE BAIN DES RELIQUES OU *FITAMPOHA*

Belo-sur-Tsiribihina conserve les reliques des plus grands rois sakalavas du Menabe, dans des cornes ornées de perles. Ces reliques sacrées, appelées *dady* chez les Sakalavas du Sud, sont les garantes de la puissance royale. À la suite de nombreux conflits à la fin du XIXe s et excédé par leur résistance, un Français, le commandant Gérard, fit massacrer le village royal d'Ambiky, ainsi que le roi sakalava Toera. Gallieni condamna l'opération en privé, et un député français porta quand même l'affaire devant le Parlement français. Mais au bout du compte, en 1904, Gallieni obtint les précieuses reliques en signe de reddition…

Tous les 4 ans en principe (la prochaine est prévue en août 2020, théoriquement), une grande cérémonie honore ces rois qui ont résisté aux Merinas comme aux Français : c'est le bain des reliques ou *Fitampoha*. Elle dure 1 semaine, sauf les lundi et mercredi considérés comme des *fady*, jours néfastes. Neuf porteurs sont chargés de sortir les reliques de leur *zomba* (sanctuaire) puis de les transporter jusque sur la rive de la Tsiribihina, sous les chants et les tambours traditionnels. Placées ensuite sous une tente spéciale, la *rivotra*, elles sont exposées pendant une semaine. Au terme des 7 jours, les porteurs, coiffés d'étoffe écarlate, entrent dans l'eau du fleuve et y baignent les reliques royales. Le soir, grande fête de clôture de la cérémonie, où l'on remercie les ancêtres.

> **SENS DESSUS DESSOUS**
>
> *Après les cérémonies du Fitampoha, au cours desquelles les reliques des plus grands rois sakalavas du royaume Menabe sont honorées, se déroule en principe le valabe, sorte de grand relâchement de la sexualité. Ainsi, le temps de la cérémonie, les liens matrimoniaux disparaissent !*

Arriver – Quitter

➢ **Liaisons avec Morondava :** en venant de Morondava, l'embarcadère du village de Tsimafana, sur la rive gauche du fleuve, constitue le terminus (et point de départ) des taxis-brousse. Trajet pour Morondava : 3h30-4h de piste surtout le mat, jusqu'à 15h grand max.
Pour se rendre à Belo-sur-Tsiribihina, il faut traverser le fleuve en prenant un bac (pour ceux qui sont véhiculés) ou une pirogue à moteur appelée teuf-teuf, puis marcher 500 à 800 m jusqu'au village selon où se trouve le débarcadère (celui-ci varie en fonction de la marée). Compter 2 000 Ar/pers la traversée en teuf-teuf et 45 mn de trajet ; env 50 000 Ar/véhicule (passager compris) en bac et 1h-1h30 de trajet. Les bacs et teuf-teuf s'arrêtent en fin d'après-midi, avant la tombée de la nuit (ne pas arriver trop tard, pour ne pas rester coincer de l'autre côté du fleuve ; il n'y a pas d'hébergement à Tsimafana).
Les teuf-teuf fonctionnent dès 6h-6h30 du matin et sont nombreux toute la journée. En revanche, on peut attendre le bac un bon moment (parfois plusieurs heures). Pas d'horaires fixes. Ils partent lorsqu'ils sont pleins (4-8 véhicules).

Les opérations d'embarquement et de débarquement peuvent être délicates selon le nombre de véhicules, les manœuvres à faire, et le niveau du fleuve (influence de la marée). En saison sèche, les bacs restent parfois à quai. Ne pas oublier de bénir son véhicule avec du rhum, conformément à la tradition !

➢ *Liaisons avec les Tsingy :* se reporter au chapitre qui les concerne, un peu plus loin.

➢ *Liaisons avec Tana :* les taxis-brousse partent du centre-ville de Belo. Le prix comprend la traversée du fleuve.
– *Petite mise en garde :* en arrivant à Belo, ne pas se laisser berner par les rabatteurs de l'hôtel *Karibo* qui pipotent parfois sur les autres établissements de la ville (genre « l'établissement dans lequel vous souhaitez aller a récemment fermé »...).

Conseil
En route pour les Tsingy, si vous êtes en 4x4 avec chauffeur et que le bac n'est toujours pas en vue, on vous suggère de traverser le fleuve en teuf-teuf et d'aller déjeuner tranquillement à Belo, en attendant que le véhicule puisse traverser à son tour, avec le bac.

Info utile

– Pas de banque à Belo-sur-Tsiribihina. Prévoir suffisamment de liquide.

Où dormir ? Où manger ?

De bon marché à prix moyens

Peu d'hébergements dignes de ce nom à Belo. Réservation indispensable en haute saison.

🏠 |●| *Hôtel du Menabe :* dans la rue principale. ☎ 032-42-635-35. ● hotel dumenabe.com ● Doubles 1 ou 2 lits, 35 000-50 000 Ar. 📶 Cet imposant bâtiment datant de l'époque coloniale et qui servit de dépôt de tabac, offre le meilleur rapport qualité-prix de Belo. Marie-Jo et Bruno ont repris l'affaire familiale en lui apportant un souffle de fraîcheur. Les chambres restent simples (ventilo, moustiquaire, douche chaude et w-c), mais conviendront parfaitement aux voyageurs recherchant un minimum de confort. Celles situées dans la partie la plus ancienne ont même un certain charme avec leur vieux parquet. Fait aussi restaurant, en terrasse.

🏠 |●| *Hôtel Karibo :* dans la rue principale. ☎ 032-51-872-13 ou 034-20-872-13. ● karibotelrestaurant@yahoo.fr ● Double env 32 000 Ar. 📶 Un hôtel agréable qui propose une vingtaine de chambres carrelées, ventilées, avec moustiquaire, sanitaires privés (eau tempérée) et TV. L'ensemble est propre et bien tenu. On peut manger en terrasse, en choisissant parmi les propositions inscrites à la craie sur un grand tableau noir.

De prix moyens à chic

|●| *Restaurant Mad Zebu :* dans la rue principale. ☎ 032-40-387-15. Fermé de fin nov à mi-avr. Repas env 30 000-45 000 Ar. Un resto gastro à Belo ! Qui l'eût cru ? Certains disent même que ce serait le meilleur resto de Madagascar. Bref, il ne faut surtout pas se priver d'une telle table. Le chef a fait ses études à l'école hôtelière d'Antananarivo, aiguisé ses armes dans de grands restaurants en France (chez Michel Bras à Rodez notamment), avant de monter sa petite affaire dans le village de sa maman. C'est l'occasion de savourer une cuisine pleine de finesse qui fait découvrir les saveurs des produits malgaches comme rarement. Le tout à prix fort raisonnables. Terrasse pour observer l'animation du village. Une adresse rare et méritante.

LE PARC NATIONAL DES TSINGY DE BEMARAHA

À environ 200 km au nord de Morondava et 90 km de Belo. Uniques au monde, inscrites au Patrimoine mondial de l'Unesco, les références et les superlatifs ne manquent pas pour décrire ces formations karstiques en forme d'aiguilles, dont les moyens d'accès sont au moins aussi épiques que leur histoire géologique ! Moins faciles à atteindre que celles du massif de l'Ankàrana dans le nord de l'île, ce sont néanmoins les plus spectaculaires. Toujours est-il que le premier *vazaha* à s'y être aventuré reprit l'idée du fil d'Ariane pour être sûr de revenir vivant de ce labyrinthe !

UN PEU D'HISTOIRE

Tout commence il y a 200 millions d'années. Le plateau du Bemaraha est entièrement recouvert par la mer. Les coquillages et les coraux morts se soudent entre eux lentement, formant des couches successives pendant plusieurs dizaines de millions d'années... Vous en doutez ? Alors, regardez, ces coquillages fossilisés dans la roche des Tsingy, bien que l'on soit à plus de 100 km de la mer (ne pas confondre avec les coquilles d'escargots disséminées un peu partout !). Par la suite, une plaque gigantesque commence à émerger. Le calcaire sèche et se fissure, provoquant la création de canyons et de diaclases (cassures). Enfin, il y a 5 millions d'années, un autre type d'érosion vient parachever le tableau : celle de la pluie. Légèrement acide, celle-ci ruisselle le long de la roche, ronge le calcaire et crée ces fameux lapiaz, ces arêtes acérées de couleur grise appelées *tsingy* en malgache.
Les Tsingy ont abrité les mythiques Vazimbas, les premières tribus de Madagascar, chassées par les habitants des hauts plateaux lorsque la royauté merina s'empara du centre de l'île. On peut voir des tombeaux vazimbas cachés dans les falaises de la rivière Manambolo, au pied des Tsingy, et dans quelques grottes. Attention : il est *fady* (interdit) de les montrer du doigt, sauf en recourbant soigneusement son index ! Leurs descendants vivent encore sur les rives du fleuve.

FAUNE ET FLORE

Les Tsingy de Bemaraha sont l'un des plus grands sites protégés de l'île, soit 157 000 ha regroupant en fait le parc national (celui qui nous concerne, sur 72 340 ha) et une réserve naturelle intégrale plus au nord.
Côté faune, on y recense 13 espèces de lémuriens, dont le *Eulemur rufus,* le propithèque de Deckeni et le aye-aye, mais sans garantie de voir ce dernier (nocturne). Idem pour le *fosa,* une sorte de puma qui vit la nuit. Près d'une centaine d'espèces d'oiseaux terrestres ou aquatiques, dont l'*ankoay*, l'aigle pêcheur endémique de la région. Également une quinzaine d'espèces de chauves-souris, visibles à la tombée de la nuit. Si vous avez de la chance, vous apercevrez une ou deux mangoustes. Enfin, pas mal d'amphibiens et de reptiles, dont le fameux caméléon *Brookesia* (mais qui n'est visible qu'en saison des pluies, sauf coup de chance !).
Les Tsingy ont surtout développé une flore très originale, capable de survivre dans des conditions difficiles : climat très sec sur les parties calcaires contrastant avec des parties humides dans les canyons et près des points d'eau. Dans la partie ouest de la réserve, présence d'une forêt dense sèche caducifoliée (perte des feuilles en saison sèche pour économiser l'eau), tandis que la partie est s'avère essentiellement constituée de savane. Pour les botanistes en herbe, plein de sujets d'émerveillement potentiels (et de belles photos à faire !). Au sommet des Tsingy, plantes adaptées à la sécheresse et plantes naines : *Commiphora,* kalanchoés, toutes sortes d'euphorbes, de pachypodiums, ou encore les aloès,

ces fleurs rouge sang qui surgissent au milieu de cette forêt de karst gris. Également, superbe contraste entre le gris des Tsingy et le vert de la forêt, les Tsingy faisant office de véritables châteaux d'eau pour la région. En fin de compte, 86 % des 833 espèces végétales répertoriées sont endémiques de la région. Beaucoup se sont adaptées aux conditions particulières du site : certaines plantes produisent ainsi des épines au lieu de feuilles ou restent naines pour limiter la perte d'eau.

Infos et conseils utiles

– **Période d'ouverture :** les Tsingy sont ouverts en saison sèche (pour le reste de l'année, se renseigner impérativement auprès du MNP)... La piste d'accès à Bekopaka n'est d'ailleurs praticable qu'en saison sèche (de mai à novembre). Il y a 2 sites principaux, les petits Tsingy et les grands Tsingy. Compter alors 1h pour 17 km en 4x4 pour ces derniers qui sont plus sportifs, mais encore plus spectaculaires. En saison des pluies, les crues du Manambolo inondent les Tsingy, ce qui rend, en pratique, toute visite impossible jusqu'à la décrue.
– **Restrictions :** attention, les sujets au vertige et les personnes de forte corpulence ne pourront pas faire certains circuits dans les grands Tsingy (passerelles suspendues et certains passages vraiment très étroits ; lire la rubrique « À voir. À faire »).
– **Équipement :** le MNP vous fournira les baudriers et mousquetons, mais il est indispensable de vous munir d'une lampe frontale (pas de possibilité d'en acheter sur place) pour avancer dans certains coins plus sombres ; d'une crème antimoustiques (nombreux après la saison des pluies) ; de crème solaire ; d'une casquette, de bonnes chaussures de marche et de vêtements longs de préférence, pour éviter de se râper bras et jambes contre le relief ou en traversant la savane épineuse ; prévoyez aussi un sac plastique pour rapporter vos déchets ; 2 à 3 l d'eau par personne pour une bonne journée de trek ; enfin, un petit sac à dos pas trop volumineux pour passer dans les passages étroits des grands Tsingy. Attention, le casque ne fait malheureusement pas partie de l'équipement fourni par le MNP. Pas de quoi s'affoler, mais soyez prudent. Les guides prennent toutes les précautions nécessaires, mais faites de même, tout simplement parce que, pour le moment, il n'existe aucune structure de premiers soins à Bekopaka en cas de bobo.
– **Interdictions :** ne pas vous éloigner des sentiers pour éviter de dégrader ce qui vous entoure, ne pas marcher sur les pointes karstiques ni faire basculer les « têtes de crête » en équilibre. Cela risquerait d'abord de vous faire tomber (qui plus est sur des pointes acérées !), et puis ça abîme le site. Tous les déchets non biodégradables doivent être emportés. Interdiction de rapporter le moindre spécimen de roche ou de flore, bien sûr. Enfin, l'usage veut qu'on ne montre pas les gens ni les choses du doigt dans la région, ou alors en recourbant soigneusement l'index comme le font les guides...
– Les gardes du parc proposent une balade nocturne (de 17h30 à 19h), malheureusement souvent décevante sauf si l'on a la chance de voir le microcèbe, le primate le plus petit du monde !
– Pas d'électricité à Bekopaka en dehors de celle qui est produite par les générateurs. Pensez donc à emporter une lampe frontale (dont vous aurez de toute façon besoin pour aller dans les Tsingy), des boules Quies (à cause des groupes électrogènes la nuit) et des jumelles.
– En arrivant ou en quittant Bekopaka, enfants et adultes vous demandent vos bouteilles d'eau vides ; les récipients sont multifonctions et précieux par ici.
– Enfin, **un conseil :** répartissez votre découverte des « petits » et des « grands » sur 2 ou 3 jours ; sachez que si vous enchaînez 3h de balade dans les premiers et 3h dans les seconds, il faut compter 1h de marche dans la savane en plein soleil entre les deux.

Arriver – Quitter

Que vous veniez de Morondava ou de Miandrivazo par la rivière Tsiribihina, dans les 2 cas vous aboutirez d'abord au village de Belo-sur-Tsiribihina, à environ 92 km des Tsingy... Selon le mode de transport dont vous disposez (4x4 ou taxi-brousse), on ne pourra pas exactement parler d'égalité des chances au départ !

En effet, si l'on part de Morondava sans prendre de tour organisé, prévoir 2 jours pour aller à Bekopaka si on a de la chance (départ quand le taxi est plein), à partir du moment où les taxis-brousse circulent à nouveau après la saison des pluies et autant pour rentrer à Morondava. Ajouter à cela le temps d'exploration du site, soit minimum 2 j., et l'on arrive vite à 6, 7, voire 8 j. d'expédition, contre 3 ou 4 j. si vous êtes en 4x4. Il faut le savoir avant de se décider !

En taxi-brousse

– Les routes sont complètement défoncées. Ça ralentit sacrément le trajet.
– Depuis Morondava, des camions transformés en taxis-brousse effectuent parfois le trajet direct jusqu'à *Maintirano* via *Bekopaka* (le village d'accès aux Tsingy) en un jour et demi, avec 1 nuit à Belo-sur-Tsiribihina ; 1 camion-brousse ts les 2 ou 3 j. env en saison.

– Sinon, à Morondava, emprunter un taxi-brousse jusqu'à Belo-sur-Tsiribihina où l'on passe la nuit. Le lendemain, prendre un taxi-brousse (il s'agit en fait d'un camion-brousse ou d'un 4x4) qui part de Belo le matin (on peut espérer vers 10h) ou l'après-midi selon remplissage. Les uns vont jusqu'à *Andimaka*, soit à peu près 25 km avant Bekopaka... les autres jusqu'à Bekopaka, s'ils ne tombent pas en panne en route ! Se renseigner à l'Union des coopératives régionales du Menabe, au centre de Belo-sur-Tsiribihina. Trajet : 5-6h jusqu'à Bekopaka.

En 4x4

Pour aller à Bekopaka, compter env 1 journée de Morondava ou 5h minimum depuis Belo-sur-Tsiribihina.

Traversée en bac

Dernière expérience : le bac (ou une pirogue pour les piétons) pour franchir la Manambolo, la rivière au pied de Bekopaka. Il faut souvent l'attendre longtemps. Compter environ 12 000 Ar par véhicule (gratuit pour les passagers) et 5 mn de traversée. Comme pour la traversée de la Tsiribihina à Belo, si l'attente vous paraît trop longue, prenez une pirogue (env 5 000 Ar/pers). Votre chauffeur vous rejoindra ultérieurement. Ça y est, vous êtes arrivé !

Adresse et infos utiles

■ *Bureau du MNP :* à *Bekopaka, en surplomb de la rivière Manambolo. Infos sur place :* ☎ *033-44-401-32.* ● *parcs-madagascar.com* ● *Ouv slt en saison sèche, d'avr-mai à nov-déc, tlj 7h30 (7h août-nov)-16h. Entrée : 55 000 Ar pour 1 j. Guide obligatoire, tarifs variables selon les circuits.* Quelques tentes à louer (voir « Campings » dans la rubrique suivante). Il y a parfois une bonne brochure en vente.

Où dormir ? Où manger à Bekopaka ?

On peut camper avant la traversée de la rivière Manambolo ou à l'arrivée (lire plus bas), marcher 30 mn jusqu'au village, ou sauter dans un véhicule motorisé qui vous emmènera, moyennant finance, chez les hôteliers de Bekopaka. Mieux vaut avoir réservé sa chambre en saison !

Campings

☒ **Camping :** *pour camper, pas besoin d'aller loin. S'installer en surplomb de la Manambolo en payant 10 000 Ar/ tente au bureau du MNP à proximité. Également une dizaine de tentes à louer pour 2 pers env 25 000 Ar, matelas, draps et couverture fournis.* Le site est plutôt sympa grâce à cette vue sur la rivière. Côté équipement : une petite poignée de douches froides et w-c, une table en pierre et un coin pour faire du feu. Quelques gargotes autour du camping et petites épiceries dans le village.

☒ Également le **Camp Croco** du tour-opérateur *Mad Caméléon : juste avt de traverser la Manambolo. Infos auprès de Mad Caméléon à Tana :* ☎ *22-630-86. Une vingtaine de bungalows en matériaux végétaux sur caillebotis équipées de vrais lits, pour 2-3 pers ; compter env 70 000 Ar. Eau chaude solaire dans les douches ; repas sur demande.* Bungalows espacés et pas mal de végétation ; bien tenu et agréable, sauf que la localisation du campement fait qu'on « profite » un peu du passage des 4x4 (traversée du fleuve sur le petit bac).

– On vous rappelle qu'il est possible de camper dans les Tsingy dans le cadre d'un circuit organisé par le *MNP* (voir « Adresse et infos utiles » plus haut).

Très bon marché (jusqu'à 20 000 Ar / env 6 €)

🏠 **Chez Ibrahim :** *résas à l'hôtel* Le Renala, Au Sable d'Or *à Morondava.* 📱 *032-04-976-88.* ● *contact@renala. net* ● *Chambre simplissime 10 000 Ar.* Chaque chambre est un simple bungalow avec moustiquaire, mais propre ; l'avantage est que les bungalows ne sont pas complètement accolés les uns aux autres. Sanitaires extérieurs corrects. Ne pas demander la lune, d'ailleurs ici elle sert à mieux voir la nuit, mais pas à se loger…

🍽 **Petit resto The Sifaka of Bemaraha :** *en face de* Chez Ibrahim. Repas (plats malgaches) tout à fait corrects. On dîne à la lumière d'une bougie, au rythme des voisins qui passent dire bonjour ou des enfants qui jouent devant. L'ensemble est très simple mais bien tenu.

De bon marché à prix moyens (20 000-80 000 Ar / env 6-23 €)

🏠 🍽 **Tanankoay :** 📱 *033-13-658-45 ou 034-18-251-93.* ● *tanankoay.com* ● *Tente aménagée (avec natte, matelas et moustiquaire) 10 000 Ar ; bungalows 15 000-75 000 Ar. Menu unique à prix moyen.* 📶 Sols en ciment teinté, rideau en raphia brodé qui sépare chambre et salle de bains. Eau chaude solaire. Quant aux matériaux utilisés pour la construction, demandez à Tony quelle étonnante mixture il a créée… La chaleureuse et dynamique Pascale a encore l'accent chantant de son pays natal (du côté de Perpignan), et Tony est un ancien guide très reconnu dans la profession. Au resto, de la doc sur l'île Rouge, bien sûr, et des jeux de société. Le tout est bien tenu, l'environnement bien fleuri, et l'ambiance sympa et détendue. Super accueil, donc. Jardin botanique (gratuit pour les clients, payant pour les autres).

🏠 🍽 **Tsingy Lodge :** 📱 *033-11-507-56, 034-15-426-49 ou 032-70-676-92.* ● *tsingy-lodge.com* ● *Bungalow à partir de 780 000 Ar sans ou avec sanitaires privés, ½ pens possible. Repas 25 000 Ar. Empl. tente également. Paiement en ligne possible.* 5 bungalows construits par des Sakalavas avec des matériaux locaux. Aménagement simple avec moustiquaire. Bruno et Faratiana, qui ont longtemps travaillé au *MNP*, sont discrets et charmants. L'ensemble est entretenu avec soin et fleuri ; dîners soignés. Une adresse plus discrète que les autres (ne serait-ce que par le nombre de lits), pour ceux qui recherchent avant tout le calme. Également un petit terrain de camping. Une famille de microcèbes assure le spectacle en soirée, rejointe par les chauves-souris en juin-juillet. Organise des packages sur mesure incluant visite du parc et transfert en 4x4 avec Morondava.

De chic à beaucoup plus chic (plus de 80 000 Ar / env 23 €)

🏠 |●| **L'Olympe du Bemaraha :** 📱 032-07-202-46. • olympedubemaraha-madagascar.com • Compter 100 000-200 000 Ar pour 2. 📶 Là encore, un hébergement en bungalow, en surplomb de la vallée et du fleuve. Tout y est : chambre de 2 à 4 places, salle de bains avec eau solaire tiède, petite terrasse. Éviter celles qui sont trop proches du vaste et beau resto panoramique ou de la piscine. Pour les petits budgets, au pied de la colline, le même établissement propose une dizaine de chambres plus simples mais confortables avec sanitaires communs *(compter 55 000 Ar)*. Attention néanmoins aux rongeurs qui subtilisent parfois la nuit vos billets et passeports si ces derniers ne sont pas enfermés en lieu sûr ! Une bonne affaire pour cette ville.

🏠 |●| **Soleil des Tsingy :** 📱 034-14-719-68. • soleildestsingy.com • Bungalow 89 € pour 2. Possibilité de ½ pens. 📶 Une quinzaine de superbes bungalows spacieux, très confortables et entourés de nature. Chacun dispose de lits *king size*, moustiquaire, salle de bains, de grandes ouvertures qui laissent entrer la lumière et surtout, d'une terrasse pour contempler en toute quiétude cet environnement préservé. Piscine à débordement, aire de jeux pour les enfants, resto avec magnifique terrasse dominant la forêt. Un endroit classe et plein de charme.

À voir. À faire

Le *MNP* a mis au point plusieurs circuits, certains condensent ou prolongent les circuits de base que nous présentons ici. On rappelle qu'il faut régler un tarif de guidage journalier valable pour 4 à 6 personnes, qui s'ajoute à un tarif d'entrée tout aussi journalier mais facturé par personne (voir le texte sur le *MNP* dans « Adresse et infos utiles »). Faites vos comptes avant de partir...

🥾 **Les gorges de la Manambolo :** deux circuits. Le premier consiste en un simple aller et retour de 1h30 en pirogue avec le *MNP* au départ de Bekopaka, le matin seulement. Petite balade sympa. Le second circuit dure 4h et consiste à faire l'aller en pirogue en 1h et le retour à pied en 3h par la falaise. L'occasion d'admirer d'en bas des gorges abruptes pouvant atteindre 80 m de hauteur et d'en haut la Manambolo. Très jolies différences de couleurs dans la roche calcaire. Quelques tombeaux vazimbas dans les falaises à ne désigner qu'avec le doigt soigneusement recourbé, on vous le rappelle. Lire plus loin pour un circuit « aventure » sur la Manambolo.

🥾 **Le circuit d'Andadoany (les petits Tsingy) :** très facilement accessibles. Moins spectaculaires que les grands Tsingy. D'ailleurs, on conseille à ceux qui auraient quelques doutes sur leur résistance au vertige, mais seraient néanmoins tentés par les grands Tsingy, car cela permet de tester un peu son sens de l'équilibre... C'est une balade toute proche du bureau du *MNP*, quasiment en circuit fermé, et réalisable en 2h. Un autre circuit, appelé *Tantely*, en est une version condensée de 1h, tandis que le circuit *Ankeligoa* le prolonge de 1h.
On traverse un labyrinthe de Tsingy vu d'en bas avant de monter progressivement par des échelles fixées dans la roche calcaire. Le clou de la visite, c'est bien sûr le point de vue depuis les petits belvédères surmontant les forêts d'aiguilles karstiques de 15 à 20 m de haut. Amusant comme ça sonne creux, non ?

🥾🥾🥾 **Le circuit d'Andamozavaky (les grands Tsingy) en 4h :** on vous l'a dit, vérifiez bien qu'il est accessible à la période où vous souhaitez y aller. Déception garantie dans le cas contraire, et voyager dans ces conditions pour ne pas les voir, c'est un peu rageant.
ATTENTION, les personnes de forte corpulence risquent de ne pas pouvoir descendre dans les passages très étroits qui mènent au fond des Tsingy (début

du circuit). Certains passages ne font pas plus de 30 cm de large. Demandez conseil au bureau du *MNP*. Ensuite, les sujets au vertige pourraient connaître quelques frayeurs par endroits, notamment lors du franchissement d'une passerelle de 20 m de long et suspendue à 70 m de hauteur. Également quelques passages délicats de temps en temps le long de certaines parois pendant la montée aux sommets. Dans ce circuit, les Tsingy peuvent atteindre jusqu'à 100 m de haut. On ne monte pas toujours aux sommets, mais, en raison de risques de chute qu'il faut envisager, on ne peut y monter que si l'on est équipé du baudrier fourni par le *MNP* (pas de casque malheureusement). Outre de nombreux passages par des échelles fixées dans la roche, baudriers et mousquetons sont, en effet, obligatoires pour monter à l'assaut des clochers de karst. Ne le faites pas si vous êtes vraiment trop émotif ! Il n'y a pas de possibilité d'évacuation rapide dans le secteur, comme vous vous en doutez ! Cela dit, si l'on respecte les consignes (on accroche ses mousquetons l'un après l'autre le long des câbles fixes dans les parois) et qu'on se sent capable de dépasser une petite appréhension, il ne s'agit pas de l'Everest non plus. Les parcours sont variés et très bien entretenus, n'ayez aucune crainte. Une découverte totalement réjouissante et absolument spectaculaire !

Le site se trouve à 17 km au nord de Bekopaka. Compter 3 ou 4h de marche ou 1h en 4x4. Autre possibilité : partir l'après-midi pour profiter du coucher du soleil sur les Tsingy, camper sur place et visiter le site le lendemain... en commençant par un magnifique lever de soleil. On traverse ensuite de superbes diaclases (cassures dans le karst qui créent des labyrinthes), puis la forêt sèche de l'Antsingy et un canyon. Visite d'une grotte (où entre le soleil avant 14h) et retour par un autre canyon assez impressionnant. À voir aussi, quelques colonies de lémuriens. Magnifiques flamboyants à la fin de la saison sèche et, avec beaucoup de chance, des caméléons *Brookesia* dès les premières pluies...

🚶🚶 *Le circuit Ranotsara (les grands Tsingy) :* plus court que celui d'Andamozavaky. Compter 3h de marche seulement après les 17 km d'accès. Sujets au vertige, ne rêvez pas : il se termine par une passerelle suspendue, certes nettement moins longue que celle du circuit précédent, mais pas forcément moins impressionnante puisqu'elle longe un sommet. L'intérêt principal est justement ce sommet d'où l'on peut admirer (si le temps s'y prête, bien sûr) un chouette coucher de soleil. Le circuit d'Andamozavaky a tout de même notre préférence. Toutefois on vous déconseille de combiner les deux circuits le même jour, bien qu'ils soient reliés, maintenant, par un nouveau circuit, nommé Broadway (compter 8h30 de marche en tout). Pour ceux qui s'obstineraient, sachez que le passage est vraiment épineux (au sens propre !) entre les deux circuits (pantalon, on vous dit, portez un pantalon !). Si vous décidez cela en cours de route, les tarifs de guidage s'additionnent.

🚶🚶 *Le circuit Anjohy Manitsy :* c'est un circuit de 1 ou 2 jours (dans ce cas, nuit sur l'aire de camping d'Ankidroadroa), qui combine tous les circuits précédents, sauf les grands Tsingy. On progresse à travers des cavités souterraines. Visite du canyon et de la « cathédrale de poterie » d'Ankeligoa, de la grotte et du canyon d'Anjohikizo, de la grotte d'Anjohy Manitsy et des petits Tsingy. Possibilité d'observer les *tsingy may* (formes aplaties des Tsingy et plateau calcaire squelettique peu fissuré) et en principe quelques lémuriens.

🚶 *Le circuit Berano :* départ d'Antsalova au nord du parc. Circuit de 3h seulement qui plaira aux apprentis spéléologues. Passage dans des galeries souterraines, grottes et canyons. Observation de *tsingy may* surmontés de kalanchoés. L'autre intérêt est de faire un peu de pirogue en visitant les galeries.

➢ *Circuits sportifs dans la région :* sérieusement, un mot d'ordre, ces circuits ne sont destinés qu'aux vrais marcheurs, avec une organisation de tour-opérateur. Ne JAMAIS se lancer là-dedans sans organisation. Le meilleur tour-opérateur pour s'organiser s'appelle Mad Caméléon et se trouve à Tana (☎ *22-630-86 ;* ● *info@madcameleon.com* ●).

🌶🌶🌶 *La descente de la rivière Manambolo,* par exemple, est l'un de ces périples à la mesure du pays. Assez cher et assez *roots,* mais de toute beauté. Certains disent que c'est même beaucoup plus beau et sauvage que la Tsiribihina. D'autant qu'il permet d'enchaîner sur les Tsingy. Mais il faut faire le trajet à l'envers. Prendre un *taxi-be* de Tana jusqu'à Tsiroanomandidy, à l'ouest de la capitale. Sur place, quelques hôtels, dont le *Relais du Bongolava,* le *Prestige* et le *Manambolo.* De là, prendre la piste en passant par le nord pour Ankavandra (2 jours) avec son propre 4x4 ou continuer jusqu'à Belobaka en taxi-brousse, puis compter 2 à 2 jours et demi à pied pour atteindre Ankavandra. Sinon, une nouvelle piste a été ouverte récemment et les taxis-brousse peuvent vous déposer au « pylône téléphonique » (10h de trajet) d'où il reste 3h de marche jusqu'au village. Cette piste n'est accessible qu'en saison sèche et la moindre pluie peut doubler le temps de trajet. Prévoir tout de même un bivouac avant d'arriver.

De là louer une pirogue – plus difficile à trouver en haute saison. Il faut également vous enregistrer auprès de la gendarmerie avant la descente. Si vous avez choisi de prendre un guide national indépendant, assurez-vous qu'il soit agréé par le ministère du Tourisme.

– Passer par *Mad Caméléon* (voir coordonnées plus haut) qui propose des dates de départs regroupées pour réduire les coûts de Tananarive jusqu'à Morondava. Sinon, à Ankavandra, un hôtel peut éventuellement vous aider à organiser votre périple.

On paie pour les 3 jours et demi de descente, mais également les 5 jours de remontée des piroguiers.

– Possibilité également de combiner cette expédition avec le **circuit Anjohy Manitsy** du *MNP,* qui dure 2 jours (voir plus haut).

– Enfin, renseignez-vous auprès du *MNP* concernant la possibilité de circuits vers les premiers sites classés Ramsar (Convention internationale de protection des zones humides) à Madagascar. Ces sites sont accessibles en 4x4 de mai à mi-novembre environ. Hébergement et restauration chez l'habitant ou camping possible, notamment à Masoarivo. Ils se trouvent à l'ouest de Bekopaka en direction de la mer. Les sites classés sont le **site lacustre de Befotaka-Soamalipo (Andranobe)-Ankerika** (lac de 1 400 ha, paradis ornithologique et réserve de crocodiles du Nil) et le **lac Antsamaka** (principal point d'observation des oiseaux de la région, lieu de migration de flamants roses, hérons, aigrettes…). Voir également la **forêt de Tsimembo** en bordure du premier site lacustre cité (30 000 ha de forêt sèche typique de l'ouest, 215 espèces végétales, 80 espèces d'oiseaux, 8 sortes de lémuriens et le fameux *fosa*) et au **lac Bemamba** (plages sauvages, mangroves et villages de pêcheurs).

ENTRE BELO-SUR-TSIRIBIHINA ET MORONDAVA

Entre Belo-sur-Tsiribihina et Morondava s'étend l'aire d'Antimena, une immense zone protégée depuis 2007, dans laquelle plusieurs sites méritent une petite halte. Elle comprend, entre autres, la réserve d'Andranomena, le lac Bedo, gérée par l'association Fanamby, basée au *MNP,* et la forêt de Kirindy, gérée, elle, par le *CNFEREF.* Mais son emblème reste la célèbre allée des Baobabs. Pour y aller depuis Morondava, opter pour une excursion organisée ou louer un taxi. On peut aussi prendre un taxi-brousse et descendre en route. Mais attention au retour ! Ça peut être l'occasion de passer la nuit au village de Mangily (voir « Où séjourner dans les environs ? » plus haut). Le mieux est encore de voir tout cela lors d'un déplacement entre les deux villes, en prenant son temps.

🏍 La forêt de Kirindy : *embranchement à env 60 km de Morondava, puis encore 5 km. Entrée : 35 000 Ar/pers, valable 3 j. Guide obligatoire : 10 000-20 000 Ar/pers pour 2-4h ; 2 fois plus cher en nocturne. Rens (et résa pour l'hébergement) au bureau du CNFEREF, situé à Morondava (voir « Adresses et infos utiles »). Sur place, dortoir 3-8 lits avec sanitaires communs rudimentaires 35 000 Ar la nuitée et bungalow avec sanitaires privés 130 000 Ar pour 2 pers ; petit déj en sus. Repas possibles, ou bien apporter ses vivres.* Cette réserve abrite une forêt sèche, longtemps gérée par des Suisses, où l'on tente d'enseigner et d'appliquer des règles écologiques et de préserver les espèces d'arbres en voie de disparition comme le « faux camphrier », qui entrait dans la fabrication de la statuaire érotique des Sakalavas-Vezos, malheureusement pillée depuis. On peut voir une reproduction de ce type d'art funéraire sur place, et des panneaux explicatifs bien faits sur la faune.

La forêt de 12 500 ha est aussi propice à l'observation de six espèces de lémuriens nocturnes : le *Lepilemur ruficandatus,* les *Microcebus myoxinus* ou *murinus,* le *Phaner furcifer,* le *Cheirogaleus medius* et le *Mirza coquereli.* Deux espèces diurnes seulement : le *Propithecus verreauxi* et le *Eulemur fulvus rufus.* Plus rares, le *fosa* (sorte de petit puma) et la tortue kapidolo, celle-ci ne daignant sortir qu'à la saison des pluies... tout comme les autres reptiles, d'ailleurs.

🏍 Le baobab sacré : *à 1h avt l'allée des Baobabs, en venant de Belo. Enlever ses chaussures.* Au bord d'un marigot, entouré d'un enclos, cet arbre est vénéré par la population. Attention aux *fady* ! On peut observer les petites bouteilles contenant des offrandes. Il faut neuf personnes se donnant la main pour en faire le tour.

🏍 Les « baobabs amoureux » : *à 6 km avt l'allée des Baobabs, sur la piste du village de Mangily. Depuis Morondava, compter env 80 000 Ar l'A/R en taxi (allée des Baobabs comprise).* Ces deux baobabs s'enlacent pour le plus grand plaisir des touristes... qui n'ont rien trouvé de mieux que de laisser des graffitis amoureux dans l'écorce désormais mutilée.

🏍🏍🏍 L'allée des Baobabs : *à env 20 km de Morondava.* Bon, tout le monde vous en parlera, et vous en avez certainement rêvé devant les photos. Eh bien, ça y est, vous y êtes ! Cette allée des Baobabs est en effet la plus photographiée de tout Madagascar, voire du monde. Y aller pour le coucher ou le lever du soleil, c'est quand même nettement mieux (et moins caniculaire), mais il y a plus de monde... Comment résister au plaisir de cet alignement majestueux des *Adansonia grandidieri, za* et autre *fony,* trois des sept espèces de baobabs que compte Madagascar, quand l'Afrique entière n'en compte qu'une seule ? Et comment résister au plaisir d'un cliché lorsqu'une charrette à zébus emprunte avec humilité ces espèces de Champs-Élysées naturels ? Romain Gary n'aurait sans doute pas renié ces monstres surnommés poétiquement « les racines du ciel ». C'est vrai qu'il y a de quoi être baba devant ces baobabs...

MORONDAVA

env 50 000 hab.   IND. TÉL. : 95

● Plan *p. 235*

La région de Morondava est un peu le jardin aux baobabs de Madagascar, classée en « aire protégée d'Antimena » depuis 2007. Un jardin aride, entrecoupé de paysages de savane et bordé par une jolie côte, faite de mangroves et de plages... La capitale du Menabe est aussi insolite que cet arbre, dont les racines semblent avoir poussé cul par-dessus tête. Morondava ressemble un peu à une ville de type Far West, où tout est fermé entre 11h30 et 14h, mais les pieds dans le sable ! Ville curieuse, entre un centre-ville animé et une langue de sable, *Nosy Kely,* où se concentrent les hôtels. Elle cherche à devenir un pôle balnéaire malgré un enclavement certain. La mer grignote d'ailleurs toujours un peu plus de terrain, puisque dans les années 1960, elle arrivait à un petit kilomètre de l'actuel rivage... Les atouts de Morondava se situent en fait dans ses environs, bien qu'ils ne soient pas faciles d'accès. La descente de la Tsiribihina est un excellent moyen de se rendre à Morondava, après un crochet par les célèbres Tsingy. Et puis, au sud, Belo-sur-Mer possède un véritable charme que beaucoup de villages côtiers lui envient...

Arriver – Quitter

En taxi-brousse

Réservation conseillée en haute saison. Attention, pendant la saison des pluies, les trajets sont plus longs, voire parfois impossibles.

➢ *Gare routière principale* (plan B1, 1) : *à 100 m de la rue principale, dans la ruelle qui part en face de la station-service Galana.* Comme d'habitude, l'horaire de départ varie en fonction du remplissage.

➢ *Antsirabe via Miandrivazo :* départ tlj, 4h-14h. Trajet : env 10h (5-6h pour Miandrivazo).

➢ *Tananarive :* départ tlj, 4h-14h. Trajet : env 12-13h.

➢ *Fianarantsoa via Ambositra :* 2 départs/sem, tôt le mat. Trajet : env 16h.

➢ *Gare routière pour Belo-sur-Tsiribihina* (plan B1, 2) : *à 100 m de la gare routière principale.*

➢ plusieurs départs/j., 6h-12h30. Trajet : env 4h.

En bateau

➢ *Belo-sur-Mer :* voir « Comment y aller depuis Morondava ? » à Belo-sur-Mer.

En avion

■ *Aéroport* (hors plan par B2) : *à 6 km du centre-ville, en direction de Miandrivazo (fléché sur la gauche). En taxi, prévoir env 20 000-25 000 Ar pour rejoindre le centre-ville.*

■ *Air Madagascar* (hors plan par B2, 3) : *à 2,5 km du centre-ville, sur la route principale en direction de Miandrivazo.* ☎ *032-07-222-14. Lun-ven 7h30-11h30, 14h-17h ; sam 8h-10h.*

➢ *Tananarive :* 4 vols/j. Tôt le mat ou en journée.

➢ *Tuléar :* 1 vol/sem en matinée.

Adresses et infos utiles

Infos touristiques et loisirs

🛈 *Office de tourisme* (plan A1) : *à l'entrée de Nosy Kely, kiosque sur la plage face aux réservoirs d'essence.* ☎ *034-31-713-39.* ● *morondavatourisme.com* ● *Lun-ven 8h-12h, 14h30-17h30.* Infos générales sur la région.

■ *MNP* (plan B1, 4) : *dans le centre, à 100 m de la rue principale.* ☎ *033-28-469-09. Lun-ven 7h30-12h, 14h30-18h.* Infos sur l'aire protégée d'Antimena (auprès de l'association *Fanamby*), le parc d'Andranomena et celui de Kirindy Mite.

■ *CNFEREF* (hors plan par B2, 5) : *à la sortie de Morondava, au bord de la route principale, en direction de Miandrivazo ; à env 1 km après Air Madagascar.* ☎ *032-40-165-89.* ● *cfpfmva20051@yahoo.fr* ● *Lun-ven ; pause à l'heure du déj. Bureau au 1er étage.* Infos pour la forêt de Kirindy. Possibilité de résas d'hébergement.

Télécommunications et banques

@ *Internet : Espace Informatique du Menabe (EIM ; plan B1), dans la rue perpendiculaire à la rue principale qui*

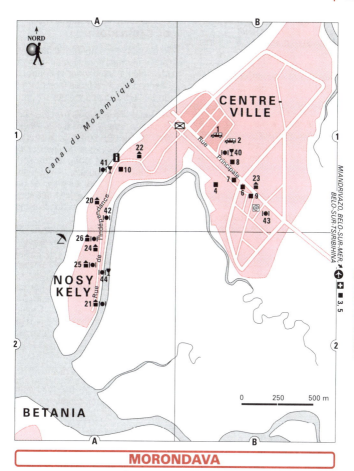

MORONDAVA

- **Adresses utiles**
  - **🛈** Office de tourisme
  - **@** Espace Informatique du Menabe
  - **✚** Dispensaire Fanantenana
  - **1** Gare routière principale
  - **2** Gare routière pour Belo-sur-Tsiribihina
  - **3** Air Madagascar
  - **4** MNP
  - **5** CNFEREF
  - **6** BFV-SG
  - **7** BNI
  - **8** Pharmacie de l'Amicale
  - **9** Pharmacie de l'Espoir
  - **10** Loïc Tours Services

- **Où dormir ?**
  - **20** Le Cheval de Mer
  - **21** Trecicogne
  - **22** Les Bougainvilliers
  - **23** Central Hotel
  - **24** Hôtel Chez Maggie
  - **25** Sun Beach Hôtel
  - **26** Le Renala, Au Sable d'Or

- **Où manger ?**
  Où boire un verre ?
  - **25** Resto du Sun Beach Hôtel
  - **26** Le Renala, Au Sable d'Or
  - **40** Chez Fab
  - **41** Bleu Soleil
  - **42** La Capannina
  - **43** Bistrot Madabar
  - **44** Baobab Café

part à droite du Bistrot Madabar. En principe, tlj sf dim 10h-19h.
- **BFV-SG** (plan B1, **6**) : *dans le centre-ville, au bord de la rue principale.* Change. Distributeur acceptant cartes *Visa* et *MasterCard* (maximum 400 000 Ar). Représentant de *Western Union.*
- **BNI** (plan B1, **7**) : *dans le centre-ville, au bord de la rue principale.* Succursale du Crédit Agricole. Distributeur automatique acceptant cartes *Visa* et *MasterCard*. Représentant de *Western Union.*

Urgences

- ✚ **Dispensaire Fanantenana** (hors plan par B2) : *à 2,5 km du centre-ville, par un chemin à droite avt Air Madagascar. Consultations lun-ven ; sam mat et autres j. en cas d'urgence.* Tenu par des sœurs. Pour les petits soins. Vous pouvez y laisser vos surplus de médicaments si vous quittez Madagascar ensuite.
- **Pharmacies : Pharmacie de l'Amicale** (plan B1, **8**), *au centre-ville, dans la rue principale. Tlj sf dim et sam ap-m 7h30-12h, 14h30-19h.* Toujours dans le centre, au bord de la rue principale, la **Pharmacie de l'Espoir** (plan B1, **9**), la bien nommée, également correctement fournie. *Tlj sf dim et sam ap-m 7h-12h, 14h-19h.*

Location de véhicules et excursions

Pour un 4x4, compter 250 000 Ar par jour, carburant normalement compris. Mais bien le vérifier sur le contrat, ça change la facture finale (compter près de 1 € le litre, quand même)...

- **Guide : François Vaihiako**, à l'hôtel Bougainvilliers *(plan A1, 22).* ☎ 521-63. 📱 032-04-703-54. • *visk_fr@yahoo.fr* • Peut vous trouver des berlines ou des 4x4 pour toutes sortes d'excursions (baobabs, Tsingy, Kirindy, Morombe et le Sud, les marchés dans la région, etc.) ou organiser des sorties en pirogue à Betania, dans la mangrove, etc.
- **Loïc Tours Services** (plan A1, **10**) : *à l'entrée de Nosy Kely ; non loin de l'office de tourisme.* 📱 034-29-501-26 ou 034-20-009-89. • *livarajaona ritina@gmail.com* • *Tlj 8h-12h, 15h-18h.* Agence sérieuse tenu par Liva, qui a travaillé dans le passé au *MNP (Madagascar National Parc).* Organise tout type d'excursions dans la région depuis Belo-sur-Mer jusqu'au parc national des Tsingy.

Transports en ville

- **Cyclo-pousse ou tuk-tuk** : *compter env 1 000 Ar la course. Le double la nuit.*

Où dormir ?

La plupart des adresses se répartissent sur la presqu'île de Nosy Kely, appelée aussi « village touristique », qui borde le canal du Mozambique. Résa conseillée en haute saison.

De bon marché à prix moyens (20 000-80 000 Ar / env 6-23 €)

- 🏠 **Le Cheval de Mer** *(plan A1, 20)* : *dans le village touristique.* 📱 032-94-957-56 ou 032-74-741-38. • *che valdemer.eklablog.com* • *Doubles 1 ou 2 lits et avec sdb 50 000-60 000 Ar.* 📶 6 bungalows en bois, simples et mignons qui s'organisent autour d'un jardin plaisant. Coiffés de leur toit de palme, ils sont équipés de moustiquaire, de ventilo et d'une petite terrasse pour prendre le frais. Également 2 chambres dans des bâtiments en dur, plus classiques, un peu moins charmantes. Accès direct à la plage. Quelques plats à grignoter. Bon accueil.
- 🏠 |◉| **Trecicogne** *(plan A2, 21)* : *au bout du village touristique.* ☎ 94-213. 📱 032-04-687-60. • *hoteltrecicogne. com* • *Doubles sans ou avec sdb 40 000-80 000 Ar.* 📶 Un peu à l'écart des autres hôtels, au cœur du village de pêcheurs de Nosy Kely, cette agréable construction en dur et en bois fait face au canal. Chambres bien tenues, joliment colorées, confortables,

climatisées ou ventilées. Moustiquaire et eau chaude pour tout le monde. Certaines chambres sont peu spacieuses. En contrepartie, elles offrent une belle vue sur la mangrove qui s'étend de l'autre côté du canal. Resto sur pilotis.

▲ *Les Bougainvilliers* (plan A1, **22**) : *à l'entrée de Nosy Kely.* ☎ *521-63.* 📠 *032-04-703-54.* ● *visk_fr@yahoo.fr* ● *Double 35 000 Ar, bungalow 60 000 Ar.* 📶 Une dizaine de bungalows dans un jardin au bord de la plage et quelques chambres doubles avec douche mais w-c commun. Moustiquaire. L'ensemble est peut-être un poil vieillissant mais correctement tenu, calme et l'accueil chaleureux. Terrasse les pieds dans l'eau pour prendre un verre. Excursions et location de véhicules avec François Vaihiako (voir « Adresses et infos utiles »).

▲ *Central Hotel* (plan B1, **23**) : *au bord de la route principale, au centre-ville. Proche de la gare routière, un avantage.* 📠 *032-05-621-02.* ● *gsic12@yahoo.fr* ● *Doubles avec sdb 35 000-90 000 Ar.* 📶 Les chambres se répartissent dans 2 bâtiments. Réception au 1er étage de la partie récente, composée d'une vingtaine de chambres, climatisées ou ventilées. Pour la partie ancienne, seulement une dizaine, plus simples, moins chères aussi, avec douche (eau chaude), ventilateur et w-c. Cour agréable, surtout quand les arbres sont en fleurs. Les chambres à l'arrière sont moins bruyantes, les autres ont un petit balcon donnant sur l'animation de la ville.

De chic à plus chic (80 000-250 000 Ar / env 23-71 €)

▲ *Hôtel Chez Maggie* (plan A2, **24**) : *dans le village touristique.* ☎ *523-47.* 📠 *032-47-326-70.* ● *chezmaggie.com* ● *Doubles 120 000-205 000 Ar.* 📶 C'est un Américain qui a repris cette affaire montée par une Écossaise (devinez son nom !). Structure assez intimiste, dans la verdure et autour d'une piscine. Des logements de tout standing et présentant un certain charme, du bungalow traditionnel ventilé (toit de palme et parois en jonc) au bungalow avec mezzanine, en passant par la chambre plus classique et climatisée. Moustiquaire et eau chaude. L'eau de la piscine n'est pas toujours très engageante mais l'accès direct à la plage compensera… Restaurant. Une adresse sympa pour un séjour relaxant. Organise des descentes de la Tsiribihina.

▲ |●| *Sun Beach Hôtel* (plan A2, **25**) : *dans le village touristique, avec accès à la plage.* ☎ *924-32.* 📠 *032-40-242-75.* ● *sunbeach-morondava.com* ● *Double env 142 000 Ar.* 📶 Une dizaine de chambres confortables et parfaitement tenues, reparties dans un bâtiment situé au fond d'un jardin planté de cocotiers, à l'écart du restaurant. Elles sont toutes climatisées, disposent d'une salle de bains (eau chaude), d'un balcon ou d'une terrasse. Accès direct à la plage. Accueil agréable de ce couple franco-malgache qui vous fournira des conseils pour votre voyage, et des infos sur le gibier de la région que vous pourrez déguster au restaurant de l'hôtel. Voir « Où manger ? Où boire un verre ? ».

▲ *Le Renala, Au Sable d'Or* (plan A2, **26**) : *dans le village touristique.* 📠 *032-04-976-88.* ● *renala.contact@gmail.com* ● *Double env 150 000 Ar, bungalows 175 000-210 000 Ar.* 📶 Chambres et appartements dans un bâtiment en dur sans charme particulier, mais confortables (clim, salle de bains et eau chaude). L'adresse est plus intéressante pour ses bungalows en bois, également climatisés, posés sur le sable et sous les cocotiers, disposant d'une terrasse. Vue sur la mer pour les plus chers. Certains peuvent accueillir 4 personnes. Ils sont un peu sombres (mais après tout, il y a mieux à faire que de passer la journée à l'intérieur). Voir « Où manger ? Où boire un verre ? » pour le restaurant.

Où séjourner dans les environs ?

▲ |●| *Kimony Resort :* à env 7 km de Morondava, à **Kimony** ; à 3 km du centre-ville, fléché sur la gauche puis 4 km de piste (être véhiculé sinon taxi ou tuk-tuk). 📠 034-07-890-05 ou 034-07-202-46. ● kimonyresort-morondava.com ●

Bungalow env 225 000 Ar pour 2 ; également des bungalows familiaux. Resto de prix moyens à chic. 🛜 Isolé en pleine nature, cet établissement de charme propose une vingtaine de bungalows en bois, disséminés au sein d'un bosquet. Ils sont spacieux, équipés d'une salle de bains (eau chaude), moustiquaire, TV, clim et d'une grande terrasse. Belle piscine. Sinon, la plage de sable blanc (avec bar, paillotes et transats) n'est qu'à 600 m (accès à pied ou en charrette à zébu). Billard, terrain de volley, babyfoot, et même un parc animalier avec lémuriens, serpents... Le restaurant est de bonne facture. Une adresse qui conviendra aussi bien aux amoureux qu'aux familles. Peut organiser des excursions dans la région.

🍴 🏠 **Centre Tsaravahiny :** *à env 30 km de Morondava, dans le village de Mangily ; sur la piste entre Morondava et Belo-sur-Tsiribihina, 3 km après l'allée de Baobabs, bifurquer à gauche, puis continuer env 8 km.* ☎ *033-12-036-53 ou 032-04-324-10.* ● *a-b-m.eu/tourisme* ● Demander s'ils peuvent venir vous chercher à l'aéroport de Morondava. Prévoir 5 000 Ar/pers en camping, 15 000 Ar/pers en dortoir. Bungalows 25 000-35 000 Ar pour 2. Possibilité de repas (résa obligatoire). Si vous souhaitez découvrir la vie d'un village de brousse et soutenir en même temps une action de développement, arrêtez-vous dans ce centre créé par l'association *Belgique-Madagascar*, qui finance la construction d'écoles, d'un dispensaire et de puits dans la région. Il est tenu par de jeunes Malgaches, qui vous feront découvrir la pêche aux crabes, la vannerie et plusieurs autres activités traditionnelles. Ils proposent aussi de vous véhiculer (Tsingy de Bemaraha, Belo-sur-Mer ou ailleurs dans la région). Notez que les bungalows, les emplacements (sur pilotis) pour les tentes et les sanitaires (en commun) sont très sommaires. Mais on vient ici pour la bonne cause. Les revenus servent à financer des projets de développement et la vie quotidienne des villageois.

Où manger ? Où boire un verre ?

Bon marché (10 000-20 000 Ar / env 3-6 €)

🍽 🍷 **Chez Fab** *(plan B1, 40) : au centre-ville, en léger retrait de la rue principale (panneau).* ☎ *032-54-336-26. Tlj midi et soir.* Petit resto avec des tables reparties dans un jardin verdoyant, connu des *vazaha*. Au menu, poissons, fruits de mer, crevettes (en sauce, en brochette, en beignet...), plats de poulet, de riz cantonais, soupes *misao*, pizzas... Simple, propre et bon. On peut même y faire une partie de billard.

Prix moyens (20 000-35 000 Ar / env 6-10 €)

🍽 🍷 **Bleu Soleil** *(plan A1, 41) : au début de Nosy Kely.* ☎ *033-06-010-07. Fermé mar oct-avr. Résa conseillée en saison, sinon il faudra probablement attendre.* Ce resto de plage dont vous entendrez parler à un moment ou à un autre est plus connu sous le nom de *Chez Patricia*, la sympathique propriétaire que vous ne manquerez pas de croiser. Il faut dire que l'endroit est soigné, l'emplacement en bord de plage idéal, et qu'on y mange bien (grillades, poissons et fruits de mer, pâtes, goûteux flan coco, etc.). Après le repas, quelques transats à l'ombre de petites paillotes. Possibilité de massages. Très sympa aussi pour prendre un verre au coucher du soleil.

🍽 **La Capannina** *(plan A1, 42) : dans le village touristique.* ☎ *032-04-670-90.* Grande paillote au bord du canal et de sa jolie mangrove. Le cadre est soigné et mignon. Grillades de fruits de mer, crabe farci aux épices (un délice), zébu sauce poivre vert, pâtes et pizzas *(le soir slt)*. Parmi les adresses les plus constantes de Morondava.

🍽 **Le Renala, Au Sable d'Or** *(plan A2, 26) : dans le village touristique.* Grande terrasse et salle de resto tout en bois à proximité de la plage, lieu de rendez-vous des groupes. Jolies nappes en tissu. Bonnes spécialités de fruits de mer (goûter aux gambas grillées, par exemple), mais aussi quelques plats d'inspiration malgache et, en saison, préparations originales à base de gibier. Le tout servi dans un espace assez luxueux pour Morondava, mais prix un peu élevés. Service agréable. Fait aussi hôtel (voir « Où dormir ? »).

|●| **Bistrot Madabar** (plan B1, **43**) : *au centre-ville, dans la rue principale.* ☏ *032-04-703-99. Tlj sf mer.* Jolie salle avec une fresque représentant des barques s'élançant sur les flots, un bar qui ondule et une terrasse au bord de la rue. Carte bien fournie : petits déj, salades, crêpes, pizzas, gibier et les classiques franco-malgaches honnêtement exécutés. On ne fait pas le déplacement exprès, mais l'adresse est bienvenue si on se trouve dans le coin.

De prix moyens à chic (20 000-60 000 Ar / env 6-17 €)

|●| ✱ **Baobab Café** (plan A2, **44**) : *dans le village touristique.* ☏ *520-12. Tlj midi et soir.* Prendre l'apéro au bar, puis s'installer sur la terrasse avec son allure de pont de 1re classe, au bord de la mangrove. Une petite oasis de luxe à Morondava. Coup de chance, la cuisine est plutôt à la hauteur du lieu. On vous conseille, en entrée, le carpaccio de la mer, d'une belle fraîcheur. Toutes sortes de produits de la mer ou de la mangrove, comme les pinces de crabes sautées à l'ail, le poisson au coco. Le temps d'un dîner et d'un songe romantique, on se croirait parfois sur un paquebot ayant jeté l'ancre...

|●| **Resto du Sun Beach Hôtel** (plan A2, **25**) : *dans le village touristique.* ☏ *032-40-242-75.* Au choix, une belle salle de resto dès l'entrée de l'hôtel ou terrasse dans le jardin au calme. On vient ici surtout pour la cuisine de M. Cuccu, un chef réputé à Morondava. Une belle carte avec gibiers et spécialités de fruits de mer. La qualité étant là, les prix sont un peu plus élevés que les restos voisins. Fait aussi hôtel (voir « Où dormir ? »).

À voir. À faire

✱ **La presqu'île de Betania** (plan A2) : *au bout du village touristique, de l'autre côté du chenal. En tenant compte de la marée, traverser le chenal en pirogue.* On peut se balader dans le village de pêcheurs ou jusqu'au bout de la presqu'île. Sympathique resto *Au Bon Cap*.

Les plages (plan A2) : dans le village touristique, se baigner entre la digue nord et le chenal. Toujours rester au nord de ce dernier et éviter sa plage qui peut être dangereuse (à cause des courants) et surtout franchement sale. Sinon, il y a une belle plage de sable à Kimony, à 7 km au nord de la ville. On peut manger ou prendre un verre au *Kimony Resort,* voir « Où séjourner dans les environs ? ».

– À part jeter un œil sur les boutres, farnienter un peu ou traîner au joli marché en ville, pas grand-chose d'autre à faire. Mieux vaut prévoir une excursion dans les environs.

BELO-SUR-MER

IND. TÉL. : 022

On aime beaucoup ce petit village de pêcheurs, à une centaine de kilomètres au sud de Morondava. C'est même l'un de nos coups de cœur de la région, qui se mérite. Pour s'y rendre, ce n'est pas si facile que ça (ou alors c'est onéreux) : par une piste difficile, en saison sèche uniquement, ou par la mer. Mais la récompense est au bout : une baie adorable avec ses bancs de sable face au coucher du soleil, et, de mi-juin à mi-septembre, des baleines qui croisent au large.

Village tout de bois et de palissades, les pieds dans le sable, des constructeurs de boutres et de goélettes, dont le savoir-faire vient de commerçants musulmans et de marins bretons. On y trouve aussi des îlots pour faire du snorkelling, des bras de mers qui s'aventurent dans la mangrove, des salines et, pour décapsuler le tout, une réserve de baobabs-bouteilles ! Sans parler du charme des habitants et de leur savoir-vivre, qui nous arrêtent inévitablement pour quelques jours de farniente, au calme.

Pour se baigner, on rejoindra la plage au nord du village, sur la langue de sable qui fait face au canal du Mozambique. En revanche, on évitera la plage le long de la lagune qui sert à tous les besoins domestiques (elle est sale, d'ailleurs, ne pas y marcher pieds nus). Il faut dire qu'à Belo on vit sans eau courante et quasiment sans électricité.

LES TRAVAILLEURS DE LA MER

Si Victor Hugo avait connu Belo-sur-Mer, en aurait-il parlé dans son roman *Les Travailleurs de la mer*, qui date de 1866 ? C'est exactement à la même époque que des marins bretons enseignèrent aux Vezos leur savoir-faire.

Belo-sur-Mer est le chantier naval le plus important de toute l'île. Il ne se passe pas un jour, sauf peut-être en saison des pluies, sans que l'on coupe un morceau de bois destiné à constituer, petit à petit, le squelette d'un bateau.

On parle souvent de boutres pour désigner tous les voiliers transportant des marchandises à Madagascar, mais les goélettes ont cependant une origine et une conception différentes. À elles deux, ces embarcations assurent plus de 50 % des activités maritimes de Madagascar ! Riz, sel, sucre, huile, tissus, matériaux de construction et produits manufacturés transitent par ce mode de transport vital pour les échanges commerciaux. Celui-ci trouve son origine dans le manque de routes praticables et l'enclavement des villages côtiers, mais subsiste aussi pour des raisons économiques : les moteurs et le carburant coûtent très cher, quand le vent, lui, ne coûte rien ! Et puis il y a la pêche, bien sûr, activité traditionnelle des Vezos.

Boutres...

Mais quelle est la différence entre un boutre et une goélette ? L'origine des mots nous l'indique, puisque boutre vient de *botry*, et plus précisément de *botry karany*, qui désigne le surnom des Indo-Pakistanais arrivés au XVIIIe s, mais rappelle surtout l'origine arabo-swahili de ce type de bateau. Pour preuve, tous les mots techniques malgaches concernant le boutre sont dérivés du swahili ! On reconnaît un *botry karany* à sa coque « pincée » à l'avant, parfois à son « tableau » à l'arrière, et surtout au fait qu'il n'a pas de pont et qu'il est surmonté d'un mât unique portant une voile de type latino-arabe, de forme triangulaire.

... ou goélettes ?

À la différence du boutre, la goélette, ce caboteur à faible tirant d'eau, est pontée et possède deux mâts sur lesquels on fixe un gréement aurique (trapézoïdal) appelé aussi voile à corne, et des voiles quadrangulaires. Ce sont des marins bretons qui, venus à la demande de Radama II, roi favorable à la culture et au savoir-faire occidentaux, ouvrirent les chantiers navals au XIXe s. Parmi eux, Ludovic Joachim, un ingénieur qui débarque avec sa famille à Morondava. Il est chargé de former les habitants de la région aux techniques de construction et de navigation. Mais l'hostilité à la politique d'ouverture de Radama II et l'assassinat du roi, en 1863, l'obligent à fuir. Il se cache un temps, puis s'installe discrètement à Tuléar… avant de revenir progressivement vers Morombe, Belo-sur-Mer et Morondava. Sous la colonisation française, Albert, le neveu de Joachim, obtient des subventions de Gallieni pour former les marins malgaches. Il peut enfin les initier tranquillement aux règles de l'art de la goélette. En signe de reconnaissance, Albert, alias Bebea, mort en 1932, fut enterré à Belo-sur-Mer, dans « la terre des ancêtres » des Malgaches.

GOÉLETTES BRETONNES

Les techniques de construction navale ont été enseignées aux Vezos par… des Bretons. D'ailleurs, nos marins ont laissé quelques mots dans le vocabulaire malgache. Ainsi, « carlingue » donne karalengo, « barrot » devient baro et « mât de misaine »… lomà lamizene ! Pas besoin d'aller chercher bien loin. D'ailleurs, le mot « goélette » ne vient-il pas lui-même de « goéland » ? Bien sûr, à Belo, on est loin de nos goélettes paimpolaises.

Comment y aller depuis Morondava ?

Par la piste

Pas de taxis-brousse. De mai à novembre, on peut louer un 4x4 à Morondava. Le reste de l'année, pas d'accès terrestre possible, la piste traverse plusieurs cours d'eau. Le trajet se fait en 3h30 (100 km) ; compter 450 000-550 000 Ar l'A/R selon le nombre de jours passés à Belo. Autre possibilité, attraper un camion de transport de sel faisant la liaison entre Morondava et Antsira, puis terminer en charrette à zébus (4-5 km). À Morondava, renseignez-vous auprès de votre hôtel, de François Vaihiako à l'hôtel *Bougainvilliers,* ou auprès de l'agence *Loïc Tours Services* (voir « Adresses et infos utiles – Location de véhicules et excursions » de la ville).

Par la mer

Près de 65 km séparent Belo-sur-Mer à Morondava par la mer. Sauf conditions exceptionnelles, les départs se font tôt le matin (vers 6h-6h30), les vents étant plus favorables. Mais ils dépendent aussi de la marée. Dans tous les cas, renseignez-vous au préalable auprès de votre établissement à Morondava, ou contacter celui dans lequel vous souhaitez aller à Belo pour connaître les conditions météo. Il peut y avoir un coup de vent qui rend la navigation dangereuse ou éprouvante, et certains piroguiers ne le disent pas forcément. Par ailleurs, l'équipage est toujours constitué de 2 personnes : le piroguier et son aide. Protégez vos bagages, ça mouille et n'oubliez pas la crème solaire. Bon vent !

➢ ***En pirogue à voile ou en boutre :*** le moyen le moins cher *(compter env 30 000 Ar/pers l'aller).* Mais quelques petites précisions (et pas mal de prudence) s'imposent. Dans le meilleur des cas, le trajet dure 6-7h. Dans la réalité, c'est très aléatoire. Au début, il fait bon, c'est génial. Mais lorsque le soleil commence à frapper un peu fort, le voyage devient plus inconfortable. Il n'y a pas d'ombre sur la pirogue, ni de toilettes. Si le vent tombe, l'embarcation rame… galère ! On est parfois alors obligé de passer la nuit à la belle étoile sur la plage. Si l'aventure vous tente, prévoir suffisamment d'eau (certains sont arrivés déshydratés et cramés à Belo !). On peut aussi embarquer sur des boutres équipées de moteur *(compter env 50 000 Ar/pers l'aller),* un poil plus rapides, mais vos tympans seront soumis à rude épreuve.

➢ ***En pirogue à moteur :*** compter 3-4h de trajet et 450 000-500 000 Ar l'A/R. N'oubliez pas qu'il peut faire frais, voire froid en mer le matin quand on va vite. Emporter un pull ou un coupe-vent.

Où dormir ? Où manger ?

De très bon marché à prix moyens

Ampanareta Village Camp : *au sud du village, sur la plage.* ☎ *033-06-951-32.* • *amparetra@gmail.com* • *Compter 5 000 Ar/pers avec ou sans tente, sanitaires communs, 10 000 Ar/pers en dortoir de 16 pers ; 1 chambre d'hôtes 30 000 Ar, bungalow 2-3 pers 60 000 Ar. Repas ou cuisine indépendante sur demande pour les bungalows.* Les propriétaires italiens vous accueillent en toute simplicité sur leur domaine de 3 ha, cerné par la plage et un bras de mer qui s'enfonce dans la mangrove. Il y a pire comme emplacement, surtout au coucher du soleil ! 3 bungalows en bois avec sanitaires privés dont un familial (l'un face à la mangrove, les 2 autres face à la mer). Seule la chambre d'hôtes bénéficie de l'eau chaude. Cuisine à disposition pour le camping. Une adresse très nature.

Dorohotel : *dans le village, avt l'église au bord de la plage.* ☎ *033-01-863-54. Bungalows 25 000-35 000 Ar.* 8 petits bungalows plantés dans le sable, au bord de la lagune, équipés de moustiquaire. Les douches et w-c communs sont sommaires, mais l'endroit ombragé dégage une atmosphère paisible. Possibilité de repas.

Chez Mon Ami – Chez Dédé : *dans le village, au bord de la place principale. Bungalow 20 000 Ar.* Chez Dédé, tout le monde connaît ! Il suffit de demander. Cette gargote tombe à point nommé pour caler une faim. Commander un peu avant si vous voulez un poisson. Sinon, Dédé pourra vous dépanner avec un petit plat sans façon, élaboré à partir de ce qu'il a sous la main (omelette accompagnée de légumes sautés). Une poignée de bungalows très sommaires pour petits budgets ou pour dépanner. Propose aussi des barques à moteur et à voile pour des excursions.

Chic

Écolodge du Menabe : *au sud du village, sur la plage, après l'église.* ☎ *033-09-436-32 ou 032-65-938-97.* • *menabelo.com* • *Fermé de mi-janv à début mars. Bungalow 80 000 Ar. Repas à prix moyens.* 🛜 Dans un jardin ombragé par des filaos, de confortables bungalows traditionnels regardent sereinement le large. Parfaitement entretenus, ils sont équipés de moustiquaires, de sanitaires privés (eau chaude durant l'hiver austral) et d'une terrasse. Mention spéciale pour le bungalow construit sur pilotis et qui surplombe les flots à marée haute. Les repas sont servis autour d'une même et longue tablée, sous une paillote. Tout se passe les pieds dans le sable et dans une bonne ambiance. Prêt de canoë pour explorer la mangrove. Peut organiser toutes sortes d'excursions. Un endroit où le charme opère immédiatement.

Le Dauphin Vezo : *au sud du village, au bord de la plage, 200 m après l'église.* ☎ *033-71-795-56 ou 032-94-780-25.* • *le-dauphin-vezo.com* • *Bungalow 90 000 Ar. Repas à prix moyens.* 🛜 Un petit complexe d'une dizaine de bungalows construits de manière traditionnelle, tenu par un couple franco-malgache. Ils sont équipés d'une salle de bains, de moustiquaire, d'une terrasse privée et d'une literie de qualité. Il y a de l'espace, de l'ombre, du sable. En fin de journée, tout le monde se retrouve sous la grande paillote pour un apéro animé ou pour prolonger la soirée devant la retransmission d'un match de foot sur grand écran.

L'Entremer : *sur la langue de sable qui sépare la mer de la lagune.* ☎ *033-15-472-45.* • *contact@beloentremer.com* • *beloentremer.com* • *Accès en traversant la lagune à pied, à marée basse, sinon en pirogue. Fermé fév. Bungalows 95 000-120 000 Ar pour 2. Également des bungalows familiaux.* C'est à l'écart du village que Laurence et son compagnon ont construit un petit havre de paix. Dans une autre vie, ils vivaient dans une cabane retirée au fin fond du Québec. Aujourd'hui, ils proposent 6 bungalows traditionnels (bois, toit de palme, parois en jonc), très mignons et confortables : salle de bains (eau chaude au seau), moustiquaire, bonne literie, électricité solaire. Au resto, pas de musique, mais juste les notes du vent, des vagues et le cri des oiseaux. En contrebas, la plage est idéale pour se baigner (eau propre et petite piscine naturelle). Au coucher du soleil, la vue est extraordinaire. On y mange très bien. Si vous ne l'avez pas encore fait, profitez-en pour vous plonger dans le livre *Chants de corail et d'argent* qu'a écrit Laurence. Kayak à disposition et plein de conseils avisés.

À voir

Les chantiers navals de boutres et de goélettes : *au bord de la lagune.* À contempler pendant des heures ! L'activité est plus importante de janvier à mars. Il faut voir ces structures de bois, comme des squelettes de baleines, quilles magnifiques sur lesquelles sont fixés les membres (ou *taroma*), les varangues et les alonges, tandis que l'on continue d'enduire les planches en *nato* (« bois dur », résistant et léger) avec de l'huile de vidange, auparavant de l'huile de requin ! Exposées au feu, elles passent ensuite dans une machine à tordre les planches pour les assouplir. La pose des planches sur la coque se fait tout en force, avec plusieurs personnes et avec maints coups de masse sur des clous plus gros que le plus gros de vos orteils. Une fois les planches assemblées en « bordé », on doit calfater le bordage avec une potion magique, un mastic local composé de suif de zébu, de résine végétale, de l'incontournable huile de vidange et de polystyrène expansé ! Pour les autres parties et pièces du boutre ou de la goélette, on utilise des bois généralement différents et choisis avec un soin particulier. Un voilier est constitué de 400 à 800 pièces.

DANS LES ENVIRONS DE BELO-SUR-MER

Les salines d'Antsira : *à env 4-5 km au nord du village en direction de Morondava. Certains le font à pied, en charrette à zébus, ou en voiture par la piste. Demander l'autorisation de visiter. Petit droit d'entrée parfois exigé (5 000 Ar). Approcher les jolis tas de sel avec des lunettes de soleil (la réverbération est éblouissante !). Antsira* signifie « là où il y a du sel », comme dans... Antsirabe ! Plein de didiéréacées, ces arbres-pieuvres tentaculaires, avant de rejoindre un immense plateau sablonneux à perte de vue. Incongruité des lieux, cet espace servait de piste d'atterrissage pour les avions privés.
C'est la 2e saline du pays. On collecte ici environ 10 000 t par an (pas de récolte en saison des pluies). Le principe est simple : la mer monte et, en se retirant, stagne dans des canaux artificiels. On pompe l'eau jusqu'à des bassins d'évaporation très peu profonds qui font office de grands cristallisoirs. On ratisse ensuite le sel avec de grands râteaux, on le lave et on le trie pour enlever l'argile, tout cela à la main ! La production est mise en sacs et part pour Morondava afin d'être iodée (sans iode on risque tout simplement d'attraper un goitre). Les sacs de sel partent ensuite aux quatre coins de l'île. Une visite très instructive.

La forêt de baobabs-bouteilles : *à env 800 m des salines.* Pas besoin de vous faire un dessin ! Ces baobabs-bouteilles sont absolument superbes, et les amateurs de photo se régaleront de la forme de ces arbres insolites et de leur couleur légèrement orangée.

Le parc national de Kirindy Mite : *à l'est et au sud de Belo. Accès par la mer depuis Belo ou en 4x4. Entrée : 45 000 Ar/pers, auprès du MNP de Belo (bureau à 1 km au nord du village). Guide obligatoire : 5 000 Ar jusqu'à 4 pers. Compter env 250 000 l'A/R en pirogue à moteur et 1h30 de trajet (25 km) ; on vous déconseille d'y aller en boutre (c'est beaucoup plus long et problématique* *si le vent tombe).* Au programme : deux lacs (**Sirave** et **Ambondro**) où trouvent refuge des flamants roses à certaines périodes de l'année, une dune de taille respectable (vous aurez compris une fois la grimpette terminée !) et, de là-haut, une forêt dense sèche à perte de vue, d'où émergent les cimes de baobabs. Une vision assez unique.

– Le parc comprend également un chapelet de cinq îlots situés à 20 km au large de Belo. C'est d'ailleurs le 2e parc marin de Madagascar par sa superficie. *Entrée : même tarif (ce qui est excessif !). Compter env 200 000 l'A/R en pirogue à moteur et 45 mn de trajet. Possibilité aussi d'y aller avec des pêcheurs qui partent en pirogue à voile tôt le mat et reviennent dans l'ap-m.* On peut accoster sur deux îlots (prévoir le pique-nique). Attention, de novembre à fin mars, il fait souvent très chaud. On peut faire du snorkelling pour admirer quelques poissons batifoler parmi les coraux, dans des eaux turquoise (la plupart des établissements de Belo prêtent masque et tuba).

Ne pas manquer de partir en canoë à la découverte de la mangrove.

L'EST

LA ROUTE DE L'EST :	AU NORD DE TAMATAVE..261	L'ÎLE SAINT-MARIE
DE TANA	LE CANAL	(NOSY BORAHA)..........269
À TAMATAVE 246	DES PANGALANES......263	LA CÔTE DU GIROFLE ...292

• Carte p. 247

L'est de Madagascar est un univers à part entière. Loin des terres torrides et semi-désertiques du Sud et de l'Ouest, et de celles, plus rafraîchissantes, des Hautes Terres, la nature change totalement de visage, laissant la place à une longue chevelure en bataille, une végétation flamboyante arrosée par les pluies et battue par les vents. Et parfois par un cyclone sans pitié. Toujours verte, toujours jeune, aussi jeune que l'ethnie de la région (celle des Betsimisarakas), cette côte, lieu de mille récits et de mille légendes, fut aussi celle des pirates. Ils hissèrent pavillon dans une petite oreille protectrice, la baie d'Antongil, au bord de cette forêt quasi impénétrable, Masoala et sur l'île de Sainte-Marie, réputée pour la douceur de ses habitants. Exubérance des sentiments et règne des éléments, tels sont les secrets de cette côte est, de cette nature qui en est le pirate véritable. Avec son climat qui ne doit pas faire peur (hormis les cyclones peut-être !), on y revendique de toute façon avec humour deux saisons distinctes : la saison des pluies et... la saison où il pleut ! Si on le peut, il faut essayer d'y aller entre septembre et décembre où là, le soleil est bien présent.

LES BETSIMISARAKAS OU LES « NOMBREUX INSÉPARABLES »

Les Zanas Malatas, descendants métis des pirates installés dans la région à la fin du XVIIe s, profitèrent de leur double appartenance pour s'implanter localement tout en commerçant avec les Européens. Né vers 1691, fils du pirate Thomas White et de la princesse malgache Rahena, Ratsimilaho se proclame chef des Antavaratras (« ceux du Nord ») et attaque avec succès tous les clans de la côte est, dont les puissants Tsikoa de Fénérive. Les vaincus, couverts de boue et de honte, sont désormais appelés les Betanimenas, soit « beaucoup de terre rouge » ! Quant aux vainqueurs, nouvellement fédérés, ils se jurent fidélité en se faisant appeler les « nombreux inséparables », ou Betsimisarakas. Leur premier royaume s'étend alors de la baie d'Antongil à Tamatave, où ils installent désormais leur capitale en 1711.

Le commerce des esclaves

Selon une tradition bien malgache, Ratsimilaho se rebaptise lui-même Ramaromanompo, ou « celui qui a de nombreux sujets ». Il épouse la fille d'un roi sakalava de la côte ouest et, fort d'une armée de 10 000 hommes, il règne paisiblement jusqu'à sa mort en 1751. Il laisse à ses deux héritiers un royaume qui va se morceler. Zanahary et Betia (ou Bety) s'installent respectivement à Foulpointe et à Sainte-Marie. Zanahary est assassiné en 1767 après de nombreuses luttes intestines. Son fils Lavy prend le relais et guerroie avec brutalité afin de fournir en esclaves les commerçants français des Mascareignes. Les raids betsimisarakas atteignent même les Comores et quelques points de l'Afrique de l'Est où ils sèment la terreur !

Le roi Lavy meurt en 1791, mais il faut attendre que le roi merina Radama Ier signe un traité avec les Anglais, abolissant l'esclavage en 1817 pour que ces attaques se fassent plus rares. C'est le début de bien des conflits interethniques, qui perdurent encore de nos jours. L'ex-président de la République malgache (entre 1975 et 2001), Didier Ratsiraka, est issu de l'ethnie des Betsimisarakas.

LA ROUTE DE L'EST : DE TANA À TAMATAVE

- **Le parc national Andasibe-Mantadia** 246
  - Le parc national Analamazaotra • Le parc national Mantadia
- Mitsinjo • VOI M.M.A.
- La réserve privée de Vakôna • Le centre d'interprétation • Le parc aux Orchidées • Andasibe
- **Tamatave (Toamasina)**...................251
  - Le parc zoologique Ivoloina

La RN 2 est le fil conducteur de ce trajet tout en lacet qui relie Tananarive à Tamatave, principal port commercial de Madagascar et 2e ville du pays. Autrefois les étrangers y cheminaient comme des princes dans les *filanjana*, les fameuses chaises à porteurs ! Aujourd'hui prudence recommandée, taxis-brousse et camionneurs en nombre sont les maîtres du trafic, poussifs dans les montées et parfois désinhibés dans les descentes de cette route aux allures de montagnes russes.

En dehors des services du génie civil français, le travail fut surtout réalisé par le Smotig (Service de main-d'œuvre pour les travaux d'intérêt général), une espèce de STO à Madagascar, réservé aux « indigènes » uniquement. Parallèlement, la France entreprit d'aménager le canal des Pangalanes pour rallier le Sud-Est et de construire une ligne de chemin de fer de Tana à Tamatave. Les deux chantiers ont été entrepris par des coolies chinois, amenés ici à la fin du XIXe s... Décimés par les conditions de travail et par la malaria, beaucoup décidèrent de fuir le pays. Les actuels Chinois de la côte sont pour beaucoup des commerçants issus d'autres migrations plus récentes.

Comme toutes celles descendant des hauts plateaux en direction de l'est, cette route tortueuse et assez éprouvante quitte peu à peu l'érosion des Hautes Terres pour traverser des paysages de plus en plus luxuriants. Et même de toute beauté à mesure que l'on s'approche de la côte, longeant notamment les parcs nationaux d'Andasibe et Mantadia.

LE PARC NATIONAL ANDASIBE-MANTADIA

Étape à ne pas manquer, la région d'Andasibe est connue pour ses parcs nationaux et ses forêts primaires et secondaires. Elle regroupe le parc national Analamazaotra (ex-réserve Indri-Indri, classé ainsi depuis 2015, réputé pour ses lémuriens) et le parc national de Mantadia, 23 km plus au nord. Pas facile de s'y retrouver dans ces appellations, d'autant que les villageois ont ouvert deux autres parcs « locaux » plus petits, où l'on peut également observer des lémuriens, pour un tarif moins élevé (Mitsinjo et VOI M.M.A.).

L'EST

Le parc national Analamazaotra, le plus facilement accessible et donc le plus touristique, est réputé pour ses colonies d'indris au cri puissant et à la taille impressionnante, mais la forêt (870 ha) y est indubitablement moins intéressante que celle de Mantadia (15 000 ha). Ne pas négliger par ailleurs le côté incongru du village d'Andasibe lui-même, sur la route de Mantadia, ancien centre industriel du bois, avec ses faux airs de décor de western.

Arriver – Quitter

En taxi-brousse et/ou taxi

➢ *Tana :* compter dans les 4h et env 10 000 Ar l'aller. Taxi-brousse à la gare routière d'Ampasasapito à Tana jusqu'à Moramanga, puis autre taxi-brousse pour Andasibe (à 27 km de Moramanga). S'arrêter à Ankaizina pour rejoindre le bureau d'accueil (on trouve des hôtels-restos dans le coin). Pour le chemin inverse, depuis le village d'Andasibe, départ des taxis-brousse ttes les heures 6h30-16h pour Moramanga ou les intercepter sur la route goudronnée qui mène à la RN 2. De Moramanga, reprendre un taxi-brousse pour Tana. On peut aussi louer un taxi : pour le retour, s'adresser aux hôtels à Andasibe. 10 fois plus cher que le taxi-brousse, bien sûr.

➢ *Tamatave (Toamasina) :* trajet en taxi-brousse dans les 15 000 Ar. À Tamatave, partir de la gare routière Cité Beryl Rose qui va vers Moramanga ou Tana, descendre à Antsapanana et marcher sur 2 km vers Andasibe, pour passer devant le bureau d'accueil d'Ankaizina.

En train

Pour les routards purs et durs, le train hebdomadaire Moramanga-Tamatave circule en début de semaine via Andasibe. Voir « Arriver-quitter » à Tamatave.

En voiture privée

➢ *Tana :* env 150 km (compter 3h).
➢ *Tamatave :* env 235 km (6h).

Infos utiles

■ *Bureau des parcs nationaux (MNP) :* à l'entrée du parc Analamazaotra. ☎ 033-49-402-65. ● cvecot.pnam@gmail.com ● Tlj 6h-16h. Entrée : env 45 000 Ar/1 j., donnant droit à la visite du parc Analamazaotra (visite diurne slt) et du parc Mantadia. Circuits avec différents niveaux de difficultés. Préférable de prendre un guide auprès du bureau d'accueil (associations *AGA*, *Mitsinjo* et *Tambatra*), si possible la veille. Les noms des guides officiels sont affichés et vous pouvez demander à voir leurs cartes d'agrément.

➢ *Circuits guidés dans les parcs nationaux :* plusieurs circuits dans l'un ou l'autre parc, notamment pour voir les indris diurnes dans le parc Analamazaotra (1 à 4h, on conseille un circuit de 2-3h min ; compter 40 000-60 000 Ar/guide pour 1-4 pers, en plus des tickets d'entrée). Quelques circuits plus physiques (jusqu'à 6h) ou thématiques (oiseaux, amphibiens, orchidées...). Le circuit nocturne de 2h se déroule totalement hors du parc Analamazaotra, le long de la route goudronnée (par peur du braconnage dans le parc).

– *Meilleure saison :* en mai, puis de septembre à décembre, périodes moins humides. Après, il fait encore plus chaud, et il pleut des cordes ! En hiver austral, prévoir une grosse laine (il fait vraiment froid) et, en toute saison, un vêtement imperméable, une lotion antimoustiques, de bonnes chaussures étanches pour les quelques sangsues qui sortent après les pluies ainsi qu'une lampe frontale (sinon une torche) pour les visites nocturnes et des bouteilles d'eau.

– *Pour voir les indris :* partir de 7h à midi selon la saison (hiver, saison des pluies...) afin de mieux les voir et d'entendre leurs cris caractéristiques. L'après-midi, ils sont plus difficiles à observer.

Où dormir ? Où manger ?

Campings

*Le MNP gère des **terrains de camping** : face à l'entrée du parc national Analamazaotra ou sur d'autres lieux. Compter 5 000-15 000 Ar la nuitée selon la formule : site Indri, site Tanafisaka, grandes tentes pour groupe de 25 places max... Compter 10 000 Ar/ pers. Résa au moins 1 sem à l'avance en saison.* Douches et toilettes mais confort basique. Surveillance avec des gardiens.

Mitsinjo : à 150 m du parc national Analamazaotra. Env 10 000 Ar la nuitée par tente. Les abris-tentes sont bien conçus avec un coin cuisine, l'eau et l'électricité.

Prix moyens (40 000- 80 000 Ar / env 11-23 €)

Bungalows Feon'ny Ala : un des 1ers hôtels en direction du parc (à 300 m de la bifurcation avec la RN 2), facile en taxi-brousse. ☎ 56-832- 02. 034-05-832-02. • contact. feonnyala@gmail.com • Doubles env 50 000-80 000 Ar. (réception). Un établissement plaisant au milieu de la végétation, apprécié des *vazahas* pour sa situation. Jolie terrasse en surplomb d'un ruisseau devant le resto. Les bungalows en forme de paillote pour 2 à 5 personnes (certains avec mezzanine, tous avec salle d'eau) ne sont pas mal non plus, bien que les uns sur les autres. Une cinquantaine environ, alignés sur plusieurs niveaux. Au resto, spécialités chinoises, mais également des plats classiques et du tilapia, élevé localement.

Mikalo : juste après la réserve, à env 1,5 km. 034-11-817-85 et 033- 11-817-85. Compter 72 000-95 000 Ar. Repas env 25 000 Ar. (réception). Bungalows confortables mais assez chers. Les 5 familiaux en dur, plus anciens, comprenant 1 lit en mezzanine ont même une cheminée pour les nuits plus fraîches. Préférer les plus récents, joliment construits en bois. Quant à la cuisine, elle est honorable et à bon prix, servie dans une vaste salle à manger.

Marie Lodge Guesthouse : face à l'hôtel Feon'ny Ala et de l'entrée du parc national Analamazaotra. 034-18-094-19. 40 000-50 000 Ar la double et 2 bungalows-apparts pour 6-8 pers. Un hôtel très modeste de 6 chambres pour routards à petit budget et pas trop exigeants. À 50 m, resto dans une grande salle avec cheminée proposant une carte malgache. Marie est aussi guide officiel dans le parc.

Beaucoup plus chic (plus de 250 000 Ar / env 71 €)

Vakôna Forest Lodge : à 8 km du village d'Andasibe sur la piste carrossable qui mène au parc de Mantadia. ☎ 22-624-80 (à Tana). 033-02-016-36 ou 033-02-010- 01 (à Andasibe). • vakona@moov. mg • hotelvakona.com • Compter 81-92 € pour un bungalow double. Une adresse chic appartenant à une famille de *zanatany* (« fils du sol », désignant les Blancs nés ici) très connue dans la région et qui possédait les anciennes mines de graphite voisines. Ceux qui disposent d'un bon budget pourront se reposer dans cet agréable complexe hôtelier au milieu de la végétation. Bungalows en dur confortables à défaut d'offrir une architecture originale. Aménagement intérieur décevant. Profiter de la piscine, sans aussi du vaste restaurant où trône une cheminée monumentale. Service aux petits soins et accueil souriant. Billard, canoë, équitation, squash et ping- pong (tout est payant et cher). Ne pas manquer de visiter la réserve locale et les îles aux lémuriens (lire plus bas dans « À voir. À faire »).

À voir. À faire

🎬🎬 **Le parc national Analamazaotra (ex-réserve Indri-Indri) :** l'indri en est la vedette, bien sûr. Bon, comme pour toutes les visites du genre, il n'est jamais garanti que l'on en verra beaucoup et tout le temps... Dans cette *forêt secondaire* (pins, eucalyptus, *Camelia japonica*...), on compte environ 60 groupes d'indris (soit à peu près 850 individus), mais un seul est réellement accessible dans le secteur *Indri I* du parc et une autre (beaucoup plus grand) dans le secteur *Indri II*. Pour les approcher avec succès, et peut-être même les observer au sol, une fois par semaine seulement quand les indris descendent manger de la terre riche en oxyde de fer, mieux vaut être là dès l'ouverture du parc. Sachez que *l'indri est le plus grand des lémuriens*, avec une taille pouvant atteindre 70 cm, voire 1 m (avec paradoxalement une toute petite queue en moignon de 3 cm), pour un poids de 6 à 15 kg. Ici, le mâle a le ventre marron et la femelle le ventre blanc (le reste du corps étant noir et blanc). Ailleurs, ils sont totalement noirs. Avec son allure de grand dadais agrippé à son arbre et ses cris de contact, de ralliement, d'alarme ou bien d'amour qui ressemblent souvent à des plaintes humaines (audibles à 3 km à la ronde !), c'est l'un des lémuriens les plus intrigants parce que justement celui qui a peut-être le comportement le plus humain... d'autant qu'il peut vivre jusqu'à 80 ans. Cependant, la population ne semble pas augmenter : les indris ont de plus en plus de mal à défendre leur progéniture contre les prédateurs (aigle et *fosa*) ou le braconnage (ce qui explique que le parc soit fermé la nuit et que les visites nocturnes aient lieu le long de la route). Lire aussi le texte qui est consacré aux indris à la rubrique « Lémuriens » dans « Hommes, culture, environnement ».

> **PLUTÔT MOURIR**
>
> *Les indris sont les seuls lémuriens qui ne puissent vivre en captivité. Des expériences ont été menées, mais tous ont dépéri. Voilà pourquoi vous ne verrez jamais d'indris dans un zoo. Selon une légende locale, ils seraient l'incarnation d'humains. Voilà aussi pourquoi les indris sont fady : interdit de les chasser. Ouf !*

– *À voir aussi :* outre l'indri, on peut voir, ou tenter de voir, cinq espèces de lémuriens diurnes parmi lesquels le *Fulvus fulvus*, l'*Hapalemur gris*, le *Rubriventer* et le propithèque, le *Varicia variegata*. On compte six espèces nocturnes également : l'*avahi laineux*, l'*Hapalemur microdon*, le *Microcebus rufus*, l'*Allocebus* et le aye-aye – mais ne rêvez pas pour ce dernier, il est très difficile à trouver. Au programme également, trois espèces de *tanrecs* (cousin éloigné du hérisson et endémique) et l'incroyable *caméléon de Parson*, de couleur verte et capable d'avaler un petit oiseau. Pour les ornithologues amateurs, plus de 100 espèces d'oiseaux et donc de quoi camper un moment sur le site. La flore de cette forêt humide tropicale secondaire est bien moins intéressante que celle de Mantadia, malgré ses magnifiques fougères arborescentes, ses *ravinala* (arbres du voyageur) et ses eucalyptus. Se promener aussi du côté du *lac Vert* (en forme de croissant), du *bassin piscicole* et du *lac Rouge*.

🎬🎬🎬 **Le parc national Mantadia :** *l'entrée des gardes (contrôle des tickets) se trouve à env 20 km au nord-est du parc Analamazaotra (compter 1h de piste). Pas de taxis-brousse, tenter le stop (dur, quand même) ou discuter avec les guides qui ont parfois des solutions, mais ça finit souvent par une loc de taxi à prix plutôt élevé ! Droit d'entrée commun avec le parc Analamazaotra (y passer d'abord), mais, là aussi, guide en plus (visites thématiques possibles).* Contrairement à la réserve Indri-Indri, il s'agit d'une forêt primaire. Elle couvre 13 000 ha. Faire le *circuit* des très belles *chutes sacrées* (2h) et piquer une tête dans la piscine naturelle du *circuit Rianasoa* (30 mn aller-retour). Pour les passionnés d'ornithologie et pour ceux qui veulent apercevoir le propithèque à diadème, *circuit Isakoka*, du nom de l'un des oiseaux endémiques de la région (3h de marche en boucle).

À voir : toutes les espèces de lémuriens du parc Analamazaotra, plus le vari (noir et blanc), au cri d'alerte presque aussi impressionnant que celui de l'indri, et donc le très coloré propithèque à diadème (plus visible en septembre et octobre). Parcours plus sportif que dans l'autre parc (ça grimpe et pas de vrais chemins de rando), mais c'est l'occasion de marcher hors des sentiers battus (c'est vraiment le cas de le dire)... Prévoir eau et vivres et l'équipement habituel, notamment contre les sangsues en période de fortes pluies.

Mitsinjo : *150 m avt le parc national Analamazaotra. 034-18-904-59, 033-74-520-80 ou 034-39-271-00. • mitsinjo@hotmail.com • mitsinjo.org • Compter 30 000-65 000 Ar pour le guidage (2-5h), nocturne possible, entrée comprise.* Cette association gère la station forestière d'Analamazaotra (700 ha) indépendamment du parc national, en relation avec les communautés locales. Circuits et activités tournant autour de la reforestation, d'un conservatoire de grenouilles, de l'observation de lémuriens (seulement 2 espèces de moins que dans le Parc national), la visite du village d'Andasibe, celle du parc à orchidées...

VOI M.M.A. : *1,5 km après le parc national Analamazaotra. 034-81-501-25. Compter 20 000-40 000 Ar pour le guidage (entrée comprise).* Un autre bout de forêt géré par la communauté villageoise, adjacent au parc national. Pas bien grand, mais moins cher et facile (c'est plat). La forêt abrite 11 espèces de lémuriens, dont l'indri. Propose aussi la descente de la rivière en pirogue.

La réserve privée de Vakôna : *à l'hôtel du même nom (lire plus haut), à 8 km du village d'Andasibe. Entrée payante. Acheter son ticket à la réception avt de venir.* À voir, une bonne cinquantaine de crocos au bord d'un lac ou dans des enclos derrière. Sachez qu'on ne les nourrit qu'une fois par semaine d'octobre à mars et une fois par mois le reste de l'année (ils hibernent...). Voir aussi le couple de *fosa* (sortes de petits pumas), la volière des canards sauvages et les îles aux 6 espèces de lémuriens. Traversée en canoë (pourboire attendu)... Une petite visite sympa. Possibilité également de visiter sur demande les mines de graphite voisines.

À voir encore

Le centre d'interprétation : *dans les locaux du MNP-PNAM, à l'entrée du parc national, dans un grand hall derrière le guichet.* Explications sur l'indri, la faune, la flore et l'écologie.

Le parc aux Orchidées : *200 m après l'entrée de la réserve. Entrée payante (infos auprès de Mitsinjo).* Intéressant seulement en période de floraison, vers le mois d'octobre. Visite rapide (15 mn).

Andasibe : voir surtout la rue principale pour son allure western. Maisons tout en bois dues à l'activité de cette industrie dans le passé. On croirait que John Wayne va sortir d'un *hotely* en dégainant à tout moment !

TAMATAVE (TOAMASINA)

400 000 hab. (pour l'agglomération)   IND. TÉL. : 53

• Plan *p. 254-255*

Premier port commercial de l'île, capitale de la province de l'Est et de l'ethnie des Betsimisarakas. Avec ses centaines de pousse-pousse qui, à pied ou à vélo, sillonnent les larges boulevards bordés de flamboyants et de cocotiers, au milieu de bâtiments fonctionnels ou en désuétude, on peut encore prêter un petit air colonial et provincial à la ville, mais pour le charme il faudra faire preuve d'un peu plus d'imagination. Tamatave est avant tout une ville de passage obligé lors de toute excursion dans l'Est du pays. Elle a l'ingrate réputation des grands ports industriels, fréquentés par des marins de toutes nationalités, ainsi que d'anciennes bagarres autour de filles légères aussi hautes en couleur que la nature environnante. La plage qui s'étire sur plusieurs kilomètres attire les foules le week-end mais gare aux grosses vagues, surtout avec les enfants. Si les Malgaches ne se baignent pas, suivez leur exemple. En fond de décor, repérez l'intrigante île aux Prunes. Avec les requins qui rôdent dans le coin, voilà de quoi attiser la curiosité des pirates en herbe.

UN PEU D'HISTOIRE

Des escarmouches au roi Jean René

Au début du XIXe s, les Anglais occupent l'île Bourbon (La Réunion) et l'île de France (l'île Maurice) et se disputent régulièrement la côte est malgache avec les Français qui pratiquent encore le commerce des esclaves (déjà aboli en Grande-Bretagne depuis 1807).

Dans la confusion, Jean René, métis et ancien interprète de Sylvain Roux, l'émissaire de Napoléon devient roi de la côte est et s'établit à Tamatave, devenu français en 1816. En 1817, Radama Ier arrive aux portes de Tamatave à la tête de 25 000 hommes, bien décidé à soumettre le royaume des Betsimisarakas. Les deux rois choisissent en fait d'échanger leur

> **UN NOM SALÉ**
>
> *Lorsqu'en 1817, Radama Ier arrive aux portes de Tamatave pour soumettre le royaume des Betsimisarakas, il goûte l'eau de mer, dont il découvre l'existence et déclare vivement : « Toa masina ! », autrement dit « C'est salé ! ». C'est ainsi que Toamasina devint le nom malgache de Tamatave.*

sang mais une mise en scène symbolique dont les Malgaches ont le secret : Jean René reconnaît à Radama Ier le titre de roi de Madagascar tandis que ce dernier lui laisse la souveraineté de la côte est.

Un port d'accès pour la colonisation

Un an avant la mort du roi Jean René, en 1826, le Français Napoléon de Lastelle implante à Tamatave les premiers chantiers navals, les premières machines à vapeur, de nouveaux animaux et de nouvelles plantes, tout en développant le commerce. Alors que la reine Ranavalona Ire monte sur le trône et contrôle la côte est, il recueille un naufragé, un certain Jean Laborde, qui va compter pour beaucoup dans l'histoire du pays et celle de la reine.

Au XIXe s, les escarmouches sont de plus en plus nombreuses entre la royauté merina et les Européens. C'est à partir de 1885 que Tamatave commence à passer réellement sous contrôle de la France comme, un peu plus tard, tout le reste de l'île. En 1897, la dernière reine de Madagascar, Ranavalona III est envoyée en exil sur l'île de La Réunion, puis à Alger : embarquée à Tamatave, elle ne reviendra pas et, avec elle, c'est la souveraineté du pays qui disparaît.

À la même époque, l'administration française décide du creusement du gigantesque canal des Pangalanes qui, en plus de la ligne de chemin de fer Tana-Tamatave, facilitera le transport des différentes productions du pays transitant par le port : ébène, palissandre, vanille, poivre, cannelle…

Le premier port de Madagascar

En 1927, un terrible cyclone dévaste la ville, faisant des centaines de morts. On retrouvera des bateaux jusque dans l'intérieur des terres ! Régulièrement, un cyclone rappelle encore à la ville sa situation fragile : entièrement tournée vers l'océan Indien, Tamatave en recueille tous les fruits, bons et mauvais. Néanmoins, une nouvelle ville a vu le jour, faite de constructions en dur, d'une ligne de chemin de fer plus ou moins en fonction et surtout d'un port commercial névralgique qui contrôle à peu près 70 % des échanges avec l'étranger. Les cargos repartent chargés de toutes les productions de l'île (crevettes, vanille, riz, girofle, litchis, etc.) et alimentent celle-ci en produits extérieurs, tandis que la dantesque usine de traitement du nickel d'Ambatovy (toute éclairée la nuit) a redonné vie à Tamatave il y a quelques années. À proximité, un quartier clos en complète autarcie abrite les ingénieurs expatriés et leurs familles qui se relaient au chevet de cette mine un temps providentielle, aujourd'hui en perte de vitesse.

Arriver – Quitter

En avion

➔ *Aéroport* (hors plan par B1) : *à 5 km au nord du centre. Pour rejoindre le centre-ville, prendre un taxi dont le tarif forfaitaire ne doit pas excéder les 15 000 Ar. Vols intérieurs assurés par Madagasikara Airways et Air Madagascar (coordonnées dans « Adresses utiles ») :*
➢ *Tananarive :* 1-3 vols/j.
➢ *Sainte-Marie :* env 3 vols/sem.
➢ *Maroantsetra et Antalaha :* 2-3 vols/sem.
➢ *Mananara :* 1 vol/sem.
➢ *Sambava :* 1 vol/sem.
➢ *L'île de La Réunion :* les compagnies aériennes *Air Madagascar, Madagasikara Airways* et *Air Austral* proposent des vols avec Saint-Denis ou Saint-Pierre, directs ou non.

Par la route

➢ *Vers le nord,* la RN 5 est asphaltée (mais dégradée par les camions) jusqu'à Soanierana-Ivongo. Temps de route élevés malgré les distances raisonnables. Une piste infâme, l'une des pires de tout le pays, prend ensuite le relais. Si tous les ponts ont été rénovés, il faut encore emprunter pas moins de 13 bacs pour atteindre Maroantsetra via Mananara, sauf pour les deux-roues qui peuvent être chargés sur des pirogues. La moto et le vélo, voire le quad, demeurent les engins les plus adaptés à ce merveilleux périple. Attention, lors de la récolte des litchis dans la 1re quinzaine de décembre, la région est en totale effervescence et ne vit plus que pour cela. Des embouteillages importants sont à craindre, ainsi qu'une carence en moyens de transport : taxis-brousse comme voitures de location.

➢ *Vers le sud,* la route asphaltée (RN 2 puis RN 11A) qui descend jusqu'à Vatomandry, en marge des Pangalanes, est excellente. La piste qui lui succède pour atteindre Mahanoro demeure praticable en tte saison.

🚍 *Gares routières* (plan B1) : *proches les unes des autres, au nord-ouest de la ville. Y aller en taxi ou en pousse-pousse (plus cher).*

➢ *Vers le nord immédiat* (gare d'Ampasimadinika), s'adresser par exemple à la coopérative *Kofito* (📞 032-40-334-02). Temps de trajet indicatifs :
– *Foulpointe* (Mahavelona, 2h).
– *Mahambo* (2h30).
– *Fénérive* (3h).
– *Soanierana* (4h).

➢ *Vers le nord lointain* (gare d'Ampasimadinika), les liaisons s'avèrent souvent très difficiles et très longues, parfois impossibles en saison des pluies. À ne tenter que si vous avez beaucoup de temps et de patience, et si vous êtes un brin aventurier. Voyages en 4x4 Land Cruiser ou 504 bâchée.

➢ *Andasibe et les parcs nationaux :* taxis-brousse stationnés à la cité Beryl rose. Départs tous les jours. Compter 5h minimum de trajet.

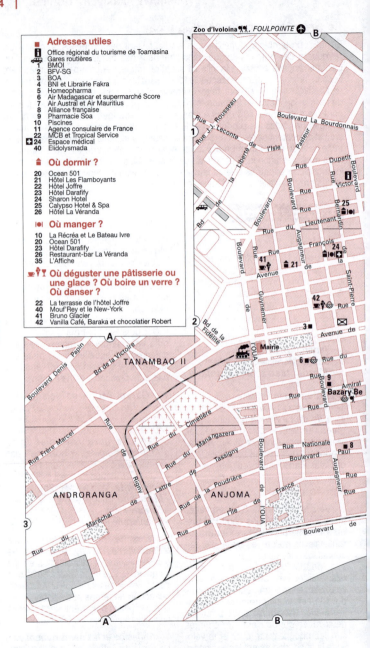

Adresses utiles
- Office régional du tourisme de Toamasina
- Gares routières
- 1 BMOI
- 2 BFV-SG
- 3 BOA
- 4 BNI et Librairie Fakra
- 5 Homeopharma
- 6 Air Madagascar et supermarché Score
- 7 Air Austral et Air Mauritius
- 8 Alliance française
- 9 Pharmacie Soa
- 10 Piscines
- 11 Agence consulaire de France
- 22 MCB et Tropical Service
- 24 Espace médical
- 40 Elidolysmada

Où dormir ?
- 20 Ocean 501
- 21 Hôtel Les Flamboyants
- 22 Hôtel Joffre
- 23 Hôtel Darafify
- 24 Sharon Hotel
- 25 Calypso Hotel & Spa
- 26 Hôtel La Véranda

Où manger ?
- 10 La Récréa et Le Bateau Ivre
- 20 Ocean 501
- 23 Hôtel Darafify
- 26 Restaurant-bar La Véranda
- 35 L'Affiche

Où déguster une pâtisserie ou une glace ? Où boire un verre ? Où danser ?
- 22 La terrasse de l'hôtel Joffre
- 40 Mouf'Rey et le New-York
- 41 Bruno Glacier
- 42 Vanilla Café, Baraka et chocolatier Robert

255

TAMATAVE

➤ *Tananarive :* jusqu'à 7 départs/j. avec *Cotisse Transport* (☎ *032-11-027-33,* ● *cotissetransport@yahoo.fr* ●). Compter 20 000-50 000 Ar selon le confort et réserver tôt. Attention, le trajet est long (trajet de nuit possible) et ça tournicote du début à la fin. On conseille aux estomacs légers de prévoir un médicament contre le mal de la route. En revanche, wifi à bord et assez confortable. D'autres compagnies comme *Vatsi* (☎ *032-40-301-05)* proposent le même service.

➤ ***Vers le sud et le canal des Pangalanes,*** départs très irréguliers (hormis pour Brickaville) de la gare d'Ambolomani. Préférer *Trans Express* (☎ *307-36)* ou Trans Madaky (☎ *032-43-130-36).*
– *Brickaville :* env 2h de trajet. Départs tte la journée.
– *Vatomandry :* env 4h de trajet.
– *Mahanoro :* env 5-6h de trajet.

En bateau

➤ *Sainte-Marie* (embarcadère à Mahambo) : traversée 2h30. Compter 110 000 Ar/pers de Tamatave à Sainte-Marie (100 000 Ar à l'embarcadère directement).

■ *El Condor :* lot 30, parcelle 13/72 Tanambao V. ☎ *034-70-433-01 (02 à Sainte-Marie, 03 à Soanierana, 06 à Tana).* ● *bluemarine-madagascar.com* ●
Départ tlj pour Sainte-Marie à 5h30, en bus (trajet 2h30) puis en bateau climatisé de 115 places assises pour arriver à destination dans l'après-midi. Plus de trajet en bateau que depuis Soanierana (et l'embarquement à Mahambo n'est pas des plus simple !), mais moins de route pour se rendre au bateau : en résumé, la solution la plus chère mais la plus plébiscitée.

➤ *Sainte-Marie* (embarcadère à Soanierana) : traversée 1h30. Compter 80 000 Ar/pers de Tamatave à Sainte-Marie (70 000 Ar directement à l'embarcadère ; pour s'y rendre en taxi-brousse depuis Tamatave, compter 10 000 Ar, ce qui revient au même). Départ tlj vers 5h30 en bus puis en bateau de 60 places pour arriver à destination dans l'après-midi.
■ *Gasiraka be :* ☎ *032-62-870-99 ou 034-80-769-04.*
■ *Melissa :* à *Tamatave,* ☎ *032-44-743-03. À Sainte-Marie,* ☎ *033-18-732-69 ou 034-51-204-66.*
■ *Sainte-Marie Tours :* 40, bd Joffre. ☎ *20-53-987-49.* ● *sainte-marie-tours.com* ●

➤ *Mananara-Maroentsetra :* des boutres rejoignent plus ou moins régulièrement ces 2 destinations au nord. Bien que la mer demeure assez calme de septembre à mars, la traversée n'est pas sans risque car il est fréquent que la réglementation en vigueur ne soit pas respectée. La mer est vraiment dangereuse juin-août. Il y a souvent des accidents, et parfois des morts... Prendre plutôt le *Saint louis Express,* un bateau adapté à la mer avec des sièges confortables sur 2 ponts. Départ 1 fois/sem le soir pour arriver à Maroentsetra le lendemain matin, via Mananara. *Infos à la gare routière :* ☎ *032-54-195-21.*

En train

Le train Tamatave-Moramanga (région de Tana) circule en début de semaine via Ambila-Lemaitso, Brickaville et Andasibe. Compter pas moins de 12h éprouvantes (pas de 1re classe), à travers de beaux paysages de montagne. Le tortillard emprunté principalement par des locaux s'arrête dans tous les villages. Scènes de vie et rencontres assurées. Tarif : dans les 10 000 Ar le trajet, mais à confirmer avant le départ bien sûr. ● *madarail.mg/voyages_train_voyageur.php* ●

Comment se déplacer ?

En pousse-pousse

Tamatave est une ville de pousse-pousse et de cyclo-pousse. Le tarif n'est vraiment pas cher (dans les 1 000 Ar le trajet en ville, plus dans les 2 000 Ar pour les *vazahas*), à négocier comme d'habitude, sans mégoter toutefois. Ici, les conditions de vie de leurs conducteurs sont encore plus dures qu'ailleurs, car il pleut très souvent et les rues peuvent être méchamment défoncées. Le soir, TOUJOURS demander à la réception de votre hôtel, pour éviter tout risque de racket ou d'agression. Pour info, les prix pratiqués par les conducteurs de pousse-pousse à pied sont bien sûr un peu plus élevés que ceux de leurs collègues cyclistes. Il est donc fortement conseillé de prendre ceux qui ont un badge officiel agrafé sur la poitrine.

En taxi

Une bonne idée, car il pleut souvent. Tarif fixe en journée vraiment bon marché, en principe 50 % plus cher le soir et la nuit.

Adresses utiles

Infos touristiques et santé

■ *Office régional du tourisme de Toamasina* (plan B1) : 83, bd Joffre. ☎ 53-349-06. Lun-sam mat. Peu de doc, quelques infos utiles pour les excursions dans les environs (une savonnerie, une sucrerie...).

■ *Agence consulaire de France* (plan C1, 11) : Christian Fuard, bd La Bourdonnais, à côté de l'internat du lycée français, BP 155. ☎ 033-14-896-67 ou 032-04-108-28 (numéro d'urgence). ● agence.consulaire_tamatave@yahoo.fr ●

■ *Espace médical* (plan B2, 24) : av. de la Libération, à côté du Sharon Hotel. ☎ 315-66. ☎ 034-07-088-23 ou 034-02-088-19. Consultations 24h/24. Soins, transports médicalisés et évacuations sanitaires. Mieux vaut apporter son matériel.

– *Pharmacie Soa* (plan B2, 9) : près du marché. Si elle est fermée, les pharmacies de garde sont indiquées.

■ *Homeopharma* (plan C2, 5) : bd Joffre. Tlj sf dim et pause à midi. Produits naturels de la pharmacopée pour toutes les maladies : baumes, tisanes, savons, etc.

Poste et banques

✉ *Poste* (plan B2) : av. de l'Indépendance, en face d'Air Madagascar. Lun-ven 7h30-17h30, sam mat. Propose également l'accès internet.

■ Les banques sont ouvertes du lundi au vendredi 7h30-11h30 et 14h-15h (ou 16h) environ. Elles proposent le service Western Union et ont presque toutes un distributeur automatique. La plupart se trouvent sur le bd Joffre : **BNI** (plan C2, **4**), **MCB** (plan C2-3, **22**), **BMOI** (plan C3, **1**). La **BFV-SG** (plan C2, **2**) se trouve à l'angle de l'av. de l'Indépendance et du bd Joffre et la **BOA** (plan B2, **3**), à l'angle du bd Augagneur et de l'av. de l'Indépendance.

Compagnies aériennes et agences de voyages

■ *Air Austral et Air Mauritius* (plan C2, **7**) : représentés par Rogers Aviation, rue du Maréchal-de-Lattre-de-Tassigny. ☎ 300-26. ☎ 034-14-512-97. ● ravtmm@rogers-aviation.mg ● Cette agence représente aussi *South African Airways*, *Air Seychelles* et *Kenya Airways*. **Air Austral** a aussi sa propre agence à côté de l'hôtel *Le Grand Port* dans la même rue. ● tamatave@australair.mg ●

■ *Air Madagascar* (plan B2, **6**) : av. de l'Indépendance. ☎ 034-11-222-25 ou 032-07-222-02. ● airmadagascar.com ● Lun-sam mat.

■ *Madagasikara Airways* (hors plan par B1) : à l'aéroport. ☎ 032-05-970-09. ● madagasikaraairways.com ●

■ *Tropical Service* (plan C2-3, **22**) : bd Joffre, face à l'hôtel Joffre. ☎ 032-02-173-12. ● tropicalservice@moov.mg ● Une agence représentant les compagnies Air France, Air Austral, Corsair Fly, pour la reconfirmation des vols ou l'achat de billets. Efficace et pro.

■ *Elidolysmada* (plan C2, **40**) : 33, bd Joffre, en face de la boulangerie-pâtisserie Mouf'Rey. ☎ 53-329-75. ☎ 033-15-327-21. ● elidolysmada@yahoo.fr ● elydolysmada.com ● Agence spécialiste de la côte est et particulièrement du canal des Pangalanes avec des circuits d'une journée ou de plusieurs jours.

■ *Mbola Tsara :* *à la gare routière, entre Trisept et Kofmad.* 033-75-629-36 ou 032-02-162-76. • *mbola. tsaravoyage@gmail.com* • Une agence locale recommandée par les résidents, spécialisée dans la région de Mananara et Maroantsetra. Location de 4x4 avec chauffeur.

Loisirs, divers

■ *Librairie Fakra (plan C2, 4) :* *bd Joffre. Fermé sam ap-m et dim.* Presse, livres, plan de la ville et cartes postales.
■ *Alliance française (plan B3, 8) :* *13, bd Paul-Doumer.* ☎ 334-94. 033-15-325-86. • *aftamatave.org* • Dans une très jolie case créole qui date de 1885, une des plus belles de Madagascar. Centre culturel, bibliothèque, buvette et jardin sympa.

■ *Piscines :* *à l'hôtel Miramar (plan C1, 10), au nord (la plus belle de la ville, 50 m de long), au **Club nautique** (plan D3, 10), près du port (jeux pour les enfants, en toute sécurité) ou au resto **Le Bateau Ivre** (plan C2, 10), sur le bd Ratsmilaho.*

🛒 *Supermarché Score (plan B2, 6) :* *à gauche d'Air Madagascar. Tlj sf dim ap-m 8h30-13h, 14h30-19h30.* Une grande surface bien fournie avec même des gousses de vanille et autres épices.

🛒 *Supermarché Shoprite :* *av. de l'Indépendance.*

Où dormir ?

Bon marché (20 000-40 000 Ar / env 6-11 €)

Pas grand-chose de correct. Pour les ultra-fauchés, aller dans le quartier de la gare routière *(plan B1),* au *Mahatoky* ou *Aux Lits d'Or,* un peu excentrés. Un peu de prudence le soir. Moustiquaire obligatoire.

Prix moyens (40 000-80 000 Ar / env 11-23 €)

🛏 *Ocean 501 (hors plan par C1, 20) :* *route de l'aéroport, quartier de Salazamay.* ☎ 450-35. 032-64-147-43. • *ocean501@moov.mg* • *ocean501. biz* • *Doubles 51 000-121 000 Ar.* Joli hôtel sur 2 étages en bord de mer. On est loin du centre-ville, mais au calme. Une dizaine de chambres seulement, toutes de tailles différentes, agréables et propres, avec ventilo et clim. C'est aussi l'un des meilleurs restos de la ville (voir « Où manger ? »).
🛏 *Hôtel Les Flamboyants (plan B2, 21) :* *av. de la Libération.* ☎ 323-50. 032-71-093-51. • *hotelflamboyants@gmail.com* • *hotelflamboyants.com* • *Doubles 40 000-60 000 Ar.* Une vieille adresse de Tamatave. Pas la folle ambiance, mais les chambres se révèlent confortables et nickel, toutes carrelées. Certaines avec balcon, ventilo ou clim. Un intéressant rapport qualité-prix pour les petits budgets.

🛏 *Hôtel Darafify (hors plan par C1, 23) :* *quartier d'Ampanalana, à 3 km au nord de la ville, sur la route de Salazamay. Prendre à droite avt de rejoindre l'aéroport.* ☎ 960-80. 034-60-468-82. • *contact.darafify@gmail.com* • *Doubles 41 000 ou 51 000 Ar.* Un hôtel de plain-pied quasi sur la plage qui fait, dès lors, la joie des familles le week-end. Un lieu agréable mais excentré et assez simple (bungalows sans extra, moustiquaires et ventilos seulement). Restauration délicieuse (voir « Où manger ? »).

De chic à plus chic (80 000-250 000 Ar / env 23-71 €)

🛏 *Hôtel Joffre (plan C2-3, 22) :* *sur le bd du même nom, tt le monde connaît !* ☎ 323-90. • *hotel.joffre@moov.mg* • *hoteljoffre-tamatave.com* • *Doubles 127 000-225 000 Ar. Résas à confirmer.* De cet hôtel, plus d'un demi-siècle vous contemple... Un certain cachet, malgré un petit côté tristoune de fin de règne. Certaines chambres sont plus agréables et plus lumineuses que d'autres, et plus chères aussi. Préférez, si vous le pouvez, celles avec balcon et vue sur la rue. Restaurant sans trop d'intérêt.

⌂ *Hôtel-restaurant-Bar La Véranda* (plan C2, 26) : *5, rue du Lieutenant-Bérard, face à la Caisse d'Épargne.* ☎ *640-86.* 📱 *032-04-617-45.* • *laveranda@moov.mg* • 🛜 Un hôtel récent très clean et au carrelage rutilant. Les 16 chambres sont spacieuses, très confortables avec eau chaude et clim. Restaurant couru des *vazahas* au rez-de-chaussée.

⌂ |●| *Sharon Hotel* (plan B2, 24) : *av. de la Libération.* ☎ *304-20 à 26.* 📱 *032-05-304-20.* • *sharonhotel@moov.mg* • *sharonhotel.mg* • *Doubles standard 155 000-205 000 Ar.* 🛜 L'un des établissements les plus chic de la ville. Planchers en palissandre, piscine dans le jardin, jacuzzi, hammam et salle de fitness. Clim dans les chambres. Le confort est assuré !

Où manger ?

Des restos pour tous les budgets, en centre-ville ou du côté de l'aéroport. Pas mal d'adresses à touche-touche en front de mer aussi, sympa mais gare à l'hygiène parfois (et à la sécurité, on est à deux pas de la plage animée). Pour les tables plus chères et standard, voir les hôtels mentionnés dans « Où dormir ? ».

De bon marché à prix moyens (10 000-35 000 Ar / env 3-10 €)

|●| *Ocean 501* (hors plan par C1) : *quartier de Salazamay, voir « Où dormir ? ».* ☎ *450-35.* 📱 *032-64-147-43.* En bord de plage, un resto sympa comme tout rameutant tous les expats du coin, mené par un patron affable aux faux airs de Jean Reno. Quelques tables dans le jardin face à la mer pour rêvasser un peu... Concert de qualité au moins une fois par mois.

|●| *Restaurant Darafify* (hors plan par C1) : *quartier d'Ampanalana, voir « Où dormir ? ».* ☎ *326-18.* Quelques tables en terrasse, côté océan. Du vert, du bleu et du bon : excellentes grillades, soupe de crabe, plats malgaches... La cuisine est réussie et le service sympa.

Sur place, une pizzeria et un resto d'inspiration française.

Beaucoup plus chic (à partir de 250 000 Ar / env 71 €)

⌂ |●| *Calypso Hotel & Spa* (plan B1, 25) : *rue Lieutenant-Noël, Ambodimanga.* ☎ *304-59.* 📱 *034-07-131-33.* • *info@hotelcalypso.mg* • *hotelcalypso.mg* • *Doubles 103-134 €, petit déj inclus. Menu 28 500 Ar, snacks 9 000-15 000 Ar.* 🛜 L'hôtel de standing international du centre-ville, point de ralliement des hommes d'affaire. Structure moderne sur plusieurs étages avec piscine, massage, etc. Toutes les chambres, confortables et à la déco malgache sont dotées d'un balcon et de clim. Agréable terrasse de restaurant, fraîche, au calme et en surplomb de la rue pour une cuisine du monde particulièrement réussie.

|●| *Hôtel-restaurant-Bar La Véranda* (plan C2, 26) : *5, rue du Lieutenant-Bérard, voir « Où dormir ? ».* ☎ *640-86.* 📱 *032-04-617-45.* En terrasse couverte, un excellent restaurant, rendez-vous des expats et des touristes.

|●| *La Récréa* (plan C2, 10) : *sur le front de mer.* 📱 *032-04-610-71. Tlj.* Terrasse avec vue sur la mer et le port, sympa et aérée. Également une petite salle et un cocktail-bar. Cuisine correcte (fruits de mer, fondue...). Orchestre rétro le week-end avec buffet le dimanche midi.

|●| *Le Bateau Ivre* (plan C2, 10) : *sur le front de mer.* ☎ *302-94. Tlj.* Spécialités de poissons et de fruits de mer, buffet le dimanche, plats malgaches ou

chinois... le tout servi en terrasse donnant sur les 2 piscines.

L'Affiche (plan C2, 35) : bd Joffre (angle bd Lieutenant-Bérard). 032-04-618-44. Tlj sf dim. Un resto-bar très animé en soirée dans une ambiance chaleureuse avec des plats à petit prix. Pizzas à emporter et osso-buco très recommandable (entre autres), le tout arrosé de cocktails et de rhums sympa, mais aussi de vins sud-africains et de bordeaux à prix compétitifs. Animation crêpes et concert certains soirs. Loue aussi des motos.

Où déguster une pâtisserie ou une glace ? Où boire un verre ? Où danser ?

Bruno Glacier (plan B2, 41) : angle av. de la Libération et rue Guynemer. Tlj sf dim ap-m et mar 8h-11h45 et 15h30-17h30. Grand choix de glaces, à déguster en terrasse extérieure. Pâtisseries moins convaincantes.

Mouf'Rey (plan C2, 40) : bd Joffre. Tlj 7h-12h, 15h-17h30. Bien pour un petit déj ou un verre en lisant son journal, à l'intérieur ou sur la petite terrasse. Tout est maison, le four à pains trône au milieu de cette boulangerie-pâtisserie.

Vanilla Café (plan B2, 42) : Bd Augagneur. Tlj sf dim (non-stop sam sinon pause à midi). Séquence nostalgie dans ce salon de thé bien appétissant où l'on est reçu avec le sourire. En plus des habituelles pâtisseries et glaces, des kouign amann, des galettes des rois en janvier, des baguettes comme en France... À côté, le snack musulman **Baraka** a son petit succès parmi les expats pour le petit déj ou un café. Et en face, pousser la porte du **chocolatier Robert** et son épicerie fine.

La terrasse de l'hôtel Joffre (plan C2-3, 22) : voir « Où dormir ? ». Sympa à l'heure de l'apéro et abrité de la rue.

Le New-York (plan C2, 40) : bd Joffre. Mar-sam à partir de 18h, jeu-sam DJ à partir de 22h. Au sommet d'un immeuble, c'est le bar le plus hype de la ville avec une vaste terrasse et une discothèque courue de la jeunesse locale. La nuit, avec les lumières du port et les éclairages fluo tendance, on se croirait vraiment à Manhattan, veillés par une anachronique statue de la Liberté.

Achats

Marché couvert Bazary Be (plan B2) : accès par le bd Joffre. Plus important jeu et sam. Le grand marché couvert et moderne du centre-ville moderne. Plein de fruits en saison et de victuailles dans des stands très propres. Deux allées consacrées à l'artisanat avec pas mal de choix.

Tamatave est connu pour ses bijouteries offrant des tarifs intéressants sur l'or et l'argent. Plusieurs vitrines comme **Tendance** sur le bd Joffre (plan C2), à deux pas de Bazary Be.

CTHT (plan C1) : bd Joffre. ☎ 311-37. ● ctht.org ● Lun-sam mat. Des épices, produites, transformées et conditionnées sur place.

À voir

Un petit tour en ville : on peut flâner dans la ville pour tuer le temps et observer l'animation qui règne sur l'**avenue de l'Indépendance** (plan B-C2). Elle est bordée de palmiers et part en ligne droite de la **mairie** vers le front de mer. Le quartier du port de la pointe Hastie (plan D3) est vraiment industriel et présente un intérêt limité. En revanche, majestueux banians du XIXe s et une ambiance un brin mystérieuse sur la *place Bienaimé* (plan C3), entourée de ses vieux bâtiments coloniaux décrépis, aux allures de temple d'Angkor la nuit. Un lieu sacré totalement insolite où l'on croise aussi des boulistes ! Mais le cœur de la ville bat réellement sur *la plage* (plan C2) dans une ambiance populaire à souhait avec une fête foraine hors d'âge, des gargotes locales posées dans le sable, des parasols usés par la houle, de la musique pour danser. À vivre surtout le week-end, mais on met formellement en garde contre les *pickpockets,* voire les agressions.

UN GRAND MERCY

En 2015-2016, le port de Tamatave a hébergé un immense ferry-hôpital, le Mercy ships, *vers lequel ont convergé des milliers de malades. Au palmarès de cette action humanitaire exceptionnelle et de ses bénévoles soignants venus du monde entier, plus de 20 000 opérations en chirurgie faciale, ophtalmo, dentaire, gynéco, etc. Le bateau est parti sous d'autres cieux africains mais il n'est pas dit qu'il ne revienne à nouveau stationner à Tamatave.*

DANS LES ENVIRONS DE TAMATAVE (TOAMASINA)

🚶 **Le parc zoologique Ivoloina** (hors plan par A1) **:** *au nord de la ville ; 4,5 km de piste en très mauvais état, sur laquelle on s'engage à partir du pont d'Ivoloina, sur la RN 5. On peut prendre un taxi de la gare routière de Tamatave, mais il faudra soit faire à pied les 4,5 km de piste et prévoir de repartir avt 17h soit descendre ou remonter la rivière en radeau avec* **Bamboo Aventure,** *depuis la RN 5 (📱 032-21-783- 06, compter 10 000 Ar, 15 pers max).* ☎ *53-996-54.* ● *parcivoloina.org* ● *Tlj 9h-17h (dernière entrée), prévoir 1h pour le zoo seul, 2-3h avec les circuits de promenade. Entrée : 20 000 Ar. Guide non obligatoire. Demander le plan. Possibilité de se baigner dans la piscine naturelle et à la cascade. Aires de pique-nique, buvette. Camping : 5 000 Ar ou dortoirs (capacité 24 pers en lits superposés avec sanitaires communs) avec sortie nocturne possible dans ce cas.* À vrai dire, ce parc créé en 1963 est la seule véritable attraction autour de Tamatave. Une petite réussite. Plein de monde en goguette le week-end. La majorité des animaux d'Ivoloina a été saisie après des captures illégales. On peut y voir notamment 13 espèces de lémuriens en liberté ou en cage, dont parfois des ayes-ayes avec un peu de chance. Également des caméléons, des tortues *radiata* et *pyxis* (tortues naines), quelques grenouilles-tomates (bien mûres...), des serpents... L'ensemble est tenu au cordeau (panneaux de présentation de chaque espèce, y compris pour les plantes) et les animaux bien soignés. Petit *centre d'éducation* à l'environnement très bien fait et de très beaux panneaux peints en plus. Attention, y aller avant la tombée de la nuit parce qu'il n'y pas d'électricité.

AU NORD DE TAMATAVE

● Foulpointe et Mahambo.................. 262 | ● Manda Fort

Au nord de Tamatave, le goudron court jusqu'à Soanierana-Ivongo, point d'embarquement et de traversée le plus court pour l'île de Sainte-Marie (1h30). On peut aussi embarquer dès Mahambo, la traversée est plus longue (2h30), mais le trajet par la route pour y parvenir en est raccourci. Il faut avouer que la route sur cette côte est bien dégradée par endroits. Cela n'empêche pas les Malgaches fortunés de Tana ou de Tamatave de venir passer un week-end ou des vacances à Foulpointe. À partir de là, la baignade devient vraiment sympa (moins de rouleaux) et plus on monte vers Maroantsetra, plus les criques recèlent des plages paradisiaques.

FOULPOINTE ET MAHAMBO

IND. TÉL. : 57

À 60 km au nord de Tamatave se trouve Foulpointe, la première ville balnéaire avec ses boutiques marrantes de bouées empilées et de maillots de bain, et surtout sa grande baie où l'on a pied loin (idéal pour les enfants). Mais à moins de vouloir prendre un bain de foule certains jours, on préfère pousser 30 km supplémentaires jusqu'à Mahambo. Là, s'ouvre une autre baie, avec une plage plus calme, un lagon plus grand et plus de végétation aux alentours. Attention cependant aux *mokafohy*, ces petites mouches très urticantes. Le meilleur remède est de s'enduire de citronnelle.

Où dormir ? Où manger ?

À Foulpointe

La Cigale : plage nord. 032 (ou 034)-07-907-79. • hotel-lacigale.com • *Double 120 000 Ar, plats 14 000-24 000 Ar.* Dans une villa de bord de mer, seulement 8 chambres parmi lesquelles des prestiges à l'étage avec balcon donnant sur le large. Les autres ouvrent à l'arrière sur des jardinets privés. Le tout nickel, carrelé, avec clim et jolies salles d'eau. Ce que l'on apprécie avant tout c'est le restaurant avec une carte méditerranéenne et malgache particulièrement goûteuse, derrière de longues baies vitrées tournées vers la petite piscine dans un jardin fleuri. Plage privée. Notre adresse préférée sur cette portion de côte.

Au Gentil Pêcheur : en bord de lagon. 032-07-915-42. *Tlj. Plats 9 000-17 000 Ar (moins cher pour pâtes et riz).* Resto aux couleurs locales sous une grande paillotte ombragée et fraîche, assez populaire vu son emplacement, quasi sur la plage. Cuisine locale plutôt réussie dans un lieu accueillant.

À Mahambo

La Pirogue : en bord de plage, face au bateau. 033-08-768-10 et 18. • lapirogue@gmail.com • pirogue-hotel.com • *Chambres et bungalows de plain-pied sur la plage 100 000-180 000 Ar. Eau chaude. Transfert possible depuis Tamatave mais assez cher.* Un grand jardin tropical face à la plage où des makis se baladent en liberté. Coin cuisine dans les chambres ou resto sur place (buffet le dimanche, parfois pris d'assaut par les groupes). L'adresse la plus sûre du coin, même s'il y a parfois des ratés.

Hôtel-Bar-Restaurant Hibiscus : Mahambo Doany, au nord en allant vers Fénérive. 034-28-579-33 ou 032-77-09-859. • hibiscus.mahambo@gmail.com • *Compter 60 000 Ar.* Une dizaine de bungalows dont certains familiaux avec mezzanine, tous avec eau chaude et électricité. Le tout directement sur la belle plage ratissée tous les matins et protégée par la barrière de corail. Un bon rapport qualité-prix et un accueil sympa de José. Resto avec vue panoramique (une vingtaine de plats au choix).

À voir dans le coin

Manda Fort : situé à la sortie de Foulpointe, accès par la piste (300 m de la route principale) qui mène à la réserve d'Analava. *Tlj 9h-12h, 14h30-16h30. Entrée : env 5 000 Ar.*
Ce fort, gardien du bord de mer il y a 200 ans est maintenant situé à 500 m de l'océan. Construit sous Ramada Ier en 1847 pour protéger les villageois des attaques des pirates qui venaient piller les bateaux commerciaux remplis de soieries et d'épices en provenance des Indes, il est l'unique vestige d'une dizaine d'autres

forteresses construites sur cette côte. Murs de 9 m de hauteur et 6 m d'épaisseur, construits à base de blanc d'œuf, de corail et de coquillages en poudre. Bardé de canons anglais, cet ensemble circulaire vaut la visite surtout pour les explications du gardien Fidèle dont la famille assure la visite depuis 7 générations. La mémoire des Anglais, Français et esclaves hante encore les murs de l'édifice...

LE CANAL DES PANGALANES

- Ankanin'ny Nofy (lac Ampitabe) 266
- Manambato.................267
- Ambila-Lemaitso 268
- Vatomandry.................268

● Plan *p. 265*

Si les balades sur ce canal coûtent encore cher, elles sont de toute beauté. Le canal des Pangalanes est un univers à part, un miroir aquatique jonché d'« oreilles d'éléphant » et d'arbres du voyageur, parcouru par de silencieuses pirogues, des chalands de marchandises, des pêcheurs en eau saumâtre, et débouchant sur des forêts et des villages pleins de secrets... Sans jeu de mots, on décerne un plus à ce canal pour les innombrables scènes de vie tournées vers le monde de l'eau.

POURQUOI LES « PANGALANES » ?

Le mot « Pangalanes » est une francisation du mot malgache ampangalana (« où l'on prend en charge »). Au moment de leur construction, les Pangalanes désignaient ces étroits bancs de sable qui séparaient le chapelet de lagons entre eux et par lesquels les marchandises étaient « prises en charge ».

UN PEU D'HISTOIRE

Situé sur la bande côtière de Tamatave à Farafangana, au sud de Manakara, le canal des Pangalanes était autrefois un cordon de lagons peu profonds, abrités derrière une ligne de dunes côtières. Ces lagons finirent par être totalement isolés de la mer et alimentés en eau douce grâce aux innombrables cours d'eau qui descendent vers la côte.

Le 30 mai 1896, le général Gallieni décréta la construction d'un canal. Pourquoi ces travaux gigantesques dans des lieux marécageux infestés de crocodiles et de moustiques ?

Les Betsimisarakas transportaient leurs produits (fruits, légumes, poissons...) vers Tamatave ou Andevoranto par ces lacs, et la production des régions sud de l'île transitait aussi par là quand elle devait partir à l'exportation du port de Tamatave (bois, épices, sisal...). Mais il fallait débarquer les marchandises sur les bancs de sable, les transporter vers les rives du lac suivant pour les embarquer de nouveau vers les rives à venir, et ainsi de suite... Il fallait donc une voie de communication plus pratique, d'autant que l'administration française de la région résidait à Andevoranto (ville plus importante que Tamatave à l'époque !).

Mais Gallieni, en stratège, ne pensait pas seulement à l'acheminement des marchandises, il voulait aussi pouvoir exercer un meilleur contrôle administratif et militaire sur toutes les régions alentour. Ouvert officiellement à la navigation le 1er septembre 1901, le canal des Pangalanes devint une voie fluviale longue de 665 km et inaugura une période florissante d'échanges commerciaux dans l'est du pays. Aujourd'hui, les portions du canal au nord de Tamatave et au sud de Mananjary ne sont plus navigables, envahies par les jacinthes d'eau qui obstruent le passage. Les gros bateaux ne passent plus, et son usage est désormais exclusivement local, irriguant tout de même 6 millions d'habitants, en attendant que le gouvernement lance les gros travaux d'entretien qui s'imposent, en coopération avec le Maroc notamment. Pour l'heure, le canal permet

PAS COOL POUR LES COOLIES

4 000 ouvriers asiatiques furent mobilisés pendant 15 ans pour prêter main forte aux Betsimisarakas réquisitionnés et exécuter les travaux pharaoniques de creusement du canal. En raison d'une forte mortalité due à des conditions de vie très dures, ces coolies demandèrent à rentrer en Chine. En 1904, on n'en dénombrait plus que 500.

au moins de rompre l'isolement d'une population de pêcheurs et, quand l'océan se déchaîne, de se rabattre sur la pêche au tilapia dans l'eau saumâtre des lacs.

Comment y aller ?

Le canal ne connaît pas encore de fréquentation touristique suffisante pour que les moyens de transport soient assez nombreux ou à prix suffisamment démocratiques. En attendant, il faut se débrouiller avec les moyens du bord pour ne pas dépenser trop, ou disposer d'un budget conséquent pour obtenir un certain confort. Pour cette raison, nous présentons les différentes possibilités de faire « tsanga-tsanga » (se promener) sur le canal par catégories de prix, un peu comme nos hôtels. Avec les tour-opérateurs, les 2 prestations sont d'ailleurs liées et il faut réserver depuis Tana ou Tamatave. On peut par exemple descendre directement en bateau de Tamatave, jusqu'à l'hôtel de son choix, puis remonter par la route de Manambato à Tana ou Tamatave pour le retour.

Bon marché

➢ **En bateau-brousse :** se rendre au port fluvial de Manangareza à Tamatave. De là, des barges bateaux-brousse partent irrégulièrement, chargées de marchandises parfois jusqu'au ras de la ligne de flottaison, et assurent aussi le transport de passagers. Trajets à négocier sur place. Mode de transport très lent mais éminemment contemplatif et très sympa pour s'intégrer à la vie indolente des villages qui bordent le canal. Revers de la médaille : il faut faire vraiment attention aux problèmes de sécurité dus à ce type d'embarcation, rarement de première jeunesse, et se loger en camping sur les rives ou négocier les nuits dans chaque village, dans des conditions de confort réduit. Emporter des vivres et de l'eau, un bon sac de couchage, une tente, une moustiquaire, un vêtement de pluie, de bonnes chaussures, etc. Toujours demander autorisation et conseil aux autorités du village ou aux pilotes des bateaux. Parler un peu le malgache est indispensable ! Bref, c'est une petite aventure.

Prix moyens

■ **Chrismia Tours Mada :** à côté de l'Eden Hotel, bd Joffre à Tamatave (face à la BMOI). ☎ 53-312-90. ● chrismia toursmada.com ● Sortie à la journée sur le canal avec des guides compétents et très sympathiques. Départ 10h et retour 17h. Compter 90 000 Ar/pers.
■ **Elidolysmada :** 33, bd Joffre face à la boulangerie-pâtisserie Mouf'Rey. ☎ 53-329-75. 📱 033-15-327-21 ● eli dolysmada@yahoo.fr ● elydolysmada. com ● Une agence spécialisée sur les sorties d'une journée ou plus sur le canal.

Chic

Bien sûr, tous les **hôtels** (ou presque) cités plus loin proposent des transferts payants et des excursions. Ce n'est pas donné, on le répète (les tarifs sont valables pour le bateau entier et non par personne), mais en se groupant on peut réduire les frais car ils transportent jusqu'à 15 personnes.

LE CANAL DE PANGALANES

■ **Boogie Pilgrim :** *tour-opérateur à contacter à Tana, centre commercial Tana Water Front Ambodivona, bâtiment. Trio Property.* ☎ 22-248-47. ● contact@boogiepilgrim-madagascar.com ● boogiepilgrim-madagascar.com ● ♿ Transferts et excursions en pirogue à fond plat ou en bateau à moteur sur le canal, au départ de l'hôtel du tour-opérateur, *Le Bush House* (voir « Où dormir ? Où manger dans le coin ? » à Ankanin'ny Nofy). Spécialisé dans l'écotourisme et les circuits pour personnes à mobilité réduite.

ANKANIN'NY NOFY (LAC AMPITABE)

À 60 km à vol d'oiseau, au sud de Tamatave. Le nom de ce lac signifie « nid de rêve », du temps où le premier président de la République malgache, Philibert Tsiranana, aimait venir s'y reposer. On le comprend, c'est magnifique. On n'atteint le lac Ampitabe qu'en bateau (ou navettes des hôtels) de Tamatave ou de Manambato. Par la RN 2, à partir de Sahavalaina, les 20 km de pistes ne peuvent se faire qu'à vélo (impossible pour les voitures). Parmi les excursions, certains poussent jusqu'à l'attachant village d'Andranokoditra, traversé par la voie ferrée et coincé entre le canal et la mer houleuse. Vers 6h et 13h, étonnante scène des pêcheurs partant en mer sur leurs frêles embarcations de balsa.

Où dormir ? Où manger dans le coin ?

Chic (80 000-150 000 Ar / env 23-43 €)

🏠 |○| *Fantasia Village* (carte Canal des Pangalanes, 19) : *hôtel du tour-opérateur Boogie Pilgrim.* ☎ 57-909-72. 📱 32-04-795-79. ● fantasiavillage.com ● *Doubles 80 000-90 000 Ar ; repas 30 000 Ar.* Une modeste structure de seulement 5 bungalows dont 2 familiaux, rustiques mais propres, face au lac et au bord d'une jolie plage. Eau chaude et moustiquaire. Ambiance Robinson Crusoé, orchestrée par un sympathique couple italiano-malgache. Organise des excursions locales. Plus sauvage et aussi moins cher que les voisins !

🏠 |○| *Le Palmarium* (carte Canal des Pangalanes, 10) : *situé au bord du lac Ampitabe et à proximité de l'océan Indien.* 📱 033-14-847-34 ou 034-17-729-77. ● palmarium.biz ● *Double env 150 000 Ar. Menu 40 000 Ar.* La réserve locale (lire plus loin) abrite aussi un hôtel-resto de bonne qualité : 6 chambres confortables ainsi qu'une vingtaine de spacieux bungalows (dispersés dans le grand parc) en bois et en dur, disposant chacun d'un hamac sur la terrasse. Pour la baignade (ici la plage est à l'ombre), mieux vaut se rendre à l'annexe, le *Palm Beach*, situé dans une forêt plus dense avec des prestations similaires et une plage... digne de la Floride.

🏠 |○| *Hôtel Pangalanes Jungle Nofy* (carte Canal des Pangalanes, 11) : *situé au bord du lac Ampitabe, à Ankan'ny Nofy, sur une très belle plage bien ensoleillée de 2,5 km de long.* 📱 034-47-931-58 ou 034-72-343-77. ● pangalanesjunglenofy@gmail.com ● *Accès en bateau ou par le train 1 fois/sem (gare d'Andranokoditra). Double 120 000 Ar. ½ pens env 35 000 Ar/pers.* 📶 Repris de main de maître par un couple efficace, Angélique et Stéphane, qui règnent sur ce petit paradis au bord de l'eau. Des bungalows en matériaux locaux et également 2 bungalows vraiment sur l'eau. Électricité et eau chaude. Repas préparés par un talentueux chef de Tana qui donne aux plats français une saveur malgache. Activités : snorkelling, pêche au bouchon, kayak, village de pêcheurs, trek en forêt primaire derrière l'hôtel, à la découverte de la faune locale dont des lémuriens. Accueil en toute simplicité pour les amoureux de nature.

🏠 🍽 **Le Bush House** (carte Canal des Pangalanes, **12**) : hôtel du tour-opérateur Boogie Pilgrim. ☎ 22-248-47. 📱 033-05-530-71. ● boogiepilgrim-madagascar.com ● *Doubles 120 000-132 000 Ar ; repas 38 000 Ar.* ♿ Un très beau site dans lequel s'intègre cette jolie structure en semi-dur et en bois. Une quinzaine de bungalows plus ou moins joyeux, dont 1 familial ainsi qu'une chambre pour personnes à mobilité réduite. Magnifiques salles de bains et déco raffinée pour ceux qui ont été refaits récemment. Salle de resto en bordure du lac pour des repas aux petits oignons. Côté activités : canoë-kayak gratuit, planche à voile, treks dans la forêt, plages, visite des villages... Et ne repartez pas sans avoir grimpé jusqu'à la maison du gérant : la vue y est vraiment sublime !

Où dormir ? Où manger dans la région ?

🏠 🍽 ***Ony Hotel*** *(carte Canal des Pangalanes, **13**) : sur le lac Rasoamasay à 35 mn de navigation de Manambato en passant par le lac Rasoabe.* ☎ *53-918-40.* 📱 *034-15-884-53 et 034-60-896-16.* ● *onyhotel.free.fr* ● *Accès slt en bateau ou vedette rapide. Double 75 000 Ar. Menu env 36 000 Ar.* Une belle adresse cernée par 3 lacs ! Bungalows (doubles ou familiaux) de bon confort avec eau chaude. Élégants bâtiments tout en matériaux locaux face à 2 plages de sable blanc. Grande salle à manger en bois ouverte sur les eaux tranquilles. Excursions pour les villages du canal, accès à la réserve de l'hôtel, l'*Ebony Park Ony* et participation possible à la reforestation de la forêt alentour. Une adresse bon esprit, tenue par Luc, un Malgache accueillant.

À voir

🌴🌴 🚶 ***Le Palmarium*** *: réserve naturelle privée, située sur le site de l'hôtel Le Palmarium. Entrée et guidage payants pour les visiteurs : compter 15 000 Ar (gratuit pour les clients de l'hôtel, pourboire pour le guide).* On découvre ici beaucoup de choses : palmiers, plantes xérophytes (adaptées à la sécheresse), acacias, lianes spectaculaires... Repérer aussi le cannelier, l'arbre dit « à vazaha » (demandez pourquoi !) et beaucoup d'orchidées (dont la vanille).
Mais le clou de la visite, ce sont les lémuriens, une dizaine d'espèces en liberté, totalement habituées à la présence de l'homme et qui se mêlent joyeusement entre elles : *Propithecus verreauxi coquereli* (ou sifaka), vari (ou *Varecia varegata*), *Eulemur coronatus, macaco* et, chez les nocturnes, les *ayes-ayes*, le *Cheirogalus*, l'*avahi*, ou encore le *Microcebus*. Et puis, on peut débusquer des indris, pas toujours faciles à apercevoir cela dit.

🌴🌴🌴 🚶 ***L'île aux coqs*** *: une autre réserve naturelle privée de l'Hôtel Palmarium mais accessible à tous les hôtels partenaires (sortie chère, dans les 75 000 Ar/ pers). Env 15 mn de bateau.* Sorties de nuit seulement pour aller observer une poignée de aye-ayes, ces lémuriens nocturnes extrêmement rares et tellement à part qui peuplent la forêt primaire de cette petite île de 3 ha. Assister au repas de ces créatures étranges à grandes oreilles, aux poils hirsutes, au majeur démesuré et à l'index fin comme une brindille vaut son pesant de noix de coco. Penser au produit anti-moustiques et à bien se couvrir.

MANAMBATO

Au bord du lac Rasoabe, qui communique avec le lac Rasoamasay. Rien à voir avec la localité homonyme dans la province de Diego-Suarez. Ici, grande

plage au calme et environnement apaisant. Pour y parvenir depuis la route, à environ 20 km au nord de Brickaville, au point kilométrique 286,5, bifurcation de 7 km par une piste défoncée.

Où dormir ? Où manger ?

Orania Lodge (carte Canal des Pangalanes, 14) : face à l'embarcadère. 034-18-130-51 et 034-18-148-84. • oranialodge@gmail.com • Double 50 000 Ar. Menu 25 000 Ar. Des bungalows en dur alignés près de la plage, sans grand charme, mais propres et bien tenus. Et une vaste salle de restaurant où l'on est assuré de toujours trouver un repas, même sans avoir réservé.

Espace Vacances Andrianina (carte Canal des Pangalanes, 14) : tt au bout de la plage. 034-20-991-28 et 033-11-991-28. • manambato.com • Double 50 000 Ar. Plats 8 000-12 000 Ar. Une bonne vingtaine de bungalows propres et en dur, dont des familiaux, avec moustiquaire, ventilo et eau chaude. Certes, il y a mieux pour le cachet mais on est sur la plage. 2 bons points : l'accueil et l'entretien des lieux.

AMBILA-LEMAITSO

À partir de Brickaville sur la RN 2, emprunter une mauvaise piste de 13 km jusqu'au canal. Un bac local (arriver avant 18h, compter 5 000 Ar pour la voiture) permet d'atteindre ce petit village du bout du monde qui s'étire tout en longueur entre fleuve et mer. Il se trouve à l'intersection de la ligne de chemin de fer quand elle remonte brusquement vers Tamatave. Ce fut la station balnéaire prisée des Tananariviens aisés, malheureusement, les hôtels sont aujourd'hui abandonnés et le village devenu assez fantomatique. Peu d'hébergements emballants donc, une halte seulement pour routards aguerris.

Où dormir ? Où manger ?

Tropicana Lodge (carte Canal des Pangalanes, 15) : à 5 km de l'embarcadère, proche de la gare ferroviaire. 034-74-802-62. Bungalows doubles ou familiaux 40 000-50 000 Ar. Ne pas demander la lune : bungalows avec électricité et sanitaires privés, mais on ne peut plus rustiques. Repas bon marché sur commande, au bord du canal où est stationné un yacht plutôt incongru !

Le Nirvana d'Ambila (carte Canal des Pangalanes, 16) : à l'arrivée du bac et à 5 km du village. 033-15-017-78 ou 033-18-012-32. Bungalow 70 000 Ar. Une dizaine de bungalows avec électricité et eau chaude dans un joli coin en surplomb du canal avec la plage à proximité. Possibilité de repas et de balade en pirogue ou canoë.

VATOMANDRY

Petite ville fondée au XVIIIe s, important port de commerce d'où l'on transportait les marchandises à dos d'homme jusqu'à... Tananarive ! C'est la ville

L'ÎLE SAINTE-MARIE

côtière la plus proche de la capitale. Ce fut également un lieu d'insurrections pendant les soulèvements et la répression coloniale de 1947. Très exposée, comme toute la côte est, une ville étape uniquement pour ceux qui se baladent sur le canal, en descendant plus au sud.

Arriver – Quitter

À 155 km de Tamatave, 55 km d'Antsapanana (carrefour des 2 routes Tamatave et Tana) et 275 km de Mananjary (belle route goudronnée jusqu'à Mahanoro à 85 km au sud).

En taxi-brousse et bateau

➢ Taxi-brousse matin et soir pour **Tananarive** ou **Tamatave,** directement ou avec un changement à Antsapanana (l'intersection de la RN 2). Pour Tamatave des bateaux privés ou affrétés par une agence peuvent remonter le canal.
➢ Si vous souhaitez continuer **sur le canal en direction du sud,** taxi-brousse ou bateau (infos aux hôtels) jusqu'à Mahanoro (ville où le canal est bouché). De là un autre bateau peut vous mener plus au sud encore. Demandez conseil autour de vous, mais ne vous faites pas trop d'illusions.

Où dormir ? Où manger ?

🛏 *Grand Hôtel* (hors carte Canal des Pangalanes, 18) : au centre-ville, en bord de la route principale, proche de la station de taxi-brousse. ☎ 034-38-416-07 ou 032-79-760-94. • grandhotelvatomandry@yahoo.fr • Doubles 25 000-50 000 Ar. Une quinzaine de chambres confortables, ventilées ou avec clim (éviter simplement les 4 sur la rue un peu bruyante). Pratique pour prendre un taxi-brousse le lendemain. Resto avec spécialités chinoises, européennes ou malgaches. Un bon rapport qualité-prix et un accueil sympa. Location de 4x4.

L'ÎLE SAINTE-MARIE (NOSY BORAHA)

• Ambodifotatra 277	• L'île aux Nattes 287	• La grande boucle de l'Est
• Au sud d'Ambodifotatra 282	• Au nord d'Ambodifotatra 289	

• Carte d'ensemble *p. 273* • Carte Le sud de l'île *p. 283*

30 000 hab. ; IND. TÉL. : 57

Sainte-Marie, pleine de grâce, prions pour que vous restiez éternellement belle, douce et si envoutante... Le verbe se fait forcément amoureux pour cette jolie langue de terre tout en longueur et en langueur, à 10 km de la côte, léchée par les eaux tièdes d'un lagon sur lequel se penchent les palmiers en hommage. Cette terre de cocagne, ce petit paradis que n'a pas touché le tourisme de masse fut longtemps celui de pirates et de corsaires qui cherchèrent à s'y émanciper des chaînes de la société, tout en fondant sans merci sur les navires de retour des Indes...

Libres, enfin, ils se métissèrent avec la population et enfouirent des trésors qui continuent aujourd'hui de faire rêver.
Oui, vraiment, Sainte-Marie a tout pour plaire : des baleines à bosse que l'on vient observer durant l'hiver austral, des plages superbes sur la paradisiaque île aux Nattes, des activités à foison pour tous les sportifs (kitesurf, plongée, VTT, escalade, kayak...), des randos à l'intérieur des terres à la rencontre de la population, mais aussi des hôtels accueillants à tous les prix et une impression constante de luxuriance.

UN PEU D'HISTOIRE

Sur la route des Indes, les grands découvreurs portugais font naturellement halte à Sainte-Marie et y découvrent vers 1506 une petite population de marchands juifs. Les cartes anciennes parlent ainsi de Nosy Ibrahim. Mais c'est finalement un nom malgache qui s'impose : Nosy Boraha.

PAS TOUCHE AU REQUIN

Un naufragé répondant au nom d'Ibrahim ou Abraham aurait été sauvé de la noyade et ramené vers la côte saint-marienne par un requin-guitare (ou raie-guitare). Cet impressionnant poisson, qui peut atteindre 3,50 m, est aujourd'hui sacré sur l'île. Il n'est jamais pêché ni consommé par ses habitants, et ce au plus loin que les mémoires remontent.

Les rois de la flibuste

En 1643, Sainte-Marie est peuplée d'environ 600 habitants. Un certain Jacques Pronis, futur second de l'administrateur Étienne de Flacourt, colonise l'île avec une petite garnison française. Mais le rêve tourne au cauchemar : les hommes sont décimés par la malaria. Les Betsimisarakas reprennent le dessus mais, à partir de 1685, tout ce que l'océan Indien compte de pirates, forbans, canailles vérolées et autres rois de la flibuste décident de s'installer à Sainte-Marie. Loin du pouvoir royal malgache et de ses interdits, ils y guettent avidement les navires de retour des Indes. On croise là l'Américain Thomas Tew, associé à l'utopique colonie pirate de Libertalia, le Gallois David Williams, l'Anglo-Jamaïcain James Plantain, le Français La Buse (célèbre à La Réunion). L'Anglais Thomas White est probablement le père du premier roi betsimisaraka, qui donne lui-même naissance à la future reine de Sainte-Marie, Bety. Le cimetière des pirates du chef-lieu de l'île (qui abrite en fait surtout des administrateurs coloniaux des temps postérieurs) est le gardien de leur mémoire vacillante...

La France en embuscade

Le caporal Jean Onésime Filet, dit « La Bigorne », est un sacré routard. Après quelques aventures aux Indes orientales pour la Compagnie du même nom, il échoue à Sainte-Marie, épouse la reine Bety et obtient pour le compte du roi de France la souveraineté totale de l'île, le 30 juillet 1750. C'est du moins ce que raconte la légende... Mais la passation de pouvoir ne se fait pas dans la sérénité : l'émissaire de la Compagnie des Indes est massacré avec ses compagnons par les habitants en 1754. Après les représailles françaises, la reine Bety doit s'exiler sur l'île de France (Maurice). Quant à La Bigorne, il gère habilement les comptoirs français de la côte est avant de s'éteindre en 1773.
L'île est à l'abandon quand elle passe sous contrôle betsimisaraka. En 1818, Sylvain Roux, envoyé par la Compagnie des Indes, y pose à nouveau le drapeau français. Passons les détails. Par la suite, l'administration française s'amuse à

rattacher Sainte-Marie à La Réunion, à Diego-Suarez, puis à Madagascar – ce qui était sans doute trop simple pour y avoir songé plus tôt.

LE PARADIS DES BALEINES !

La plupart des baleines à bosse de l'océan Indien passent par l'étroit chenal séparant la Grande Terre de l'île Sainte-Marie entre fin juin et la mi-octobre (beaucoup repartent le... 29 septembre, si l'on en croit les vieux résidents !). Des « éclaireuses » arrivent sur la côte ouest dès le milieu du mois de juin – des « immatures » solitaires pour la plupart –, bientôt suivies par le gros des troupes. Le peu de profondeur (35-40 m) et la tranquillité des eaux offrent des conditions idéales pour mettre bas et pour les premières semaines de vie des baleineaux. Les jeunes de l'année précédente sont sevrés et, bientôt, les mâles s'affrontent pour s'imposer auprès des femelles, dans un nouveau cycle de reproduction (la gestation dure 11,5 mois). On estime que plusieurs milliers de baleines à bosse passent ainsi par le chenal entre Sainte-Marie et la Grande Terre durant l'hiver austral. Sachez qu'elles mesurent environ 15 m, atteignent au maximum 40 t et peuvent vivre 50 ans.

CétaMada, une association pilote

Cette association locale de protection des mammifères marins diffuse un « code de bonne conduite », transformé en arrêté ministériel en 2000 (un cas rare !), qui fait autorité dans tout le pays et ailleurs dans le monde. Adopté par la plupart des hôteliers et tour-opérateurs saint-mariens, il a pour objectif de sensibiliser chacun à l'écologie des cétacés et éviter les conduites à risque. La douzaine d'opérateurs partenaires de *CétaMada* accueillent des écovolontaires qui animent les safaris baleines, proposent des conférences dans certains hôtels (1 jour sur 2 en moyenne) et participent à la collecte de données scientifiques. Toutes ces activités sont soutenues par le reversement à l'association d'une partie du prix de la sortie en mer. Le financement permet aussi de réaliser des recherches, combattre pour la protection du chenal de Sainte-Marie, organiser chaque semaine une sortie gratuite pour les enfants de l'île, afin de les sensibiliser à leur propre patrimoine et un *Festival des Baleines* haut en couleur en juillet. Mais l'association ne s'arrête pas là et soutient un projet de centre communautaire, *Anjaranay,* fournissant des produits agricoles locaux aux hôtels et restos adhérents et a mis en place une charte de développement durable signée par nombre d'établissements accueillant des touristes. Le président de l'association, Henry Bellon, est aussi le sympathique patron des *Villas de Vohilava* (voir « Au sud d'Ambodifotatra. Où dormir ? Où manger ? »), que l'on peut rencontrer sur place s'il n'est pas en plongée ! Nouvelle étape en vue : *CétaMada* travaille désormais au classement Unesco de la « Route des Baleines » en partenariat avec La Réunion.
Pour plus de détails, consultez • cetamada.org •

🚶 *L'association CétaMada :* au port du Barachois à Ambodifotatra. 📞 032-81-973-00. • cetamada.org • Lun-sam 8h-16h. En juillet-août surtout, on peut visionner des documentaires sur les baleines et les mammifères marins en général. Vente d'artisanat et produits saint-marien.

Approcher des baleines

Pour une sortie, compter environ 150 000 Ar par personne. La deuxième sortie est souvent moins chère : l'occasion de multiplier vos chances d'observation et d'avoir souvent une expérience assez différente. Lumière, état de la mer, nombre de cétacés, attitudes, figures changent parfois du tout au tout... On en connaît qui sont là durant une semaine et qui sortent tous les jours !

La plupart des hôtels proposent une sortie. Bien vérifier que votre prestataire adhère à la charte de bonne conduite *CétaMada*. Le **Princesse Bora Lodge, Les Villas de Vohilava,** les hôtels **Libertalia, Lakana** et **Maningory** (sur l'île aux Nattes) sont parmi les membres les plus actifs de l'association *CétaMada* (voir « Au sud d'Ambodifotatra. Où dormir ? Où manger ? »). En général, on fait la sortie baleines avec son hôtel, c'est plus pratique.

BALEINE FACÉTIEUSE...

La baleine à bosse est joueuse. Melville s'extasiait déjà devant ses exploits. Le spyhop ? Une manière d'émerger doucement à la verticale comme un périscope. Le flippering ? Une rotation du corps à l'horizontale, nageoires claquant sur l'eau. Mais la figure la plus spectaculaire reste le saut, lorsque la baleine bondit telle une fusée dans un délire d'écume et de tonnerre.

Scientifiques en herbe, unissez-vous !

Tout le monde peut participer à la collecte de données scientifiques en photographiant durant la sortie la face interne de la nageoire caudale (la queue quoi !), véritable carte d'identité de la baleine. Les meilleures images, téléchargées immédiatement par l'association au retour sont mises en ligne afin de grossir le catalogue mondial de données des baleines à bosse de l'hémisphère sud.

Arriver – Quitter

En avion

✈ Minuscule et sympathique *aéroport* de poche.

➢ **Tananarive :** env 1 vol/j. avec *Air Madagascar*, certains avec escale à Tamatave. Trajet direct : 50 mn. Également des vols avec *Madagasikara Airways* (bureau à l'aéroport, peuvent vous apporter votre billet à l'hôtel).

➢ **Tamatave :** env 3 vols/sem avec *Air Madagascar*. Également des vols avec *Madagasikara Airways*, se renseigner.

➢ **Île de La Réunion :** liaisons épisodiques... et un peu aléatoires ! En hte saison (vacances scolaires réunionnaises), env 4 vols/sem avec *Air Madagascar*. Également des liaisons avec *Madagasikara Airways* sur Saint-Pierre (le vendredi).

En bateau et minibus

🚢 Les compagnies de navigation se regroupent toutes au petit port du Barachois, en plein centre d'Ambodifotatra. Elles assurent des traversées vers **Mahambo** ou **Soanierana,** sur la Grande Terre, des villes reliées ensuite à Tamatave par une navette en correspondance. Entre juin et octobre, haute saison touristique, mieux vaut réserver. À noter qu'en juillet, la mer peut être mauvaise, voire très mauvaise. À éviter ou prévoir des médicaments contre le mal de mer et un sac... Les liaisons peuvent d'ailleurs être suspendues par mauvais temps.

➢ **Mahambo :** traversée de 2h30. *Compter 110 000 Ar/pers de Sainte-Marie à Tamatave.*

■ *El Condor :* lot 30, parcelle 13/72 Tanambao V, Tamatave. ☎ 034-70-433-01 (02 à Sainte-Marie, 03 à Soanierana, 06 à Tana). ● bluemarine-madagascar.com ● Départ tlj en bateau climatisé de 115 places assises. Plus de trajet en bateau que pour Soanierana (et le débarquement à Mahambo n'est pas des plus simples !), mais moins de route pour se rendre ensuite à Tamatave. En résumé, la solution la plus chère mais la plus plébiscitée.

➢ **Soanierana :** traversée de 1h30. *Compter env 80 000 Ar/pers de Sainte-Marie à Tamatave.* Départ vers 6h, arrivée à Soanierana-Ivongo à 7h-7h30 puis transfert jusqu'à Tamatave (vers 11h-11h30).

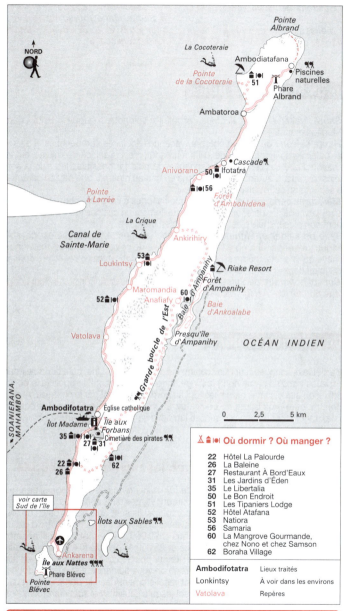

■ **Gasiraka be :** ☎ 032-62-870-99 ou 034-80-769-04.
■ **Melissa :** à Tamatave, ☎ 032-44-743-03. À Sainte-Marie, ☎ 033-18-732-69 ou 034-51-204-66.
■ **Sainte-Marie Tours :** 40, bd Joffre, à Tamatave. ☎ 20-53-987-49. ● sainte-marie-tours.com ●

Infos et conseils utiles

– **Santé :** traitement antipaludique obligatoire. Voir notre rubrique « Santé » dans « Madagascar utile ».
– **Haute saison :** de juillet à octobre, vacances scolaires européennes et saison des baleines obligent. Mais, de juillet à mi-août, c'est la saison des pluies, autant le savoir. Faire ses réservations aériennes le plus tôt possible : les avions sont pleins très vite, d'autant que les liaisons en bateau n'offrent que peu de garanties de sécurité en cette saison.
– **Meilleures périodes :** les pluies sont moins fortes entre septembre et décembre. De mi-janvier à fin mars, on risque éventuellement un cyclone (ce n'est pas si fréquent non plus !), mais c'est une saison bien tranquille.
– **Taxe de séjour et vignette touristique :** la vignette touristique est payable chaque jour et par chambre (1 000 Ar). La taxe de séjour est en plus, mais on ne la paye qu'une fois, même si l'on change d'hôtel (conservez votre facture comme justificatif de paiement). Compter environ 10 000 Ar.
– **Consul honoraire de Suisse :** contacter Fifou, le boss du Princesse Bora Lodge (carte Sud de l'île, A1, **37**). ☎ 040-03.

Comment circuler ?

L'île s'étire en longueur sur une soixantaine de kilomètres. Une route bitumée (mais tortueuse dans sa partie nord) la longe entièrement, reliant l'aéroport (à la pointe sud) jusqu'aux piscines naturelles tout au nord, en passant par le chef-lieu, Ambodifotatra, et le gros bourg de Loukintsy. La côte orientale est desservie par une piste, franchement mauvaise sur 5-6 km dans sa partie nord, entre Ankirihiry (sur la route goudronnée) et le littoral.

En minibus, tuk-tuk et avec les navettes des hôtels

Quelques *minibus et une centaine de tuk-tuks jaunes* (2-3 passagers) assurent le transport tout au long de la route goudronnée. Les tarifs sont fixes, franchement élevés et fonctionnent par tronçons parcourus. Ils sont affichés à l'office de tourisme et mieux vaut les connaître à l'avance pour négocier ferme. À titre d'exemple, compter 5 000 Ar en ville en minibus et 20 000 Ar par tuk-tuk entre l'aéroport et Ambodifotatra ; 6 000 Ar en minibus et 25 000 Ar par tuk-tuk d'Ambodifotatra à Loukintsy, et jusqu'à 180 000 Ar aller-retour pour les piscines naturelles, en tuk-tuk toujours. Pour les *minibus,* sachez qu'on vous demandera souvent le double, ou même le triple du prix. Ils circulent régulièrement dans la partie sud, jusqu'à Ambodifotatra, déjà moins fréquemment jusqu'à Loukintsy et sont carrément rares au-delà (là, les départs se font surtout vers 6h-7h).
Les tuk-tuks fonctionnent la nuit avec, comme pour les taxis (rares), une majoration du prix de 50 % entre 19h et 6h. Enfin, tous les *hôtels* ou presque assurent des *transferts* payants depuis l'aéroport, chers mais absolument indispensables pour aller dans les établissements au nord de Loukintsy et sur la côte est.

En taxi

C'est la solution de luxe, qui consiste à louer un taxi pour vous seul : ils ne sont pas très nombreux et se contactent plutôt à l'avance. Pour une course simple, comptez dans les 21 000 Ar d'Ambodifotatra à l'aéroport ou au départ des pirogues pour l'île aux Nattes. À la journée, les tarifs officiels sont de 180 000 Ar et de 15 000 Ar/h d'attente.
– *Éric « Dad » Mongou* : *034-18-645-80 ou 032-04-320-06*. Il est plus cher (300 000 Ar/j.), mais avec lui *guidage* et essence sont compris, et l'on peut même louer l'un de ses véhicules (standard ou 4x4) sans chauffeur. Mais insistez bien : c'est Éric que vous voulez et pas l'un de ses supplétifs.
– Quelques autres opérateurs proposent un service similaire (voir à Ambodifotatra « Adresses et infos utiles. Transports et excursions »), comme **Jo le Taxi** (*34-13-200-26*).

À VTT

Sainte-Marie fait 58 km de long et, au maximum, 5 km de large. Commerces, hôtels et villages se concentrent dans la partie sud de l'île, on peut envisager de circuler en vélo dans le secteur, assez plat, grosso modo entre l'île aux Nattes et Ambodifotatra. En direction de Loukintsy, ça se corse : virages, montées, descentes... Quant aux pistes, elles sont par endroit impraticables en vélo !
On peut louer des VTT à Ambodifotatra et auprès de nombreux hôtels qui font souvent appel aux mêmes prestataires extérieurs. Compter environ 15 000-20 000 Ar/j. (après négociation). Bien vérifier l'état du vélo (freins et pneus) avant de partir.

À moto et à scooter

Le scooter permet de sillonner l'île du nord au sud, tout au long de la route goudronnée, mais pas de visiter la côte est, desservie par une *piste* plus chaotique (surtout dans sa partie nord). Là, c'est plutôt la moto cross qu'il faut privilégier, *réservée aux spécialistes* seulement, en prévoyant quelques bons bains de boue (éviter tongs et short) ! Comme pour les vélos, on trouve des *loueurs sérieux* à Ambodifotatra ou on s'adresse à son hôtel. Les tarifs tournent autour de 40 000 Ar pour un scooter à la journée et 60 000 Ar pour une moto cross. Inspectez bien le véhicule. Pneus poreux, chaîne qui cède ne sont pas rares... et là, accrochez-vous pour le SAV !
Autre souci : *l'assurance.* La plupart des loueurs assurent pour les dommages vis-à-vis du tiers, mais pas pour les dégâts éventuels causés à la moto (et c'est cher !). Si l'on vous demande une caution (ou passeport), exigez un contrat en retour et les papiers du véhicule. Pensez au casque et ayez toujours votre permis sur vous (contrôles réguliers). Et puis ne roulez pas trop vite, ni de nuit : la section bitumée de l'île a déjà été le théâtre de nombreux accidents graves. C'est bête à dire, mais les ornières et les pistes garantissaient une vitesse réduite.

Où plonger à Sainte-Marie ?

Plusieurs clubs existent sur l'île, mais tous n'offrent pas les mêmes garanties de sérieux. En voici deux qui tiennent bien la mer (et fonctionnent en partenariat, mêmes tarifs). Durant l'hiver austral, en période de baleines, il n'est pas rare que le chant des cétacés berce vos plongées. Étonnant ! Cela étant dit, c'est plutôt entre octobre et décembre que la visibilité est la meilleure.

■ *Le Lémurien Palmé* (carte d'ensemble) *: à 150 m du centre d'Ambodifotatra, en allant vers le nord, sur la gauche.* 032-04-816-56. ● lemurien-palme.com ● *À partir de 42 € la plongée, 45 € le baptême (équipement inclus).* Baptêmes, formations PADI, plongées de nuit, location

PMT pour les accompagnants, sorties baleines, etc. Transferts gratuits (tuk-tuk). Organise aussi des activités *outdoor* avec la société AGO (032-73-799-23).

■ **Bora Dive :** *points d'accueil à l'hôtel Princesse Bora Lodge et aux Villas de Vohilava (voir « Au sud d'Ambodifotatra. Où dormir ? Où manger ? »).* 032-07-090-90. ● boraresearch.com ● *Transfert gratuit depuis les hôtels du sud de l'île. Forfaits comprenant plongées et hébergement.* Ce superbe club (matériel parfait, encadrement au top) travaille avec divers scientifiques. Pour les débutants, on part de la plage (après une petite initiation en piscine). Plongées enfants en mer dès 10 ans et plongées de nuit depuis la plage (extra !). Propose également paddle, kitesurf, etc.

Les plus belles plongées à Sainte-Marie

Moins réputée que Nosy Be, Sainte-Marie possède pourtant son lot de sites merveilleux, accessibles à tous les niveaux, surtout dans le sud, autour de l'île aux Nattes.

Autour de l'île aux Nattes : la Pagode (12 à 17 m) est accessible aux niveaux 1. Au programme : grandes formations de corail évoquant des pagodes, raies, tortues et langoustes. Entre septembre et janvier, il n'est pas rare d'y apercevoir des requins de récif. On explore aussi l'épave du *Bateleur*, un remorqueur de 12 m coulé à la pointe sud dans les années 1970 (par 10 m). **Ray's Palace** (33 m), à 10 km au large de l'île est réservé au niveau 2 au moins.

Le spot de plongée le plus fréquenté au sud, très photogénique, reste **l'île aux trésors,** ainsi nommée car on peut y voir une multitude de coraux en forme de monnaies (21 m à 30 m). Un couple de murènes marbrées y réside, d'énormes langoustes, poissons-crocodiles et grands bancs de poissons.

Près de La Crique : Coco Bay (20 m) est une plongée plutôt facile sur un rocher granitique effondré. Nudibranches, gorgones, mais ça manque un peu de poissons... **Le Jardin de corail** (18 m) permet d'observer de superbes coraux et quelques espèces de récif. Les deux plongées se font généralement en même temps.

La Cocoteraie : *au nord de l'île.* Le site étant éloigné et difficile d'accès, un minimum de 6 personnes est généralement exigé. On trouve dans ce secteur une **épave** coulée volontairement (15 m) dans laquelle on peut rentrer. En vedette : belles langoustes, poissons-crocodiles, corail mou, fusilier et énormes mérous atteignant 100 kilos (appelés loches).

Le Serapis : *en face de la ville.* Cette épave chargée d'histoire (25 m, niveau 2) a conservé ses canons datant de 1781. Coulé 2 ans seulement après sa construction, il eut le temps de participer à la guerre d'Indépendance américaine.

Big eyes : *à l'ouest,* en face de la passe de l'île aux Nattes, par 18 m (niveau 1). Ce site, idéal pour apprendre à reconnaître la faune locale (grande diversité), permet de rencontrer le fameux poisson porc-épic (diodon) avec ses gros yeux.

Où se faire masser ?

■ **Jungle Spa :** *au Princesse Bora Lodge (carte Sud de l'île, A1, 37).* ☎ 040-03. 032-07-090-48. Tlj 12h-20h. Accessible aux non-résidents, ce lieu magique dispense des traitements 100 % naturels exclusivement conçus dans le laboratoire attenant à partir de produits locaux : cacao, banane, miel, cannelle, argile blanche, etc. On s'installe dans l'une des salles élégantes

d'une vaste case africaine réinventée pour un massage délassant, un gommage sous une douche chaude, un bain aromatique dans une pirogue traditionnelle (avec coupe de champagne !), une manucure, une pédicure...
■ *Vanille Beauté :* presque en face du resto La Varangue *(carte Sud de l'île, B1, 33).* ☎ 034-17-668-63. Tlj 10h-20h. Dans une case bien arrangée, des massages de qualité à des prix tout à fait raisonnables.
■ *Hakuna Beauté :* au Lakana Hotel (carte Sud de l'île, B1, **34**). ☎ 032-07-090-22. Tlj 9h-18h. Ce petit salon, installé dans une paillote au bord de l'eau, s'avère particulièrement agréable : les massages sont bercés par le ressac, face au soleil couchant.

Où faire un tour de l'île en avion ?

➢ *Bora Fly :* s'adresser au Princesse Bora Lodge *(carte Sud de l'île, A1, 37).* Également un bureau à l'aéroport. ☎ 032-07-090-48. Pour un survol de l'île et de la barrière corallienne, piloté par Fifou, le proprio de l'hôtel ou ses pilotes, compter 300 000 Ar/personne avec un minimum de 4 passagers. Une expérience mémorable. Propose également des vols à la carte.

AMBODIFOTATRA

IND. TÉL. : 57

Chef-lieu de Sainte-Marie, c'est la « capitale », comme on dit ici. En réalité, un gros village, où l'on trouve les principaux services de l'île, un marché animé le matin, une supérette et quelques petits hôtels (pour dépanner). C'est aussi le point de départ et d'arrivée des bateaux assurant la liaison avec la Grande Terre. Quelques visites retiennent un moment le visiteur de passage dans cette baie où se concentre finalement l'histoire de l'île. Pendant bien longtemps, les colons et pirates ne s'aventurèrent guère à l'intérieur des terres !

Adresses et infos utiles

Services

🅸 *Office de tourisme de l'île Sainte-Marie :* près de l'arrivée des bateaux, sur la pl. du Barachois. ☎ 034-03-804-55. ● saintemarie-tourisme.mg ● Lun-sam 9h-16h. Serviable et bien renseigné.
✉ *Poste :* à l'entrée du camp militaire, sur les hauteurs de la ville. Lun-ven 8h-12h, 14h30-16h ; sam 9h-11h (si c'est ouvert !).
@ *Internet :* beaucoup d'hôtels et quelques restos proposent l'accès gratuit au wifi (souvent capricieux). Sinon, *Franc Cyber,* dans la rue principale, juste après le supermarché en allant vers le nord. Lun-sam 10h-12h, 14h30-20h ; dim 16h-20h.

■ *Banques :* il y en a 2, presque en face l'une de l'autre, à côté du port. Attention, les distributeurs sont parfois en carafe ! **BFV-SG,** ☎ 400-34. Lun-ven 7h30-11h30, 14h-16h. Change, distributeur extérieur (24h/24) acceptant Visa et MasterCard, transferts d'argent avec Western Union. **Bank of Africa,** ☎ 403-88 ; lun-ven 8h-11h45, 14h30-16h45. Change, distributeur extérieur acceptant la carte Visa (24h/24). Attention, souvent beaucoup d'attente le matin.
■ *Super M :* près du port. Tlj sf dim ap-m 8h-12h, 14h-18h. Le supermarché de l'île, bien fourni mais cher.
■ *Alliance française :* à env 1 km au nord en sortant de la ville, sur la gauche. ☎ 032-05-119-66. Lun-sam

8h30-12h, 14h-18h. Petite bibliothèque tlj sf dim et lun mat, 8h30-12h, 14h30-18h. Propose un programme culturel et des séances de ciné les mercredi et vendredi à 18h. Dans la cour, allez voir la stèle dressée en mémoire du sieur Albrand, fondateur de la colonie de Sainte-Marie. L'épitaphe est d'une longueur rare !

Transports et excursions

■ *Air Madagascar : passé le port, prendre la 4e rue à droite, juste après l'agence Telma ; c'est à 50 m, sur la gauche.* ☎ *400-46.* ▤ *032-07-222-08. Lun-ven 7h30-11h, 14h30-17h ; sam 8h-10h30.* Il peut être utile d'y passer pour donner votre contact ou le nom de votre hôtel. En cas de changement d'horaire (fréquent) ou de retard important, ils pourront vous prévenir… ou pas.

■ *Madagasikara Airways : à l'aéroport, ouv quand il y a des vols.* ▤ *032-05-970-10.* ● *ankoay@madagasikaraairways.com* ● *madagasikaraairways.com* ● Liaisons avec Tana moins chères et plus fiables.

■ *Excursions dans l'île et activités outdoor : avec AGO, près du port, dans les locaux du club de plongée le Lémurien Palmé.* ▤ *032-73-799-23.* ● *stmarie-madagascar-rando.com* ● Agostino, un Italien fort sympathique, propose des excursions en 4x4 à la journée. On découvre ainsi des secteurs autrement inaccessibles, comme le grand lagon de l'est de l'île et ses immenses plages, la lagune d'Ampanihy en pirogue ou le nord. Le 4x4 se loue en entier pour la journée (6 personnes maximum, autour de 90 € pour 2, avec le chauffeur-guide et le carburant). Le repas est en sus, mais on peut apporter son pique-nique. Ago propose aussi une sortie à VTT, de l'escalade, de la rando pédestre ou en kayak, de la moto, etc.

■ *Adventure Tours :* ▤ *034-31-028-70.* ● *saintemarie.adventuretours@gmail.com* ● Vijay, le patron des bungalows *Jardins d'Éden* (voir « Au sud d'Ambodifotatra. Où dormir ? Où manger ? »), propose également le tour de l'île en 4x4. Autre option : la découverte de la baie des Pirates et de sa mangrove en bateau.

■ Et n'oubliez pas Éric « Dad » Mongou pour les virées en 4x4, un chauffeur-guide très compétent. Voir plus haut « Comment circuler ? En taxi "spécial" et voiture de location » à l'île Sainte-Marie.

■ *Loca Bellevue : au centre, face à la banque BFV.* ▤ *032-47-280-15.* Location de motos et scooters.

■ *Pompe à essence : au centre. Tlj 6h-16h30 sf mar et ven ap-m.* Attention, c'est la seule de l'île. Il est désormais rare qu'elle soit en rupture de stock. Bien vérifier que le compteur soit remis à zéro avant que l'on vous serve. Sinon, sur la route, vous trouverez généralement des gens prêts à vous dépanner de quelques litres, mais ce sera à la bouteille et plus cher, évidemment…

Urgences

En cas d'urgence, se faire évacuer sans attendre sur Tananarive ou, mieux, La Réunion. Le petit hôpital compte un chirurgien, mais appelez d'abord un médecin.

■ *Petits soins médicaux et consultations : aller voir le docteur Émilien* (▤ *032-52-821-16) ou, à défaut, le docteur Rémi, face à la maison du maire* (▤ *032-40-137-40). Sinon, s'adresser au dispensaire à côté de l'école EPP Vohilava, au Pôle Santé à 500 m au nord de l'office de tourisme ou au Centre de Santé Aina, au sud (Dr Ranto,* ▤ *034-31-780-87).*

✚ *Hôpital d'Ambodifotatra : en ville.* ☎ *400-08. La docteur Coco* (▤ *032-04-897-95) y consulte lun-ven, mais mieux vaut s'offrir une consultation privée (7h30-8h30) pour ne pas trop attendre.* Sympa avec les enfants. Bon à savoir, son mari est dentiste.

■ *Médicaments : au dépôt de médicaments Chez Soamaeva* (▤ *032-72-982-52), situé dans une ruelle perpendiculaire à la rue principale, juste après Franc Cyber. Lun-sam. Également Santé Plus* (▤ *034-55-431-95), à la sortie nord de la ville sur la gauche ; lun-sam.*

Où dormir ? Où manger ? Où boire un verre ?

Dormir ici s'avère surtout pratique quand on prend un bateau tôt le lendemain matin. Sinon, pas vraiment d'intérêt...

De très bon marché à bon marché

🛏️ 🍽️ *La Banane :* au centre, juste au nord du port. ☎ 034-71-062-21. Compter 15 000 Ar le lit en dortoir de 4, 28 000 Ar la double et 35 000-45 000 Ar en bungalow. L'extérieur ne paie pas de mine et la déco est plutôt minimaliste, mais l'endroit est très propre et pas cher. Chambres assez *roots* au-dessus du bar et 2 bungalows dans le jardinet. Resto où on ne mange pas mal du tout.

🛏️ *La Bigorne :* à la sortie nord du village, à droite. ☎ 401-23. ☎ 032-76-653-08 et 032-62-473-00. • labigorne@yahoo.fr • Bungalows doubles env 35 000-45 000 Ar, un familial (4 pers) également. Des bungalows tout en bois sombre, bien équipés, avec eau chaude, moustiquaire et ventilo. Ils sont un peu coincés les uns contre les autres et sans vue dégagée, mais sont vraiment très propres et accueillants. Côté rue, resto tout en bois avec jolie terrasse proposant une cuisine correcte (bons jus). Benoît est très accueillant et on se fond vite dans la vie de la famille.

🍽️ Si tout le monde, ou presque, semble proposer des pizzas, préférez celles de *Mama Santa* (☎ 032-50-109-51), ou de *La Cambusa* (sortie nord, un peu avt l'Alliance ; ☎ 034-73-442-40 ; tlj sf mar), cuites au feu de bois. Cette dernière appartient à 2 Italiens qui ont aussi ouvert un glacier à côté du cyber.

🍽️ *Gargotes* et *hotely* s'alignent autour de l'embarcadère et dans les ruelles proches du marché. Une soupe y coûte 1 500 Ar, un plat 3 000-6 000 Ar. Si les noms changent souvent, une adresse reste stable : *Chez Lalise*, située dans la ruelle de terre parallèle à la rue principale. Un bon point de rendez-vous pour un petit plat de *romazava* le midi, à accompagner d'un jus frais ou d'une « boisson hygiénique »... Vous partagerez sûrement les lieux avec des hordes d'écoliers affamés.

🍽️ Dans le genre gargotes améliorées, n'hésitez pas à vous attabler au *Corail Bleu* (face à l'hôtel Hortensia, un peu après le supermarché ; ☎ 032-43-825-26), où l'on trouve soupes chinoises, crevettes *romazava*, poulpe coco, steaks et autre langue de zébu. Rien que du classique à prix contenus. Plus au nord, juste après l'Alliance française, *Rozina* (☎ 034-02-414-93 ; tlj sf mar) propose un menu similaire encore moins cher, avec des poissons et langouste grillés d'un bon rapport qualité-prix.

🍽️ *Restaurant du Quai :* juste en face du port. Petit resto chinois apprécié des *vazaha*. Spécialités de *tee pan*, plats cuits sur des plaques chaudes. Plein de soupes et de plats malgaches.

☕ *Choco Pain :* presque au niveau du port, en face de la BFV-SG. Tlj 5h-13h, 15h-20h. Une sorte de café du Commerce où l'on peut acheter des viennoiseries avant le départ du bateau.

Prix moyens

🛏️ 🍽️ *Le Vieux Fort :* 11, rue Verges. ☎ 034-674-56-79. • levieuxfort.com • À l'entrée de la ville, côté sud. Doubles 65 000-85 000 Ar ; familiales également. Plats 14 000-22 000 Ar. On ne peut mieux situé, en surplomb de la route face au port historique et à l'ombre des manguiers. Cet établissement dans les tons ocres, presque confidentiel, fleure bon la Toscane avec ses spacieuses chambres dotées de kitchenette, eau chaude, ventilo, moustiquaire, terrasse face à la mer et *tutti quanti*. Élégance, confort et charme font le reste. Réserver pour déguster, sous une paillote aérée, une délicieuse cuisine italiano-malgache.

🛏️ 🍽️ *Les Jardins d'Éden* (carte d'ensemble de l'île, 31) : en venant de la ville, juste après la digue, prendre le 1er chemin sur la gauche, vers le cimetière des pirates et le suivre jusqu'au bout, sur env 1 km (pas d'accès jusqu'au bout en voiture). ☎ 034-09-265-76. ● *jardinsdeden-saintemarie-madagascar.com* ● Bungalows 75 000-85 000 Ar. En retrait du bord de mer, sur le flanc d'une colline plantée de ravenalas et d'orchidées, au cœur d'un domaine soigné de 2,5 ha dominant superbement la baie des Pirates. Le terrain est dans la famille depuis 1830 ! Leurs 3 bungalows sur pilotis possèdent chacun salle de bains (eau chaude), moustiquaire et terrasse panoramique. Sur la vaste terrasse du resto (toujours la vue !), on profite d'une cuisine de tous les horizons culinaires, à prix modérés. Vijay peut vous guider au cimetière des pirates et organise des virées en 4x4 autour de l'île.

|●| Restaurant À Bord'Eaux *(carte d'ensemble de l'île, 27)* : *sur le chemin menant au cimetière des pirates, à 100 m de la route.* ☎ *032-80-264-10. Lun-sam jusqu'à 18h. Menu tt compris 15 000 Ar le midi. Sert également le petit déj et des jus naturels.* L'eau n'est pas loin et Hervé est originaire de la Perle d'Aquitaine... Installé dans sa gentille paillote aux nappes colorées, noyée dans la verdure, il mitonne une bonne cuisine à base de produits frais, joliment servie (et avec serviettes en tissu s'il vous plaît !) en fonction des arrivages. Crêpes et gaufres au goûter. Une escale toute désignée en route vers le cimetière des pirates.

|●| Resto La Paillote : *au centre du village. Juste après avoir passé le port, sur la droite.* ☎ *032-40-500-06. Tlj midi et soir. Menus 13 000-19 000 Ar.* La salle, ouverte sur la rue est soignée, et la carte riche de bien des choix. Rien de vraiment extraordinaire, mais tout tient la route, snacks, plats de la mer comme simples pizzas. C'est aussi un bar avec un billard.

De chic à plus chic

⌂ |●| L'Idylle Beach : *à env 800 m à la sortie nord du village, sur la gauche.* ☎ *032-48-684-81.* ● *idyllebeach.com* ● *Tlj sf certains dim en basse saison. Doubles 40-50 €. Plats 20 000-30 000 Ar.* Bruno et sa femme Dominique vous accueillent avec professionnalisme dans leur jolie maison de bois, coquettement peinte et arrangée avec goût. On prend un verre sur la terrasse-*lounge,* face à la mer, avant de passer à table et déguster une cuisine savoureuse et originale, tendance semi-gastro qui met l'eau à la bouche. On recommande les ravioles de zébu et les œufs en cocotte. Également 2 fort belles chambres en béton ciré, très confortables, avec AC dont une avec terrasse donnant sur la mer. Prêt de palmes, masques et tubas. Sorties en mer et diverses activités nautiques.

⌂ |●| Boraha Village *(carte d'ensemble de l'île, 62)* : à **Ambodevampeny**, *sur la côte Est, à env 4 km à l'est d'Ambodifotatra par la piste (passer devant l'église).* ☎ *912-18.* ☎ *032-54-547-68.* ● *boraha.com* ● *Doubles 36-46 €/pers, ½ pens possible.* 🛜 La douzaine de bungalows, de bon confort et avec terrasse, se répartit dans un vaste parc arboré dominant le lagon et un superbe ponton jeté sur les eaux. Le restaurant est connu pour son crabe « à l'entonnoir ». Location de vélos, massage et plein d'excursions possibles.

Où sortir ?

♪ 👯 **First One Club** : *au centre. Mer, ven et sam. Entrée gratuite pour les filles, 2 000-3 000 Ar pour les hommes.* C'est la boîte la plus *smart* de l'île : ici, les chaussures sont obligatoires !

Achats

🌸 **Maki** : *au centre, près du port.* Grand choix d'artisanat, des sculptures aux bijoux, des vêtements aux objets en métal.

🌸 Sinon, plusieurs **pavillons artisanaux** face au club de plongée *Le Lémurien palmé,* juste au nord du port.

À voir

🏃 Ambodifotatra est encore dominé par l'ancien *fort de la Compagnie des Indes orientales,* transformé par la suite en bagne puis occupé par l'armée malgache, qui y campe toujours (pas d'accès). Jadis, un tunnel le reliait à l'île aux Forbans, qui flotte en contrebas ! À mi-distance, l'*église catholique* date de 1837. Elle serait la plus ancienne de Madagascar, mais pour pouvoir jeter un œil à l'autel en fonte et à la tombe du pionnier des chrétiens à Madagascar, il faudra se pointer aux heures des messes. Elle se dresse face à la baie des Pirates, exubérante de végétation, où les flibustiers avaient installé leur Q.G. À distance d'arquebuse, côté mer, l'*îlot Madame* conserve de vénérables entrepôts et la *résidence du Gouverneur.* Ce secteur était au centre de la base pirate de Sainte-Marie.

🏃 *Le musée de la résidence de la reine Betty :* résidence du Gouverneur (c'est le même édifice). Pour joindre le gardien : 📱 032-02-507-94. Ouv tlj, entrée payante. Un musée encore informel où sont stockés en vrac des omoplates de baleines, une ancre d'un autre âge, des panneaux sur les pirates qui hantèrent la baie, des maquettes de bateaux, etc. Vivement que ce musée ait enfin les moyens de s'animer en organisant par exemple des visites guidées dans le secteur. Un musée à ciel ouvert vous entoure, quel dommage de ne pas en avoir toutes les clés de lecture !

🏃🏃 *Le cimetière des pirates* (carte d'ensemble de l'île) *:* de la ville, prendre la digue en direction du sud et, juste après celle-ci, tourner dans le chemin à gauche. Là, un guichet a été installé pour les guides. Entrée seule : 2 000 Ar/pers. Avec un guide (optionnel), compter 12 000 Ar/pers, taxe municipale incluse. On insiste, le guide n'est pas obligatoire, cela dit, ça fait bosser les gars du coin et les explications peuvent être intéressantes. Pour y aller seul, suivre le chemin jusqu'au portail de l'hôtel Jardins d'Éden *(env 1 km),* puis le sentier qui monte tt de suite à gauche ; le cimetière est à 5 mn. Il n'est pas bien grand ce cimetière, ni même vraiment peuplé de pirates, mais le site, dominant la baie, est plein de charme, et la trentaine de tombes qui ont survécu au passage du temps se révèlent pittoresques. On y trouve la sépulture de la veuve Rivet, épouse de « pirate », décédée en 1862, et celle de Jean-Marie Thomas, un commandant de voilier de la Compagnie des Indes avec un boulet de canon sous la croix... La lecture des épitaphes a quelque chose d'assez émouvant. Tout au bout, le point de vue sur l'île aux Forbans, en face, est superbe. Les guides proposent de s'y rendre, mais il n'y reste quasi rien.

PIRATES ET PRIÈRES

Sur la tombe d'un certain Le Chartier, figure cette épitaphe : « Arrivé sur la flûte La Normande le 1er novembre 1821. Mort à Sainte-Marie le 14 mars 1834. Par son ami Hulin. Passans priez pour lui. » Outre les fôtes d'ortographe, on pouvait à l'époque trucider son prochain, lui voler tout son bien, le qualifier d'« ami » et se placer sous la loi divine sans sourciller. Une tête de mort rigolarde accompagne ces mots...

Fêtes et manifestations

– À la **Journée de la Baleine** *(20 juin)* succède le désormais incontournable **Festival des Baleines** *(début juil,* ● festivaldesbaleines.com ●*),* mené notamment par des femmes de notables locaux et parrainé par quelques notoriétés. Au programme : sorties baleines pour les enfants de l'île, carnaval, évènements sportifs dont l'épique *Trail des baleines* à travers toute l'île et des joutes de pirogues,

conférences scientifiques, projections, concerts et autres réjouissances. Toute l'île s'investit dans ce festival phare de Madagascar.
– Peu après, le **14 juillet** est dignement fêté dans le souvenir de la présence française, avec un grand bal la veille au soir.
– Le ***Tsolabe*** *(1ᵉʳ w-e de sept)* est l'autre grande fête de Sainte-Marie.

AU SUD D'AMBODIFOTATRA

IND. TÉL. : 57

● Plan Le sud de l'île Sainte-Marie *p. 283*

C'est ici, dans le quart méridional de l'île, entre Ambodifotatra et la Pointe sud (embarcadère pour l'île aux Nattes), que se regroupent la plupart des hôtels, sagement alignés entre route et plage. Un secteur prisé comme le tabac, au cœur de l'animation et néanmoins assez tranquille.

SUR LA CÔTE SUD-OUEST, LE LONG DE LA ROUTE PRINCIPALE

Où dormir ?

De très bon marché à bon marché (jusqu'à 40 000 Ar / env 11 €)

Il existe encore quelques petites adresses pas chères, où les fauchés et ceux qui se suffisent de peu trouveront leur bonheur. Toutes ne sont pas en règle avec les autorités touristiques cependant.

▲ I●I ***Le Cardinal*** *(carte Sud de l'île, A-B1, 20) : env 500 m au sud du parc Endemika, côté terre.* ☎ *032-40-750-74. Compter env 15 000 Ar pour 2.* L'accueillante Honorine, toujours enjouée, loue 3 bungalows tout simples et bien tenus au sein d'un « micro-village » très couleur locale. En matériaux traditionnels, ils ont chacun un lit, une moustiquaire, une ampoule et basta. Sanitaires communs propres (douche froide au baquet). Honorine fait très bien la cuisine qu'on déguste sous une petite paillote.

▲ ***Hôtel La Palourde*** *(carte d'ensemble de l'île, 22) : en bord de route, côté mer, à env 5 km au sud de la ville.* ☎ *032-02-157-80 ou 034-06-092-25.* ● *lapalourdeclementine@yahoo.fr* ● *Bungalow pour 2 pers 35 000 Ar ; familial également.* Une poignée de petits bungalows tout ce qu'il y a de plus simples, avec sanitaires modestes, et un familial pour 6 personnes, spacieux et avec cuisine. C'est du basique, mais du pas cher. Plage difficilement baignable devant. Petite nourriture correcte.

▲ I●I ***La Baleine*** *(carte d'ensemble de l'île, 26) : en bord de route, côté mer, à env 5 km au sud de la ville.* ☎ *032-40-257-18 et 032-64-945-07.* ● *hotel-la-baleine.com* ● *Bungalows 30 000-40 000 Ar (selon taille).* Parmi les adresses bon marché les plus appréciées, La Baleine aligne un chapelet de bungalows tout simples (mais avec douche) face à la mer. Certains sont un peu proches du resto ou les uns des autres, mais les 2 du bout sont charmants. Resto de bonne tenue et sorties baleines en saison.

Prix moyens (40 000-80 000 Ar / env 11-23 €)

▲ I●I ***Bungalows Chez Mireille*** *(carte Sud de l'île, A1, 25) : env 400 m au sud*

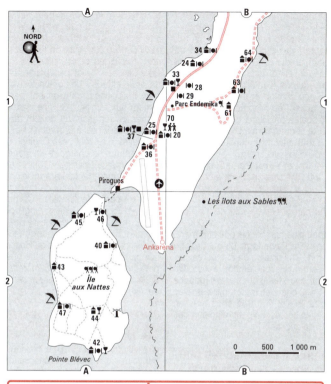

LE SUD DE L'ÎLE SAINTE-MARIE

- **Adresse utile**
  - **37** Consul honoraire de Suisse (Princesse Bora Lodge)

- **Où se faire masser ?**
  - **33** Vanille Beauté
  - **34** Hakuna Beauté (Lakana Hotel)
  - **37** Jungle Spa (Princesse Bora Lodge)

- **Où dormir ?**
  - **20** Le Cardinal
  - **24** Chez Pierrot
  - **25** Bungalows Chez Mireille
  - **33** Les Villas de Vohilava
  - **34** Lakana Hotel
  - **36** Ravoraha
  - **37** Princesse Bora Lodge & Spa
  - **40** Chez Tity
  - **42** Les Lémuriens
  - **43** Chez Sica
  - **44** La Maison Blanche
  - **45** Maningory
  - **47** Analatsara
  - **61** Hôtel Club Paradise
  - **63** Piment Vanille
  - **64** Mirana Plage

- **Où manger ? Où boire un verre ?**
  - **28** Gargote Chez Claudine
  - **29** Gargote Le Requin, Chez Doussy Line
  - **33** La Varangue
  - **34** Lakana Hotel
  - **36** Ravoraha
  - **37** Le Beach Grill
  - **40** Chez Tity
  - **42** Les Lémuriens
  - **44** La Maison Blanche
  - **45** Maningory
  - **46** Lucky Dube
  - **47** Analatsara
  - **63** Mirana Plage

- **Où sortir ?**
  - **70** La Case à Nono

du parc Endemika (à 8 km d'Ambodifotatra), côté mer. ☎ 032-04-864-95 et 034-13-652-49. • mireille-sainte-marie.com • Double env 57 000 Ar. 🛜 (en journée). Les 5 bungalows (dont un pour 4), en dur et en bord de mer, sont un peu à l'écart de la route principale. Bien équipés (ventilo, salle de bains avec eau chaude et moustiquaire), ils sont aussi très propres. Un bon rapport qualité-prix dans cette catégorie. Mireille tient également son petit resto avec tout autant de constance. Location de vélos pas chère.

🏠 |●| **Chez Pierrot** (carte Sud de l'île, **B1, 24**) : à **Andapanagory**, à env 7 km au sud d'Ambodifotatra, côté mer. ☎ 034-02-040-55 ou 032-02-040-55. • chezpierrotmada@gmail.com • Double 70 000 Ar. Plats 12 000-20 000 Ar. Un peu plus fonctionnel que charmant, l'endroit a l'avantage d'être de bon confort. Une dizaine de chambres carrelées et impeccablement tenues. On choisit entre les 5 bungalows (douche avec eau chaude), les 2 familiales avec mezzanine et 2 autres chambres en dur, bien aérées. Le petit resto sert des plats de qualité.

De chic à plus chic (80 000-250 000 Ar / env 23-71 €)

🏠 |●| **Ravoraha** (carte Sud de l'île, **A1, 36**) : le tt 1er établissement en sortant de l'aéroport, sur la gauche, facilement accessible à pied ! ☎ 032-40-513-90. • ravoraha.com • Compter 30-45 € le bungalow pour 2, 45-60 € la cabane dans l'arbre, 20 € les chambres éco ; petit déj obligatoire, ½ pens possible. 🛜 Cet ensemble soigné se dispose en arc de cercle autour d'une impeccable pelouse, devant une plage propice à la baignade en permanence (assez rare). Notre bungalow préféré se niche carrément dans un arbre, avec ses sanitaires privés au pied. Le tout équipé de moustiquaire, eau chaude et ventilo, plus une jolie terrasse privée pour les bungalows. Bref, que du bon, tout comme le resto !

🏠 |●| **Les Villas de Vohilava** (carte Sud de l'île, **B1, 33**) : à 3 km de l'aéroport. ☎ 020-57-900-16. ☎ 032-04-757-84 ou 034-17-668-63. • vohilava.com • Résa conseillée ! Prévoir 220 000-290 000 Ar la nuit pour la villa 2 chambres (4-6 pers) et 310 000-390 000 € pour la villa 4 chambres (jusqu'à 10 pers) – une vraie affaire si l'on est nombreux ! Bungalows 120 000-160 000 Ar selon taille et saison. Packages séjour plongée avec Bora Dive. 🖥 🛜 Joliment posées dans un jardin et face à un ponton, les villas, très spacieuses, conviennent parfaitement aux familles. Cuisine, salon et hamac en terrasse. En bois et falafa, elles ne sont pas à proprement parler luxueuses, mais tout y est. Original : une gouvernante se charge du ménage et peut même cuisiner pour vous ! Juste à côté, le resto-bar **La Varangue** constitue l'un des hauts lieux de ralliement de cette partie de l'île (voir « Où manger ? »). En prime : billard, ping-pong, kayak, massage au salon Vanille Beauté attenant et surtout de passionnantes sorties baleines. Il faut dire qu'Henry, le sympathique patron, n'est autre que le président de l'association *CétaMada*.

🏠 |●| **Le Libertalia** (carte d'ensemble de l'île, **35**) : à 1 km au sud d'Ambodifotatra. ☎ 923-03. ☎ 032-02-763-23 ou 034-18-997-27. • lelibertalia.com • Bungalows pour 2 pers 136 000-210 000 Ar ; villas 4-8 pers 260 000-380 000 Ar. Menu env 40 000 Ar. 🖥 🛜 Une dizaine de bungalows en brique bien conçus (dont 2 familiaux) et 2 villas se dressent ici face à la mer, chacun avec son agréable petite terrasse. Un gros rocher flotte un peu à l'écart, relié à la terre ferme par un charmant ponton de bois tandis que la superbe piscine à débordement se fond dans la mer. Joli restaurant pour admirer tout cela où l'on sert une cuisine mixte de bon aloi. Signalons aussi les animations en saison et la disponibilité de vos hôtes. Membres fondateurs de *CétaMada*, ils proposent d'excellentes sorties baleines.

🏠 |●| **Lakana Hotel** (carte Sud de l'île, **B1, 34**) : au bord de l'eau, et même sur l'eau. ☎ 034-45-434-45 et 032-62-312-99. • sainte-marie-hotel.com • Bungalows 2-3 pers 104 000-150 000 Ar, 6 pers 205 000-283 000 Ar. 🛜 Cet établissement familial propose un ensemble de petits bungalows traditionnels en bois et *falafa* disséminés dans un joli jardin ou alignés... sur des pilotis au-dessus de l'eau. Bienvenue en Polynésie ! Pour ces derniers, brise de mer en guise de ventilo et sanitaires privés sur la terre ferme. L'ensemble est en cours de modernisation. Ajoutons un très bon resto (ah... le civet de poulpe !), un beau salon cosy, les transats dans le jardin, l'îlot en bois accessible par un pont suspendu pour se baigner à toute heure... Excursions et salon de massage, *Hakuna Beauté*.

Extra chic

Princesse Bora Lodge & Spa (carte Sud de l'île, A1, 37) : à env 1 km de l'aéroport, en bord de plage. ☎ 040-03. 032-07-090-48 et 034-05-090-48. • princesse-bora.com • Villas 170-440 € pour 2 en ½ pens, deals intéressants sur le site. (réception et salon). Cette adresse exceptionnelle, un peu déconnectée des réalités du monde, se classe nettement au-dessus des autres en termes de déco, de service et de confort. On choisit ici entre 3 niveaux de villas, toutes ravissantes, spacieuses et luxueuses, situées côté jardin ou côté mer. Elles mêlent élégamment les matériaux locaux et les « Executive » possèdent même une baignoire en tadelakt au milieu de la suite ! La liste des plaisirs ne s'arrête pas là. Mentionnons la superbe piscine à débordement, l'excellent *Jungle Spa* aux traitements tirés de produits naturels locaux (voir « Où se faire masser ? »), une boutique maison de produits de mode raffinés made in Madagascar, *Ivahona*, les vélos, kayaks et PMT en prêt, les sorties baleines de qualité, le bar au bout du langoureux ponton et un super resto, le **Beach Grill**, aux tarifs assez raisonnables. Voir « Où manger ? ». Le *Princesse Bora Lodge*, c'est aussi *Bora Dive*, l'un des meilleurs clubs de plongée de l'île (voir plus haut « Où plonger à Sainte-Marie ? »), du kitesurf ou encore la possibilité de vols en avion autour de l'île !

Où manger ? Où boire un verre ?

L'ensemble des hôtels cités précédemment propose aussi des restos. Se reporter à « Où dormir ? ». Voici une courte sélection de nos tables préférées, hôtels ou non...

De très bon marché à bon marché (jusqu'à 20 000 Ar / env 6 €)

Gargote Le Requin, Chez Doussy Line (carte Sud de l'île, B1, 29) : env 300 m au nord du parc Endemika. 032-44-267-91. Ce resto populaire et bien propre, de 4 tables tout juste, est tenu par la riante Doussy Line, qui prépare une cuisine familiale sans chichis : crevettes, poissons grillés, poulpe au gingembre (miam !), « sigals » et langoustes... Allez la voir pour passer commande 2h avant, elle éclatera de rire. Elle est comme ça, Doussy Line.

Gargote Chez Claudine (carte Sud de l'île, B1, 28) : env 500 m au nord du parc Endemika. 032-02-514-33. Cette gargote bien arrangée de bord de route est précédée d'un bout de terrasse pour prendre le frais. On y prépare à la demande (passer 1h avant) tous les classiques locaux, bien goûteux : crevettes, calamars, langouste ou poisson, crabe, excellent poulet coco, bonnes frites et même un poisson tahitienne ! Une adresse propre et régulière.

De prix moyens à chic (20 000-60 000 Ar / env 6-17 €)

La Varangue (carte Sud de l'île, B1, 33) : voir aussi « Où dormir ? Les villas de Vohilava. » Plats à la carte autour de 25 000 Ar. Juste à côté de jolies villas posées sur la plage, ce resto-bar tend vers la mer sa terrasse couverte que perce un audacieux palmier. L'inénarrable Émile au fourneau propose *camarons* caramélisés à l'anis, super filet de zébu, poulet vanille, sans oublier pizzas au feu de fois, langoustes au barbecue et... de succulents desserts. Vous serez à coup sûr gagné par l'Émilomania développée

par les vahazas du coin depuis bien longtemps.
– Mention spéciale également pour les restos du **Libertalia** (carte d'ensemble de l'île, *35*), du **Lakana Hotel** (carte Sud de l'île, B1, *34*) et du **Ravoraha** (carte Sud de l'île, A1, *36*), tous situés en bord de mer, dans un décor de rêve. Voir « Où dormir ? ».

Beaucoup plus chic (à partir de 60 000 Ar / env 17 €)

|●| ▼ **Le Beach Grill** (carte Sud de l'île, A1, *37*) : *à l'hôtel de luxe* Princesse Bora Lodge & Spa, *voir aussi* « *Où dormir ?* » Si vous n'avez pas les moyens de vous offrir l'hôtel, profitez d'un verre au langoureux ponton et son *sunset bar* invitant à profiter du coucher du soleil. Pour les repas, direction le **Beach Grill**, sa rhumerie et son bar à tisanes, le tout aux tarifs assez raisonnables, posé au bord de la piscine. Un cadre idyllique pour une carte variée. Les simples pizzas au feu de bois, vraiment excellentes, croisent un plateau de la mer ou un zébu aux brèdes préparé avec délicatesse. Les légumes viennent du potager bio, les fruits du verger que l'on peut aussi visiter (1 800 arbres, tout de même !). Étonnante cave à vins où l'on vous invite à choisir votre bouteille.

Où sortir ?

🏃 **La Case à Nono** (carte Sud de l'île, A-B1, *70*) : *un peu au sud des* Villas de Vohilava. *Ouv en principe jeu, sam et veilles de j. fériés à partir de 21h (mais venir à partir de 23h, c'est plus animé). Entrée : 2 000-4 000 Ar.* La boîte de Sainte-Marie. Insulaires et *vazaha* s'y retrouvent au coude à coude, dans une ambiance amicale, noyée dans le punch, la bière et la musique. Le boss, Nono, surveille son petit monde de près et joue le rôle de grand frère pour tous les jeunes. C'est son fiston qui passe la musique, DJ Gino !

SUR LA CÔTE SUD-EST, LE LONG DE LA PISTE

Où dormir ? Où manger ?

Chic (80 000-150 000 Ar / env 23-43 €)

🏠 **Hôtel Club Paradise** (carte Sud de l'île, B1, *61*) : *à env 1,5 km de la route goudronnée.* ☎ 90-116. 📱 032-82-223-58. ● hotelclubparadise.com ● *Du parc Endemika, prendre la piste sur env 500 m puis, à la fourche, à droite, c'est au bout (15-20 mn à pied). Bungalows doubles 26-30 € ; familiaux également. ½ pens 30 000 Ar.* Une adresse au calme, tenue chaleureusement par Carine, Thierry et leurs filles, avec l'accent de Marseille *s'il vous plé*. Une partie des 6 bungalows est plantée pile devant une plage à cocotiers, l'autre dans le jardin qui accueille quelques animaux. En dur et toit de palmes, les bungalows restent assez simples avec un bout de terrasse, sanitaires (eau chaude, mais toilettes pas intimes) et moustiquaire. Piscine nichée.

🏠 |●| **Mirana Plage** (carte Sud de l'île, B1, *64*) : *à 3 km du parc Endemika (prendre la piste de gauche à la fourche).* 📱 032-51-896-66 et 032-75-750-00. ● miranaplage.com ● *Fermé fév. Double env 120 000 Ar ; 210 000 Ar en ½ pens (obligatoire vu l'isolement).* Le chemin traverse une cocoteraie avant de venir s'échouer sur un beau tapis de sable blanc léché par des eaux peu profondes... Une poignée de bungalows pour 2 à 3 personnes, agréables et bien tenus. Préférez ceux face à la mer, au même prix. Pour rester dans la tonalité, la salle de l'agréable resto est nappée de sable. On y déguste ravioles de langouste et classiques poissons grillés et pavé de zébu. Une escale pour se retirer du monde.

🏠 **Piment Vanille** (carte Sud de l'île, B1, 63) **:** *à env 2,5 km du parc Endemika (prendre la piste de gauche à la fourche sur 1 km).* 📱 032-56-904-99 ou ☎ 04-92-77-01-14 *en France.* ● *location-ile-sainte-marie.net* ● *Compter 32-75 €/j. selon capacité et saison.* Philippe et Géraldine louent 3 gîtes simples mais spacieux dans un endroit génial : posés juste en retrait d'un fin ruban de plage, ils se nichent entre de gigantesques arbres, au cœur d'un jardin luxuriant. Rien de superflu à l'intérieur mais la terrasse face à la mer (avec un barbecue) représente un sacré plus ! Autres avantages : une structure très écolo (solaire) et une cuisinière à disposition. Calme absolu garanti.

À voir

🦌 **Le parc zoologique et botanique Endemika** (carte Sud de l'île, B1) **:** *à env 7,5 km au sud d'Ambodifotatra. Tlj 8h-12h, 14h-17h. Souvent fermé le dim en fév, mars et juin. Entrée : 15 000 Ar. Visite guidée.* L'entrée de ce petit parc est un peu chère et les lieux en voie d'abandon. Dommage, on aimait bien venir y voir des lémuriens de Sainte-Marie et toute une batterie d'espèces endémiques à Madagascar, faune comme flore.

➢ 🚶 **Les îlots aux Sables :** *au sud-est de Sainte-Marie.* Ce ne sont que deux gros bancs de sable et de corail en plein océan, baignés par des eaux d'un turquoise incandescent et habités par les seuls oiseaux de mer, qui attendent leurs Robinsons. On s'y rend en excursion en pirogue à moteur, quand le vent ne souffle pas trop. Au programme : farniente, plongée avec tuba et ramassage des coquillages. Attention, les îlots sont *fady* les mardi et jeudi ; interdit aussi d'y emmener de la viande de porc (attention aux sandwichs !).

L'ÎLE AUX NATTES

IND. TÉL. : 57

Et si vous plongiez dans la carte postale ? Cette petite île arrondie de 5 km sur 3,5 km à peu près, flottant à 5 mn de pirogue au sud de sa grande sœur, est un peu le point d'exclamation de Sainte-Marie. Comment éviter le cliché ? Ourlée d'une frange de sable blanc, luxuriante en diable, dépourvue d'électricité et de véhicules à moteur (exception faite de quelques motos), l'île aux Nattes tient vraiment du paradis originel. Un paradis certes assez peuplé : aux côtés de plusieurs villages, pas mal d'hôtels occupent ses côtes. Au programme : farniente, balades tranquilles à la rencontre des 800 habitants à l'intérieur de l'île, et amnésies volontaires...

Comment y aller ?

Rendez-vous à la pointe sud de l'île Sainte-Marie, derrière l'aéroport. Là, on peut louer les services d'une pirogue pour traverser (2 000 Ar/personne par passage à la perche, 3 000 Ar avec moteur ; 5 000 Ar la nuit). On peut aussi faire le tour de l'île, compter dans ce cas 25 000 ou 30 000 Ar/personne.

Où dormir ? Où manger ? Où boire un verre ?

Des hébergements pour tous les budgets et quelques gargotes éparses. En raison de l'isolement, on conseille de confier vos valeurs au coffre de votre hébergement, s'il en dispose. Électricité parfois 24h/24 ou groupe

De bon marché à prix moyens

🏠 |O| *Chez Tity* (carte Sud de l'île, A2, **40**) : *sur la côte est, à env 400 m au sud des pirogues.* 📞 *032-62-347-35 ou 034-04-065-80.* ● *cheztity@gmail.com* ● *Bungalows 25 000-50 000 Ar sans ou avec douche, en bord de mer ou non ; plats 13 000-30 000 Ar.* Jean-Claude « Be » Rémy fut champion de chasse sous-marine (du Maroc), dessinateur, chanteur dans les années 1970 et pote de Pierre Perret. Aujourd'hui il se met plutôt aux fourneaux pour préparer d'excellents poissons, grillés ou tahitienne. Il propose aussi 6 bungalows, allant du sommaire au très correct. Mieux vaut commander en débarquant sur l'île.

🏠 *Chez Sica* (carte Sud de l'île, A2, **43**) : *sur la côte sud-ouest de l'île (à env 20-25 mn à pied de l'arrivée des pirogues).* 📞 *032-41-656-98 et 032-42-478-86.* ● *chezsica.com* ● *Bungalows 35 000-60 000 Ar sans ou avec sdb.* Semés sur un grand terrain gazonné ombragé de cocotiers et de badamiers, face à la mer, les bungalows hexagonaux en bois et *falafa* sont simples mais assez spacieux, agréables et bien aérés, avec lit sous moustiquaire. On peut faire appel aux services d'une cuisinière pour les repas.

|O| 🍸 *Lucky Dube* (carte Sud de l'île, A2, **46**) : *quasi face à l'arrivée des pirogues.* 📞 *032-72-714-05. Plats 10 000-15 000 Ar.* Pour trouver ce repaire de rastas, dirigez-vous aux notes de reggae qui s'échappent des cocotiers. 2 accueillants bars en forme de barques et aux couleurs sud-africaines vous attendent. Pour les petites faims, pizzas au bois, burgers et sandwichs. Si vous tombez à la bonne période, *Full moon night* une fois par mois avec rhum arrangé à gogo.

De prix moyens à chic

🏠 |O| 🍸 *Les Lémuriens* (carte Sud de l'île, A2, **42**) : *tt au sud de l'île (10 000 Ar en pirogue).* 📞 *032-41-973-03.* ● *leslemuriens.com* ● *Bungalows 60 000-120 000 Ar sans ou avec sdb, ½ pens conseillée (pas d'autre resto dans les parages !).* 📶 Pour être isolé, on est isolé ! Ici, 8 jolis bungalows en forme de A, avec terrasse, s'assemblent en arc de cercle sur une large pelouse, face à une bien jolie plage encadrée de gros rochers granitiques. Quatre ont leur propre douche (eau froide), les deux autres en partagent une cinquième (avec eau chaude !). L'ensemble est impeccable, charmant et soigné, mais sans ventilo. Des makis jouent dans les arbres et, à quelques pas, l'excellent resto se tourne joliment vers la mer. Nombreuses excursions proposées et prêt de kayaks pour se balader sur le lagon.

De chic à plus chic

🏠 |O| *Analatsara* (carte Sud de l'île, A2, **47**) : *au sud-ouest de l'île.* 📞 *032-02-127-70.* ● *analatsara.com* ● *Bungalows 30-50 €. CB acceptées.* 📶 Ancien éditeur, Jean-Pierre a pas mal bourlingué en Inde avant de se retirer dans ce joli écrin. Un vrai personnage qui règne en maître sur cette maison d'hôtes, insufflant une ambiance peu banale que l'on aime ou pas. Parmi les bungalows, jamais bien loin de la jolie plage, notre préférence va au plus petit, perché dans un badamier, face au lagon : un vrai nid pour romantiques. Il y a aussi de belles maisons en location avec cuisinière à disposition si on le souhaite. Excellente table d'hôtes. Mentionnons aussi les lémuriens en liberté, l'école de sculpture et la fête malgache hebdomadaire.

🏠 |O| *Maningory* (carte Sud de l'île, A2, **45**) : *sur la côte nord-ouest.* 📞 *902-58.* 📞 *032-07-090-05.* ● *maningoryhotel.com* ● *Fermé fév. Bungalows 125 000-204 000 Ar selon capacité (2-4 pers), transfert inclus. Menu 40 000 Ar, plats 20 000-25 000 Ar.* 📶 Une douzaine de beaux bungalows s'alanguit sous les badamiers et les palmiers. Les plus récents (et plus chers), avec murs en pierre apparente très tendance, sont léchés par les vagues à marée haute ; les autres, plus anciens, sont en retrait mais tous, de bon confort, ont l'eau chaude et l'électricité 24h/24. La grande salle du resto s'ouvre sur la plage, avec ses sièges en pirogue tranchée... La cuisine est excellente et le poisson pêché par le patron lui-même. Excellentes sorties baleines (adhèrent de *CétaMada*).

🏠 🍴 *La Maison Blanche* (carte Sud de l'île, A2, **44**) : *au centre de l'île.* ☎ 034-97-400-21 ou 032-40-084-32. ● *lamaisonblanche@ileauxnattes.net* ● *Doubles 75 000-135 000 Ar, petit déj inclus.* Coiffant la plus haute colline de l'île, cette grande maison blanche (guère esthétique dans un si bel environnement, il faut bien l'avouer) offre une vue panoramique imprenable sur 360°. Les chambres sont très spacieuses et avec baignoire. On peut aussi juste venir boire un verre au bar-terrasse et profiter de la vue.

À voir. À faire

◪ *La plage :* débitée quasiment au kilomètre, superbe et parfois déserte sur la côte ouest, elle est carrément déprimante de beauté... À marée haute, très peu de sable disponible à certains endroits ! D'ailleurs on ne peut faire le tour de l'île à pied par les plages que partiellement : gros rochers dans la partie sud-est. Enfin un truc désagréable à dire.

➤ *Balade à l'intérieur de l'île :* rien de plus sympa que de partir à la rencontre des 800 habitants et de mettre des visages sur cette île qui n'est pas faite que de plages paradisiaques. On se perd un peu entre les différents sentiers proposés, entre potagers et carrés de riz, mais on retrouve bien vite son chemin en demandant aux villageois. Poussez donc jusqu'au sommet de la colline de *La Maison Blanche* pour son fantastique panorama à 360° (voir « Où dormir ? Où manger ?) ; l'accès est payant *(2 000 Ar),* mais il est bien agréable d'y prendre un verre. Vous pourrez aussi rejoindre le *phare Blévec,* sur la côte sud-est, pour un autre joli point de vue (s'il est là, le gardien demande une obole même si l'accès n'est officiellement pas payant).

AU NORD D'AMBODIFOTATRA

Si le Sud, plus animé et plus riche en plages, a davantage la cote, le Nord offre un autre visage, plus sauvage et luxuriant encore. Vous ne regretterez pas de vous aventurer au nord de Loukintsy (dont le nom signifie Louis XV en malgache !), en direction de l'extraordinaire tapis de sable des Cocotiers ou des « piscines naturelles », accessibles par une route goudronnée. Si vous décidez de pousser jusque-là, prévoyez éventuellement un hébergement dans la région. Dans cette partie-là, on est vraiment loin de tout.

Où dormir ? Où manger ?

Dans le nord

Prix moyens

🏠 🍴 *Le Bon Endroit* (carte d'ensemble de l'île, **50**) : *à Ifotatra, très au nord de l'île.* ☎ 906-62. ☎ 033-09-624-38. ● *lebonendroit.net* ● *Bungalows doubles 40 000-60 000 Ar, plats 10 000-15 000 Ar.* Arnaud (un Français de Pau) et sa femme malgache ont aménagé un petit coin de paradis pour routards sur un bout de plage corallienne, avec tout juste 5 bungalows (dont 1 familial) en bois et *falafy*. Ils sont simples mais bien tenus, avec douche à l'eau froide ou baquets d'eau chaude. Kayaks et PMT en prêt. Pour manger, le choix n'est pas grand (poisson, poulpe, poulet), mais c'est bon et les prix restent contenus. Amateurs de rugby, vous êtes 2 fois bienvenus !

🏠 |○| **Hôtel Atafana** (carte d'ensemble de l'île, 52) : au bout du hameau-rue de pêcheurs d'**Antanandava**, en contrebas de la route et à 12 km de la ville. ☎ 032-70-252-50 ou 032-43-620-55. ● atafana.net ● *Double env 70 000 Ar, bungalows familiaux et ½ pens possibles.* Séduisante situation au calme, face à un joli bout de plage, dans un jardin impeccable, ombragé par les cocotiers et les *atafana* (badamiers). Les bungalows sont simples mais bien conçus et assez spacieux, carrelés et lambrissés, tous avec eau chaude. Accueil et entretien impeccables. Un passage parmi les coraux permet d'accéder à l'eau sans risque.

De chic à plus chic

🏠 |○| **Les Tipaniers Lodge** (carte d'ensemble de l'île, 51) : **pointe de la Cocoteraie**, isolé tt au nord-ouest de l'île. ☎ 907-07 ou 16. 📱 033-25-172-14. ● tipaniers.com ● *Doubles 105 000-133 500 Ar ; ½ pens 40 000 Ar/pers.* 📶 Loin de tout ? C'est un euphémisme. Pas moins de 7 km de piste chaotique pour arriver jusqu'ici, mais à vos pieds s'étirer peut-être la plus belle plage de Sainte-Marie, sauvage en diable, mais avec pas mal de *mokafohy* (ouïe !). Les proprios ont pensé leur hôtel de manière écologique et les bungalows, en dur, sont fort accueillants avec leurs baies vitrées et leur terrasse arrondie tendue vers la mer. 2 sentiers de rando pour rejoindre le phare Albrand (40 mn) et les piscines naturelles (1h30-2h) ! En prime : PMT, VTT, sorties baleines, pêche, excursions en bateau... Le resto, perché sur son promontoire, est un peu cher mais y mange bien.

🏠 |○| **Natiora** (carte d'ensemble de l'île, 53) : env 500 m au nord de **Loukintsy**, par un chemin tortueux (fléché). ☎ 906-56. 📱 032-71-964-56. ● natiora.com ● *Bungalows et « villas » 32-70 € (2-10 pers).* Cette belle adresse regroupe une dizaine de bungalows et maisonnettes dans un jardin soigné, face à une petite plage intime vraiment adorable, parsemée de gros rochers aux airs de Seychelles. On se sent bien dans cet environnement, tout comme dans les bungalows. Ils offrent tout le confort attendu mais aussi une cuisine, et même un salon dans les plus grands. Nos préférés (pour 2) sont posés sur la plage. Délicieuse cuisine au resto, à tendance malgacho-italienne.

🏠 |○| **Samaria** (carte d'ensemble de l'île, 56) : **Anivorano**, BP 38bis. ☎ 907-18. 📱 032-20-515-15. ● samaria-hotel.com ● *À env 15 km (30 mn) au nord d'Ambodifotatra. Compter 40-50 €/pers en ½ pens.* Une structure de charme, dans un site en surplomb joliment paysagé entre végétation et rochers, présentant une originale piscine naturelle. Une poignée de charmants bungalows dont un familial au plus proche de la mer, alliant bois, béton laqué et pierre locale. Espaces communs élégants avec belvédère panoramique et bibliothèque où l'on sert une cuisine malgache particulièrement soignée. Pas de doute, il y a du métier derrière tout cela. Un bien agréable point de chute après une virée dans le nord de l'île en tout cas !

Le long de la grande boucle de l'Est

Prix moyens

|○| **La Mangrove Gourmande, chez Nono** (carte d'ensemble de l'île, 60) : au niveau du village d'**Anafiafy**. ☎ 901-98. *Menu 25 000 Ar (appeler pour commander le repas à l'avance).* Un îlot de verdure et un îlot tout court, dans un apaisant jardin posé en bord de mangrove. Nono est un vrai personnage et un cordon bleu hors pair qui a roulé sa bosse. Il propose une délicieuse cuisine malgache, voire typiquement saint-marienne. On y vient surtout pour son célèbre crabe au coco qui lui a valu les honneurs de la télé. Environnement

AU NORD D'AMBODIFOTATRA / À VOIR. À FAIRE

bucolique à souhait avec pour compagnes des oies aussi volubiles que le patron !
IOI Chez Samson (carte d'ensemble de l'île, 60) : *au niveau du village d'Anafiafy.* ☎ *914-01. Compter 20 000-30 000 Ar (appeler avant).* Cadre un peu moins sympa dans une clairière à proximité de la mangrove, mais cuisine traditionnelle tout autant recommandable, au feu de bois. Poisson grillé, poulet, crevettes, sauce coco...Samson ne travaille que des produits frais et l'on se régale. Attention, il faut avoir le temps et... aimer manger !

À voir. À faire

🚶🚶 L'excursion vers les piscines naturelles et l'extrémité nord de l'île (pointe Albrand) peut se faire dans la journée depuis Ambodifotatra si l'on est véhiculé, mais on peut préférer dormir dans le secteur. Évitez, en tout cas, de faire le trajet retour à la nuit tombée.

🚶 À **Ifotatra,** demandez à ce que l'on vous conduise jusqu'à la jolie **cascade,** au pied de laquelle se creuse un bassin tout désigné pour la baignade. Attention cependant, le jeudi, c'est *fady* ! Ce jour-là, la sirène qui vit au fond remonterait à la surface...

📍 Quelques kilomètres après le village d'**Ambatoroa,** à 18 km au nord de Loukintsy, une mauvaise piste de 6 km part vers la gauche en direction de la splendide **plage de la Cocoteraie.** Large, longue, frangée de cocotiers, elle n'a qu'un défaut : plein de *mokafohy* (ne grattez pas ou ce sera pire !).

🚶🚶 Par la route goudronnée, on atteint le vieux **phare Albrand,** à l'abandon, puis enfin la bourgade d'**Ambodiatafana,** connue pour ses **piscines naturelles** en bord de mer. À marée haute, l'océan remplit ces trois bassins, qui chauffent peu à peu au soleil. Il est possible de s'y baigner en demandant l'accord des locaux et en évitant absolument celui le plus au sud, dangereux à cause des vagues qui peuvent emporter les baigneurs. Attention aussi aux *fady* en vigueur interdisant de marcher sur les rochers avec des chaussures (mais on peut le faire pieds nus), et encore plus de manger du porc sur le site (remballez le sandwich au jambon !). Les Merinas ne sont pas non plus les bienvenus... Enfin, le site est non payant, mais des guides improvisés se le sont appropriés et réclament abusivement un droit d'accès. Seuls deux sont agréés par l'office de tourisme, on peut toujours demander leurs coordonnées à Ambodifotatra avant l'excursion.

IOI Ceux qui ont le temps peuvent déjeuner dans la gargote sur place, face à la mer ou rejoindre la **pointe Albrand** à pied (environ 30 mn de marche/sens). Mieux encore : commander son repas avant la balade et le déguster au retour. Menu complet avec langouste possible, mais pas d'octobre à décembre, comme partout à Madagascar, période durant laquelle la pêche de ce crustacé est strictement interdite.

🚶🚶 **La grande boucle de l'Est :** une belle balade sur la journée, à la découverte de cette côte nettement plus sauvage et isolée. La face B de Sainte-Marie en quelque sorte, anti-plages à cocotiers. Partir tôt le matin pour cette balade boueuse à souhait les lendemains de pluie (dur-dur pour les motards !). Prendre la route nord goudronnée jusqu'au village d'Ankirihiry (passer Loukintsy) où l'on bifurque sur une très très mauvaise piste reliant la côte orientale en 5-6 km. Parvenu de l'autre côté, ça va mieux... Au programme : mangrove de la baie d'Ampanihy (excursions possibles en pirogue depuis les restos et hôtels), interminables plages sauvages balayées par les vents et les rouleaux, et une enfilade de villages où la vie suit son cours dans une quiétude totale. Par mauvais temps, le fracas du ressac sur la barrière, au large, peut être impressionnant. Pour se restaurer, on recommande vivement **La Mangrove Gourmande** ou **chez Samson** (Voir « Où dormir ? Où manger ? »). On peut aussi décider de s'y installer, au **Riake Resort** (☎ *907-27*) par exemple, un hôtel assez génial pour son emplacement et un peu improbable, idéal pour les amateurs de solitude. Il ne reste ensuite qu'à regagner Ambodifotatra en longeant à distance la côte orientale.

LA CÔTE DU GIROFLE

• La baie de Titinga........292	• Mananara-Nord...........294	Masoala –
• Antanambe	• Maroantsetra...............295	Nosy Mangabe
et Sahasoa....................293	• Le parc national	

La côte du Girofle s'étend de la pointe à Larrée (le plus proche point continental de l'île Sainte-Marie) à la baie d'Antongil. Elle cache les plus belles forêts du pays, dont le noyau dur est resté inchangé depuis la nuit des temps. Cette forêt primaire est constituée de troncs et racines gigantesques et d'enchevêtrements inextricables de lianes, telle qu'elle a toujours hanté l'imaginaire occidental. La côte possède par ailleurs quatre parcs marins.
En dehors du mois de mai, le meilleur moment pour la visiter oscille entre mi-août et mi-décembre, novembre se révélant idéal : il ne pleut pas encore, les pistes sont sèches, les paysages de rizières saturent de champs vert fluo, les chemins regorgent de litchis, les villages s'emplissent d'une forte odeur de girofle, les lémuriens se montrent plus actifs en forêt, et les moustiques sont quasiment absents... Penser aux vivres car peu de gargotes en cours de route et aux lampes électriques (pas d'électricité dans certains coins).

Comment y aller ?

Véritable cul-de-sac, la région ne connaît aucun accès routier en dehors de la RN 5, en passant par Tamatave. Si celle-ci peut mériter sa cotation nationale jusqu'à Soanierana, il en va différemment après. C'est un autre voyage qui commence, vers le bout du bout du monde, sur une des pires pistes de tout le pays, que peu de quatre-roues fréquentent, seulement des 4x4 et quelques sporadiques taxis-brousse (voir « Arriver – Quitter » à Tamatave). Bien que tous les ponts aient été refaits à neuf, ce périple exige encore de franchir 13 cours d'eau à l'aide de bacs. L'idéal est de faire la route à vélo ou à moto : les deux-roues traversent les embouchures sur des pirogues et ne sont donc pas dépendants de la marée ou... du manque de carburant.

LA BAIE DE TITINGA

Une très agréable baie dont la partie nord se referme sur elle-même, ce qui la protège du vent et des vagues. Des promenades à pied ou à vélo sont réalisables, notamment dans la **forêt d'Ambodiriana** (protégée avec l'aide de l'association réunionnaise de Saint-Leu *ADEFA*), où l'on trouve une belle diversité de végétation, ainsi que des varis noir et blanc.

Où dormir ? Où manger ?

≜ |●| Au Bout du Monde : à *Sahabevava, au sud de la baie.* 032-41-278-78. *Bungalow env 25 000 Ar (taxe comprise).* Dans un jardin face à la mer, cet établissement profite de son isolement pour s'étaler sur 450 m de plage. Le proprio est un ancien cyclo-globe-trotter, impatient de vous expliquer pourquoi il a finalement choisi de poser ses valises ici... Toutes sortes de randonnées à pied, sur ou sous l'eau. Prise en charge depuis Tamatave (à 6h de route).

🏠 |●| *Au Bon Ancrage (Chez*

Wen-ki) : à **Manompana,** *au nord de la baie.* ☎ *032-04-673-53 (prévoir plusieurs j. pour la réponse). Double env 15 000 Ar.* Le lieu est véritablement idyllique : la mer, protégée du vent par la péninsule et le jardin paradisiaque tiennent lieu d'écrin à de petits bungalows réalisés avec soin. Eau courante et électricité avec groupe.

ANTANAMBE ET SAHASOA

Deux baies à la suite l'une de l'autre, au sein desquelles se nichent des villages de pêcheurs. Bureaux du *MNP*. Portes d'accès pour le parc marin de Nosy Antafana, sur lequel il est possible de camper (infos auprès du *MNP* local, ☎ *033-71-967-68*) et le parc de Mananara-Nord.

Où dormir ? Où manger ?

🏠 |●| *Tanymarina :* juste derrière le MNP, à **Antanambe.** ☎ *033-01-100-59.* ● info@tanymarina.com ● *(prévoir plusieurs j. pour la réponse). Double env 30 000 Ar.* Plus connu sous le nom des propriétaires : *Chez Grondin*, une famille réunionnaise installée dans ce paradis perdu depuis 1993, un bail quoi ! Le cadre est un véritable havre de paix avec bungalows et parties communes particulièrement réussies. Restauration de qualité. Randos à la carte. La meilleure adresse pour rayonner sur le parc de Mananara-Nord.

🏠 |●| *Gîte communautaire :* au centre du village de **Sahasoa.** ☎ *033-09-920-42. Double env 25 000 Ar.* Récemment réhabilité mais avec un côté rustique et géré par l'association des femmes de Sahasoa en collaboration avec le *MNP*. Repas sur commande.

À voir

🚶🚶 *Le parc national de Mananara-Nord :* ☎ *53-327-07 (à Tamatave).* ☎ *033-12-692-30 ou 033-49-401-56 (à Mananara).* ● mnn@parcs-madagascar.com ● parcs-madagascar.com ● *Tarifs : 45 000 Ar/j. par pers.* Le parc est constitué d'une part d'un parc marin autour de l'atoll d'Antafana et d'autre part de trois parcelles terrestres à l'intérieur d'un écrin forestier labellisé « Réserve de la biosphère » par l'Unesco depuis 1989. Quatre circuits selon son niveau et ses envies, de 3h à 2 jours. Au programme : forêt d'Ivontaka-Sud, champs de girofle et de vanille, peut-être des indris... Le plus facile d'accès, Nosy Antafana est constitué par un ensemble de trois îlots ceints par un récif corallien de 1 000 ha. Un site de camping avec des abris tentes et un gîte muni d'un petit coin cuisine a été aménagé sur l'île, mais apporter sa nourriture avec soi, et ce n'est pas à Sahasoa qu'il est possible de se ravitailler. Par mer calme, on peut atteindre l'atoll en pirogue en 1h depuis Sahasoa. Depuis Antanambe et Mananara, il faut louer une voiture ou une moto qui coûte horriblement cher en fuel ! Compter 3-4h selon l'état de la piste. Location 4x4 : *Zico* (☎ *033-46-001-71.* ● jean zico_54@yaoo.fr ●) ou *Eric* (☎ *033-11-731-67*). Location de motos avec *Solo* (☎ *033-12-546-12*).

MANANARA-NORD

30 000 hab. (pour l'agglomération)

Mananara-Nord est une ville de passage, une halte à mi-chemin entre Tamatave (à 290 km) et Maroantsetra (à 112 km). Les 30 km de piste la séparant de Sahasoa sont parmi les pires du pays !

Arriver – Quitter

En taxi-brousse (y compris 4x4 pick-up ou Land Cruiser)

■ *Ko.Fi.Fen :* officine sur le rond-point. 032-02-195-64. Autant le dire, peu de touristes s'aventurent dans ces périples !
➤ *Vers le nord :* des liaisons avec *Rantabe* (6-7h de trajet) et *Maroantsetra* (9-10h).
➤ *Vers le sud :* des liaisons avec *Sahasoa* (3h), *Antanambe* (4h) et *Soanierana* (30h avec nuit à Antanambe, dans des hôtels miteux !).
➤ *Tamatave :* compter 18-20h de trajet en 4x4.

En bateau et en avion

🚢 Par voie maritime, itinéraire Soanierana-Mananara, 1 fois/sem avec des vedettes rapides (5h).
✈ Pour les liaisons aériennes avec *Air Madagascar,* se renseigner.

Adresses utiles

■ *Bureau de MNP :* à l'entrée sud de la ville, sur la route de Tamatave. 033-12-692-30 ou 033-49-401-56. Vous trouverez là toutes les informations et la logistique nécessaires pour visiter le parc national de Mananara-Nord (voir plus haut).
■ *Trait d'Union Vert :* association de 5 guides régionaux créée à l'initiative de Marie-Louise. 033-12-768-97. On peut la joindre aussi via les hôtels Chez Roger ou Aye-Aye. Marie-Louise sillonne la région depuis des années, notamment en compagnie de chercheurs anglo-saxons, si bien qu'elle connaît les meilleurs sites forestiers et aquatiques à découvrir.

Où dormir ? Où manger ? Où boire un verre ?

🏠 🍽 *Chez Roger :* au nord du rond-point, dans la rue de l'église du FJKM. 033-14-265-33. Bungalow double env 40 000 Ar. Un ensemble sobre, mais de vastes chambres qui s'avèrent les plus confortables de la ville. Bonne restauration à prix tout doux !
🏠 *Les Trois Arcs :* à l'ouest du rond-point où stationnent les taxis-brousse, en direction de l'OTIV. 033-61-436-55. Double env 40 000 Ar. 2 beaux bungalows « en suite », propres et agréables (mais mal situés), ainsi que quelques chambres en dur. Restauration en face.
🏠 🍽 *Aye-Aye (Chez Dominique) :* en face de l'aéroport, à côté du cimetière, en bord de mer. 033-20-088-62. Bungalows double env 40 000 Ar et familial. L'hôtel le plus « luxueux » de la ville, géré par Jacques, alias « Rapido ». Eau froide, toilettes pas très bien entretenues, mais bon accueil.
🍽 *Restaurant chinois :* continuer la route après Chez Roger, puis 2ᵉ à gauche. Petite salle kitsch, mais bon repas. Et ça change !
🍹 *Yoyo Beach :* sur le front de mer, en direction de l'aéroport. Une buvette bien placée et parfois très animée (le week-end).
🍹 *Sun Beach :* à 3 km de la ville en direction de la plage d'Ambitsika. Buvette animée.

À voir. À faire

La ville possède une très belle plage bordée de récifs coralliens directement accessibles. Excursions possibles aux alentours : cascades (d'Ambavala, de Sandrakatsy), îles (Nosimborona, Nosy Manasy), balades en pirogue sur les rivières.

L'îlot Roger ou île aux ayes-ayes : *à 2 km de Mananara, accessible en 4x4 ou deux-roues. Entrée payante et pourboire pour les pisteurs débusquant les fameux lémuriens nocturnes.* Entouré par le fleuve Mananara, l'îlot est réputé pour la présence des ayes-ayes et d'autres espèces diurnes. Un site unique à Mada !

Circuits communautaires d'Antanambao Mandrisy : *à 1,7 km à l'ouest du village, accès en deux-roues.* Au programme : mangroves, plages, forêt, cascade et culture betsimisaraka.

Circuit Andavakandre : *à 6 km de Mananara par une route carrossable.* Ancienne tombe et grotte, gérées par les villageois de Sahave.

Imorona : beau spot de snorkelling (plongée avec masque et tuba) à 10 km au sud en direction de Tamatave.

Le parc national de Mananara-Nord : une randonnée sur 1 ou 2 jours (8 à 10h de marche au total) est possible pour rejoindre Sahasoa depuis Mananara, en traversant la réserve périphérique et le noyau dur de la parcelle d'Ivontaka-Nord.

MAROANTSETRA

env 24 000 hab.   IND. TÉL. : 57

● Plan *p. 297*

Maroantsetra (« beaucoup de sagaies ») tire son nom d'une ruse du roi Radama Ier, qui fit planter par son armée un nombre considérable de sagaies à l'entrée du village dans le but de faire croire à un surnombre à ses adversaires...
Ville du bout du monde, inaccessible par voie terrestre en saison des pluies et difficilement en saison sèche (septembre-décembre). Il faut dire que Maroantsetra est la ville la plus arrosée de tout Madagascar. Il y tombe 6 m d'eau par an ! Même si la ville se modernise lentement, il y a encore beaucoup de travail : pas vraiment de téléphone ni d'internet, coupures d'électricité régulières... La région recèle pourtant de grands potentiels touristiques : plages de rêve, baleines, parcs marins, la plus belle forêt primaire de l'île, faune exceptionnelle...

Arriver – Quitter

En avion

➜ **Aérodrome :** *à 7 km au nord-ouest de la ville. Certainement le moyen le plus facile de venir à Maroantsetra.*
➢ Se renseigner pour les liaisons d'**Air Madagascar** (petits avions de 15 places) avec **Antalaha, Tamatave, Sambava** et **Tana.**

En bateau

➢ **Tamatave :** *infos au bureau du* **Saint Louis Express** *(plan B2, 10).* 032-82-620-41 *ou* 034-19-427-83. *À Tamatave :* 032-54-195-21. *Départ de Tamatave ven soir, arrivée à Mananara sam mat. Retour lun soir (en fonction des marées), arrivée à Tamatave mar mat.* Beau

bateau adapté à la mer avec des sièges confortables en 1re et 2e classes.
➤ **Soanierana Ivongo :** *infos Melisa Express* (☎ 033-18-732-64 ou 033-18-732-72). Avec le **Melisa 2**, liaisons aléatoires. Ce bateau est un bateau fluvial pas très adapté pour l'océan.
➤ **Sainte-Marie :** *infos Hippocampe Hôtel (hors plan par A2, 25).* ☎ 032-70-346-95. • *madahippocampe.com* • Transfert à la demande. Trajet 2h30-4h en fonction de la mer. Bateau de 16 places couvert, rapide et adapté à l'océan.
➤ Pour les aventuriers ou les inconscients, des caboteurs faisant surtout du fret acceptent quelques passagers pour les destinations courantes. Mais attention danger, on ne le répétera jamais assez !

Par la route

Mission impossible, sauf pour les aventuriers et sportifs aguerris !
– **En taxi-brousse :** départs fréquents pour Mananara-Nord (1 j.) et Tamatave (3 j. !) tôt le mat (résa la veille) avec **Ko.Fi. Fen** *(plan B1), face à l'hôtel La Pagode.* ☎ 033-11-640-95 ou 032-45-877-50.
– **Par ses propres moyens :** à partir de Sonierana-Ivongo (sud), envisager le deux-roues, motorisé ou non ! Vers le nord, on ne peut rejoindre Marofinatra… qu'à pied, puis taxi-brousse jusqu'à Antalaha (en 4 jours !). En revanche, possible d'atteindre le cap Masoala en bateau et, de là, remonter en deux-roues jusqu'à Antalaha par la piste côtière.

Adresses utiles

■ **Bureau du MNP-WCS** *(hors plan par B2, 1) :* le long de la rivière, à 600 m du pont. ☎ 033-49-401-58. • *msl@parcs-madagascar.com* • Entrée du parc de Masoala – Nosy Mangabe : 45 000 Ar. Tarifs des guides parfois exorbitants (pour Mada), notamment pour traverser la péninsule à pied jusqu'à la côte de la Vanille ou faire le tour de la presqu'île de Masoala en 15 jours (voir Antalaha) ! D'autres excursions possibles sans oublier l'observation des baleines en août et septembre.
✉ **Poste et téléphone** *(plan B1) :* derrière le marché. Lun-sam mat. Passer par un opérateur pour les appels.
■ **BOA** *(plan B2, 2) :* lun-ven, slt le mat. L'unique banque en ville délivre de l'argent avec une carte *Visa* moyennant commission. Distributeur automatique.
■ **Représentant Air Madagascar** *(hors plan par B1, 3) :* c/o Société Ramanandraibe Exportation, à l'entrée de la ville. ☎ 034-17-989-55. Lun-ven. Confirmation (obligatoire) et vente de vols intérieurs (mais peu sûr car pas de connexion informatique avec les autres agences).
■ **Location de 4x4 : Ko.Fi.Fen** *(plan B1) ;* contacter les chauffeurs stationnés face à l'hôtel La Pagode). ☎ 033-11-640-95.
■ **Location de bateaux : Adrien** *(plan B2, 4) un loueur situé devant l'accueil du lodge Chez Arol.* ☎ 032-03-039-10 ou 034-10-986-12. • *abemihary@yahoo.fr* • Excursions pour la réserve de Nosy Mangabe, les plages de Navana et d'Iharaka, le parc de Masoala), le cap Masoala, l'observation des baleines dans la baie d'Antongil, etc.
■ **Bateaux de l'Hippocampe hôtel** *(hors plan par A2, 25) :* ☎ 032-64-418-99 ou 032-70-346-95 • *madahippocampe.com* • Des bateaux bien entretenus, amarrés sur la rivière devant l'hôtel. Excursions proposées : réserve de Nosy Mangabe, Ambodiforaha-Ambnizana, Masoala, village de Mananara, Antalaha…

Où dormir ? Où manger ?

De bon marché à prix moyens

|●| **Chez Tantine** *(plan A-B1, 33) : rue principale, un peu avt l'hôtel* La Pagode. *Menus du jour 6 000-10 000 Ar.* Cuisine chinoise et Malgazy en terrasse. Une bonne petite adresse.
🛏 |●| **La Pagode** *(plan A-B1, 21) : rue principale, un peu plus bas que l'hôtel du Centre, en face des transports* Ko.Fi.Fen. ☎ 032-78-398-02. Compter

MAROANTSETRA / OÙ DORMIR ? OÙ MANGER ? | 297

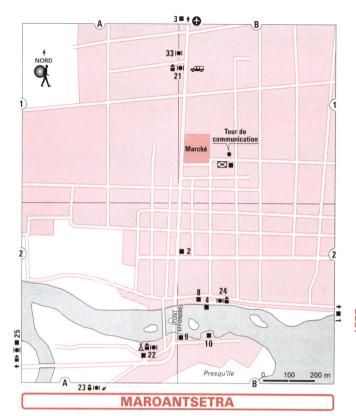

MAROANTSETRA

- **Adresses utiles**
  - Ko.Fi.Fen
  - 1 Bureau MNP-WCS
  - 2 BOA
  - 3 Représentant Air Madagascar
  - 4 Adrien
  - 8 Accueil du lodge Chez Arol
  - 9 Accueil du lodge Tampololodge
  - 10 Saint Louis Express
  - 25 Bateaux de l'Hippocampe Hôtel

- **Où dormir ? Où manger ?**
  - 21 La Pagode
  - 22 Coco Beach
  - 23 Masoala Resort
  - 24 Manga Beach Hôtel
  - 25 Hippocampe Hôtel
  - 33 Chez Tantine

40 000 Ar pour un confort un peu rudimentaire. Des bungalows en forme de huttes avec sanitaires intégrés et ventilateur. Petit resto.

☒ ≜ |●| *Coco Beach (plan A2, 22) : sur la presqu'île, à droite après le pont.* ☎ *032-04-807-58 ou 034-47-025-91.* ● *cocobeachhotelmaroantsetra@yahoo.fr* ● *Compter 26 000-90 000 Ar selon confort. Emplacement tente.*

Bungalows avec douche (froide) mais sans w-c ou d'autres, bien plus agréables, avec eau chaude et w-c. L'établissement vit malheureusement sur ses acquis... qui se dégradent un peu. En revanche, la restauration, au bord de l'eau, est de qualité et à des prix raisonnables. Locations de vélos et balades sur la rivière en pirogue à moteur.

De chic à plus chic

🛏 🍽 *Masoala Resort* (hors plan par A2, 23) : *sur la presqu'île, poursuivre au-delà du Coco Beach.* ☎ 032-11-075-51 ou 033-15-051-52. • masoalaresort.com • *Bungalows côté jardin ou mer 85 000-105 000 Ar avec eau chaude et AC.* Face à Nosy Mangabe et à la baie d'Antongil, des bungalows tout équipés sous les palmiers mais qui ont mal vieilli. Terrasse, grande salle de bains, moustiquaire, et le charme du bois au milieu d'un environnement séduisant. Jolie salle de resto où l'on sert un menu unique. Piscine. Excursion en pirogue sur l'île de Nosy Mangabe ou sur les canaux environnants.

🛏 🍽 *Manga Beach Hôtel* (plan B2, 24) : *à côté du pont, face au petit port et aux bateaux d'Adrien.* ☎ *034-07-019-77 ou 032-54-795-04.* • mangabeach.hotel@yahoo.com • *Compter 80 000-120 000 Ar.* Un hôtel moderne et très confortable d'une vingtaine de chambres, peut-être un peu trop grand pour la ville où le tourisme n'est pas encore très développé. Impeccable.

🛏 *Hippocampe Hôtel* (hors plan par A2, 25) : *à 2,5 km du centre, face à Nosy Mangabe.* ☎ *032-70-346-95.* • madahippocampe.com • *Compter 38-50 € (petit déj et transferts aéroport inclus), repas 15 €.* Assez récent, avec une belle décoration privilégiant le bois. Un petit paradis pour se reposer des pistes difficiles. 6 chambres et 3 bungalows tout confort ainsi qu'un restaurant (cuisine française, créole et malgache) et une piscine biologique. Possède également un lodge en bordure de la forêt de Masoala.

LE PARC NATIONAL MASOALA – NOSY MANGABE

Avec 240 500 ha, dont 230 000 ha de parc terrestre, 10 000 ha de parc marin et 500 ha pour l'île de Nosy Mangabe, le parc de Masoala – Nosy Mangabe, créé en 1997 sur la presqu'île du même nom, recouvre la plus grande surface protégée, mais aussi l'un des derniers grands espaces naturels et sauvages du pays. De Maroantsetra, accès au parc en bateau en pirogue ou à pied.

Bois de rose en danger !

Comme l'Indonésie, Bornéo, le Brésil et bien d'autres pays tropicaux possédant encore une forêt primaire, Madagascar n'est pas à l'abri des coupes sauvages et du trafic de bois. Ici, il s'agit de bois de rose, essence précieuse et théoriquement protégée. partir de 2009, profitant de la crise politique et de la faiblesse du pouvoir, les coupes et la revente de bois de rose ont explosé à Masoala. Ce scandale a été dénoncé, ce qui a provoqué une grande émotion au plan international. Pourtant, les ONG sont désarmées. Personne ne maîtrise vraiment la situation mais, ce qui semble certain, c'est qu'un grand nombre de personnes profitent grassement de la vacance du pouvoir, de manière illégale. Les coupes de bois de Masoala ne sont pas près de cesser et sont en train de défigurer de manière irréversible ce joyau de l'humanité.

Atteindre et parcourir la péninsule

À partir de Maroantsetra, on accède aux environs du parc marin de Tampolo en bateau à moteur (en 1h30 avec une vedette louée chez les loueurs habilités). Les bateaux locaux ne sont pas conseillés pour des raisons de sécurité, la mer étant souvent agitée. À partir d'Ambanizàna, on pénètre dans le parc national : il faut donc s'acquitter de l'entrée et prendre un guide agréé par le *MNP*. Parmi la population locale, certains ont reçu une formation de guide-pisteur ; en revanche, ils ne parlent pas le français et ne donnent donc aucune information. La limite sud du parc s'arrête à Ratranavona. Il est possible de poursuivre le chemin côtier jusqu'au cap Masoala (le site est magnifique), puis de remonter jusqu'à

MAROANTSETRA / À VOIR

Antalaha par la piste du littoral (voir à Antalaha). En plus des lodges locaux, on trouve à Antalaha, Sambava, Andapa ou Diego des agences qui organisent très sérieusement le tour de la péninsule à pied, à vélo, en kayak ou en bateau.

Où dormir ? Où manger ?

Il existe 2 abris pour tentes (compter 5 000 Ar) aux villages d'Ambanizàna et de Marofotatra (qui possèdent aussi de petites épiceries), ainsi que 3 lodges répartis aux alentours du parc marin de Tampolo, mais qui ont un bureau d'accueil sur la presqu'île de Maroantsetra. Ils sont souvent pleins en novembre.

Chez Arol : écolodge à Ambodiforaha, 1,5 km au nord du parc marin de Tampolo. Accueil à Maroantsetra (plan B2, 8). 032-40-889-02 ou 033-12-902-77. *arollodge.free.fr Packages à partir de 120 €/j./pers. sur une base de 2 j. min, incluant bungalows sans ou avec sdb, eau chaude, pens complète, droits d'entrée au parc, guide, transferts bateau et bus pour aéroport et activités inclus.* Les 9 bungalows très bien réalisés sont particulièrement agréables à vivre, dans un petit jardin, coincé entre la plage et le parc de Masoala. Les repas sont délicieux et originaux. Cet écolodge bâti par Armand, le guide le plus réputé de Maroantsetra, et Olivier, un Français ornitho passionné de plongée, possède un accès direct au parc de Masoala. C'est assurément le lodge le mieux situé des 3, notamment pour apercevoir les varis roux. Activités flexibles, du trek à l'observation de baleines. L'établissement est de surcroît très impliqué dans le développement durable local (installation de l'électricité et eau gratuites pour le village riverain du parc, prise en charge de l'école...).

Hippocampe Lodge : à Ambodiforaha, face au parc marin de Tampolo. Infos à Maroantsetra, à l'Hippocampe Hôtel (voir « Où dormir ? »). 032-70-346-95. *madahippocampe@live.fr Compter 66 €/pers en pens complète sans transfert et sans guidage (obligatoire pour le parc terrestre).* 6 bungalows dont 1 familial jusqu'à 8 personnes avec salle de bains et eau chaude au seau. Propose pêche sportive, plongée (matériel sur place), visite du parc, trekking ainsi que des sorties baleines de juin à septembre.

Tampololodge : 032-42-713-37, 034-31-747-97 ou 034-93-602-21. *tampolodge@yahoo.fr tampolodge.marojejy.com Doubles pens complète 80-100 €, sans les transferts et les frais de guidage.* Bureau de liaison à Maroantsetra *(plan B2, 9),* et organisation de séjour à Masoala comprenant les visites guidées du parc et des villages, des excursions en bateau (notamment sur la rivière Tampolo), du trekking entre le cap Masoala et Tampololodge, la visite de la réserve de Nosy Mangabe sur la journée, les transferts en bateau. Lodge italien installé au nord du parc marin de Tampolo.

À voir

🟥🟥🟥 *Nosy Mangabe : compter 30 mn (5 km) en bateau à moteur. S'adresser aux hôtels, au bureau du MNP-WCS et aux guides pour s'y rendre.* Prévoir des vêtements étanches. Allez, en route vers le fief du pirate John Avery ! Quelques vestiges historiques sur cette île couverte d'une forêt humide dense, comme le cimetière ou les rochers de la

BOUCLES D'OREILLES DES PIRATES

Ce n'est pas une légende, les pirates portaient bien des boucles d'oreilles. Ces anneaux avaient la réputation d'éviter la noyade et d'améliorer la vue. De plus, si les matelots mouraient loin de chez eux, ces boucles en or étaient destinées au prêtre, afin de payer leurs funérailles.

plage des Hollandais, qui servirent de boîte postale au cours du XVIIe s, si l'on en juge les inscriptions gravées dessus...

Côté faune, la star nocturne des lieux est le mythique aye-aye, introduit en 1967 afin d'enrayer sa disparition. Ses confrères sur l'île se nomment lémur fauve *(Eulemur fulvus)*, vari (ou *Varecia variegata*) et le microcèbe roux, un nocturne. Et puis, entre juillet et septembre, vous aurez peut-être la chance d'apercevoir des baleines à bosse snobant les eaux de Sainte-Marie !

Masoala : *de Maroantsetra, compter entre 40 et 60 km en vedette, selon le point de destination à l'intérieur du parc. Il est possible de parcourir certaines pistes en boucle aux alentours de Tampolo ou bien d'emprunter le chemin côtier jusqu'au cap Masoala. D'Antalaha pour Cap Est, en 4x4, vélo ou à pied, compter... 45 km. Évidemment, tout cela ne s'improvise pas.* Cette forêt primaire est l'une des seules au monde à se jeter dans la mer, si bien qu'une faune rare est encore préservée sur tout le littoral. Le parc est encore peu fréquenté des Français, alors qu'il est déjà très connu chez les chercheurs anglo-saxons et les touristes helvètes. Ces derniers affluent en nombre depuis que le zoo de Zurich a recréé sous serre l'écosystème de Masoala, en y regroupant tous ses animaux disséminés jusqu'alors dans les zoos du monde entier. Parmi les plus connus, on retrouve le vari roux (endémique de la péninsule de Masoala), le aye-aye, le *fosa*, la grenouille-tomate, le hibou rouge, l'aigle serpentaire ou encore l'eurycère de Prévost (un bel oiseau au bec bleu). Sans oublier la présence des baleines dans la baie d'Antongil de juillet à septembre. Par ailleurs, le site comporte trois parcs marins qui assurent la préservation de récifs coralliens, d'herbiers marins et de mangroves : Tampolo à l'ouest, Masoala au cap sud (décor de rêve aux abords d'un site hautement sacré), Tanjona à l'est. Mais tout n'est pas paradisiaque : avec une moyenne de 8 m de précipitations annuelles, Masoala est l'un des endroits les plus trempés du monde !

LE NORD

LA CÔTE DE LA VANILLE..........301	DIEGO-SUAREZ..........313	L'ÎLE DE NOSY BE..........341
LA RÉGION DE	DE DIEGO-SUAREZ À NOSY BE..................331	RETOUR SUR TERRE....372

● Carte Le Nord *p. 302-303*

LA CÔTE DE LA VANILLE

- Antalaha......................304
- Sambava 307
- Vers le Sud 309
  - Le domaine d'Ambohimanitra
- De Sambava à Andapa 309
- Route jusqu'à Andapa ● Le parc national de Marojejy
  - La réserve spéciale d'Anjanaharibe-Sud
- Andapa........................310
- Vohémar (Irahana).......311
- Daraina........................312
  - La forêt de Bekaraoka
  - La forêt de Binara
  - La forêt du littoral d'Anosibe
  - Les crocodiles de Mafkovo

SAVA est l'appellation administrative de cette côte. On la doit aux initiales des quatre grandes villes de la région : Sambava, Antalaha, Vohémar et Andapa. La dernière en est le grenier à riz tandis que l'avant-dernière se spécialise plutôt dans l'élevage de zébus. Les deux autres, quant à elles, se disputent le titre de capitale de la vanille. Car le nord-est de l'île est bien le pays de la vanille, cet or brun qui fait la richesse de la région et qui est l'une des exportations principales du pays. D'où la volonté de l'Etat de réhabiliter les infrastructures locales, à commencer par les routes. Cependant, la région reste un cul-de-sac : une seule piste la relie à l'extérieur (de Vohémar à Ambilobe) et elle devient vite impraticable en saison des pluies (de juin à août et, surtout, de décembre à avril). Cette côte est alors livrée à elle-même et aux terribles cyclones qui viennent régulièrement la défigurer. Même si la région reste très peu fréquentée par les touristes, elle offre encore parmi les plus belles excursions en forêt du pays : Daraina et ses chercheurs d'or au nord, Marojejy et Anjanaharibe au centre, la péninsule de Masoala au sud. Un secret encore bien gardé qui fait tout le charme du coin.

LE SECRET DE LA VANILLE

Cette orchidée venue du Mexique fut introduite à la fin du XIXe s par des planteurs réunionnais. La pollinisation ne se fait que grâce à l'abeille melipona qui ne vit... qu'au Mexique ! Déjà les Aztèques en faisaient leur miel. En 1814, Edmond Albius, un esclave réunionnais de 12 ans, réussit à polliniser à la main. Depuis, la vanille est exploitée dans de nombreuses zones tropicales (sans l'aide des abeilles).

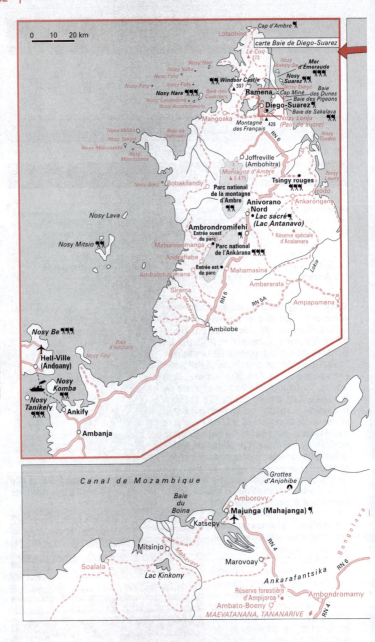

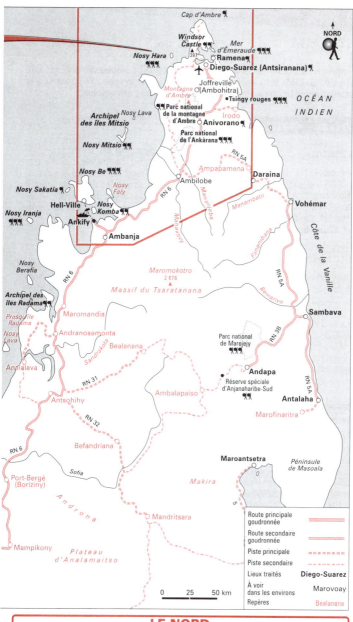

LE NORD

ANTALAHA

env 75 000 hab. IND. TÉL. : 88

La capitale mondiale de la vanille, comme on dit pompeusement, est une petite ville paisible tout occupée au traitement de son produit phare et à la construction de boutres. Paisible, lorsqu'il n'y a pas de cyclone...

Arriver – Quitter

En avion

➢ *Aéroport : à 12 km au sud de la ville.* 034-11-222-11.
➢ Vols directs avec **Tananarive,** normalement lun, mer et sam.
➢ Vol hebdomadaire avec **Maroantsetra** et **Sambava.**

En taxi-brousse

➢ *Ambodirafia (cap Est) : gare routière du Sud, tt au bout de la rue principale.* Compter 3h30-4h30 pour effectuer 57 km, en raison des nombreux arrêts et des 2 bacs à emprunter (2h30 en 4x4, 3h à VTT).
➢ *Marofinatra (en direction de Maroantsetra) : quartier d'Andampy, au sud-ouest de la ville.* Compter 3-4h de trajet (2h30 en 4x4).

➢ *En direction du nord : gare routière du Nord.* La grande majorité des taxis-brousse ne vont que jusqu'à Sambava (compter 2h30 de trajet), mais il existe parfois des « directs » jusqu'à Diego (quand la jonction Vohémar-Ambilobe le permet).

En bateau

Des navires (surtout pour le fret, acceptant des passagers) font très irrégulièrement, selon le temps et le nombre de passagers, la liaison avec **cap Masoala, Maroantsetra** (compter 24-36h de trajet) ou **Tamatave** (48h). Infos au bureau des douanes ou directement auprès des capitaines des boutres sur le port. Attention, le bateau demeure à Madagascar un moyen de transport dangereux.

Adresses utiles

■ Plusieurs distributeurs en ville. ***Banque BNI** : immanquable, près du front de mer. Lun-ven 7h30-11h, 14h30-16h.* Fait du change et possède un distributeur de billets avec les cartes *Visa* et *MasterCard.* Mais aussi à la **BFV-SG,** la **BOA** et à la **poste** (service *Western Union*).
■ ***Air Madagascar** : au croisement du bd Maritime et de l'av. de l'Indépendance, 3 rues avt le port.* 032-07-222-13
■ ***Alliance française** : proche du port. Lun-ven 9h-12h, 14h30-18h.* Activités ponctuelles.
■ ***Bureau du MNP** : sur le rond-point, av. de l'Indépendance.* 032-41-800-81 ou 033-49-401-58. ● masoala.park@yahoo.fr ● *Lun-ven 7h30-12h, 14h30-18h. Entrée : 45 000 Ar.* Les touristes doivent toujours être accompagnés par un guide officiel du parc (maximum 6 personnes pour un guide). Grands circuits possibles : randonnée Antalaha-Maroantsetra (environ 5 j.), tour de la presqu'île (2 semaines), trekking cap Est (environ 8 j.). Prévoir une tente dans le budget ainsi que les repas du guide.
■ ***Botika Cala** : dans le centre, face à la pharmacie* Kam-Hyo, *rue Tananarive.* 032-07-161-01. ● macolline.org ● Beaux objets artisanaux, épices et chapeaux contre le soleil. Infos pour la visite du parc Macolline, situé à 3 km sur la route de Sambava.
■ ***Location de motos** : chez Mme* Ndriana, *dans le centre, face à l'hôtel Florida, à côté de la pharmacie* Kam-Hyo, *rue Tananarive.* 032-02-441-76. À côté resto local tenu par la même propriétaire.

Où dormir ?

De très bon marché à bon marché (jusqu'à 40 000 Ar / env 11 €)

▲ **Nanie Hôtel :** *face au port sur le bd Maritime.* ☎ *032-45-760-92. Compter 20 000 Ar.* Un emplacement idéal pour ce petit hôtel bien calme face à la mer. Une dizaine de chambres classiques mais avec sanitaire privé, eau chaude, moustiquaire, TV et ventilo.

▲ |●| **Vitasoa :** *rue du Havre, à 60 m du front de mer, 3 rues avt d'atteindre la jetée.* ☎ *034-01-950-20 ou 032-51-503-70.* Une quinzaine de chambres et 3 bungalows neufs, carrelés de blanc, avec eau chaude et ventilo. Une bonne adresse dans cette catégorie. Infos touristiques et association de guides GIDA. Fait aussi resto.

▲ **L'Hôtel du Centre :** *rue du Havre, une rue parallèle à la mer, proche du Fleur de Lotus.* ☎ *032-04-654-08.* Chambres impeccables, accueil adorable. Sanitaires communs rutilants. Très bon rapport qualité-prix. Si plus de place, tout à côté, **La Liane** ☎ *032-45-771-54.* Mêmes prestations. Bon accueil.

De prix moyens à chic (à partir de 40 000 Ar / env 11 €)

▲ |●| **Hôtel Hazovôla :** *au rond-point, av. de l'Indépendance, proche du MNP et à 50 m du bord de mer.* ☎ *032-05-000-65.* ● *hotelantalaha.com* ● 📶 *Env 100 000 Ar pour 2.* Un hôtel moderne sans vraiment de charme, mais des chambres confortables et spacieuses sur 2 étages avec balcon donnant sur la piscine. Clim et TV. Restaurant sur commande. Une bonne adresse car centrale.

▲ |●| **Océan Momo :** *route du Stade, en bord de mer.* ☎ *032-02-340-69.* ● *ocean-momo.com* ● *Doubles 80 000-110 000 Ar sans ou avec clim.* Un bel endroit pour se reposer, mais excentré, avec accès à la plage (mer pas trop agitée ici). Vastes bungalows confortables et arrangés avec goût. Très propre. Resto spacieux (plats sur commande), un peu cher, mais le cadre, l'accueil, le service particulièrement prévenant en valent la peine. L'adresse la plus chic d'Antalaha avec jolie plage au bout des pieds (sable fin et pente douce, mais gare aux oursins !).

Où manger ?

|●| **Chez Mme Ndriana :** *voir à « Location de motos ». Lun-ven 9h-20h30.* Un miniresto offrant des plats malgaches goûteux dont de bonnes soupes et un délicieux poulet coco. Assiettes copieuses, et même un buffet de pâtisseries. Bon accueil. Déménagement en vue pour s'agrandir.

|●| **Fleur de Lotus :** *face à la station Total, dans une rue qui part vers la jetée.* ☎ *032-02-200-68.* Comme son nom l'indique, la cuisine est... chinoise, correcte et pas chère du tout, mais aussi malgache ou européenne, appréciée par les touristes. Le tout est servi dans une salle aérée ou sur une petite terrasse. Bonnes viennoiseries pour le petit déj.

|●| **Resto Chez Joice – Salon de thé :** *50 m après l'église en venant du nord.* ☎ *032-07-765-14. Tlj 7h-21h, dim ferme à 14h.* Une carte composée de fruits de mer, poissons, canards, poulets et même éclairs au chocolat. Bons petits déj. Jus de fruits frais. Et... vente de tee-shirts.

|●| **Jeannick Gargote :** *rue Masindrano, la rue de l'hôpital, 300 m après l'église, dans la continuité de la rue principale.* ☎ *034-64-591-71. Tlj.* Loin d'être une gargote, ce resto, tenu par le Suisse Momo marié à une Malgache, offre une belle carte bien achalandée à l'ardoise. Plats à tous les prix pour les locaux qui s'y pressent ou pour les touristes qui viennent s'installer en terrasse, dans le jardinet ou dans la salle.

À voir. À faire

⚐ **Les plages :** *en ville, devant* Air Madagascar. Plage populaire malgré les fortes vagues avec quelques paillottes ou devant l'hôtel *Océan Momo* pour les privilégiés.

✺ **Les ateliers de traitement de la vanille :** il faut avoir un véhicule pour aller les voir dans la région. Mieux vaut faire ça à Sambava (ainsi que pour les achats). Y aller avant le mois de juin, fin de la saison, car pas de visite ensuite...

✺✺ **Le sentier botanique Macolline :** *à 3 km au sud d'Antalaha sur la route de Sambava.* ☎ 032-55-127-71. ● jhafund.com/macolline ● *Compter 45 000-65 000 Ar pour une visite de 3-6h, guide et chauffeur compris mais sans le repas (pique-nique malgache) et la pirogue.* Macolline est un arboretum abritant sur 10 ha des espèces locales. 3 circuits touristiques, dont une balade en pirogue à travers les rizières et une briqueterie pour découvrir une faune variée et endémique.

✺✺✺ **La péninsule de Masoala** mérite qu'on s'y déplace, en dehors même de la visite du noyau dur du parc national (voir « Dans les environs de Maroantsetra »), difficilement accessible à moindres frais. La péninsule se prête à diverses randonnées, et les haltes dans les villages sont l'occasion de côtoyer le quotidien des populations locales (pêche, récoltes de la vanille, des litchis, du girofle...). Des *hotely* offrent gîte et couvert.

➤ D'abord, il est possible de rejoindre à pied (4 j.) ou en deux-roues (2 j.) l'extrémité de la péninsule par la piste côtière qui longe le littoral. On traverse ainsi la parcelle détachée d'*Andranoanala* (voir les plantes carnivores), aux alentours du cap Est (accessible en taxi-brousse en saison sèche), et le *parc marin de Tanjona*, plus au sud, qui donnent un avant-goût des beautés terrestres et sous-marines du parc. On se loge sans difficulté tout du long : à Ratsianaranana, à Ampanavona *(Chez Marie-Jo)*, à Vinanivo *(Chez Marie-Hélène)* et au cap Masoala *(Chez Mme Aimée).*

➤ *Depuis le cap Masoala,* il est parfois possible de rejoindre *Maroantsetra* en bateau. Sinon, il faut poursuivre à pied par le chemin côtier qui traverse le parc national. Un guide est alors obligatoire et salvateur : il s'agit de franchir sur une petite semaine (Rantranavona, Antalavia, Tampolo, Ambazana, Mahalevona) une forêt primaire en milieu tropical humide. Le moindre accident peut devenir fatal. La plupart des agences organisant ce tour possèdent un bateau d'assistance, qui assure par ailleurs l'intendance.

➤ Beaucoup moins aventureuse, mais cependant réservée aux très bons marcheurs, une variante *au départ du cap Est* consiste à rejoindre *Maroantsetra* en remontant le *fleuve Iagnobe* en pirogue, depuis Ambohitralanana jusqu'au villages d'Antanandavahely ou de Sakafary (3 à 5h selon la saison), puis de poursuivre à pied jusqu'à Ampokafo (3 j.). Ce tronçon demeure le plus sauvage et le plus beau à l'intérieur de la péninsule, permettant notamment d'accéder aux magnifiques *chutes de Bevontsira.* Attention, pendant la saison pluvieuse en amont comme en aval des chutes, la piste est infestée de sangsues qui tombent des arbres à votre passage. Il n'y a pas de village avant Ampokafo : il faut donc être équipé pour s'alimenter et dormir.

➤ Enfin, il est possible d'atteindre *Maroantsetra* par la piste « normale » qui part de *Marofinatra* (accessible en taxi-brousse en 3 à 4h depuis Antalaha). De là, prévoir 4 jours de marche. Les étapes habituelles sont Antakotako (en 4h30), puis Ampokafo (en 4h), Fizono (en 5h) et Andranofotsy (en 5h30) : de là, il faut prendre une pirogue pour gagner Maroantsetra (1h30 ; env 5 000 Ar). Les deux étapes d'Antakotako à Fizono se font les pieds dans l'eau, soit en remontant les rivières, soit en longeant des rizières. Il n'y a pas de sangsues et très peu de moustiques.

SAMBAVA

52 000 hab.   IND. TÉL. : 88

Grosse ville étendue sur 6 km, véritable plaque tournante du commerce de la vanille et du café dans la région, Sambava possède aussi la plus grande cocoteraie industrielle du pays. La ville ne mérite pas pour autant une grande halte sauf pour acheter de la vanille, se délasser dans un hôtel les pieds dans l'eau ou découvrir la végétation luxuriante du parc Marojely. La rivière Sambava découpe la ville en deux. Le centre et les principaux commerces se trouvent au sud du pont.

Arriver – Quitter

En avion

➤ **Tananarive :** 3 vols hebdomadaires.
➤ **Tamatave :** 2 vols hebdomadaires.
➤ **Maroantsetra, Antalaha et Diego-Suarez :** 1 vol hebdomadaire.
Une grande pagaille à l'arrivée pour récupérer ses bagages et taxi 4L à partager (5 000 Ar/pers) pour gagner son hôtel.

En taxi-brousse

🚙 **Gare routière du Nord :** *à Antanifotsy, au nord de la ville.* Départs tlj, en matinée pour les longues distances.

➤ Des liaisons avec **Manantenina** (2h de trajet, 1h en 4x4), **Andapa** (4h, 2h30 en 4x4), **Vohémar** (3-4h, 2h30 en 4x4), **Daraina via Vohémar** (6h30, 4h30 en 4x4 en saison sèche) et **Ambilobe** (12h, 8h30 en 4x4 en saison sèche).
➤ **Diego :** en benne 4x4, bus ou cabine, compter 24h de trajet (moins en saison sèche).

🚙 **Gare routière du Sud :** *à Ambodisatrana, au sud de la ville.*
➤ **Antalaha :** départs continus. Compter 2h de trajet, route goudronnée.

Adresses et infos utiles

🛈 **Office de tourisme :** *à côté de l'hôtel Florençia, sur la route principale, dans la partie sud de la ville, pas loin de la gare routière.* ☏ 032-11-208-03 ou 032-42-138-70. Lun-ven.
■ **Banques :** *ttes sur la route principale, dans la partie sud de la ville avec distributeurs. Ouv généralement lun-ven 8h-11h, 14h-16h :* BFV-SG, BNI, BMOI, Caisse d'épargne...
■ **Air Madagascar :** *en face de la gendarmerie, sur la route principale.* ☎ 920-37 ou 58 (aéroport). ● svbssmd@airmadagascar.com ● Lun-ven et sam mat.
■ **Soaland Discovery :** *enceinte Ramanandraibe, Exportation-Ampandrozonana.* ☏ 032-07-411-07. ● sldiscovery.fr ● Cette agence propose des excursions à la journée ou sur plusieurs jours au domaine d'*Ambohimanitra* (plantation de vanille à 45 km de Sambava), au *parc de Marojely* et des treks en forêt tropicale. Également location de chambres d'hôtes à côté de l'aéroport de Sambava ou à Andapa, transferts jusqu'à Diego et des locations de voiture. Les prestations sont bonnes mais tarifs en conséquence.
■ **Sava Discovery (Mr Dylan) :** *Ampandrozonana, en face de l'école La Relève.* ☏ 032-04-059-05. ● savadiscovery.wordpress.com ● Agence créée par un chauffeur-guide franco-anglophone expérimenté. Excursions simples ou aventureuses, ainsi que des transferts à Diego et des excursions à la réserve de Daraina.
■ Plein d'infos aussi chez **Mimi Hôtel-Restaurant-Pâtisserie** (voir « Où dormir ? Où manger ? »), auprès de Bruno Lee, travaillant pour l'office régional du

tourisme de la SAVA (région Sambava, Antalaha, Vohémar et Andapa). 032-04-636-29. ● ort.sava.pca@gmail.com
■ *Taxis :* plus de 300 en ville (que des 4L !) et des tuk-tuks un peu moins cher.

■ *Alliance française :* face à la BOA, *sur la route principale de la partie sud de la ville.* 032-04-334-01. Lun-sam 8h-19h. Bibliothèque et spectacles.

Où dormir ? Où manger ?

Eau chaude et télé quasi partout. Les hôtels les plus importants possèdent un groupe électrogène et la clim dans toutes les chambres. En revanche, les moustiquaires sont rares. Toutefois, il n'y a pas vraiment de moustiques à la belle saison, d'octobre à décembre. Possibilité de se restaurer dans les hôtels où on loge, à condition le plus souvent d'avoir passé commande au préalable. Pas d'animation le soir.

Très bon marché

|●| *Coco Vanille :* route principale. 032-40-433-07. *Sur place ou à emporter à partir de 15h.* Glacier-snack proposant une honnête restauration rapide (nems, *sambo*, brochettes, pizzas, croque-monsieur et grand choix de glaces).

|●| *Chez Antoine :* sur la route principale, au pied du Victoria Hotel *(quartier d'Ambodisatrana).* Une bonne cuisine *gasy* avec quelques plats à petit prix servis sur une petite terrasse, face à l'hôtel Florida.

|●| *La Dynastie :* route principale. 032-02-603-59. *Ouv midi (sf dim) et soir.* Carte très variée proposant la meilleure cuisine chinoise de la ville (rien de mirobolant cependant).

|●| *La Boule d'Or :* dans le sud de la ville, sur la route secondaire, près de l'office de tourisme et de Colis Express. *Mar-dim 16h-21h.* Une pizzeria, ça change un peu du riz ! Snack et charcuterie en plus.

Bon marché

🛏 |●| *Florencia :* quartier d'Ambodisatrana, en centre-ville. 032-02-466-21. ● florenciahotel@gmail.com ● 📶 2 bâtiments, eau chaude et chambres bien rénovées et propres.

À la bonne franquette. Salle de restauration en terrasse sur le toit.

🛏 *Nouméa Hotel :* quasi en face du Cocotier Hotel, *sur la route secondaire.* ☎ 967-33. 032-02-635-86. ● noumeahotel@yahoo.fr ● Chambres cubiques toutes blanches qui rappellent celles du pourtour méditerranéen. Accès à la belle plage déserte par le terrain des travaux publics.

De prix moyens à chic

🛏 |●| *Mimi Hôtel-Restaurant-Pâtisserie :* dans le nord de la ville. 032-07-610-28. ● mimi-hotel.marojely.com ● 📶 L'établissement de Mme Sahondra Justine, aussi appelée « Mimi », est l'un des incontournables de Sambava. Hôtel d'une vingtaine de chambres, de plain-pied ou à l'étage avec terrasse. 4 bungalows également, plus chic. Cuisine malgache, chinoise et européenne. Fait aussi salon de thé. Bruno Lee, le fiston, saura vous conseiller pour les balades alentour et vous proposer des tours, locations de voitures, transferts, etc. Très actif, il est la référence pour les infos de la région.

🛏 |●| *Las Palmas :* route secondaire, près de la mer. ☎ 920-87. 032-40-073-72. ● laspalmas.hotel@gmail.com ● *Restauration sur commande.* 3 chambres climatisées dans le bâtiment principal et 6 bungalows (avec ou sans clim) disposant d'une mezzanine pouvant accueillir un lit supplémentaire. Le tout dans un jardin plutôt agréable. Bien situé au calme avec juste le bruit des vagues. Excursions cocoteraie (mais moins cher sans passer par l'hôtel) et atelier de préparation de vanille.

🛏 *Victoria Hotel :* quartier d'Ambodisatrana, en centre-ville. ☎ 953-78. 032-21-906-19 ou 033-71-336-64. ● victoriahotelsava@gmail.com ● Établissement assez récent avec un salon-bar accueillant. Les chambres portent le nom de bois rares, dans lesquels est fait le mobilier de certaines. L'aménagement intérieur et les salles de bains des chambres les plus chères sont très réussis. Admirez celle en bois de rose !

≜ |●| *Hôtel Carrefour : route secondaire, bord de mer.* ☎ *920-60.* 📱 *032-11-340-01.* ● *hotelcarrefour@ yahoo.fr* ● Les 25 chambres du bâtiment principal donnent sur un jardin bien entretenu, face à la mer. Elles sont agréables, très bien équipées et certaines sont vraiment spacieuses. Restauration à la demande avec de bonnes spécialités malgaches, créoles ou françaises et en saison un buffet les pieds dans l'eau.

≜ |●| *Orchidea Beach II : route secondaire, au centre-ville en bord de mer.* ☎ *923-24.* 📱 *032-04-383-77.* ● *orchideabeach2@gmail.com* ● Donnant sur un jardin à la riche végétation, les chambres confortables sont toutes climatisées. En plus 2 bungalows plus simples, les pieds dans l'eau. Un beau rapport qualité-prix pour l'ensemble. Un endroit calme pour se ressourcer. Resto avec produits du terroir ou de la mer, ainsi qu'un bar avec une belle variété de rhums arrangés.

À voir. À faire

➢ *Balade sur la rivière Bemarivo : rens et tarifs à l'office de tourisme ou auprès du* Mimi Hôtel *(demander Bruno Lee, le fils de Mimi). Durée 7-8h.* Visites de plantations de cacao, poivre vert, vanille, café, noix de coco, avec étapes en pirogue.

🎬 *Les coopératives de vanille et achat :* allez à la société *Tsaramandroso,* au nord de la ville, ou demandez conseil autour de vous. On peut également acheter de la vanille pas chère auprès de la société de conditionnement sur la route d'Andapa, 1 km environ après l'hôpital ou à *La Maison de la Vanille.*

❀ *La Maison de la Vanille : à côté de la gare routière du nord, sur la route principale.* 📱 *032-07-145-30 ou 033-05-145-30. Fermé dim.* La vanille de qualité (liquide, poudre, gousses) s'achète ici chez Joséphine. Les prix sont affichés.

🎬 *La cocoteraie de Soavoanio : route d'Antalaha.* 📱 *032-04-871-40. Entrée payante.* L'une des plus grandes cocoteraies du monde, dont le produit est un hybride entre le cocotier nain de Malaisie et le cocotier géant d'Afrique ! Le résultat, c'est un rendement exceptionnel. S'adresser à l'hôtel *Las Palmas* pour visiter. Visite assez chère cela dit.

– *Marché : chaque quartier a son marché, un jour par semaine mar-ven-sam (se renseigner sur le lieu).* On y trouve un peu de vanille.

⌇ *La plage :* ne pas se baigner sur la plage en ville. Aller à *Ambandrozonana,* à 3 km au sud, une belle plage déserte très agréable.

VERS LE SUD

🌴 *Le domaine d'Ambohimanitra : sur la route d'Antahala, à 45 km de Sambava. Infos :* Soaland Discovery, 📱 *032-07-411-07.* ● *sldiscovery.com* ● Une belle plantation pour découvrir toutes les variétés de vanilliers. Excursion d'une matinée, plus repas à la vanille, en terrasse de la belle maison coloniale offrant une vue sur l'océan Indien. Visite très technique destinée aux amateurs de botanique.

DE SAMBAVA À ANDAPA

🎬 *Route jusqu'à Andapa : partir de la gare routière d'Antanifotsy.* Bonne route sinueuse et goudronnée de 110 km et vue sur de magnifiques paysages. Si l'on osait, on dirait que ça nous rappelle un peu... les Vosges ! À l'arrivée, du haut du relais de TV, vue sur la plaine d'Andapa et les rizières. Rien d'autre à faire que de contempler, si ce n'est de visiter les merveilleux parc national de Marojejy ou de partir en trek jusqu'à Maroantsetra à travers la réserve spéciale d'Anjanaharibe Sud (5 ou 6 jours de marche dans l'une des dernières forêts vierges de l'île). Ce parc et cette réserve sont des refuges uniques pour l'écosystème malgache.

🥾🥾🥾 *Le parc national de Marojejy* : *à 60 km de Sambava et à 40 km d'Andapa. ☎ 070-40. 📱 033-49-400-87. ● info@marojejy.com ● marojejy.com ● Accueil 7h30-12h, 14h-17h30. Accessible à partir du village de Manantenina : un pont permet d'y aller en voiture ; sinon, compter 2h de marche jusqu'à l'entrée à travers un très beau décor de rizières et plantations de café et de vanille. Prévoir des sacs légers et la nourriture, et arriver tôt le mat (7h). N'oubliez pas les gros pulls (les nuits sont fraîches). Tarifs : 45 000 Ar/j. par pers. C'est une expédition qui se prépare, pas question de s'aventurer seul.* Marojejy est peut-être le plus beau parc de l'île, comme s'il concentrait ceux de Ranomafana et de l'Andringitra sur le même site ! Cette « merveille de la nature », comme se plaisait à l'appeler son découvreur, le naturaliste Humbert, possède la propriété unique sur l'île d'être parcourue par une forêt primaire sur 2 000 m d'altitude. Dès lors, le parc présente une diversité rare en milieu tropical humide d'altitudes, températures et précipitations, allant des forêts de basse altitude aux fourrés de haute montagne en passant par une végétation de mousses et de lichens. Le tout abrite une flore et une faune extrêmement variées : 275 espèces de fougères, 35 de palmiers, 149 d'amphibiens et reptiles, 118 d'oiseaux... Et, parmi les 11 espèces de lémuriens, le fameux propithèque soyeux ou *Simpona*. Un excellent parcours a été tracé depuis l'entrée (à 180 m d'altitude) jusqu'au plus haut sommet (à 2 132 m). Trois camps permettent des haltes intermédiaires (compter 2 à 3h entre chaque étape). La montée au camp 3, puis au sommet, s'avère très raide et glissante par endroits. Saleté garantie ! Heureusement, les points d'eau (cascades et rivières) sont nombreux. Les camps sont équipés d'une douche au seau, mais ne sont pas super bien entretenus. Fines bouches s'abstenir ! 3 circuits majeurs sont en fait proposés : Mantella (2 j. pour 10 km), Marojeli (3 j. pour 12 km), Simpona et le sommet à 2 132 m (4-5 j. pour 17 km). Mais on peut aussi se contenter de monter au camp 1 dans la journée, ce qui évite de passer la nuit dans un campement assez craignos, à condition d'arriver le plus tôt possible le matin.

🥾 *La réserve spéciale d'Anjanaharibe-Sud :* *entrée au village d'Andasibe-Mahaverika, 20 km au sud-ouest d'Andapa ; accès très difficile pour s'y rendre en taxi-brousse ou 4x4 (compter 1 j. de trajet, 4 j. en tt A/R compris). Infos :* ● *parcs-madagascar.com* ● *Tarif : 45 000 Ar/j. par pers.* Peu connue et pratiquement pas visitée, cette réserve est l'un des derniers sanctuaires totalement vierges de forêts de moyenne et de haute altitude. Le massif recèle quelques espèces très rares, dont les deux lémuriens Simpona (propithèque soyeux) et babakoto noir (indri presque uniformément noir), ainsi que le takhtajania : ce petit arbre est un véritable fossile vivant apparu sur Terre il y a 120 millions d'années, à l'époque des dinosaures.

C'est un circuit destiné aux aventuriers, amoureux de la nature, et ayant plus de 2 jours devant eux. Hébergement sous tente uniquement. Il est possible, compte tenu des divers trafics de pierres, que le bureau local *MNP* ne donne pas l'autorisation de s'installer au camp *Indri* et demande de loger dans le village d'Antsahoabaely. On déconseille fortement cette dernière solution !

ANDAPA

IND. TÉL. : 88

La cuvette d'Andapa est le grenier de la région : riz, fruits, légumes... Sa plaine couverte de rizières et entourée de hautes parois rappelle les cirques

Adresses et infos utiles

■ *Banque BOA :* Ankevaheva, route principale. Lun-ven. Change de devises et distributeur automatique.
■ *Air Madagascar :* route secondaire. ☎ 032-81-904-00 ou 034-94-677-38. Lun-ven.
■ *Alliance française :* Beanana-Antasaka. ☎ 032-62-745-39. ● alliancefr.mg ● Lun-ven sf lun mat et jeu ap-m. 🛜 Doc sur la région.
■ *Bureau du MNP :* Inkevaheva. ☎ 033-49-400-87 (responsable du GAT). ● mjr.anjsud@gmail.com ● parcs-madagascar.com ● *Fermé le w-e : c'est juste un bureau de liaison (mais le portable fonctionne).* Pour tout savoir sur le parc national de Marojejy ou sur la réserve d'Anjanaharibe-Sud.
@ *Internet-Services informatiques :* route secondaire, à 100 m de la BOA. Tlj sf dim. Pour un dépannage seulement, 2 postes et wifi à la demande. Connexion un peu chère.
– *Marché :* marché local ts les mar.

Où dormir ?

Bon marché

🏠 🍽 *Hôtel Vatosoa :* Ankevaheva, route principale, en centre-ville, en face de la BOA. ☎ 670-78. ☎ 032-02-609-89. Chambres sommaires mais toutes avec sanitaire et eau chaude. On vient aussi pour le restaurant car il y en a peu en ville. Belle carte avec surtout des plats chinois.
🏠 *Beanana :* ☎ 070-47. ☎ 032-07-161-13. ● hsbeanana@yahoo.fr ● beanana.marojejy.com ● Très bon rapport qualité-prix. Les chambres, confortables et joliment décorées, sont régulièrement rénovées. Le service est excellent. Pas de restauration sur place.
🍽 *Maroantsetra restaurant :* Ankevaheva, en face de l'hôtel précédent. La 2ᵉ adresse pour se restaurer au centre-ville. En terrasse, une grande carte, mais à l'arrivée peu de choix.

À voir. À faire

➢ *Balades simples :* rens auprès de Behova Fostin. ☎ 032-04-502-95. ● behafostin@yahoo.fr ● Visites à pied, à vélo ou à moto de la cuvette avec ses rizières, ses plantations de vanille, son centre de pisciculture. Randos d'une demi-journée minimum.
➢ *Grands treks :* rens à la saison sèche à partir d'Andapa pour Maroantsetra via Antalaha (10 à 15 j.). ☎ 033-49-400-87. ● mrj.anjsud@gmail.com ●

VOHÉMAR (IRAHANA)   24 000 hab.   IND. TÉL. : 88

À 110 km de Sambava par une route goudronnée offerte par l'Union européenne, Vohémar est une ville étape, avant de s'attaquer à la piste très difficile qui mène à Daraina, Ambilobe et Diego-Suarez. Une ville paisible, sans grand intérêt, centre de production et port d'exportation de la vanille. Pour ceux qui veulent prendre un bain de mer au creux d'une baie abritée et profiter d'un peu de confort avant l'aventure.

Où dormir ? Où manger ?

🏠 |●| *Hôtel Sol y Mar :* en bord de plage, au bout de la rue principale. ☎ 032-41-969-90. ● solymar-hotel.vohemar@blueline.mg ● Autant la déco balnéaire des parties communes est fignolée, autant l'entretien des chambres laisse à désirer. Menu restreint mais de bonne facture. Personnel accueillant. Toute petite plage agréable.

🏠 |●| *La Baie d'Iharana :* juste derrière Sol y Mar. ☎ 032-07-131-46 ou 032-05-221-68. ● iharana.normada.com ● Double autour de 90 000 Ar. Le jardin en bord de mer est plaisant, donnant directement sur la plage. Les chambres sont assez quelconques mais spacieuses et confortables avec clim. Préférer celles à l'étage avec balcon donnant sur la baie. Service *mora mora* au resto, mais accueil sympa.

DARAINA
env 10 000 hab.   IND. TÉL. : 88

Cet ancien village de chercheurs d'or, à 75 km de Vohémar en direction de Diego-Suarez, n'est qu'une petite bourgade de brousse, sans électricité ni eau courante (douches et toilettes au seau). Villageois accueillants et ambiance de marché tous les mardis en saison sèche avec du *moraingy*, des bals, etc. Paradis des écotouristes dans les forêts avoisinantes (on peut notamment y voir le *sifaka* à couronne dorée, des crocodiles...). Il est de bon ton à son arrivée d'aller saluer le maire ou le chef du district. Ils se chargeront d'encaisser la taxe (10 000 Ar) pour la visite des réserves du coin. La visite de ces parcs étant une véritable aventure, il est préférable de passer par une agence de Sambava ou de Diego-Suarez.
Éviter de venir ici à la saison des pluies, ou alors bon courage ! La piste est infernale, totalement défoncée, même si les paysages sont parfois très beaux. Compter 10h au minimum, voire plusieurs jours quand il pleut ! Sinon, en saison sèche, taxis-brousse réguliers dans les 2 sens avec Vohémar, Sambava, Ambilobe et Diego-Suarez.

Adresse utile

■ *Fanamby :* sur les hauteurs, à l'entrée du village. ☎ 20-22-636-61 (à Tana). ● fanamby@fanamby.org.mg ● association-fanamby.org ● Cette ONG œuvre, en collaboration avec 4 communes des environs, à la préservation de 7 sites forestiers et marins.

Où dormir ? Où manger ?

🏠 |●| Se restaurer dans les *hotely* très rudimentaires **Nouvel Hôtel, Escale, Zanatany.** Plats malgaches très simples, en particulier viande de zébu sautée.

🏠 *Chez M. Lao Pann :* derrière le village, tt le monde connaît. Prévoir 100 000 Ar la chambre avec 3 couchages et un coin salon. Sanitaires à 50 m, soignés et très propres. De loin la meilleure prestation du coin.

DANS LES ENVIRONS DE DARAINA

À condition de disposer d'un 4x4, il est possible d'enchaîner dans la journée les deux forêts les plus proches, Bekaraoka et Binara. Ces deux forêts primaires présentent la particularité d'allier espèces végétales de milieux tropicaux humide (pandanus, bambou...) et sec (baobab, épineux...). Il est possible d'y camper.

¶¶ *La forêt de Bekaraoka :* forêt dense et sèche à 40 mn de 4x4 en saison sèche ou à 3h de marche, au nord de Daraina. La forêt est devenue un vrai gruyère tant les chercheurs d'or ont creusé d'excavations. Côté faune : *Propithecus tattersalli,* lémurs fauves, ayes-ayes, reptiles et insectes. Ne pas rater l'énorme baobab dont le tronc affiche un périmètre de 9 m.

¶¶ *La forêt de Binara :* forêt dense, humide, à 2h de marche de Daraina vers le sud-ouest ; à 30 mn en 4x4 sur une piste carrossable en saison sèche. Il faut ajouter une bonne heure de marche supplémentaire, sous le cagnard, pour atteindre le cœur de la forêt dense (canopée à 25 m). La forêt est riche en espèces végétales, notamment en arbres fruitiers. Chute d'eau et cascade sacrée avec possibilité de baignade dans une piscine naturelle. Lémuriens très distants. En revanche, moustiques, araignées-léopards ou scorpions (jusqu'à 12 cm !) sont très présents.

¶¶ *La forêt du littoral d'Anosibe :* accessible en 1h30 de 4x4, à l'est de Daraina. Coincée entre un grand lac et l'océan Indien, cette forêt est un sanctuaire pour nombre d'oiseaux. Elle se traverse en 1h de marche et, de l'autre côté, on atteint la mer, ses îlots et une grande plage de sable immaculé où viennent pondre les tortues marines autour du Nouvel An.

¶¶ *Les crocodiles de Mafkovo :* Mafkovo se trouve sur le chemin Vohémar-Daraina, à 20 km de Vohémar. Site de pique-nique et d'observation des crocodiles sacrés sur la rivière de Manambato. Les villageois accueillants vous raconteront l'histoire étonnante de ces crocodiles sacrés et de leur village...

LA RÉGION DE DIEGO-SUAREZ

• Diego-Suarez (Antsiranana)...............313	• Windsor Castle • Le cap d'Ambre	• Nosy Hara • **Ramena**......................326

• Carte Le Nord *p. 302-303*

DIEGO-SUAREZ (ANTSIRANANA)

105 000 hab.   IND. TÉL. : 82

• Plan *p. 317*

Sa baie immense, protégée par une entrée étroite, serait, dit-on, la deuxième plus grande au monde après celle de Rio ! Ici aussi un élégant pain de sucre vient dynamiser l'image, plus modeste sans doute... et *fady* (interdit) car sacré.
Troisième port de l'île après Tamatave et Majunga, la capitale du nord de Madagascar, ancienne garnison française
a perdu de sa superbe, mais elle dégage un sacré sentiment de nostalgie. Plus que dans toute autre ville malgache, la trace des bâtiments et des installations de l'ancien colonisateur procurent ici un sentiment

d'abandon presque fantomatique. Le quartier du port reste une marque quasi indélébile de ce passé militaire. De la croquignolette place Joffre dominant l'immense baie aux carcasses rouillées de navires, en passant par l'ancien *hôtel de la Marine*, tout semble ne plus être qu'un musée à ciel ouvert... Restent, sur la colonne vertébrale de la rue Colbert et à ses abords, un centre gentiment animé où s'alignent bars, restos, boîtes, hôtels et autres boutiques d'artisanat.

Par le port, est venue de tous les horizons une population cosmopolite, aujourd'hui largement métissée. Antakàrana et Sakalava se mêlent aux Comoriens, Arabes, Karanes, Chinois et Français, sans oublier les marins de toutes les couleurs qui y font escale régulièrement. Et là, c'est jour de fête ! L'atmosphère en garde quelque chose d'un peu interlope. Les filles sont (trop) faciles, la sécurité un peu incertaine.

Les environs recèlent de superbes lieux d'excursion en voiture ou en 4x4 et des balades pédestres extras : un trio de baies, une mer d'émeraude, une jolie plage dans un village de pêcheurs, la montagne d'Ambre, le spectacle minéral ahurissant des Tsingy rouges et le massif de l'Ankàrana vers le sud. De quoi vous occuper sans coup férir 3 ou 4 jours.

LES 4L JAUNES DE DIEGO

Des dizaines de 4L jaunes, pimpantes malgré leur grand âge, déambulent en permanence en ville. Ce sont les 4L-taxis, dont la municipalité a décidé qu'elles devaient être jaunes, rien que jaunes. Et ça a de la gueule, toutes ces petites taches de soleil qui affichent souvent 500 000 km au compteur. Increvable, la 4L !

UN PEU D'HISTOIRE

Jadis comptoir musulman, plaque tournante du commerce des esclaves et du khat (feuille aux vertus euphorisantes venue du Yémen, encore très mâchée dans le coin), Diego-Suarez a eu longtemps le regard tourné vers l'Afrique et les Comores, ce qui explique en partie son cosmopolitisme actuel.

Libertalia, une mystification ?

Avec une situation géographique aussi exceptionnelle, la baie de Diego-Suarez ne pouvait rester longtemps en rade de l'histoire. Au XVIIe s, la région est investie par les pirates. Entre faits et légendes, on évoque l'histoire d'un capitaine français nommé Olivier Misson et de son comparse, un père dominicain italien défroqué et mystique, Caraccioli. Unissant leurs forces et celles de tous les pirates séduits par l'aventure, ils

UNE VILLE À DEUX NOMS

Premier « découvreur » européen de Madagascar, Diego Dias aurait fait escale sur la Grande Île en 1500, précédant son compatriote Fernan Soares en 1506. La ville tiendrait son nom de leurs prénom et patronyme réunis. Malgré l'indépendance et la malgachisation officielle en Antsiranana, Diego a gardé son nom colonial pour tous ceux qui l'abordent et y vivent...

auraient donné vie, quelque part entre la baie de Diego-Suarez et l'île de Nosy Be, à une république éphémère, indépendante et humaniste appelée *Libertalia*... Cette communauté entre vice et vertu aurait été ouverte à tous. Là, ils auraient bâti une ville régie par des lois démocratiques, cultivé la terre, élevé du bétail et même créé une langue universelle... Trop beau pour être vrai ? Ces flibustiers, un peu « Robins des mers », auraient affranchi les esclaves avant les États européens et évité au maximum le flot lourd de l'hémoglobine... Bref, tout serait allé pour le mieux pendant une trentaine d'années, jusqu'à ce que les Malgaches prennent ombrage de l'aventure et ne détruisent Libertalia. En vérité, cette histoire brodée de belles utopies prérévolutionnaires semble sortie de l'imagination de Daniel Defoe, l'auteur de *Robinson Crusoé*. De nombreux spécialistes lui attribuent en effet le récit, publié pour la première fois en 1724 sous le pseudonyme du capitaine Charles Johnson, dans une *Histoire générale des plus fameux pyrates*.

La France débarque !

En 1885, la France s'empare de la ville et reçoit par traité le « droit » d'y faire « des installations à sa convenance ». La rade de Diego-Suarez offre une situation stratégique idéale pour l'installation de la marine française et ouvre la voie à la colonisation de la Grande Terre. Joffre, encore simple colonel, est chargé de sa fortification. Diego connaît alors une forte expansion. Les artères sont tracées au cordeau, l'arsenal, l'hôpital, le quartier militaire, les casernes et les résidences des officiers construits. En 1895, la dernière poche de résistance, retranchée dans la montagne des Français est réduite et Diego-Suarez est réunie à la colonie malgache.

C'est en 1972, avec l'arrivée de Didier Ratsiraka, que la Légion étrangère quitte définitivement Diego-Suarez... L'indépendance de Madagascar est alors érigée en principe absolu. Les bâtiments de l'époque coloniale se dégradent vite. Mais l'arsenal a été reconverti en chantier naval, et la ville s'est dotée d'une usine de conditionnement du thon, créatrice de nombreux emplois.

DIEGO ET DE GAULLE

En mai 1942, la Royal Navy, par crainte de la mainmise japonaise grandissante sur l'océan Indien, prend le contrôle de Diego-Suarez, restée fidèle à l'administration pétainiste. Pour éviter tout risque de fuite et manipulations, De Gaulle n'est même pas prévenu, ce qui jette un sacré froid ! Diego ne sera rétrocédée à la France Libre qu'en... janvier 1943.

Arriver – Quitter

En avion

➔ **Aéroport** (hors plan par B3) : à 11 km au sud du centre-ville.

■ **Air Madagascar** (plan B2, 9) : av. Surcouf. ☎ 214-75. Lun-ven 7h30-11h, 14h30-17h ; sam 8h-10h.
➢ **Tananarive :** 5 vols/sem.
➢ **Nosy Be :** 1-2 vols/sem... parfois supprimés ! Sinon, il faut passer par Tana... et c'est beaucoup plus cher !
➢ **Sambava :** 2 vols/sem.
➢ **Dzaoudzi (Mayotte) :** 1 vol/sem.
➢ **Île de La Réunion :** 1 vol/sem, à confirmer.
Pour toutes les autres villes, il faut transiter par Tana ou Nosy Be.

■ Avec **Ewa Air :** ● *ewa-air.com* ●
➢ **Dzaoudzi (Mayotte) :** 2 vols/sem.

Pour rejoindre le centre-ville

– Certains hôtels assurent un **transfert** (souvent payant) si vous avez réservé chez eux. Sinon, c'est la ruée des chauffeurs de **taxi** ! Il existe un tarif officiel, mais comme toujours cela reste négociable en fonction de la demande. N'hésitez pas à proposer à d'autres passagers de partager avec eux.

– Sinon, un **minibus** bordeaux passant à l'entrée de l'aéroport, sur la route principale, dessert le centre-ville (moins de 1 000 Ar). Dans le sens inverse, on le prend rue du point Six, à côté du nouvel hôpital, mais il ne part que quand il est plein. Ne pas oublier de demander l'arrêt, car il va jusqu'au carrefour de la route de Joffreville !

En taxi-brousse

La plupart des taxis-brousse partent du *parcage du Sud (hors plan par B3), à 5 km au sud de Diego.*
➢ *Joffreville et la montagne d'Ambre :* voir plus loin.
➢ *Nosy Be :* départs pour Ambanja tte la journée, très régulièrement (6h-7h de route). Demandez à être déposés au carrefour menant à Ankify (à 15 km de là), le port d'embarquement pour Nosy Be, que vous rejoindrez avec un autre taxi-brousse. Il y a aussi des départs directs pour Ankify depuis Diego, moins fréquents mais plus pratiques. Certains circulent de nuit, partant vers 2h du mat de l'ancien parcage d'Ambilobe, près des stations-service *Total* et *Jovenna,* au sud du centre. Les taxis-brousse de jour partent du parcage du Sud. Allez y tôt le matin : le paysage est beau, alternant rizières, savane et collines. On rappelle qu'il est important d'être à Ankify avant 15h, la mer étant souvent mauvaise après cette heure-là et les bateaux se faisant rares. La traversée peut même alors comporter des risques.
– Certains hôtels et agences proposent des transferts pour Ankify, mais c'est plus cher.
➢ *Côte de la Vanille :* départs peu fréquents, souvent vers 16h. On prend d'abord la route d'Ambanja/Ankify jusqu'à Ambilobe, puis une très, très mauvaise piste jusqu'à Vohémar. Compter au moins 10h-15h de trajet en saison sèche et jusqu'à 4 ou 5 jours, en 4x4 seulement, pendant les pluies (sans compter les pannes) ! On peut aussi se rendre d'abord jusqu'à Ambilobe pour y attendre un taxi-brousse ou un camion, un peu plus fréquents.
➢ *Majunga et Tananarive :* surtout en saison sèche. Tous les jours par exemple avec *Kofmad* (*032-80-708-54),* à 8h et 14h. Le trajet est très long (au moins 24h) et fatigant. En saison humide, vous pourriez bien mettre 3-4 jours et devoir changer de taxi-brousse à chaque traversée de cours d'eau gonflé par les pluies !

■ Adresses utiles

- **ℹ** Office régional du tourisme de Diego-Suarez
- **1** Bureau du MNP
- **2** Pharmacie de l'Espérance
- **3** Pharmacie Mora
- **5** Supermarché Score
- **✚ 6** Centre médical Sainte-Anne
- **7** Diego Location 4x4
- **8** New Sea Roc
- **9** Air Madagascar
- **10** Diego Raid
- **11** Alliance française
- **12** Boutique Leong-Hoi (journaux et magazines)
- **13** Le King de la Piste
- **14** Mad'avia Tour
- **15** La Tribune de Diego
- **26** Agence de l'hôtel Paradis du Nord
- **31** Évasion sans Frontière et piscine du Grand Hôtel

🛏 Où dormir ?

- **20** Le Petit Paradis
- **21** Hôtel Belle Vue, Chez Layec
- **22** Chambres d'hôtes Masoandro
- **23** Hôtel Kartiffa
- **24** Kikoo Hotel
- **25** Hôtel de la Rade
- **26** Hôtel Paradis du Nord
- **27** Hôtel Impérial
- **28** La Rosticceria
- **29** Le Victoria
- **30** Hôtel Le Colbert
- **31** Le Grand Hôtel
- **32** Hôtel Allamanda
- **33** Hôtel Central
- **34** La Belle Aventure

🍽 Où manger ?

- **32** Le Melville (Hôtel Allamanda)
- **40** Aux bons mets de Chine
- **41** Gargote La ruche
- **42** Les Arcades
- **43** La Terrine d'argent
- **44** La Cantine

☕ Où s'offrir un quatre-heures ?

- **31** Boulangerie du Grand Hôtel
- **45** Boulangerie de l'Amicale

🍸 🎵 Où boire un verre ?
💃 Où sortir ?

- **10** L'Étincelle, La Boîte Noire et Planet Diego Café
- **60** La Vahinée
- **61** Le Taxi-Bé
- **62** Le Nouvel Hôtel

🛍 Achats

- **70** Ino Vaovao et Maison de la Vanille
- **71** Le Village

📷 À voir

- **11** Ancien marché couvert

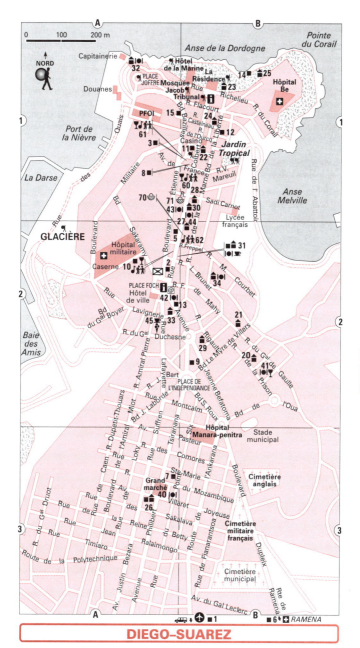

Orientation

La ville, construite sur un axe nord-sud, n'est pas si étendue. Elle se divise principalement en 2 parties. Au nord de la place Foch, l'ancien quartier colonial occupe la pointe de la péninsule, avec l'axe majeur de la rue Colbert et le port à l'ouest, dominé par le vieux quartier militaire de la Glacière. Dans cette partie de la ville, les noms des rues sont évocateurs : place Joffre, rue Richelieu, rue de la Marne... Au sud, le quartier de Tanambao, annoncé par la grande place de l'Indépendance, se révèle plus populaire. On y trouve le grand marché. Là, les noms des rues ont été largement malgachisés, même si les anciens noms français perdurent dans l'usage.

Comment circuler en ville ?

– **À pied** dans la ville coloniale.
– **En taxi jaune** (4L) ou en **tuk-tuk** (500-1 000 Ar selon distance) pour les plus longs trajets ou les pressés. Le tarif par personne est bien moins cher qu'à Tana, mais le chauffeur peut prendre d'autres passagers. Les tarifs doublent la nuit. Attention, le mot « taxi » désigne plutôt le tuk-tuk. Pour la 4L, il faut préciser !

Adresses et infos utiles

Informations touristiques

- **Office régional du tourisme de Diego-Suarez** (plan B1) : angle rues Colbert et Flacourt. ☎ 033-05-306-32. • office-tourisme-diego-suarez.com • Lun-ven 8h-12h, 15h-18h. Également un kiosque pl. Foch (plan A-2), mêmes horaires et sam 8h30-11h30.
- **Association Ambre :** • ambre.cyber-diego.com • Animée entre autres par le rédacteur-en-chef du journal La Tribune de Diego, l'association explore avec passion le passé de la ville. Elle a publié un guide historique et touristique des fortifications de la baie (• fortifications-de-diego-suarez.info •) et doit rééditer des plaquettes proposant des circuits de découverte de la ville.
- **Bureau du MNP** (hors plan par B3, 1) : route de l'aéroport, à 3 km de la ville. ☎ 213-20. • parcs-madagascar.com • Lun-ven 7h30-12h, 14h30-18h. On peut s'y renseigner sur le parc national de la montagne d'Ambre (possibilité de réserver le gîte) et sur la réserve de l'Ankàrana.

Services

- ✉ **Poste** (plan A2) : pl. Foch. Lun-ven 7h30-12h, 14h30-17h30.
- @ **Internet :** par exemple chez Cyber City, pl. Foch (plan A2). Lun-sam 8h-12h, 14h30-19h30 (ou 20h).
- Toutes les principales **banques** ont une agence rue Colbert, avec distributeur acceptant les cartes Visa et parfois MasterCard. Ouv en sem 7h30-11h30 et 14h ou 14h30-16h ou 17h. La **BOA** et la **BNI-CA** proposent un service de transfert d'argent par Western Union.
- **Supermarché Score** (plan A2, 5) : rue Colbert, face à l'hôtel Impérial. Lun-ven 8h30-13h, 15h-19h ; sam 8h30-19h30 ; dim 8h30-13h. Boulangerie-traiteur à l'entrée.

Urgences

- **Agence consulaire de France :** ☎ 034-54-314-44. • fsltdiego@gmail.com • Consul honoraire : Daniel Lozes. • lozesd@gmail.com •
- ✚ L'hôpital militaire (plan A2) et l'hôpital Be (plan B1) sont vraiment peu reluisants. Mieux vaut aller au nouvel **hôpital Manara-penitra** (plan B2-3 ; ☎ 032-78-800-34) ou contacter le **Centre médical Sainte-Anne** (☎ 034-41-960-79), privé, accessible par la route de l'université (hors plan par B3, 6). En cas de vrai pépin, prévoir un rapatriement sur Tananarive ou La Réunion.
- **Pharmacies :** pharmacie Mora (plan B1, 3 ; ☎ 214-97), dans la petite

rue à gauche de l'Alliance française, et **pharmacie de l'Espérance** (plan A2, **2** ; ☎ 219-29), 80, rue Colbert, à l'orée de la pl. Foch. Lun-ven 7h30-11h30, 14h30-18h30 ; sam mat.

Excursions

Pour les excursions nécessitant les services d'une agence, nous vous conseillons d'aller en voir plusieurs pour comparer leurs prestations et tarifs avant de vous décider. Pour 1 journée de location de 4x4 avec chauffeur-guide, compter de 80 000 à 150 000 Ar. À cela il faut ajouter l'essence, les entrées dans les parcs, l'hébergement et les repas.

■ *Évasion sans Frontière :* comptoir au Grand Hôtel, rue Colbert (plan A2, **31**), et bureau principal à 100 m, au 62, rue Colbert (plan A2, **5**). ☎ 032-11-003-96 ou 032-05-365-33. Lun-ven 8h-19h, sam 8h-12h. Très professionnel, Rémy peut aussi bien organiser une balade à la journée à la mer d'Émeraude qu'aux Tsingy rouges, un séjour dans l'Ankàrana ou une grande virée dans tout le nord de l'île, Nosy Be incluse.

■ *Cap Nord Voyages* (hors plan) : PK 5, route d'Ambilobe (face station Galana Karibo-Scama). ☎ 032-07-666-23 ou 034-07-666-11. • cap-nord-voyages.com • Lun-ven 7h30-12h, 14h-17h30. Tous types d'excursions et circuits, notamment en 4x4, mais aussi des sorties et séjours de pêche sportive pour les amateurs. Un peu plus cher que d'autres, mais véhicules de qualité, confortables.

■ *Le King de la Piste* (plan A-B2, **13**) : av. J.-Befatoma, juste après la pl. Foch. ☎ 032-04-908-10. • yorkpareik.wixsite.com • Repérez la façade bleue « Tourist Info Center » face à l'hôtel Central. Tenu par un Allemand présent à Diego de longue date, cette agence sérieuse propose des excursions à la journée et des séjours de 3-7 jours couvrant les principaux centres d'intérêt de la région. Pas donné.

■ *New Sea Roc* (plan B1, **8**) : 26, rue Colbert. ☎ 218-54. ☎ 032-04-724-46. • newsearoc.com • Au fond du couloir. Fermé déc-fév. Lun-sam 8h-11h30, 15h-18h. Spécialisé dans les sports d'aventure, Mathieu gère deux camps : l'un dans l'archipel paradisiaque de Nosy Hara (voir « À voir. À faire à l'ouest de Diego »), où il est le seul à être implanté, l'autre au *Jungle Park* (voir « Ramena. À voir. À faire »), au pied de la montagne des Français. Le premier intéressera plus particulièrement les amateurs d'escalade, de pêche et les Robinsons en herbe pour ses séjours d'au moins 3 jours en tente, hutte ou chambre troglodyte. Le second, que l'on peut visiter dans la journée (45 mn-1h de piste), offre plein d'activités.

Location de véhicules et loisirs

■ *Agence de l'hôtel Paradis du Nord* (plan A3, **26**) : face au grand marché, au 1er étage. ☎ 032-04-859-64. • leparadisdunord.dicgo.com • Demander Éric, le patron, un sino-malgache qui parle parfaitement le français. Il possède une flotte de 16 4x4 en bon état loués à des tarifs très intéressants : 80 000-150 000 Ar/jour, chauffeur inclus, selon la distance parcourue. Il accepte même de louer sans chauffeur si on reste dans les environs de Diego.

■ *Diego Location 4x4* (plan A3, **7**) : rue des Points-Six. ☎ 901-45. ☎ 032-64-470-51. Location de petits et gros 4x4 (plus ou moins jeunes...) avec ou sans chauffeur. Compter par exemple environ 70 000 Ar/jour pour un Jimny et 120 000 Ar/jour pour un Pajero.

■ *Diego Raid* (plan A2, **10**) : 72, rue Colbert. ☎ 032-40-001-75 ou 032-58-890-77. • diegoraid.com • Lun-sam 8h-12h, 16h-19h. Tenue par des Français, cette agence loue des VTT (15 €/jour) et des 4x4 (avec chauffeur) ; tarifs dégressifs selon durée.

■ *North Mada Kite :* ☎ 225-44. ☎ 034-11-225-45. • madagascarkitesurf.com • LE spécialiste du kite, une activité très appréciée dans la région grâce aux vents soutenus qui y soufflent durant l'hiver austral. Séances d'initiation, cours individuels, location de matos (à la baie de Sakalava), excursions sur spots et *kitecamps*... Assure une navette quotidienne

gratuite entre Diego, Ramena et Sakalava pour ses clients.
- *Mad'avia Tour* (plan B1, **14**) : *lot 28, anse de la Dordogne, pl. Kabary.* ☎ *032-29-880-85 ou 032-02-633-78. Accès par le chemin pavé à côté de l'hôpital Be.* Tenu par un jeune couple franco-rasta (euh pardon, malgache), ce petit tour opérateur se spécialise dans les sorties en mer, la passion de Dédé, plongeur et chasseur sous-marin émérite. Pêche, *kite* en mer d'Émeraude, pique-niques de poisson frais, bivouacs... le bonheur ! Amélie, anthropologue de formation, s'occupe plutôt des excursions à terre, fait table d'hôtes et sert de bons petits déj dans leur case les pieds dans l'eau. Une rencontre pleine d'intimité.
- *Piscine du Grand Hôtel* (plan A2, **31**) : *46, rue Colbert. Tlj 10h-18h. Accès : 15 000 Ar (10 000 Ar enfants).* Grande, très propre et entourée d'une terrasse en bois. Les habitués profitent du menu dominical (35 000 Ar) donnant accès à la piscine.

Presse et culture

- *Alliance française* (plan B1, **11**) : *24, rue Colbert.* ☎ *032-03-119-11.* • *diraf diego@moov.mg* • *Lun-sam 8h30-12h, 14h45-18h15.* L'Alliance occupe un magnifique bâtiment de type Eiffel, ancien marché colonial au hall redécoré par le graffeur réunionnais Jace. Médiathèque (journaux pas récents), café et nombreuses activités culturelles : concerts, théâtre, conférences, etc. Cours particuliers de malgache sur demande.
- *Journaux et magazines* : *à la boutique Leong-Hoi* (plan B1, **12**), *bd de la Liberté. Tlj sf dim ap-m 7h15-12h15, 15h-19h.* On y trouve hebdos et magazines français plus récents qu'à l'aéroport de Tana !
- *La Tribune de Diego* (plan A1, **15**) : *5, rue Bazeilles.* ☎ *032-75-068-35.* • *latribune.cyber-diego.com* • Ce bimensuel (500 Ar) édité par des Français se penche à la fois sur l'actualité locale et malgache, sur l'histoire de la ville et l'agenda culturel du moment.

Où dormir ?

De bon marché à prix moyens (20 000-80 000 Ar / env 6-23 €)

Pas de secret : pour les chambres les moins chères, il faut s'éloigner un peu du centre. Cela dit, la différence avec la catégorie suivante n'est jamais que de 3 ou 4 € par nuit...

- *Hôtel Belle Vue, Chez Layec* (plan B2, **21**) : *35, rue François-de-Mahy.* ☎ *210-21.* ☎ *032-44-155-52 ou 032-04-658-84.* • *hbellevueds@gmail.com* • *Réception à l'étage. Doubles 20 000-65 000 Ar.* Cette pension de famille un peu surannée dispose de chambres à tous les prix. Les toutes petites du bas, auxquelles on n'accède que par la rue, sont vraiment lugubres, mais celles de l'étage, elles aussi avec salle de bains partagée, moustiquaire et ventilo, présentent un meilleur rapport qualité-prix. Pour celles avec leur propre douche, il y a mieux ailleurs... Transferts, location de VTT (dès 15 000 Ar/jour) et scooters, excursions pas chères, etc.
- *Hôtel Paradis du Nord* (plan A3, **26**) : *face au grand marché, dans la partie populaire de la ville.* ☎ *229-01.* ☎ *032-07-075-86.* • *leparadisdunord-diego.com* • *Réception à l'étage. Doubles 30 000-35 000 Ar ; familiale.* Aucun charme à l'horizon, mais les chambres, propres, ventilées et climatisées, avec douche chaude, w-c et TV, présentent un excellent rapport qualité-prix. Certes, pour en bénéficier, il faut s'exiler jusqu'ici... mais le centre n'est qu'à 500 Ar de tuk-tuk. Demandez-en une plus lumineuse et avec double vitrage. Éric, le patron, très pro, organise des excursions et loue des voitures avec ou sans chauffeur (voir « Adresses et infos utiles. Location de véhicules et loisirs »). L'hôtel fait également resto (spécialités chinoises).
- *Chambres d'hôtes Masoandro* (plan B1, **22**) : *40, rue du Vengeur.* ☎ *034-96-200-87.* • *dominiquevienne.fr* • *Double 50 000 Ar, AC en option 10 000 Ar.* Dominique, photographe

de son état, loue tout juste 2 chambres donnant sur le grand salon familial. Elles sont simples mais pas désagréables, avec une petite salle de bains privée au sol en bois.

⌂ *Le Petit Paradis* (plan B2, 20) : *rue de la Prison, face à la gendarmerie (!), quartier du Consulat.* ☎ *032-47-891-13.* • *hotel-diegosuarez.com* • *Doubles 52 000-60 000 Ar. Appart 130 000 Ar/j.* 📶 On le cherchait, le voici : enfin, un joli petit hôtel pas cher avec du charme ! La maison, située dans un quartier résidentiel un peu excentré (son seul désavantage) abrite 7 chambres fraîches et lumineuses, toutes avec ventilo, clim et salle de bains (eau chaude). À l'arrière, très agréable jardinet à l'ambiance zen. L'appart (2 chambres, salon, grande salle de bains) donne dessus. Il est loué à la journée, à la semaine ou au mois.

⌂ *Hôtel Kartiffa* (plan B1, 23) : *rue Richoliou.* ☎ *033-37-954-07.* • *kikoohotel.com* • *Doubles 52 000-72 000 Ar.* Appartenant aux mêmes proprios que le *Kikoo* (voir ci-dessous), le *Kartiffa* est situé tout au nord de la péninsule qu'occupe la vieille ville. Ses 18 chambres se partagent entre 2 bâtiments : les moins chères (très correctes pour le prix, quoique un peu datées) dans le plus ancien, sans vue ; les plus chères dans le plus récent, plus haut et avec une vue sur mer un peu distante de l'étage.

⌂ *Kikoo Hotel* (plan B1, 24) : *rue Castelneau.* ☎ *033-37-954-89.* • *kikoohotel.com* • *Doubles 52 000-72 000 Ar.* 📶 *(à la réception).* Ce petit hôtel sans prétention occupe une rue secondaire au calme, certes pas très bien éclairée de nuit. Préférez les chambres du 2ᵉ étage, carrelées, claires, bref accueillantes et d'un assez bon rapport qualité-prix. Toutes ont une salle de bains, AC et TV satellite, quelques-unes une petite terrasse. L'hôtel possède aussi une annexe de 6 chambres.

⌂ *Hôtel de la Rade* (plan B1, 25) : *accès par la rue Richelieu, puis prendre la ruelle descendant vers le Villa Iris Hotel ; c'est tt au fond, à gauche, en contrebas.* ☎ *032-40-555-71. Double 60 000 Ar (et ça se discute !).* Trop caché pour attirer les clients, dans un secteur un peu isolé et mal éclairé de nuit, ce gros cube de béton un peu moche de 4 étages présente l'avantage, non négligeable, de faire face à la mer et à une crique où se dandinent quelques barcasses. Les couloirs ont un côté hôpital, mais les chambres se révèlent d'un assez bon rapport qualité-prix : spacieuses et lumineuses, elles possèdent toutes AC, coffre, frigo et TV à écran plat.

⌂ *La Rosticceria* (plan B1, 28) : *47, rue Colbert.* ☎ *236-22.* ☎ *032-67-637-03.* • *hotel-diego.com* • *Doubles 60 000-80 000 Ar sans ou avec AC.* À l'étage du resto éponyme (correct, sans plus), on trouve 6 chambres bien tenues aux sols carrelés, dont 4 côté rue avec un petit balcon et 2 côté cour. Toutes disposent de clim, minibar, coffre, eau chaude et de jolies ombrelles en déco !

Prix moyens (40 000-80 000 Ar / env 11-23 €)

⌂ *Hôtel Central* (plan A2, 33) : *5, rue Jeanne-Befatoma.* ☎ *240-25.* ☎ *032-51-746-82. Doubles 70 000-75 000 Ar, studio 85 000 Ar.* 📶 À l'orée de la place Foch, le bien-nommé *Central* dispose de chambres un poil chères mais de bon confort (AC) avec double vitrage. Les studios disposent d'une kitchenette et certains d'un balcon. Très bon accueil.

⌂ |●| *La Belle Aventure* (plan B2, 34) : *13, rue Freppel.* ☎ *919-18.* ☎ *032-44-153-83.* • *labelleaventure-diego.com* • *Doubles env 60 000-100 000 Ar, les plus chères avec terrasse.* 📶 Retiré de l'agitation et pourtant tout proche du centre, ce petit hôtel abrite 10 chambres carrelées et lumineuses, à la fois sobres et toniques, relevées pour certaines de quelques couleurs pétulantes. Le confort est de bon niveau (AC, coffre, eau chaude), la propreté au rendez-vous et le resto de rez-de-chaussée, à la salle semi-ouverte baignant dans une déco tropicale de bon aloi, propose une cuisine du marché goûteuse, aussi simple qu'efficace.

Chic à plus chic (80 000-250 000 Ar / env 23-71 €)

⌂ *Hôtel Impérial* (plan B1-2, 27) : *65, rue Colbert.* ☎ *233-39.*

● *hotelimperial-diego.com* ● *Double 109 000 Ar.* 📶 Voilà un hôtel sans génie mais sans risque, très central et néanmoins pas trop bruyant la nuit. Des chambres assez banales mais plutôt spacieuses et lumineuses, avec grande salle de bains (douche à l'italienne), AC, coffre et TV satellite. Transfert gratuit depuis l'aéroport. Le petit déj, lui, est à revoir...

🏠 *Le Victoria* (plan B2, **29**) : *angle rues Rigault et Gauche.* ☎ *225-44.* 📱 *034-11-225-44.* ● *hotelvictoriadiego. com* ● *Doubles 110 000-160 000 Ar.* La vingtaine de chambres, réparties sur 2 niveaux, sont très bien équipées (AC, minibar, TV satellite, coffre...), spacieuses et lumineuses, toutes avec une grande salle de bains. Plafonds à moulures, joli mobilier en bois, petit balcon et couleur tendance, gris souris, leur confèrent un certain charme – voire, pour certaines, un charme certain.

🏠 *Hôtel Le Colbert* (plan B1, **30**) : *51, rue Colbert.* ☎ *232-89.* 📱 *034-07-666-13.* ● *hlcdiego.com* ● *Doubles 34-50 €.* Premier hôtel moderne implanté à Diego après l'indépendance, l'adresse est ultra-centrale. On conseille plutôt les chambres les moins chères, avec parquet, ventilo, TV satellite, coffre et minibar. Les autres ont l'AC et sont un poil plus spacieuses, mais rien qui, à notre avis, justifie une telle différence de prix.

🏠 🍽 *Hôtel Allamanda* (plan A1, **32**) : *rue Richelieu, au pied de la pl. Joffre, à l'écart du centre.* ☎ *210-33.* ● *hotels-diego.com* ● *Doubles 210 000-260 000 Ar.* 💻 📶 Ceux qui recherchent un cadre bien léché et un hébergement de confort supérieur seront ravis. Les chambres-appartements, impeccables et au joli mobilier en bois tropical, occupent plusieurs petits édifices en dur. Les « standard », avec kitchenette, sont tournées vers la ville, les « premium », avec salon en plus, surplombent la baie de Diego. Cerises sur le gâteau : une piscine sur sa terrasse dominant la grande bleue et le restaurant, *Le Melville*, offrant un cadre génial pour un repas, avec la même vue imprenable.

Beaucoup plus chic (plus de 250 000 Ar / env 71 €)

🏠 🍽 *Le Grand Hôtel* (plan A2, **31**) : *46, rue Colbert.* ☎ *230-63.* ● *grand-hotel-diego.com* ● *Double 325 000 Ar.* 📶 Adresse incontournable de Diego, le *Grand Hôtel* est un peu clinquant mais pas hyper séduisant. Ses chambres sont certes de bon confort, mais sans charme particulier. À choisir, préférez celles donnant sur la jolie piscine, à l'arrière, plus au calme. Le spa n'est pas non plus très avenant. Restos, agence de voyages *Évasion sans Frontière* dans le hall, banque, boulangerie et casino dans le lobby.

Où manger ?

De très bon marché à bon marché (jusqu'à 20 000 Ar /env 6 €)

🍽 *Aux bons mets de Chine* (plan A3, **40**) : *face au grand marché. Tlj 8h-13h, 16h-21h.* On n'y vient pas spécifiquement mais, pour ceux qui logent dans le quartier, on apprécie les soupes aux wonton (plus ou moins garnies) pour trois francs six sous. Il y a même du canard laqué (sur commande) !

🍽 🍷 *Gargote La ruche* (plan B2, **41**) : *rue du Général-de-Gaulle, quartier du consulat. Ouv jusque tard.* Ça bourdonne ferme ici le soir. Les locaux viennent s'y envoyer une bière en discutant, et se gavent de poulet. Le meilleur de Diego, à ce qu'on dit !

De bon marché à prix moyens (10 000-35 000 Ar / env 3-10 €)

🍽 *Les Arcades* (plan A2, **42**) : *pl. Foch, sous... les arcades ! (en fait 3, av. Jeanne-Befatoma).* ☎ *231-04.* Ce resto mérite de figurer en tête de liste. Très apprécié des *vazaha* locaux, il mitonne une bonne petite cuisine à prix écrasés, façon filet de mérou (miam) ou zébu poêlé. En plus, c'est joliment présenté, il y a quelques desserts et des tables en terrasse.

La Terrine d'argent (plan A1, **43**) : *rue Colbert, dans un renfoncement.* ☎ 034-81-647-94. *Juste avt la bijouterie* Yash *et la boutique de maquettes de bateaux* Le Village. *Pas de panneau, simplement une porte métallique bleu clair.* Jean-Pierre et sa famille ont aménagé ce petit resto sur le flanc de leur maison. On s'y installe dans une mini-courette pour profiter du menu du jour d'un bon rapport qualité-prix, des cuisses de grenouilles joliment dorées, des poissons et des excellentes petites pommes de terre sautées au persil (on aime moins les viandes). Les portions sont copieuses, les prix tenus et la bouteille de bordeaux rosé fait joliment glisser le tout. D'ailleurs, le nombre d'habitués ne ment pas.

La Cantine (plan B1, **11**) : *61, rue Colbert.* ☎ 032-81-745-41. *À côté de l'hôtel* Impérial. N'imaginez pas un vaste mess des officiers, c'est une gargote grande comme un mouchoir de poche, avec quelques tables sur le trottoir. Le lieu est populaire pour ses petits prix et sa cuisine sans prétention : simples crêpes, carry de crevettes, confit de canard au poivre vert, capitaine grillé... Bon et frais, même si les sauces ne sont pas toujours top.

De prix moyens à chic (à partir de 20 000 Ar / env 6 €)

Le Melville (plan A1, **32**) : *c'est le resto de l'hôtel* Allamanda *(voir « Où dormir ?). Tlj 7h-10h, 12h-14h et 19h-22h. Plats env 13 000-25 000 Ar.* Quel cadre ! C'est avant tout pour s'installer sur la large terrasse en bois dominant la mer que l'on vient ici (le midi), mais aussi pour le service attentif et bien huilé. La cuisine est copieuse mais assez irrégulière : parfois assez quelconque, parfois excellente... Privilégiez plutôt les spécialités malgaches et les poissons, goûtez la purée à la vanille et laissez de côté les pâtes. Le site est bien agréable aussi pour un bon petit déj, mais le soir on ne voit rien et les moustiques passent à l'attaque !

Où dormir ? Où manger sur la route de Ramena ?

Hôtel de la Baie (carte Baie de Diego-Suarez) : *route de Ramena, à 2 km de la ville, puis courte piste cabossée descendant vers la mer (panneau).* ☎ 032-50-777-36. • hoteldelabaiediego.com • *Doubles 23-26 € ; familiales. CB acceptées (+ 3 %). Depuis la ville, compter 2 500-5 000 Ar en taxi selon l'heure.* Occupant un terrain de 1 ha au jardin exubérant planté de cocotiers et de baobabs, l'hôtel domine à petite distance la baie de Diego (pas d'accès) et son Pain de sucre. Les 15 bungalows, d'un bon rapport qualité-prix, s'y nichent tranquillou. La plupart ont une kitchenette (à l'exception des 3 familiaux) et tous bénéficient du même confort (ventilo, AC, TV à écran plat). Resto.

Villa Diego (carte Baie de Diego-Suarez) : *route de Ramena, à env 2 km de la ville.* ☎ 032-68-509-37. • villadiego-hotel-diegosuarez.com • *Bungalows à partir de 85 000 Ar, petit déj inclus, servi en terrasse privée ou auprès de la piscine.* 📶 Charme et petits prix réunis ? C'est ce qu'on appelle un coup double. Les 5 bungalows, dominant légèrement la baie de Diego et le Pain de sucre, offrent de jolis parquets de bois sombre et une grande varangue couverte pour faire la sieste. Moustiquaire, ventilo, coffre, eau chaude, le confort essentiel est assuré. En prime : de bons dîners, une grande piscine en amande que les enfants adorent, un accès direct à la mer, les conseils avisés et le délicieux accueil d'Alain et Ange. Que demander de plus ?

Le Suarez (carte Baie de Diego-Suarez) : *route de Ramena, à 4 km de la ville, face au Pain de sucre.* ☎ 032-07-416-17 *ou* 18. • suarez-hotel.com • *Fermé de mi-fév à mi-mars. Double 65 €, petit déj inclus ; repas env 40 000 Ar/pers. CB refusées.* 📶 Ce charmant établissement se compose de 12 bungalows identiques, bien séparés les uns des autres, noyés dans une abondante végétation de badamiers, papayers et autres bougainvillées. Le confort est assuré et les matières naturelles y sont omniprésentes, entre parquets sombres et lampes en bois brut ou flotté. Chacun bénéficie d'une jolie petite terrasse pour bouquiner, à moins de préférer la grande et jolie piscine veillée par le bar. Au menu, une cuisine métissée fort réussie, alliant produits de toujours et parfums d'ici. Reste encore à vanter l'accueil des patrons, Philippe et Sophie !

Où s'offrir un quatre-heures ?

À la **boulangerie du Grand Hôtel** *(plan A2, 31)*, pardi ! *Rue Colbert. Tlj 6h30-12h30, 15h30-21h.* Une boulangerie comme en France avec des pains au chocolat croustillants et quelques gâteaux traditionnels. Propreté irréprochable.

On recommande également la **boulangerie de l'Amicale** *(plan A2, 45), un peu au sud de la pl. Foch, rue Lafayette.* On peut même y prendre une glace en terrasse.

Où boire un verre ? Où sortir ?

La vie nocturne de Diego est réputée pour être très animée. C'est un port, ne l'oublions pas ! Beaucoup de chasseuses dans les bars et boîtes de la ville...

La Vahinée *(plan B1, 60) : à l'angle des rues Colbert et de France.* ☎ *900-89.* 📱 *032-46-272-17.* 📶 Le temps passe, les foules se déplacent, mais *La Vahinée* reste incontournable. Bar de jour et du soir à la terrasse souvent prise d'assaut, le lieu se mue en cabaret jazz le lundi et en boîte dévergondée les autres jours (musique live certains soirs), sur des airs de *salegy* (né à Diego-Suarez). Bien sûr, les filles ne sont pas là que pour danser.

Le Taxi-Bé *(plan B1, 61) : bd Étienne, derrière l'Alliance française.* 📱 *032-81-782-57.* Tournez le coin de la rue et la musique reprend ses droits, tous les soirs. Plus récent, le *Taxi-Bé* attire comme des mouches tout ce que la ville compte de biberonneurs et de noctambules. En dehors du mardi, réservé au concours de DJ, c'est musique live chaque soir à partir de 21h – avec concours (invariablement chaud) de *salegy* le jeudi.

Le Nouvel Hôtel *(plan B2, 62) : rue Freppel, près de l'angle de la rue Colbert. Tlj sf lun.* Voilà 30 ans que cette boîte, tenue par un Breton (ancien prof agrégé de maths !) rythme les nuits diego-suariennes. Ambiance 100 % malgache.

Face au *Grand Hôtel*, en haut de la rue Colbert, un trio d'établissements *(plan A2, 10)* invite à poursuivre la nouba. De droite à gauche, **L'Étincelle** (pour boire un verre dans un calme relatif), **La Boîte Noire** *(jeu-dim ; entrée : 5 000 Ar)*, appréciée pour son ambiance et sa *THB* enfin fraîche, et le caverneux **Planet Diego Café.** Sans Cadillac, mais avec une 4L perchée au-dessus de l'entrée !

■ **Casino** *(plan B1) : juste après l'Alliance française. Tlj 12h-2h.* Une centaine de machines à sous. Rien ne va plus à Diego !

Achats

Plusieurs boutiques dans la rue Colbert, plutôt bien approvisionnées en artisanat et souvenirs. Entre autres, **Ino Vaovao** *(69, rue Colbert ; lun-sam 8h-12h, 15h-19h ; plan B2, 70)* : artisanat, nappes brodées, cartes postales, paréos, T-shirts. À côté, la **Maison de la Vanille** *(lun-sam 7h-12h30, 14h30-19h ; dim 8h30-12h ; plan B2, 70)*, tenue par un Suisse, propose un grand choix d'huiles essentielles et d'épices, mais aussi des T-shirts et chaussures en zébu ou croco... Au *48 de la rue Colbert (plan A-B1, 71), Le Village* propose les mêmes belles maquettes de bateaux qu'à Tana.

À voir

Malgré son état de décrépitude avancé, une balade s'impose à la découverte du vieux Diego-Suarez. Attention cependant : si vous vous aventurez dans les quartiers du port et de la Glacière, mieux vaut être deux ou trois. Soyez un peu sur vos gardes, sans tomber dans la parano. Une fois la nuit tombée, retour au bercail.

🎥🎥 *Du centre-ville au quartier du port :* axe central de la vieille ville, la *rue Colbert* conserve un certain charme et quelques jolies constructions coloniales plus ou moins délabrées. L'Alliance française *(plan B1, 11)* occupe le très beau bâtiment de l'*ancien marché couvert* (1892), réalisé dans les ateliers Eiffel et envoyé en pièces détachées. Les amateurs d'art contemporain y admireront les graffs du tagueur Jace. Au bout de la rue, le *tribunal* néoclassique *(plan B1)*, de 1909, fait face à *La Résidence* (1892), ancienne demeure du gouverneur devenue siège de l'administration régionale.

En partant vers l'ouest par la rue Richelieu, on passe devant l'*hôtel de la Marine (plan B1)*. Cet ancien palace aux délicates arches, bâti par un colon enrichi par la découverte de mines d'or, est peut-être le plus beau symbole de l'architecture en pleine décadence de la ville. Les palmiers poussent à l'intérieur et les chambres laissent passer quelques courants d'air... Repris par la Marine, d'où son nom, il fut détruit par un cyclone en 1984. Devant se dresse la petite *mosquée Jacob* (1921), de rite sunnite et, à côté, s'étend un petit parc avec kiosque à musique et vue sur la baie.

Un peu plus à l'ouest, allez voir le belvédère de la *place Joffre (plan A1)*, dominant le port des containers. Elle est veillée par un buste du maréchal inauguré en 1933. Une plaque lui rend hommage : « 1852-1931 / Maréchal de France / Tombouctou 1894 / Diego-Suarez 1903 / La Marne 1914. » Comme tout cela est loin... Des escaliers permettent de rejoindre le port et l'usine de la *PFOI (Pêche et Froid Océan Indien)*, appelée aussi « pompon rouge », en raison du logo de l'entreprise, grosse pourvoyeuse d'emplois pendant la saison de la pêche au thon, de mars à juin environ. Mais on respire ses effluves (presque) toute l'année !

🎥 *Le quartier militaire et la Glacière :* c'est la partie de la ville qui surplombe le port et l'ancien arsenal, devenu chantier naval (SECREN). Le secteur, jadis occupé par la marine française, a été réinvesti par l'armée malgache et il n'est guère aisé de s'y repérer – et tout à fait interdit d'y prendre des photos. De loin en loin, le long des rues accessibles, surgissent de vénérables édifices bâtis par l'armée française, certains réoccupés, d'autres squattés par des familles. Si le sujet vous intéresse, procurez-vous le guide historique et touristique *Les Fortifications de la Baie de Diego Suarez,* publié par l'association Ambre (voir « Adresses et infos utiles »).

🎥🎥 *Le jardin tropical (plan B1) : rue Mareuil. ☎ 032-59-034-34. Tlj 7h-17h. Ticket (entrées multiples le temps du séjour) : env 10 000 Ar ; réduc ; gratuit moins de 12 ans.* En plein cœur de la ville, ce site arboré de 1 ha a miraculeusement survécu à l'extension des constructions. Xavier Fesneau, un agronome français passionné, tente de lui redonner vie en coupant, taillant, élaguant et plantant sans relâche. La visite en sa compagnie vous fera découvrir un jardin un peu fou où prospèrent plus de 150 espèces végétales (médicinales et aromatiques, orchidées, etc.), aux côtés d'une balançoire taillée dans une pirogue et de petits bassins où vivent écrevisses et crocodiles. Il y a aussi des caméléons, des lémuriens sauvages et... un alambic en cuivre de Grasse qui attend de retrouver un cœur de chauffe. Xavier est intarissable sur le sujet : il a distillé l'ylang-ylang pendant près d'une décennie.

326 | LE NORD / LA RÉGION DE DIEGO-SUAREZ

🎭🎭 *Le panorama sur la baie de Diego :* *à env 2 km au sud-est, par la route de Ramena et/ou celle de l'Université.* L'occasion de profiter d'une belle vue sur le Pain de sucre.

– *Le marché* (plan A3) *: tlj, sur la place du même nom, dans le quartier populaire de Tanambao, au sud du centre.*

À voir. À faire à l'ouest de Diego

🎭🎭 *Windsor Castle :* *à env 40 km au nord-ouest de Diego (1h30 à 2h de 4x4 par une très mauvaise piste).* Vous ne risquez pas d'y voir la Queen, en revanche cette échine rocheuse culminant à 391 m au-dessus de la baie du Courrier offre un panorama à 360° sans pareil sur toute l'extrémité nord de Madagascar. Compter 4h de marche aller-retour à travers savane et forêt sèches où poussent des plantes endémiques comme le rare *Pachypodium windsorii*. Au sommet, atteint par un escalier, trône un vieux poste d'observation bâti en 1903 par les légionnaires. Souvenirs, souvenirs...

🎭 *Le cap d'Ambre :* le bout du bout de la Grande Terre... Les Comores ne sont qu'à 400 km ! On y accède (au cap, pas aux Comores !) uniquement en saison sèche, en 4x4 (5h de piste). Certaines agences proposent une excursion (chère) combinant le cap d'Ambre (accès en voiture) avec un retour en bateau par la mer d'Émeraude.

🎭🎭🎭 *Nosy Hara :* *au sud-ouest de la baie du Courrier, accessible depuis le village d'Ampasindava.* Cet archipel d'une douzaine d'îles rocheuses, largement constitué de *tsingy*, dessine une sorte de paradis originel libéré des foules. Protégé par un parc national marin, il est inhabité et en grande partie *fady* – on y trouve des tombes royales. Mathieu, le jeune proprio de l'agence *New Sea Roc*, a obtenu la gestion exclusive de l'île d'Andatsara, un gros caillou très apprécié des grimpeurs pour ses falaises calcaires (équipées) offrant une multitude de concrétions. On reste volontiers quelques jours dans son *Camp Corail*, entre escalade, baignade, plongée-tuba et pêche. ☎ *218-54.* 📱 *032-04-724-46.* ● *newsearoc.com* ● *Fermé de mi-déc à mars. Compter 60-90 €/pers par j. en pens complète. Résa min 5 j. avt.* Pour s'y rendre, comptez 2h de 4x4 chaotiques et 1h30 de traversée à la voile. Sur place, on dort au choix en tente, dans une hutte ou une grotte (chambre *torcol*). Activités, eau, douche, apéro sur la plage le soir sont inclus, mais les transferts et boissons se paient à part.

MINI, MINI

Dans l'archipel de Nosy Hara vit le plus petit caméléon du monde, le Brookesia micra, récemment découvert. Les adultes mesurent 20 mm sans la queue ! Certains spécialistes évoquent le phénomène du nanisme insulaire : sur ces îlots isolés, l'animal aurait vu sa taille se réduire car les ressources naturelles sont rares.

RAMENA

env 6 000 hab. IND. TÉL. : 82

● Carte La Baie de Diego-Suarez *p. 329*

Amarré sur le flanc oriental de la baie de Diego, à une vingtaine de kilomètres de la ville, ce village de pêcheurs nonchalant étale ses étroites ruelles de sable en retrait d'une large plage bordée de gargotes – pas désagréable, même si le lieu n'a rien d'exceptionnel. Certains y viennent quelques jours en villégiature, ou y passent pour une sortie mémorable à la splendide mer d'Émeraude. Ramena peut aussi servir de base à l'exploration de la péninsule et de ses Trois Baies.

Arriver – Quitter

Prendre un *taxi-brousse à côté de la police centrale, après le stade municipal, route de Ramena* à Diego. Les départs se font surtout le matin tôt. Si vous ne pensez pas rester dormir à Ramena, demandez au chauffeur à quelle heure repart le dernier taxi-brousse pour Diego (en général vers 18h). Compter 2 500 Ar le trajet (45 mn/1h). En taxi privé, il vous en coûtera plutôt 30 000 Ar, et au moins le double si vous louez ses services pour la journée.

Les taxis s'arrêtent au minuscule port. C'est là que se font les départs en barque pour la mer d'Émeraude.

Adresse utile

■ *Madascaph' :* plage de Ramena-Nord. ☏ 032-48-012-52. ● madascaph.com ● Les amateurs de plongée fréquenteront ce centre en toute confiance. Tenu par Daniel, un Suisse, il propose baptêmes, formations PADI, exploration, sorties sur épaves ou de nuit, et même des trips de 2 jours vers le cap d'Ambre (novembre-avril).

Où dormir ? Où manger ?

Une longue brochette de gargotes s'aligne sur la plage. Toutes, les pieds dans l'eau à marée haute, offrent des prestations similaires, avec des menus simples dans les 10 000-20 000 Ar, avec *camarons* ou langouste à 25 000 Ar et 30 000 Ar. La première d'entre elles, *Chez Célestine,* n'est pas la plus mauvaise : on y apprécie le crabe en sauce et les pommes de terre rissolées. Cela étant dit, les voisins n'ont pas grand-chose à lui envier.

De bon marché à prix moyens (20 000-80 000 Ar / 6-23 €)

🏠 |●| *Hôtel Badamera Park :* à l'entrée de Ramena, à gauche. ☏ 032-07-733-50. ● badamera.com ● Bungalows et chambres env 25 000-50 000 Ar pour 2. Swany, la propriétaire allemande, accueille gentiment les visiteurs et les escorte jusqu'à ses bungalows semés dans un grand jardin un peu sec. Ceux à prix plancher sont sommaires, en *falafy,* laissant passer air et moustiques, avec w-c et douche partagés ; ceux avec sanitaires privés sont plus chaleureux, mais toujours avec eau froide. Il y a aussi quelques chambres dans la maison, assez spacieuses, avec ou sans douche (ventilo, moustiquaire), d'une propreté correcte. Petit déj copieux en supplément (3 options).

🏠 |●| *La Case en Falafy, Chez Bruno :* au milieu du village (tt le monde connaît). ☏ 032-02-674-33. ● case-en-falafy.com ● Bungalows 2-3 pers 50 000 Ar, familiaux 5-7 pers. Réservez ! Les bungalows en brique et *falafy* de Bruno présentent certainement le meilleur rapport qualité-prix de Ramena. À flanc de colline, ils se répartissent en deux ensembles assez denses, de part et d'autre de la rue, chacun avec sa propre piscine. On préfère un peu ceux de l'annexe, plus calme car plus éloignée du très bon restaurant. Simples mais propres, ils ont tous douche chaude, w-c, moustiquaire, parquet et petit balcon. Lala, la patronne, est une adepte de kitesurf et propose cours et sorties.

🏠 *Hôtel Villa Palm Beach :* face à la plage. ☏ 032-02-409-04. Double

45 000 Ar, studio 65 000 Ar. Si le nom de *Villa* semble quelque peu exagéré au regard de la réalité, la demeure n'est pas désagréable avec ses 4 chambres à l'étage, propres et toutes avec salle de bains. Préférez celles qui donnent côté mer, même si on ne la voit pas à travers les arbres. Il y a aussi un studio avec kitchenette à l'arrière (en rez-de-chaussée).

Chic (plus de 80 000 Ar / env 23 €)

📍 🍽 *Hôtel Lakana :* à l'entrée de Ramena, sur la gauche. 📱 032-56-214-47. ● *lakana-hotel-ramena.com* ● *Bungalows 90 000-100 000 Ar.* 📶 La plage est à 300 m et le centre du village à 10 mn à pied. Les 10 bungalows en dur, d'un assez bon rapport qualité-prix, sont super propres et spacieux. Ils forment une sorte de mini-village à côté du resto à la grande salle ouverte, où l'on déguste poisson fumé maison, fondues et grillades (un peu chers et service un peu lent). Il y a une petite piscine et les boss organisent des sorties kite à Sakalava.

Manifestation

– *Course de bateaux à voile « Bangra » : dim, de mai à la mi-août.* Sponsorisée par le maire du village, cette manifestation oppose des bateaux traditionnels, histoire de continuer à promouvoir leur usage. L'équipage gagnant remporte 4 millions d'ariary !

À voir. À faire

Si vous partez en balade, prévoir de l'eau et une lampe si vous rentrez de nuit. Elle tombe vite !

🥾 *Balade vers les Trois Baies* (carte Baie de Diego-Suarez) : cette excursion classique propose de rallier, depuis Ramena, la baie de Sakalava en passant par le cap Miné et deux autres baies de la côte orientale de la péninsule : la baie des Dunes et la baie des Pigeons. Deux options : le 4x4 (mais il ne permet pas de s'approcher de la baie des Pigeons) et la marche. Dans ce second cas, comptez environ 4h de balade douce (10 km). Au programme : côtes sauvages, végétation de palissandres, baobabs, flamboyants, vestiges de l'armée et plages ourlées de sable blanc. Plusieurs cas d'agressions ayant été rapportés, soyez prudents et faites-vous éventuellement accompagner par un guide fiable. Partez tôt et emportez casse-croûte et réserve d'eau.

De Ramena, il faut d'abord traverser la zone militaire d'Orangea *(droit d'accès : 5 000 Ar ; gardez le ticket, on vous le redemandera à la sortie !)* pour se diriger vers le *cap Miné,* qui marque l'entrée de la baie de Diego (à l'ouest) et le début de la mer d'Émeraude et de l'océan Indien (à l'est). Un vieux phare s'y dresse, de même que des casemates, canons et fortifications françaises. Une famille vit là, avec ses poules et ses biquettes. La passe, impressionnante, est battue par les puissants vents dominants soufflant de l'est.

À partir de là, on redescend le long de la côte orientale de la péninsule. Première escale : la *baie des Dunes,* un tapis de sable blanc battu par la houle et encadré de rochers déchiquetés par l'érosion. Des tortues viennent y pondre en juillet. Une gargote-épicerie offre un ravitaillement. La piste bifurque ensuite vers l'intérieur des terres, tandis que le sentier se poursuit le long du littoral vers la *baie des Pigeons,* une jolie plage aux abords truffés de casemates abandonnées, rampes de lancement et soutes à munitions vides. Baignade

RAMENA / À VOIR. À FAIRE | 329

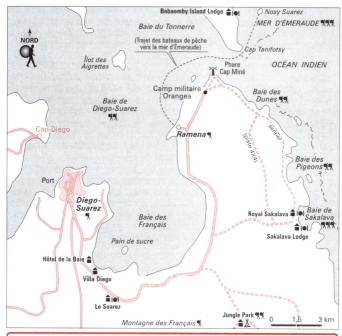

BAIE DE DIEGO-SUAREZ

possible mais attention aux vagues tout de même, qui peuvent être dangereuses à certaines périodes. On continue à longer la côte, pour atteindre la baie de Sakalava.

La baie de Sakalava : accessible à pied depuis Ramena (voir ci-dessus), ou en taxi de Diego-Suarez. Prendre la route de Ramena puis, au km 13, emprunter la piste à droite sur 5 km (panneau « Hôtel Baie de Sakalava). Cette immense plage assez sauvage, soulignant une baie assez fermée à faible tirant d'eau, est devenue LE hotspot pour le windsurf et le kitesurf. Facile de s'y retirer quelques jours loin des tracas du monde.

Royal Sakalava *(carte Baie de Diego-Suarez) : face à la baie.* ☎ 926-36. 📱 032-05-777-05. • royalsakalava. com • *Fermé de mi-nov à fév. Double 45 € avec petit déj ; 81 € en pens complète. Transfert 50 €/véhicule par sens (4 pers).* 📶 Une adresse tranquille pour se poser au bord de l'eau, dans des bungalows en dur, à 2, à 3 ou en famille. Rien de vraiment royal dans la déco, on reste dans le *falafy* et les toits de palme. C'est surtout l'occasion de s'initier au kitesurf, pendant qu'une nounou garde les enfants...

Pratique ! Les bouts d'chou profitent aussi du trampoline et les parents du terrain de tennis. Bref, une adresse très familiale et sans chichis. Le resto n'est pas mauvais du tout et l'accueil très sympa.

Sakalava Lodge *(carte Baie de Diego-Suarez) : face à la baie.* 📱 032-67-385-95. • sakalava.com • *Bungalows (2-3 pers) 40-60 € ; ½ pens (20 €/pers) ou pens complète (25 €/pers) obligatoire. Transfert payant.* Côté terre, des bungalows en dur, carrelés, de 25 m². Côté mer, les pieds dans

LE NORD

le sable, des bungalows en bois et *falafy*, spacieux (38 m²), entre rusticité et petites touches de déco. On vient avant tout ici pour le kitesurf : initiation débutants, location, excursions en mer d'Émeraude, tout ou presque est possible. Vous pouvez même visiter la mangrove en *stand-up paddle*.

La mer d'Émeraude (carte Baie de Diego-Suarez) : cette mer dans la mer, au magnifique bleu turquoise translucide, se dessine au large du cap Tanifotsy, marquant l'entrée dans la baie de Diego. Elle est délimitée par une barrière et un chapelet d'îlots de corail exondés. Pour s'y rendre, il faut louer une embarcation à voile sur la plage de Ramena : compter 60 000 Ar/personne (minimum 2), plus 10 000 Ar de droit d'entrée dans la réserve marine, à payer sur Nosy Suarez. On peut aussi passer par un bateau, avec vue en mer de Diego. Cette excursion est un classique. Mais attention, la traversée, qui dure environ 1h, n'est pas toujours de tout repos : le passage de la barre est houleux, les bancs de sable affleurent à marée basse et, dans l'après-midi, la mer peut être pas mal formée, surtout durant l'hiver austral. Mieux vaut donc partir tôt le matin et remettre ses projets à un autre jour si le temps est mauvais. Il y a déjà eu des accidents. Assurez-vous que l'on vous fournisse gilet de sauvetage et cité. Sur place, on passe 3-4h sur **Nosy Suarez,** une île basse et broussailleuse frangée de sable blanc. Au programme : bronzage, baignade, séance PMT ou tour de l'île pour les plus entreprenants (environ 5 km). Un déjeuner de poisson fraîchement pêché est servi sous les paillotes de la plage.

Babaomby Island Lodge : *au nord du cap Tanifotsy.* 032-55-009-39. ● babaomby.com ● *Ouv fin mars-fin nov. Bungalows doubles 110-130 € en pens complète, selon saison. Transfert : 50 €/pers.* Nicolas, tombé amoureux du lieu lors d'un trip windsurf, a fait planter 5 000 arbres sur les hauteurs de la plage, où il a dressé 12 grandes tentes sous paillotte (dont 2 familiales). Dominant la mer d'Émeraude, chacune possède une belle terrasse en bois, mais les sanitaires (bien tenus) sont communs. Qu'importe, on ne vient pas ici pour le confort, mais pour les vents réguliers et puissants (20 à 30 nœuds) de ce spot de kite et de windsurf génial. Cours bien encadrés (moniteurs diplômés) et location de matos de qualité. Resto très aéré avec coin canapé. Pour ne rien gâcher, l'électricité est solaire et éolienne et l'eau recyclée.

La montagne des Français : *à env 45 mn-1h de route et piste au sud-est de Diego.* Ce gros massif dominant l'arrière-pays de Diego est surtout connu pour les panoramas (un peu lointains) qu'il offre sur la baie et la jungle alentour. Le sommet est atteint en 1h de marche environ. Le secteur a toutefois été le théâtre de plusieurs agressions armées et reste sous surveillance.

Jungle Park (carte Baie de Diego-Suarez) : *juste après le village d'Andavakoera, à 45 mn-1h de route et (mauvaise) piste de Diego.* ☎ 218-54. 032-04-724-46. ● jungle-park-nature.com ● *Fermé début janv. Compter 35 €/pers en tente, 55 €/pers pour les cabanes dans les arbres, 80 €/pers en écodôme, tous en pens complète, certaines activités incluses.* Propriétaire de l'agence *New Sea Roc,* spécialisée dans les sports d'aventure, Mathieu a créé ce camp en pleine nature, au pied du versant nord de la montagne des Français. On peut y camper ou s'installer dans l'un des 8 bungalows joliment perchés dans les arbres (partageant des sanitaires communs). Également des écodômes privatifs en terre avec sanitaires privés et eau chaude. Piscine naturelle et spa. Activité privilégiée : l'escalade dans la toute proche et très jolie vallée des Perroquets, encadrée de parois costaudes (jusqu'au *8b*) dont la variété ravit les amateurs. En prime : la première piste de MTB *(mountainboard)* de Mada ! Les tarifs ne sont pas tendres, mais une partie de l'argent sert à améliorer les infrastructures du village voisin.

DE DIEGO-SUAREZ À NOSY BE

- Le parc national de la montagne d'Ambre......331
- Les Tsingy rouges 334
- Anivorano-Nord et le lac sacré 335
- Ambrondromifehi 335
- Le parc national de l'Ankàrana...............336
- Ambanja.......................339
  • Plantation Millot
- Ankify 339

• Carte Le Nord p. 302-303

La plupart des grands parcs et centres d'intérêt de la région se situent le long ou à proximité de la RN 6, qui relie Diego-Suarez à Ambanja et Nosy Be. Certains décident de s'y rendre à la journée depuis Diego-Suarez, en louant les services d'un taxi ou en prenant une excursion auprès d'une agence. D'autres louent un 4x4 avec chauffeur pour 2 ou 3 jours et descendent doucement vers le sud en s'arrêtant à la montagne d'Ambre, aux Tsingy rouges (4x4 nécessaire) et au parc national de l'Ankàrana (où l'on peut passer la nuit), pour terminer à Ankify, port d'embarquement pour Nosy Be.

– *Excursions à la journée :* on peut facilement passer une journée à la montagne d'Ambre en y allant en taxi-brousse. L'entrée du parc est située 3,3 km après leur terminus à Joffreville. Si vous comptez y adjoindre les Tsingy rouges, situés plus au sud, un 4x4 devient nécessaire (17 km de piste difficile à l'écart de la RN 6). On peut alors partir tôt de Diego, se balader toute la matinée dans la montagne d'Ambre (balade de 2-4h), déjeuner à Joffreville, puis partir dans l'après-midi pour les Tsingy rouges, à l'heure de la plus belle lumière, avant de revenir à Diego le soir.

– *Le parc national de l'Ankàrana :* plus au sud. Inutile d'avoir un 4x4 pour y accéder. Tous les taxis-brousse passent devant l'entrée orientale, où l'on trouve quelques modestes hébergements (voir plus loin) et où débute un réseau de sentiers. On déconseille l'excursion à la journée depuis Diego (trajet trop long), mieux vaut partir 2 jours ou s'y arrêter en chemin vers Ankify.

LE PARC NATIONAL DE LA MONTAGNE D'AMBRE

À une quarantaine de kilomètres au sud-ouest de Diego-Suarez, le parc national de la montagne d'Ambre est le plus ancien de Madagascar, créé en 1958. Englobant un vieux massif volcanique culminant à 1 475 m, il est recouvert d'une forêt tropicale humide comparable à celles de l'est de l'île, qui attire comme un aimant tous les nuages... Cet îlot de (relative) fraîcheur reçoit ainsi 3,50 m de précipitations chaque année ! Dans ce foisonnement végétal (1 000 espèces) où se détachent cryptomerias, orchidées et fougères arborescentes, vivent pas moins de 7 sortes de lémuriens, 36 de papillons et 75 d'oiseaux. Si les premiers ne sont guère faciles à observer, les guides savent dénicher les caméléons, dont le microscopique *Brookesia minima*. Vous découvrirez aussi lac (de cratère) et cascades façon *Bounty*... Le parc propose plusieurs balades tranquilles de 30 mn à plusieurs heures. Il est obligatoire d'être accompagné par un guide et de veiller à respecter strictement les consignes de sécurité.

Ceux qui ne font pas l'excursion dans la journée depuis Diego pourront camper dans le parc ou loger à *Joffreville (Ambohitra)*. Cette bourgade nonchalante, éparpillée dans la verdure, conserve quelques vénérables demeures coloniales (certaines transformées en hôtels) et un couvent de bénédictines où l'on peut également dormir.

Arriver – Quitter

En taxi

Si vous êtes plusieurs, le plus simple est de partager un taxi à partir de Diego-Suarez. Compter environ 45 mn de route, 10 mn de piste et 80 000 Ar. Les voitures ne pouvant pénétrer que de 4 km à l'intérieur du parc, jusqu'à la station des Roussettes (où l'on trouve le camping et le gîte), le 4x4 n'est guère utile.

En taxi-brousse

Les courageux prendront un taxi-brousse au *parcage du Sud (hors plan Diego par B3)*. Les directs pour *Joffreville* n'étant pas très fréquents, on peut aussi emprunter n'importe quel taxi-brousse allant vers le sud (Ambilobe, Ambanja, Ankify...), descendre à la bifurcation pour Joffreville et, de là, prendre un taxi (env 40 000 Ar) sur les 22 km restant (dont une dizaine de mauvaise route). Sinon, du terminus des taxis-brousse de Joffreville, il reste 3,3 km à faire à pied jusqu'à l'entrée du parc (ça monte pas mal).

Adresse et infos utiles

■ **Bureau du MNP :** *à l'entrée du parc, à 3,3 km de Joffreville. Tlj 8h-16h (dernière sortie avt la nuit). Entrée : 55 000 Ar.* Un guide agréé est obligatoire pour effectuer les balades dans le parc. Les tarifs, valables pour 6 personnes, dépendent des circuits que l'on choisit (30 000-50 000 Ar) ; confirmez-les bien. Assurez-vous que le guide parle bien français et sélectionnez avec lui les balades sur la grande carte située dans le bureau. Possibilité de visites nocturnes également si l'on campe où réside à la station des Roussettes.
– Prévoir un vêtement de pluie, même en saison sèche. Il pleut surtout l'après-midi. Des chaussures de marche ne sont pas inutiles à cause des sangsues qui sortent après la pluie !
– Si vous campez, faites vos provisions (eau et vivres) au départ de Diego. Il n'y a pas grand-chose à Joffreville.

Où dormir ? Où manger ?

Dans le parc

Très bon marché

⚑ **Camping des Roussettes :** *à 4 km de l'entrée, à l'intérieur du parc. Résa possible au bureau du* MNP *de Diego. Compter 1 000-4 000 Ar/tente selon que l'on s'installe sous un petit abri ou pas.* Basique, mais l'espace, dégagé, est accueillant. Accès à des sanitaires (eau froide) et éventuellement à la cuisine du gîte si celui-ci n'est pas loué (utilisation payante). Prévoir l'antimoustiques !
🏠 **Gîte d'étape :** *à côté du camping.* ☎ *032-88-475-06 ou 032-02-155-58. Compter env 10 000 Ar/pers.* Un peu délabré, le gîte ne louait récemment qu'une seule de ses 3 chambres, avec 4 lits (superposés). On y trouve un salon, une cuisine et des douches en piteux état (en travaux). Draps et couvertures sont fournis, mais n'oubliez pas les vivres. Éclairage à la bougie.

À Joffreville (Ambohitra)

De bon marché à prix moyens

🏠 ❙●❙ **Chambres d'hôtes Le Relais de la Montagne d'Ambre :** *dans le haut du village, près du terminus des taxis-brousse.* ☎ *032-88-475-06.* ● *montagnedambre.normada.com* ● *Doubles 30 000-60 000 Ar. Repas env 15 000 Ar.* Mama Be reçoit dans sa grande et vénérable bâtisse de 1932, noyée dans un jardin foisonnant aux relents d'éden. On y trouve quelques chambres des plus sommaires, aux plafonds hauts et lits fatigués, très (trop) spacieuses, partageant les mêmes sanitaires (eau froide). Nous, on conseille plutôt l'adorable bungalow perché dans un litchi géant, avec douche et w-c privés, ou son double bâti sur la terre ferme.

|●| R'art Vato : *dans le village, en haut de la rue principale.* ☎ *032-07-994-78. Menu env 20 000 Ar.* Le boss, diplômé de cuisine, essaie de valoriser au mieux les produits locaux : zébu, mouton, canard, chayottes (chouchous), avocats ou carottes par exemple. Fait aussi boutique d'artisanat.

De chic
à beaucoup plus chic

Beaucoup d'adresses accueillantes mais rien de très abordable !

🏠 |●| Monastère Saint-Jean-Baptiste : *à l'entrée de Joffreville sur la gauche.* ☎ *032-04-795-24 ou 032-45-134-85.* ● *gitesaintbenoit.com* ● *80 000 Ar/ pers en ½ pens.* L'hostellerie des sœurs bénédictines n'a rien de luxueux, mais un séjour ici plonge dans une atmosphère bien singulière. Les 8 chambres, aux lits à baldaquin rehaussés de fanfreluches (!), sont d'un bleu marial. Toutes ont une douche, mais une seule dispose de w-c privés. Il y a aussi une maison-dortoir pour les groupes (minimum 6 personnes). Les sœurs accueillent avec gentillesse et sans prosélytisme. Le soir, elles mitonnent un dîner plantureux où le gratin dauphinois (excellent) est souvent présent. On apprécie aussi la bonne confiture de mangue au petit déj (en vente dans la boutique d'artisanat). Nos amitiés à mère Marie-Jeanne et sœur Blandine !

🏠 |●| Nature Lodge : *2 km avt Joffreville sur la droite.* ☎ *034-20-123-05 ou 06.* ● *naturelodge-ambre.com* ● *Résa conseillée pour le resto si l'on souhaite y dîner sans y dormir. Double 80 € ; petit déj 5 €, repas 15 €. CB refusées. Électricité 18h-22h.* 📶 Installés sur un plateau venteux offrant une belle vue distante sur la baie de Diego, les 12 bungalows en bois et palmes sont coquets, spacieux, confortables (salles de bains en dur impeccables), mais aussi joliment décorés. Tous ont un balcon. La salle de resto, immense, est tout aussi élégante et le petit déj franchement super.

🏠 |●| The Litchi Tree : *fléché depuis l'arrêt des taxis-brousse, sur le haut de la bourgade.* ☎ *033-12-784-54.* ● *thelitchitree.com* ● *Double 85 €, petit déj 8 €, dîner 18 €.* Cette maison d'hôtes occupe l'ancienne demeure du maréchal Joffre, bâtie en 1902 ! Superbement restaurée, elle abrite des chambres spacieuses de très bon confort, voire douillettes (avec peignoirs à la clef). Hervé s'occupe de tout, y compris de la cuisine ; il fait même son propre pain. Le menu dépend du marché du jour, mais il est rare qu'une note d'originalité ne s'y glisse pas.

🏠 |●| Domaine de Fontenay : *au centre du village.* ☎ *032-11-345-81 ou 033-11-345-81.* ● *lefontenay-madagascar.com* ● *Double 90 €, petit déj inclus. Visite simple : 5 000 Ar.* Karl, le proprio allemand, a fait de cette maison de maître plus que centenaire un havre de paix. On n'y trouve pas moins de 9 chambres et suites, certaines immenses, aux jolis parquet et déco d'art africain. Toutes, sauf une, ont une baignoire – pour l'une d'elles, aménagée dans les anciennes écuries, celle d'une corvette de guerre française, avec sa robinetterie d'époque ! Le jardin, vaste et fleuri, est le sanctuaire de Galileo : cette tortue (vraiment !) géante d'Aldabra aux Seychelles, offerte au premier proprio de la maison en 1904, aurait au moins 250 ans ! Certains s'arrêtent juste pour la voir ou pour le déjeuner : une bonne option car les chambres, aussi agréables soient-elles, sont tout de même bien chères.

À voir. À faire

🥾 Les sentiers sont bien entretenus, les balades sans difficulté et bien agréables. Elles partent toutes d'une piste centrale qui traverse le parc du nord au sud. Que voir dans cette forêt dense et humide de 18 200 ha ? Une foule de choses, à condition d'avoir un bon guide et de chausser son monocle ! Ne ratez pas l'uroplate, ce gecko à queue plate au camouflage si efficace qu'il se fond complètement avec les troncs d'arbres. Tous espèrent voir les mini-caméléons de la famille *Brookesia,* les plus petits du monde. Et puis il y a le microcèbe roux (le plus petit primate connu), des boas, des cascades pleines de *tromba* (esprits), des lacs et, pour les chanceux, des lémuriens (couronnés entre autres) et des *fosa,* ces drôles de félins endémiques de la Grande Île.

Quelques circuits possibles

➤ *Le circuit court* (env 2h à 2h30) : il inclut la *cascade sacrée,* la *cascade Antakàrana* et la *voie de Mille Arbres.*
➤ *Deux circuits moyens* (env 3h30) : le *circuit court* plus la *cascade Antomboka* ; ou le *circuit court* plus le *petit lac.*
➤ *Le grand circuit* (env 5h) : le *circuit court,* la *cascade Antomboka* et le *petit lac.*
➤ *Trek au sommet :* accès parfois fermé, se renseigner. Pour cette rando, compter 1 journée bien pleine via le *petit lac,* le *lac maudit* et le *grand lac.* Il est préférable de dormir sur place la veille au soir, au camping ou dans le gîte du parc (voir plus haut).

LES TSINGY ROUGES

L'aventure commence 45 km au sud de Diego-Suarez, sur la RN 6. Là, une piste part sur la gauche, rejoignant rapidement une barrière d'accès (entrée : 10 000 Ar). Restent 17 km à parcourir (compter 45 mn), tour à tour corrects et abominables, sableux ou cailloutoux, à travers des paysages un peu secs de terres ocre et de plantations d'eucalyptus. Au loin, l'océan Indien se laisse par moments entrevoir.
Enfin, le véhicule se gare devant une ouverture béante. Là, sur les flancs d'un petit canyon, se multiplient les cheminées de fées, ciselées dans la roche tendre par l'érosion. Ces *tsingy* sont très différents de ceux de l'Ankàrana. Blancs ici, rouges là, en armées serrées que nimbe d'ombres et d'une intensité renforcée le soleil déclinant du milieu d'après-midi – le meilleur moment pour une visite. Un peu plus loin, vers l'est, un sentier descend en une dizaine de minutes dans le lit d'une petite rivière aux eaux rougies par la latérite, pour accéder à un groupe de *tsingy* de toute beauté. Ils sont là, juste devant, si près qu'on pourrait les toucher. Autant de petites flèches de cathédrale surréalistes, aux sommets arrondis et délicats, qui se serrent les coudes sur le flanc fragile de la rivière. Les couleurs vanille, jaune, ocre, rose et rouge, avec toutes les nuances intermédiaires, se mêlent en une parfaite harmonie.

Comment y aller ?

La plupart des visiteurs se rendent sur le site avec une agence, ou en louant un 4x4 avec chauffeur à Diego-Suarez.

■ *Roger Tsingy Rouge* : ☎ 032-04-651-36 ou 034-45-518-68.

● *rogertsingyrouge@gmail.com* ●
Roger Ravo est le seul chauffeur-guide à oser se rendre aux Tsingy en 4L (exit le 4x4). Il connaît la route et le site comme sa poche. Un must.

Où dormir ? Où manger ?

△ Camping : *au point de départ du sentier descendant dans le canyon. GRATUIT.* On peut planter la tente sur ce terrain herbeux un peu sec, à côté de la maison du gardien. Demandez-lui de vous ouvrir l'accès aux w-c et douche (sommaires).

|●| Vous mourez de faim ? On trouve un resto local environ 3 km avant l'arrivée aux Tsingy. Pas difficile à repérer : un drapeau corse flotte juste devant !

ANIVORANO-NORD ET LE LAC SACRÉ

À 75 km au sud de Diego-Suarez, le village d'Anivorano, sur la RN 6, est connu pour son lac sacré d'Antanavo, atteint par une piste de 4 km (4x4 ou 4L en saison sèche). Si vous en avez la possibilité, venez de préférence un samedi ou un lundi car, ces jours d'augures favorables, il y a régulièrement des cérémonies avec sacrifices de zébus, chants, danses et prières. Si le lundi c'est raviolis, en revanche le mardi c'est *fady* (interdit). Comme dans l'Ankàrana, les Merinas n'ont pas droit d'accès. Et puis, il est interdit de nourrir les crocos pour les faire venir : comme ils sont habitués, ils viennent de toute manière ! Droit d'entrée à payer à l'entrée de la piste *(maison sur la droite, 5 000 Ar).*

LA LÉGENDE DU LAC

Un jour, un Antemoro à bout de force s'égara par ici. Une vieille femme, par pitié, lui donna de l'eau. L'homme lui conseilla alors de s'éloigner, pour échapper au sort qu'il venait lui-même de jeter au village : tous ses habitants devaient se transformer en crocodiles ! Depuis, les descendants de la vieille femme régissent les festivités du lac. Car celui-ci est vraiment infesté de crocodiles, que l'on nourrit comme des hôtes sacrés.

|●| Snack 17 : *à la sortie sud d'Anivorano, sur le bord de la route. Tlj 8h-20h.* Les gastronomes curieux s'y arrêtent pour s'offrir, selon arrivages, une bonne assiette de civet de sanglier ou un steak de croco (selon arrivage).

AMBRONDROMIFEHI

À 89 km au sud de Diego, ce hameau de 26 habitants a vu sa population passer à... 30 000 lors de la ruée vers le saphir en 1996. Des milliers de Malgaches pauvres ont alors déferlé dans l'espoir d'une richesse soudaine, avant que le souffle ne retombe. Restent quelques irréductibles qui s'échinent dans les collines, à 3-4 km de la bourgade et, sur le bord de la route, des petites cahutes de planches proposant des pierres brutes. C'est la richesse des nuances des verts et des bleus qui crée la valeur d'un saphir, mais la Rolls, c'est le saphir étoilé. Cela étant dit, il est très difficile de s'y retrouver quand on n'est pas connaisseur. Les pierres sont achetées par des grossistes thaïlandais, ouest-africains ou sri-lankais.

LE PARC NATIONAL DE L'ANKÀRANA

🎬🎬🎬 Le massif de l'Ankàrana est le deuxième des grands sites de Madagascar, après la réserve du Bemaraha, à l'ouest, où l'on peut voir autant de *tsingy* (gris), ces formations karstiques offrant la vision assez stupéfiante de centaines d'aiguilles et de pics calcaires aiguisés, dressés vers le ciel. Outre cette « cathédrale » naturelle, l'érosion aquatique souterraine a ciselé plus d'une centaine de grottes où se réfugièrent jadis les rois et la population des Antakàrana, l'ethnie de la région, lors de différents conflits interethniques. Certaines d'entre elles abritent encore des tombes royales, et le massif est toujours l'objet de nombreuses cérémonies et *fady* (interdits).

LE ROYAUME DES ANTAKÀRANA

« Ceux qui peuplent les *tsingy* » étendaient jadis leur pouvoir des îles Mitsio à l'ouest, à Vohémar à l'est, en passant par le cap d'Ambre et le massif du Tsaratanana au sud. Au début du XIXe s, lorsque le roi merina Radama Ier tenta de conquérir le nord de l'île, le roi antakàrana et une partie de la population se réfugièrent dans les grottes du massif de l'Ankàrana. Cette guerre lointaine explique que les Merinas n'y aient toujours pas le droit d'accès ! En 1841, les Antakàrana scellèrent un accord avec les Français pour repousser ces assauts, ouvrant la voie à la colonisation de la Grande Île.

Aujourd'hui, ils représentent 60 % de la population régionale ; 85 % d'entre eux sont musulmans. Le roi actuel, Tsimiharo III, continue de jouir d'un réel prestige et garde une véritable autorité morale. Après avoir exercé ses talents au ministère de la Population, il coule une retraite paisible à Ambilobe, où il conserve précieusement le bicorne remis à ses ancêtres par Louis-Philippe et le sabre de cérémonie que leur offrit le président français Sadi Carnot...

La fête du *Tsanga Tsaina*

C'est la plus grande fête des Antakàrana, célébrée tous les 5 ans, un vendredi de la saison sèche, comme preuve d'unité de la communauté autour de la personne du roi. Tout commence par un pèlerinage et une baignade rituelle aux îles Mitsio, où se réfugia le roi Tsimiharo Ier durant l'invasion des Merinas, puis dans les grottes royales de l'Ankàrana. Par la suite, dans la forêt proche d'Ambilobe, deux arbres soigneusement choisis, l'un mâle et l'autre femelle, sont abattus avant d'être réunis l'un à l'autre pour former le mât sacré. C'est alors la bousculade pour tenter de le porter jusqu'au lieu de la cérémonie, dans le village royal d'Ambatoharanana, à 27 km d'Ambilobe. Les femmes marchent devant le cortège, les hommes assurant symboliquement leur protection. Le mât, symbole phallique et royal, est érigé dans la terre, symbole de fécondité, et recouvert d'une substance huileuse. Un jeune homme parmi les plus forts tente alors d'y grimper pour y accrocher le drapeau blanc frappé d'un croissant de lune rouge et d'une étoile à six branches. Le lendemain, on procède à une grande circoncision collective.

Les grottes royales se visitent, en principe, uniquement à l'occasion de la fête du *Tsanga Tsaina*, la veille de la cérémonie. Votre guide devra être de sang royal et il vous faudra enlever vos chaussures et chapeau. Les femmes doivent défaire leurs tresses et les hommes être vêtus d'un *lamba* (paréo) et non de « vêtements qui s'enfilent par les jambes »... Pour une autorisation de visite spéciale, il faut aller à Ambilobe chez Tsimiharo III. Il habite une maison modeste du centre et sera ravi de vous recevoir.

LE PARC NATIONAL DE L'ANKÀRANA | 337

Arriver – Quitter

➢ *Par l'est :* possible en tte saison, c'est le moyen d'accès le plus facile (situé sur la RN 6) et celui choisi par la très grande majorité des visiteurs. L'entrée principale se trouve au village de *Mahamasina,* à 108 km au sud de Diego-Suarez et à 30 km au nord d'Ambilobe. Compter env 4-5h en taxi-brousse depuis le *parcage du Sud* à Diego-Suarez et 3h-3h30 en voiture particulière.

➢ *Par l'ouest :* cette entrée n'est accessible qu'en 4x4 et encore seulement en saison sèche (avril à décembre, voire début janvier). Aucun taxi-brousse ne s'y rend. La piste débute 8 km au nord d'Ambilobe sur la RN 6 et se poursuit sur environ 35 km jusqu'à l'entrée. On peut aussi gagner la partie ouest à pied en partant de l'est, en traversant le parc de part en part (1 j.). Pour cela, il est préférable d'organiser l'excursion avec une agence spécialisée à Diego-Suarez (voir « Adresses et infos utiles » de ce chapitre), quoique les guides du parc proposent aussi ce service (50 000 Ar/jour avec bivouac).

Adresse utile

■ *Bureau du MNP :* à *Mahamasina, sur la RN 6. Tlj 7h30-16h (dernière entrée), sortie jusqu'à 18h. Entrée : 65 000 Ar pour 1 j.* Un guide agréé est obligatoire ; il y en a toujours plusieurs à l'entrée. Les tarifs, valables pour 6 personnes, dépendent du circuit choisi (voir la carte sur la place) : compter de 20 000 à 60 000 Ar. Assurez-vous qu'il parle bien le français (« titulaire A »), même si c'est un peu plus cher. Et, si vous dormez sur place, venez la veille au soir pour discuter de ce que vous voulez faire.

Conseils pratiques pour visiter et bivouaquer dans le parc

– Prévoir beaucoup d'eau, en haute saison, il fait très chaud ! Amenez vos provisions depuis Diego ou Ambilobe.
– Il y a une épicerie au village en dépannage.
– Pas de porc dans l'enceinte du parc, sous peine d'amende.
– ATTENTION : si vous décidez de camper, il faut savoir qu'il y a pas mal de SCORPIONS dans l'Ankàrana, pas à proprement parler dangereux, mais leur piqûre est extrêmement douloureuse. Mettre des chaussures montantes, les secouer le matin, éviter les endroits assez humides et bien inspecter sa tente.
– Pour la visite des grottes sacrées pendant le *Tsanga Tsaina,* bien respecter les *fady* que vous indiqueront les guides. Apporter un *lamba* et une torche.

Où dormir ? Où manger ?

De bon marché à prix moyens

■ |●| *Chez Laurent :* juste en face de l'entrée du parc. ☎ 032-07-992-89. Quelques bungalows en dur, propres et pas chers, dispersés dans un grand pré. Douche chaude. L'épouse de Laurent prépare un formidable poulet coco. On aime bien.

■ |●| *Chez Goulam Lodge :* env 300 m après l'entrée du parc, sur la gauche. ☎ 032-02-691-06. Double env 50 000 Ar. Les petits bungalows en dur, au toit de palme, sont plus confortables que d'autres, mais un poil chers. Le patron, qui est guide, connaît très bien

LE NORD

la faune et la flore locales. Cerise sur le gâteau, Patricia, sa femme, cuisine fort bien.

De chic à beaucoup plus chic

🏠 |●| **Relais de l'Ankàrana :** *env 1 km avt l'entrée du parc en venant du nord.* 📱 *032-02-222-94.* ● *relaisdelankarana.unblog.fr* ● *Double 35 €, menu 9 €. Électricité 18h-22h.* Un cran au-dessus, le *Relais* dispose de 6 bungalows avec sanitaires privés (eau chaude), simples mais propres et plutôt bien décorés. Demandez-en un parmi les plus éloignés de la route. Cuisine réussie et excellents petits déj. Électricité solaire et donc ventilo toute la journée !

🏠 |●| **Iharana Bush Camp :** *à 16 km de la RN 6, sur la piste menant à l'entrée ouest de la réserve de l'Ankàrana, soit à 24 km d'Ambilobe.* ☎ *20-22-312-10.* ● *iharanabushcamp.com* ● *Compter 92-136 €/pers en ½ pens.* Cet écolodge, perdu au bord d'un lac et face à une formation de *tsingy*, a conçu ses 16 cottages (4 avec terrasse) en matériaux locaux, sur le modèle des maisons traditionnelles, sans vraies portes ni fenêtres. Charmants, ils sont plutôt confortables, avec eau chaude et électricité solaire, mais pas de prise. Certes, les insectes et... les grenouilles y pénètrent, mais il y a une moustiquaire ! Bref, si tout cela est très cher, c'est plutôt une réussite. En prime : une piscine « naturelle », de grands cieux étoilés, un personnel serviable et des super balades guidées à pied, en vélo ou en pirogue à la découverte des *tsingy*.

À voir. À faire

Dans l'Ankàrana, on vient avant tout voir les spectaculaires formations de *tsingy* gris et les grottes qui percent la roche de toutes parts. Faune et flore sont riches, mais il faut prendre son temps pour réussir à les observer. La qualité du guide est essentielle. Le parc abrite 11 espèces de lémuriens, dont 4 diurnes et 7 nocturnes – parmi lesquelles le rare aye-aye. On y trouve aussi 13 espèces de chauves-souris et 92 d'oiseaux, dont le rarissime *mésite*. Ajoutons des caméléons « géants » et une flore d'une grande diversité, avec l'*Adenia* (l'arbre des Tsingy, qui garde une réserve d'eau), des pachypodiums et quelques espèces de baobabs.

🥾🥾 **Ankàrana Est :** cette partie, plus accessible, est la plus visitée. En fonction de la saison, les balades varient en intérêt. En saison chaude, mieux vaut partir tôt, pour une meilleure observation des animaux. Emporter au moins 3 l d'eau par personne et par jour, il fait très chaud !

➤ **Le petit circuit** *(env 2h30 ; 20 000-25 000 Ar)* **:** nombreux sont ceux qui s'en contentent. On explore la *grotte des Chauves-Souris*, surtout remarquable par sa taille. Des milliers d'entre elles y résident ; avoir une torche, mais ne pas les éclairer violemment, ni de manière continue. Le *Tsingy Meva* est situé juste au-dessus. Très acéré, de couleur grise, on s'y faufile entre les formations avant de déambuler à leur sommet (petite passerelle de bois) et découvrir une belle vue sur la région. Non loin de là, la *Perte des Rivières* est une sorte de gouffre dans lequel disparaissent, à la saison des pluies, quatre cours d'eau ! Malheureusement, on ne peut pas observer le phénomène car, entre janvier et avril, le site est inaccessible... Reste la vision du gouffre (ajouter 30 mn pour ce site).

➤ **Un autre circuit** *(3h env ; 25 000-30 000 Ar)* mène à la *Tourelle des Tsingy* et au *Tsingy Rary* en passant par la *Perte des Rivières*. L'occasion de découvrir des formations différentes. Ce circuit peut être allongé en lui adjoignant un secteur avec pont suspendu.

➤ **Un grand circuit** *(8h env)* permet d'accéder au *lac Vert* et au *grand Tsingy*.

🥾🥾 **Ankàrana Ouest :** une randonnée de 4h (aller) permet de rejoindre le *lac Vert* et le *grand Tsingy*. Le *circuit Rivière Verte* permet, lui, de voir un canyon, l'immense grotte d'Andrafiabe (vestiges royaux, mais attention aux scorpions !), celle des Crocodiles et les grottes appelées Squelette et Cathédrale. Il y a en tout une centaine de grottes dans le massif, mais seules huit sont visitables, en raison de leur caractère souvent sacré.

AMBANJA

env 35 000 hab.   IND. TÉL. : 86

À 15 km au sud d'Ankify (liaisons en taxi-brousse), cette ville-carrefour s'amarre sur les berges du fleuve Sambirano, aux portes d'une belle région de plantations remontant à l'époque coloniale. On y cultive aussi bien café, poivre, ylang-ylang et vanille que patates douces, tabac, manioc et riz. Mais le produit-phare reste le cacao, dont sont issus les fameux chocolats Robert.

Où dormir ? Où manger ?

Palma-Nova : juste à l'ouest du centre, à droite entre le parcage de Diego et celui de Tana, à env 1 km de la nationale. ☎ 500-41. 032-04-611-21. ● nathanael.oudiette@gmail.com ● palmanova-ambanja.com ● Compter 35 000-70 000 Ar selon confort et 25 000 Ar en dortoir. Une chouette adresse, tenue par le jeune Nathanaël, un Franco-Vietnamo-Malgache dynamique et sympathique. Ce petit hôtel propose des chambres très variées, avec ou sans sanitaires, ventilo ou clim, ainsi qu'un dortoir de 12 lits superposés. Cuisine variée et plats copieux (spécialités asiatiques). Propose diverses excursions dans les plantations ou villages des environs.

À faire dans la région

Balade à la plantation Millot : résa au 032-04-631-24 (Mado) ou ☎ (020) 22-551-25 à Tana pour plus de 4 pers. ● cananga.fr ● Visite le mat (8h-12h) avec son propre véhicule (une location peut être arrangée pour vous). L'occasion est rare de pouvoir pénétrer dans l'intimité d'une plantation séculaire de chocolat (fondée en 1904), exploitée en 100 % bio et tournée vers le commerce équitable. Des cabosses aux fèves séchées, on vous explique tout le processus qui mène au chocolat, et vous pouvez aussi découvrir les champs d'ylang, la distillerie qui s'éveille au retour des cueilleuses et le tri des épices. Mieux encore : pourquoi ne pas profiter de la table d'hôtes ou même séjourner dans la maison du planteur (confort simple) ? Il y a même quelques tentes safari avec salle de bains privée.

ANKIFY

IND. TÉL. : 86

Ankify n'est pas une ville, ni même un village, mais le port d'embarquement pour Nosy Be, avec quelques maisons et hôtels sympas semés dans la végétation alentour. Pratique si vous loupez le dernier bateau ou que vous voulez visiter les plantations d'Ambanja ! Il est préférable d'embarquer avant 15h, à cause de l'état de la mer.

Arriver – Quitter

■ **Le taxi-brousse d'Yvan** (📱 *032-61-413-53*) relie Ambanja à Ankify et ses hôtels (situés quelques km plus loin) 3 fois/j. Appeler pour confirmer les horaires (mat à début d'ap-m à priori). D'autres taxis-brousse relient la RN 6 à Ankify, mais ils s'arrêtent au port et ne vont pas jusqu'aux hôtels.

➢ Depuis Diego-Suarez (trajet env 8h), des taxis-brousse (dont notamment Jimmy Hely, 📱 *032-55-826-21),* filent pour arriver à temps à l'embarquement.
➢ Pour les bateaux vers Nosy Be et Nosy Komba, voir le chapitre consacré à l'île.

Où dormir ? Où manger ?

🏠 |●| *Le Baobab : 1 km après l'embarcadère.* 📱 *033-07-208-87 et 032-40-478-68.* ● *baobab.ankify@gmail.com* ● *Doubles 150 000-185 000 Ar selon confort.* Tout un ensemble de bungalows ronds, en brique, au toit de palme et tôle, entoure un petit cap rocheux, face aux îles de Nosy Komba et Nosy Be. S'ils ne sont pas très séduisants, ils se révèlent en revanche confortables et bien propres. Préférez ceux situés sous les cocotiers, côté plage, et évitez ceux accolés sur le rocher (promiscuité). Grand resto sous une vaste paillote dominant la baie (très correct).

🏠 |●| *Ankify Lodge : 4 km après l'embarcadère.* ☎ *926-11.* 📱 *032-45-334-61.* ● *contact@ankifylodge. com* ● *ankifylodge.com* ● *Resto tlj 6h30-14h30, 17h30-22h30. Double env 175 000 Ar ; menu du jour env 50 000 Ar.* On aime beaucoup ce lieu et ses 8 bungalows dotés d'une belle terrasse en bois, d'un grand lit et d'une salle de bains semi-ouverte où croissent des plantes... Semés dans la verdure, ils surplombent la baie, à l'instar de la demeure principale, une grande maison à la blancheur virginale, très aérée, d'où l'on embrasse un généreux panorama. La déco en matières naturelles est séduisante et, en contrebas, se niche un terrasson romantique, juste au-dessus de l'eau... Calme assuré.

🏠 |●| *Balafomanga Guest House : env 2 km après l'embarcadère, juste en face des îles.* 📱 *032-07-185-63.* ● *maisonsurlaplage.balafomanga@gmail. com* ● *Loc maison entière 100 €/j pour 6 pers.* Nichée au-dessus d'un recoin de plage semé de gros rochers, cette maison traditionnelle tout en bois et *falafy* abrite 3 chambres, 2 salles de bains et une cuisine. Elle est prolongée par une grande varangue dominant la mer, aux banquettes bleu roi et rose idéales pour s'oublier. Repas sur demande. Les proprios organisent des croisières en cata dans l'archipel de Nosy Be.

Où dormir ? Où manger dans les environs ?

🏠 |●| *Éden Lodge :* 📱 *032-02-203-61.* ● *edenlodge.net* ● *Compter 200-240 €/pers en pens complète.* 📶 Loin de tout, entre large plage et baobabs géants, cet écolodge pas comme les autres n'est accessible qu'en bateau. Conçu dans un esprit innovant, il s'est vu décerner en 2013-2014 le titre envié de « meilleur hôtel durable du monde » ! Les 8 bungalows (75 m^2 !) s'inspirent des lodges africains de luxe, avec leur tente spacieuse en semi-dur, relevée de notes pétulantes et chapeautée d'un large toit de palmes. Chacun dispose de sa propre table et espace de massages ! Au programme encore : dîner en tête à tête sur le tapis de sable, sports nautiques « doux » (non motorisés), plongée, sorties en pirogue, etc.

L'ÎLE DE NOSY BE

- Hell-Ville (Andoany)......345
- Ambatoloaka
  et Madirokely 350
  - Les plages • Excursion autour de l'île • Lemuria Land et la distillerie d'ylang-ylang • Le parc national de Lokobe • Le mont Passot et les lacs
  - Les arbres sacrés
  - Dzamandzar
- Les îles autour de Nosy Be 363
  - Nosy Komba • Nosy Tanikely • Nosy Sakatia
  - Nosy Iranja • L'archipel des îles Mitsio • L'archipel des îles Radama

• Plan *p. 343*

70 000 hab. ; IND. TÉL. : 86

Nosy Be, ses îles nombreuses, son sable clair, ses cocotiers, ses fonds marins, ses pêches miraculeuses... Voilà pour la carte postale. Considérée comme la perle de Madagascar, l'île recèle un vrai potentiel touristique. Certes, Nosy Be en elle-même possède assez peu de plages et est décriée pour ses problèmes de tourisme sexuel omniprésent. La « station balnéaire » d'Ambatoloaka fait un peu à cet égard figure de verrue... Mais au-delà des problèmes sociaux et sécuritaires, de la mauvaise gestion des ressources et des prix élevés (pour Madagascar), le cadre se révèle vraiment superbe.

Le sud-est de l'île abrite le parc national de Lokobe, que l'on peut explorer à pied à la rencontre des caméléons, boas et lémuriens, et le nord de l'île recèle les plages les plus belles et les plus isolées, à découvrir sans hésiter. Au-delà, la farandole des îles hautes et des îlots, baignés d'eaux turquoise et tièdes, façon aquarium, invite à oublier le monde et ses tracas. Oui, Nosy Be permet toujours de passer un moment délicieux sous le soleil. Avec l'île Sainte-Marie, une halte de quelques jours ici constitue une fin de séjour vraiment sympa après 2 ou 3 semaines de circuit épuisant sur la Grande Terre. Noter que l'île étant très touristique, on oublie la monnaie locale, ici les prix sont souvent indiqués en euros.

Infos et conseils utiles

– *Climat :* tropical et humide, il affiche officiellement 340 jours de soleil par an. La saison sèche dure de mai à octobre. Les températures sont au plus bas de juin à août (environ 29 °C !), alors qu'elles peuvent atteindre 35 °C en saison des pluies, notamment en janvier et février. Il pleut alors beaucoup (2 500 mm par an !), mais surtout en fin d'après-midi, ce qui ne ruine pas la journée.
– *Haute saison :* elle se concentre principalement sur juillet-août, avec des pics de fréquentation à Pâques et autour de Noël. Mieux vaut réserver tôt vos vols intérieurs à cette période.
– *Meilleure saison :* en fait, si vous le pouvez, le mieux est de venir durant les intersaisons. D'avril à juin, et de septembre à novembre, il y a peu de monde, les températures sont agréables et la visibilité sous l'eau meilleure.
– Pour observer les *fonds marins,* apportez votre masque, vos palmes et votre tuba. On n'en trouve pas toujours sur place ou on vous le loue cher. Pensez aussi au soleil qui tape fort et couvrez votre dos d'un T-shirt !
– Attention aux *mokafohy* (prononcer « moucafou »), ces moucherons piqueurs minuscules qui vous dévorent sans presque que vous vous en rendiez compte. Leur présence varie d'une plage à l'autre, d'un moment à l'autre.

Appliquez de la citronnelle ou de l'huile essentielle de géranium sur les piqûres pour éviter les démangeaisons. Et surtout, ne les grattez pas (prévoir des moufles !), elles peuvent s'infecter assez facilement.
– *Rabatteurs de plage :* il arrivera qu'on vous propose une excursion en pirogue ou une balade dans les îles. Cela peut être très sympathique, mais sachez que vous n'aurez aucune garantie de sécurité. Il y a déjà eu des accidents dus à l'inexpérience de ces « guides », au matériel défaillant, à la mauvaise gestion de la météo et à l'absence de gilets de sauvetage. Prenez vos précautions et étudiez bien les prix par rapport aux prestations fournies. Il est souvent préférable de passer par une agence locale.

Arriver – Quitter

En bateau

De l'embarcadère d'Ankify

Facilement accessible d'Ambanja (à env 20 km), Ankify est le point de départ des bateaux vers Nosy Be. Venez-y de préférence le matin (surtout en saison sèche, de mai à octobre) et en tout état de cause avant 15h, car les alizés forcissent dans l'après-midi et la traversée peut devenir houleuse. Voir la rubrique « Arriver – Quitter » à Diego-Suarez pour étudier votre trajet jusqu'à l'embarcadère et nos adresses à Ankify si vous arrivez trop tard.
De là, vous avez plusieurs solutions. Il existe des tas de compagnies et coopératives qui se font concurrence.
– *Les navettes ou « coques » :* ce sont des bateaux rapides d'une douzaine de personnes, qui partent quand ils sont pleins. Compter 30-45 mn de traversée. Il y en a beaucoup, avec des départs réguliers, surtout en saison sèche. Ils sont plus nombreux le matin et plus rares à partir de 15h ; le dernier part généralement vers 16h-16h30. Si vous ne voulez pas attendre, vous pouvez toujours payer les places non occupées... Prix du ticket : env 15 000 Ar. Si vous résidez dans l'un des hôtels d'Ankify, qui sont un peu éloignés du débarcadère, vous pourrez vous y faire récupérer, en fonction de la marée pour un petit supplément. En revanche, en principe pas de supplément à payer pour les bagages. Il est aussi possible de demander à être déposé directement à Nosy Komba. Rappelez-le au pilote à l'approche de l'île, pour qu'il ne vous oublie pas !
– *Les « teuf-teuf » :* ces bateaux en acier, lents (1h30-2h de trajet) et bondés, partent en fonction des marées. Ils tombent souvent en panne. Compter 5 000-8 000 Ar. On ne les conseille pas vraiment.
– *Le bac :* surtout utile pour ceux qui sont en voiture (2 à 4 véhicules par bac). Départs le matin avec *Toky Bac* (032-02-061-81) ou l'*Éclair* (032-04-619-87). Compter 120 000-140 000 Ar/ véhicule, plus les passagers.
– Certaines agences comme *Évasion sans Frontière* (voir « Adresses utiles » à Hell-Ville) organisent des **transferts privés** entre Hell-Ville et Ankify (environ 70 €/bateau jusqu'à 4 personnes).

En bus

Plusieurs agences et opérateurs (comme *Kofmad*) proposent des **combinés bateau + taxi-brousse** pour ceux qui poursuivent leur route vers Ambanja ou Diego. C'est un poil plus cher, mais ça simplifie la vie. *Évasion sans Frontière* (voir « Adresses utiles » à Hell-Ville) propose par ailleurs des transferts jusqu'à Diego à bon prix (50 000 Ar), dans des véhicules touristiques qui remontent à vide – tout dépend donc de leur disponibilité.

En avion

➢ *Tananarive* (1 vol/j., sf jeu, avec souvent escale à Majunga) avec *Air Madagascar*. (• airmadagascar.com •).
➢ *Île de La Réunion :* mar, jeu et sam avec *Air Austral* (• air-austral.com •).
➢ *Mayotte :* mar, jeu, ven et dim avec *Ewa Air* (• ewa-air.com •).

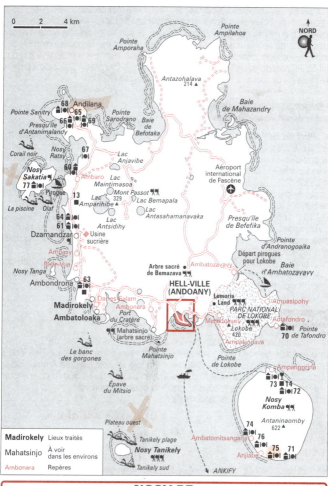

NOSY BE

- **Adresses utiles**
  - 13 Nosy Be Original
  - 14 Nosy Komba Plongée
  - 63 Scuba Nosy Be

- **Où dormir ? Où manger ? Où boire un verre ?**
  - 60 Case Sakalava Ecolodge
  - 61 Hôtel Arc-en-Ciel
  - 63 Un Autre Monde, Nosy Lodge et Sand Lodge
  - 64 Auberge d'Aladabo
  - 65 La Rhum Riz – Chez Nono
  - 66 La Casa Flops et Chez Eugénie
  - 67 La Table d'Alexandre
  - 68 Hôtel Le Belvédère, restaurant Chez Loulou et La Villa du Belvédère
  - 69 Le Grand Bleu
  - 70 Gîte Guyan et Soa Vola
  - 71 Tsara Komba
  - 72 293 on Komba Guest House
  - 73 Chez Juliette, Chez Éric dit « Baba » Hôtel Lémuriens, Chez Léontine, Chez Yolande, Ilo Village, String Bar et gargotes
  - 74 Coco Komba
  - 75 Chez Remo et Bérénice
  - 76 Les Jardins de Clarita et Mora Mora, Jardin Vanille
  - 77 Delphino Villa, Chez Marius et Sakatia Lodge

➢ **Paris :** avec *Air Madagascar* (☎ 034-11-222-51) via Tana (bien vérifier les horaires car quelquefois il faut passer au moins une nuit dans la capitale). Toujours donner son adresse mail ou les coordonnées de l'hôtel pour être prévenu en cas de changement de dernière minute. Sinon, avec *Air Austral* via La Réunion.
➢ Si vous êtes coincé, restent encore les vols privés d'*Insolite Travel Fly* *(voir « Adresses utiles à Ambatoloaka »)* pour Diego (210 €/pers à partir de 3 pers) et Majunga (420 €).

Arrivée à Nosy Be

🚢 **Port de Hell-Ville** *(plan Hell-Ville, B2)* : les taxis y sont légion à l'arrivée des bateaux et un brin envahissants... Si vous voulez aller directement à Ambatoloaka, il vous faudra d'abord gagner le parcage des taxis-brousse (à environ 1 km, face au marché). Plus simple : prenez un taxi « spécial ».

✈ **Aéroport international de Fascène** *(carte Nosy Be)* : *à 11 km au nord-est de Hell-Ville, par une route goudronnée (20 mn).* Services minimum sur place : pas de distributeur, juste un guichet de change, face au terminal, qui ouvre à l'arrivée des vols internationaux. Pas de taxis collectifs non plus pour rejoindre Hell-Ville ou Ambatoloaka, mais de nombreux taxis privés. Les tarifs officiels sont d'environ 25 000 Ar pour Hell-Ville, 45 000 Ar pour Ambatoloaka et 55 000 Ar pour Andilana. Essayez de partager et faites bien préciser que le tarif est pour le taxi entier et non par personne (arnaques) !
– Si vous avez réservé un hôtel, certains assurent le transfert, mais c'est toujours payant.

Comment circuler à Nosy Be ?

Il est possible de faire le tour de l'île par une route goudronnée : elle dessert Hell-Ville, les stations balnéaires d'Ambatoloaka et Madirokely, Andilana et l'aéroport. La branche montant vers le mont Passot est elle aussi désormais goudronnée.

Des tuk-tuks circulent dans un rayon d'environ 5 km autour de Hell-Ville et parfois au-delà (jusqu'à Ambatoloaka). Il en coûte 1 000-1 500 Ar et, là encore, le double la nuit.

En taxi collectif et tuk-tuk

Des taxis collectifs desservent les localités principales au départ du marché de Hell-Ville *(plan Hell-Ville, A1)*. Compter 3 000-5 000 Ar selon la destination (Ambatoloaka, Dzamandzar et Andilana). Les autres lieux sont mal ou pas desservis. Naturellement, ils ne partent que quand ils sont pleins et ça peut parfois prendre un bon moment... On en trouve assez facilement jusque vers 19h, mais après ils sont plus rares (tarif double passé 20h). On peut éventuellement les intercepter sur les routes, mais c'est assez aléatoire car ils sont souvent déjà pleins. Précisez votre destination et le prix avant de monter.

En taxi « spécial »

Il existe une grille des tarifs officiels pour les taxis privés, que chaque chauffeur est censé avoir. Au départ de Hell-Ville, il en coûte environ 25 000 Ar pour l'aéroport ou Ambatoloaka, 45 000 Ar pour Andilana et 50 000 Ar pour le mont Passot (35 000 Ar d'Ambatoloaka à Andilana). Le tarif double entre 20h et 4h. Si vous voulez tout faire et voir rapidement, prenez un **taxi à la ½ journée** (100 000 Ar) **ou à la journée** (150 000 Ar, de 8h au coucher du soleil). Ces tarifs, incluant l'essence, se discutent. Cela dit, sachez que les chauffeurs ont un chiffre d'affaires minimal à réaliser dans la journée pour pouvoir payer le tarif de location fixé par le propriétaire du véhicule...

En voiture, à moto, à vélo

On trouve quelques loueurs à Hell-Ville et à Ambatoloaka. On les indique dans les « Adresses utiles » consacrées à ces 2 villes. L'état des routes s'est grandement amélioré ces dernières années, mais faites attention dans les chemins (nombreux trous), surtout dans le nord de l'île. À moto, soyez très prudent et portez un casque (obligatoire). Il est conseillé d'avoir pris une assurance avant le voyage. Par ailleurs, il est **FORTEMENT DÉCONSEILLÉ** de circuler à moto la nuit (quelques cas d'agressions par le passé).

HELL-VILLE (ANDOANY)

IND. TÉL. : 86

● Plan p. 347

« Ville de l'enfer » ? En fait, le chef-lieu de Nosy Be doit son nom européen à l'amiral Hell, ancien gouverneur de l'île de La Réunion, qui signa un traité de protectorat en 1840 avec la reine sakalava Tsiomeko, alors sérieusement menacée par l'expansion de la monarchie merina et réfugiée à Nosy Be.

Décatie et nonchalante, cette petite ville coloniale jadis jolie est restée attachante, surtout sur le cours de Hell, encadré de fières demeures. C'est le matin qu'il faut la découvrir, au maximum de son animation. À midi, tout ferme et la petite cité s'assoupit – avant de reprendre un brin de vie (on a bien dit un brin) le soir. C'est ici que se trouvent les services administratifs de l'île et les hôtels les moins chers, mais la plupart des visiteurs ne font que passer.

DES RUSSES À NOSY BE

Sur le cours de Hell, une stèle rappelle la mémoire des 15 000 marins russes bloqués à Nosy Be entre décembre 1904 et mars 1905 faute de charbon. Leur séjour fut marqué par l'épuisement des stocks locaux de... cognac ! Parmi la trentaine de navires à quai, l'un allait devenir célèbre : le croiseur Aurore, qui tirera le premier coup de feu de la Révolution en 1917. Quelques hommes firent souche et deux-trois patronymes russes ont survécu, de même qu'une baie des Russes.

Adresses utiles

Services

ℹ️ Délégation régionale du tourisme de Nosy Be (plan B2) : dans le centre, quartier des brodeuses. ☎ 032-05-837-00. ● nosybe-tourisme.com ● Proche des derniers canons avant le port, derrière la préfecture de police. Lun-sam 8h-18h et dim 8h-12h (en théorie). Docs et cartes payantes.

✉ **Poste** (plan A-B2) : rue Passot. Lun-ven 7h30-12h, 14h30-17h ; sam 8h-11h.

@ **Internet :** dans la rue centrale, **Cyber Chic** (plan A1-2, **3**), maison Solomaso, bd de l'Indépendance. Tlj sf dim 8h-19h. **Cyber Kelly** (plan A1, **2**), dans la petite galerie commerciale Ankoay, au fond à droite. Tlj 7h-22h. Sinon, le resto Le Nandipo ainsi que L'Oasis (voir « Où manger ? ») disposent du wifi. Il suffit de consommer.

■ **Banques :** elles sont toutes dans la rue principale, entre le cours de Hell et la rue Guynemer et sont ouvertes du lundi au vendredi 7h30-11h30 et 14h-16h. Leurs distributeurs sont accessibles 24h/24 et la plupart proposent le

service *Western Union*. Côté change, la **BMOI** (plan B2, **1**) aurait tendance à offrir le meilleur taux.
- *Change* (plan A1, **6**) : *bd du Général-de-Gaulle, juste en face de la pharmacie Tsarajoro. Lun-ven 8h-12h, 14h30-17h et sam mat*. Meilleur taux de la ville pour les grosses coupures.
- *Supermarché Shampion* (plan A2, **7**) : *dans une ruelle perpendiculaire à la rue principale, près du marché. Lun-sam 8h-19h, dim 8h-12h30*.
- *Alliance française* (plan A1, **4**) : pl. du Marché. ☎ 613-45. 📱 032-05-119-67. Lun 14h-18h ; mar-sam 9h-12h, 14h-18h. Belle bibliothèque, spectacles affichés. Cours de malgache *(10 000 Ar/h)*.

Compagnies aériennes

- *Air Madagascar* (plan A1, **9**) : *route d'Ambatoloaka, à la sortie de la ville, sur la droite*. ☎ 613-57. 📱 032-05-222-51. *Lun-ven 8h-11h, 14h30-17h ; sam 8h-9h30*.
- *Air Austral* (plan A2, **10**) : *rue Gallieni*. ☎ 612-32. 📱 033-37-816-07. ● nosybe@air-austral.com ● *Lun-ven 8h30-12h, 14h-17h30 ; sam 9h-12h*. Représente aussi *Ewa Air*.

Urgences

- *Agence consulaire de France :* Cours de Hell, en face de l'église à Hell-Ville. ● esf.nosybe@blueline.mg ● Ouv mar et jeu 9h-11h. Portable d'urgence slt (Alain Schmaltz) : 📱 034-05-99-100 ou 033-50-12345.

- *Pharmacie Tsarajoro* (plan A1, **11**) : bd du Général-de-Gaulle. ☎ 613-82. *Lun-ven et sam mat 7h30-12h, 15h-18h30*. La meilleure de la ville. Le dimanche, pharmacie de garde indiquée sur la porte. Mêmes horaires à la *pharmacie Nourdine*, quartier Andavakotoko.

- ✚ *Urgences médicales :* le mieux, en cas de problème, est d'appeler l'un des 3 médecins suivants, parmi les plus compétents de l'île. *Dr Georgin*, 📱 032-04-092-41, recommandé par le consulat. *Dr Liva à Dar-es-Salam,* 📱 032-02-397-74. *Dr Paul à Dzamandzar,* 📱 032-04-968-07. Il y a bien un « hôpital », mais il est vraiment à éviter. Sinon, pour les premiers soins, il y a *l'Espace médical*, *à Androkaroka, à 5 km de Hell-Ville, sur la route d'Ambatoloaka*. 📱 032-04-431-15 (Dr Volona). Toujours un médecin de garde et ils disposent de quelques lits. Également la *clinique Santa Maria, à Androkaroka, à 5 km d'Hell-Ville sur la route d'Ambatoloaka*. 📱 034-86-925-55 (Dr Hubert). En cas de pépin sérieux, envisager un rapatriement sur Tananarive, voire sur La Réunion ou l'Europe.

Agence de voyages et locations de voitures

- *Évasion sans Frontière* (plan A2, **8**) : *rue Passot, face à L'Oasis*. ☎ 614-41. 📱 032-11-005-96. ● esf.nosybe@blueline.mg ● Sans aucun doute la meilleure agence de l'île. Vente de billets, excursions (notamment la classique Nosy Komba-Tanikely, Nosy Iranja ou la réserve de Lokobe), circuits terrestres dans tout le Nord, etc. Propose aussi des transferts vers Diego à 50 000 Ar (jours de rotation affichés à l'extérieur).

- *Zig-Zag, location de 2CV* (plan A1, **12**) : *Ambonara, petit chemin avt Air Madagascar*. 📱 032-04-159-84. ● zigzag-madagascar.com ● *Compter env 25 €/j. ou berlines 4 places climatisées 15€/j. (8h-19h), assurance incluse ; prix dégressif selon durée. Caution 200 € demandée. Les véhicules peuvent être pris et récupérés à l'aéroport*. Denis propose quelques jolies 2CV décapotables jaunes (le luxe !), entièrement rénovées, à louer sans chauffeur. Vraiment sympa. Il organise aussi des excursions au parc national de Lokobe, des virées sur la Grande Terre, des excursions en bus-safari dans les coins reculés de l'île, des sorties en mer sur des bateaux fiables, etc.

- *Nosy Easy Rent* (hors plan) : *à 4 km de la ville, sur la route d'Ambatoloaka*. 📱 033-11-611-00. ● nosyeasyrent.com ● *Pour une petite voiture, compter env 30-40 €/j. incluant 150 km/j., ce qui suffit largement. Tarifs dégressifs. Loc de 4x4 env 50-70 €. Véhicules assurés au tiers (compris dans le tarif)*. Propose aussi des excursions en 4x4 sur la Grande Terre.

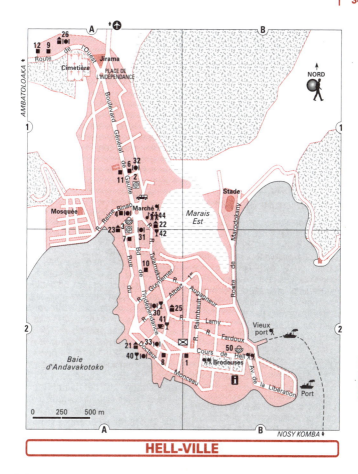

HELL-VILLE

■ Adresses utiles
- **ℹ** Délégation régionale du tourisme de Nosy Be
- **1** Banque BMOI
- **@ 2** Cyber Kelly
- **@ 3** Cyber Chic
- **4** Alliance française et marché
- **6** Change
- **7** Supermarché Shampion
- **8** Évasion sans Frontière
- **9** Air Madagascar
- **10** Air Austral
- **11** Pharmacie Tsarajoro
- **12** Zig-Zag, location de 2CV

🛏 Où dormir ?
- **21** Chambres d'hôtes Bambou
- **22** Hôtel Belle Vue
- **23** Hôtel Tsinjo
- **25** Tata Hotel
- **26** Les Bungalows d'Ambonara

🍽 Où manger ?
- **4** Gargotes
- **26** Les Bungalows d'Ambonara
- **30** Le Nandipo
- **31** Diana Loisirs
- **32** Gargote Angèle
- **33** Le Papillon
- **40** Terrasse du Restaurant de la Mer

🍸 🍴 Où boire un verre ?
🎵 🎭 Où grignoter ? Où sortir ?
- **30** Le Nandipo
- **41** L'Oasis
- **42** Porte Rouge
- **44** Makoumba

🛍 Achats
- **3** Le Village
- **50** Casa Mada

Où dormir ?

La plupart des visiteurs s'empressent de quitter Hell-Ville pour aller s'installer près d'une plage. Cela dit, ceux qui ont un budget serré et utilisent les taxis collectifs pour se déplacer dans l'île trouveront à s'y loger plus économiquement. On peut aussi choisir d'y rester une nuit pour prendre la température de cette petite ville tranquille.

De bon marché à prix moyens (20 000-80 000 Ar / env 6-23 €)

🏠 *Hôtel Belle Vue* (plan A1, 22) : *rue Tsiameko, à deux pas du marché.* ☎ 613-84. ▯ 032-04-798-94. ● *belle vuehotel_nosybe@yahoo.fr* ● *Doubles 28 000-60 000 Ar ; familiales et 2 suites de belle taille.* Les chambres à tous les prix peuvent convenir à tous. Les moins chères, petites et ventilées ont une douche privative mais pas de w-c. Celles donnant sur la plaine sont plus lumineuses. Les plus chères sont spacieuses avec TV, minibar, eau chaude et AC. Restos *Galmache* et *Porte rouge* au-dessus.

🏠 *Hôtel Tsinjo* (plan A1-2, 23) : *rue du Docteur-Monceau.* ☎ 612-99. ▯ 032-84-150-55. *Doubles 30 000-70 000 Ar.* Des chambres proprettes et fonctionnelles, dans un édifice en dur dominant le fond de la baie et ses boutres. Toutes ont salle de bains et ventilo, mais TV et AC se paient en plus. Évitez celles tout en bas, avec des fenêtres donnant sur un mur, vraiment tristes et humides. Resto.

De prix moyens à chic (40 000-150 000 Ar / env 11-43 €)

🏠 *Chambres d'hôtes Bambou* (plan A2, 21) : *rue du Docteur-Monceau.* ▯ *032-92-721-00. Doubles 50 000-60 000 Ar sans ou avec AC.* Cet établissement discret compte juste 6 chambres doubles spacieuses et bien tenues, avec ventilo et eau chaude. Certaines sont un peu sombres, mais les 2 du bout sont lumineuses et offrent un superbe panorama sur la baie. Dommage que certains murs aient pâti d'un dégât des eaux (réparation prévue...). Accès possible à une cuisine en supplément *(20 000 Ar).*

🏠 *Tata Hotel* (plan A2, 25) : *rue Albert-Ier.* ☎ 613-79. ▯ 032-60-580-33. ● *tata hotelnosybe.net* ● *Doubles 65 000-80 000 Ar sans petit déj.* 📶 Récent et parfaitement fonctionnel, voilà qui décrit au mieux ce petit hôtel aux chambres pas bien grandes mais impeccables, avec salle de bains, AC et petite TV à écran plat. Le bâtiment, vert amande, est lui-même pimpant.

🏠 l◉l *Les Bungalows d'Ambonara* (plan A1, 26) : *à la sortie de la ville, avt Air Madagascar, petit chemin derrière l'église Adventiste du 7e Jour.* ☎ 613-67. ▯ 032-02-611-12. ● *nosy-be-holidays.com* ● *Résa conseillée. Double 85 000 Ar.* On adore Jean-Michel. Descendant de l'écrivain Racine, exilé sous les cieux tropicaux depuis belle lurette aux côtés de Sylvie, il distille des rhums arrangés canon et gère ce petit hôtel de 10 bungalows serrés dans un jardin où pousse encore un peu du café de jadis. Plus ou moins spacieux, ils sont tous équipés d'une salle de bains en pierre (eau chaude), ventilo et moustiquaire. Au coin salon, avec ses coussins au sol, répondent une gentille piscine nichée dans la verdure et un resto qu'aiment à fréquenter les habitués (voir « Où manger ? »). Location de quelques vélos.

Où manger ?

Très bon marché (moins de 10 000 Ar / env 3 €)

l◉l De nombreuses *gargotes* et *stands* se regroupent à l'arrière et autour du marché de Hell-Ville *(plan A1, 4).* Prenez garde à l'hygiène, quand même. Parmi une des meilleures, la *Gargote Angèle* (plan A1, 32) est un petit resto de rien du tout, populaire en diable. Du boulevard du Général-de-Gaulle, prendre le chemin de terre à l'angle de l'hôtel *Rahim*. C'est à 50 m sur la gauche, dans une bicoque en tôle.

De bon marché à prix moyens (10 000-35 000 Ar / env 3-10 €)

|●| *Diana Loisirs* (plan A1-2, 31) : bd de l'Indépendance. ☎ 032-02-686-67. *Tlj sf dim 10h-14h30, 18h-22h.* Cédric, mélange subtil de racines réunionnaise, malgache et thaïlandaise, concocte avec application une cuisine qui lui ressemble, alliant les saveurs d'ici et les épices de là-bas. Résultat ? Des plats goûteux, servis avec gentillesse dans une grande salle rouge aux notes asiatiques et à l'ambiance lounge. Karaoké certains soirs.

|●| *Le Nandipo* (plan A2, 30) : rue Albert-Ier. ☎ 032-77-326-57. *Tlj, en continu de 7h jusque tard.* 📶 Voici l'un des principaux repaires des *vazaha* de Hell-Ville à l'heure de l'apéro (c'est-à-dire presque toute la journée !). Les murs de cette vieille maison en bois chaleureuse sont couverts de bouteilles – mais aussi de vieilles photos sur le thème de la guerre d'Espagne (l'ex-patron était catalan). La carte, éclectique, voit se côtoyer les pizzas au feu de bois (2 tailles), les plats plus hexagonaux et quelques tentatives de mariages mixtes, façon magret de canard au gingembre. Certains apprécient la paillote du fond, mais le balcon à l'étage nous semble irrésistible.

|●| 🍷 *Terrasse du Restaurant de la Mer* (plan A2, 40) : rue du Docteur-Monceau. ☎ 610-34. Une belle carte à prix presque doux avec à l'horizon la mer, même si la vue est pour le moins gâchée par un toit de bâtisse en premier plan. Pizzas au feu de bois, plats locaux et pâtes.

Chic (plus de 35 000 Ar / plus de 10 €)

|●| *Le Papillon* (plan A2, 33) : cours de Hell. ☎ 032-84-791-56. *Tlj sf dim, le midi, et le soir ven-sam. Plats 18 000-38 000 Ar.* Si cette adresse a perdu de sa fraîcheur, elle est tenue de main de maître par un Italien qui fait venir de chez lui quelques produits introuvables à Nosy Be. On se fait le chantre d'une cuisine (enfin !) travaillée, s'inspirant des traditions italiennes, des classiques français et des produits locaux. La salle ouverte, au mobilier en bois sombre, constitue un endroit agréable pour déguster des pâtes fraîches, des plats de poisson ou cette agréable terrine de foie gras marbré à la carambole en gelée de muscat et vanille. Le reste de la carte évolue en permanence.

|●| *Les Bungalows d'Ambonara* (plan A1, 26) : voir « Où dormir ? ». *Tlj sf lun. Repas env 45 000 Ar.* Dans un cadre de bois et de verdure élégant, cette bonne table fait honneur aux produits frais. Nymphes (grenouilles) à l'ail aujourd'hui, canard demain, filet de zébu, poulet, crevettes ou poisson, c'est selon et c'est toujours bon, quoiqu'un peu cher. Le service est gentil et l'accueil de Jean-Michel et Sylvie chaleureux. On vous proposera sans doute de finir le repas sur un rhum arrangé maison tiré de vieux stocks locaux... Un moment convivial. Animations musicales régulières.

Où boire un verre ? Où grignoter ? Où sortir ?

🍺 🍷 *L'Oasis* (plan A2, 41) : cours de Hell. ☎ 034-75-119-95. *Lun-sam 6h30-21h, dim 6h30-12h pour les croissants (mais pas de service ce jour-là).* 📶 Cet incontournable resto-boulangerie-pâtisserie prolongé d'une grande terrasse est un des rendez-vous favoris des *vazaha* de Nosy Be. Pour être honnête, les pâtisseries sont moyennes et les prix assez élevés, mais on peut s'intéresser aux formules de petit déj et aux hamburgers, sandwichs ou pizzas servis dans ce resto.

🍷 *Le Nandipo* (plan A2, 30) : voir « Où manger ? ». *Tlj, en continu jusqu'à env 23h-minuit.* 📶 L'un des rendez-vous *vazaha* pour boire un verre en ville. Sympa pour siroter une mousse ou jeter un œil aux infos sur la télé branchée sur une chaîne française.

♻ *Porte Rouge* (plan A1-2, 42) : *rue Tsiameko.* Mousse toujours, mais en version *gasy* (malgache)... La musique est à l'avenant et le service aussi (lent), mais on y vient avant tout pour taper la discute entre potes autour de quelques (micro)brochettes.

♪ 🕺 Côté Hell-Ville by night, le *Makoumba* (plan A1, 44), tout près du marché, se partage entre boîte en bas et cabaret en haut.

Achats

⊛ Des *broderies* sur le cours de Hell, voir plus loin.

⊛ *Le Village* (plan A1-2, 3) : *dans le récent bâtiment du Duty Free, bd de l'Indépendance.* ☎ *034-11-551-51. Lun-sam 9h-12h30, 14h30-17h30.* Vous y retrouverez les belles maquettes de navires anciens ou plus récents de la fabrique de Tana.

⊛ *Casa Mada* (plan B2, 50) : *cours de Hell.* ☎ *032-96-738-12. Lun-ven et sam mat 8h-12h, 14h30-17h30.* La boutique se présente avec raison comme « Nature sublime, artisans créateurs de bien-être ». L'endroit est assurément à découvrir. L'occasion de goûter (et dévorer avant qu'ils ne fondent !) les fameux chocolats *Menakao,* fabriqués à partir de cacao des plantations d'Ambanja, ainsi que de bons produits locaux à rapporter.

À voir

🎯🎯 *Le cours de Hell* (plan B2) : cette belle avenue double, ombragée de grands manguiers, est bordée de quelques vénérables édifices coloniaux aux relents de grandeur – publics d'un côté, privés de l'autre. La *sous-préfecture,* bâtie vers 1860, abritait à l'origine le siège des *Messageries Maritimes.* Quelques canons veillent encore, les plus anciens de 1819-1820. À quelques pas, la *Résidence,* où logeait l'administrateur, a hébergé tous les hôtes de marque passés en ces lieux : Gallieni, de Gaulle, le président Tsiranana...

🎯🎯 ⊛ *Les brodeuses* (plan B2) : *cours de Hell.* Tous les jours, les brodeuses sont là, avec leurs belles collections de nappes brodées en coton malgache. Leur spécialité s'appelle le point Richelieu, une broderie ajourée unique à Madagascar. Ne pas négocier comme un sauvage ! Une seule pièce demande de 3 semaines à 1 mois de travail. *Compter env 50 000 Ar.*

🎯 *Le marché* (plan A1, 4) : *tlj.* C'est le matin qu'il est le plus vivant. Plein d'épices, de senteurs, de couleurs... Achards de citron ou de mangue dans de jolies bouteilles de *J & B* y côtoient poivre noir ou vert, cannelle, vanille, fruits et légumes, poisson et viande aux odeurs fortes dévorée par les mouches.

🎯 *Le vieux port* (plan B2) : *à proximité de l'embarcadère, sur la gauche quand on vient du centre-ville, en longeant la baie.* On peut y voir quelques vénérables boutres traditionnels en bois, chargés comme des mules, toujours utilisés pour transporter le sable et le granit jusqu'à la Grande Terre. Certains bateaux partent pour Nosy Komba.

AMBATOLOAKA ET MADIROKELY

IND. TÉL. : 86

Ambatoloaka (prononcer « Ambatoulouk ») est le principal « village balnéaire » de l'île, situé à 10 km à l'ouest de Hell-Ville. Posé au bord d'une plage animée assez jolie, même si elle ne possède pas un charme délirant, il a poussé de manière anarchique à la faveur de l'explosion touristique des années 2000. Il se compose en fait surtout d'une longue rue parallèle à la plage (rendue aux piétons après 18h), le long de laquelle s'empilent au coude à coude paillotes et gargotes, bars braillards, hôtels et bungalows. D'autres, un peu plus sereins, se disséminent en retrait, à flanc de colline, le long de chemins plus ou moins défoncés. On trouve ici de bonnes adresses pour séjourner et manger. Cela dit, l'ambiance ne plaira pas à tous... Dans la journée, c'est assez mort. Le soir, c'est plus vivant et un peu glauque tout à la fois. Pas familial pour un sou, en tout cas, puisque Ambatoloaka est le rendez-vous des vieux *vazaha* venus ici tromper leur solitude dans les bars (euphémisme). Quelques trognes burinées y traînent la savate dès potron-minet, autour d'un rhum qui ne les arrange pas.

Dans le prolongement nord d'Ambatoloaka s'étend Madirokely (prononcer « Madiroukel »). En fait, c'est la même plage, juste délimitée par une petite bande de rochers qu'on ne voit même plus à marée haute. Colonisée elle aussi par les constructions, elle est plus bon enfant et moins bruyante. Rappelez-vous en au moment de choisir votre hébergement.

Adresses utiles à Ambatoloaka

Services

@ **Cyber Malaky :** *à l'entrée du village, un peu avt La Sirène. Tlj sf dim.*

@ **Quelques bars** du centre du village proposent du wifi.

■ **Banque BNI :** *à l'entrée du village, à l'orée du grand parking.* Le seul distributeur du secteur (pas de services bancaires).

■ **Royal Change :** *face à la BNI, au 1er étage, au-dessus du Mini Market, tlj 7h-19h.* Change à un taux raisonnable.

■ **Pharmacie Toko :** *dans le centre du village.* ☎ *032-55-682-06. Lun-sam 8h30-12h30, 15h-20h ; dim 9h-12h30, 16h-20h.* Pratique et de bon conseil.

Location de motos

Avoir son permis, car conduire à Nosy Be (sans savoir piloter une bécane) peut être vraiment dangereux. Assurance au tiers comprise, mais pas d'assurance personnelle. Exigez un casque et portez-le. **NE CONDUISEZ JAMAIS DE NUIT.**

■ **Location Jeunesse :** *dans la rue principale.* ☎ *032-04-663-87. Tlj 7h30-18h.* Loc de VTT 15 000 Ar/j ; scooters dès 25 000-30 000 Ar/j selon la durée ; motos (125 cm³) 35 000-40 000 Ar/j, carburant non compris. Propose aussi des excursions vers les îles et le parc national de Lokobe.

Sorties en mer et excursions diverses

Plusieurs agences sont implantées dans la rue principale. Comparez offres et prix avant de vous décider. Ci-dessous, quelques adresses qui, outre les balades classiques autour de l'île, organisent également des excursions plus originales.

■ **Baleines Rand'eau :** *sur la plage de Madirokely, à l'hôtel* Chez Senga. ☎ *032-24-509-87 ou 032-54-577-41.* ● *baleinesrandeau.com* ● Une jeune équipe de passionnés organise plusieurs types de sorties en mer à la journée (déjeuner compris) : des *randos palmées guidées* sur Nosy Sakatia et Nosy Tanikely ; des *sorties baleines* durant l'hiver austral (de mi-juillet à novembre) ; et des *sorties requins-baleines* (entre octobre et décembre) où l'on nage avec masque et tuba à proximité du plus gros des poissons de la création, parfaitement inoffensif. Impressionnant ! Autre option : 2 jours en bivouac à Nosy Iranja.

■ **Nosy Be Original** *(carte Nosy Be, 13) : au nord d'Ambatoloaka, à côté du* Vanila Hotel *(à Bemoko).* ☎ *032-40-524-88 ou 032-05-524-90.* ● *nosybe-original.com* ● *Tlj sf dim ap-m.* Tous types d'excursions dans l'archipel de Nosy Be, dont le parc de Lokobe et une journée balade, baignade et plongée-tuba à Nosy Sakatia, comprenant un bon déjeuner. Journée voile à bord d'un cata vers Nosy Komba et Nosy Tanikely à la demande (jusqu'à 8 personnes).

■ *Alefa :* à Madirokely, près de l'hôtel Aviavy, *en bord de plage.* ☎ 923-43. 📱 032-40-055-20 ou 032-07-127-07. ● pirogue-madagascar.com ● Malgré des prix prohibitifs, certains ne jurent que par eux : la magie des navigations au long cours en boutre ou grande pirogue sakalava (2 à 24 jours), dans les recoins secrets de l'archipel et de la côte de la Grande Terre, autrement inaccessibles, vaut bien tout l'or du monde. On est là dans le domaine de l'aventure, du non-itinéraire établi, des souvenirs d'Henry de Monfreid dans un coin de tête... À vous de voir.

■ *Madavoile :* sur la colline (appelez, c'est plus simple). 📱 032-04-223-55 ou 034-20-266-27. ● madavoile.com ● Croisières à la carte, en catamaran ou monocoque (à voile ou à moteur) dans l'archipel de Nosy Be et sur la côte nord-ouest de la Grande Île. Les pêcheurs et plongeurs bénéficient de circuits spécifiques.

■ *Insolite Travel Fly :* en arrivant à Ambatoloaka, dans le virage après le parking, face à l'hôtel Espadon. 📱 032-11-427-20. ● insolite-travel-fly.com ● Les hédonistes s'offriront peut-être un survol de l'île et les pressés un vol privé en hélico *écureuil* ou en avion pour Diego ou Majunga !

■ *Aquajet :* au centre de la rue principale. 📱 034-02-690-17. ● aqua.jet.mg@gmail.com ● Des transports 1re classe pour 3 à 8 personnes vers Antananarivo, Diego ou Ambaja (avec excursions plantations et cascade). Également des visites de Lokobe et des balades dans les îles avec possibilité de plongées. Une bonne agence.

Clubs de plongée

■ *Forever Dive :* sur la plage de Madirokely. 📱 032-07-125-65 ou 032-84-913-81. ● foreverdive.com ● Derrière Chez Senga, à 100 m env. Compter env 72 € pour 2 plongées (équipement inclus). Le club le plus agréable de l'île assurément, tenu par Roland et Sylvia, une Suissesse vraiment sympa et compétente. Elle ne prend qu'un maximum de 1 à 4 personnes et part 30 mn avant les autres pour profiter des spots en toute tranquillité. Propose aussi des croisières plongée aux Mitsio et Radama.

■ *Tropical Diving :* à l'hôtel Coco Plage (voir « Où dormir ? »). 📱 032-49-462-51. ● tropical-diving.com ● Compter env 70 € pour 2 plongées, 60 € sans équipement. Ce club sérieux, qui a fait ses preuves au fil des années et travaille avec de grands tour-opérateurs spécialisés, est tenu par Jean-Michel, instructeur PADI-CMAS. Privilégiant les petits groupes de même niveau (8 personnes maximum), il propose baptêmes, initiation et exploration, dès l'âge de 8-10 ans.

■ *Scuba Nosy Be (carte Nosy Be, 63) :* à l'hôtel Nosy Lodge (voir « Où dormir ? »). 📱 032-07-961-58. ● scubanosybe.com ● Compter env 62-70 € pour 2 plongées avec équipement. Encore un club très pro, qui propose des formations Nitrox (c'est le seul) et pour moniteurs. Erwann vous emmène plonger dans tout l'archipel (maximum 6 personnes par bateau) et propose même de loger les routards gratuitement pour chaque journée de plongée achetée !

■ *Sakalav' Diving :* à Bemoko, Dzamandzar. 📱 032-07-437-21. ● sakalav-diving.com ● Tlj, mais fermé durant la saison des pluies (de mi-janv à fév). Baptême 50 €, plongée 42 €, dégressif. Centre CMAS, PADI et NAUI spécialisé dans la biologie marine, plus particulièrement la macro et le référencement des nudibranches. Sorties même pour une seule personne ! Enfants à partir de 8 ans et plongées de nuit. On apprécie la gentillesse de Nathalie et Alain-Benoît, qui proposent des sorties sur mesure.

■ *Oceane's Dream :* à Ambatoloaka, BP 173. 📱 032-07-127-82. ● oceanesdream.com ● Baptême 50 €, plongées 40-53 €, dégressif. Centre ADIP, CMAS et PADI. L'équipe est expérimentée et sympathique, les baptêmes et plongées pro. Propose aussi des sorties à la journée sur des îles environnantes, des croisières en catamaran et une initiation à l'apnée.

Pêche sportive

■ Plusieurs adresses de qualité dans ce domaine pour des sorties à la journée ou en bivouac. On peut par exemple s'adresser à Madirokely, à **Aviaty Fishing Club** ou à **Loïc Fishing World**, (☏ 032-07-125-13 ; ● fishingworld-nosybe.net ●). Installé depuis près de 2 décennies, Loïc connaît les eaux locales comme sa poche. À deux pas, un autre Loïc offre ses services : **Nosy Bleu** (☏ 032-04-413-10 ; ● nosy-bleu-peche.com ●).

Où dormir ?

À Ambatoloaka

Quelques bonnes adresses dans le village et au bord de la plage, même si elles sont souvent un peu les unes sur les autres. Autre bémol : les prix sont assez élevés dans ce secteur.

Prix moyens (40 000-80 000 Ar / env 11-23 €)

🏠 **Bungalows Coucher du Soleil :** en surplomb du village, après avoir traversé les cahutes du village et contourné un bâtiment jaune. ☏ 032-02-087-21. ● coucherdusoleil-nosybe.com ● Prendre l'escalier face à l'hôtel Koko Loko et grimper un peu (sans crainte). Bungalows 60 000-85 000 Ar. 📶 Tenue avec dynamisme par Joëline, cette adresse bon enfant regroupe 13 bungalows étagés sur la colline, juste en retrait de l'animation – et, malgré tout, à quelques pas de la plage. Tous ont des sanitaires privés, mais certains sans eau courante. Cela étant dit, ils sont très bien tenus et de bon confort pour le reste, voire mignons même avec leurs chaises longues sur une petite terrasse et leurs plantes vertes. Il y a aussi 3 chambres en dur et un appart très spacieux, impeccables mais plus chers. Se munir d'une lampe de poche pour aller jusqu'à la rue principale le soir.

Chic (80 000-150 000 Ar / env 23-43 €)

🏠 **Hôtel Benjamin :** au cœur du village, prendre le chemin au niveau du resto Chez Angéline, et resto Safari, puis 1re à gauche, c'est au bout sur la droite. ☏ 032-02-586-66. ● hotelbenjamin-nosybe.com ● Env 105 000 Ar le bungalow (selon durée). 📶 Dans un coin en retrait, légèrement en surplomb du village, quelques bungalows se serrent les uns contre les autres, face à un jardinet bien verdoyant. Tout en bois, ils sont assez élégants, avec mobilier bien choisi et petite terrasse dotée d'une chaise longue pour lézarder. Douche avec eau chaude, moustiquaire et ventilo. On s'y sent bien.

🏠 **Location de maisons et de villas :** elles proliféront dans le secteur et beaucoup sont même à vendre.
– **Villa Gaïa,** sur les hauteurs d'Ambatoloaka, non loin du Coucher du Soleil et à 200 m de la plage. ☎ 060-91. ☏ 032-04-772-06. ● villa-gaia.com ● Chambres env 25-30 € la nuit selon durée (min 4 nuits), 130 € pour la villa entière (4 chambres avec sdb). On peut louer une seule chambre, un étage ou la villa tout entière. Tout confort, avec grand salon, cuisine, piscine et vue splendide. Service d'une cuisinière en option.
– Même principe à la **Villa Catherine,** en bord de plage. ☏ 032-04-533-15. ● villas-catherine-razambe.com ● Compter 36-60 € selon saison et orientation. 📶 (payant). Les plus belles chambres sont à l'étage, donnant sur une terrasse carrelée côté mer. Toutes sont équipées d'une coquette salle de bains, moustiquaire, AC, ventilo et coffre.
– Les mêmes proprios gèrent la **Villa Razambe** (un peu au-dessus de l'hôtel Benjamin, donc plus excentrée). ☏ 032-04-533-15. À l'annexe, 4 chambres 45-60 €, mais surtout une maison entière 150-160 €/j. ; cuisinière à disposition, on ne paie alors que les courses. 📶 Elle possède elle aussi une belle piscine privée, un joli intérieur en bois avec cuisine bien équipée, 3 chambres (une avec salle de bains privée) et une généreuse varangue dominant la mer.

Plus chic (150 000-250 000 Ar / env 43-71 €)

🛏 |●| *Hôtel Espadon :* à l'entrée d'Ambatoloaka. ☎ 032-11-040-59 ou 032-11-021-21. ● espadon-nosybe.com ● Compter 51-63 €. 🛜 Un établissement confortable avec une quinzaine de chambres classiques dont 6 de l'autre côté de la rue, en retrait du *Beach Bar* et au calme (nos préférées pour cette raison) et moins chères et 8 dites « Océanes » (certaines face à la mer), toutes avec eau chaude, AC, frigo, coffre, TV et moustiquaire. Restaurant avec petite carte, plat du jour ou pizza. Plage privée avec transats.

🛏 *Chez Gérard et Francine :* tt au bout de la rue principale, à l'extrémité sud de la plage. ☎ 032-07-127-93. ● gerard-et-francine.com ● Résa de préférence. Doubles 38-50 €, petit déj en sus. 🛜 On aime beaucoup cette maison d'hôtes retirée du brouhaha, aux 9 chambres réparties entre maison principale et bungalow, au cœur d'un grand jardin tropical. Elles ouvrent sur une terrasse fort agréable, ombragée par de nobles arbres ; la plage est à quelques pas... Toutes ont ses sanitaires privés. Parquet et meubles en palissandre, ventilateur, coffre, minibar et moustiquaires aux fenêtres. Bref, un vrai charme pour cette adresse qui tient parfaitement la route au fil des années. Idéal pour les familles et l'établissement n'accepte pas les « invitées ».

🛏 *Chambres d'hôtes La Voile Blanche :* directement sur la plage d'Ambatoloaka. ☎ 032-91-032-91 ou 032-29-893-71. Caché derrière l'hôtel *Sarimanok* (prendre la ruelle), à côté de la petite église. Doubles et familiales 55-65 €. 🛜 Cette adresse détonne par ses couleurs franches et sa déco recherchée mêlant bois flotté, sculptures, coquillages et autres coussins aux roses et rouges acides. Cinq de ses 6 chambres, de tailles très variables, donnent sur la mer – celles du rez-de-chaussée sur une terrasse semi-privative où s'alanguissent des chaises longues. Il y a aussi un studio à l'étage (sans AC).

🛏 *Coco Plage :* vers le sud de la plage, un peu après le Baobab KF. ☎ 032-40-401-30. ● cocoplage-nosybe.com ● Doubles et suites 40-70 € selon situation. 🛜 C'est un petit hôtel les pieds dans le sable, apprécié des amateurs de farniente et de plongée (le club *Tropical Marine* est tout à côté). Rien de spectaculaire, mais la moitié de ses 13 chambres et suites donne sur la mer – l'autre étant un peu planquée en retrait. À choisir, on conseillerait plutôt les 2 suites très spacieuses avec belle terrasse. Pour le reste, le confort est identique : douche, toilettes, coffre, minibar et clim, mais pas de moustiquaire.

🛏 |●| *Clair de Lune :* à 450 m de la plage (accessible à pied), un peu sur les hauteurs. ☎ 032-75-083-09 ou 033-49-348-96 ● clair-de-lune-nosybe.com ● Du parcage de Dar-es-Salam, prendre à gauche la route du Cratère (panneau) ou par le chemin depuis le resto *Chez Angéline*. Compter 45 € le bungalow pour 2, petit déj compris, ainsi que le transfert. Repas sur commande (45 000 Ar). 🛜 L'adresse parfaite pour ceux qui préfèrent se retirer du monde. Une poignée de grands bungalows en semi-dur et toit de palme, semés sur un terrain vallonné et à la déco étudiée. Chacun dispose d'une terrasse avec chaises longues, ventilo et moustiquaire. Chouette piscine entourée d'un bout de pelouse. Le chef étoilé Benoît Bernard propose une cuisine gastronomique, d'instinct, gustative et diététique, sous forme de repas surprise.

Beaucoup plus chic (plus de 250 000 Ar / env 71 €)

🛏 |●| *Hôtel Sarimanok :* à 50 m de la plage d'Ambatoloaka. ☎ 032-05-909-09. Doubles 58-85 €, familiales. 🛜 Ici, pas de bungalows en bord de mer, mais une structure entrée de plain-pied dans l'ère moderne, qui séduit par sa conception. Les chambres sont à l'étage, encadrant pour la plupart une belle piscine cernée de transats, prolongée par une terrasse surplombant la plage. Elles sont vraiment spacieuses, tout confort et décorées de manière élégante et chaleureuses. Resto en terrasse sur la plage, le *Batumoch*, pour les amateurs de poissons et fruits de mer pêchés du jour.

À Madirokely

Le secteur est plus tranquille, la plage plus large et plus jolie.

Prix moyens (40 000-80 000 Ar / env 11-23 €)

🏠 *Hôtel Chez Senga : au centre de la plage.* 📞 *032-40-378-01 ou 032-04-714-98.* • *hotelsenga@moov.mg* • *Compter 70 000-85 000 Ar.* Cette petite structure en béton n'est pas bien jolie, mais ses 3 chambres sont vraiment très correctes, toutes avec salle de bains privée (eau froide), ventilo et moustiquaire. Préférez celle avec vue directe sur la plage, plus spacieuse (3 personnes).

🏠 *Jardin d'Éden : au cœur du village de* **Dar-es-Salam**, *que l'on traverse avt d'arriver à Ambatoloaka.* 📞 *032-95-885-61.* • *patrice.valadas.free.fr* • *À 5 mn à pied de la plage de Madirokely, mais au centre d'un quartier populaire. Bungalow 2 pers 50 € et maison 4 pers 85 €. Petit déj 3 €.* 📶 Certes, Dar-es-Salam est brouillonne, mais on n'est pas très loin de la plage. 2 bungalows en palissandre et *ravenala*, et une petite maison pour 4 personnes à prix très raisonnables se nichent ici dans un joli jardinet arboré. L'ensemble est propret, mignon même, et bien équipé : eau chaude, frigo, coffre, ventilo et petite terrasse. La maison est aussi assez sympa avec une grande terrasse et une cuisine tout équipée. Parking dans le jardin. Plutôt pour les séjours de longue durée.

Plus chic (150 000-250 000 Ar / env 43-71 €)

🏠 *Marlin Club B and B : au centre de la plage.* 📞 *032-07-125-95 (Claudio). De la route principale, prendre à droite le chemin perpendiculaire au niveau de la boîte* La Sirène *et poursuivre la piste sur env 350 m ; sinon passer directement par la plage, c'est plus simple. Compter env 45-50 € (sans ou avec AC).* Ces 6 bungalows, divisés en 2 structures de 3 chambres, donnent idéalement sur le tapis de sable et une belle moquette de pelouse plantée de palmiers. Bien équipés, ils possèdent tous leur salle de bains, AC (supplément), ventilo, frigo, coffre, terrasse et transats.

🏠 *Vanio Lodge B & B : sur la plage, côté nord.* 📞 *032-24-646-75.* • *vaniolodge@gmail.com* • *Doubles 35-50 €, petit déj inclus.* 📶 Elle a de la classe, cette grande maison aérée entourée d'un jardin au gazon impeccablement tenu. Des hamacs s'y balancent entre les cocotiers. Franco, le proprio italien, a aménagé 4 chambres spacieuses au rez-de-chaussée, toutes tournées vers la mer (certaines avec coin cuisine), et 4 autres en bungalows, à l'arrière, très classiques. Si l'entretien ne suit pas toujours, le confort est au rendez-vous et le petit déj servi individuellement en terrasse.

🏠 *Bungalows Le Transat, Chez Christophe et Sophie Le Tallec : à l'extrémité sud de la plage de Madirokely.* 📞 *032-07-126-65.* • *mada.letransat@gmail.com* • *Prendre le chemin en face de la boîte* La Sirène *; au 3ᵉ virage, suivre le chemin privé qui longe la plage, c'est au bout (ou passer directement par la plage). Compter env 60 € pour 2 et 10 €/pers supplémentaire, petit déj compris.* Dressés face à la plage, sur une petite bande de pelouse bien entretenue plantée de palmiers, les 3 grands bungalows (2 pour 5 personnes et 1 pour 4 en mezzanine) sont dotés de tout le confort. Salle de bains plutôt élégante et une belle maquette de bateau en déco. Le petit déj est servi sur la terrasse privée de chacun.

🏠 🍴 *Aviavy Hôtel : directement sur la plage, un hôtel-restaurant les pieds dans l'eau.* 📞 *032-72-730-03* • *nosy-be-hotel.com* • *Bungalows 2 pers 55-60 €, également une suite familiale ; petit déj en sus. Plats 15 000-25 000 Ar.* 📶 Une dizaine de chambres spacieuses, confortables, avec belle terrasse et vue sur la mer. Le restaurant *La Pirogue,* sur la terrasse en palissandre sert des spécialités indiennes de Mumbai (four Tandoor), des plats locaux ou des pizzas. Pas d'alcool. Excursions proposées : pêche sportive, plongée, catamaran...

Beaucoup plus chic (plus de 250 000 Ar / env 73 €)

🏠 🍴 *L'Heure Bleue : tt au nord de la plage, sur un promontoire.* 📞 *060-20.* 📞 *032-02-203-61.* • *heurebleue.com* •

Fermé fév. Bungalows 2 pers 75-95 €, lodges de luxe 160-190 €. ½ pens possible. L'hôtel, à l'écart de la foule et au calme, est de qualité. Il vous faudra choisir entre les jolis bungalows en bois et les duplex familiaux, tous bien équipés (mais pas d'AC). Un cran au-dessus, les « lodges de luxe » sont des plus séduisant : leur très grande chambre en béton ciré se prolonge par une immense terrasse en bois lancée vers les eaux, dans laquelle s'encastre un filet de catamaran faisant office de hamac (!). Ajoutons à cela un séduisant restaurant, *Le Deck,* avec une carte offrant des plats de qualité (cuisine gastronomique) en terrasse sur pilotis. 2 piscines, l'une d'eau douce avec terrasse en teck, l'autre salée.

Où manger ?

Poissons et fruits de mer figurent bien logiquement en vedette sur la plupart des menus, notamment la langouste – mais interdite de pêche entre janvier et avril, n'encouragez pas le braconnage ! La meilleure est la petite rouge (la « royale »). La verte n'est pas mal non plus mais la grise, la plus grosse, est moins fine (elle peut faire de 1 à 3 kg !). On trouve également des crevettes, des *camarons,* et parfois des huîtres, minuscules et délicieuses.

À Ambatoloaka

De bon marché à prix moyens (20 000-80 000 Ar / env 6-23 €)

I●I *Chez Tantine : directement sur la plage, à 100 m de l'entrée de Ambatoloaka, et à droite de l'hôtel Espadon. Tlj midi et soir.* Une gargote locale, spécialisée en produits de la mer, pêchés le jour même : huîtres, oursins, poissons, langoustes... Le tout sous une grande paillote avec de très grandes tables où se mêlent locaux et *vahazas*. Accueil chaleureux. Rhum arrangé offert mais attention, le 2e est payant ! Propose aussi des excursions classiques.

I●I *Papa Bebeto : dans la rue principale, face au bar Safari. Fermé le dim.* Un cran au-dessus de la gargote, avec sa grande paillote semi-ouverte et ses nappes sur les tables, *Papa Bebeto* affiche prix contenus et bonne hygiène. À midi, locaux et *vazaha* s'y retrouvent au coude-à-coude pour un poisson coco, une brochette ou des fruits de mer.

I●I *Zéburger : au cœur du village, sur la gauche, face au Billard et Taxi Be.* 032-76-821-40. *Tlj sf mar, midi-minuit.* Tout ce zébu à portée de main et jamais de burger... Voilà l'offense réparée. Et si le zébu est bon (et copieux) sous cette forme, il est aussi servi à toutes les sauces, de même que les pâtes, poissons et le plat du jour (à l'ardoise) bien ficelé. Les frites se payent à part. On s'attable sur la minuscule terrasse comme à un bar, à regarder la rue qui défile.

Plus chic (plus de 35 000 Ar / env 10 €)

I●I *Restaurante Dagli Amici : dans la rue principale, sur la gauche.* 032-51-105-78. *Tlj sf lun à partir de 19h.* Une jolie adresse, dans une maisonnette rouge, sur l'étroite terrasse ou dans la pimpante salle intérieure, où toute l'Italie se retrouve dans l'assiette et dans les verres. Les vins sont hors de prix mais Franco, le patron italien, ne vous laissera pas repartir sans avoir fait honneur à un bon rhum arrangé.

I●I *Karibo : à l'entrée d'Ambatoloaka, juste après le parking à droite et le passage de la barrière d'entrée à la ville.* 032-94-632-92. *Le soir à partir de 18h30.* Également tenu par des Italiens, ce resto d'apparence assez banale donne sur la rue. Sous cet abord peu engageant se cache pourtant l'une des bonnes tables de Nosy Be. La cuisine, de qualité, met en scène pâtes fraîches, poissons et viandes d'ici, saupoudrés du savoir-faire de là-bas. On aime beaucoup le thon jaune et le mérou rouge sans oublier le magret de canard sauce litchi-gingembre. Un peu cher tout de même.

I●I *Baobab KF : au cœur du village, peu après le bar Safari.* 032-89-620-39. *Tlj sf dim à partir de 19h.* Ici on goûte les spécialités du chef Fred, un baroudeur ayant vécu 25 ans dans les régions de l'océan Indien, qui n'ouvre pas le midi pour mitonner les plats du soir, après avoir acheté et découpé lui-même la viande. Une bonne adresse, à l'étage d'une paillote arrangée avec soin, à la lumière tamisée. Plats goûteux : langue de zébu fondante, assortiments de fromages, sans oublier les belles cartes des desserts et des vins. Toujours plein, donc réserver ou venir tôt.

À Madirokely

Plus chic (plus de 35 000 Ar / env 10 €)

|●| Tsymanin Kafé : *au milieu de la plage, à côté de l'hôtel* Sable Blanc. ☎ *032-86-335-05. Tlj 12h-14h, 19h-21h30.* Un Breton, Jaco, a pris les commandes de cet excellent resto face à la mer, doté d'une jolie terrasse. De bonnes spécialités comme le thon jaune en tartare, du jarret braisé (cuisson 8h)... Intéressante carte des vins et rhum arrangé pour finir. Une adresse à suivre !

|●| Le Deck de l'Heure Bleue : *tt au nord de la plage, sur un promontoire. Voir aussi « Où dormir ? » ☎ 032-02-203-61. Tlj midi et soir.* Accueillant restaurant en terrasse avec vue sur la baie proposant une carte appétissante. Parmi les spécialités, le crabe farci aux champignons noirs ou le foie gras braisé mais aussi une carte végétalienne et des sashimis.

Où boire un verre ? Où sortir ?

♈ ♪ Ambatoloaka concentre l'essentiel de l'animation de l'île. Les bars, ouverts sur la rue principale sont à touche-touche et draînent chacun une clientèle d'habitués. Il y a là le *Billard*, son voisin le *Taxi-Bé* avec sa 4L en déco et, en face, le grand *Safari*. Certains s'animent plus tard que d'autres, et il y a souvent un petit groupe local qui assure l'ambiance en fin de semaine (tous les jours ou presque au *Taxi-Bé*). La clientèle est partout la même : une population blanche, blasée et vieillissante, et de jeunes Malgaches en quête d'aventures (économiques) partagées.

♈ Beach Bar : *à l'hôtel* Espadon, *à l'entrée d'Ambatoloaka.* Un grand bar-restaurant au calme la journée et donnant sur la plage, sympa pour prendre un cocktail installé sur des transats ou sur les canapés en attendant le coucher de soleil. On vient aussi pour manger simple, jouer au billard ou le week-end à partir de 17h30 pour écouter les musiciens locaux et des passionnés de jazz faire le bœuf.

♟♟ Côté boîtes, Le Djembé, à Dar-es-Salam, juste avant d'arriver à Ambatoloaka, est la boîte qui tient toujours la corde *(ouv en général lun-mer et sam ; gratuit en sem, 5 000 Ar le sam).* De loin l'adresse la plus sympa et sûre, bien que très européanisée, elle est également fréquentée par touristes et locaux. Le samedi, on s'y déhanche jusqu'à 5h du mat' non-stop, à l'intérieur ou dans le jardin-boîte (avec bar et fauteuils). Presque en face, *La Sirène (ouv jeu, ven, dim ; 5 000 Ar)* est surtout fréquentée pour ses grosses soirées du jeudi et du vendredi, qui font le plein. Comme disait une affiche il y a quelques temps : « drague, blague, tromperie, mensonge, tout est permis »...

Où dormir ? Où manger dans le reste de l'île ?

Ceux qui n'aiment pas l'atmosphère d'Ambatoloaka et rêvent de se mettre au vert préféreront séjourner dans des adresses plus isolées. Avantage : elles sont très au calme. Inconvénient : elles sont éloignées de tout (ce qui grève naturellement le budget).

À Ambondrona et à proximité

Plusieurs adresses dans ce secteur. On est en bord de mer mais, à marée basse, la baignade est difficile (peu d'eau).

De chic à beaucoup plus chic

🏠 |●| *Nosy Lodge et Sand Lodge* (carte Nosy Be, 63) : *sur la plage d'Ambondrona (Dzamandzar).* ☎ *032-40-452-04.* ● *nosylodge.com* ● *Doubles 45-70 € et 90 €. Tarifs dernière minute souvent très intéressants. Transferts aéroport 45 000 Ar. Résa conseillée.* Éric, le patron belge, gère 2 établissements en parallèle. D'un côté, le *Nosy Lodge* avec 12 chambres en bord de plage dont 4 bien agréables à l'étage, donnant sur un balcon en bois. Vue sur la baie, grande piscine et restaurant. De l'autre le *Sand Lodge,* plus luxueux, également sur la plage, comprenant 9 bungalows dont un familial et 2 chambres doubles. Pour compléter l'ensemble, une cuisine légère et inventive à partir de produits frais, élaborée par Damien, un chef français d'excellente réputation. Grand buffet gastronomique dominical. Une belle adresse avec des tarifs correspondant à la qualité du lieu. Nombreuses excursions et plongée.

🏠 |●| *Un Autre Monde* (carte Nosy Be, 63) : *de la route principale, prendre la route vers Ambondrona ; c'est à 150 m de la plage du Palm Beach.* ☎ *032-44-845-17 ou 032-04-223-02.* ● *un-autre-monde-nosybe.com* ● *Compter 37-41 € la chambre ou le bungalow, AC en supplément (12 €). ½ pens possible.* On n'est pas contre la mer, mais, du coup, les tarifs sont plus bas et une piscine, joliment noyée dans la végétation, vient compenser. Les 6 bungalows, d'un bon rapport qualité-prix, sont larges et bien équipés, nickel et fonctionnels avec une terrasse en bois. Les 3 chambres, dans un bâtiment à l'arrière, n'ont pas de vue et sont moins intéressantes. Resto avec petit menu quotidien. Le patron organise des sorties de pêche sportive.

Entre Ambondrona et Andilana

De chic à beaucoup plus chic

🏠 |●| *Hôtel Arc-en-Ciel* (carte Nosy Be, 61) : *village d'*Ampasikily*, en bord de mer.* ☎ *032-02-265-30 ou 032-02-049-39.* ● *hotelarcenciel.net* ● *Doubles et suites 90-125 €, mais les tarifs se discutent facilement selon le remplissage...* Isolé en bord de mer, cet hôtel tenu par un Italien abrite 11 belles chambres ultra spacieuses, la moitié côté mer (bien lumineuses), l'autre côté jardin (un peu plus sombres). Parquet, AC, ventilo, grande salle de bains, belle piscine face à la mer... Vraiment tout est parfait.

🏠 |●| *Auberge d'Aladabo* (carte Nosy Be, 64) : *village d'*Ankibanivato*, en bord de mer.* ☎ *032-02-323-93. Double 30 €. Transfert aéroport payant.* La plage, au faible tirant d'eau, est peu propice à la baignade à marée basse, mais elle est superbe, tranquille et charmante. Cette jolie adresse au calme exsude un vrai petit goût de bout du monde. Ses 7 bungalows, dont un double familial, s'y disséminent dans un jardin soigné ; simples mais bien propres, avec ventilo, moustiquaire et terrasse, ils sont colorés et orientés face au soleil couchant. Pas d'eau chaude, mais le sympathique proprio suisse, Biscuit (en fait, Marcel !), peut vous en faire chauffer. Petite restauration le midi et menu le soir. Kayak de mer à disposition.

🏠 |●| *Case Sakalava Ecolodge* (carte Nosy Be, 60) : *à* Ambaro. ☎ *032-05-437-21 ou 032-07-437-21.* ● *case-sakalava.com* ● *Double 50 €. ½ pens possible.* 📶 Les charmants Nathalie et Alain-Benoît ont créé un vrai havre de paix dans leur belle demeure excentrée, dominant à distance la mer et l'île de Sakatia. Bâtie dans un esprit de durabilité écologique, elle abrite tout juste 5 chambres simples avec salle de bains (en brique). Pour ne rien gâter, les repas sont de qualité. Randonnée vers le mont Passot, plongée (avec le club d'AB), balades à cheval, etc.

Sur la plage d'Andilana et à proximité

C'est la pointe nord-ouest de l'île, un bel endroit en retrait de l'agitation, qui s'enorgueillit de la plus belle des plages. Gare cependant aux *mokafohy*, qui vous dévorent l'épiderme ! Sur le sable, quelques kiosques proposent nappes et artisanat.

De bon marché à prix moyens

La Casa Flops (carte Nosy Be, 66) : prendre un chemin bien fléché sur la gauche, juste avt d'arriver à la plage. C'est à env 500 m en montant un peu sur la colline. ☎ 032-05-888-30. Dortoir 8 €/pers (12 € avec petit déj) ; doubles sans ou avec sdb 45-50 €, petit déj compris. Possibilité de camper : 15-20 € pour 2, petit déj compris. Chloé a courageusement ouvert sa maison d'hôtes sur les hauteurs d'Andilana, en essayant de limiter au maximum son impact sur l'environnement. Les petits budgets y trouveront 2 dortoirs de 2 lits superposés et des doubles avec sanitaires partagés dans une sorte de grand gîte tout en bois et bambou. À côté, 4 chambres de plain-pied dominant de loin la mer, avec moustiquaire, eau chaude solaire, joli évier et mobilier en bois. La plus agréable s'ouvre sur 2 côtés. Cuisine-terrasse à disposition. Une démarche à saluer et soutenir.

|●| *La Rhum Riz – Chez Nono* (carte Nosy Be, 65) : à l'entrée d'Andilana, sur la droite de la route. ☎ 034-50-576-72. Tlj. Plats 10 000-25 000 Ar. Nono (Arnaud), un jeune Vannetais un poil nostalgique (le drapeau breton flotte haut) et très accueillant, tient ce petit resto apprécié de tous. Ses spécialités : le crabe farci, les produits du jour et les burgers. Rien de très complexe, mais tout est frais et fait maison, même le pain et la mayo. Soirée crêpes 1 fois par mois.

De chic à plus chic

|●| *Chez Eugénie – Guest House* (carte Nosy Be, 66) : prendre un chemin bien fléché sur la gauche, juste avt d'arriver à la plage. C'est à 50 m, côté gauche. ☎ 923-53. ☎ 032-40-634-48. ● chez-eugenie.com ● Doubles 30-40 €, bungalow (4-6 pers) 60 € ; petit déj inclus. En fait, « Chez Eugénie et Jean-Marc ». Ce couple franco-malgache, chaleureux et épicurien, prépare de fort bons repas, à base de produits frais uniquement, une carte bistrot de cuisine traditionnelle française et malgache. Il loue aussi 3 chambres fonctionnelles (salle de bains, ventilo, moustiquaire), très bien tenues mais pas trop chaleureuses, et 3 bungalows en dur sur 2 étages, parfaits pour les familles avec leur douche à chaque niveau et leur salon-terrasse. On est à 5 mn de la plage à pied.

|●| *Le Grand Bleu* (carte Nosy Be, 69) : 3km avt Andilana, chemin sur la droite. ☎ 032-02-194-84. ● legrandbleunosybe.com ● Bungalows randonneurs 30-40 €, bungalows confort 65-91 €, AC et petit déj en plus. ½ pens possible. Promos occasionnelles. 🛜 L'hôtel est situé sur un promontoire qui domine avec superbe la mer et les îlots en face. Tout en haut, le bar en forme de pirogue, le resto et sa grande terrasse où se creuse une piscine panoramique à débordement... En contrebas, une petite armada de bungalows en dur, étagés au fil de la pente, joliment aménagés avec lit king size dans certains, sans oublier une terrasse avec hamac. En bas, les petits budgets trouveront 2 bungalows « randonneurs », plus petits et bétonnés, avec ventilo et sanitaires seulement. Pêche au gros, location de VTT, kayaks de mer et PMT... que vous pourrez tester à la plage, à 5-10 mn de marche. Pas donné, mais très bien pour les amateurs de confort et d'isolement.

|●| *Hôtel Le Belvédère et restaurant Chez Loulou* (carte Nosy Be, 68) : les chambres et bungalows sont sur un promontoire dominant la mer et le resto en contrebas sur la plage. ☎ 032-76-751-99 (hôtel) ou 032-96-141-44 (resto). ● belvedere-nosybe.

com ● **Hôtel fermé fév. Resto fermé dim soir. Double 50 € la nuit, petit déj compris, dégressif. ½ pens possible. Menu 30 000 Ar le midi (45 000 Ar avec langouste), buffet musical du dim midi 40 000 Ar.** Saluons la situation magnifique de cet hôtel surplombant la baie d'Andilana, la plus belle de l'île, particulièrement magique au coucher du soleil. Il est tenu par Virginie, issue d'une famille vietnamo-malgache, pro du tourisme. Les 6 chambres, lumineuses, impeccables et confortables (mais sans clim) occupent un édifice tout en longueur et de plain-pied, partageant une généreuse terrasse commune. Leur jolie tonalité bleue fait écho à l'océan. De là, un escalier dévale vers le tapis de sable et le resto, les pieds dans l'eau, connu pour sa situation de rêve et son buffet du dimanche midi, débordant de victuailles. Quelques musiciens donnent le la et les habitués font plouf entre chaque plat, servis au compte-goutte. Un dimanche à Nosy Be sans passer par *Chez Loulou* ? Presque une faute grave ! Douche à dispo pour se rincer.

● *La Villa du Belvédère* (carte Nosy Be, 68) : *sur la plage, juste à droite du resto Chez Loulou quand on regarde la mer.* ☎ *032-44-769-82. Compter 30 €/pers, petit déj compris. Tarifs spéciaux pour des longs séjours.* Cette vaste villa posée sur la plage, en dur, bois et *falafa*, s'organise autour de nombreux espaces ouverts. Elle abrite 5 chambres et un studio très différents sur deux niveaux, disponibles à l'unité ou dans leur globalité, façon dortoir, chambre d'hôtel ou maison en location. La plupart ont une salle de bains, ventilo, moustiquaire et coffre. On s'y sent comme à la maison, avec en plus un service hôtelier.

|●| *La Table d'Alexandre* (carte Nosy Be, 67) : *quelques km avt d'arriver à Andilana, sur la gauche, par un petit chemin.* ☎ *032-24-159-32. Tlj sf lun, le midi slt. Plats 25 000-30 000 Ar. Résa conseillée pour vérifier l'ouverture.* Voici LA table du nord de l'île. Monsieur Alexandre, veste de chef toute blanche et cheveux en rapport, vous reçoit sous une élégante varangue arrangée à la façon d'un salon du XIXe s, avec miroir, toiles marines et vue plongeante sur la mangrove. Il travaille avec soin les produits tout droit sortis de la mer, mais aussi les cuisses de grenouilles à la provençale par exemple, voire parfois des tripes à l'ancienne ! Comme dit M. Alexandre, « c'est selon l'arrivage et l'inspiration ».

Sur la côte sud-est, dans le parc national de Lokobe

De bon marché à prix moyens

● |●| *Gîte Guyan* (carte Nosy Be, 70) : *au village d'Antafondro, réserve de Lokobe, atteint slt par la mer.* ☎ *032-46-383-49 ou 032-66-785-86.* ● *hotelguyanlokobe-nosybe. com* ● **Doubles 15-30 €. Plats 17 000-20 000 Ar. Transfert avec Hell-Ville 80 000 Ar.** Le paradis ? Laissant derrière lui La Réunion, Guy est venu s'installer sur cette plage solitaire bordée de palmiers, partagée avec quelques autres maisons seulement. La sienne, toute de bois et rotin, se dresse les pieds dans l'eau. Elle abrite 4 chambres : une petite sans vue ni même vraie fenêtre, mais très bon marché et avec douche, et les 3 autres face à la mer bénéficiant d'une vue géniale. Toutes ont un mini-ventilo intégré *sous* la moustiquaire ! Il y a aussi, à côté, un bungalow en dépannage pour les routards, à 10 € par personne. Ajoutez une table généreuse et le bonheur est complet.

● |●| *Soa Vola* (carte Nosy Be, 70) : *au village d'Antafondro, à deux pas du Gîte Guyan.* ☎ *032-07-597-31.* **Bungalows (2-4 pers) 30 000-45 000 Ar.** Plus basiques que *Guyan*, les 3 bungalows en dur, autour desquels caquettent les poules, conviendront aux routards les plus économes. Un ou deux lits (en mezzanine), une moustiquaire et voilà tout. Il y fait chaud bien sûr, mais la mer est à 10 m pour se rafraîchir. Cuisine copieuse et goûteuse à partager en terrasse, à l'ombre des cocotiers.

À voir. À faire à Nosy Be

Les plages : Nosy Be ne possède pas beaucoup de plages où l'on peut se baigner : beaucoup ont un trop faible tirant d'eau. La plus belle est sans conteste celle d'Andilana (attention aux *mokafohy*), superbe anse de plus de 1 km en forme de demi-lune. La plus connue, à Ambatoloaka, est assez banale, pas toujours très propre ; on préfère la partie qui la prolonge au niveau de Madirokely, plus large et calme. Les plus beaux tapis de sable blanc, baignés par des fonds superbes, s'étirent en fait sur les îles environnantes (lire plus loin « Les îles autour de Nosy Be »).

Excursion autour de l'île : la plupart des agences proposent un « tour de l'île » à la journée, en véhicule standard ou 4x4, pour 180 000-250 000 Ar/pers (min 4 pers), guide-chauffeur inclus mais hors entrées de sites (comme Lemuria Land). On peut très bien louer un véhicule soi-même, ce qui revient bien moins cher, ou affréter un taxi « spécial » pour la journée (voir « Comment circuler à Nosy Be. En taxi "spécial" »). Dans ce cas, bien préciser le parcours que vous souhaitez réaliser, les horaires et si l'essence est incluse. Le circuit classique commence en général par une visite de Hell-Ville, avec arrêt au marché, le monument aux Russes et les brodeuses près du port. On enchaîne avec la visite de *Lemuria Land* et de la distillerie d'ylang-ylang, puis avec un crochet éventuel par le proche village de Marodokany (Ambanoro), où s'installèrent les premiers habitants de l'île, marchands arabes et indiens dès le XVe s. Hommage à un arbre sacré sur la route, puis on file vers le nord, repas (éventuellement *Chez Loulou*), baignade et moment tranquille sur la superbe plage d'Andilana ; coucher de soleil au sommet du mont Passot et retour à votre hôtel. Ouf !

Lemuria Land et la distillerie d'ylang-ylang (carte Nosy Be) **:** *à env 5 km à l'est de Hell-Ville, puis 2 km de piste. 034-02-040-70.* • *lemurialand. com* • *Compter 5 000 Ar en tuktuk depuis Hell-Ville, mais ils s'arrêtent à l'orée de la piste. Tlj sf dim 8h-17h30. Entrée : 35 000 Ar (visite guidée de 1h30) ; 10 000 Ar 5-12 ans. Boutique.* La visite vaut le coup et c'est la seule du genre dans l'île. Le domaine, fondé en 1881 par des pères missionnaires, a été racheté en 1986 par une famille indo-pakistanaise, qui

L'YLANG-YLANG

Cananga odorata, tel est son nom latin. Implantée à Nosy Be en 1903 par un religieux français, le père Rimbaud, cette plante originaire d'Asie du Sud-Est fait le bonheur des parfumeurs pour ses puissantes senteurs épicées à l'exotisme prononcé. Le N° 5 de Chanel en contient. L'île produit près du cinquième de la récolte mondiale, derrière les Comores. Il ne faut pas moins de 100 kilos de fleurs pour obtenir 2,4 litres d'essence.

en est toujours propriétaire. Pour y accéder, suivre une piste bordée de palmiers, d'hibiscus, de bougainvillées et de petits arbres aux branches partant en bouquet : les ylangs-ylangs, aux belles fleurs jaunes. Cette taille très particulière n'est faite qu'une seule fois ; à défaut, les arbustes pourraient atteindre 20 ou 30 m !
Vous commencerez probablement par la distillerie d'ylang-ylang. Tous les jours de la semaine, vers 9h-10h, des camions y livrent par benne entière les fleurs récoltées avant l'aube. La production atteint un pic entre janvier et mars, mais perdure toute l'année. Les vieux alambics en cuivre, superbes, fonctionnent toujours, mais on en utilise de plus modernes, en inox, chargés chacun de 300 kg de fleurs. Ils donneront 6 l d'huile essentielle, dont 2 % seulement (la « première qualité ») sera exportée (1er producteur mondial). Celle-ci rentre dans la composition de la plupart des parfums de qualité. La maison produit aussi des huiles essentielles de citronnelle, de poivre, d'eucalyptus et de basilic. Voir le musée des installations d'origine de la distillerie (1881-1930).

Visite achevée, prenez le chemin du vaste parc (8 ha), présentant des animaux et des plantes endémiques de Madagascar comme les fameux pachypodiums, ces succulentes chères aux collectionneurs. Quelques enclos semi-ouverts renferment geckos verts, caméléons et petites grenouilles rouges, que l'on peut voir de très près. Il y a aussi des boas dans leurs vivariums, des crocos du Nil dans leur bassin, des sangliers, des tortues géantes des Seychelles et d'autres enfermées dans des enclos pour éviter les vols nocturnes. Il y a aussi 9 espèces de lémuriens dont le catta maki. Certains se baladent en liberté dans la forêt de bambous. Votre guide les attirera avec des bananes : pas très écolo c'est sûr, mais sacrément efficace pour faire des photos... Expo d'insectes et de papillons pour compléter la visite.

✹✹✹ Le parc national de Lokobe *(carte Nosy Be)* : *au sud-est de l'île. Entrée : 55 000 Ar, billet à acheter au Madagascar National Parks (9h-16h) au village de* **Marodoka**, *à 7 km d'Hell-Ville, mais la plupart des agences vendent cette excursion avec déj compris (40 €/pers, min 2 pers), car pas de resto dans le parc. On peut y aller par ses propres moyens, mais ce n'est pas forcément moins cher : ça dépend du nombre de passagers. Un taxi-brousse pour le village d'Ambatozavavy ne coûte que 5 000 Ar, mais ils sont peu fréquents et il se peut que vous deviez prendre un taxi « spécial » (env 35 000 Ar pour l'aller et autant pour le retour). Là, vous louerez une pirogue (à rames, donnez un coup de main !) pour rejoindre la plage du village d'Ampasipohy, porte d'accès au parc (env 25 000-35 000 Ar jusqu'à 4 pers pour 40-45 mn de trajet). Ajoutez encore le guidage du groupe dans la forêt, et l'entrée du parc (55 000 Ar). Un guide est nécessaire, car il est strictement impossible de trouver les animaux par soi-même. Balade 1h30-2h, selon votre désir. Dernière option : chartériser une embarcation pour faire le tour de la péninsule du parc et en profiter pour faire escale sur ses plages.* Occupant toute la péninsule sud-est de Nosy Be, ce petit parc national (7,4 km^2) est accessible par la route depuis Hell-Ville ou, côté est, par bateau via le village d'Ampasipohy. La seconde option, bien plus intéressante, donne l'occasion d'une belle balade dans une forêt touffue et accidentée (attention, ça glisse !) en quête des animaux. Les guides, plutôt bien formés, savent repérer comme personne les oiseaux, les caméléons, uroplates et autres boas (inoffensifs) peuplant les lieux. C'est cependant avant tout dans l'espoir d'observer des lémuriens en liberté que l'on vient. Et l'on est rarement déçu : il y en a plein ! Les plus nombreux sont les makis *macaco* (lémurs noirs), mais il y a aussi des petits microcèbes et des lépilémurs à dos gris (qui dorment le jour). Soyez respectueux de l'environnement, car ce parc regroupe la faune et la flore les plus précieuses de Nosy Be. On peut prévoir un pique-nique. Les agences, quant à elles, font en général préparer le déjeuner par les gens du village, et l'on mange en bord de mer, mais pas dans le parc même.

✹✹ Le mont Passot et les lacs *(carte Nosy Be)* : *à env 20 km d'Ambatoloaka par une route goudronnée. Attention, des attaques de motards ont déjà eu lieu à la tombée de la nuit ; a priori, ce n'est plus le cas, mais restez sur vos gardes et REDESCENDEZ AVANT LA NUIT. Accès : 10 000 Ar. Infos à Mont Passot Tsararivotra :* ☎ *032-02-930-68 ou 032-72-854-45.* Excursion incontournable (au coucher du soleil surtout), le mont Passot, point culminant de Nosy Be (329 m), offre un panorama imprenable sur l'île, sa côte ouest, Nosy Sakatia et un ensemble de lacs de cratère noyés dans la végétation. Il existe 3 sentiers de randonnées guidées (4 à 6 km, compter entre 2h et 6h) pour découvrir toute la biodiversité de l'île. Par beau temps, l'œil distingue jusqu'à Nosy Iranja. Certains lacs abritent des crocodiles mais, entre pentes escarpées, risque de mauvaises rencontres et *fady*, il est déconseillé d'y descendre. Au sommet, récemment aménagé, quelques brodeuses exposent leurs grandes nappes qui volent au vent. Sur le trajet, on passe plantations de teck et de sisal.

✹✹ Les arbres sacrés : comme partout à Mada, on en trouve plusieurs sur l'île. Le plus connu est situé à **Mahatsinjo**, *à 5 km de Hell-Ville (carte Nosy Be), Espace Zeny (parc-musée),* ☎ *032-04-823-20 ou 034-19-419-45. Prendre la route*

d'Ambatoloaka, puis à gauche au carrefour peu après Air Madagascar. Accès : 10 000 Ar (visite guidée et rhum de bienvenue inclus). Le plus simple et le moins cher : s'y rendre en tuk-tuk (env 5 000 Ar). Ce banian monumental *(Ficus religiosa)*, gigantesque même, a été planté vers 1836 par la reine sakalava Tsiomeko, juste en retrait du bord de mer. Avec ses innombrables ramifications et troncs secondaires, drapés de tissus rouges et blancs (couleurs de la royauté), il couvre 5 000 m^2 ! Il reste très vénéré et fait l'objet d'un rituel précis : on ne peut s'en approcher que pieds nus, vêtu d'un paréo, en franchissant le seuil sacré du pied droit (symbole de respect). Témoin des anciennes croyances animistes, on vient y faire un vœu ou un sacrifice de zébu – en remerciement. Ils ont le plus souvent lieu le samedi en période de lune montante, juin excepté. Quelques lémuriens semi-apprivoisés courent dans les branches et la visite comprend un coup d'œil à un modeste petit musée. On trouve un autre **arbre sacré à Bemazava,** *sur la route de l'aéroport, à env 5 km de Hell-Ville, sur la gauche (pas de panneau ; accès : 2 000 Ar).* Ce banian, absolument superbe, n'est toutefois pas aussi fréquenté. Il s'entoure d'une vieille plantation de café, de poivre vert, de litchis et d'ylangs-ylangs redevenus sauvages.

✸ *Dzamandzar* *(carte Nosy Be) : sur la côte ouest, au nord d'Ambatoloaka.* Ce gros village-rue, deuxième agglomération de l'île par la taille, n'a longtemps vécu que pour la canne à sucre. Elle couvrait dans la moitié ouest de Nosy Be plusieurs centaines d'hectares et faisait vivre des milliers de familles. Las, en 2005, une gestion déplorable, des détournements d'argent, la crise économique et le non-paiement des salaires ont mis fin à cette tradition séculaire. Reste, à quelques centaines de mètres de la route principale, à la sortie nord du village, la vieille sucrerie désaffectée et, à l'entrée, une locomotive à vapeur vénézuélienne toute rouillée, qui amenait jadis les wagons lourds de canne. Le gardien pourrait bien vous demander 5 000 Ar pour la prendre en photo, autant le savoir ! On trouve également ici... un golf 18 trous.

Manifestations

– ***Festival Donia :*** *ts les ans à la Pentecôte (mai ou juin), mer.-dim.* ● *festival-donia. com* ● *Entrée concerts : env 5 000 -10 000 Ar.* Créé en 1994 par une bande de potes et hôteliers, ce festival de musique a connu un succès grandissant au fil des ans. Il attire désormais des artistes de tout l'océan Indien, qui se produisent dans le stade, route de Marodokany. Une bonne occasion de découvrir le formidable brassage ethnique et musical de Madagascar et des îles sœurs. Ambiance de kermesse ou carnaval le premier jour, stands de brochettes, buvettes, jeux de hasard... Un monde fou.
– ***Festival Somaroho :*** *fin août.* Nettement plus récent, ce festival concurrent, lancé par le chanteur Wawa, roi de la musique mafana, est en plein essor. Outre le maître des lieux, il accueille des artistes d'un peu partout, dont au moins un grand nom international.

LES ÎLES AUTOUR DE NOSY BE

✸✸✸ Andilana exceptée, Nosy Be ne possède pas les plus belles plages de la région, ni les plus beaux fonds. On les trouve en fait sur les îles de l'archipel. Elles sont partout, en solo ou en chapelets dansant sur les eaux (turquoise). Petites ou grosses, plutôt plates ou franchement hautes, soulignées de plages de carte postale, elles en appelèrent longtemps aux pirates avant de s'éveiller doucement au tourisme. Oh, rien de majeur encore. Un hôtel par ci, une pension par là, que fréquentent assidûment les pêcheurs au gros et les amoureux de quiétude tropicale. Citons Nosy Komba (la grande chevelue), Nosy Sakatia (la tranquille), Nosy Tanikely (l'aquarium) et, plus loin, en dehors des « flots battus », les archipels des Mitsio ou des Radama... Là, vous oublierez pour de bon l'existence du monde réel.

Comment accéder à ces îles ?

Si Sakatia est accessible en pirogue et Komba en coque, au-delà il vous faudra recourir aux services d'une agence locale ou d'un batelier (vous en trouverez au vieux port par exemple ; plan Hell-Ville, B2). Les premières offrent de meilleures garanties de sécurité, mais coûtent naturellement plus cher. Nous avons réuni leurs coordonnées dans les « Adresses utiles » de la partie « Ambatoloaka et Madirokely ». Avec un batelier, on peut espérer négocier une journée complète à Nosy Komba, en faisant le tour de l'île, à environ 180 000 Ar, essence incluse – ce qui, divisé par 3 ou 4, ne revient pas si cher. Sachez cependant que votre sécurité n'est jamais garantie et que la mer peut être mauvaise, alors prudence ! Ne montez jamais sur une embarcation sans gilets de sauvetage. Dernière chose : n'oubliez pas votre couvre-chef et votre crème solaire (ça tape fort !), encore moins votre masque, vos palmes et votre tuba.

Où plonger sur les îles autour de Nosy Be ?

On est ici sur un plateau continental qui s'enfonce jusqu'à 3 000 m du côté du canal du Mozambique, d'où la présence de gros poissons pélagiques. Autour de Nosy Be, le plateau oscille entre 15 et 20 m de profondeur, strié par de nombreuses fosses (60-70 m). On peut y voir trois espèces de tortues (notamment la tortue à écailles et le caret, qui peut être énorme !), les raies mantas de mai à août, présentes durant la reproduction du plancton, des requins de récifs (gris, pointe blanche, requin de sable, léopard...) et même des requins-baleines en octobre-novembre (voire jusqu'à janvier) – que l'on approche plutôt en PMT. La période s'étendant d'avril à octobre présente normalement les meilleures conditions, avec une plus grande visibilité ; entre novembre et mars, elle est réduite et la houle forcit. La baleine à bosse est quant à elle dans les parages d'août à décembre. Le rorqual peut être observé toute l'année, sans oublier les bancs de dauphins communs et dauphins à bosse, souvent visibles entre Nosy Be et Nosy Sakatia tôt le matin.

Les plongées se font toute l'année dans une eau affichant entre 26 et 30 °C. Les clubs fréquentent une vingtaine de sites, situés par 15-25 m, voire 30 m de fond, à 10-30 mn de bateau rapide de la côte (Grand Banc extérieur excepté). En général, ils proposent des sorties de deux plongées (compter 70-80 € ; baptême environ 60 €), qu'on effectue le matin, ainsi que divers forfaits dégressifs et formations. La plupart sortent en petits groupes de maximum 6 ou 8 personnes, parfois moins. Liste des clubs dans la partie « Adresses utiles » à Ambatoloaka.

Autour de Nosy Tanikely

Classée en réserve marine depuis 2010, l'île offre une superbe mise en bouche pour tous niveaux, du baptême au confirmé.

Tanikely plage *(5 à 18 m) :* eau limpide. Départ proche de la plage. Entre les nombreuses patates de corail (dur et mou) et petits tombants foisonnent tortues (imbriquées) – presque garanties –, poissons perroquets, fusiliers, mérous et raies pastenagues. Un vrai aquarium, aux poissons très peu farouches.

▲ *Tanikely sud* (env 20 m) : même type de plongée que la précédente mais plus verticale, avec des tombants plus marqués. Un peu exposé aux courants mais pas mal de poissons pélagiques comme la bonite et le thazard. Bancs de carangues.

▲ *Tanikely plateau ouest* (env 25 m) : plus plat, plus profond. On évolue entre de grosses patates de corail. Superbes gorgones.

▲ *L'épave du Mitsio* (20 à 25 m) : ce vieux crevettier de 18 m, échoué opportunément pour le plaisir des plongeurs sur un banc de sable en 2007, regorge aujourd'hui de vie : poissons-lions, scorpions, murènes, bancs divers et loches (mérous énormes !).

Autour de Nosy Sakatia

▲ *La piscine* (3 à 12 m) : dans une baie bien protégée et une eau cristalline, une barrière de corail superbe domine de grands champs d'algues. Sur les patates : coquillages, nudibranches, petits poissons, tortues et langoustes. Extra pour un baptême ou une plongée de nuit.

▲ *Olaf* (12 à 22 m) : cette grosse colline sous-marine que l'on contourne abrite poissons de récifs, poissons-grenouilles, murènes léopards, carangues en bancs, éponges et beaucoup de nudibranches. On y croise régulièrement des tortues.

Au large d'Ambatoloaka et Madirokely

▲ *Le banc des gorgones* (12 à 20 m) : important champ de belles gorgones, organisées en bouquets et parsemées de patates de corail. Poissons de récif, tortues, bancs de fusiliers, tortues carets à l'occasion, poissons-crocos, poissons-lions, nudibranches... Facile et agréable.

▲ *Le banc des fusiliers* (14 à 20 m) : petit plateau rond avec bancs de vivaneaux, fusiliers, chirurgiens, carangues *ignobilis*, qui viennent tous trouver ici leur pitance. Plongée sans difficulté.

▲ *Ankora* (faible profondeur) : les amoureux du petit et de la macro adoreront : nudibranches, vers plats, poissons-feuilles, *ghostfishes*, bancs de chirurgiens et de fusiliers, raies aigles...

▲ *Manta Point* (22 m) : stationnées au-dessus des patates de corail, les raies mantas viennent se faire déparasiter ici par les labres. On parle de « station de nettoyage ».

Plus loin

▲ *Le Grand Banc extérieur* (18-20 m) : situé à 15 milles au large, ce spot très apprécié des plongeurs confirmés offre une bonne visibilité et l'occasion de croiser des pélagiques : thons, thazards, requins gris, pointe blanche, voire marteaux.

▲ *L'archipel des Radama :* pour les amateurs de très grands tombants et de gros (espadons et marlins avec de la chance). Belle visibilité mais les poissons ne sont pas très nombreux.

▲ *L'archipel des Mitsio :* la variété est ici plus importante, avec tombants, mais aussi plateaux, canyons et grottes. La variété et la quantité d'espèces présentes sont impressionnantes.

NOSY KOMBA

Deuxième île la plus habitée de l'archipel après Nosy Be, Nosy Komba (25 km²) s'ancre presque en face de Hell-Ville. On aime bien cette petite île haute, culminant à 622 m, couverte d'une épaisse végétation. Pas de véhicules à moteur ni de routes, ici. Même pas une mobylette ! L'ambiance très relax invite à oublier tout une ou deux nuits, et même plus si affinités. Un sentier traverse bien l'île de part en part par les hauteurs (3h-4h de marche quand même !), mais en général les visiteurs restent aux abords du village principal, Ampangorina, à la pointe nord. Pas bien grand, on y trouve quelques hébergements pas chers, une plage et des ruelles sablonneuses où les femmes exposent au vent leurs belles nappes brodées. Face au débarcadère, s'ancrent l'île aux Oiseaux et la petite île-cimetière. Au-delà, le sud de Nosy Komba abrite quelques adresses de bon confort et de luxe très isolées, accessibles en bateau.

Comment y aller ?

Des bateaux irréguliers font la traversée depuis le vieux port de Hell-Ville (plan Hell-Ville, B2) jusqu'à Ampangorina pour environ 5 000 Ar. L'Alina 1 et l'Alina 2 partent normalement vers 10h30, 12h et 15h30 de Hell-Ville, et vers 6h30 et 12h de Nosy Komba. Sinon, on peut prendre les navettes d'Ankify pour environ 10 000 Ar et demander à se faire déposer au passage – rappelez-le bien au pilote pour qu'il ne vous oublie pas ! Autres solutions : louer les services d'un bateau à moteur au port de Hell-Ville (vérifier l'embarcation et s'assurer de l'état de la mer) ou prendre un tour organisé depuis Nosy Be, avec un déjeuner inclus dans le tarif. Beaucoup d'agences proposent un combiné Nosy Komba-Nosy Tanikely pour environ 100 000 Ar/pers (minimum 6). C'est pratique, mais votre temps sur place sera réduit.

Adresse utile

■ **Nosy Komba Plongée** (carte Nosy Be, 14) : sur la plage est du village d'Ampangorina, à côté de l'hôtel Ilo Village. ☎ 032-44-901-30. • nosykombaplongee.com • Compter env 75 € les 2 plongées ou 65 € avec le matériel personnel ; dégressif. Le seul club de l'île est sérieux, ça tombe bien ! Propose différents forfaits, formations et des croisières en voilier. Les spots les plus proches se trouvent au sud-est de l'île et à Nosy Tanikely.

Où dormir ? Où manger ?

Dans le village d'Ampangorina

De bon marché à prix moyens

🏠 **Chez Juliette** (carte Nosy Be, 73) : au bout de la plage, côté est. ☎ 033-14-470-34. Doubles env 25 000-45000 Ar. Ces 5 bungalows très simples, tout ronds, avec moustiquaire, sont situés pile poil devant la plage. L'un a une douche, les autres partagent des sanitaires communs, basiques mais corrects (eau froide au baquet). Globalement propre. Salon plein de fleurs artificielles et hôtesse pleine de sourires.

🏠 |●| **Chez Éric dit « Baba », Hôtel Lémuriens** (carte Nosy Be, 73) : en retrait de la plage, au cœur du village. ☎ 032-44-986-88. • lemuriens.alina@gmail.com • Doubles 30 000-35 000 Ar. Pas de plage ici, mais des chambres propres à prix cassé, avec douche et w-c, en matériaux traditionnels. Les deux de devant sont un poil plus grandes, les trois de derrière un poil plus calmes. La salle de resto surélevée est agréable. Au menu : tous les classiques, façon poisson grillé ou tomate coco.

🏠 **Chez Léontine** *(carte Nosy Be, 73) : côté crique, au pied du Maki Lodge.* ☎ *032-04-630-72.* ● *chezleontine.com* ● *Bungalows 2-4 pers 10-30 € selon confort. Petit déj à la demande.* Léontine est charmante et son personnel aussi. Elle dispose de 4 bungalows tout simples partageant des sanitaires (2 avec vue mer, 2 à l'arrière) et, à l'étage, d'un appartement spacieux pour 3, tout en bois, avec une agréable terrasse (le must). Le tout est un peu entassé, mais l'accueil et la situation compensent. Cuisine en supplément.

🏠 |●| **Chez Yolande** *(carte Nosy Be, 73) : face à la crique.* ☎ *921-40.* ☎ *032-04-787-29* ● *casinca@hotmail.com* ● *Doubles 35 000-90 000 Ar selon confort et situation.* On est là accolé à la crique, dans un petit ensemble de bungalows à touche-touche, de différents niveaux de confort. Les moins chers, très modestes, sont un peu sur l'arrière, avec sanitaires communs (eau froide) – pas extra. On conseille plutôt les 3 chambres à l'étage, tout en bois, agréables, avec vue sur la mer (celle avec balcon est un peu plus chère). Celles du rez-de-chaussée sont pas mal aussi, joliment présentées et avec un tout petit bout de terrasse devant où se serrent une chaise longue ou deux. Sympa mais l'eau chaude n'est pas garantie à 100 %... Le resto, lui, est un peu (trop) cher.

🏠 |●| **Ilo Village** *(carte Nosy Be, 73) : à la sortie d'Ampangorina, en bordure d'une crique, entre Chez Yolande et Nosy Komba Plongée.* ☎ *032-80-199-49 et 32-80-211-15.* ● *ilovillage.com* ● *4 bungalows confortables 30 €. Pizzas au feu de bois et plats à env 20 000 Ar.* La douceur des îles se joint à la profondeur africaine dans ce petit complexe hôtelier qui a choisi de mettre en valeur ces 2 atmosphères. Sophie et Jean, petit couple presque plus malgache que breton, vous accueillent dans leurs 6 bungalows et leur restaurant. Farniente à la plage et club de plongée tout à côté.

|●| 🍸 **String Bar** *(carte Nosy Be, 73) : village Ampangorina, au bout de la plage, côté ouest, à côté du 293 On Komba.* ☎ *033-84-247-22.* Un resto-terrasse agréable, face à la mer et à l'arrivée des bateaux de Nosy Be. Uniquement des produits frais, mitonnés par Thomas, un jeune chef français. Cocktails et vin en carafe à déguster dans une ambiance sympa.

|●| **Gargotes** *(carte Nosy Be, 73) :* au cœur du village, une dizaine de gargotes proposent le même type de plats classiques à des prix similaires *(10 000-15 000 Ar)* : poisson, crabe, calamar, zébu et bien sûr langouste. Parmi les meilleurs, citons *Tavaratra, Chez Assany* (☎ *032-52-927-28)*, propret et accueillant.

De chic à très chic

🏠 |●| **293 on Komba Guest House** *(carte Nosy Be, 72) : à env 10 mn à pied du cœur du village.* ☎ *034-47-139-75 ou 034-09-417-01,* ● *stay@293onkomba.com* ● *Doubles 65-90 €/pers en ½ pens (dîner et petit déj). Pas d'enfants de moins de 16 ans « si possible »...* Cette maison d'hôtes de charme dispose tout juste de 4 belles chambres où l'on s'éveille face à la mer ou à un torrent gargouillant. Chacune dispose de sa propre salle de bains (l'une est cependant extérieure) et exsude un charme simple et discret. Mais le vrai plus, c'est l'accueil de Marcine, une Sud-Africaine parlant l'anglais, son souci du détail et la cuisine excellente, adaptée aux envies de chacun en fonction des produits du jour. Enfilez un masque et vous tomberez probablement nez à nez avec des tortues à 20 m du bord... Pas encore détendu ? Installez-vous dans le hamac ou offrez-vous un massage. Bien, mais cher !

Dans le Sud et l'Ouest

Les hébergements cités ci-dessous sont isolés et accessibles uniquement par la mer. La plupart proposent le transfert depuis Hell-Ville, voire depuis le port d'Ankify (sur la Grande Terre), mais c'est en général assez cher (environ 50-60 €). On peut aussi demander aux coques qui font la liaison de Hell-Ville à Ankify de s'y arrêter.

De plus chic à beaucoup plus chic

🏠 |●| *Chez Remo et Bérénice* (carte Nosy Be, 75) : sur la côte sud-ouest de l'île, juste après Anjiabe. ☎ 032-04-106-01. ● remo-e-berenice.com ● *Bungalow double 50 €, 30 €/pers en pens complète (obligatoire vu l'isolement).* 📶 Avez-vous déjà rêvé d'une petite plage pour vous seul(e) sous les cocotiers ? La voici, face au récif, loin du monde agité. Bérénice veille à tout : le collier de fleurs à l'aéroport, la noix de coco fraîche qui vous attend à l'arrivée, le café à votre porte le matin, le sourire à toute heure... Ce lieu, plein de quiétude, abrite juste une grande maison-resto à la généreuse véranda, tout contre le sable, et 4 bungalows disséminés dans un jardin que Bérénice soigne avec tout son cœur. Deux s'amarrent face à la mer, deux plus en hauteur. Chacun, entre cabane de pêcheurs et déco tropicale, est équipé de salle de bains (eau chaude), moustiquaire et terrasse individuelle. La cuisine et les rhums arrangés sont excellents !

🏠 |●| *Les Jardins de Clarita et Mora Mora* (carte Nosy Be, 76) : sur les hauteurs de la plage d'Anjiabe, au-dessus du Jardin Vanille. ☎ 032-02-493-23. ● lesjardinsdeclarita@gmail.com ● *Doubles env 35-45 € ; menu 10 €.* D'un côté, 3 bungalows-villas stylés, au joli mobilier en palissandre, sols carrelés et salles de bains ornées de mosaïques. De l'autre, un restaurant à la terrasse surplombant la mer où l'on déguste de bons plats du jour sur fond de musique douce. Ceux qui résident dans le coin peuvent aussi y prendre le petit déj.

🏠 |●| *Coco Komba* (carte Nosy Be, 74) : à Ambatomitsangana. ☎ 032-88-477-13 ou 032-88-211-37. ● coco-komba.com ● *Doubles 65-85 €/j selon saison. ½ pens et pens complète possibles.* Décidément, Nosy Komba regorge d'excellentes adresses. Ici 4 jolis bungalows doubles sur pilotis, en dur et toit de *ravenala*, fort spacieux et bien aérés. Deux se situent à l'orée même d'une plagette « privée », dont l'on profite avec délice depuis sa terrasse. Deux autres s'ancrent plus en retrait, à l'égal du bungalow familial. Chaleur de l'accueil, qualité des repas, d'une fraîcheur assurée, sorties en mer à Tanikely ou en quête des requins baleines, rando dans la montagne... rien ne manque, pas même l'eau chaude (panneaux solaires).

🏠 |●| *Jardin Vanille* (carte Nosy Be, 76) : à Anjiabe, au sud-ouest de l'île. ☎ 032-07-127-97. ● jardinvanille.com ● *Résa conseillée. Bungalow standard 84 €, suite 165 €. Également une grande suite de 100 m² les pieds dans l'eau. ½ pens 30 €, pens complète 45 €.* 📶 Les bungalows, en matériaux locaux, sont perchés à flanc de colline dans la végétation, au-dessus de la très belle plage du village où batifolent les enfants au retour de l'école. Confortables et joliment décorés, ils sont tous un peu différents, mis à part leur petite terrasse d'où vous pourrez admirer le jardin exubérant où s'ébattent souvent des lémuriens le soir. L'électricité est disponible de 10h à 2h. La cuisine, variée et fine, est servie dans une élégante salle ouverte sur la mer. Beaucoup d'excursions sont proposées, mais vous pourrez aussi juste vous offrir une petite séance de PMT sur le tout proche récif, à la rencontre des tortues... Si votre budget est un peu serré, allez manger à la gargote *Chez Nary*.

🏠 |●| *Tsara Komba* (carte Nosy Be, 71) : à l'extrémité sud de l'île. ☎ 032-07-440-40. ● tsarakomba.com ● *Compter 285-325 €/j. par pers en pens complète, min 3 j. (10 % en plus en hte saison, soit juil-août et déc).* 📶 On est loin, très loin de l'hébergement routard ! Très apprécié des mariés en lune de miel, le *Tsara Komba* est un peu le nec plus ultra d'un séjour à Nosy Be. Isolé au-dessus d'une belle plage solitaire, il s'adosse à l'île-montagne noyée de végétation. Les Anglo-Saxons parlent de *barefoot luxury* – le luxe pieds nus. Pas de chichis dans la tenue, donc, mais un confort rare sous ces latitudes. Six des 8 lodges, oscillant entre mobilier traditionnel *zafimaniry* et notes contemporaines, mesurent 90 m² et les 2 autres 120 m² ! Tout ici est personnalisé. Les repas sont servis au bon vouloir des clients, et pourquoi pas sur la plage ou la terrasse privée ? Dans l'assiette, salades et légumes viennent en partie du potager.

À voir. À faire

Le village d'Ampangorina est composé d'un ensemble de petites cases et d'étroites sentes. On y vit en grande partie dehors, on lave son linge aux quelques robinets communs, et chaque maison ou presque se double d'un petit atelier de broderie. Des dizaines de grandes nappes en coton blanc y flottent au vent.

- *Le parc des makis :* entrée 5 000 Ar. Après avoir suivi « l'allée des brodeuses », on grimpe l'escalier jusqu'au sommet d'une petite colline boisée (quelques minutes). Le parc est un peu à l'abandon, mais vous trouverez sans doute un guide autoproclamé dans le coin pour vous emmener voir les quelques familles de makis *macaco* (mâle noir, femelle rousse) qui hantent les environs. Ils risquent de vous dégringoler dessus, arrachant à qui mieux-mieux les bananes que vous aurez achetées aux gamins.

➢ *Balades à pied :* on peut traverser l'île, mais il est impératif d'avoir un guide. On peut aussi grimper jusqu'à l'ancien sanatorium français (1895) et son cimetière. Renseignez-vous auprès des hôtels ou d'une agence de Nosy Be.

➢ *Balades insolites :* env 20 000 Ar/pers, à négocier. On se balade en forêt avec Yvonne, la guérisseuse du village d'Ampangorina. Tout le monde la connaît ! Elle vous emmène le matin dans la montagne pour vous livrer quelques secrets des plantes médicinales locales.

NOSY TANIKELY

Si vous ne deviez effectuer qu'une seule excursion, c'est sans doute celle-ci qu'il faudrait choisir. Située à 6 miles au sud de Nosy Be, cette microscopique « île de la Petite Terre » (15 ha) forme depuis 2010 un parc national marin. Ses fonds sont d'une richesse stupéfiante. Les plongeurs avec bouteilles adorent, mais un simple masque et un tuba assurent déjà un spectacle de premier ordre. Les eaux sont lumineuses, les poissons peu farouches, les tortues souvent là... À terre, un petit sentier pédestre mène à un phare récemment rénové, d'où la vue est très chouette. On y croise quelques lémuriens et geckos et on profite de la superbe plage.

L'île étant inhabitée (en dehors d'un gardien), on ne peut s'y rendre qu'en excursion. Celle-ci revient à environ 50 € au départ d'Ambatoloaka ou 60 € en combiné avec Nosy Komba (un classique, avec un minimum de 6 personnes). Ces tarifs comprennent généralement l'entrée du parc *(10 000 Ar ; 2 000 Ar moins de 12 ans),* le matériel de snorkeling et le pique-nique, mais faites-vous le bien préciser (pour les agences, voir la rubrique « Adresses utiles à Ambatoloaka. Sorties en mer et excursions diverses »). On peut aussi y aller en chartérisant une pirogue à moteur ou une coque, ce qui revient moins cher si l'on est au moins 2 ou 3, mais attention aux problèmes de sécurité. On rappelle que beaucoup d'embarcations sont un peu limites et que la mer peut être très formée au retour dans l'après-midi, surtout en septembre-octobre. Ne partez jamais sans gilets de sauvetage à bord. La traversée dure environ 1h.

NOSY SAKATIA

Flottant juste à l'ouest de Nosy Be, à la hauteur d'Ambaro, cette île tranquille et assez peu touristique mesure 3,2 km de long pour 2 km de large. Elle séduit ceux qui sont en quête d'une atmosphère de sérénité totale. On peut y passer la nuit dans quelques hébergements et s'offrir de gentilles balades vers les mangroves ou dans les terres. Mais attention, la forêt primaire est *fady* ! D'ailleurs d'autres interdits existent : ne prononcez jamais le mot « chien » ici...

Comment y aller ?

Sur la plage d'Ambaro, à gauche du *Chanty Beach,* on trouve toujours une pirogue pour traverser. Le tarif est d'environ 10 000 Ar par sens à la rame (30 mn) ou 30 000 Ar aller-retour avec moteur. Sinon, plusieurs agences programment l'excursion, comme *Nosy Be Original* (voir à Ambatoloaka « Adresses utiles. Sorties en mer et excursions diverses »). *Compter 36 €/pers au départ de Vanila Hotel ou 46 €/pers au départ des autres hôtels (min 2 pers).*

Adresse utile

■ **Sakatia Diving :** *au Sakatia Lodge (voir « Où dormir ? Où manger ? »).* ☏ *032-41-165-16.* Tenu par P'tit Jacques, un jeune Sud-Africain francophone, ce club très pro et pas speedant dispose d'un bon matériel et propose des plongées bien encadrées. Il saura vous trouver des mantas et peut même organiser des *fluodives,* des plongées de nuit avec lampes fluorescentes. Magique !

Où dormir ? Où manger ?

De bon marché à prix moyens

■ |●| *Delphino Villa, chez Richard (carte Nosy Be, 77) : au bord de la grande plage, près du Sakatia Lodge.* ☏ *032-04-844-05.* ● *delphino-paradis-nosybe.com* ● *Bungalows sans ou avec sanitaires 40 000-50 000 Ar, petit déj en plus ; bungalow familial également.* Non, il ne s'agit pas d'une villa, mais de quelques mini-bungalows en *falafa* tout simples au bord de la plage. Eau froide seulement (4 ont une douche privée) et pas de ventilo, mais ils sont bien propres, avec moustiquaire et un bout de terrasse pour lézarder. Les sanitaires communs sont nickel. Richard est souvent aux fourneaux, pour cuisiner chaque jour des plats locaux frais, tandis que sa femme, Anne-Christine, amoureuse de Madagascar, s'occupe de l'école du village, sans oublier ses devoirs de maîtresse de maison. On se sent bien ici.

■ |●| *Chez Marius (carte Nosy Be, 77) : à 300 m au nord de Delphino, en bord de plage.* ☏ *032-07-541-70. Bungalow 30 000 Ar avec sanitaires communs.* Voici 2 bungalows dans leur plus simple expression : un toit, un matelas, une moustiquaire et une ampoule électrique (ou pas...). Sur l'arrière, « douche *vazaha* », comme disent les filles. Amis Robinsons et fauchés, vous êtes arrivés. Repas possibles.

De plus chic à beaucoup plus chic

■ |●| *Sakatia Lodge (carte Nosy Be, 77) : devant la plage.* ☏ *032-02-770-99.* ● *sakatia.co.za* ● *Fermé de mi-janv à mi-mars. Bungalows doubles 60-105 € selon confort, familial (4 pers) 150 €.* 🛜 *(payant).* 4 bungalows « nature », tournés vers le jardin, font écho à 4 bungalows « océan », 2 fois plus grands, bâtis en léger retrait de la plage mais avec une petite vue sur la mer. Ajoutons aussi un familial (2 chambres), au ras de la mangrove. Joliment conçus en matériaux traditionnels, ils sont dotés d'eau chaude, ventilo et moustiquaire et prolongés par une terrasse. L'adresse est charmante et l'accueil de qualité, tant des proprios sud-africains que de la gérante suisse – qui s'occupent aussi de deux jolies villas en bois en location à côté. Le resto est de qualité (produits du potager), tout comme le club de plongée (avec option nitrox), tenu avec sérieux par le fiston, P'tit Jacques (voir ci-dessus « Adresse utile »).

LES ÎLES AUTOUR DE NOSY BE / L'ARCHIPEL DES ÎLES RADAMA

NOSY IRANJA

🎭🎭🎭 Prêts pour le paradis ? Les deux îlots de Nosy Iranja Be (70 ha) et Nosy Iranja Kely (13 ha) sont reliés par un banc de sable blanc de 1,2 km au parfum d'aventures extraordinaires. S'il n'y a pas trop de monde, vous n'aurez aucun mal à vous y prendre pour Robinson Crusoé… Dans une certaine mesure seulement car malheureusement de plus en plus d'habitations se transforment en lieu de vente de produits artisanaux et le village est devenu un vaste marché pour les touristes. Attention : l'île est privée, et pour voir quelques lémuriens, il faut payer 10 000 Ar. Loin de Nosy Be, les deux îles sont en fait bien plus proches de la Grande Terre. On les rejoint en 1h15 à 2h de bateau à moteur. L'excursion, proposée par la plupart des agences, tourne autour de 120 000 Ar (minimum 4-5 personnes en général). Elle comprend en général une brève escale sur **Nosy Antsoa,** une petite île où ont été réintroduites de nombreuses espèces de lémuriens. Habitués à l'homme, ils sont très peu farouches. Tony, un français installé à Nosy Komba propose un forfait 2 j./1 nuit en pension complète *(420 000 Ar/pers, min 4 pers, ☎ 032-45-424-60).*

Où dormir ? Où manger ?

🏠 🍴 *Le Zahir de l'île : résa au Zahir Lodge à Madirokely. ☎ 032-05-938-80. ● lezahir-lodge-nosybe.com ● Fermé fév. Compter 110 €/pers en pens complète obligatoire. Plat 18 € (langouste 25 €). Transfert 240 €/bateau jusqu'à 4 pers, 50 €/pers au-delà.* C'est la seule adresse de l'archipel qui fonctionne à l'heure actuelle. Située près du village de pêcheurs, au pied de la colline du phare, elle s'amarre à l'orée du grand banc de sable reliant les deux îles. Un bungalow familial se perche sur les hauteurs et 7 chambres s'endorment sur la plage de sable blanc, entre cocotiers et palétuviers. Le style est plutôt rustique, avec pierre au sol, mais la déco malgache est colorée et le confort inattendu si loin de tout (douche avec eau chaude pour chacun, électricité à partir de 18h jusqu'à 22h). Pour s'occuper : balades en pirogue, pêche traditionnelle.

L'ARCHIPEL DES ÎLES MITSIO

🎭🎭 Ancrés loin au nord-est de Nosy Be, les 17 îles et îlots des Mitsio attirent avant tout les amoureux des grands espaces maritimes, des îles, de la plongée et de la pêche au (très) gros. Les séjours proposés par les tour-opérateurs, locaux ou étrangers, sont généralement sous des formules « tout compris ». Il faut 4h à 5h à la voile et 1h30 à 2h en bateau rapide, depuis Hell-Ville, pour gagner la plus grande des îles, **Nosy Mitsio.** Là, les pêcheurs établissent leur base arrière au *Mitsio Tropical Lodge* (● tropical-fishing.com ●).
À partir de là, on ne compte plus le temps qui passe… Il vous reste à voir **Nosy Ankarea,** avec son sable blanc et son basalte noir, du sommet de laquelle se découvre un panorama génial sur l'archipel ; **Nosy Lava,** avec son corail, sa terre rouge et ses chasseurs de requins ; **Nosy Antaly** et sa formation de basalte et, au nord du cap Saint-Sébastien, des coraux fossiles surélevés et déchiquetés… **Nosy Tsarabanjina** est une île-hôtel ultra-exclusive (et chère…).

L'ARCHIPEL DES ÎLES RADAMA

🎭🎭 Au sud de Nosy Iranja, tout près de la Grande Terre, ce chapelet de petites îles coralliennes et d'îlots vierges adorables offre l'occasion d'une autre évasion incroyable. Pour en profiter pleinement, c'est en bateau qu'il faut voyager – voilier ou boutre idéalement. Peu d'agences de Nosy Be programment l'archipel, un peu trop éloigné pour des excursions à la journée. On compte quatre îles principales, dont la grande **Nosy Berafia.** Et puis il y a aussi *Nosy Valiha, Nosy Antanimora, Nosy Kalakajoro...* Allez, bon vent !

RETOUR SUR TERRE...

- **Majunga (Mahajanga)** 372
- Les plages : Petite Plage à Amborovy et plage du Grand Pavois
- Le cirque Rouge • Le musée Mozea Akiba à Ambondrona • Le lac Sacré (lac Mangatsa)
- Les grottes d'Anjohibe
- Katsepy et ses environs • Le lac Kinkony, les baies du Boina et de Baly, et les Tsingy du Nord • La région de Marovoay
- **Le parc national Ankarafantsika** 385
- Le circuit Coquereli
- Le Grand Lavaka ou circuit Ankarokaroka
- Le circuit des Baobabs et le tour du lac Ravelobe • Virée nocturne • Le centre de la Durrell Wildlife Conservation Trust

MAJUNGA (MAHAJANGA)   174 000 hab.   IND. TÉL. : 62

● Plan *p. 376-377*

La ville la plus grande de toute la côte ouest, troisième ville et deuxième port de Madagascar, est reliée à Tananarive par une bonne route. À Nosy Be aussi, mais c'est plus long, et il reste un tronçon de mauvaise piste. Elle est en revanche très éloignée de Morondava, l'autre capitale des Sakalavas, sa rivale par l'histoire et la géographie (lire « Un peu d'histoire »).

Même si la ville ne présente pas un intérêt fou, elle souffre d'un défaut d'image assez injuste en raison de sa situation, à l'écart des circuits touristiques. On aurait tort de la bouder totalement. Particulièrement animée, elle présente un certain cachet, notamment grâce à son brassage ethnoculturel et à son architecture à la fois sakalava, indienne, musulmane, coloniale, mais aussi merina. Mosquées, portes indiennes ouvragées (de plus en plus rares), maisons à varangue, balustres ou colonnades, pousse-pousse et boutres encombrant le port en sont les derniers témoignages. Vu sa situation, la ville a toujours eu le regard tourné vers l'Afrique et les Comores, et elle est le foyer principal des Karanes, les commerçants indo-pakistanais de Madagascar. Elle reste un grand port d'échanges et de migrations avec les îles des Comores.

Son climat sain, sec et chaud (voire très chaud de septembre à novembre), qui lui valut peut-être son nom de « Guérison », en fait une destination de villégiature pour nombre de Malgaches. De nombreux Français en ont fait leur port d'attache.

UN PEU D'HISTOIRE

La fondation du Boina et de Moudzangayeh

Le royaume des Sakalavas est né au XVIe s dans la région de Morondava. À la fin du XVIIe s, le roi meurt et laisse le royaume du Menabe à l'aîné de ses fils, Tsimanongarivo. Le nouveau souverain s'avère dur et cruel. Son frère Tsimanato, révolté,

décide de quitter le royaume. Il franchit les fleuves Tsiribihina et Manambolo, comme d'autres le Rubicon, et s'installe près de la baie de Boeny, au sud-ouest de l'actuelle Majunga.
Tsimanato, rebaptisé Andriamandisoarivo, conquiert tout le nord-ouest de l'île avec l'aide de son fils et de quelques aventuriers américains. Il fonde le royaume du Boina. Selon les versions, la ville qu'il créa prit le nom de Moudzangayeh, soit la « terre d'élection », ou bien Mahajanga, signifiant « qui guérit ». Mais le nom le plus retenu est Mji Angaïa, ou « ville des fleurs », de l'arabo-swahili parlé par les marchands antalaotras qui s'implantèrent sur la côte.

LE ROI DE L'URBANISME

Une légende sakalava raconte l'histoire de la création de Majunga. Le roi (certainement un peu allumé) aurait décidé de soumettre le destin de son royaume au sort de son bien le plus précieux : sa petite-fille ! Il l'abandonna dans un caisson de bois, dans les flots de l'estuaire de la Betsiboka, malgré les protestations de ses sujets. Celle-ci, après avoir dérivé, aurait fini par échouer dans l'embouchure déserte du fleuve. Alors le roi décida qu'on bâtirait une ville à cet endroit.

Port d'attache de plusieurs cultures

Majunga est le fruit d'un métissage culturel et commercial intensif entre toutes les populations de la région et d'ailleurs... Durant le règne de la reine Ravahiny, à la fin du XVIIIe s, la ville connaît un développement commercial considérable. Après le juteux trafic des esclaves des marchands européens, les commerçants indiens rejoignent les implantations commerciales des comptoirs antalaotras. Les liaisons entre Zanzibar, l'Afrique de l'Est, les Comores, l'Europe, et jusqu'aux Indes, se renforcent et assurent la prospérité du royaume.

En 1792, Dumaine, un Français, passe par là : « La ville de Mouzangaye renferme plus de 6 000 Arabes et Indiens avec leurs familles. Il y a des mosquées à l'usage des différentes sectes, des maisons d'éducation, des gens de tous métiers et des ateliers en tout genre. » En fait, les marchands indiens musulmans, venus pour la plupart de Bombay, sont arrivés à Madagascar à bord de boutres grâce à leur grand talent de navigateurs. Les Malgaches les appelleront bientôt les *Karany*, c'est-à-dire les... « comptables » !

Sakalavas et Merinas, des relations mouvementées

Au début du XIXe s, la reine Ravahiny entretient d'excellentes relations avec Andrianampoinimerina, roi des Merinas et des hauts plateaux. Mais après la mort de la reine, l'entente vole en éclats. Radama Ier, fils du roi des Merinas, part combattre le petit-fils de la reine défunte. C'est un échec. Mais, une fois sur le trône, il repart au combat et, aidé de son fidèle conseiller anglais Hastie, s'empare de Majunga en 1824. L'année suivante, la révolte sakalava met le feu à la ville. Elle est écrasée un an plus tard. Le roi des Sakalavas, Andriantsoly, s'enfuit alors vers Zanzibar. Il ne revient qu'à la mort de Radama Ier. Ranavalona Ire, nouvelle reine des Merinas, envoie aussitôt 7 000 hommes à l'assaut des 5 000 guerriers sakalavas. Mais le peuple du Boina en a assez de cette guerre et demande à son roi de céder. Celui-ci abdique au profit de sa sœur Oantsitsy en 1832, et s'exile. Il deviendra par la suite sultan de Mayotte. Ironie de l'histoire, il cédera aussi cette île à la France en 1841.

Le royaume sakalava du Boina connaît alors son déclin. La nouvelle reine s'incline devant Ranavalona Ire et meurt en 1836. Sa fille Tsiomeko, alors âgée de 8 ans, monte sur le trône. Mais elle doit se réfugier l'année suivante à Nosy Be. Face aux attaques incessantes de la royauté merina, elle demande la protection de la France... qui s'empare de Nosy Be.

Voie d'eau pour la colonisation, port d'asile des Comores

Les Merinas, bien en place, connaissent d'autres difficultés avec les assauts répétés de la France. En 1883, les navires français accostent et s'emparent de Majunga. Après un traité de dupes en 1885, l'amiral Bienaimé, puis le général Duchesne, achèvent d'occuper la ville et d'y débarquer les troupes et le matériel nécessaires à la colonisation de l'île. Les Français entreprennent la construction d'une route vers Tananarive sur plus de 300 km, à travers des montagnes et des marécages insalubres. Les troupes sont décimées par la malaria avant la victoire sur la royauté merina.

> ### LE MARTYR DES SABENAS
>
> *En 1975, Majunga fut secouée par une violente série d'émeutes contre la communauté comorienne de la ville. On compta près d'un millier de morts, et les derniers ressortissants furent expulsés par les avions de la compagnie aérienne belge Sabena. Ils gardent ce surnom cynique de « Sabenas », souvenir d'une cicatrice qui se referme tout doucement.*

Arriver – Quitter

En taxi-brousse et minibus

🚌 **Gare des taxis-brousse longues distances** (hors plan par D2, 1) : *à côté de l'abattoir, à 2 km de l'hôtel de ville.*
➤ **Tananarive :** départ tlj dès le mat, jusqu'à env 18h. Durée : 11-12h env.
➤ **Diego-Suarez et Nosy Be, via Ambanja :** départ tlj en début d'ap-m. Trajet : 20h. Pour Nosy Be, mêmes taxis-brousse, mais descendre à Ambanja (trajet : env 13h) ; prendre ensuite un taxi-brousse pour Ankify. De là, bac pour Nosy Be. Attention, en saison des pluies (janv-fév), les liaisons sont parfois annulées.

🚌 **Gare des taxis-brousse locaux** (plan D2, 2) : *av. du 14-Octobre, non loin de l'hôtel de ville.*
➤ **Ampijoroa (parc national Ankarafantsika) :** départs tte la journée jusqu'en fin d'ap-m. Trajet : 2-3h.

Liaisons avec Tananarive et Ankify en minibus confortable

■ **Compagnie Transport Première Classe – Malagasycar** (plan A2, 3) : *sur la corniche, au-dessus du petit pont.* ☏ 033-07-601-67 ou 032-04-904-57. ● malagasycar.com ● *Bureau au 1ᵉʳ étage, à l'arrière du bâtiment. Tlj sf sam ap-m et dim 8h-12h, 15h-18h.* Résa 72h avt. Minibus confortables transportant 7 passagers. Pour Tananarive, compter env 80 000 Ar/pers, petit déj et repas inclus. Départ tlj en principe à 7h et arrivée vers 17h (dans les 2 sens). Pour Nosy Be (en principe, pas de liaisons en janv-fév pendant la saison des pluies), compter env 130 000 Ar/pers, petit déj et repas inclus. Durée : 10h. Le minibus s'arrêt à Ankify. De là, prendre le bac pour rejoindre Nosy Be.

■ **Transpost :** *à la poste centrale (plan C2).* Départ vers 7h du matin. Résa plusieurs j. avt. Trajet : env 10h. Formule intéressante et ponctuelle (départs assurés). Bagages limités à 15 kg/pers. Autre avantage : on part de la poste (à Tana ou à Majunga), et donc pas de rabatteurs.

En ferry et pirogue

⛴ **Embarcadère** (plan C3) : *quai Barriquand.*
➤ **Katsepy :** des ferries et pirogues à moteur font l'A/R. Départs tlj, le mat. Compter env 4 000 Ar/trajet en ferry et 45 mn ; env 5 000 Ar en pirogue à moteur et 30 mn. Attention, en général, les derniers départs de Katsepy se font avant 16h. Dimanche, grosse ruée ! C'est la grande balade dominicale...

En avion

✈ **Aéroport** *(hors plan par D1)* : *à 9 km au nord de la ville.* ☎ *232-24.* Pas de banques ni de bureau de change ni d'office de tourisme. Pour rejoindre le centre, taxi seulement *(env 25 000-30 000 Ar).*

➢ **Tananarive :** en principe, 1 vol/j. Mais le programme peut être allégé durant l'hiver austral.

➢ **Nosy Be :** 1 vol direct/sem, plus quelques vols supplémentaires en saison.
➢ **Île de La Réunion :** 1-3 vols/sem selon saison, avec *Air Austral.*
➢ **Dzaoudzi (Mayotte) :** 3-6 vols/sem avec *Ewa Air (filiale d'Air Austral),* 1 vol/sem avec *Air Madagascar.*
– Noter qu'il existe 1 vol Paris-Mayotte-Majunga avec *Air Austral,* 1 fois/sem.

Comment circuler ?

La ville est assez étendue, mais les quartiers les plus intéressants se trouvent autour du port aux boutres, avec les principaux hôtels et services, et autour de la mosquée de Mahabibo avec son marché populaire.

– *En pousse-pousse ou en tuk-tuk :* env 1 000-1 500 Ar la course en ville.
– *En taxi :* compter 4 000-5 000 Ar la course en ville. À peine plus cher le soir.

Adresses utiles

Infos touristiques et Internet

🛈 **Office de tourisme** *(plan D1) : immeuble Jovenna, 14, av. Philibert-Tsiranana.* 📱 *034-08-088-80.* ● *majunga.org* ● *Tlj sf sam ap-m et dim. Pourrait déménager, se renseigner.* Compétent et fort sympathique. Dispose d'une liste de guides accrédités. Propose un circuit de découverte de la ville avec carte (en vente) et plaques numérotées sur chacun des sites remarquables *(env 2h30).* Durant la haute saison, également un kiosque d'informations touristiques sur le boulevard Poincaré *(hors plan par B3).*

■ **Bureau du MNP** *(plan D1, 4) : immeuble Jovenna, 14, av. Philibert-Tsiranana.* ☎ *226-56.* 📱 *032-77-505-39 ou 033-47-056-67. En principe, lun-ven 7h30-12h, 14h30-18h.* Bureau des parcs nationaux et réserves de Madagascar. Possibilité de savoir s'il y a de la place pour y dormir.

@ **Internet : Cyber Baobab** *(plan B3, 5), rue Joffre. Tlj sf sam ap-m et dim 7h30-12h30, 14h30-12h30. Également* **Patati Cyber** *(plan D1, 4), immeuble Jovenna, 14, av. Philibert-Tsiranana ; à côté du bureau du MNP. Tlj sf dim 8h-12h, 15h-18h.*

Argent, banques

La plupart des banques proposent le service Western Union.

■ **BNI-CA** *(plan B2-3, 7) : rue du Maréchal-Joffre. Lun-ven 7h30-11h30, 14h30-16h30.* Distributeur acceptant *Visa* et *MasterCard.*
■ **BFV-SG** *(plan B2, 8) : av. de France. Lun-ven 7h30-11h30, 14h-17h ; sam 7h30-12h30.* Distributeur acceptant *Visa* et *MasterCard.*
■ **BOA** *(plan B3, 9) : lun-ven 7h30-11h30, 14h30-16h30.* Distributeur acceptant la *Visa* seulement.

Compagnies aériennes

■ **Air Madagascar** *(plan B3, 11) : av. Gillon.* 📱 *034-11-222-07 ou 032-05-222-06.* ● *airmadagascar.com* ● *Lun-ven 7h30-11h30, 14h30-17h ; sam 8h-9h30. Également un bureau à l'aéroport, ouv slt aux arrivées et départs.*
■ **Air Austral et Ewa Air** *(plan C2-3, 12) : immeuble Abdealy Salim, rue des Messageries-Maritimes, Boustanes ; dans la cour du Score.* ☎ *227-65.* 📱 *033-37-816-05.* ● *mjnssuu@austalair.mg* ● *Lun-ven 8h30-12h, 14h-17h30, sam 9h-12h.* Représente Air Mauritius.

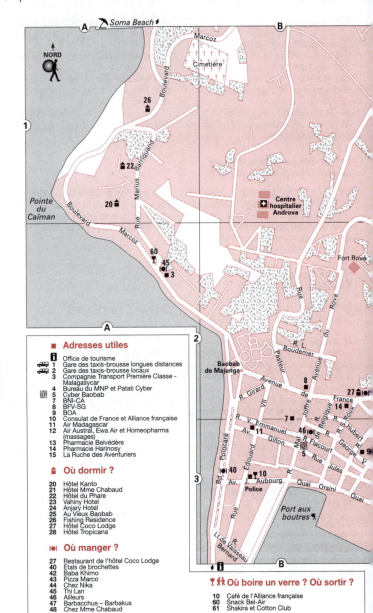

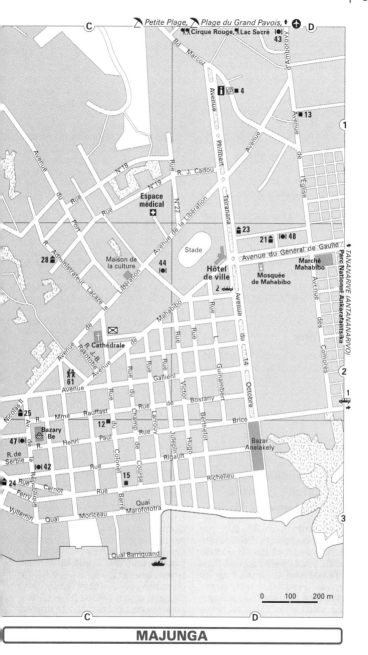

Santé, urgences

- **Consulat honoraire de France** (plan B3, 10) : *angle rue Édouard-VII et av. Jules-Aubourg.* ☎ 034-11-215-54. ● consohono.mga@gmail.com ● Liste de médecins référents.
- **Espace médical 24h/24** (plan C1) : *dans une impasse face à l'entrée du stade.* ☎ 034-02-172-26. L'équivalent de notre SAMU (ambulances, évacuations).
- **SOS Médecins :** ☎ 222-25.
- **Centre hospitalier universitaire Androva** (plan B1) : *près du fort Rova.* ☎ 229-15. Correctement équipé, mais sans plus.
- **Pharmacies :** *pharmacie Harinosy* (plan B2, 14), ☎ 231-00. *Lun-sam mat. La plus centrale.* Également **pharmacie Belvédère** (plan D1, 13), *av. de l'Église.* ☎ 222-94. *Lun-sam mat. Un peu plus chère.* Bien approvisionnées. La pharmacie de garde est indiquée sur les devantures des principales pharmacies de la ville.

Excursions

- **Antsanitia Resort :** ☎ 911-00. ● contact@antsanitia.com ● L'hôtel (voir plus loin « Où dormir ? Où manger dans la région ? ») propose une visite de la ville, le parc Ankarafantsika en 2 jours au départ de l'hôtel, la découverte de la « mini-baie d'Along » et des croisières en catamaran à la découverte du cirque Rouge. L'hôtel a aussi mis en place un circuit exclusif de 12 jours sur la rivière Sofia, la plus longue du pays, « En terre inconnue », et propose (de mi-août à fin octobre) des safaris à la rencontre des baleines et des dauphins.
- **La Ruche des Aventuriers** (plan C3, 15) : *immeuble Gitane, rue Richelieu Ampasika.* ☎ 032-47-488-98 ou 034-66-050-10. ● laruchedesaventuriers.com ● *Lun-sam mat (pause le midi).* Circuits dans la région, location de 4x4, de bateaux avec pilote.

Loisirs

- **Alliance française** (plan B3, 10) : *angle rue Édouard-VII et av Jules-Aubourg.* ☎ 032-05-119-84. ● afmajung@orange.mg ● *Dans les locaux du consulat de France. Tlj sf dim 8h30-12h, 15h-19h30.* Médiathèque, expos, spectacles dont des concerts.
- **Massages** (plan C2-3, 12) : *chez Homeopharma, à côté du Score, rue du Colonel-Barré.* ☎ 220-65. *Tlj sf dim 8h-12h30, 15h-19h.* Dans cette boutique de produits bio malgaches, possibilité de massages à tarifs très raisonnables. Huiles essentielles et un baume antimoustiques, très efficace !

Où dormir ?

De très bon marché à bon marché (jusqu'à 40 000 Ar / env 11 €)

- **Hôtel Kanto** (plan A1, 20) : *rue Marius-Barriquand.* ☎ 229-78. Prendre à droite au snack Bel-Air. *Doubles 25 000-30 000 Ar.* Petit hôtel qui n'est plus de première jeunesse mais au calme, avec un bout de vue sur la mer. Une douzaine de chambres vraiment simples avec ventilo, sanitaires privés (eau froide) et literie qui commence, elle aussi, à avoir vécu. Pas de clim. On peut y manger. Karaoké certains week-ends. Conviendra aux routards pas trop exigeants.
- **Hôtel Mme Chabaud** (plan D2, 21) : *accès face à la mosquée de Mahabibo, av. du Général-de-Gaulle.* ☎ 233-27. ☎ 032-40-028-57. *Doubles env 15 000-42 000 Ar.* Situé dans le quartier populaire comorien aux allures de souk avec sa vieille mosquée. Confort simple et cadre dépouillé, mais le tout est propre et correctement entretenu. Tout un éventail de chambres : avec ou sans ventilo, salle de bains communes ou privées, clim pour les plus chères. Les chambres du 2e étage sont nettement plus plaisantes. Le petit déj se prend au 3e. Resto réputé juste en face (voir « Où manger ? »).

De prix moyens à chic (40 000-150 000 Ar / env 11-43 €)

◾ *Hôtel du Phare* (plan A1, 22) : sur la corniche, en surplomb du bd Marcoz. ☎ 235-00. 📱 034-85-563-00. ● hotel dupharemajunga.com ● À coté d'un vieux phare. Doubles avec sdb 55 000-75 000 Ar. 🛜 Perché sur la corniche, face à un jardin avec piscine, ce grand bâtiment offre un point de vue imprenable sur la mer et sur les couchers de soleil mémorables. Émilie, architecte d'intérieur, et John lui ont redonné fraîcheur et nouvelle jeunesse. Grâce à leur talent et à leur énergie, ils en ont fait un lieu de vie où l'on a plaisir à se poser, prendre l'apéro sur la terrasse, papoter. Quelques concerts sont parfois organisés (mais la quiétude des résidents est préservée). Clim pour les chambres avec vue mer, ventilo pour celles qui donnent à l'arrière. Balcon pour la plupart, moustiquaire et eau chaude pour tout le monde.

◾ *Vahiny Hotel* (plan D2, 23) : av. Philibert-Tsiranana. ☎ 222-76. 📱 032-57-612-12 ou 032-40-628-51. Un peu à l'écart du centre-ville. ● vahinyhotel-majunga.com ● Doubles avec sdb et sans ou avec frigo 55 000-60 000 Ar. 🛜 Une poignée de chambres assez mignonnes, toutes avec de jolies couleurs, moustiquaire, clim et douche chaude. Bon accueil et sympathique terrasse avec palmiers pour le petit déjeuner. En revanche, les bars voisins ne sont pas très discrets la nuit… (boules Quiès bienvenues à moins que ne vous soyez un couche-très-tard).

◾ *Anjary Hotel* (plan C3, 24) : 9, rue George-V. ☎ 237-98. ● anjary-hotel. com ● Doubles 70 000-100 000 Ar. Carte Visa acceptée, mais pas la MasterCard. 🛜 Un bâtiment assez mastoc, en pleine ville, récent, sans charme mais propre et fonctionnel. Toutes les chambres ont une douche ou une baignoire (avec eau chaude), des w-c, la clim et un ventilo, une TV (chaînes satellite) et la plupart un balcon. Les plus chères sont dotées d'un frigo et d'un coin salon qui n'apporte pas grand-chose à vrai dire. Prières de la mosquée à prévoir.

◾ *Au Vieux Baobab* (plan C2, 25) : face au marché couvert, donc central. ☎ 220-35. 📱 034-07-220-35. ● hvb@moov.mg ● Doubles 72 000-90 000 Ar. 🛜 Établissement à la façade moderne, presque futuriste, qui propose une petite hôtellerie de bonne qualité. Les parties communes dégagent une atmosphère assez aseptisée (carrelage blanc, rampes d'escalier en alu), mais les chambres ventilées ou climatisées sont propres et bien équipées (douche chaude, w-c, TV satellite). Celles qui donnent à l'arrière sont moins spacieuses mais aussi plus calmes.

De chic à plus chic (80 000-250 000 Ar / env 23-71 €)

◾ *Fishing Residence* (plan A1, 26) : 5B, bd Marcoz. 📱 032 04 682-20 ou 032-05-160-93. ● fishingresidence. com ● Double 110 000 Ar ; bungalow 250 000 Ar pour 2. 🛜 Sur la corniche, un établissement de standing qui regarde le canal du Mozambique. Chambres et bungalows pour 2 à 4 personnes, à la déco soignée (un brin kitschouille), climatisés. Les meilleurs bungalows se situent tout près de l'eau. Un lieu agréable avec pas mal de végétation et une belle piscine. Fait aussi resto sous une grande paillote. Activité de pêche au gros.

◾ *Hôtel Coco Lodge* (plan B2, 27) : 49, av. de France. ☎ 230-23. 📱 034-07-011-11. ● cocolodgemajunga-madagascar.com ● CB acceptées. Double 49 €. Également des chambres familiales et des appartements. Parking. 🛜 Au centre-ville, un établissement tenu avec sérieux. Chambres impeccables et confortables (bonne literie, clim, douche chaude, TV satellite, coffre). Elles s'organisent autour d'une cour agrémentée d'une végétation tropicale et d'une piscine. Bel accueil. Bref, la bonne adresse !

◾ *Hôtel Tropicana* (plan C2, 28) : à Mangarivotra, le quartier derrière le stade. ☎ 220-69. ● hotel-majunga. com ● Double 105 000 Ar. 🛜 Une quinzaine de chambres réparties dans des bungalows, un peu trop les uns contre les autres, mais dans un joli jardin tropical et autour d'une petite piscine. Elles sont équipées de salle de bains (eau chaude), de la clim, d'une moustiquaire et de la TV. Petit bémol pour les toilettes ouvertes sur la salle de bains, elle-même ouverte sur la chambre. On fait mieux en termes d'intimité... Resto proposant des plats à l'ardoise d'inspiration française ou plus exotique. Une adresse qui possède un certain charme, même si ce n'est pas la folle ambiance.

Où manger ?

Avec la forte présence de la communauté karane de Majunga, pas mal de restos indiens en ville. Ne pas manquer le traditionnel *biryani* du dimanche. La région de Majunga est aussi un haut lieu de chasse où l'on peut goûter au gibier en saison (sanglier, sarcelle, canard sauvage...).

De très bon marché à bon marché (jusqu'à 20 000 Ar / env 6 €)

|●| Sur la corniche réhabilitée, tous les soirs, on trouve des **étals** *(plan B3, 40)*, où l'on mange des brochettes *(masikita)* dans une ambiance populaire. Encore plus animé le week-end, et particulièrement le dimanche pour la balade traditionnelle. Également des stands locaux sur l'avenue Philibert-Tsiranana *(plan D1-2)* chaque soir, presque en face de l'hôtel de ville.

|●| **Baba Khimo** *(plan C3, 42)* : *non loin du marché. Tlj midi et soir.* Tout petit resto indien (karany, pour être précis) avec une terrasse cachée derrière un beau bougainvillée. On vient ici pour la gentillesse de l'accueil, les petits prix et la bonne cuisine populaire. Comme son nom l'indique, le *khimo* est la spécialité de la maison. Il est servi avec un *rotli*, une galette indienne. Pas d'alcool, islam oblige.

|●| **Pizza Marco** *(plan D1, 43)* : *route d'Amborovy, pavillon 53.* 032-11-110-32. *Fermé dim midi et mar.* Marco s'est installé parmi les bicoques du marché et est devenu une personnalité locale. Les pizzas, franchement réussies, attirent une clientèle très variée. Ambiance garantie.

|●| **Chez Nika** *(plan C2, 44)* : *près du stade.* ☎ 023-65. *Tlj sf dim. Bon marché.* Resto en rouge et noir qui propose une carte pléthorique, lorgnant vers les cuisines chinoise, française et italienne. Avec un cadre à mi-chemin entre le resto et la boîte de nuit, l'endroit est assez atypique. L'attachante Nika ne ménage pas sa peine pour que sa petite affaire fonctionne et que les gens passent un bon moment. Quand ça le fait, une soirée karaoké ou un concert est improvisé, les rires se mettent à fuser et l'ambiance peut s'enflammer. Ici, pas de filles de joie. Nika y veille.

|●| **Thi Lan** *(plan A2, 45)* : *au début de la corniche.* ☎ 229-61. 034-02-745-34. *Fermé dim soir et lun midi en basse saison. Tlj sf dim. Bon marché.* Quelques tables recouvertes de nappes sous la varangue d'une jolie maison coloniale, avec la mer en toile de fond. Le cadre est séduisant ! La carte n'est pas avare de propositions. Plats malgaches, mais vous remarquerez vite les nombreuses préparations d'inspiration vietnamienne qui rappellent les origines du patron (crabe sauté au curry, crevettes au poivre vert, etc.).

Prix moyens (20 000-35 000 Ar / env 6-10 €)

|●| **Ailleurs** *(plan B3, 46)* : *5, rue George-V. Tlj sf dim 7h30-15h.* 034-41-520-40. En plein centre-ville, plus qu'un simple resto, c'est avant tout un havre de paix organisé autour d'un ravissant patio dans lequel il fait bon se poser. À tout moment, on aura de bonnes raisons d'y passer : pour débuter la journée avec un excellent petit déjeuner (Catherine fait le pain frais tous les matins !), pour boire un thé ou avaler un petit noir, ou pour savourer une cuisine fraîche et goûteuse qui joue des saveurs d'ici et d'ailleurs. Catherine propose aussi des crêpes et des galettes, toujours avec un sourire plein de douceur. Quelques produits

artisanaux (savons, poudre de baobab, huiles essentielles, etc.).

I●I Barbacchus – Barbakus (plan C3, 47) : *av. de la République, face au marché couvert.* ☎ *032-94-730-69. Tlj midi et soir.* Au choix, terrasse plaisante en bord de rue ou salle climatisée (ce qui n'est pas négligeable par grosses chaleurs !) ornée de paysages africains. Cuisine française et malgache de bon aloi : tournedos, poissons, grillades, pizzas, etc. Un rapport qualité-prix honnête.

De prix moyens à chic (20 000-60 000 Ar / env 6-17 €)

I●I Chez Mme Chabaud (plan D2, 48) : *dans une ruelle face à la mosquée de Mahabibo.* ☎ *233-27. Voir « Où dormir ? ». Tlj sf dim. Résa conseillée, car le lieu est petit.* L'institution de la ville sert une cuisine gastronomique à la française. Carte très alléchante, du style escargots de mer au beurre d'ail ou *ouassous*, des plats à base d'algues, à l'encre de poulpe, etc. Spécialités de gibier en saison, comme le civet de sanglier. L'un des meilleurs restos de la ville, tout simplement !

I●I Restaurant de l'hôtel Coco Lodge (plan B2, 27) : *49, av. de France.* ☎ *230-23.* ☎ *034-07-011-11. Voir « Où dormir ? ». Tlj midi et soir.* Un resto que l'on apprécie pour son cadre intimiste au bord de la piscine, pour sa cour bordée de palmiers du voyageur, et, bien entendu, pour sa cuisine alléchante. La carte propose un large éventail de saveurs : fondue bourguignonne, foie gras sur pain d'épices, poissons et plateau de fruits de mer, en passant par des plats libanais. Les végétariens ne sont pas oubliés. Le tout est servi avec sourire et charme, alors...

Où dormir ? Où manger dans le coin ?

Prix moyens

â Chambres d'hôtes La Maison du Voyageur : *Ankaraobato, Amborovy ; à env 7 km du centre-ville.* ☎ *032-94-851-13.* ● *lamaisonduvoyageur-madagascar.com* ● *Prendre la route de l'aéroport, puis à env 6 km, bifurquer à gauche sur la piste située juste avt le Sunny Hotel ; c'est 1 km plus loin. Possibilité de prendre un taxi-brousse et descendre à l'embranchement, puis 15 mn de marche. Sinon, taxi depuis Majunga. Doubles 65 000-75 000 Ar (supplément 15 000 Ar pour la clim). Table d'hôtes sur résa.* 📶 C'est dans une grande maison en pleine nature, sous les manguiers, que Céline et Manu ont posé leurs valises après un long tour du monde effectué en compagnie de leur petite fille. Aujourd'hui, ils accueillent les visiteurs en toute simplicité, avec 4 chambres sobrement équipées (salles de bains communes). Piscine, agréable terrasse. Une adresse parfaite pour être peinard, vivre de vrais échanges humains, et s'imprégner du pays en douceur. La plage d'Amborovy n'est qu'à 15 mn à pied à travers la mangrove.

I●I Chez Papy Râleur : *plage d'Amborovy, Petite Plage ; à env 10 km du centre-ville.* ☎ *032-07-939-15 ou 032-40-939-89. Tlj.* Grande paillote chaleureuse au bord de la plage, tenue par un Papy Râleur connu de tous... et dont la cuisine est toujours autant appréciée depuis de nombreuses années. Pizzas, bouchons réunionnais ou plats malgaches (pavé de zébu, brochettes de poisson, etc.). Transats sur le sable pour une sieste réparatrice.

I●I Barracuda : *plage du Grand Pavois ; à env 12 km du centre-ville ; à la sortie du hameau, sur la piste qui mène au cirque Rouge.* ☎ *032-98-150-49. Depuis Majunga, pas de minibus ; y aller en taxi (env 45 000-50 000 Ar l'A/R). Tlj midi et soir.* Envie d'un resto les pieds dans le sable pour profiter de la douceur de vivre en dégustant un poisson grillé, les yeux rivés sur le large ? Ne cherchez plus ! Le plateau de fruits de mer pour 3-4 personnes est une sacrée aubaine. De plus, l'accueil est extra. Un bon plan : à midi, faites-vous plaisir au resto, piquez une tête dans la mer l'après-midi, avant de rejoindre le cirque Rouge à 1 km de là pour le coucher du soleil. Beau programme !

Plus chic

🏠 |○| **Antsanitia Resort :** *à 19 km au nord de Majunga ; accès par la mer ou en 4x4 par une piste de 12 km qui débute à droite du parking de l'aéroport.* ☎ *911-00 ou 023-34.* ● *antsanitia.com* ● *Chambres et bungalows 46-64 €.* Une structure installée dans une jolie baie. Piscine ou plage pour vous tout seul... Chambres pour 2 personnes dans un bâtiment octogonal ou bungalows ronds pour 2 avec salle d'eau et terrasse. Suites également isolées de l'hôtel, luxueuses (certaines avec piscine privée), mais bien plus chères. Délicieux restaurant, sous une large paillote et salle de projection de film et billard. Possibilité de balade nature en pirogue pour découvrir la rivière toute proche, sa mangrove et sa faune. Visites de village. Croisières en catamaran et sorties baleines (août-octobre), etc. Sinon, distillerie d'essences locales et massages aux huiles essentielles. L'hôtel finance une association de développement et emploie des locaux. Une démarche globale exemplaire qui a d'ailleurs reçu le label d'écodéveloppement mondial, *Green Globe,* et le conserve depuis 2013. Chapeau !

Où dormir loin de tout ?

🏠 **Le Lodge des Terres Blanches :** *Antanimalandy, à 120 km au nord de Majunga.* ☎ *236-62.* 📱 *034-55-070-90.* ● *lodgedesterresblanches.com* ● *À 3h30 en bateau ou 35 mn en avion (transferts payants depuis Majunga). Ouv de début mars à mi-janv. Bungalow env 139 € pour 2 (min 3 nuits).* Voici un endroit assez unique, privilégiant une démarche écoresponsable, totalement isolé sur une presqu'île entourée par 7 km de criques, de plages et de tsingy (formations karstiques en forme d'aiguilles). Faune et flore endémiques pour vous tout seul... Bungalows doubles ou suites tout confort en matériaux locaux au bord d'une plage arborée. Bar-resto sous une grande paillote. Bien sûr, il faut pouvoir se payer ce séjour dans un environnement privilégié. Plein de balades à faire, excursions en bateau, à agrémenter de longues siestes...

Où boire un verre ? Où sortir ?

🍷 **Café de l'Alliance française** *(plan B3, 10) : à l'Alliance française, pardi. Tlj sf dim 8h-22h.* 📶 Pour prendre un café, un thé ou un jus de fruits (pas d'alcool).

🍷 **Snack Bel-Air** *(plan A2, 60) : coincé à l'angle de la corniche. Tlj 7h30-22h.* Ce petit café malgache porte bien son nom. Jolie vue et clientèle locale. On peut aussi y manger.

💃 **Shakira** *(plan C2, 61) : rue Bonnemaison, dans une rue perpendiculaire à l'av. de Mahabibo. Ven-sam de 23h à l'aube. Entrée gratuite. Interdit aux moins de 18 ans.* Rendez-vous des *vazaha* et Malgaches couche-tard. Tenue correcte exigée.

💃 **Cotton Club** *(plan C2, 61) : rue Bonnemaison, dans une rue perpendiculaire à l'av. de Mahabibo. Jeu-sam à partir de 22h. Entrée gratuite. Boissons plus chères qu'au Shakira. Interdit aux moins de 18 ans.* La boîte « classe » de Majunga. Juste à côté de Shakira, rien ne vous empêche donc de naviguer entre les deux.

Achats

⚘ **Bazary Be** *(marché couvert ; plan C3) : lun-sam tte la journée et dim mat.* Surtout pour les fruits et légumes. Quelques stands d'artisanat classique également. Notez le support au milieu du marché : il soutenait une petite horloge parisienne qui s'est curieusement volatilisée.

⚘ Les véritables **marchés populaires** se tiennent près de la mosquée de Mahabibo *(av. de l'Église et av. du Général-de-Gaulle ; plan D2)* et sur la route de l'aéroport, à Tsaramandroso *(hors plan par D1).*

Bouteilles de sable : la spécialité de Majunga. On en trouve au marché couvert et sur la piste des plages, à Amborovy. Certains peuvent même reproduire en sable une photo, si vous la fournissez !

Balade dans la ville

Commencer par le pittoresque ***port aux boutres*** *(plan B3),* bien sûr, aux couleurs passées, avec les travailleurs besogneux qui chargent et déchargent les navires au mouillage, dans un mouvement presque incessant. Ce port doit son existence et son aspect provincial aux alluvions rouges de l'estuaire de la Betsiboka, qui empêchent la construction d'un port commercial en eaux profondes comparable à Tamatave. Flâner le long des quais Orsini, Vuilemin et Moriceau, jusqu'au quai Barriquand, d'où part le pittoresque ferry pour Katsepy. En revanche, éviter de traîner dans le quartier la nuit.

Emprunter les rues de la vieille ville, aux noms d'origine française. Dans la ***rue Jules-Ferry*** *(plan B-C3),* très jolies portes indiennes sculptées du XIXe s. Dans les rues environnantes, belles façades (très décaties) des maisons à varangue, à balustres, avec leurs balcons fermés par des persiennes, ou à colonnades. Rejoindre le ***front de mer,*** sur le boulevard Poincaré (parfois écrit « Point Carré » !), surnommé la ***corniche*** et qui a été réhabilité suite aux dégâts du cyclone Gafilo. Balade très sympa au coucher du soleil, ainsi que le soir ou le dimanche, en compagnie des habitants de Majunga. Stands très bon marché pour grignoter des brochettes le soir.

Se diriger vers le ***baobab de Majunga*** *(plan B2),* connu dans tout le pays (et objet de nombreuses peintures naïves). Au coucher du soleil, très jolies photos à faire. La corniche se prolonge sur le boulevard Marcoz. Parfait pour se rafraîchir un peu. On peut aussi prendre l'avenue de France qui part du baobab géant, et jeter un œil au porche d'entrée du *fort Rova (plan B2),* qui date de 1824.

TRONC DE MÉMOIRE

Le baobab de Majunga est surtout connu pour la circonférence de son tronc : 21,70 m (pour seulement 10 m de haut). Véritable symbole de la ville, il servit jadis de poteau d'exécution pour les condamnés à mort. L'arbre aurait plusieurs centaines d'années. S'il figure toujours sur les armoiries de Majunga, le pauvre arbre ne sert plus aujourd'hui que de vulgaire rond-point !

Aller dans le quartier de l'***hôtel de ville*** *(plan D2)* en jetant un œil au passage à la grande cathédrale toute blanche de Majunga Be. Sur l'hôtel de ville, sculptures kitschounettes, réalisées en 1955. Au-dessus du porche, noter l'inscription en français : « Qu'elle vive, Que ne meure ». Belles peintures dans le hall et à l'étage. L'hôtel de ville fut inauguré en 1956 par « le haut-commissaire de la République française à Madagascar et dépendances »... Une autre époque. Non loin de là, dans l'avenue du Général-de-Gaulle, la plus vieille mosquée de Majunga, la ***mosquée comorienne de Mahabibo*** *(plan D2),* dite « mosquée du vendredi ». Majunga possède une vingtaine de ces édifices. Grand marché populaire autour.

Manifestations

– ***Moraingy :*** on peut assister à ce sport de lutte (une forme de capoeira malgache) le dimanche après-midi en général, sur la plage du village touristique (Soma Beach). Se renseigner à l'office de tourisme.

Concerts et spectacles : *régulièrement, à la Maison de la culture (plan C2) ou à l'Alliance française (plan B3,* ***16****).*

DANS LES ENVIRONS DE MAJUNGA (MAHAJANGA)

🏖 *Les plages (Petite Plage à Amborovy et plage du Grand Pavois) : respectivement à 10 km et 12 km au nord de Majunga. Pas d'accès depuis la corniche, il faut repasser par la route de l'aéroport. Minibus nos 12 ou 15 pour la Petite Plage (se prennent devant l'hôtel de ville). Pas de minibus pour le Grand Pavois ; prendre un minibus pour Amborovy, descendre à l'embranchement de la piste qui mène à Grand Pavois et poursuivre à pied (3 km). Sinon, en taxi, compter env 35 000-40 000 Ar l'A/R pour la Petite Plage ; env 50 000-60 000 l'A/R pour le Grand Pavois, temps d'attente compris.* Les deux plages les plus populaires du coin avec de vrais petits villages autour. Beaucoup de monde le week-end ! Parfait pour buller. Prévoir une bonne crème solaire, un chapeau et de l'eau, car il fait souvent très chaud. Petits restos sur place. Sinon, une récente plage *Soma Beach* (ou plage du village touristique) a été aménagée à 3 km du centre-ville. On y accède par la corniche *(minibus n° 11 depuis le centre-ville).* Pas beaucoup d'ombre.

🥾🥾 *Le cirque Rouge : à 13 km de Majunga (30 mn de voiture) et à 1 km de la plage du Grand Pavois. Pas de taxi-brousse. En taxi, compter env 50 000-60 000 l'A/R, temps d'attente compris.* Il porte bien son nom. Cirque érodé déclinant toutes les teintes entre l'ocre et le rouge en passant par les roses les plus « indiens » que l'on puisse imaginer. Le sable sert à créer de jolies petites bouteilles décorées de motifs très adroits (voir la rubrique « Achats »). Au coucher du soleil, les couleurs sont plus vives.

🥾 *Le musée Mozea Akiba : à l'université d'Ambondrona, à env 7 km du centre. Taxi ou minibus (20 mn), lignes n° 9 (arrêt en ville au Bazary Be) et n° 11 (arrêt au marché Mahabibo). En principe, ouv mar-ven 9h-11h, 15h-17h ; w-e slt ap-m. Entrée : 5 000 Ar.* Uniquement si l'on n'a rien d'autre à faire, car c'est un tout petit musée qui se trouve à perpète-les-oies. « Akiba » est un mot sakalava qui signifie « trésor ». On notera les photos de maisons indo-arabes, les os de dinosaures, les fossiles, les fusils fabriqués par les *dahalo* (bandits malgaches) ou encore les « clous style Jean Laborde ». Enfin, panneaux consacrés aux grottes d'Anjohibe et au cirque Rouge. C'est à peu près tout.

🥾 *Le lac Sacré (lac Mangatsa) : à 15 km de Majunga ; accès par la piste (9 km) qui débute sur la droite de parking de l'aéroport. Pas de taxi-brousse.* Un lac avec poissons sacrés et *fady* (interdits). Peu d'intérêt cependant, à moins d'être accompagné par un guide local ou un chasseur. Le crochet par ce lac fait souvent partie des circuits proposés par les agences.

🥾🥾 *Les grottes d'Anjohibe : à env 75 km. Prendre la route de Tana sur 15 km, puis, sur la gauche, commence une très mauvaise piste. Petit droit d'entrée. Y aller avec un guide. Possibilité de dormir sur place (rens à l'office de tourisme).* Un sacré périple de 4 ou 5h (l'aller !) en 4x4, qui ne plaira, au bout du compte, qu'aux passionnés de spéléologie. À ne faire qu'avec un tour-opérateur et un guide spécialisé. Les grottes iraient, paraît-il, jusqu'à la mer. À signaler, non loin de l'entrée, une jolie petite cascade (glissante) avec une adorable colonie de *sifaka*, ces lémuriens à fourrure blanc et noir.

De l'autre côté de l'estuaire, vers le sud

Cette région est peu touristique, seules quelques agences de Majunga s'y aventurent. Voir la rubrique « Arriver – Quitter » pour se rendre à Katsepy, point de départ des excursions. Le véritable attrait de ce village est de partager le pittoresque trajet en ferry le dimanche avec la foule.

🥾 *Katsepy et ses environs :* le village lui-même ne présente guère d'intérêt. La plage est peu recommandée à la baignade. En revanche, on peut marcher jusqu'au phare, moyennant un petit pourboire et 165 marches à grimper, admirer le très beau point de vue sur l'estuaire et la côte. En saison sèche, on peut louer une pirogue pour aller visiter les mines de célestite (pierre gemme de couleur bleue). Théoriquement, le lieu est *fady* (interdit) aux femmes, mais c'est négociable. Prévoir 2 jours sur place, car on ne peut partir qu'à marée haute. Aller-retour en 4h environ.

En saison sèche, prendre un taxi-brousse de Katsepy pour Soalala et rallier le très beau *lac Kinkony* (l'un des plus grands de Madagascar), qui abrite quantité de poissons, de superbes oiseaux aquatiques, ainsi que des colonies de propithèques de Verreaux *(sifaka)*. Très difficile d'accès, prévoir au moins 2 jours de 4x4 ou plusieurs jours de taxi-brousse, de la marche, du matériel de camping et des vivres. Certains tour-opérateurs peuvent organiser cette excursion. Idem pour les circuits dans la *baie du Boina* où se trouvent les vestiges des premières mosquées de la région, la *baie de Baly* (magnifique réserve gérée par *MNP*) ou encore les **Tsingy du Nord** à Namoroka.

➢ **La région de Marovoay :** *au sud de Katsepy.* Pour ceux qui peuvent s'offrir l'excursion, beaux paysages de rizières et agréable balade à faire en bateau sur la Betsiboka (observation d'oiseaux, de crocos...).

LE PARC NATIONAL ANKARAFANTSIKA

À 120 km au sud-est de Majunga, sur la route de Tana, ce vaste parc de 130 000 ha est géré par le *MNP*, en collaboration avec un bailleur allemand. Ankarafantsika est très fréquenté par les chercheurs, car il cache une forêt sèche dense semi-caducifoliée. Ça veut dire quoi ? En fait, celle-ci perd une partie de ses feuilles en saison sèche pour économiser l'eau, chose assez rare à Madagascar et de plus en plus sur la planète... Elle est donc à protéger. Par ailleurs, elle abrite l'un des projets de la *Durrell Wildlife Conservation Trust*, ONG créée par le frère de l'écrivain Lawrence Durrell, qui tente de sauver les tortues à soc, les tortues à queue plate et les grandes tortues d'eau douce, dites *rere,* toutes en danger d'extinction.

LE DEUXIÈME GRENIER À RIZ DE MADAGASCAR

Le nom du parc vient du mot *garafantsy* qui veut dire « montagne d'épineux ». Ce fut longtemps une région redoutée et impénétrable, où se réfugia le célèbre Ravelobe, héros national qui tint tête aux colons français.

En venant de Majunga, on traverse d'abord de grands plateaux semi-désertiques. Puis, à partir de la région de Marovoay (« là où il y a beaucoup de crocodiles »), le décor laisse la place au vert tendre des rizières, irriguées par la rivière du même nom. Celle-ci trouve sa source dans la forêt de l'Ankarafantsika, d'où quatre rivières, régulées par des lacs et des barrages, débouchent dans la plaine de Bekalila en se divisant en bras, très utiles à l'irrigation.

PLANTE MIRACULEUSE

Amis hypocondriaques, on a trouvé un remède à vos angoisses. Le parc d'Ankarafantsika abrite en effet la mandravasarotra, capable de soigner pas moins de 30 maladies. Endémique de Madagascar, et particulièrement de la région de Majunga, elle est antivirale, immunostimulante, antispasmodique, neurotonique, antitoxique et plein d'autres « anti- » et « -iques » auxquels vous n'aviez pas encore pensé...

C'est toute l'économie d'une région qui est en jeu. La plaine est même le deuxième grenier à riz de Madagascar. On a mis au point ici le riz dit « Ali Kombo », supérieur en rendement au riz Tsipala, apporté par les invasions merinas. Autant dire que la forêt de l'Ankarafantsika, menacée par les incendies, la route nationale qui la traverse et l'exploitation illégale du bois, est d'une importance vitale pour la région. Le parc est d'ailleurs géré en partenariat avec les villageois, qui reçoivent 50 % des recettes.

Arriver – Quitter

Le parc se trouve à environ 120 km au sud-est de Majunga sur la RN 4, et à 4 km avant le village d'Ampijoroa (en venant de Majunga).

➢ *Majunga :* départ des taxis-brousse tte la journée jusqu'en fin d'ap.-m. Trajet : 2-3h.

➢ *Tana :* env 450 km de route. Pas de taxi-brousse spécifique au départ d'Ampijoroa. 2 possibilités : prendre un taxi-brousse qui fait la liaison Majunga-Tana, s'ils ne sont pas pleins (à Tana, les taxis-brousse arrivent à la gare routière d'Ambodivona-Andravoahangy). Sinon, prendre un minibus de la compagnie Transport Première Classe qui relie Majunga à Tana (résa nécessaire ; voir rubriques « Adresses utiles » à Majunga et « Quitter Tananarive » à Tananarive). Trajet : env 9-10h. Noter que *Antsanitia Resort* propose un circuit Tana-Majunga prévoyant une visite du parc national avec 1 nuit sur place (voir « Adresses utiles » de Majunga).

Infos et conseils utiles

■ *Bureau d'accueil :* à 4 km du village d'Ampijoroa. ☎ 032-77-505-39 ou 033-47-056-67. ● resaankarafantsika@gmail.com ● Tlj 6h30-16h30. Sinon, s'adresser directement à l'antenne régionale du *MNP* à Majunga (voir les « Adresses utiles » de la ville).
– *Tarif d'entrée :* 55 000 Ar pour 1 j. ; ½ tarif enfants.

– *Tarif des guides :* guide obligatoire quel que soit le circuit. Compter 50 000-65 000 Ar pour un groupe jusqu'à 4 pers selon circuit ; 65 000-85 000 Ar pour 5-6 pers.
– Prévoir une lampe torche : pratique si on reste dormir sur place et pour faire les sorties de nuit.

Où dormir ? Où manger ?

Les capacités d'hébergement étant limitées, on conseille de se renseigner avant de faire le trajet auprès du *MNP* à Majunga ou à Tana pour connaître les disponibilités. Tous les établissements sauf le *Blue Vanga Lodge* se trouvent à côté du bureau d'accueil du parc national.

⚐ *Camping :* s'adresser au resto Thi Lan. ☎ 033-72-433-44. ● thilanank@gmail.com ● Compter env 6 000 Ar pour planter sa tente. Sinon, possibilité d'en louer une 22 000 Ar pour 2 pers. Matelas et draps en sus. Cuisine payante. Quelques tentes pour 2-3 personnes. Sanitaires communs un peu limites.

▲ *Chambres :* s'adresser au bureau d'accueil. Env 35 000 Ar pour 2. 6 chambres doubles pas bien grandes, avec moustiquaire, douche froide et w-c communs. Confort très sommaire, il ne faut pas être difficile.

▲ *Bungalows :* s'adresser au bureau d'accueil ; situés de l'autre côté de la route. Env 100 000 Ar pour 2-4 pers avec sdb. Les 7 chalets en bois, plutôt plaisants avec leur terrasse, sont situés en bordure du lac dans un boisement. Tout à fait correct. Les sanitaires ont parfois quelques soucis d'évacuation.

▲ *Blue Vanga Lodge :* à 500 m du village d'Ampijoroa. ☎ 034-08-522-22. ● bluevangalodge@gmail.com ● Bungalows 125 000-155 000 Ar pour 2 selon saison, petit déj inclus. Repas sur *résa (prix moyens).* Petit établissement de 6 bungalows en brique avec salle de bains (eau froide), moustiquaire, ventilo et électricité solaire, répartis autour d'un jardin. C'est simple, mignon, mais franchement pas donné ! Les possibilités d'hébergement dans le coin sont tellement limitées...

I●I Restaurant Thi Lan : *à 50 m sur la droite du bureau d'accueil. Tlj, presque 24h/24... Prix moyens.* Jolie terrasse dans la verdure, donnant sur un petit lac (prévoir un antimoustique !). Cuisine internationale ou malgache qui se défend correctement. Sert les petits déjeuners.

À voir. À faire

➤ **Le circuit Coquereli :** le plus populaire. Il permet de voir les fameux lémuriens *Propithecus verreauxi coquereli*, communément appelés *sifaka*, avec leur frimousse presque polaire... Compter 1h30 à 2h d'observation, au cours de laquelle on peut aussi croiser des *Eulemur fulvus fulvus* et des lémuriens nocturnes.

➤ **Le Grand Lavaka ou circuit Ankarokaroka :** compter 4h aller-retour, à pied ou en 4x4. On conseille de le combiner avec le circuit précédent, sur le même trajet. On sort de la forêt sèche et un paysage de savane nous emmène, sous une chaleur torride, au Grand Lavaka. Prévoir beaucoup d'eau. Assez impressionnant. C'est un paysage unique et lunaire, le résultat d'une gigantesque érosion offrant une vue sur un canyon de western aux teintes multiples. On en reste scotché !

➤ Pour ceux qui n'iraient pas dans la région de Morondava, le **circuit des Baobabs** peut être intéressant mais n'a rien de spectaculaire. Il faut environ 1h aller-retour pour aller voir les quatre seuls pieds au monde de ces *Adansonia madagascariensis boinensis* ! Ils seraient de surcroît les plus hauts de toutes les espèces. Compter 4h de circuit si vous faites en plus, quand cela est possible, le **tour du lac Ravelobe,** avec ses crocodiles qui bronzent au soleil. Ce circuit guidé du lac permet aussi d'écouter le récit de l'histoire et des traditions sakalavas de la région, et de visiter le *doany*, un site de sacrifices de zébus. Possibilité d'effectuer un tour en bateau sur le lac.

➤ Une **virée nocturne** d'une durée de 1h30-2h environ vous emmène voir les lémuriens de la nuit, dont quatre sur six sont vraiment visibles : le classique *Lepilemur*, l'*Avahi occidentalis*, le *Microcebus murinus* (au pelage roux et l'un des plus petits qui soient) et le *Microcebus ravelobensis*, découvert par un chercheur en 1996 et endémique de cette réserve. Les deux autres, le *Chierogalus medius* et l'*Eulemur mongoz*, hibernent d'avril à fin août et sont diurnes le reste de l'année. Les sorties nocturnes se font à l'extérieur du parc (on ne paye donc pas le droit d'entrée au parc, mais juste le guide). Elles débutent vers 18h30-19h.

➤ Pour les botanistes en herbe, un circuit sportif de 3h combine l'observation de **pachypodiums** et d'autres **plantes.** Intéressant pour les spécialistes, mais pas spectaculaire pour les néophytes. À noter, la présence dans la réserve de *Phromnia rosea*, des insectes roses ressemblant à s'y méprendre à... des pétales de rose. Les ornithologues amateurs seront aussi comblés, car le parc abrite sans doute le plus grand nombre d'**oiseaux** de Madagascar (jumelles plus que conseillées). Environ 130 espèces (plus de 50 % sont endémiques), dont trois espèces de *coua*, le *vanga de Van Dam* (le fils caché de Jean-Claude, sans doute) et le très rare aigle pêcheur ou *ankoay*.

⚑ Le centre de la Durrell Wildlife Conservation Trust : *à côté du bureau d'accueil du parc national.* On ne présente plus Gerald Durrell, frère du célèbre écrivain, grand protecteur de la nature et qui a laissé, à part un bouquin désopilant (voir « Livres de route » dans « Madagascar utile »), cette fondation de préservation des espèces en danger. On ne peut pas rentrer dans l'enclos où sont préservées les tortues. Mais juste à côté, une petite expo (gratuite) explique les actions de sauvegarde des tortues à soc (ou *angonoka*), des tortues à queue plate et des grandes tortues d'eau douce, dites *rere*. Les premières sont censées être visibles toute l'année, et les queues plates seulement de septembre à la fin de la saison des pluies, car elles hibernent. On ne compte plus que 600 tortues à soc dans la nature !

✵ En arrivant au parc depuis Majunga, à 800 m du bureau d'accueil, ne pas manquer de ***s'arrêter sur le pont,*** au niveau du barrage. Quand les eaux sont basses, on peut voir les crocodiles se dorer la pilule.

✵ Enfin, dans le petit village d'Anpombolava, à 3 km du bureau d'accueil du parc en direction de Majunga, ***atelier de raphia*** géré par une association de femmes. Petite expo et vente.

HOMMES, CULTURE, ENVIRONNEMENT

BAOBABS

Comment ne pas commencer ces généralités par les **sept variétés de baobabs** que possède le pays, alors que l'Afrique n'en possède qu'une seule ? On dit que les dieux, vexés par cette création trop majestueuse leur faisant de l'ombre, auraient tenté de l'humilier en lui mettant la tête dans le sol et les racines dans le ciel. Raté. Car ces arbres insolites, droits comme des « i », souvent hauts de plus de 15 m et âgés de plusieurs centaines d'années, font littéralement autorité dans les paysages de l'Ouest, près de Morondava notamment. L'écorce sert à la construction des cases ou comme réservoir pour l'eau de pluie. Sans parler des *fady* (interdits) qui leur sont souvent associés.

Dans tout le pays, on se réfère physiquement et même spirituellement à l'*adansonia grandidieri*, au grand *renala*, au *za* si photogénique, ou encore au baobab-bouteille *(fony)*, orné de jolis fruits ronds et rouges à Noël. Et au parc national d'Ankarafantsika, dans la région de Majunga, il faut voir les quatre seuls pieds au monde des *adansonia madagascariensis boinensis*, qui seraient de surcroît les plus hauts de toutes les espèces !

BOISSONS

Quand vous commanderez une bière, une bouteille d'eau ou un soda, on vous demandera toujours : « PM ou GM ? »... les petites soifs commanderont le « petit modèle » et les autres le « grand modèle ».

– **L'eau :** celle du robinet n'est pas garantie, bien sûr, sauf peut-être dans certaines grandes villes, mais franchement il vaut mieux acheter les eaux minérales locales. On en trouve presque partout (sauf au fin fond de la brousse). Vérifiez que la bouteille est bien scellée au moment de l'ouverture. Au resto ou à l'hôtel, toujours demander le prix de la bouteille ; certains établissements se gavent un max sur le prix de l'eau. Un conseil, achetez votre eau dans les petites épiceries (trois à quatre fois moins cher !). Pensez à faire des stocks pour vos randonnées, c'est indispensable ! Les eaux plates les plus répandues sont l'*Eau Vive*, l'*Olympiko* et *La Source*, au moins aussi chères qu'en France. La *Visy Gasy* (une eau de Vichy) est une excellente eau naturellement gazeuse, produite dans la ville thermale d'Antsirabe. On trouve aussi une eau (très) gazéifiée appelée *Cristal*. Les glaçons sont logiquement à éviter, car on ne peut pas être sûr qu'ils sont sains. Attention également à l'eau du café et du thé, qui est censée bouillir 20 mn pour être purifiée. Des pastilles du style *Micropur DCCNa*® ou une grosse paille filtrante *(LifeStraw)* sont une sécurité indispensable pour un trek ou une longue rando !

– **L'eau du riz :** la boisson malgache la plus traditionnelle et la plus économique est le *ranon'ampango*, eau qui a rebouilli dans la marmite de riz avec la croûte attachée au fond. Si cette eau chaude et ambrée est saine et désaltérante, elle peut être néanmoins très amère quand le riz a franchement brûlé.

– **Les jus naturels :** c'est le surnom des jus de fruits locaux, excellents et pas chers, mais essentiellement en saison des fruits, c'est-à-dire à la saison des pluies. Quelques délices : le corossol, la grenadelle (ou fruit de la passion), la papaye, la mangue, le tamarin, le litchi... Frustrant en saison sèche, mais on ne peut pas tout avoir, le beau temps, l'argent du fruit et... l'usufruit ! Les Malgaches les consomment souvent assez sucrés ; précisez donc que vous ne voulez pas de sucre, si c'est le cas.

– **La bière :** la reine des bières malgaches est la *Three Horses Beer* ou *THB* fabriquée par les brasseries Star (filiale du groupe Coca-Cola). Très bonne, pas chère et en vente dans tout le pays. La plupart du temps, elle est proposée en grande bouteille de 66 cl. Sa cousine porte un nom royal, la *Queen's*, mais elle a moins de courtisans... On trouve également une bière très panachée baptisée *Fresh,* ou encore la *Gold* (très réussie dans sa version blanche) ou la *Skol*.

– **Les vins :** c'est une petite surprise. Quelques vignobles introduits par les Européens dans la région de Fianarantsoa. Les vins ne sont pas tous bons, loin de là (surtout les rouges), mais ils ont le mérite d'exister. S'ils sont plutôt bien distribués à travers le pays, ils ne supportent pas trop le voyage. Ils se déclinent en rouges, blancs, rosés et gris. Généralement, un gris bien frais passe avec tout. Les meilleurs vins sont le *lazan'ny betsileo*, le *clos-malaza* ou le *manamisoa* (également en apéritif). On trouve ensuite des vins de moindre intérêt, ou franchement décevants, comme le *côte-de-fianar,* le *château-verger* ou le *tsarabe*.

– **Les tord-boyaux :** le rhum est le premier d'entre tous, une boisson « nationale ». Le plus réputé était fabriqué à Nosy Be dans la célèbre usine sucrière de Dzamandzar, d'où son nom de *Dzama*. Elle a malheureusement fermé pour des raisons de gestion déplorable. Un (ex-)culte national donc, comme celui de Port-Louis à Ambilobe. On trouve aussi des petits rhums pas chers et tout aussi excellents (*Saint-Claude, Mangoustan...*). Certains sont distillés localement, à l'ancienne, dans l'arrière-cour. N'en abusez pas quand même, on frise vite les 55° ! À partir de là, toutes les variantes de « rhums arrangés » sont possibles. Ce ne sont pas nos amis réunionnais, ces grands experts de l'île voisine, qui nous contrediront... Prenez toute la liste des fruits existant dans l'île, ajoutez-y la vanille, le gingembre, le miel et tout ce qui vous passe sous la main (ou presque), et vous obtiendrez de délicieuses boissons parfumées, mais très alcoolisées. Les bonbonnes colorées sont, de plus, très jolies à voir... On peut aussi rapporter quelques bouteilles de l'excellent *rhum arrangé de Nosy Be*... avec des fruits à l'intérieur, s'il vous plaît ! Facile à repérer, l'étiquette représente un zébu sirotant du rhum avec une paille !

– **Le café :** pourtant l'une des principales ressources du pays, il ne fait pas vraiment partie des habitudes locales. Importé par les Réunionnais, la production est principalement de type *robusta*, de qualité inégale.

– **Autres boissons locales :** le *betsa-betsa* venu de la côte est, du jus de canne fermenté et aromatisé avec des écorces ou des fruits sauvages à boire *mora-mora*, le vin de palme ou *trembo*, et toutes les variantes distillées localement sous le nom général de *toaka gasy,* qui peut se résumer en français par un seul mot : « hic ! ».

CUISINE

Vos repas varieront suivant la région (Hautes Terres ou régions côtières) et le lieu où vous les prendrez : dans la rue ou sur les marchés, dans les *hotely* – petits restos malgaches populaires – ou dans les restaurants les plus classiques. Mais vous connaîtrez à Madagascar une expérience gustative relativement variée, et parfois surprenante, à l'image même de cette grande île. En fait, on mange bien à Mada, et même parfois très bien.

Le repas malgache

Vous pourrez prendre votre *sakafo* (repas) typiquement malgache dans un *hotely* ou chez l'habitant.

– Il se compose avant tout d'une grosse assiette de riz (le **vary**). Cette précieuse céréale représente 60 % de l'alimentation quotidienne des Malgaches.

– Base de l'alimentation, le riz vous sera systématiquement servi avec les deux plats « nationaux ». Le *romazava* est un bouillon parfumé à base de viande (généralement du zébu) et de *brèdes*. Feuilles vertes d'une plante potagère (type pomme de terre ou potiron) ou sauvage, elles ont un goût très particulier, un peu étrange, voire piquant, un peu irritant en ce qui concerne les

COMMENT MANIER LE MANIOC ?

La peau de ce tubercule renferme du cyanure qui peut provoquer une paralysie, voire la mort. Il est donc épluché et laissé dans l'eau plusieurs jours durant avant de passer à la casserole... N'oubliez pas !

fleurs (on les nomme alors *brèdes mafana*). Le *ravitoto*, quant à lui, est un ragoût de viande de porc mijoté avec des feuilles de manioc pilées. Ces plats typiques sont les plus connus, mais nous pourrions également en citer quelques autres, comme l'anguille au porc *(amalona sy hena kisoa)*, le porc aux pois du Cap *(hena kisoa sy voanjubory)* ou encore le *kitoza* (viande ou poisson séché et boucané).

Les poissons et crustacés

Vous pourrez vous gaver de poissons et crustacés d'eau douce (tilapia, anguille, écrevisse...), et de poissons et fruits de mer, très abondants sur les côtes. Thon, daurade, capitaine... en sauce ou tout simplement grillés, raviront votre palais. Mais n'omettez surtout pas de goûter aux crevettes, aux *camarons* (crevettes de taille olympique), aux calamars, aux crabes ou aux langoustes (sauf entre janvier et avril, où la pêche est interdite), ou encore aux cigales de mer. Sans oublier non plus les moules, les oursins et... les huîtres (si, si !), plus grosses dans le Sud que dans le Nord.

Les spécialités régionales

Les préparations à base de vanille (poulet, canard) ou de lait de coco (fruits de mer et crustacés) sont surtout des spécialités de la côte nord-est (Sainte-Marie notamment), absolument délicieuses. Et puis partout où l'on élève des canards, on fait du foie gras. Le gibier en saison (d'avril à septembre) est aussi très apprécié des amateurs de chasse, particulièrement dans la région de Majunga. De fait, là encore, on retrouve dans les préparations une certaine proximité avec la cuisine française (civet, daube...). Goûter la pintade sauvage, le sanglier... Sur les hauts plateaux, les fromages sont également bien présents : équivalent du camembert, fourme ou tomme. Étonnants de qualité et de saveurs.

Les cuisines d'ailleurs...

Outre les plats malgaches, les restaurants des principales villes vous permettront de retrouver des saveurs familières. La *cuisine française*, par exemple, d'importation coloniale, est très répandue, souvent savoureuse et bien exécutée. Avec le *zébu*, les gastronomes français ne seront pas déçus. Sa viande est vraiment excellente, saignante, rosée ou à point. Mais commandez plutôt le filet, la partie la plus tendre. Outre les classiques steaks accompagnés de frites, la bonne surprise est de pouvoir s'offrir assez souvent d'excellents *magrets, confits de canard, tournedos Rossini*, mais aussi du *foie gras malgache*, le tout arrosé d'un petit vin local. On vous servira également du pain, dont la qualité varie selon la fraîcheur et le conditionnement (mais qui, généralement, s'effrite et manque de mie), et vous aurez la possibilité de manger des croissants et brioches pour vos *petits déjeuners*. Signalons quelques incursions timides de nos cousins réunionnais, les voisins de la Grande Île, avec leurs excellents *caris, rougails* et *achards* (légumes blanchis puis macérés, parfois mixés avec de la mangue dans la version malgache).

La forte communauté italienne a essaimé ses fameuses **pizzerias** dans les villes principales. On peut aussi déguster d'excellentes **pâtes fraîches.** Tuléar et Nosy Be abritent même quelques remarquables cuisiniers transalpins... Exotisme oblige, on peut leur préférer la **cuisine chinoise,** bien établie dans l'île (particulièrement dans la capitale et sur la côte est), avec ses classiques nems, *misao,* soupes, canards laqués ou cuisses de nymphes (grenouilles). Petits détours par l'**Inde,** de temps à autre, et notamment à Majunga, où le curry dispute la vedette au *biryani,* le plat dominical des Karanes, les Indo-Pakistanais de Madagascar.

Les en-cas

Dans la rue ou sur les marchés, vous pourrez faire de très bons petits repas à base de *masikita* **(brochettes),** de *sambo* (**beignets** de viande, de poisson ou de légumes qui s'apparentent aux samossas indiens), de manioc grillé et de yaourts délicieusement doux, ou de tranches de *koba* (**gâteau de riz** aux arachides enveloppé dans une feuille de bananier). On peut aussi goûter aux *mofo gasy* (**galettes** de farine de riz cuites dans un petit moule rond), excellentes si l'huile n'est pas rance, avec un bon café, à l'heure du petit déjeuner. Quelques risques pour les estomacs fragiles néanmoins.

Tous les fruits et légumes...

N'oublions pas cette particularité, surprenante sous ces tropiques : grâce au climat tempéré des Hautes Terres, tout ou presque pousse ici. Aussi cultive-t-on, particulièrement dans la région de Fianarantsoa, une quantité incroyable de légumes. Carottes, choux, tomates, haricots, asperges, etc., poussent ici comme des champignons ! Et puis, en saison (de décembre à janvier environ), en dehors des classiques fruits tropicaux (bananes, ananas, papayes, noix de coco, litchis ou mangues), vous pourrez vous régaler de pommes, de poires, de pêches, d'abricots, et même de fraises. Mais attention à ces dernières, qui peuvent porter des parasites dangereux.

> **LE SECRET DE L'ANANAS**
>
> *Sa tige contient de la broméline, une enzyme qui a la particularité d'absorber les protéines. Un avantage : elle a la réputation de faire fondre les graisses (excellent régime naturel !). Un inconvénient : les récoltants sont obligés de porter des gants car sinon la peau des mains serait agressée.*

Les épices et piments

Si la cuisine malgache est assez parfumée grâce à l'utilisation des épices – gingembre, poivre, girofle, muscade, etc. –, elle est généralement peu relevée. Le *sakay* (pâte de piment) ou les *lasary,* achards de mangue, de citron ou de carotte macérés dans du vinaigre ou de l'huile au curry pimenté sont servis à part.

CURIEUX, NON ?

– Madagascar est la cinquième plus grande île du monde après l'Australie, le Groënland, la Nouvelle-Guinée et Bornéo.
– Au XIXe s, quand les étrangers nouvellement débarqués se présentaient à la reine, notamment sur la côte à Tamatave, ils subissaient une fouille en règle qui se dit « voazaha » en malgache. D'où ce mot « **vazaha** » employé par dérivation aujourd'hui pour désigner un non Malgache.
– Le pays compte **sept variétés de baobabs** alors que l'Afrique entière n'en possède qu'une seule. Bravo à Mayotte, qui en possède deux !

– Environ **90 % des lémuriens** existant dans le monde vivent à Madagascar, les autres se partagent entre les Comores, l'Afrique, le Sri Lanka et l'Inde.
– Ces mêmes lémuriens ont fait leur apparition près de 100 millions d'années *après que Madagascar se fut séparée du continent africain* ! Comment sont-ils arrivés d'Afrique alors ? Ils auraient traversé le canal du Mozambique sur des « radeaux » de végétation ou en passant par une langue de terre entre Madagascar et la côte africaine, qui fut engloutie par la suite.
– Si les lémuriens se sont bien éteints en Amérique, en Europe et en Afrique, on ne trouve *pas de singes* à Madagascar. Et toc !
– « *Raphia* » est sans doute le seul mot malgache passé dans le langage international. Il s'agit à l'origine d'un genre de palmiers de milieu humide dont les feuilles produisent une fibre utilisée à toutes sortes de choses. Ces feuilles figurent au palmarès des plus grandes du monde végétal !
– Au rayon fruits ou légumes, tout ou presque pousse à Madagascar. Enfin, tout sauf l'olive, la cerise et le kiwi. On ne peut pas tout avoir !
– *L'île de Sainte-Marie toujours française ?* Elle n'a pas été colonisée, mais « donnée » à la France par l'entremise du caporal La Bigorne. En raison de ce statut particulier, elle n'a pas fait partie de la décolonisation. Or, il n'existe aujourd'hui aucun document officiel prouvant que la France ait « rendu » la petite île à la grande. Juridiquement, ce sujet épineux n'a jamais été tranché. D'ailleurs, jusqu'en 1979, les Saint-Mariens conservèrent le choix de leur nationalité.
– Repérez sur le bord de la route près des rivières, voitures garées, familles entières et linge en train de sécher. C'est la « **lessive rituelle** » qui suit un décès. On lave le matin absolument tout ce qui a été en contact avec le défunt (vêtements, draps, serviettes, rideaux, etc.). S'ensuivent un grand pique-nique et des jeux en attendant que le tout sèche. Avant le départ en fin d'après-midi, seul un vêtement sera abandonné aux flots de la rivière pour que malheur et tristesse s'éloignent.
– Parmi les danses qui ont marqué l'histoire musicale de Madagascar, l'exemple le plus amusant reste l'*afindrafindrao* (« pas à pas »), inspiré des menuets dansés… à la cour du Roi-Soleil. Il se danse en couple, côte à côte, en se tenant d'un effleurement des hanches, mais en flirtant par les épaules. Cette danse ouvre encore aujourd'hui tous les bals officiels de la capitale.
– L'ancienne stratification sociale (système de castes) est encore très présente dans les **noms de famille.** Les Malgaches sont rompus à l'exercice difficile de savoir qui est qui, et pour cela de repérer des indices dans la composition des noms. Voilà pourquoi les patronymes malgaches sont aussi longs… Avez-vous entendu parler du roi merina Andrianampoinimerinandriantsimitoviaminandriampanjaka ?
– Les nombreux *fady* (interdits) occupent une place très importante dans la vie des Malgaches. Ils peuvent concerner l'individu, la famille, le clan, ou même l'ethnie tout entière. Ainsi les Antemoro sont-ils *fady* de cochon et d'une espèce d'anguille. D'autres interdits touchent aux relations matrimoniales et relèvent de l'inceste, d'autres encore à un site sacré, voire à des tombeaux. Contrevenir à ces interdits, c'est s'exposer à une punition, aux maladies ou à plus sérieux encore.
– S'il y a bien un sport dans lequel les Malgaches excellent, hommes et femmes, c'est… *la pétanque* ! Le stade de Mahamasina, au cœur de Tana – là même où Philibert Tsiranana proclama l'indépendance de Madagascar en 1960 – accueille aujourd'hui le siège du club bouliste. Les Malgaches ont été sacrés champions du monde de la discipline en 1999 et 2016, et de nombreuses fois vice-champions !

DROGUE

Outre l'euphorisante mais interdite feuille de khat, importée du Yémen et consommée dans le nord de l'île, on doit surtout se méfier du *rongony,* le cannabis local, strictement interdit à la consommation. On ne rigole pas avec ça : vous risquez des amendes et des peines d'emprisonnement. On nous signale aussi des « combines » afin de piéger les doux rêveurs. Et la prison à Madagascar, franchement, on ne souhaiterait pas cela à nos pires ennemis...

DROITS DE l'HOMME

Malnutrition chronique, maladies endémiques, catastrophes naturelles à répétition : toutes les causes qui peuvent expliquer la situation d'extrême pauvreté à Madagascar (91 % de la population vit avec moins de deux dollars par jour) ne sont pas toutes à chercher du côté politique. Mais l'absence de réussite (sinon de volonté) des gouvernements à régler de façon responsable le passif de plus de cinq années de crise politique, compte très certainement comme l'une des principales raisons. Les tristement célèbres **Forces d'intervention spéciale** et **Direction de sécurité du territoire**, à l'origine par le passé de la plupart des violations des droits de l'homme, ont certes été dissoutes par le président Hery Rajaonarimampianina, mais les Malgaches vivent toujours dans un système où l'exécutif est omniprésent. C'est pour protester contre cette irruption permanente du pouvoir dans les affaires judiciaires que les magistrats ont mené plusieurs mouvements de grève en 2016 et 2017. Ils dénoncent notamment les pressions subies dans certaines affaires, afin de réviser certains jugements. Les ONG dénoncent par ailleurs toujours la corruption des agents de l'État. De ce côté, l'émergence d'un « nouveau Madagascar » débarrassé de ce fléau, appelé de ses vœux par le président, semble avoir du mal à s'installer.

La brigade anti-corruption enquête sur des fraudes commises par plusieurs ministres, dont le chef du gouvernement, Olivier Mahafaly. En août 2016, la Haute Cour constitutionnelle a approuvé un nouveau Code de la communication, dénoncé par l'ensemble des journalistes, selon lequel l'outrage, la diffamation ou l'insulte contre un représentant de l'État sont désormais passibles de lourdes amendes. Les forces de l'ordre sont également toujours critiquées pour leur absence de mesure dans leur lutte contre les voleurs de bétails *(dahalos),* dans le sud du pays. Plusieurs affrontements mortels ont encore eu lieu, impliquant une unité spécialisée de la police, et qui ont fait de nombreuses victimes parmi les populations civiles. Le climat d'insécurité qui règne dans ces régions a poussé des milliers de personnes à fuir leurs terrains et se réfugier aux abords de la capitale.

Les convoitises des compagnies internationales pour le sous-sol malgache, un temps bloquées par le processus de transition, se font à nouveau sentir. Un accaparement de terres dénoncé par de nombreuses associations internationales, mais aussi par des organisations locales courageuses, comme le collectif Tany. Les défenseurs des droits de l'environnement subissent également d'énormes pressions. Clovis Razafimalala, qui s'attaque aux dérives du trafic de bois de rose, a ainsi été condamné à une peine de cinq ans de prison avec sursis pour « incitation à la rébellion ».

Enfin, la prostitution infantile se développe toujours, en dépit de lois, non appliquées la plupart du temps. L'UNICEF a également mis en place un programme de lutte contre le mariage des enfants. Une fille sur deux, sur la Grande Île, est en effet mariée avant ses 18 ans même si, depuis 2007, la loi interdit cette pratique.

Pour en savoir plus, n'hésitez pas à contacter :

■ **Fédération internationale des Droits de l'homme** (FIDH) : *17, passage de la Main-d'Or, 75011 Paris.* ☎ *01-43-55-25-18.* ● *fidh@fidh.org* ● *fidh.org* ● Ⓜ *Ledru-Rollin.*

■ **Amnesty International** (section française) : *72-76, bd de la Villette, 75940 Paris Cedex 19.* ☎ *01-53-38-65-65.* ● *amnesty.fr* ● Ⓜ *Belleville ou Colonel-Fabien.*

N'oublions pas qu'en France aussi, les organisations de défense des Droits de l'homme continuent de se battre contre les discriminations, le racisme et en faveur de l'intégration des plus démunis.

ÉCONOMIE

La pauvreté en quelques chiffres

La pauvreté est omniprésente à Madagascar. À Tana et dans certaines grandes villes, elle est parfois insoutenable. Les chiffres sont là : selon la Banque mondiale, 80 % des Malgaches vivent avec moins de 1,67 € par jour, et 8 sur 10 travaillent dans le secteur informel. Le salaire minimum tourne autour de 40 € par mois, le revenu national brut par habitant plafonne à 440 $ et le PIB à 1 400 $, dérisoire comparé au reste du monde.
Conséquences ? Si l'espérance de vie, selon les sources internationales officielles, tourne autour de 65 ans, elle resterait en dessous de 40 ans pour un tiers de la population. Pas vraiment étonnant avec 1 médecin pour 6 250 habitants et un taux de mortalité infantile de 58/1 000. Enfin, 50 % des habitants n'ont pas accès à un point d'eau aménagé. Les organisations internationales estiment aussi qu'environ un tiers des personnes de plus de 15 ans sont analphabètes. Le taux de progression démographique se situant encore autour de 2,6 %, la population aura été multipliée par 2,5 en 30 ans, faisant de Madagascar une sorte de géant pauvre aux pieds de latérite, au milieu d'îlots épars de prospérité (Maurice, La Réunion, les Seychelles).

Comment en est-on arrivé là ?

Comprendre comment Madagascar, quatrième plus grande île au monde, s'est appauvrie si vite en temps de paix et après la décolonisation constitue un cas d'école pour les économistes.
C'est avec la décolonisation du pays que débute le déclin de l'île. Au début des années 1970, la France laisse derrière elle une puissante économie fondée sur un réseau de communications important (routes, voies ferrées) qui dessert l'ensemble du territoire (depuis, 1 000 km de routes ont disparu chaque année !), un tissu d'entreprises des secteurs primaire et secondaire, un système efficace d'électrification de la plupart des grandes villes, des centres de santé et d'éducation...
À cette époque, Madagascar est considérée comme « la perle de l'océan Indien », loin devant La Réunion et l'île Maurice.
Madagascar, c'est vrai, est une corne d'abondance. Tous les produits agricoles y poussent sous des climats extrêmement variés, le pays possède une flore et une faune uniques au monde propices au développement du tourisme, et le sol renferme des trésors minéraux. Parmi ceux-ci, le nickel, le chrome, l'ilménite, le charbon, le quartz, des pierres précieuses et semi-précieuses en quantité, voire même de l'or et surtout du pétrole. Sans parler des milliers de kilomètres de côtes offrant aux filets des pêcheurs du poisson à foison.
Mais dans la précipitation de la décolonisation, mal préparée, le manque soudain de cadres et de sources de financement voient rapidement le système économique industriel et agricole se délabrer. Les nationalisations à outrance, la planification socialiste et la malgachisation adoptées sous l'ère Ratsiraka conduisent le pays droit dans le mur : les investisseurs s'enfuient. Le manque de volonté des hommes politiques parvenus, leur soif de pouvoir et leur capacité à détourner des fonds à grande échelle font le reste. La population s'appauvrit considérablement, tandis que l'inflation des années 1980 entraîne une baisse importante du pouvoir d'achat. La dette est alors abyssale et Madagascar devient dépendante de l'aide internationale.

Après le sursaut...

Les années 1990, marquées par la chute de Ratsiraka, voient une certaine libéralisation économique du pays. Las, les investisseurs, échaudés, ne suivent guère et ce n'est qu'au terme de la décennie qu'un sursaut de la croissance est enfin observé. Il est motivé essentiellement par la création de zones franches (exportation de textiles) et l'ouverture au tourisme. On peut alors croire que l'effet négatif de l'après-décolonisation n'était qu'une mauvaise passe. Mada se lance dans un lourd programme d'ajustement de son économie, passée à la loupe des institutions mondiales (FMI, Banque mondiale...). Le pays prend un temps la première place mondiale comme producteur de vanille, et ses exportations de crevettes, de cacao, de café, de girofle et d'autres épices décollent. À l'aube du IIIe millénaire, la croissance oscille officiellement entre 3,5 et 6,5 % par an, avec une inflation limitée à un seul chiffre. Une embellie de courte durée.

GROSSE COUPURE

En 2017, les Malgaches ont vu apparaître dans leurs portefeuilles un nouveau billet de 20 000 Ar, suite à la dépréciation de leur monnaie face au dollar et à l'euro. Une très grosse coupure disproportionnée par rapport au coût de la vie qui marque encore plus le clivage entre pauvres et riches. Beaucoup la voient d'un très mauvais œil en raison du risque accru d'inflation. Déjà qu'avec 10 000 Ar, il était difficile aux petits vendeurs et transporteurs de rendre la monnaie...

... les rechutes à répétition

La crise politique de 2002 voit le pays s'enfoncer dans une grave crise économique : le PIB chute de 12,7 % (il a chuté de 42 % depuis l'indépendance en 1960). Les bailleurs de fond regardent toutefois plus loin : la propension au libéralisme du nouveau président Marc Ravalomanana (réélu en 2006) les rassure. Divers plans visant au développement rapide et durable du pays sont proposés : refonte économique, détaxation douanière, passage à une nouvelle monnaie (l'ariary, adopté en 2005), remise en état prioritaire des voies de communication, priorité donnée au tourisme, au secteur minier et pétrolier comme autant de leviers de croissance. Ajoutez à cela une hypothétique chasse à la corruption et le tour est joué. Enfin, sur le papier...
Contrairement aux espoirs suscités, la libéralisation des échanges entraîne une inflation galopante, particulièrement sensible sur les produits importés. *Médecins sans frontières* claque la porte du pays en 2005 pour tenter de mettre l'État devant ses responsabilités. Malgré l'annulation d'une partie de la dette de Madagascar par le G8 en 2005, le pouvoir d'achat ne cesse de diminuer, et le gouffre qui sépare 95 % des Malgaches des classes nanties continue de se creuser. Certes, les zones franches (textile et crevettes) se développent, la prospection pétrolière est lancée, de grands sites miniers sont ouverts, un port en eaux profondes est inauguré dans le Sud et celui de Tamatave modernisé. Le bilan est cependant mitigé : les exportations augmentent mais les importations aussi, qui creusent le déficit commercial... En parallèle, l'analphabétisme gagne du terrain et beaucoup s'interrogent sur les intentions du président... qui s'est lui-même, dit-on, beaucoup enrichi !

Perspectives actuelles

Marc Ravalomanana a fait entrer son pays dans une économie de marché pure et dure, où l'argent est roi, dans un tissu économique encore essentiellement rural (80 % de la population vit de l'agriculture, qui représente un tiers du PIB), où le troc reste monnaie courante et où une grande partie de la population souffre de malnutrition. Confrontée à l'efficacité du productivisme global, la Grande Île n'est pas en mesure de se défendre dans la course à la concurrence. Ses taux de productivité sont bien trop faibles, ses infrastructures aussi. Le renversement de Ravalomanana en 2009 par Andry Rajoelina, qui présida la transition jusqu'en 2013, n'a certes rien arrangé. Ni l'arrivée au pouvoir du président Hery Rajaonarimampianina la même année, pourtant économiste et ancien ministre des Finances. Sans compter les tempêtes tropicales et autres pluies ravageuses ou… sécheresses (un quart de la population vit dans des zones à risques) qui laissent toujours leur lot de dégâts et pertes humaines derrière elles.

Et le tourisme, dans tout ça ?

Espéré comme une planche de salut dans les années 1990, le tourisme à Mada n'a pas décollé comme il aurait pu, se classant loin derrière ses voisines l'île Maurice et La Réunion. Les chiffres sont parlants : le pays n'a guère attiré que 200 000 visiteurs en 2014, contre 375 000 en 2008, mais notons une augmentation de 15 % en 2016 (280 000) par rapport à 2015. Figure de proue en la matière, Nosy Be s'est bien développée et propose aujourd'hui quelques superbes établissements hôteliers, mais les taux d'occupation y culminent au mieux à 25 % (et souvent moins de 10 %), quand ce n'est pas 15-20 % pour l'ensemble de l'île. Le manque de fiabilité des institutions et des infrastructures, la lourdeur de la bureaucratie, la timidité des banques, l'instabilité politique et sociale, la difficulté des déplacements et surtout l'insécurité dans l'ensemble du pays ont fait reculer bien des investisseurs et des touristes. Naturellement, les aléas climatiques (cyclones) n'aident pas.

Le gouvernement a annoncé en 2016 un énième plan pour moderniser l'aéroport d'Ivato et une privatisation progressive d'Air Madagascar, les transports restant l'un des points noirs du tourisme à Madagascar. Gageons que la nouvelle stratégie de communication autour de la marque « L'Ile aux Trésors » *(Treasure island)* portera ses fruits, même si le million de touristes en 2020 – totalement irréalisable – n'est plus un objectif. Première conséquence : les visas sont désormais payants. Une volonté générale certainement boostée par la tenue du sommet de la Francophonie à Tana en septembre 2016.

ENVIRONNEMENT

L'environnement est un atout indéniable du pays, qui en fait son principal attrait touristique. Outre sa richesse et sa luxuriance, c'est une nature curieuse, où l'endémisme est particulièrement fort et les espèces rencontrées uniques en leur genre. Certes, elles ne s'offrent pas au premier coup d'œil, mais Madagascar n'est pas une terre monotone. Les couleurs sont marquantes. Et si les prospectus parlent de « kaléidoscope », croyez-nous, ce n'est pas exagéré. Un hic cependant et pas des moindres : au rythme actuel de déboisement, les prévisions n'accordent que 20 à 50 ans aux forêts malgaches et du coup 20 ans aux lémuriens avant de disparaître.

Alerte !

L'autre problème majeur du pays, après la pauvreté, c'est la déforestation… qui lui est indissociable. Les instituts de recherche la décrivent comme étant « parmi les plus alarmantes du monde tropical ». Si les forêts denses recouvraient la majeure partie du pays à l'arrivée de l'homme, il n'en reste que 10 %, disparaissant à raison de 50 000 ha chaque année ! Feux de brousse et cultures sur brûlis *(tavy)* continuent de réduire en fumée 2 000 à 3 000 km² de forêt par an. La démographie galopante joue un rôle déterminant, de même que ses corollaires : exploitation incontrôlée des ressources (y compris minières), extension de l'élevage, abattage des arbres pour le charbon de bois (ou l'artisanat)… La pression est particulièrement notable dans le sud-ouest du pays, dans les zones de culture du maïs sur « abattis-brûlis », qui stérilise la terre et empêche toute régénération. Au final, on peut parler de véritable catastrophe écologique dont les effets se font désormais durement ressentir : disparition d'espèces, épuisement des sols, ensablement des fleuves et des ports, modifications du climat…

Les signes sont bien visibles et alarmants : l'érosion mord à pleines dents dans les collines des Hautes Terres. À la saison des pluies, l'eau charrie les éléments minéraux vers la mer en l'absence d'arbres pour les retenir. Symbole de cette hémorragie, le fleuve Betsiboka se colore ainsi de façon spectaculaire en rouge vif, comme si la terre saignait. Ce rouge si apparent, couleur emblématique de l'île, est pourtant synonyme d'urgence pour l'environnement du pays. Dès le début du XXe s, le géographe Gautier prévenait qu'à ce rythme de déforestation « Madagascar aurait sous peu la couleur et la fertilité de la brique »...

MORT SUR ORDONNANCE

Parmi les nombreux effets dévastateurs de la déforestation galopante à Madagascar, le coup porté à la recherche est dur : sur les 12 000 espèces végétales que compte l'île, plus de la moitié ont des vertus médicinales. La menace pèse, par exemple, sur la pervenche de Madagascar, depuis longtemps utilisée contre la leucémie et l'insuffisance cardiaque. Au passage, on assiste à un pillage en douce des ressources par les grands labos occidentaux qui reversent une peccadille à l'État malgache !

Scandales à répétition

C'est dans ce contexte que, en janvier 2009, le gouvernement de Marc Ravalomanana a accordé à la firme sud-coréenne Daewoo un bail emphytéotique de 99 ans à titre gratuit sur 1,3 million d'hectares... Seule vraie condition : les mettre en valeur ! L'entreprise envisageait de planter du maïs et de l'huile de palme pour l'export... en faisant au passage main basse sur l'équivalent en surface de l'Île-de-France. Ce fut l'une des raisons essentielles de la chute de Marc Ravalomanana cette même année. La déliquescence de l'État consécutive à la crise politique de 2009 a, elle, vu le trafic d'ébène, de palissandre et, surtout, de bois de rose exploser dans le parc national de Masoala dont certaines zones sont inscrites au Patrimoine mondial de l'Unesco. Ainsi, le réseau mondial Traffic (• *traffic.org* •) estime qu'en 5 ans, à partir de 2009, au moins 350 000 arbres ont été coupés illégalement à l'intérieur même des aires protégées. Destination presque exclusive : la Chine, où il est très apprécié des nouveaux riches pour réaliser des copies de lits des empereurs mings... Résultat : les ressources se font déjà rares aujourd'hui.

Les Malgaches parlent de *bolabolacratie* (*bolabola* désigne le bois de rose) pour évoquer les barons de ce trafic impliquant certains très hauts responsables politiques. Les déclarations du président Rajaonarimampianina après son élection, qui annonçait vouloir faire cesser l'impunité en ce domaine sont, comme d'habitude, restées lettres mortes. On ne vous parle qu'à peine des trafics d'animaux, tortues ou lémuriens, ni de celui des œufs d'æpyornis, l'oiseau-éléphant, vestiges d'un monde disparu et qui disparaissent au nez et à la barbe des autorités ou à cause de la corruption. En clair : beaucoup de richesses des forêts malgaches sont pillées avec la complicité des dirigeants et de véritables mafias locales.

Autre dossier sur la table des autorités depuis quelques années : celui de la vanille, pourtant produit-phare de l'agriculture malgache (80 % de la production mondiale). Les vols sur pied à grande échelle sur les exploitations poussent les agriculteurs à récolter de plus en plus précocement leur précieux « or noir » (à 6 mois au lieu de 9). Mais quantité et surtout qualité en pâtissent de manière dramatique. Conséquence directe, en 2016-2017, le cours de la vanille malgache a été multiplié par 10 ! Industriels et consommateurs pourraient bien rapidement se tourner vers d'autres pays producteurs si là encore rien n'est fait.

De rares notes optimistes

D'un autre côté, ces mêmes autorités se sont engagées, en 2003, dans un vaste processus de création d'aires protégées, dans le cadre de ce qu'on a appelé la « vision de Durban », en raison d'un discours prononcé dans cette ville sud-africaine. Son but : augmenter les surfaces protégées du pays de 1,7 à 6 millions d'hectares, soit de 3 à 10 % de la superficie totale de l'île. En 2007, dans le cadre du « MAP » (Madagascar Action Plan), de nouvelles aires protégées ont été désignées, dont certaines se situent en zone marine et côtière. Elles sont aujourd'hui une cinquantaine. Des réserves sont devenues parcs nationaux, des forêts ont été classées, une vingtaine de zones humides ont été désignées au titre de la convention de Ramsar (une dizaine rien qu'en 2017) et des programmes de reboisement entrepris avec l'aide des ONG. À cette occasion, on a tenté de mieux prendre en compte les relations complexes que les paysans entretiennent avec leur environnement. Après les avoir, dans un premier temps, accusés de déforestation, on cherche désormais à les sensibiliser pour en faire les gardiens et les gestionnaires de ces ressources ô combien précieuses pour l'avenir du pays et pour le leur.

Dans un autre registre, une autre décision à noter en 2017 : l'interdiction des sacs plastique transparents, au grand regret des petits vendeurs de fruits et légumes sur les marchés. Il faut dire que ces sacs bouchent les canalisations et participent grandement aux inondations dans les grandes villes en cas de fortes pluies.

FAUNE ET FLORE

Le savant Commerson (1727-1773) qualifiait Madagascar de « sanctuaire de la Nature », évoquant à la fois la spécificité et le mystère de son environnement unique au monde. Détachée du continent primitif africain il y a plusieurs dizaines de millions d'années, l'île possède, en effet, une grande diversité en matière de faune et de flore, qu'on ne retrouve, pour la grande majorité, nulle part ailleurs : 80 à 90 % des espèces sont endémiques. Il existe, par exemple, sept sortes de baobab, alors qu'une seule a colonisé la totalité du continent africain. L'île est ainsi un peu comme un laboratoire grandeur nature des mécanismes évolutifs.

Faune

Conséquence de son insularité, la faune de Madagascar marque sa différence. Il n'y existe pas de gros mammifère terrestre comme en Afrique, exception faite du très discret **fosa,** une sorte de félin grand comme un chien. Le roi des animaux, ici, c'est le lémurien, symbole même de cette nature unique parce qu'il ne vit pratiquement qu'à Madagascar. Son importance valait bien qu'on lui consacre une rubrique particulière (voir plus loin)...

Habitants des forêts, des lacs et de la brousse

Les **caméléons** sont les autres princes de l'endémisme malgache. Avec près des deux tiers des 175 espèces recensées sur le globe, il en existe de toutes les formes, de toutes les tailles et de toutes les couleurs. Du caméléon de Parson, dépassant souvent les 50 cm, aux unicornes en passant par les très archaïques *Brookesia*, dont le plus petit n'atteint pas 2 cm (sans la queue), les Malgaches disent de leurs yeux indépendants que « l'un est tourné vers l'avenir, l'autre vers le passé ». Il ne faut pas les confondre avec les **geckos,** des lézards aux doigts à ventouses que l'on croise souvent dans les salles de bains. Parmi eux, les **uroplates** sont remarquables par leur mimétisme surprenant avec l'écorce des arbres. Étonnant, ce *geckolepsis megalepsis* découvert en 2016, qui abandonne peau et écailles pour échapper au prédateur quand celui-ci l'attrape ! Enfin, peut-être aurez-vous l'occasion de découvrir dans les forêts du nord-ouest le *sirenoscincus Moby Dick,* récemment découvert : un lézard fouisseur dépigmenté, qui, comme les baleines, a perdu ses pattes postérieures !

Chez les autres reptiles, il faut signaler les vénérables **tortues étoilées** (ou *radiata*), endémiques, qui se traînent dans la poussière du Grand Sud lorsqu'elles ne font pas l'objet de trafics... Même chose pour la rarissime *angonoka* ou **tortue à soc,** identifiable à son plastron derrière la tête. Une bestiole assez macho, puisqu'elle ne s'accouple qu'à la suite d'une bagarre ! Elle vit uniquement dans le nord-ouest du pays.

Les *crocodiles* (ou *voay*) sont représentés par une unique espèce, celle du Nil. Largement chassés, ils se font de plus en plus discrets, excepté dans l'ouest du pays et dans le nord, où ils demeurent sacrés (comme au lac d'Anivorano).

> ### DENT POUR DENT
> *Au cours de leur existence, les crocodiles renouvellent leurs 80 dents une cinquantaine de fois, soit 4 000 dents au total. L'homme, lui, achète un dentier.*

Les **serpents**, représentés par une soixantaine d'espèces, sont tous inoffensifs (même le fameux *do*, une sorte de petit boa). Seuls les serpents marins sont en fait dangereux.

Les batraciens sont heureux à Mada : il existe notamment plusieurs espèces de **grenouilles** arboricoles de toutes les couleurs, dont la minuscule grenouille-tomate – indiquant par là aux prédateurs tentés qu'elle est, contrairement à ce que pourrait laisser croire son nom, toxique à la consommation.

Du côté des petits mammifères, outre le *fosa* signalé plus haut, que l'on rencontre essentiellement de nuit (plutôt en novembre-décembre) dans l'ouest (forêt de Kirindy), dans le nord de l'île et sur le plateau mahafaly (dans le Sud), on peut observer les endémiques **tenrecs**, des insectivores très primitifs ressemblant à nos hérissons, ainsi que des **rats sauteurs géants** (gasp !) dans la forêt de Morondava, dans l'Ouest.

Quelque 294 espèces d'**oiseaux** ont été répertoriées à Madagascar, ce qui est pas mal, sans être énorme – insularité oblige. Un bon tiers est endémique. Signalons les *coua*, très répandus (de la famille du coucou), les *vanga* (corvidés), les rarissimes *mésites* (qui nichent au sol dans les forêts) et *gobe-mouches du paradis*, ou le commun *fody*, une sorte de cardinal qui devient rouge vermillon à la saison des amours, et est bien le seul à se rencontrer communément à Tananarive.

Le pays pullule également d'**insectes** et de **papillons** dans une gamme infinie de tailles, de formes et de couleurs. À noter, les superbes porte-queues, gigantesques, et l'étonnant charançon-girafe au trèèèès long cou (utilisé en combat).

Quelques **araignées** énormes tissent parfois de fantastiques toiles de plus de 30 m d'envergure. Si elles s'avèrent inoffensives en ville, elles seraient plus méchantes en forêt, notamment la *menavody*, qui donne une sacrée fièvre ou pire encore... Il faut aussi se méfier des **scorpions** (dans le massif de l'Ankàrana, par exemple), des **mygales** et des quelques **scolopendres** qui sortent par temps pluvieux. Gare !

Habitants des mers

Les plus grands dangers naturels, à Madagascar, sont liés aux **méduses** et à différentes espèces de **requins**, sur la côte est de l'île particulièrement, plus exposée. À l'ouest, les récifs coralliens forment des lagons protecteurs, riches en **poissons, crustacés** et **tortues de mer** en quantité impressionnante. Impossible de tout vous énumérer... Les sites de Tuléar (Ifaty) et surtout de Nosy Be se prêtent bien à la plongée. N'oublions pas les centaines de **baleines à bosse** qui, remontant des eaux subantarctiques, viennent mettre bas et frayer au large des côtes malgaches, entre juillet et octobre – principalement dans le chenal de l'île Sainte-Marie ou au large de Tuléar. À ne pas manquer !

Enfin, citons deux survivances préhistoriques assez fascinantes : les **cœlacanthes** et les **protoptères.** Les protoptères sont de curieux poissons respirant par des branchies et par des poumons. Ils peuvent donc vivre à la fois sur terre et dans la mer, et se déplacent sur le sol à l'aide de leurs nageoires ventrales. En somme, ils nous rappellent que la vie venait bien de la mer avant de conquérir la surface terrestre.

Flore

La grande variété de milieux et de climats a favorisé un endémisme encore supérieur pour la flore.

La forêt tropicale de la côte est

On la retrouve désormais par portions de Fort-Dauphin à Masoala, en passant par Ranomafana et Andasibe-Périnet, jusqu'au Sambirano au nord-ouest (la montagne d'Ambre). Une forêt secondaire est en partie apparue, produisant notamment le roi des arbres malgaches, le **ravinala**, ou « arbre du voyageur ». Merveilleusement beau, il se déploie en éventail, offrant toits et murs (le **falafy**) aux habitants de la brousse et, selon la tradition, de l'eau aux voyageurs égarés. Il est si beau qu'il est devenu l'emblème du pays et celui de la compagnie aérienne nationale.

La grande famille des palmiers a également trouvé à Madagascar sa terre promise. En fait, la déforestation a libéré de larges espaces que les palmiers, plus résistants et moins exigeants, ont colonisés. Plus de 150 espèces existent, dont le fantastique **raphia** (mot malgache passé à la postérité internationale) qui entre dans la fabrication d'objets usuels et artisanaux. Dans le Sud, vers Fort-Dauphin, on trouve le **palmier trièdre** (à trois faces), un des rares cas de symétrie triple dans le règne végétal. Les cocotiers sont partout sur les côtes. Enfin, bambous, bananiers et fougères arborescentes achèvent de faire de ce qu'il reste de la forêt malgache une véritable forêt d'émeraude...

Celle-ci ne serait rien sans ses **bois précieux,** malheureusement surexploités, y compris dans les zones théoriquement protégées. On trouve le palissandre, très utilisé en ébénisterie, l'ébène, le bois de rose (source d'un scandale) et l'acajou... Beaucoup de ces arbres ou de ces plantes possèdent des vertus médicinales. Les **ombiasy** (guérisseurs astrologues) les utilisent encore quotidiennement, et on en trouve sous diverses formes sur les marchés de l'île ou dans de toutes petites échoppes. Des entreprises pharmaceutiques occidentales en ont adopté certaines depuis belle lurette. Qui a dit pillage ?

La végétation aride de l'Ouest et du Sud

Dans l'Ouest dominent la **savane** aux hautes herbes et la **forêt sèche,** où les bois précieux comme le palissandre ou l'ébène voisinent avec tamariniers et acacias. Mention spéciale évidemment pour les **sept variétés de baobabs** du pays. Nous leur consacrons une rubrique à part au début de ces généralités.

Les **pachypodiums** sont parfois confondus avec les baobabs. Ces « pieds d'éléphant », de la famille des succulentes, méritent pourtant aussi qu'on leur prête attention : quatre espèces sur cinq sont endémiques de Madagascar. Elles prennent la forme d'arbres-bouteilles, ou restent naines comme dans le massif de l'Isalo et se distinguent par la présence d'épines.

Dans le Grand Sud, le bush, ou **fourré épineux,** est un milieu unique qui ne reçoit que 500 mm d'eau par an. C'est le pays des Antandroy, « ceux des épines », soumis à un climat semi-désertique... Aux savanes de l'Ouest succède donc un paysage de plantes épineuses, comme les **didiéréacées,** appelées plus communément arbres-pieuvres, apparentées aux cactus et dressant vers le ciel des tentacules d'épines assez impressionnants. Les **euphorbes** contiennent un suc blanc de latex toxique (ne pas toucher !) et les **figuiers de Barbarie** offrent un fruit rafraîchissant au voyageur assoiffé et une bonne alimentation pour les zébus, une fois que leurs maîtres en ont brûlé les épines. Plante succulente, l'**aloès** peut atteindre 3 m ; sa fleur est d'un beau rouge violent. Enfin, le **sisal,** agave d'origine mexicaine, exploité pour sa fibre, destinée à l'exportation, forme d'immenses plantations à perte de vue.

L'érosion sur les Hautes Terres

Le retrait de la forêt d'origine a profité essentiellement au mimosa, au pin et à l'**eucalyptus,** arbre introduit et parfaitement acclimaté au pays. On le retrouve un peu partout, parfois énorme, et il donne un excellent charbon de bois. Mais cela n'a pas empêché l'érosion des sols et, malgré les tentatives de reboisement, les Hautes Terres pâtissent de gigantesques glissements de terrain.

La végétation sur les côtes

Le littoral est encore souligné de quantité de **mangroves** composées de palétuviers. Les **pandanus** (ou *vacoa*) poussent bien sur la côte est, ainsi que les *ravinala* et les bambous. Sur le canal des Pangalanes et près de Fort-Dauphin, les **viha,** ou « oreilles d'éléphant », qui ressemblent aux bananiers, bordent les canaux dans lesquels fleurit la **jacinthe d'eau** – qui, elle, obstrue régulièrement la navigation... Dans la région de Fort-Dauphin également, remarquez les **népenthès,** plantes dites « carnivores » car leur corps en forme d'urne surmontée d'un couvercle prend au piège les insectes qui se noient dans l'eau de pluie accumulée au fond ou les retient prisonniers grâce à la sécrétion d'un suc poisseux.

Les orchidées et épices

Quelque 1 200 espèces d'orchidées ont été recensées à Madagascar, soit plus que sur tout le continent africain réuni. Elles fleurissent de juillet à octobre dans la montagne d'Ambre, dans la réserve d'Andasibe-Périnet ou à Nosy Mangabe, par exemple, et dans les milieux humides en général. La plus odorante de toutes reste la **vanille,** exploitée sur la côte du même nom, au nord-est (mais d'origine américaine). L'essence des fleurs d'**ylang-ylang,** dont Nosy Be reste l'un des bastions, est achetée par les plus grands parfumeurs français mais, là encore, la plante n'est pas malgache (mais d'origine indonésienne). Il en va de même pour le poivre, les baies roses, la cannelle, le camphrier, tous exploités à des degrés divers.

QUAND LE POIVRE MOULINE

Le poivre rouge est un produit malgache haut de gamme devenu à la mode dans les années 2010, notamment sous l'impulsion des chefs étoilés d'Europe et d'ailleurs. Une exploitation massive s'en est suivie avec bien souvent arrachage des pieds de tsiperifery – c'est le nom de cette liane produisant le poivre sauvage – pour faciliter la récolte. Si rien n'est fait, en seulement 10 ans, on ne trouvera déjà plus de poivre rouge dans les forêts malgaches. Triste performance !

FÊTES ET JOURS FÉRIÉS

Les jours fériés

Pratiquement toutes les fêtes chrétiennes sont des jours fériés à Madagascar :
– *1er janvier* : Jour de l'an.
– *8 mars* : Journée de la femme.
– *29 mars* : commémoration en souvenir des martyrs de l'insurrection de 1947.
– *Avril* : lundi de Pâques.
– *1er mai* : fête du Travail.
– *Mai* : jeudi de l'Ascension.
– *Début juin* : lundi de Pentecôte.
– *26 juin* : fête de l'Indépendance du pays.
– *15 août* : Assomption.
– *1er novembre* : Toussaint.
– *25 décembre* : Noël.

Les fêtes et cérémonies traditionnelles

Les fêtes malgaches sont nombreuses mais impossibles à prévoir à date fixe. Elles dépendent du calendrier lunaire et de la décision des devins. Pour y assister, il faut d'abord y être invité. Théoriquement, il faut aussi un *lamba,* pièce de coton à nouer en pagne pour les hommes ou au-dessus de la poitrine pour les femmes, autour des reins ou de la poitrine, avoir les pieds libres de toute entrave (pas de chaussures) et éviter la consommation de viande de porc. Mais renseignez-vous sur les règles particulières à respecter pour chaque cérémonie. Voici quelques fêtes et coutumes essentielles et les périodes prévisibles.

– *Alahamady Be :* c'est le Nouvel an malgache, fêté les 3 premiers jours du premier mois lunaire, autour du mois de mars, particulièrement sur toutes les collines des Hautes Terres et notamment à Ambohimanga, « la colline bleue », où se trouve le sacro-saint palais du roi. Grandes cérémonies traditionnelles avec séances de purification, sacrifices de zébus, offrandes, danses et chants, et grands repas en commun.

– *Famorana :* cérémonies de circoncision qui ont lieu durant tout l'hiver austral, de juin à septembre, dans tout le pays. La cérémonie du *Sambatra* est une cérémonie de circoncision collective exceptionnelle puisqu'elle a lieu tous les 7 ans. Elle se déroule essentiellement chez les Antambahoaka, dans la région de Mananjary. C'est l'occasion de renforcer les liens familiaux et de bénir les milliers d'enfants circoncis. Elle dure 1 semaine, après des préparatifs de 1 mois. La dernière a eu lieu en octobre 2014.

– *Fitampoha :* ou « bain des reliques royales ». Cette fête sacrée a lieu à peu près tous les 5 ans en août, à Belo-sur-Tsiribihina, dans l'Ouest. Lire le paragraphe qui lui est consacré dans l'introduction du chapitre sur cette ville. En résumé, c'est une fête durant laquelle on lave les reliques des rois du Menabe pour renforcer la royauté sakalava et les liens entre le roi actuel et ses sujets. Elle dure 1 semaine.

– *Santa Bary :* c'est la fête du Riz ! Et Zahanary (Dieu) sait que c'est important à Madagascar. Elle a lieu sur la côte est vers avril-mai, pour la première récolte de riz. On remercie les ancêtres pour les récoltes et on leur offre les premiers épis. Sacrifices d'animaux et repas en commun.

– *Tsanga Tsainy :* c'est la fête la plus importante de l'ethnie des Antakàrana, qui a lieu tous les 5 ans dans le massif de l'Ankàrana, au sud de Diego-Suarez. Cette cérémonie a pour but de renforcer l'unité du peuple et de

> ### FAMADIHANA OU LE RETOURNEMENT DES MORTS
>
> *C'est la cérémonie malgache la plus connue et la plus impressionnante. Fêtée principalement sur les Hautes Terres, elle se déroule de juin à septembre. Y assister constitue un privilège et nécessite d'observer scrupuleusement toutes les règles de la cérémonie. Variantes régionales chez les Betsimisarakas de l'Est et les Sakalavas du Menabe. Tendez l'oreille !*

la monarchie antakàrana. Elle consiste en l'élévation d'un mât royal précédé d'un pèlerinage aux îles Mitsio et dans les grottes royales du massif. Lire le paragraphe d'introduction du chapitre sur la réserve spéciale de l'Ankàrana.

GÉOGRAPHIE

Situation et zones géographiques

Madagascar se situe dans l'océan Indien, à 9 000 km de Paris, 400 km à l'est des côtes africaines, au niveau du Mozambique. La « Grande Île » ou « île Rouge », ou encore « Île-continent » (que de surnoms !), est elle-même entourée par un chapelet d'îles et d'archipels. Au nord, le proche archipel des Comores, dont

l'île de Mayotte ; plus au nord, les Seychelles. À l'est, La Réunion et l'île Maurice. Signalons que le tropique du Capricorne traverse l'île au niveau de Tuléar.
Madagascar a une superficie de 587 000 km², soit la France, la Belgique et le Luxembourg réunis. Plus longues distances : 1 580 km du nord au sud et 580 km d'est en ouest. Pour comprendre la géographie et le climat du pays, il faut le couper en trois morceaux dans le sens de la longueur. Du nord au sud, le pays est traversé par une longue épine dorsale centrale appelée les Hautes Terres. Plus proche de l'océan Indien que du canal du Mozambique, elle tombe brutalement en falaise sur une mince bande de plaine côtière, la côte est. De l'autre côté, elle descend plus doucement vers les vastes plaines de la côte ouest bordant le canal du Mozambique.

> ### OUBLIÉS DEUX FOIS
>
> *L'île française de Tromelin, perdue en plein océan Indien à 450 km à l'est de Madagascar, n'est pas bien grande (1 km² de désert). Et pourtant, sa souveraineté est réclamée par l'île Maurice depuis 1976. Entourée de dangereux récifs, elle fut le théâtre d'un terrible naufrage en 1761 : 80 esclaves malgaches furent abandonnés par l'équipage, puis « oubliés » pendant 15 ans. Seuls huit d'entre eux survécurent. L'hommage officiel aura attendu quant à lui... 2013.*

Le Centre ou les Hautes Terres

Anciennement mais improprement appelée « hauts plateaux », cette région couvre près des trois quarts de l'île, s'appuyant du nord au sud sur trois massifs montagneux, le Maromokotro dans le Tsaratanana (2 876 m), l'Ankaratra (au sud de Tananarive) et l'Andringitra (au sud de Fianarantsoa). Mais les parties les plus habitées se concentrent dans l'Imerina, autour de la capitale, Tananarive, plus au sud, autour d'Antsirabe, et dans la région de Fianarantsoa, capitale du Betsileo. L'Imerina se caractérise par des paysages de collines, des *lavaka* (effondrements du sol dus à l'érosion) et une lande désolée, ainsi que de très jolis villages composés de maisons traditionnelles de pisé. Le Betsileo est plus verdoyant grâce à ses rizières en terrasses, ses exploitations agricoles et ses vignobles à flanc de coteau.

La côte est

De Fort-Dauphin à la côte de la Vanille, sur une bande de 50 km de large en bordure de l'océan Indien et la plupart du temps arrosée par les pluies, alternent forêts tropicales (avec quelques magnifiques parcelles de forêt primaire au nord de Tamatave), canaux de navigation (canal des Pangalanes) et quelques rares plages protégées des requins. L'île de Sainte-Marie est un petit paradis tropical au nord-est de Tamatave.

La côte ouest

Vastes plaines décrochant en douceur des Hautes Terres, l'Ouest ne se parcourt pas au sol du nord au sud sans repasser par le centre du pays ou sans prendre un avion. De la pointe nord (région de Diego-Suarez) à la région de Majunga (le Boina), très aride, jusqu'à la région de Morondava (le Menabe), où les baobabs poussent comme des champignons, la côte ouest, protégée par le canal de Mozambique, connaît un climat très sec. Exception : l'enclave de Nosy Be et la région du Sambirano, au nord-ouest, au climat humide.

Le Sud

Dans un triangle Ihosy/Tuléar/Fort-Dauphin (hormis Fort-Dauphin même), c'est le règne du bush épineux, un milieu unique en son genre, qui ne reçoit que 500 mm d'eau par an et développe une végétation originale et totalement adaptée à la sécheresse (lire la rubrique « Flore. La végétation aride de l'Ouest et du Sud »).

HISTOIRE

Les origines

Les ancêtres des Malgaches actuels venaient d'Afrique orientale et d'Indonésie. On sait que les marins indonésiens naviguaient couramment dans l'archipel malais, jusqu'au sud de l'Inde et aux îles Maldives, dès le VIIe s. C'était essentiellement des commerçants qui cabotaient le long des côtes. Il y avait aussi à bord, des marins et des serviteurs noirs, sans doute africains, peut-être aussi certains originaires de l'Inde du Sud.

L'installation des groupes ethniques

Chronologiquement, on assiste ainsi à l'installation des Zafiraminia, arabisés, sûrement indonésiens qui, s'établissant dans la pointe sud de l'île (région de Fort-Dauphin), donnent naissance aux Antanosy aux alentours du XVIe s. Ils colonisent également la côte est, notamment la vallée de la Matitanana et les environs de Mananjary où ils constituent le fonds de la population des Antambahoaka. Ils sont délogés un siècle plus tard de la Matitanana par les Zafikazimambo, d'autres arabisés, plus agressifs, qui vont fonder le royaume des Antemoro. Un de leurs descendants, Ralambo, est à l'origine de la dynastie des chefs tanala. Ses descendants sont supposés être ensuite passés sur le plateau pour donner naissance aux Betsileo.
Les Antefasy et Antesaka du Sud-Est (région de Farafangana et de Vangaindrano) appartiendraient à une autre vague d'émigration. Un petit groupe d'Antesaka s'avance vers l'ouest, et l'un des leurs, Andriamisara, devient l'ancêtre des Sakalavas. Ses descendants se sépareront plus tard : une partie pour fonder le royaume de Boina (sakalava), l'autre ayant donné naissance aux Mahafaly. Une autre lignée d'Antesaka constitue l'origine des Bara. Quant à l'origine des Merinas, elle est distincte, semble-t-il : un groupe d'émigrants indonésiens, remontant sur les plateaux, entra en conflit avec des populations autochtones qui ont aujourd'hui pratiquement disparu, les Vazimba. Le cas des Betsimisarakas est un peu particulier : leur ancêtre était un Zana-malata, un mulâtre, fils du pirate Thomas Tew et d'une indigène de la forêt. Le reste des ethnies est plutôt constitué de regroupements de clans indigènes, présents à une époque ultérieure : Bezanozano, Tsimihety, Masihanaka, Antakàrana et Antemanambondro. Vous suivez ?

Les premières incursions européennes

Les sociétés que les islamisés édifièrent en Anosy (région de Fort-Dauphin), dans le pays de Matacassy (à partir duquel on donna à toute l'île le nom de Madagascar), ont été décrites dès le XVIIe s par les voyageurs européens. La société était divisée en deux groupes, les Blancs *(Fotsy)* et les Noirs *(Mainty),* chacun de ces groupes comprenant une hiérarchie interne. Ces « Madécasses » furent, aux XVIe et XVIIe s, les premiers à entretenir des relations suivies avec les Occidentaux.
C'est Diego Diaz, un capitaine portugais dérouté par une tempête après avoir passé le cap de Bonne-Espérance, qui « découvrit » Madagascar et lui donna le

PROTECTION DIVINE

Autrefois, les marins prirent l'habitude de se faire tatouer une croix sur tout le dos afin de se protéger des punitions par flagellation. En effet, c'était un péché que de frapper un symbole chrétien.

nom d'île Saint-Laurent. Au XVIIIe s, des aventuriers de toutes nationalités (Hollandais, Anglais et Français) venaient faire le commerce des esclaves pour les vendre sur l'île Maurice et même parfois dans les plantations de la Caraïbe. Ces Européens qui disposaient d'armes à feu perturbèrent les équilibres politiques du Sud et de l'Est en s'immisçant dans les guerres entre tribus de la région, pour ainsi profiter des captures de prisonniers, des razzias de vivres et de bétail.

La Compagnie des Indes orientales

La première tentative d'établissement français eut lieu en 1628, suivie en 1642 par l'arrivée de deux commerçants et de 12 colons à Sainte-Luce, sous le commandement du sieur Pronis, au titre de la Compagnie des Indes, censée commercer dans la région.

Quand le gouverneur Étienne de Flacourt arriva en 1648, la situation du fort était catastrophique. Il tenta jusqu'en 1655 de gagner la confiance des chefs locaux, sans jamais y parvenir tout à fait, mais il laissa surtout un ouvrage très complet, intitulé *Histoire de la grande isle de Madagascar*.

Pour ce faire, il lança jusqu'en Imerina ses coureurs de brousse, aventuriers intrépides parlant le malgache et n'ayant pas froid aux yeux. Ils rapportèrent de ces expéditions des centaines d'informations sur l'environ-

LA NOSTALGIE EST UN POISON !

Jean-Baptiste Le Cudennec (Saint-Malo 1722-Madagascar 1819) est une figure romanesque. On dit que ce gars de Saint-Malo serait devenu roi de Madagascar. Après avoir quitté sa condition de colon, cet aventurier devint chef d'une tribu indigène. Pas de chance pour le Malouin, quand il voulut rentrer en Bretagne (nostalgie !), ses sujets l'empoisonnèrent. Le Breton est têtu mais on comprend aussi qu'il soit de nature mélancolique.

nement, les modes de vie, les croyances. Il ne manquait que quelques bonnes adresses pour dormir et se restaurer ! À ce jour, cet ouvrage reste une référence pour toutes les études historiques.

Les royaumes de l'Ouest

L'Ouest fut dominé par l'expansion sakalava. À l'origine de cette ethnie, un petit groupe d'Antesaka, venu de la côte est à la fin du XVe s, qui se mêle à d'autres ethnies. Un de leurs rois, Andriandahifotsy (XVIIe s) conquit le Menabe avec ses armées. Pour terrifier ses ennemis, il fit cacher un bœuf roux dans une tranchée, ses mugissements semblant sortir de terre. Cette ruse assura, sans coup férir, la victoire aux Sakalavas, qui, depuis, ont l'interdiction de sacrifier des bœufs de robe rouge. Deux lignées sont à l'origine des deux grands royaumes sakalavas, les Boina et les Menabe.

Les liens que les Sakalavas entretinrent avec les négriers leur permirent d'obtenir des armes et de gagner des territoires sans cesse plus reculés. Mais contraints de céder leurs territoires côtiers aux Français contre leur protection, ils perdirent finalement leur souveraineté.

L'Imerina, au cœur de l'île Rouge

Les premiers souverains d'Imerina

À l'origine du royaume d'Imerina on trouve, selon la tradition, une femme, Rangita, dite « la Crépue ».

Mais le véritable fondateur du royaume, c'est Ralambo (1575-1610). Il étendit son royaume vers le sud et l'est et instaura la pratique des sacrifices d'animaux et la fête du bain *(fandroana)*. Andrianjaka, qui lui succéda, déplaça sa capitale en un lieu appelé Analamanga, « la forêt bleue ». On donna le nom de Tananarive à cette nouvelle capitale car le roi y avait installé une garnison d'un millier d'hommes (*Tanana-arivo* : « le village des mille »). Il fit ensuite ériger des digues et assécher les marais pour développer la riziculture.

Son fils, Andriamasinavalona, est connu pour avoir été un prince juste et bon qui, s'alliant à ses voisins, permit d'étendre pacifiquement le royaume. Son successeur, Andriamampandy, eut le tort de vouloir concéder d'importantes seigneuries à ses quatre fils, qui entrèrent en guerre les uns contre les autres. L'un d'eux fit même jeter son père en prison pendant 7 ans !

Il s'ensuivit une période de grands désordres jusqu'à ce qu'Andriambelomasina réussisse à empêcher que les Sakalavas ne s'emparent de son royaume,

LE JEANNE D'ARC MALGACHE

Jeté en prison par son propre fils, le roi Andriamampandy fut sauvé par des partisans restés fidèles et revint au pouvoir, acclamé par la foule. Il fallait un sacrifice humain pour célébrer cet événement. Seul un paysan, Trimofoloalina, se porta volontaire. Touché par le dévouement de cet homme, le roi refusa ce sacrifice. Ce héros, qui fait toujours l'objet d'une véritable ferveur populaire, est un peu l'équivalent de notre Jeanne d'Arc... même si son destin fut un peu moins cuisant !

et rétablit la stabilité. Avant de mourir, il désigna ceux qui devaient lui succéder : son fils Andrianjafy d'abord, puis Ramboasalama (« chien vigoureux »), son petit-fils. Ce dernier recueillait tous les suffrages alors qu'Andrianjafy, autoritaire et méprisant, était détesté. Les notables d'Ambohimanga portèrent donc sur le trône le jeune prince, qui prit le nom d'Andrianampoinimerina, « celui qui règne au cœur de l'Imerina ».

Le règne d'Andrianampoinimerina

Né le jour de la nouvelle lune d'Alahamady, il était prédestiné. Monarque inspiré, politicien avisé, Andrianampoinimerina est le véritable concepteur du royaume d'Imerina, le premier qui ait eu une vision claire d'un territoire à l'échelle de l'île. Ce fut un roi de conquêtes pacifiques ; il réussit à reconquérir Tananarive, qui avait échappé à son père. Il dut livrer bataille à plusieurs reprises pour repousser les assaillants qui menaçaient Imerina. À sa mort, son royaume était cinq fois plus grand qu'à son avènement, ce qui lui fit dire : « La mer est la limite de ma rizière. » En quelques années, il avait jeté les bases d'une organisation territoriale efficace, distribuant les terres mises en valeur et s'appuyant sur le *fokonolona*, collège villageois chargé de gérer les biens communs, d'entretenir les digues et les routes, de porter secours aux nécessiteux. Il institua également les travaux d'intérêt général, et un système d'impôts, développa les marchés, uniformisa les mesures pour le riz et l'argent, mit en place une justice qui contrôlait la consommation d'alcool et de chanvre, et réglait, par le biais des ordalies *(tanguin),* les différends entre les personnes. Malade et se sachant proche de la fin, il convoqua le peuple pour désigner Radama, son fils cadet, pour successeur. Il fut d'abord enterré à Ambohimanga, dans une pirogue d'argent massif, puis ses restes furent transférés à Tananarive. Il régna de 1787 à 1810.

Le règne de Radama Ier

Radama (1793-1828) monta sur le trône à 18 ans et mena des guerres de conquête en direction des forêts de l'Est et vers le sud, en pays betsileo. Très attaché à une certaine idée de la modernité et du progrès, il ouvrit aux Occidentaux les portes de l'Imerina. Il traita d'abord avec les Anglais, déjà établis sur l'île Maurice et qui cherchaient à étendre leur influence sur Madagascar. L'abolition de la traite des esclaves constitua le point d'achoppement des discussions anglo-malgaches,

mais les Merinas s'y opposaient : comme d'autres États de l'île, ils échangeaient des esclaves contre des armes à feu, essentielles à leurs visées expansionnistes. La London Missionary Society amorça l'évangélisation des populations des hauts plateaux et créa les premiers établissements scolaires.
Des conflits surgirent avec la France, qui tenait à préserver ses intérêts sur les côtes, acquis par le biais des grandes compagnies au XVIIe s, mais Radama sut rester maître de son territoire. Il mourut en 1828, en laissant un pays où la présence occidentale s'était imposée mais où les traditions demeuraient vivaces.

Ranavalona Ire, « la Sanglante »

Ranavalona Ire, de son nom Mavo, était la première épouse de Radama. Elle a laissé dans l'histoire le souvenir d'une femme intransigeante, mais elle était surtout, à l'inverse de son époux, hostile à la présence étrangère. Elle dénonça le traité passé avec les Anglais, interdit la pratique des cultes européens, rétablit l'ordalie du *tanguin,* chassa les étrangers et fit exécuter leurs auxiliaires malgaches. La répression contre les chrétiens fit des centaines de victimes. Le seul Français qui trouvait grâce aux yeux de la reine pour sa puissance créatrice était Jean Laborde, qui mit sur pied un véritable complexe industriel à Mantasoa.
Ranavalona Ire eut également fort à faire avec les populations qui n'acceptaient pas la tutelle merina, notamment les Tanalas de l'Ikongo et les Baras, mais surtout les Sakalavas. Ce fut une période très sombre, où l'ordre régnait par la terreur. Le prince Rakoto, son fils, passait ses journées avec une bande de jeunes gens des classes aisées, les Menamaso. Avec l'aide de Laborde et des membres de la Mission protestante, ils tentèrent sans succès, de renverser la reine pour mettre Rakoto sur le trône. Il leur fallut attendre sa mort, en 1861, pour que Rakoto, sous le nom de Radama II, prenne le pouvoir en succédant légalement à sa mère. Laborde est nommé premier consul de France à Madagascar.

Radama II

Ce fut un prince très humain, qui fit supprimer la peine de mort, libéra les chrétiens emprisonnés et ouvrit à nouveau le pays aux influences étrangères. La vieille opposition traditionaliste était pourtant toujours active ; le ressentiment à l'égard des nouvelles religions ne faisait que croître. Les Menamaso furent finalement assassinés et le roi étranglé (en 1863).

Rainilaiarivony

Rasoherina, l'épouse du roi défunt, monta sur le trône, mais ce règne, comme ceux qui suivirent, fut marqué par la personnalité du Premier ministre Rainilaiarivony, qui épousa successivement les trois reines, décida de la politique de Madagascar et fut le véritable interlocuteur des puissances étrangères. Sous l'influence de missions puissantes et indispensables visant à développer l'enseignement, la formation professionnelle et installer des dispensaires et des léproseries, de nombreux Merinas et Betsileos se convertissent au christianisme. Par calcul ou par conviction, Ranavalona II, qui succède à Rasoherina, se convertit elle aussi, si bien que lors de son couronnement, les amulettes royales sont remplacées par une bible, et l'inscription « Gloire à Dieu » figure à côté du trône, au grand scandale des traditionalistes.

La guerre franco-malgache

Le conflit, provoqué par l'assassinat d'un Français, sert de prétexte à relancer les revendications territoriales françaises sur les côtes. La mort de Jean Laborde alimente les hostilités. Figure emblématique de l'île, ses funérailles sont presque nationales, mais la reine Ranavalona III, qui se déclare seule héritière de ses biens, refuse de reconnaître les droits de sa famille. Cependant, le rapport de forces n'est pas en faveur des Malgaches, et, après quelques échauffourées, lorsqu'en 1895 les canons français bombardent le palais, la reine capitule et fait hisser le drapeau blanc. Le traité qui s'ensuit retire à la reine l'essentiel de ses pouvoirs, et le Premier ministre Rainilaiarivony est écarté. La France nomme un résident général à sa place.

L'insurrection des *fahavalo*

La conversion de la reine et la destruction des idoles royales ont profondément choqué la population, des paysans aux nobles traditionalistes. Un mouvement visant à restaurer l'ancienne royauté, les Menalamba (« les toges rouges »), se développe dans l'ensemble du pays et cristallise toutes les revendications. Des rebelles s'attaquent aux étrangers ainsi qu'aux Malgaches de leur entourage. Ils assassinent les pasteurs, dévastent les biens des catholiques, réclament le départ des Européens et le retour à la souveraineté de l'île.

La ferveur de ces nationalistes que les Français appellent *fahavalo* (ennemis, bandits) est portée par le prestige de la reine. La France décide donc d'exiler celle-ci, ainsi que Rainilaiarivony, à La Réunion, puis à Alger, et de passer, en août 1896, du régime de protectorat au statut de colonie.

Gallieni, restaurateur de l'ordre colonial

Les militaires français peinent à lutter contre les bandes d'insurgés dans un milieu qu'ils ne connaissent pas. Le général Gallieni va avoir l'idée de recruter un corps d'armée malgache pour lutter contre les rebelles. Cette stratégie, que toutes les administrations coloniales utiliseront par la suite, se révélera payante : en 1898, la rébellion est matée.

Gallieni met alors en place une administration territoriale qui s'appuie sur des fonctionnaires

DOUBLE PEINE

La colonisation fut particulièrement violente. Les Français massacrèrent entre 100 000 et 700 000 Malgaches en 1896 (merci à Gallieni, le héros des taxis de la Marne !). Mais l'administration française, qui n'avait peur de rien, exigea que Madagascar remboursât les frais occasionnés par cette invasion. L'indemnité atteignait la somme faramineuse de 10 millions de francs.

autochtones, formés par la colonie pour servir de courroie de transmission. Il développe le réseau des communications, l'instruction publique et la santé.

Le système colonial

Les gouverneurs qui succèdent à Gallieni poursuivent la mise en valeur de l'île, notamment en développant un réseau de communication ferroviaire et routier, en développant des cultures comme le sisal ou le tabac, et en exploitant des minerais (graphite, mica et pierres semi-précieuses). Mais les pressions qui s'exercent sur les populations, à travers la fiscalité, la répression pénale, la concession de terres à des colons, et à de grandes compagnies de métropole, et enfin le statut de l'indigénat pèsent lourdement sur les relations entre la population et l'administration coloniale. Un clivage très net s'établit entre une partie de la population qui essaie de tirer avantage de la situation, et une autre qui tente de résister, simplement frustrée d'avoir été lésée de ses droits les plus élémentaires.

Comme sous les régimes précédents, les missions vont être la cible principale des mécontentements. Dans la première décennie du XXe s apparaît une société secrète, les VVS (Vy, Vato, Sakelika : fer, pierre, ramification), composée d'intellectuels merinas dont les revendications s'appuient sur une vision idyllique du Japon, alliant modernité et tradition tout en préservant la souveraineté nationale. Les membres de ce mouvement seront arrêtés en 1915, condamnés aux travaux forcés et amnistiés en 1921.

Pendant la Seconde Guerre mondiale, l'administration française de Madagascar reste acquise à Vichy, mais les forces britanniques et sud-africaines rendent la colonie aux Forces françaises libres. Madagascar devient même un territoire d'outre-mer en 1946. Après la guerre, les revendications sont portées par un parti, le MDRM (Mouvement démocratique de la rénovation malgache), qui obtient la majorité des voix aux élections locales de 1946 et réclame l'accès par des voies légales à l'indépendance. L'administration coloniale suscite alors un parti profrançais, le PADESM (Parti des déshérités de Madagascar). Dans le même temps, des sociétés secrètes s'intègrent au MDRM et prônent le recours à des solutions violentes.

> **INCROYABLE MAIS VRAI**
>
> *Jusqu'à la conférence de Wansee (1942) qui décida de la solution finale, les Allemands avaient prévu de se « débarrasser » des juifs en les envoyant à... Madagascar, en accord avec le gouvernement de Vichy. Malheureusement, les nazis choisirent l'extermination totale.*

L'insurrection de 1947

Le 29 mars 1947, l'insurrection éclate en plusieurs points, notamment dans l'Est, où les paysans attaquent systématiquement les plantations et exécutent les membres du PADESM. La réaction de la colonie ne se fait pas attendre : les trois députés MDRM, Ravoahangy, Rabemananjara et Raseta, sont arrêtés et la répression militaire est féroce. L'estimation sur laquelle les historiens s'accordent actuellement est de 89 000 morts du côté des insurgés, mais ce chiffre est sans doute sous-estimé, d'autant que, dans les mois qui suivirent, beaucoup de ceux qui s'étaient réfugiés dans les forêts mourront de maladies et de privations.

Les témoignages font état d'arrestations arbitraires, de tortures et de massacres. Le procès des trois députés a lieu à Tananarive en 1948, dans un climat de haine : Ravoahangy et Raseta sont condamnés à mort. Finalement graciés, ils seront libérés seulement en 1965. Le rôle des différents protagonistes dans le déclenchement de l'insurrection n'a pas été éclairci : ni celui de l'administration coloniale, ni celui du MDRM, ni celui des sociétés secrètes qui l'ont infiltré. Quoi qu'il en soit, la France lâche alors du lest en restaurant les libertés et en instituant le suffrage universel, puis une forme d'autonomie en 1957.

Tsiranana et la Ire République

Le 22 août 1958, au stade municipal de Mahamasina, à Tananarive, et en présence d'une foule attentive : le général de Gaulle prononce une phrase restée célèbre dans la capitale : « Demain, vous serez de nouveau un État, comme vous l'étiez quand le palais de vos rois était habité... » Il désigne bien sûr le fameux palais de la Reine, en surplomb du stade. La Ire République est instaurée le 14 octobre 1958.

Le 1er mai 1959, Philibert Tsiranana, ancien député de l'Assemblée nationale française, ancien bouvier et instituteur de l'ethnie tsimihety devient le premier chef de gouvernement, à l'unanimité. Son programme se résume à ce slogan : « *Asa fa tsy kabary* », soit : « Travaillez, ne faites pas de discours. » Le jour de l'indépendance, proclamée le 26 juin 1960, devient la fête nationale du pays. Tsiranana, « élu » président de la République au « suffrage universel » le 30 mars 1965 avec 97 % des suffrages est reconduit 7 ans plus tard, avec 99,97 % des voix !

Durant ses 13 années d'exercice du pouvoir, il aura laissé la part belle à la présence française. Sur le plan économique, l'indépendance n'a pas stimulé les ardeurs. Exportateur de riz sous la colonisation, le pays doit en importer 35 000 t au début de 1972, l'année du grand *Rotaka*, le grand chambardement.

Un air de révolution

Le 13 mai 1972, un banal mécontentement de lycéens dégénère en soulèvement populaire violent contre le régime et le néocolonialisme français. 42 morts dans la capitale entraînent la chute du président Tsiranana qui remet ses pouvoirs au général Gabriel Ramanantsoa. Cette date marque pour beaucoup, plus que celle de l'indépendance, la fin de la colonisation française à Madagascar. Elle aura duré 75 ans.

Le nouveau chef de l'État soumet son programme à référendum : 81 % des électeurs y adhèrent. Les accords de coopération franco-malgaches sont renégociés, le pays sort de la « zone franc », l'enseignement est totalement malgachisé et l'îlese tourne vers les pays du bloc communiste. Cette politique est largement inspirée par un jeune ministre des Affaires étrangères : le capitaine de frégate Didier Ratsiraka.

Lassé des tensions politiques au sein même de son gouvernement et dans un contexte lourd, le général Gabriel Ramanantsoa est forcé, le 5 février 1975, de remettre ses pouvoirs à un jeune colonel de gendarmerie, Richard Ratsimandrava, qui sera assassiné 6 jours plus tard dans son véhicule d'une rafale d'arme automatique.

C'est à la faveur de cette période trouble que le jeune capitaine de frégate Didier Ratsiraka est nommé à la tête d'un directoire militaire. Fin 1975, après avoir publié son *Boky mena* (« Livre rouge ») et nationalisé les principales sociétés postcoloniales françaises (banques, assurances, hydrocarbures, concessions agricoles et minières, etc.), la tournure « révolutionnaire » qu'il a donnée au régime, version tropicale du marxisme, est approuvée par référendum. Dans la foulée, avec 94,96 % des voix, Didier Ratsiraka est plébiscité président d'une nouvelle République démocratique de Madagascar.

Le pays se replie alors sur lui-même, dans tous les domaines. Madagascar s'endette et s'appauvrit. La corruption s'installe. Tout l'héritage de la colonisation, notamment dans les secteurs de l'éducation et de la santé, est gaspillé ou anéanti. Le règne de Ratsiraka illustre l'antagonisme permanent entre la côte (dont il est issu, fils d'une famille de notables de l'ethnie betsimisaraka) et les hauts-plateaux où il a vécu très tôt et grandi (élevé à Tananarive au cœur de cette société aristocratique de l'ethnie merina qui entretient de profonds ressentiments contre son ancien colonisateur français).

L'amiral rouge d'une île à la dérive

Investi des pleins pouvoirs en 1975, Didier Ratsiraka crée un parti unique, l'AREMA (« Avant-garde de la Révolution malgache »), à l'image de ses modèles Fidel Castro à Cuba, Kim Il-Sung en Corée du Nord et le colonel Kadhafi en Libye. La censure de la presse est instituée, la vie politique réduite à des manifestations d'enthousiasme populaire « spontanées »...

À son slogan « Madagascar qui ne s'agenouille pas » répondent fronde et insécurité permanentes, notamment dans les campagnes, et une opposition souterraine quotidienne au sein d'une administration pléthorique et corrompue.

En quête d'un « paradis socialiste », il s'est ouvert à l'économie de marché, a abrogé la censure et autorisé le multipartisme. Sur le plan économique, la dette publique explose poussant l'amiral à demander soutien auprès du Fonds monétaire international et de la Banque mondiale dont les exigences déclenchent la colère sociale dans le pays. Le 1er mai 1991, après 16 ans de règne absolu, Didier Ratsiraka, amiral rouge d'une île à la dérive, est poussé à la démission par un mouvement de grève générale de plusieurs mois... payée intégralement ! Le 10 août 1991, les hélicoptères de combat de Didier Ratsiraka bombardent des civils venus manifester pacifiquement lors de la « marche de la Liberté » aux abords du palais d'État d'Iavoloha, faisant une centaine de victimes. Ce triste chapitre marque la fin de l'entêtement de l'amiral.

Ratsiraka, le retour

La IIIe République est proclamée. Son président, le « tombeur de Ratsiraka », s'appelle Albert Zafy, professeur de chirurgie. Mais l'Assemblée nationale, nantie de toutes les prérogatives du régime parlementaire, s'avère un foyer d'instabilité politique permanent : six gouvernements et trois Premiers ministres se succèdent en 4 ans ! « Le Professeur » est légalement destitué en août 1996 et est battu à l'élection présidentielle qui suit par Didier Ratsiraka, repenti, dont la traversée du désert et l'exil volontaire à Paris ont été soigneusement occupés à préparer son retour. Faussement blasés, les Malgaches, qui ont le goût du proverbe, disent alors préférer « un vieux crocodile repu à un jeune reptile affamé »...

Nouveau bon élève de l'économie de marché, le gouvernement de Ratsiraka orchestre le retour des investisseurs étrangers, notamment français, adopte un nouveau code des investissements et crée une zone franche autour de la capitale. Mais la croissance retrouvée semble ne bénéficier qu'à une caste politique corrompue, quand elle ne favorise pas des pratiques mafieuses. Ratsiraka renforce pourtant ses pouvoirs à la faveur d'un énième référendum et en 2001 installe ses hommes au poste de gouverneur dans les six nouvelles provinces autonomes exigées par les bailleurs de fonds institutionnels, le FMI et la Banque mondiale. L'ancien dictateur marxiste redore son image en distribuant des milliards d'ariary devant des foules acquises à sa cause. Mais il mésestime la situation et la détermination d'un nouveau venu sur la scène politique, Marc Ravalomanana, maire de Tananarive depuis 2 ans.

Marc Ravalomanana, l'opposant

Ravalomanana est un Merina issu du groupe ethnique majoritaire des Hautes Terres, condition sine qua non pour être élu maire de la capitale. Patron du groupe *Tiko*, il alimente en produits laitiers et en eau minérale l'un des pays les plus pauvres du monde tout en s'étant forgé une image de self-made-man sans tache. L'histoire dit même qu'il a commencé en vendant ses yaourts à bicyclette et en faisant du porte-à-porte !

Son entreprise est effectivement une réussite spectaculaire, même si ses détracteurs la comparent à un Bernard Tapie ou un Berlusconi à la malgache... Son bilan porte surtout sur des travaux de voirie et l'amélioration de la collecte des ordures ménagères suite à la dislocation de l'insalubre Zoma, l'un des plus grands marchés du monde. Son physique de play-boy, sa ferveur religieuse et son sens de la communication ont achevé de le rendre très populaire dans la capitale.

Sur le plan économique, Ravalomanana ne cache pas sa préférence pour les bailleurs de fonds et les partenaires anglo-saxons, au détriment du lien historique avec la France. Rentré dans la campagne tambour battant, « Marc », comme l'appellent ses partisans, ne lésine pas plus sur les moyens que son adversaire Ratsiraka. Le premier mot de son slogan « *Tiako i Madagasikara* » (« J'aime Madagascar ») rappelle même le nom de la marque qu'il a créée... Surtout, Marc, qui est vice-président de l'Église réformée d'obédience protestante, a réussi à s'allier la majorité des Églises chrétiennes du pays, une force très importante qui lui sera très utile par la suite.

L'élection contestée

Le premier tour de l'élection a lieu le 16 décembre 2001. Après plusieurs semaines de dépouillement, Marc Ravalomanana arrive en tête avec 46,21 % des voix, suivi du président sortant, crédité de 40,89 %. Signe d'une alternance possible ? Ravalomanana dénonce des fraudes électorales massives et fait appel au soutien populaire. Chaque jour, des centaines de milliers de supporters s'installent place du 13-Mai, devenue le lieu symbolique de la résistance au président sortant.

Ratsiraka annonce un second tour pour... le 24 février 2002. Mais devant le refus de la Haute Cour constitutionnelle de procéder à la confrontation des procès-verbaux, Ravalomanana, encadré par certains magistrats et le clergé local, s'auto-proclame président de la République malgache le 22 février. C'est la liesse dans la capitale. Ratsiraka répond en décrétant l'état de « nécessité nationale ». Face au légalisme de Ratsiraka, Ravalomanana, soutenu par les Églises, joue la carte de l'émotion populaire devant les foules en citant abondamment la Bible. Avis de grève générale, vols internationaux cloués au sol, incidents mortels, Ratsiraka décrète la loi martiale et nomme un gouverneur militaire en charge des affaires de la capitale, privant ainsi Ravalomanana de son mandat légal. Qu'à cela ne tienne, chaque soir la foule raccompagne son héros à son domicile sur les hauteurs de Tana.
Cette guerre de pouvoir se double bel et bien d'une composante ethnique. Ratsiraka est d'origine betsimisaraka, l'ethnie majoritaire de la province de Tamatave. S'il a toujours su s'adjoindre habilement le soutien de l'élite merina pour se maintenir au pouvoir, il nourrit néanmoins une méfiance tenace à leur encontre, affirmant que « Madagascar n'est pas la propriété d'Antananarivo ». La plupart des peuples côtiers sont, comme lui, suspicieux du centralisme tananarivien (comprenez merina), qui réveille les blessures des conquêtes royales du XIXe siècle. De l'antagonisme latent à l'affrontement ouvert, la voie semble toute tracée...

Le dénouement

Les routes de Fianarantsoa, de Majunga et de Tamatave, premier port de l'île d'où sont acheminées toutes les denrées, sont bloquées. À Nosy Be comme à Tamatave, des affiches anti-Merinas sont placardées, et des affrontements entre partisans causent la mort de quelques dizaines de personnes.
Dédaignant la loi martiale et l'état d'urgence, Marc Ravalomanana nomme un Premier ministre, Jacques Sylla, un modéré reconnu par l'ensemble de la classe politique.
Sentant la situation lui échapper, Ratsiraka se réfugie à Tamatave, son fief. Quant à son ancien Premier ministre, Tantely Adrianarivo, paniqué, il s'enfuit déguisé, dit-on, à travers les rizières...
Toutes les tentatives de médiation échouent. La France continue à prôner le recomptage des voix, favorisant l'émergence d'un sentiment anti-français. Les États-Unis, eux, se contenteraient d'un référendum validant la légitimité populaire de Ravalomanana. Finalement, à la suite des Américains, la France reconnaît en juillet le nouveau président, qui prend la tête d'un pays plongé une fois encore dans la crise économique, après ces 6 mois de paralysie.

L'ère Ravalomanana

En 2004, le pays connaît une forte dépréciation de sa monnaie, qui provoque une inflation impressionnante. Le franc malgache est abandonné pour l'ariary. Une bonne partie de la dette du pays est effacée par les institutions internationales, confiantes dans les réformes « libérales » du président Ravalomanana. Pour les Malgaches, cependant, rien ne change : le prix des matières premières essentielles comme l'essence ou le riz est insupportablement élevé. Enseignants et magistrats se mettent en grève et les doutes commencent à saisir peuple comme partisans.
Mais malgré l'appauvrissement général du pays, la rue ne semble plus encline à s'embraser. L'opposition politique est trop divisée et inconsistante pour espérer prendre les rênes du pouvoir. Le président, candidat à sa réélection en décembre 2006, prépare le renouvellement de son mandat en sapant au mieux toute possibilité d'organisation adverse : condamnation d'opposants, aide pécuniaire, expulsion de contestataires étrangers, blocage des aéroports, détournement d'avion...

Marc Ravalomanana remporte donc sans surprise la présidentielle dès le premier tour avec près de 55 % des voix, là où ses trois principaux opposants végètent chacun autour de 10 %. Conforté par un nouveau mandat de 5 ans, il organise un référendum qui lui permet de réformer la constitution : le président a dorénavant la possibilité de se représenter encore deux fois à la présidence. Les six provinces administratives sont remplacées par 22 régions et l'utilisation de l'anglais est imposée aux côtés du malgache et du français. L'opposition craint une dérive autocratique, mais le FMI, la Banque mondiale et les investisseurs sont rassurés.

L'ascension d'Andry Rajoelina

Le second mandat de Marc Ravalomanana n'est pas un long fleuve tranquille... Les oppositions s'affirment et les tensions croissent. L'Église catholique s'inquiète de voir les protestants du FJKM prendre trop d'importance. Et sous l'apparence de rapports cordiaux, l'Europe (avec la France en figure de proue) menace en coulisse de supprimer l'aide internationale. Toutefois, le président Ravalomanana tient bon et met en place un nouveau plan d'action sur 5 ans qui doit encourager les Américains à investir dans le pays...

Il dissout le Parlement en juillet 2007. Les élections législatives anticipées, en septembre, marquent la victoire toute relative de son parti TIM (abstention de 70 %). Le peuple malgache semble une fois encore attendre et se résigner. Fin 2008, dans un contexte de misère chronique et d'abus constants de la classe dirigeante, le président cède 1,3 million d'ha de terres à la société coréenne Daewoo pour cultiver des denrées pour l'export. Le peuple se sent trahi et l'affaire devient le détonateur d'une insurrection nationale.

Ce « coup d'État » est mené par Andry Rajoelina, un ancien DJ de 34 ans, devenu patron de la chaîne de télé Viva TV et maire d'Antananarivo en 2007. On le surnomme Andry TGV, du nom du mouvement qu'il a créé : Tanero Gasy Vonona, soit « le jeune Malgache en mouvement ». Fin février et début mars 2009, des manifestations anti-Ravalomanana font plusieurs morts dans le pays. Après plusieurs mois de manifestations et de pillages partout sur l'île, le président Ravalomanana démissionne. Il donne les pleins pouvoirs à l'armée, qui les transmet au dirigeant du TGV. La Haute Cour constitutionnelle de Madagascar le nomme président de la Haute Autorité de Transition pour une durée de 2 ans.

De l'échec de Rajoelina à celui de Rajaonarimampianina

Des accords sont signés en août 2009, sous l'égide des instances internationales, entre les trois anciens présidents et « TGV » Rajoelina, histoire de calmer les ardeurs des uns et des autres.

Le scrutin présidentiel, d'abord annoncé pour 2011, n'est finalement organisé que fin 2013, au terme d'une incroyable saga politico-judiciaire qui, sous la pression internationale, voit écarter de la candidature le putschiste Rajoelina, l'épouse de Marc Ravalomanana (alors en exil, il reviendra en catimini en 2014) et l'ancien président Ratsiraka... Un sacré panier de crabes. C'est finalement Hery Rajaonarimampianina, ex-ministre des Finances de Rajoelina, qui est élu en janvier 2014 à la suite d'un scrutin sans trop de heurts.

À peine intronisé, il prend ses distances avec le parti Mapar de son ex-mentor et tend la main au

> **NOM À RALLONGE**
>
> *Aussitôt élu en 2013, le nom d'Hery Martial Rakotoarimanana Rajaonarimampianina a attiré les commentaires avec ses 44 lettres. Premier résultat au palmarès du président malgache : le journal britannique* The Guardian *le place premier au classement mondial des chefs d'État pour la longueur de son patronyme !*

parti de l'ancien président Ravalomanana. Très vite décriée pour son incompétence et sa gestion désastreuse (en particulier de l'approvisionnement en électricité), l'équipe au pouvoir démissionne en janvier 2015. Quatre mois plus tard, les parlementaires votent la destitution du président ! Destitution invalidée par la Haute cour constitutionnelle en juin. D'autres Premiers ministres passent aux commandes, mais la désillusion vis-à-vis du pouvoir est abyssale.

On prend les mêmes...

Les protagonistes qui s'arrachent le pouvoir depuis 20 ans sont de nouveau sous les projecteurs pour les élections présidentielles de 2018 prévues entre le 25 novembre et le 25 décembre 2018. Ou avant... ou après. Une fois encore la date fait débat. Certains souhaitent l'avancer pour éviter que le second tour ne tombe pendant la saison des pluies (contrainte posée par le Code électoral), d'autres trouveraient judicieux de la repousser tant le contexte est trouble et la corruption toujours plus confortablement établie. En 2017, l'ONU tire d'ailleurs la sonnette d'alarme et demande aux autorités d'agir notamment en matière de droits humains. Mais l'omniprésence de ces mêmes acteurs politiques connus pour leur passé houleux et leurs desseins douteux offre très peu d'espoirs de progrès aux Malgaches. Dans ce contexte de crise quasi permanente installé depuis des décennies, peut-on vraiment leur en vouloir de ne plus croire au renouveau ?

LÉMURIENS

Petite histoire de la Lémurie

On appelle parfois Madagascar « la Lémurie », c'est dire l'importance ici de ces drôles d'animaux. Mais qui sont-ils ? Ce sont des prosimiens, c'est-à-dire un sous-ordre des primates, plus primitifs que les singes qui, eux, appartiennent à un autre sous-ordre des primates, les simiens. Est-ce clair ?

Mais pourquoi 90 % des lémuriens existant dans le monde vivent-ils à Madagascar, les 10 % restant se partageant entre les Comores, l'Afrique, le Sri Lanka et l'Inde ? Les lémuriens font leur apparition près de 100 millions d'années après que Madagascar se fut séparée du continent africain. Deux théories s'affrontent : soit les lémuriens ont traversé le canal du Mozambique sur des

DES MÉGALÉMURIENS

Figurez-vous qu'il a existé des espèces de lémuriens géants : on en a retrouvé des squelettes très impressionnants... de la taille d'un veau (200 kg) ! Ils furent sans doute chassés par l'homme il y a 2 000 ans, et seules les plus petites espèces de ces lémuriens dits subfossiles ont survécu.

« radeaux » de végétation, soit il existait une langue de terre, un isthme entre Madagascar et la côte africaine, qui fut engloutie. De fait, les lémuriens largement développés en Amérique, en Europe et en Afrique se sont éteints, remplacés par les singes sur le continent africain. Mais leurs cousins malgaches se développèrent en très grand nombre en raison de l'absence de grands prédateurs et de singes sur la Grande Île. Voilà pourquoi leur endémisme est fondamentalement lié à Madagascar.

Familles et habitudes

Le plus simple est de séparer les lémuriens en deux groupes : les *diurnes* et les *nocturnes,* à quelques exceptions près. Les diurnes sont composés des lémurs proprement dits, appelés *maki* en malgache, et du groupe des *propithèques* et *indris*, issus d'une même famille génétique. Quant aux nocturnes, ils se composent de *chirogales*, d'*hapalemurs* et de *lepilemurs* ; le *aye-aye* formant un genre encore à part.

Arboricoles, c'est-à-dire vivant dans les arbres, ils sont omnivores mais le plus souvent végétariens. Ils se nourrissent de feuilles, de fleurs, d'écorce ou de fruits, parfois d'insectes et de larves, et vivent en solitaire ou en petites bandes (ces dernières étant toujours menées par une femelle). Leurs cris sont caractéristiques, allant du cri d'alerte au cri d'amour, certains (les indri-indris) possédant la palme du cri le plus impressionnant. Enfin, leur répartition particulière sur le territoire dépend des conditions de vie et du climat.

> **WANTED**
>
> *Aujourd'hui, sur les 105 espèces de lémuriens recensées à Madagascar, 93 sont menacées d'extinction. Leur pire ennemi ? La pauvreté, qui conduit à l'exploitation intensive des forêts – l'habitat des lémuriens – et au braconnage. Résultat : il n'y aura plus de lémuriens sur l'île dans seulement 20 à 25 ans. La fin programmée du symbole national qui, ironiquement, figure sur les billets de banque...*

Lémuriens diurnes

Les lémurs

Les *lémurs* (ou *makis*) sont parmi les plus connus et parfois les plus beaux. Ils vivent en groupe de 2 à 20 membres et sont essentiellement végétariens. Leurs petits naissent au début de la saison des pluies.

– *Le lémur catta* : il fait figure de star, avec sa queue annelée noir et blanc et sa propension à se dorer au soleil en position assise. Il se déplace en bande, principalement dans le sud de l'île et les forêts de l'ouest. Vous en verrez notamment dans le parc national de l'Isalo ou dans la réserve privée de Berenty, près de Fort-Dauphin.

– *Le lémur macaco* : le mâle est noir, la femelle rousse, et tous deux ont une bouille bien sympathique avec leurs espèces de touffes qui semblent leur sortir des oreilles. D'ailleurs, ils sont très joueurs, en particulier sur la petite île de Nosy Komba, près de Nosy Be, où ils sont pratiquement apprivoisés.

– *Le lémur fauve* : ou *Eulemur fulvus*. Très répandu (parc national de l'Isalo, presqu'île de Masoala, massif de l'Ankàrana...). Son pelage passe du brun au gris un peu roux. On compte cinq sous-espèces, dont les plus communes ont la tête noire (*fulvus*) ou le front roux (*fulvus rufus*), les autres se distinguant par leur front blanc (*albifrons*), une couronne blanche (*sanford*), une barbe blanche (pour le mâle *albocollaris*) ou un collier orangé à la place de la barbe (*collaris*).

– *Le lémur couronné* : ou *Eulemur coronatus*. Le mâle possède un pelage gris, les joues et le front roux, alors que la femelle est plus claire avec une bande rousse sur le front, d'où le nom de l'espèce. À voir dans le massif de l'Ankàrana notamment.

– *Le lémur à ventre roux* : ou *Eulemur rubriventer*. Comme son nom l'indique, le mâle a le ventre roux et possède aussi une queue noire et une tache blanche sur le coin interne de l'œil. La femelle a le ventre blanchâtre.

– *Le lémur mongoz* : c'est l'exception qui confirme la règle, puisqu'il est nocturne. Personne n'est parfait ! À lire plus loin, donc.

Les varis

Nom de code scientifique : *Varecia*. C'est l'un des plus grands lémuriens puisque de son museau, qu'il a très allongé, au bout de sa queue, on peut compter 1,20 m. D'apparence assez lourde, il peut néanmoins faire des sauts d'une grande agilité et prendre des positions surprenantes : pendu par les pieds, à plat sur le dos ou la

tête entre les jambes ! Autre signe très particulier : il pousse un cri surpuissant en cas de danger et entraîne tous ses congénères dans un concert assez terrifiant, en tout cas pour les éventuels importuns... Les naissances ont toujours lieu au printemps austral (octobre-novembre).
– **Le vari variegata :** c'est le plus courant. On le trouve dans les forêts de la côte est (parc de Ranomafana, Andasibe, Nosy Mangabe...). Difficile de ne pas le reconnaître. Sa taille, son pelage noir et blanc, ses positions rigolotes et son cri d'alerte impressionnent et laissent forcément un (très) bon souvenir.
– **Le vari roux :** ou *Varecia rubra*. À la différence de son cousin, il a le dos et les membres... roux (oui, bravo !), la queue et les pattes noires. On le trouve essentiellement dans la forêt humide et dense de la presqu'île de Masoala.

Les propithèques et les indris

Ce sont les plus grands des lémuriens, dont deux sont de véritables stars de la faune malgache : le *sifaka* et l'*indri*. Cette famille se subdivise en fait en trois groupes : les *propithèques*, les *indris* et les *avahis*. Manque de bol, ce dernier est nocturne et ne figure donc pas dans cette rubrique mais dans la suivante.
– **Le sifaka :** ou *Propithecus verreauxi*. Notre préféré et notre chouchou avec le *catta*, le vari et l'indri. Grand, blanc et taché de roux ou de noir, au pelage épais mais ras, il a tout d'un animal polaire. On dirait même qu'il est emmitouflé dans un manteau blanc et une capuche... Quelle élégance ! Lorsqu'il daigne descendre de son arbre pour traverser un passage découvert, monsieur (ou madame) marche et sautille en même temps, ce qui lui donne une attitude très chorégraphique, à la limite de la téléportation, qui lui vaut le surnom de « lémurien danseur ». Les cinq sous-espèces (*coquereli, verreauxi verreauxi, coronatus, majori* et *deckeni*), se différencient entre elles par des nuances de couleur ou de territoire. Tous sont magnifiques. On les observe notamment dans le massif de l'Isalo, dans la réserve privée de Berenty (près de Fort-Dauphin), lors de la descente de la Tsiribinha, dans la forêt de Kirindy (près de Morondava), dans l'Ankarafantsika (région de Majunga) ou au Lemur's Park dans les environs de Tananarive (mais, bien qu'en liberté, ils n'y sont plus vraiment sauvages).
– **Le propithèque à diadème :** ou *Propithecus diadema*. Surtout dans l'est et dans les réserves denses d'Analamera (au sud de Diego) et de Masoala. Il se divise en cinq sous-espèces, dont le très beau au pelage brun, roux, jaune orangé avec le ventre blanc, bref presque de toutes les couleurs. Également le *perrieri* (tout noir) et le *candidus* (tout blanc).
– **L'indri :** c'est le plus grand des lémuriens que l'on observe surtout dans les parcs nationaux d'Andasibe. On lui a même consacré la réserve spéciale Indri-Indri (ex-Périnet), à l'est de Tananarive. Non content d'être le plus grand (jusqu'à 70 cm, voire 1 m, pour 7 à 10 kg), ce lémurien se singularise par sa queue en moignon de 3 cm, son pelage passant du noir au blanc ou au marron, une tête toute noire et des oreilles d'ourson. Et puis il y a son cri, semblable à une longue plainte humaine, audible à 3 km à la ronde, il a hérité du surnom de « chien des forêts » et se voit respecté en raison de nombreuses légendes. Humain, trop humain ? Si son nom de code scientifique est *indri-indri,* son nom malgache est *babakoto* en raison d'une légende qui a scellé le sort de l'indri et sans doute assuré sa descendance. Depuis que court cette tradition orale, il est fort heureusement *fady* (interdit) de tuer ou de manger les indris.

Lémuriens nocturnes

Les lémuriens nocturnes sont totalement nyctalopes (autrement dit ils y voient juste la nuit !). Pensez à emporter une lampe frontale pour les détecter (on n'est pas aussi bien équipés, nous humains !) : on aperçoit leurs yeux globuleux et luminescents la nuit. Paradoxalement, certains se laissent mieux voir de jour, quand ils pointent leur museau hors du trou.

Les chirogales

Drôle de nom pour désigner les plus petits des lémuriens. Essentiellement nocturnes, forestiers et solitaires, ils se cachent le jour dans les trous des arbres ou dans des nids. Ils se divisent en plusieurs familles.

– **Les microcèbes :** ou *Microcebus*. Le *microcèbe roux* (*Microcebus rufus*) est le plus connu. À voir à Nosy Mangabe, dans le massif de l'Ankàrana ou dans l'Ankarafantsika près de Majunga. Il mesure 12 cm sans la queue ; à peine plus grand qu'une souris. Ses confrères sont le *microcèbe gris* (*Microcebus murinus*), le *Microcebus ravelobensis*, récemment découvert par un chercheur allemand dans la réserve de l'Ankarafantsika, et le *mirza* (ou *Microcebus coquereli*), mais ce dernier est très difficile à voir. Ajoutons à la liste trois espèces découvertes encore plus récemment : microcebus *ganzhorni*, *manitatra* et *boraha* (cette dernière est endémique de l'île de Sainte-Marie).

– **Le Cheirogaleus :** deux sous-espèces, le « petit » et le « grand ». Très discrets, ils partagent, avec les microcèbes, la particularité de se gaver de nourriture pendant la saison des pluies et de vivre sur leurs acquis (une bonne couche de graisse !) en hibernant pendant la saison sèche. Ne pas déranger, donc. Visibles dans la forêt de Kirindy (région de Morondava).

UNE ESPÈCE FURTIVE

Le lémurien nain de Lavasoa a été découvert dans les années 2000 dans les montagnes Lavasoa. Ne mesurant guère plus de 55 cm, il hiberne et vit dans la canopée. Très discret, il n'est pas facile à observer ! D'autant qu'il n'en resterait qu'une cinquantaine. À peine découvert et déjà quasi disparu...

– **Le phaner à fourche :** ou *Phaner furcifer*. De petite taille, reconnaissable à ses grandes oreilles et à sa bande noire sur le dos qui se divise en fourche au sommet du crâne en lui retombant sur les yeux. Son cri est très aigu. On en trouve dans le massif de l'Ankàrana et dans la forêt de Kirindy.

– **L'allocèbe :** ou *Allocebus* (non, ce n'est pas le numéro pour avoir les horaires des bus). Tout petit également, on ne le trouverait que dans le nord-est du pays, alors autant chercher une aiguille dans une botte de foin...

Les hapalémurs

Ils sont nocturnes mais aussi crépusculaires. Ce sont les plus doux des lémuriens, sauf lorsqu'une maman est en danger. Alors là, gare au perturbateur. Ils sont plutôt petits, ont la tête et les oreilles bien arrondies et le pelage brun tirant vers le gris, voire le verdâtre... On en dénombre trois espèces.

– **L'hapalémur gris :** ou *griseus*. Le plus répandu. Signe distinctif : particulièrement attiré par les jeunes pousses de bambou, les fruits du palmier ou l'arbre du voyageur, le *ravinala*. Territoire de prédilection : la région du lac Alaotra, à l'est de la capitale.

– **L'hapalémur doré :** une sous-espèce découverte en 1986 dans les environs du parc de Ranomafana, ça s'arrose (d'ailleurs, il pleut souvent dans ce coin-là...). Il est très joli avec ses tons brun orangé, mais assez difficile à voir.

– **L'hapalémur à nez large :** ou *Hapalemur sinus*. Le nez large, mais sans doute pas le plus fin ni le plus creux, car le bébé *sinus* est tellement discret qu'il se cache de longues heures dès qu'il se sent menacé et ne sort que si sa mère l'appelle. Résultat : on se demande s'il n'aurait pas déjà disparu.

Les lépilémurs

Ils se déclinent en sept espèces. Assez courants dans les parcs et réserves de l'île (dans l'Ankàrana ou dans l'Ankarafantsika près de Majunga...), et faciles à voir en journée malgré leurs horaires de veilleurs de nuit. De petite taille, ils se ressemblent tous et se nichent dans les trous d'arbres ou dans les feuillages. Particularité amusante : leur rayon d'action s'étend entre 50 et 250 m toute leur vie, alors qu'ils peuvent faire facilement des bonds de 5 m ! Leurs noms scientifiques sont barbants (comme tous les noms scientifiques), mais ces petites bestioles toujours effarées d'apercevoir des visiteurs méritent bien qu'on les énumère : *leucopus* (gris-beige), *edwardsi* (pareil mais plus roux et plus clair), *ruficaudatus* (queue rousse), *dorsalis* (à dos gris), *septentrionalis* (plus gris et plus petit), *mustelinus* (plus grand et plus brun) et *microdon.*

Agents doubles

– **L'avahi :** issu de la famille des propithèques et des indris, si vous avez lu toute la rubrique. Mais nocturne. Une seule espèce, l'*avahi laineux* (ou *laniger*), déclinée en deux sous-espèces : l'*avahi occidental,* petit, au pelage gris-roux et aux sourcils blancs, que l'on trouve notamment dans l'Ankarafantsika (région de Majunga) ; et l'*avahi oriental,* d'un roux plus foncé et actif dans la forêt... orientale, bien sûr (réserve spéciale Indri-Indri, entre autres).
– **Le lémur mongoz :** de la famille des lémurs, mais nocturne lui aussi. Plus petit et plus rare que les autres lémurs, le mâle a la tête en partie rousse à cause de la femelle qui affiche sa tête des mauvais jours (grise)... mais qui sauve la face avec de belles bajoues blanches. À voir dans l'Ankarafantsika (région de Majunga).

Le aye-aye

De la famille des *lémuriens daubentonias,* dont il est le dernier représentant. Normal pour un solitaire à qui l'on a accolé l'appellation *Madagascariensis,* comme pour mieux l'isoler. Le aye-aye, popularisé par Gerald Durrell dans son livre « Le aye-aye et moi », a toujours eu un destin difficile. Les habitants le craignent, le redoutent ou le tuent parfois lorsqu'ils l'aperçoivent. Aïe, aïe, aïe, le aye-aye ? Pour tenter de le sauver, il a été réintroduit dans l'île de Nosy Mangabe, dans la baie d'Antongil. Il vous faudra aller jusque-là pour essayer de l'apercevoir, ou dans la région de Mananara, un peu plus au sud, ou encore dans le coin du lac Alaotra. En espérant qu'il ne disparaîtra pas. Ce serait dommage, car il ouvre les noix de coco comme personne !

> ### LE E.T. DE MADA
>
> *L'étrange aye-aye fut d'abord classé parmi les rongeurs et décrit comme suit : « les dents du lapin, les oreilles de la chauve-souris, les soies du sanglier, les mains du singe et la queue du renard » ! Avant d'être enfin reconnu comme le mammifère le plus rare et le plus menacé de la planète. Mais avec ses yeux globuleux, ses deux types de fourrure et surtout son troisième doigt grêle qu'il a très long, pointé dans les trous des branches mortes pour en extirper les larves, il est vrai qu'il a tout d'un E.T. du monde animal.*

MÉDIAS

Votre TV en français : TV5MONDE, la première chaîne culturelle francophone mondiale

Avec ses 11 chaînes et ses 14 langues de sous-titrage TV5MONDE s'adresse à 320 millions de foyers dans plus de 190 pays du monde par câble, satellite et sur IPTV. Vous y retrouverez de l'information, du cinéma, du divertissement, du sport, des documentaires...

Grâce aux services pratiques de son site voyage ● *voyage.tv5monde.com* ●, vous pouvez préparer votre séjour et une fois sur place rester connecté avec les applications et le site ● *tv5monde.com* ● Demandez à votre hôtel le canal de diffusion de TV5MONDE et contactez ● *tv5monde.com/contact* ● pour toutes remarques.

Télévision

Dans la capitale, une dizaine de chaînes de télévision privées diffusent des programmes ; certaines émettent aussi dans plusieurs villes ou régions du pays où s'ajoutent quelques chaînes locales. Toutes n'ont pas la vie facile : outre les difficultés économiques omniprésentes, mieux vaut ne pas trop s'opposer à la ligne gouvernementale : Viva Madagascar, propriété de l'ex-« président » Andry Rajoelina, en a parfois fait les frais en étant coupée momentanément.
La télévision nationale, *TVM (Televiziona Malagasy)*, a un net avantage sur ses concurrentes : c'est la seule dont le faisceau couvre toute l'étendue de l'île. Du coup, elle conserve une bonne audience malgré ses prises de position flagrantes en faveur du pouvoir en place. Beaucoup d'hôtels reçoivent en outre les programmes internationaux grâce à *Canalsat*.

Presse

Les quotidiens sont soit publiés en français *(Les Nouvelles, Madagascar Matin)*, soit en malgache *(Gazetiko, Taratra, Tia Tanindrazana)*, soit bilingues *(L'Express de Madagascar, Midi Madagasikara, La Vérité, Madagascar Laza, La Gazette de la Grande Île, La Nation...)*. La plupart disposent de leur propre site internet, ce qui permet de prendre la température avant de venir. Quelques autres publications hebdomadaires ou mensuelles viennent compléter le paysage médiatique local. La presse écrite malgache a toujours des difficultés d'ordre financier. La majorité des journaux sont détenus par de grands groupes ou des familles influentes et subissent donc les pressions de leurs propriétaires.

Radio

Plus d'une centaine de radios privées arrosent quasiment toutes les régions du pays. C'est le média qui a la plus large diffusion. La plupart de ces stations privées appartiennent à des groupes religieux. D'autres, souvent illégales, fleurissent un peu partout en province. Radio France Internationale (RFI) est captée en FM à Antananarivo et dans les principales villes.

Liberté de la presse

La presse est en principe libre à Madagascar depuis la suppression de la censure en 1989. Mais, s'il existe de nombreux médias sur l'île, ceux-ci ne sont pas à l'abri des influences politiques ou économiques de leurs propriétaires sur leur contenu éditorial. Il n'est pas rare non plus qu'un journaliste soit confronté aux autorités, qu'elles soient locales ou nationales, et soumis à de fortes pressions ou menaces. La période de la transition (2009-2013) a ainsi été émaillée d'intimidations et d'arrestations de journalistes.
L'élection du président Hery Rajaonarimampianina en 2013 a suscité des espoirs d'amélioration pour la liberté de la presse. Malheureusement plusieurs déclarations à l'encontre des médias ont rapidement contredit ces attentes. Six mois après son élection, le président prévenait les journalistes de « prendre garde » et posait les « limites » de la liberté de la presse. Dans le même mois, son Premier ministre leur demandait de cesser les « questions dérangeantes » au président.
En août 2016, la promulgation d'un nouveau Code de la communication a suscité de vives réactions de la part du monde médiatique qui dénonçait une possible criminalisation de la profession. En effet, s'il annule en théorie les peines de prison

pour les délits de presse, le texte prévoit de lourdes amendes pour des infractions définies en termes imprécis comme l'outrage ou la divulgation de « fausses nouvelles », supprimant de facto le droit à l'erreur des journalistes.

Enfin, en avril 2017, le retour à la tête de l'ancien ministre de la Communication de la transition, Harry Laurent Rahajason, dit « Rolly », un artisan de l'élection du président actuel qui s'était illustré par sa répression des médias, a suscité des inquiétudes qui n'ont pas tardé à se vérifier. Le 3 mai, à l'occasion de la journée mondiale de la liberté de la presse, le ministre a déclaré que, grâce au nouveau Code de la Communication, aucun journaliste ne sera plus jeté en prison. Une annonce rapidement démentie par les faits. Sept jours plus tard, le journaliste Fernand Cello de *Radio Jupiter* à Ilaka était emprisonné, sans jugement, pour « diffamation publique », « dénonciation abusive », « propagation de fausses nouvelles », « appel à la haine » et « atteinte à la sûreté intérieure de l'État » pour avoir dénoncé les malversations d'une entreprise minière. Une entreprise par ailleurs condamnée depuis par la justice...

Pour plus d'informations sur la liberté de la presse à Madagascar, contactez Reporters sans frontières : ☎ *01-44-83-84-84.* ● *rsf.org* ●

MUSIQUE ET DANSE

À travers les musiques malgaches et les danses qui leur sont liées, on retrouve l'identité culturelle des émigrés asiatiques et africains à l'origine du peuplement. Sur ses racines, la culture malgache a élaboré sa spécificité artistique, constamment régénérée d'emprunts aux cultures de conquête ou de passage. L'influence européenne est ainsi évidente. Pourtant, loin d'imiter, la musique malgache intègre, digère ces apports.

Chaque ethnie a sa musique. Le vocal (a cappella) et les battements de mains sont essentiels. C'est un pays qui chante, danse et s'amuse en toutes circonstances, de la naissance à la mort : le baptême ou la communion, qui sont des apports étrangers, la circoncision, de tradition ancestrale, le mariage et, plus que l'enterrement, le « retournement des morts », qui donne lieu à un déferlement de rythmes, de chants et de danses. C'est aussi par la musique et la danse, les psalmodies et litanies rythmées, que l'on entre en relation avec les esprits des ancêtres par le *tromba* ou rite de la possession.

Sur les côtes

Au nord, au sud, sur les côtes en général, les airs sont trépidants et lancinants. Sur une même base ternaire, plusieurs rythmes ont vu le jour, parfois assez élaborés, toujours très rapides. Parmi les plus fameux, le **salegy** du Nord et le **tsapika** du Sud, dérivés de musiques traditionnelles en usage dans les différentes cérémonies d'antan. Musiques diaboliques s'il en est, toujours faites pour la danse, souvent associées à l'alcool et au chanvre qui, bien plus que la techno, mènent à la transe ! Des danses libératoires qui ne possèdent que quelques mouvements et pas de base imposés. Très physiques, débridées, voire franchement délurées, elles engagent le corps en entier et sont d'un érotisme torride et sans équivoque ! Voyez les « claudettes » des grands noms du show-biz : Jaojoby pour le *salegy* et Tirike pour le *tsapika*. Le *vazaha* le plus branché côté « dance » aura du mal à suivre !

Dans les Hautes Terres

De l'Imerina au Betsileo, à l'opposé de ces rythmes « sauvages », l'expression musicale est solitaire, intimiste, tout en douceur, et les sentiments, que l'on sait pourtant tout aussi ardents, s'affichent de manière platonique. Les rythmes y sont alors plus lents, plus sensuels, souvent accompagnés de gestes d'automates pour appuyer une phrase... Un groupe a fait naître, lors de la révolution culturelle de mai 1972, un vrai style de chansons populaires à texte, proches de la country et du blues. Il s'agit du groupe betsileo Mahaleo, vénéré depuis plusieurs dizaines d'années, dont le leader Dama a d'ailleurs été élu député. Un film a même été tiré de leur histoire. Plus modernes, plus engagés, Érick Manana et surtout Samoëla perpétuent une tradition de troubadours contestataires. À Tananarive, les missions religieuses ont également bien ancré chœurs et chansons évangéliques, avec une ferveur soutenue pour ceux et celles des temples protestants.

L'hira gasy

On ne peut survoler les traditions musicales du pays sans parler des troupes ambulantes d'*hira gasy* (« chanson malgache »), spécialité de l'Imerina. L'*hira gasy* est un spectacle complet de chants, danses, théâtre, discours (le *kabary*), dans des joutes opposant deux troupes. Très populaires, ces « opérettes rurales » sont apparues il y a longtemps dans les campagnes avant d'accéder à la cour des rois au XVIIIe s et de devenir un art national. Les *tropy* d'hommes et de femmes portent aujourd'hui des costumes à dominante rouge vif, qui rappellent les uniformes des soldats de l'Empire. Accompagnées par des instruments modernes européens, trompette, clarinette, violon et tambour, les acteurs hurlent plus qu'ils ne chantent la sagesse populaire sur des textes inspirés des légendes, de la vie de tous les jours ou des sentiments amoureux. C'est un incontestable vecteur d'éducation utilisé, par exemple, dans la lutte contre le sida. Des représentations d'*hira gasy* sont souvent programmées. Se renseigner à la maison du tourisme de la capitale ou dans les mairies.

LE ROI DU JAZZ

On ne saurait parler de la musique malgache sans évoquer une contribution méconnue à l'histoire du jazz. Andy Razaf (1895-1973), petit-neveu de la reine Ranavalona III de Madagascar, fut l'un des compositeurs-arrangeurs attitré de Duke Ellington ou de Fats Waller. Honeysuckle Rose, Indiana, Ain't Misbehavin', In the mood... c'est lui !

Les instruments

Au registre des instruments de musique, il faut avant tout mentionner la **valiha**, cithare sur bambou tubulaire originaire d'Indonésie. De toute taille, avec cordes d'acier (câble de frein de vélo !) ou de fibres de bambou étirées, elle est répandue dans toute l'île et participe depuis longtemps à l'animation des cérémonies. Le virtuose le plus connu de cet instrument s'appelle Justin Vali. On trouve facilement ses albums dans le commerce. La petite guitare **kabosy,** quant à elle, connaît un regain de faveur et est de plus en plus valorisée par les nouveaux artistes malgaches pour ses sonorités acidulées. Enfin, l'**accordéon,** arrivé avec les Occidentaux, fait désormais partie du panel instrumental malgache traditionnel. Quand ses sifflets sont modifiés pour mieux coller aux sonorités locales, il prend le nom de **gorodo.**

ONG ET AIDE AU DÉVELOPPEMENT

Avec l'appauvrissement du pays, les organismes d'aide internationaux ou non-gouvernementaux ont progressivement occupé une place toujours plus importante au sein de la société, ne serait-ce qu'en termes économiques et d'emplois. Ils sont très nombreux à Madagascar (plusieurs centaines !), et font du pays l'un des plus aidés au monde.
Pour visiter les ONG, il vaut toujours mieux téléphoner au préalable et, même, prendre contact avec le siège avant d'arriver sur place.

ONG ET AIDE AU DÉVELOPPEMENT | 423

■ *Akamasoa :* ● *assoc.ppedro.opeka@orange.fr* ● *perepedro.com* ● Situés en dehors de la capitale (banlieue Est, RN 2, PK 7) vers Tamatave, les principaux villages de l'association peuvent se visiter. Ici, le village d'Akamasoa accueille les pauvres d'entre les pauvres. Les familles y sont prises en charge selon un contrat très ferme qui engage leur responsabilité. Le travail et la scolarisation des enfants sont notamment obligatoires. Ces familles reprennent alors leur place au sein de villages où la solidarité traditionnelle est reconstruite peu à peu. Difficile de résumer en quelques lignes le travail colossal qui a été effectué depuis la création de l'association en 1989. « Aujourd'hui, précise le père Pedro, avec mes 480 collaborateurs malgaches, on fait tourner une quasi-ville de 20 000 âmes, avec 5 écoles, 4 collèges, 2 lycées, 6 centres de soins, 5 maternités et 3 cimetières. » L'éclairage public a été installé par Électriciens sans frontières (ESF), une ONG française. Malgré les plus de 3 000 emplois déjà créés, Akamasoa est encore très loin de l'autofinancement et a toujours besoin de dons. Le mieux est d'aller se rendre compte par soi-même que l'aide, ça peut marcher ! Vente d'artisanat malgache sur place. On vous recommande en particulier de vous y rendre le dimanche matin pour assister à la messe de 8h30. Là, rassemblés dans un gymnase couvert aménagé, des centaines d'enfants assis par terre chantent à tue-tête. Une messe très joyeuse donc, agrémentée de chants et de danses, et rythmée par le battement des mains de plus de 7 000 participants ! Impression extraordinaire de solidarité et de générosité. Voir aussi la rubrique « Livres de route » dans « Madagascar utile ».

■ *AINA :* ● *aina.infos@gmail.com* ● *ainaenfance.org* ● AINA signifie « la vie » en malgache. « Fournisseur d'avenir », Aïna Enfance & Avenir intervient depuis 2005 à Madagascar, auprès des enfants abandonnés, des orphelins et des mamans mineures sans ressources. Pour cela, l'association agit au quotidien pour le bien-être de la vie quotidienne, la mise en place de structures adaptées ainsi que la prise en charge de la scolarisation et de la formation professionnelle. Un village AINA a été inauguré en 2015 pour mettre en œuvre le « programme mamans-bébés » destiné aux enfants de 0 à 5 ans et aux jeunes mères de 13 à 20 ans. On peut les aider financièrement sous forme de parrainages mensuels.

■ *CDA :* *dans le quartier d'Andohatapenaka, à Tananarive.* ☎ *22-273-07.* ● *cda@moov.mg* ● *cda-madagascar.org* ● Ce qui caractérise le CDA, c'est un engagement résolu pour l'auto-développement par l'autopromotion de ses membres et bénéficiaires. Le centre est situé au cœur de l'un des quartiers les plus pauvres de la capitale. Son action tourne autour de l'assistance sociale, de la formation professionnelle, de l'appui aux initiatives de la communauté de base et des appuis financiers aux activités présentées par les habitants. Le CDA propose de louer des chambres aux touristes qui le désirent.

■ *Association Écoles du monde :* *à Majunga, derrière la Maison de la culture Mangarivotra.* ☎ *020-62-242-56. Pour vos dons, en France : 156, rue du Château, 75014 Paris.* ☎ *01-43-22-12-16.* ● *bureau@ecolesdumonde.org* ● *ecolesdumonde.org* ● C'est le coup de cœur d'un producteur français de pubs et de films de cinoche, Charles Gassot *(La vie est un long fleuve tranquille, Le bonheur est dans le pré, Un air de famille...)*. Même s'il n'a pas obtenu un franc succès avec son *Michael Kael contre la World Company* tourné entre autres près de Majunga, il s'est totalement investi dans cette région, au travers d'une ONG destinée au développement des villages isolés par l'éducation des enfants (enseignement, eau, santé, développement agricole, etc.). Partant du simple constat que seuls 3 enfants sur 10 sont scolarisés à Madagascar, il a notamment entraîné dans cette aventure des acteurs et des techniciens de cinéma, « parce que les individus, eux, n'hésitent pas à agir dans la mesure de leurs moyens ».

424 | HOMMES, CULTURE, ENVIRONNEMENT

■ **Graines de Bitume :** sur place, 034-39-666-90 ou 91. ● grainesmada@yahoo.fr ● grainesdebitume.org ● Adressez vos dons à Graines de Bitume, 1 bis, rue Parrot, 75012 Paris. Vous pouvez éventuellement visiter l'un de leurs centres à Tana. Sinon, possibilité de déposer des dons en nature (vêtements pour enfants, fournitures scolaires, médicaments...), directement à la Résidence Lapasoa ou à l'hôtel Sakamanga à Tananarive (voir « Où dormir ? »). L'association favorise la réinsertion scolaire ou professionnelle des enfants et des jeunes en situation difficile, vivant dans des conditions rudimentaires. L'association accueille environ 280 enfants répartis sur deux centres de jour et leur apporte un accès aux besoins fondamentaux, une chance de réaliser leur projet de vie et, enfin, un accès à des activités artistiques et culturelles.

■ **Fanamby :** lot IIK, 40 bis, Ankadivato, Antananarivo 101. ☎ 020-22-636-61. ● fanamby@fanamby.org.mg ● association-fanamby.org ● Une association malagasy composée d'une équipe multidisciplinaire, qui relève le défi d'un aménagement concerté des espaces terrestres et marins, en partenariat avec la population locale, misant sur l'initiative privée et les nouvelles technologies, pour la conservation durable de la biodiversité. Sur ses six sites d'intervention (Loky-Manambato, Anjozorobe-Angavo, Menabe-Antimena, Andrafiamena-Andavakoera, Bombetoka-Belomboka et Sainte-Marie, soit sur plus de 600 000 ha d'aires protégées), Fanamby apporte et développe une approche du tourisme durable au bénéfice des communautés locales et en harmonie avec le paysage. Retrouvez-les à Menabe au *Camp Amoureux,* à Daraina au *Camp Tattersalli,* et à Anjozorobe au *Saha Forest Camp.*

■ **ECPAT France Madagascar :** lot VA, 1 bis 1, Ampasanimalo, BP 60139, Antananarivo 101. ☎ 020-222-79-38. ● communicationmada@ecpat-france.org ● ecpat-france.org ● « Ne détournez pas le regard ! Signalez les cas d'exploitation sexuelle des enfants ! » est l'un des messages clés de l'association ECPAT France qui, après avoir repris en 2012 les activités de l'ONG Groupe Développement, mène à Madagascar des actions de lutte contre les différentes formes d'exploitation sexuelle des enfants, notamment dans le tourisme et les voyages. À ce titre, elle met en place des actions de sensibilisation auprès de la population et des touristes, mobilise les pouvoirs publics et le secteur privé, principalement touristique, afin de systématiser la prévention et encourager la répression des abuseurs. Enfin, elle prend en charge des filles et des garçons ayant subi des situations abusives pour les accompagner dans la rupture du cercle d'exploitation et mettre en place des projets de vie soutenables et libres de violences.

■ **Espace Volontariats :** lot 2 M 99 ter, quartier Antsakaviro, Antananarivo 101. ☎ 020-22-219-42 ou 034-02-028-24. ● ev.madagascar@france-volontaires.org ● evfv.org ● Pour ceux qui souhaitent s'engager dans des actions de solidarité sans trop savoir à quelle porte frapper, cette antenne locale de l'association France Volontaires (plate-forme du volontariat français à l'international) est un lieu tout indiqué. Son équipe veille à la rencontre des besoins des structures malgaches et des compétences des volontaires afin de sécuriser les missions et d'éviter les impacts négatifs d'un engagement mal préparé sur le bénévole et sur le développement social du pays.

Bon mais, histoire de finir sur une touche d'humour, nous ne pouvons pas ne pas vous citer :

■ **ZOB** (Zebu Overseas Board) **:** rue Jean-Ralaimongo, près du marché Antsenakely, en face d'Access Banque, à côté de la boutique Orange, à Antsirabe. ☎ 020-44-492-04. ● contact@zob-madagascar.org ● zob-madagascar.org ● Parrainé par Sophie Jovillard, journaliste et animatrice d'*Échappées Belles* et Franco Clerc, auteur malgache de bandes dessinées (éd. l'Harmattan), le *Zebu Overseas Board* a eu 20 ans en 2017. Cette entreprise sociale, à l'humour ravageur, fait aussi dans le sérieux et l'efficacité en proposant d'acheter un zébu qu'une famille d'agriculteurs utilisera dans ses travaux quotidiens. Comme il s'agit de responsabiliser et non d'assister, vous toucherez des intérêts sur le remboursement de l'animal, crédités sur votre PEZ, le « Plan épargne zolidarité » ! Vous aurez la possibilité de contempler la tête de votre animal sur Internet, de le revendre à tout moment, de venir lui rendre visite si l'éloignement est trop douloureux ou encore de récupérer votre argent en passant au bureau, au terme de 3 ans. Dernier cadeau à la mode : offrir un zébu à ses amis ! Des milliers de zébus ont déjà été vendus. Aujourd'hui, le *Zebu Overseas Board* propose aux généreux donateurs d'investir dans une charrette, une vache laitière ou encore dans un cochon.

PARCS NATIONAUX ET RÉSERVES

Plus d'une quarantaine de parcs et réserves sur l'île sont gérés par *Madagascar National Parks (MNP)* en cogestion avec les populations locales, aidées d'ONG comme le *Fonds mondial pour la nature (WWF), Durell Wildlife Conservation Trust (DWCT), Wildlife Conservation Society (WCS)*...

■ **Madagascar National Parks** (*MNP*) : ☎ *033-49-400 10.* ● *contact@madagascar.national.parks.mg* ● *parcs-madagascar.com* ●

Les aires protégées gérées par MNP ne sont pas toutes ouvertes au public. On en distingue trois types :
– *les parcs nationaux* comme Isalo ou Bemaraha (célèbre pour ses Tsingy) sont accessibles à tous. Noter que sept d'entre eux, répartis dans toute l'île sont classés au Patrimoine naturel mondial en 2007, cinq sont classés site RAMSAR et trois « Réserve de Biosphère ».
Par ailleurs, parmi les parcs nationaux, huit (Isalo, montagne d'Ambre, Ankarana, Ranomafana, Ankarafantsika, Lokobe et les Tsingy du Bemaraha) sont classés comme parcs-phares en raison de leur fréquentation plus importante. Ce ne sont pas forcément pour autant les plus intéressants : l'ascension de Marojejy vaut largement celle du pic Boby, Nosy Hara, une île aux alentours de Nosy Be se révèle un paradis du bout du monde, etc. ;
– *les réserves spéciales,* créées pour protéger des espèces animales ou végétales particulières (comme la réserve spéciale d'Analamazaotra, Andasibe), sont aussi accessibles au public ;
– *les réserves naturelles intégrales,* entièrement protégées, sont ouvertes uniquement aux chercheurs.
Il existe aussi des réserves forestières gérées par des ONG ainsi que des réserves privées, toutes ouvertes au public mais parfois un peu, voire beaucoup, plus chères d'accès comme celle de Berenty, près de Fort-Dauphin.

Le fonctionnement de Madagascar National Parks

– *Tickets d'entrée :* ils s'achètent directement au bureau d'accueil de chaque site ou éventuellement à Tananarive, auprès de l'ecoshop de *MNP* à Antaninarenina. Leur montant est élevé et varie selon la catégorie du parc : de 45 000 à 65 000 Ar/j. par personne. Il existe des tarifs dégressifs pour ceux qui restent plusieurs jours.
– *Guides :* ils sont obligatoires dans presque tous les parcs. Leurs services se payent en plus, en fonction de la durée de la randonnée et de l'itinéraire choisi. Les tarifs sont toujours affichés dans les bureaux de *MNP.* La qualité de la prestation est assez variable : tomberez-vous sur un stagiaire, un authentique pisteur, un guide confirmé ou même spécialisé ? Ce n'est pas toujours le titre qui fait la différence, mais la culture personnelle et la facilité à communiquer en français. Les bons noms circulent parfois, sinon faites votre choix en discutant avec eux avant de partir. Sachez toutefois que dans certains parcs, comme Ankarafantsika et Bemaraha, il est impossible de choisir soi-même son guide.

Le respect de l'environnement...

Quelques règles de bon sens : ne jamais allumer de feu dans les endroits non prévus à cet effet. Enterrer les déchets biodégradables et emporter ceux qui ne le sont pas. Idem pour le PQ, s'il vous plaît ! Enfin, bien sûr, ne pas transgresser les fréquents *fady* (tabous) liés à des sites sacrés : viande de porc interdite dans certains endroits, port de certains vêtements, etc. En résumé, comme le dit un panneau sur la route de l'Ankàrana : « N'emportez que des photos, ne laissez que l'empreinte de vos pieds. » Lire aussi les rubriques « Savoir-vivre et coutumes » plus loin et « Bagages » dans « Madagascar utile » pour le matériel nécessaire.

ON A TROUVÉ L'EDEN

En plein centre de Madagascar, dans une zone très difficile d'accès, se cache un massif unique de 150 km sur 150 km, le Makay. Il est constitué de hauts plateaux de grès entaillés par de profonds canyons dans lesquels pousse une végétation luxuriante et vit une faune exceptionnelle. La première expédition scientifique dans cette aire protégée date de... 2007. Il faut dire que cet éden terrestre serait encore inconnu de nos jours s'il n'avait été découvert en 2004 grâce à Google Earth (infos sur ● naturevolution.org ●).

– Enfin, TRÈS IMPORTANT, lorsque vous partez en randonnée pour la journée, ne soyez pas inconscient : il faut toujours prévoir 3 L D'EAU PAR PERSONNE ET PAR JOUR MINIMUM, soit deux bouteilles. Il fait TRÈS chaud à Madagascar.

POPULATION

Diversité de la population

Les différentes composantes de la population se retrouvent pour une part dans leurs traits physiques. Les gens des plateaux, que l'on appelle **Ambaniandro** (littéralement « sous le soleil »), de type plus indonésien, se distinguent assez nettement des côtiers, plus africains. Cela demande évidemment à être nuancé, dans la mesure où il y avait en Imerina des esclaves venus des côtes, dont le caractère africain est plus ou moins marqué. Cela dit, la distinction entre *Fotsy* (Blancs) et *Mainty* (Noirs) correspond à des types physiques et à des origines différentes (indonésienne ou africaine), mais est surtout devenue une distinction sociale partout très marquée. On dénombre officiellement 18 ethnies proprement malgaches, sans compter la présence sur l'île de **Karana** (Indo-Pakistanais), de **Sinoa** (Chinois) et de *vazaha* (étrangers européens).

Une autre distinction importante est celle qui oppose, un peu partout, les *tompantany*, maîtres de la terre, aux émigrants. Toutes les ethnies se sont constituées sur le même modèle : des étrangers s'allient à des clans autochtones en épousant leurs femmes. Ces hommes célibataires, commerçants, aventuriers ou pirates, épousent des femmes indigènes et échangent des terres contre un savoir, religieux ou technique. En fait, ils prennent ainsi le pouvoir, mais de façon généralement pacifique. Plus de la moitié des 18 ethnies se sont constituées ainsi.

Les noms ethniques

Ils sont composés avec :
– Le préfixe *ante* (parfois orthographié par les Français « anta »), qui désigne l'origine, un lieu ou un ancêtre, par exemple *Antefasy*, « ceux du sable », *Antemorona*, « ceux des rivages », *Antesambo*, « ceux du bateau », ou *Antekazimambo*, « descendants de Kazimambo » ; on trouve parfois dans des ouvrages anciens Temoro pour Antemoro, Tesaka pour Antesaka.

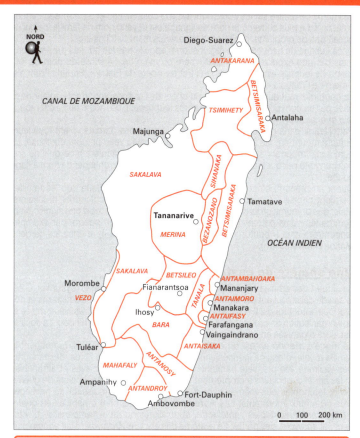

LES PRINCIPALES ETHNIES

– Le préfixe *zana,* de *zanaka* (« enfant »), ou *zafy* (« petit-fils »), qui désigne les descendants d'un même ancêtre : ZafiRaminia, « descendants de Raminia ».
D'autres noms sont des sobriquets, donnés à des clans par leurs vainqueurs, comme Betanimena, littéralement « les nombreux couverts de terre rouge ».

Les noms de personnes

En Imerina, la particule nobiliaire « Ra » a perdu aujourd'hui cette signification dans beaucoup de cas. En revanche, l'ancienne stratification sociale, le système des castes, est encore très présente : les Malgaches sont rompus à l'exercice difficile de savoir qui est qui, et pour cela de repérer des indices dans la composition de certains noms ou dans le village d'origine (*tanindrazana* : « terre des ancêtres »). Voilà pourquoi les noms malgaches sont aussi longs...
On trouve parfois le suffixe « son » dans les patronymes (par exemple : Marson, Rakotoson, Raveloson), principalement chez les protestants, trace d'un usage chez les Norvégiens et les Anglo-Saxons (*son* : « fils de ») !

Les noms de famille sur les côtes sont liés à la colonisation et à l'établissement de l'état civil. Le plus souvent, le nom du lignage est devenu nom de famille, ce qui ne posait pas de problème, la plupart des sociétés étant patrilinéaires.

Dans l'usage de beaucoup de régions, on n'appelle pas les adultes par leur nom, mais par une expression signifiant « père ou mère de… » suivie du nom de leur fils ou de leur fille aînée : ainsi Aban'i Pierre, « père de Pierre », Endrin'i François, « mère de François ».

La coutume veut aussi que les rois ou chefs de lignages importants soient désignés par un nom posthume (attribué après leur décès), de même qu'ils ont reçu, à leur avènement, un nom royal.

Par ailleurs, dans de nombreuses régions, lorsque des parents voient tous leurs enfants mourir en bas âge, on va donner au nouveau venu un nom de chose, un nom sans importance, voire un nom d'excrément, de manière à ce qu'il ne soit pas convoité par quelque mauvais esprit. Il pourra ensuite changer de nom à l'âge adulte.

Quant au prénom, c'est un apport occidental, ce qui explique que les familles les aient choisis (et encore souvent aujourd'hui) dans le calendrier des saints. Mais, des prénoms proprement malgaches voient le jour, dotés d'une signification, comme les noms patronymiques donc. Chez les filles, on pourra, par exemple, rencontrer Fanja (« bouton de fleur »), Voahangy (« perle »), et chez les garçons Manda (« forteresse »).

Une société de castes

La plupart des ethnies officielles ont constitué autrefois de petits royaumes. C'est le cas de celles qui ont été fondées à partir de l'alliance entre des émigrants et des groupes autochtones. Il en a découlé une stratification sociale très hiérarchisée et une organisation en groupes très proche du système de castes hindou. La société est alors organisée en quatre castes ou plus.

Le modèle **merina** en est un exemple : les *andriana*, des nobles, regroupant la famille royale, d'origine indonésienne ; les *hova*, ou hommes libres, descendants des Vazimba, les premiers habitants de l'île ; les *mainty*, esclaves et affranchis ; et les *andevo*, esclaves à proprement parler, généralement prisonniers de guerre. Enfin, les nobles eux-mêmes sont divisés en huit clans jouissant de privilèges plus ou moins importants. Les **Antemoro** sont également organisés en quatre castes : *anteony*, nobles ; *antalaotra*, spécialistes du rituel ; *ampanabaka*, roturiers ; et *antevolo*, des parias. Le système des anciens **Antanosy** était encore plus complexe, car il mettait en parallèle deux hiérarchies, l'une blanche *(fotsy)*, l'autre noire *(mainty)*, comme si les émigrants islamisés avaient maintenu, à côté de leur propre organisation, une organisation en miroir conservant pour partie l'ancienne structure sociale indigène. Les ethnies qui n'ont pas constitué de royaume fonctionnent plutôt comme des fédérations de clans.

Des relations sociales complexes

Les Malgaches, dans leur vie de tous les jours, sont régis par des conventions sociales complexes. C'est chez les populations de l'Imerina que ces convenances ordinaires, au sens de codes en vigueur, restent le plus enracinées. Vouloir s'en passer, comme sont parfois tentés de le faire certains *vazaha vaovao* – étrangers fraîchement débarqués –, est très mal vu et entraîne une déconsidération sociale définitive.

Cette manière passéiste de vivre s'exprimera dans la façon de dire tout simplement « Bonjour ». Un paysan pauvre, pieds nus dans sa rizière, peut être un ancien noble. Il conviendra alors pour le jeune chef d'entreprise, devenu riche mais moins bien né, de le saluer comme il se doit. Personne n'ignore jamais d'où vient son prochain ou son collègue de bureau. La physionomie, la couleur de la peau, et même la frisure du cheveu, tout concourt à cataloguer. Les nécrologies fleuves

publiées dans les journaux rappellent cette origine, afin qu'il n'y ait pas erreur sur la personnalité du défunt.
Le respect dû aux anciens, le culte de la famille sont érigés en dogme. Se soustraire à leur autorité conduit, en général, à l'exil si, par exemple, un mariage « contre nature », hors de l'ethnie ou de la caste, est contracté par amour. Chez les ultras, le père, sur son lit de mort, fera promettre à sa fille de ne pas épouser un étranger. Ce qualificatif vise tout autant un *vazaha* qu'un compatriote qui ne serait pas du même « sang ».

Le pouvoir des grandes familles

Dans la société, un attachement et une solidarité absolus soudent les familles. Rien n'est plus précieux que les enfants, considérés comme une richesse qu'il faudra perpétuer. Il est donc normal que certaines familles, respectées pour leurs origines royales ou nobles, exercent encore sur la vie politique du pays une autorité morale indiscutable.

Dans toutes les régions, les descendants de rois et de reines ou do chefs coutumiers jouissent toujours d'un indéniable pouvoir spirituel, qu'ils soient aujourd'hui

> **LA PARENTÉ À PLAISANTERIE**
>
> *Cette coutume lie deux groupes de statut souvent inégal, comme des lignages de nobles et d'anciens esclaves. À l'intérieur de cette relation particulière, les partenaires peuvent s'insulter, se voler, avoir des relations sexuelles avec l'épouse de leur parent « à plaisanterie », insulter le cadavre de l'autre, sans que personne n'y trouve à redire. Tout est permis, même si cela devient tout de même de plus en plus rare.*

riches ou pauvres. Rien d'important (élections, bien sûr, mais aussi barrages, projets agricoles ou industriels, etc.) ne se décide sans leur avis, voire leur bénédiction, qui donnera lieu à des cérémonies rituelles.
Aucun régime n'a jamais bravé cette « puissance » héritée de l'histoire, pas plus la colonisation que la révolution qui l'a suivie. Au contraire, tous s'en sont servis. De façon diffuse mais permanente, ces grandes familles à l'activisme discret sont présentes dans toutes les sphères (religieuse, politique et économique) des régimes, et ont toujours leur mot à dire, même si le secret reste bien gardé. Pour la chute de Tsiranana en 1972, elles sont dans la rue ; pour l'assassinat du colonel Richard Ratsimandrava en 1975, elles agissent dans l'ombre ; pour pousser le président Ratsiraka à la démission en 1991 et à l'exil en 2002, elles sont consultées.

Coexistence pacifique et non-violence

Entre ces ressentiments interethniques venus de la nuit des temps, ces antagonismes sociaux établis sur l'origine, qui ont quelque chose d'un « apartheid » inavoué, et l'omniprésence diffuse de dynasties sans existence officielle, la vie à Madagascar devrait être un enfer ! Il n'en est rien, du moins pour l'instant. Malgré les tensions de 2002 dues à la guerre des chefs au sommet de l'État, les relations intercommunautaires sont pacifiques, données pour exemplaires, comparées à ce que vivent certaines populations d'Europe, d'Afrique ou d'Asie. Une superbe et cordiale indifférence maintient, en définitive, chaque Malgache dans son îlot natif, mais totalement respectueux de cette autre règle de conduite occulte : « Ne fais jamais à ton voisin ce que tu ne veux pas qu'il te fasse. » S'il y a un miracle malgache, il est bel et bien là !

RELIGIONS ET CROYANCES

Le culte des ancêtres

Les Malgaches croient à l'existence d'un dieu créateur, qu'ils appellent *Zanahary*, ou encore *Andriamanitra*, « le prince parfumé ». Mais ce dieu est lointain, alors on

s'adresse plutôt aux ancêtres qui sont les véritables médiateurs entre les hommes et le monde surnaturel. On les invoque dans toutes les occasions rituelles pour qu'ils protègent leurs descendants.
S'il n'y a pas de temple ni d'église, on trouve dans de nombreuses ethnies des poteaux de bois effilés *(hazomanga)* sur l'aire de terre battue, près du coin est de la maison du chef de lignage ; ou bien des pierres levées. Les sacrifices de zébus, les circoncisions, les rituels conjuratoires y ont lieu. Les sources, les arbres, les rochers sont également des lieux de culte : on imagine qu'ils sont habités par des forces surnaturelles qu'on essaie de se concilier par des offrandes.
Mais il y a aussi de nombreux êtres surnaturels, gnomes, nains, êtres difformes, chevelus et griffus, plus ou moins maléfiques : on les appelle *biby, zavatra* ou encore *kalanoro* selon les régions. Des rivières et des étangs sortent des ondines, les *zazavavindrano,* qui attirent les hommes au fond des eaux. Les Malgaches croient aussi à l'existence des *kokolampy* (ou *koko*), des anges gardiens qui protègent les enfants et veillent à leur éducation. Autrefois, on rencontrait des enfants aux cheveux emmêlés en dreadlocks, comme de petits rastas : on disait que c'étaient leurs anges gardiens qui les coiffaient.

Le christianisme

Les croyances traditionnelles cohabitent aujourd'hui avec les grandes religions européennes, le protestantisme et le catholicisme. L'influence de ces Églises et de leurs missionnaires est très grande. Le journal jésuite *Lumière* a été pendant tout le régime policé de Tsiranana le seul organe de presse d'expression indépendante et critique. *Lakroa,* la version malgache de ce journal, continue aujourd'hui dans la même voie.

L'islam

La présence de l'islam à Madagascar est principalement liée aux migrations sur la côte est. Les populations antemoro, antambahoaka et antanosy se réfèrent toutes à un premier ancêtre, Raminia, venu de La Mecque. On sait aujourd'hui qu'il ne s'agissait pas d'Arabes, mais plutôt d'Indonésiens islamisés : cette référence à La Mecque est symbolique. C'est ce qui explique qu'il n'y a pas de liens avec d'autres communautés de musulmans, comme c'est le cas en Afrique. Cette religion, que les émigrés importaient, était aussi marquée par croyances et des pratiques religieuses proprement indonésiennes.
Depuis leur arrivée, les musulmans ont également subi l'influence des religions pratiquées par les populations autochtones. Ce qui fait qu'aujourd'hui on est plutôt en présence de traits culturels subsistants : des références à La Mecque et au Coran, la connaissance de quelques versets et prières, des interdits (manger du chien ou du cochon), l'astrologie et la divination par les graines (faisant partie de la géomancie), et l'arabico-malgache, transcription de la langue malgache en graphie arabe. Les lignages antemoro conservent encore des manuscrits, qu'on appelle *sora-be,* dans lesquels sont consignés des versets du Coran, des textes ésotériques, mais aussi des généalogies et des récits historiques. Les Antemoro fabriquent le papier avec une écorce d'arbre bouillie puis compressée. La couverture est en peau de zébu, et l'encre est une décoction de plantes. Ce sont des Européens qui, s'inspirant de ces techniques et insérant des fleurs et des feuilles dans la pâte, ont créé ce que l'on vend aujourd'hui sous le nom de papier antemoro. Aujourd'hui, l'islam est véhiculé par les musulmans indo-pakistanais qui financent mosquées et écoles coraniques.

Le *famadihana* ou « retournement des morts »

Cela commence toujours par un songe : une femme a vu en rêve l'ancêtre au bord de son lit, se plaignant d'avoir froid dans son tombeau, d'être délaissé par ses descendants (les *zanadrazana*). Les chefs de famille vont alors consulter le *mpanandro*, le devin-astrologue, qui fixe le jour du *famadihana*, étymologiquement le jour du « passage d'une vie à une autre ». Il s'agit de rappeler le défunt au bon souvenir de la collectivité, de profiter de sa présence pour lui demander conseil ou protection, puis de rendre plus confortable son retour dans l'au-delà. Les femmes tissent alors de nouveaux *lambamena* (linceuls) qui remplaceront ceux d'origine. Le jour fixé, la famille et tous les invités se retrouvent autour du tombeau : on l'ouvre, on sort l'ancêtre en lambeaux et quelques autres par la même occasion. On change le *lamba* des morts, comme on lange des enfants, avec des gestes de douceur et de tendresse, et on tient dans les bras ces déjà-morts comme des nouveau-nés. Puis vient le temps de fêter l'ancêtre : par petits groupes, à tour de rôle, tous les *zanadrazana* portent le corps du défunt dans une danse syncopée, faite d'allers-retours autour du tombeau. Un orchestre, *mpihira gasy*, prend le relais des festivités, auxquelles sont conviés l'ensemble des invités : on partage le porc ou le zébu sacrifié pour l'occasion, on danse, on boit, on rit... Et cela peut durer jusqu'à 2 ou 3 jours, au terme desquels le corps retourne au tombeau. Entretemps, le défunt repose sur un autel construit pour la circonstance.

La cérémonie du *famadihana*, spécifique aux Hautes Terres (Merina, Betsileo), existe sous d'autres formes chez d'autres ethnies (Bara, Betsimisaraka, Sakalava, Mahafaly...). Le mort n'est jamais à proprement parler retourné, mais il peut faire l'objet d'une toilette, d'un transfert d'un tombeau temporaire vers un emplacement définitif. Dans tous les cas, il s'agit de réconforter le défunt et de s'assurer de son soutien en le fêtant avec liesse, mais aussi en le berçant avec des murmures attentionnés. Si la vue du cadavre en décomposition suscite chez nous de la frayeur ou excite notre curiosité, il n'en va pas de même à Madagascar où le souffle des ancêtres accompagne quotidiennement les choix de tout un chacun.

Le *tromba*

Le *tromba* est un rituel de possession que l'on rencontre particulièrement dans l'Ouest, l'Imerina et le Sud-Est. Quelles que soient les variantes, le possédé est toujours incarné par un roi défunt qui parle par sa bouche et conseille les vivants. Les possédés, notamment chez les Sakalavas, étaient des alliés des rois : à travers eux, les rois défunts et prestigieux légitimaient et confortaient leur pouvoir. Ainsi, par leur bouche, les ancêtres donnaient-ils leur aval, en quelque sorte, pour toute décision, notamment politique ou militaire. Ils pouvaient aussi contester les décisions du roi et même mettre en question sa légitimité. Ils se faisaient alors l'écho (consciemment ou inconsciemment) de conflits internes qui ne pouvaient se dire au grand jour. La parole de l'ancêtre prestigieux est sans appel évidemment, et le possédé est un personnage très important car il est, par le biais de la transe, l'intermédiaire direct entre les vivants et les morts.

Il faut noter que les manifestations du *tromba* sont toujours plus importantes en période de crise. Les ancêtres se mettent alors à parler plus fort et plus souvent. Ce fut notamment le cas au début de la période coloniale, au déclin des royautés, au cours des événements de 1947 et dans la première décennie de la décolonisation.

Les *ody* et les *sampy*

Les *ody* sont des amulettes destinées à chasser les maladies, à apporter la prospérité, à assurer des récoltes abondantes et à garantir la fécondité des femmes. Mais certains de ces charmes furent utilisés au service de groupes sociaux, et non plus d'individus. On les appela alors *sampy*. Certains étaient attachés à la royauté merina : on les appelait alors *sampin'andriana*, « les *sampy* des princes ». Ils étaient destinés à aider le roi à gouverner. On pense qu'ils sont venus de la côte orientale, apportés par les devins antemoro, conseillers des rois d'Imerina.

Il y avait 15 *sampy* dans la royauté merina, qui avaient chacun une fonction, plutôt attachés aux activités guerrières ou agricoles, selon les cas. Les étrangers n'avaient pas le droit de voir les *sampy,* mais lorsque certains eurent ce privilège, ils furent terriblement déçus : ils ne virent que quelques bouts de bois enveloppés de chiffons, quelques perles de verre, quelques restes d'animaux. Rafantaka, par exemple, était un couple d'abeilles conservé dans une corne noire ornée de perles, et Rabehaza était composé d'un morceau de bois en forme de zébu, enveloppé d'un tissu rouge, oint de miel. Les étrangers avaient bien du mal à croire que ces charmes puissent être révérés comme le signe visible de la puissance des dieux au service des rois !

Le *tanguin*

Tous les royaumes ont pratiqué l'ordalie, désignée sous le nom de *tanguin,* qui était en réalité le poison utilisé lors de ce « jugement de Dieu ». Le principe était simple : on administrait à l'accusé un poison, le *tanguin.* S'il en réchappait, c'est qu'il était innocent. S'il mourait, on faisait d'une pierre deux coups : on avait la preuve de sa culpabilité et il était en même temps puni de son crime.
Il y avait des variantes. Par exemple, dans l'Est, le *tangem-boay* ou *tanguin* du crocodile : l'accusé devait traverser le fleuve sans être dévoré ! Ou bien encore le *tangembolamena,* ou *tanguin* de l'or, moins radical : il fallait boire de l'eau dans laquelle on avait mélangé de la terre du tombeau des ancêtres, sans manifester de répugnance. On disait que le coupable se désignerait de lui-même car il ne pourrait pas supporter la présence de l'ancêtre dans son corps et se mettrait à vomir. Mais on dit aussi que l'épreuve pouvait parfois être truquée : on mettait une plante vomitive dans le breuvage ! Dans l'Ouest, ça ne valait guère mieux : on devait supporter le contact d'une barre de fer chauffée à blanc sur la langue !

La place du zébu

Le zébu est un animal omniprésent dans la société malgache. Il symbolise toujours la richesse et l'opulence. Mais il est plus que cela : il accompagne l'homme dans tous les moments importants de sa vie, et le sacrifice d'un « longues cornes » est essentiel à tous les rituels. Qu'il s'agisse de circoncision, de funérailles, de remerciements pour un vœu exaucé ou de l'inauguration d'une nouvelle maison, on sacrifie un zébu au pied du *fatora,* le poteau cérémoniel. Si l'événement est important, ou si le personnage concerné est un notable, plusieurs animaux seront sacrifiés.
Ces animaux sont presque des doubles des hommes. Alitaoraty, l'ancêtre des Anakara (Antemoro), serait venu de La Mecque avec un taureau capable de l'avertir d'un danger ou de lui conseiller un établissement propice. Lorsqu'une faute grave a été commise en enfreignant un interdit, le fautif sacrifie un taureau qui prend d'une certaine façon sa place. On raconte qu'autrefois, dans certaines régions, à la mort d'un monarque, ce n'étaient pas des taureaux mais bien des hommes qui étaient sacrifiés avant d'être parfois mangés.

Les devins et astrologues

Les devins jouent un rôle très important dans la vie des Malgaches. Le mois lunaire est divisé en *vintana,* périodes de 3 jours qui peuvent être, selon le cas, fastes ou néfastes. C'est le *mpanandro,* le devin astrologue, qui, après avoir étudié l'influence des *vintana,* indiquera le moment propice pour envisager un voyage, construire une maison, commencer un rituel ou partir en guerre. À la naissance d'un enfant, il est systématiquement consulté. Le *mpisikidy* est un spécialiste de la divination à partir d'un système complexe de figures tracées sur le sable. L'*ombiasa* a des pouvoirs plus étendus : c'est le gardien des connaissances rituelles et religieuses. À ce titre, il conseille les rois et les nobles.

La circoncision

La circoncision se pratique dans toutes les ethnies. Comme dans d'autres sociétés, c'est un rite de passage qui permet au garçon de devenir véritablement un homme et de prendre sa place dans la société. L'âge où elle se pratique varie selon les régions, de 6 mois à 10 ans.
La cérémonie a toujours lieu à la saison sèche, et s'accompagne de l'immolation d'un zébu au pied du poteau sacrificiel. Chez les arabisés de la côte est, la circoncision ne se pratique que tous les 7 ans et prend l'aspect d'une cérémonie collective (le *Sambatra*), tous les enfants d'une même génération étant circoncis en même temps.
– Voir aussi la rubrique « Fêtes et jours fériés » pour les fêtes et cérémonies traditionnelles.

SAVOIR-VIVRE ET COUTUMES

Les rapports entre Malgaches et *vazaha*

D'un côté, Madagascar est un pays peu contraignant. D'abord, les Malgaches, quels qu'ils soient, sont de contact facile, même si certains peuvent se montrer assez introvertis, notamment face aux *vazaha* (nous, quoi !). Ce terme désigne à l'origine les pirates... et, par extension, tout à la fois l'étranger et le Blanc. Contrairement aux apparences, donc, il ne date pas de l'époque coloniale. Il renvoie en réalité plus à un statut qu'à une couleur de peau. Ce statut a un rapport avec la richesse, mais désigne aussi celui qui possède des connaissances, qui a de l'aisance, ou parfois tout simplement le patron ! Bref, si l'on communique bien entre Malgaches et *vazaha,* cela reste une communication entre « étrangers », et ne croyez pas que de grandes tapes dans le dos feront de vous un « adopté » d'office.
Le rapport économique déséquilibré en notre faveur doit particulièrement nous engager à la retenue et... au bon sens.
Autre chose : au pays du *mora-mora* (« doucement »), savoir prendre son temps est vraiment une question de savoir-vivre. Les Malgaches sont extrêmement sensibles au respect de leur personne, ils ont en horreur la brutalité, la violence et toute forme d'autorité. D'ailleurs, le sésame pour toutes les relations humaines est le sourire. Ça passe partout ! Notez que les *vazaha* sont toujours bien accueillis et que les manifestations hostiles issues de la colonisation sont extrêmement rares. Enfin, il existe aussi en malgache le mot *vahiny* qui signifie « étranger » mais dans le sens d'« invité ». C'est tout dire de l'hospitalité malgache une fois percée à jour...
À l'évidence, dans un pays comme Madagascar, éviter les attitudes typiquement occidentales, pouvant choquer : le nudisme, bien sûr, mais aussi les tenues trop légères, ainsi que les effusions en public.

Les *fady* (interdits ou tabous)

C'est le deuxième point très important. Une évidente prudence est à observer dans les lieux et sites sacrés, dont l'accès est souvent régi par un ensemble de *fady* très variés d'une région à l'autre. Il est parfois tout simplement interdit de pénétrer sur certains terrains, ceux comportant des tombeaux notamment. Mais cela peut concerner aussi un jour d'accès, une tenue vestimentaire, une coutume alimentaire (régions où la viande de porc est sacrilège notamment), ou encore une attitude : pointer son doigt sur quelque chose ou quelqu'un, valable surtout dans certaines régions (dans la région des Tsingy, par exemple, on doit le recourber avant de le pointer). Évitez toutes les attitudes de supériorité apparente. Rassurez-vous, les guides vous diront tout ça, et nous vous indiquons les *fady* principaux dans certains secteurs. Mais ils sont nombreux, propres à chaque région, voire à chaque village, ou même à chaque famille ! Et la plupart du temps insoupçonnables.

Les cérémonies et tombeaux

On peut voir un grand nombre d'édifices mortuaires et de tombeaux, mais sachez que leur symbolisme dépasse celui de nos cimetières. Outre qu'il est interdit d'y toucher, il faut absolument penser, par exemple, à ne pas uriner aux alentours. Idem pour un arbre sacré dont vous ne soupçonniez absolument pas qu'il l'était. Cela pourrait être très mal interprété et vous créer des ennuis. De manière générale, hors des sentiers battus, essayer de prendre un guide. Parfois, des tombeaux peuvent avoir l'air abandonnés, mais ils ne le sont jamais. Lors de la visite de certains sites, vous serez obligé de prendre un guide, prévoir un peu d'argent, ainsi qu'une bouteille de rhum à offrir pour les libations d'usage. Pour les cérémonies quelles qu'elles soient, se renseigner localement sur les coutumes régionales est un impératif.

SITES INSCRITS AU PATRIMOINE MONDIAL DE L'UNESCO

Pour figurer sur la liste du Patrimoine mondial, les sites doivent avoir une valeur universelle exceptionnelle et satisfaire à au moins un des 10 critères de sélection. La protection, la gestion, l'authenticité et l'intégrité des biens sont également des considérations importantes.

Le patrimoine est l'héritage du passé dont nous profitons aujourd'hui et que nous transmettons aux générations à venir. Nos patrimoines culturel et naturel sont deux sources irremplaçables de vie et d'inspiration. Ces sites appartiennent à tous les peuples du monde, sans tenir compte du territoire sur lequel ils sont situés. Pour plus d'informations : ● *whc.unesco.org* ●

À Madagascar, sont concernées :
– la réserve naturelle intégrale des Tsingy de Bemaraha (1990) ;
– la colline royale d'Ambohimanga (2001) ;
– les forêts humides de l'Atsinanana (2007).

À cela s'ajoute le patrimoine culturel immatériel de l'humanité. À Madagascar, le savoir-faire du travail du bois des Zafimaniry figure sur la liste depuis 2008.

TOURISME SEXUEL

À Madagascar, l'exploitation sexuelle des enfants dans le tourisme et les voyages est une réalité criante qui tend à se généraliser, à se développer et malheureusement à se banaliser. Elle est largement acceptée par les parents, les amis, les communautés, en raison des gains financiers qu'elle représente pour des familles défavorisées, face au manque d'alternatives pour les filles et les femmes dans le pays, aux inégalités, et à la pauvreté croissantes ainsi qu'à l'importante demande locale en terme de prostitution.

Certains *vazaha* (étrangers blancs) se sentent libres et profitent de l'impunité pour abuser des enfants malgaches, prétextant que le rapport est consenti, que ce n'est pas de la prostitution puisque rien ne se fait dans la rue, que c'est une manière d'aider les filles, etc. Soyons clairs, riches ou pas riches, le débat n'est pas là. Il s'agit avant tout d'un délit de violation des droits humains et des droits des enfants.

Devant la recrudescence de détournements de mineurs par des étrangers, avec parfois la complicité de familles malgaches, d'hôteliers ou autres (en passant de plus en plus par les réseaux sociaux), la loi prévoit en effet des peines de prison pouvant aller jusqu'aux travaux forcés à perpétuité. On peut d'ailleurs être jugé et condamné dans son pays d'origine pour des faits s'étant produits à l'étranger. Noter que les touristes peuvent signaler de façon anonyme les situations d'abus sexuel sur enfants via le site : ● *ecpat-france.fr/signalez/* ●

les ROUTARDS sur la FRANCE 2018-2019

(dates de parution sur • *routard.com* •)

Découpage de la FRANCE par le ROUTARD

Autres guides sur la France

- Hébergements insolites en France
- Canal des deux mers à vélo (mars 2018)
- La Loire à Vélo
- Paris – Île-de-France à vélo (juin 2018)
- La Vélodyssée (Roscoff-Hendaye)
- Nos meilleurs campings en France
- Nos meilleures chambres d'hôtes en France
- Nos meilleurs restos en France
- Les visites d'entreprises en France

Autres guides sur Paris

- Paris
- Paris balades
- Paris exotique (nouveauté)
- Restos et bistrots de Paris
- Le Routard des amoureux à Paris
- Week-ends autour de Paris

les ROUTARDS *sur l'*ÉTRANGER 2018-2019

(dates de parution sur • *routard.com* •)

Découpage de l'ESPAGNE par le ROUTARD

Découpage de l'ITALIE par le ROUTARD

Autres pays européens

- Allemagne
- Angleterre, Pays de Galles
- Autriche
- Belgique
- Bulgarie
- Crète
- Croatie
- Danemark, Suède
- Écosse
- Finlande
- Grèce continentale
- Hongrie
- Îles grecques et Athènes
- Irlande
- Islande
- Madère
- Malte
- Norvège
- Pays baltes : Tallinn, Riga, Vilnius
- Pologne
- Portugal
- République tchèque, Slovaquie
- Roumanie
- Suisse

Villes européennes

- Amsterdam et ses environs
- Berlin
- Bruxelles
- Budapest (mars 2018)
- Copenhague
- Dublin
- Lisbonne
- Londres
- Moscou
- Naples (nouveauté)
- Porto (nouveauté)
- Prague
- Saint-Pétersbourg
- Stockholm
- Vienne

les ROUTARDS sur l'ÉTRANGER 2018-2019

(dates de parution sur • *routard.com* •)

Découpage des ÉTATS-UNIS par le ROUTARD

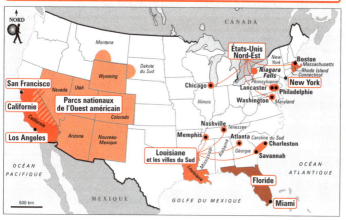

Autres pays d'Amérique

- Argentine
- Brésil
- Canada Ouest
- Chili et île de Pâques
- Colombie (avril 2018)
- Costa Rica
- Équateur et les îles Galápagos
- Guatemala, Belize
- Mexique
- Montréal
- Pérou, Bolivie
- Québec, Ontario et Provinces maritimes

Asie et Océanie

- Australie côte est + Red Centre
- Bali, Lombok
- Bangkok
- Birmanie (Myanmar)
- Cambodge, Laos
- Chine
- Hong-Kong, Macao, Canton
- Inde du Nord
- Inde du Sud
- Israël et Palestine
- Istanbul
- Jordanie
- Malaisie, Singapour
- Népal
- Shanghai
- Sri Lanka (Ceylan)
- Thaïlande
- Tokyo, Kyoto et environs
- Turquie
- Vietnam

Afrique

- Afrique du Sud
- Égypte
- Kenya, Tanzanie et Zanzibar
- Maroc
- Marrakech
- Sénégal
- Tunisie

Îles Caraïbes et océan Indien

- Cuba
- Guadeloupe, Saint-Martin, Saint-Barth
- Île Maurice, Rodrigues
- Madagascar
- Martinique
- République dominicaine (Saint-Domingue)
- Réunion

Livres-photos Livres-cadeaux

- Voyages (nouveauté)
- Nos 120 coins secrets en Europe (nouveauté)
- Les 50 voyages à faire dans sa vie
- 1 200 coups de cœur dans le monde
- 1 200 coups de cœur en France
- Nos 52 week-ends dans les plus belles villes d'Europe

Guides de conversation

- Allemand
- Anglais
- Arabe du Maghreb
- Arabe du Proche-Orient
- Chinois
- Croate
- Espagnol
- Grec
- Italien
- Japonais
- Portugais
- Russe
- G'palémo (conversation par l'image)

Document à caractère publicitaire

routard assurance
Selon votre voyage* :

RÉSUMÉ DES GARANTIES*	MONTANT MAXIMUM DES GARANTIES
FRAIS MÉDICAUX (pharmacie, médecin, hôpital)	100 000 € U.E. / 300 000 € Monde entier
Agression (déposer une plainte à la police dans les 24 h)	Inclus dans les frais médicaux
Rééducation / kinésithérapie / chiropractie	Prescrite par un médecin suite à un accident
Frais dentaires d'urgence	75 €
Frais de prothèse dentaire	500 € par dent en cas d'accident caractérisé
Frais d'optique	400 € en cas d'accident caractérisé
RAPATRIEMENT MÉDICAL	Frais illimités
Rapatriement médical et transport du corps	Frais illimités
Visite d'un parent si l'assuré est hospitalisé plus de 5 jours	2 000 €
CAPITAL DÉCÈS	15 000 €
CAPITAL INVALIDITÉ À LA SUITE D'UN ACCIDENT**	
Permanente totale	75 000 €
Permanente partielle (application directe du %)	De 1 % à 99 %
RETOUR ANTICIPÉ	
En cas de décès accidentel ou risque de décès d'un parent proche (conjoint, enfant, père, mère, frère, sœur)	Billet de retour
PRÉJUDICE MORAL ESTHÉTIQUE (inclus dans le capital invalidité)	15 000 €
ASSURANCE RESPONSABILITÉ CIVILE VIE PRIVÉE	
Dommages corporels garantis à 100 % y compris honoraires d'avocats et assistance juridique accidents	750 000 €
Dommages matériels garantis à 100 % y compris honoraires d'avocats et assistance juridique accidents	450 000 €
Dommages aux biens confiés	1 500 €
FRAIS DE RECHERCHE ET DE SAUVETAGE	2 000 €
AVANCE D'ARGENT (en cas de vol de vos moyens de paiement)	1 000 €
CAUTION PÉNALE	7 500 €
ASSURANCE BAGAGES	2 000 € (limite par article de 300 €)***

* Les garanties indiquées sont valables à date d'édition du Guide Le Routard. Par conséquent, nous vous invitons à prendre connaissance préalablement de l'intégralité des Conditions générales mises à jour sur www.avi-international.com ou par téléphone au 01 44 63 51 00 (coût d'un appel local).
** 15 000 euros pour les plus de 60 ans.
*** Les objets de valeur, bijoux, appareils électroniques, photo, ciné, radio, mp3, tablette, ordinateur, instruments de musique, jeux et matériel de sport, embarcations sont assurés ensemble jusqu'à 300 €.

PRINCIPALES EXCLUSIONS* (communes à tous les contrats d'assurance voyage)
- Les conséquences d'événements catastrophiques et d'actes de guerre,
- Les conséquences de faits volontaires d'une personne assurée,
- Les conséquences d'événements antérieurs à l'assurance,
- Les dommages matériels causés par une activité professionnelle,
- Les dommages causés ou subis par les véhicules que vous utilisez,
- Les accidents de travail manuel et de stages en entreprise (sauf avec l'option Sports et Loisirs Plus),
- L'usage d'un véhicule à moteur à deux roues et les sports dangereux : surf, rafting, escalade, plongée sous-marine (sauf avec l'option Sports et Loisirs Plus).

Souscrivez en ligne sur www.avi-international.com ou appelez le 01 44 63 51 00

AVI International (Groupe SPB) - S.A.S. de courtage d'assurances au capital de 100 000 euros - Siège social : 40-44, rue Washington (entrée principale au 42-44), 75008 Paris - RCS Paris 323 234 575 - N° ORIAS 07 000 002 (www.orias.fr). Les Assurances Routard Courte Durée et Longue Durée ont été souscrites auprès d'un assureur dont vous trouverez les coordonnées complètes sur le site www.avi-international.com.

Document à caractère publicitaire

routard assurance

Courte / Longue durée
& Tours du Monde

> **FORMULES***
Individuel / Famille / Séniors

> **À PARTIR DE 29 €/MOIS**

> **SANS FRANCHISE**

> **AUCUNE AVANCE DE FRAIS**

> **UN NUMÉRO D'ASSISTANCE GRATUIT 24H/24**

Consultez le détail des garanties

* Les garanties indiquées sont valables à date d'édition du Guide Le Routard. Par conséquent, nous vous invitons à prendre connaissance préalablement de l'intégralité des Conditions générales mises à jour sur www.avi-international.com ou par téléphone au 01 44 63 51 00 (coût d'un appel local).

Avant de partir, pensez à télécharger l'application mobile AVI

Toutes les assurances Routard sont reconnues par les Consulats en France comme à l'étranger.

**Souscrivez en ligne
sur www.avi-international.com
ou appelez le 01 44 63 51 00**

AVI International (Groupe SPB) - S.A.S. de courtage d'assurances au capital de 100 000 euros - Siège social : 40-44, rue Washington (entrée principale au 42-44), 75008 Paris - RCS Paris 323 234 575 - N° ORIAS 07 000 002 (www.orias.fr). Les Assurances Routard Courte Durée et Longue Durée ont été souscrites auprès d'un assureur dont vous trouverez les coordonnées complètes sur le site www.avi-international.com.

Nous tenons à remercier tout particulièrement Loup-Maëlle Besançon, Thierry Bessou, Gérard Bouchu, François Chauvin, Grégory Dalex, Fabrice Doumergue, Cédric Fischer, Carole Fouque, Michelle Georget, David Giason, Claude Hervé-Bazin, Emmanuel Juste, Dimitri Lefèvre, Fabrice de Lestang, Romain Meynier, Éric Milet, Pierre Mitrano, Jean-Sébastien Petitdemange et Thomas Rivallain pour leur collaboration régulière.

Jean-Jacques Bordier-Chêne
Michèle Boucher
Diane Capron
Laura Charlier
Agnès Debiage
Jérôme Denoix
Tovi et Ahmet Diler
Marjorie Dubois
Clélie Dudon
Sophie Duval
Jeanne Favas
Alain Fisch
Alexandra Fouchard
Guillaume Garnier
Nicolas George
Bérénice Glanger

Adrien et Clément Gloaguen
Léa Guinolas
Manon Guyot
Bernard Hilaire
Sébastien Jauffret
Céline Kamand
Jacques Lemoine
Aurore de Lombarès
Caroline Ollion
Martine Partrat
Odile Paugam et Didier Jehanno
Prakit Saiporn
Jean-Luc et Antigone Schilling
Jean Tiffon
Caroline Vallano

Direction: Nathalie Bloch-Pujo
Contrôle de gestion: Jérôme Boulingre et Adeline Cazabat Barrere
Secrétariat: Catherine Maîtrepierre
Direction éditoriale: Hélène Firquet
Édition: Matthieu Devaux, Olga Krokhina, Gia-Quy Tran, Julie Dupré, Emmanuelle Michon, Alba Bastida Díaz, Amélie Gattepaille, Ludmilla Guillet, Pauline Janssens, Margaux Lefebvre, Amélie Ramond, Elvire Tandjaoui et Clémence Toublanc
Ont également collaboré: Véronique Rauzy, Christine de Geyer, Muriel Lucas et Jeanne Labourel
Cartographie: Frédéric Clémençon, Aurélie Huot et Thomas Dequeker
Fabrication: Nathalie Lautout et Audrey Detournay
Relations presse France: COM'PROD, Fred Papet. ☎ 01-70-69-04-69.
● *info@comprod.fr* ●
Direction marketing: Adrien de Bizemont, Clémence de Boisfleury et Charlotte Brou
Contacts partenariats: André Magniez (EMD). ● *andremagniez@gmail.com* ●
Édition des partenariats: Élise Ernest
Informatique éditoriale: Lionel Barth
Couverture: Clément Gloaguen et Seenk
Maquette intérieure: le-bureau-des-affaires-graphiques.com, Thibault Reumaux et npeg.fr
Relations presse: Martine Levens (Belgique) et Maureen Browne (Suisse)
Régie publicitaire: Florence Brunel-Jars

Pour que votre pub voyage autant que nos lecteurs,
contactez nos régies publicitaires:
● *fbrunel@hachette-livre.fr* ●
● *veronique@routard.com* ●

INDEX GÉNÉRAL

ABC de Madagascar 48
Achats 55
Albrand (phare) 291
Albrand (pointe) 291
AMBALAVAO 168, 173
AMBALAMANANDRAY 171
AMBANJA 339
AMBARO 358
AMBATOLAMPY 129
AMBATOLOAKA 350, 365
AMBATOMILOHA 196
AMBATOROA 291
AMBILA-LEMAITSO 268
AMBINANIBE 215
AMBODEVAMPENY 280
AMBODIATAFANA 291
AMBODIFOTATRA 277
Ambodiriana (forêt d') 292
AMBOHIMANARIVO 146
AMBOHIMANGA 122, 123
Ambohimanitra (domaine d') ... 309
AMBOHITRA (JOFFREVILLE) ... 332
AMBOLA 203
Ambondro (lac d') 244
AMBONDRONA
 (musée Mozea Akiba) 384
AMBONDRONA (Nosy Be) 358
AMBOROVY (Petite Plage) 384
AMBOSITRA 140
Ambre (cap d') 326
Ambre (parc national
 de la montagne d') 331
AMBRONDROMIFEHI 335
Amoureux (crique des) 214
AMPANGABE 128
AMPANGORINA 366
AMPASILANA 195
AMPEFY 126
Ampitabe
 (lac ; ANKANIN'NY NOFY).... 266
ANAKAO 198
Analamazoatra et Mantadia
 (parcs nationaux d') 250
Andadoany (circuit d' ;
 petits Tsingy) 230
Andamozavaky
 (circuit d' ; grands Tsingy) 230
ANDAPA 309, 310

ANDAPANAGORY 384
ANDASIBE 251
Andasibe-Mantadia
 (parc national) 246
ANDAVADOAKA 196
Andavaka (grotte du cap) 216
ANDILANA 359
ANDIMAKA 228
ANDOANY (HELL-VILLE) 345
Andohahela (parc national d') .. 216
Andohariana (cascade d') 147
Andraikiba (lac) 140
ANDRAVONGNY 196
Andriamamovoka
 (cascade d') 148
Andringitra (massif et parc
 national de l') 170
ANDROKA 204
ANENA 215
ANIVORANO-NORD 335
Anja (site écotouristique d') 170
Anjanaharibe-Sud
 (réserve spéciale d') 310
Anjohibe (grottes d') 384
Anjohy Manitsy (circuit) ... 231, 232
ANJOMAN-AKONA 146
ANJOZOROBE 124
ANKANIN'NY NOFY
 (lac Ampitabe) 266
Ankarafantsika (parc national) ... 385
ANKARAMENA 173
Ankàrana (parc national de l') ... 336
Ankarokaroka
 (circuit ; Grand Lavaka) 387
Ankazomivady
 (réserve villageoise d') 147
ANKIBANIVATO 358
ANKIDODO 146
ANKIFY 339
Anosibe (forêt du littoral d') 313
Anosinampela (site d') 223
ANTALAHA 304
ANTANAMBE 293
ANTANANARIVO
 (TANANARIVE) 90
ANTANIMALANDY 382
Antety (mont) 145
ANTOETRA 146

INDEX GÉNÉRAL

ANTSAHADINTA 123
Antsamaka (lac) 232
Antsira (salines d') 243
ANTSIRABE 130
ANTSIRANANA
 (DIEGO-SUAREZ) 313
Antsokay (arboretum d') 189
Argent, banques, change 52
Avant le départ 48
Ayes-ayes
 (île aux ; îlot Roger) 295

B
Bagages 58
Bakchich 59
Baly (baie de) 385
Baobabs 389
Baobab sacré (le) 233
Baobabs (allée des) 233
Baobabs (circuit des) 387
Baobabs amoureux (les) 233
Baobabs-bouteilles (forêt de) ... 243
BEFANDEFA 196
Befotaka-Soamalipo
 (Andranobe)-Ankerika
 (site lacustre de) 232
BEHELOKA 203
BEHENJY 128
Bekaraoka (forêt de) 313
BEKOPAKA 228
BELO-SUR-MER 239
BELO-SUR-TSIRIBIHINA 223
Bemamba (lac) 232
Bemaraha (gorges de) 223
Bemaraha (parc national
 des Tsingy de) 226
BEMAZAVA (arbre sacré de) 363
Berano (circuit) 231
Berenty (réserve privée de) 216
BETANIA (presqu'île de) 239
BETANTY (FAUX-CAP) 205
Binara (forêt de) 313
Boby (pic) 172
Boina (baie du) 385
Brasserie Star 140
Boissons 389
Budget 60

C
Cap d'Ambre (le) 326
Climat 61
Cocoteraie (la ; plage de) 291
Coquereli (circuit) 387
Coups de cœur (nos) 12
Croc' Farm
 (élevage de crocodiles) 121

Cuisine 390
Curieux, non ? 392

D
Dangers et enquiquinements 64
DAR-ES-SALAM 355
DARAINA 312
Décalage horaire 66
DIEGO-SUAREZ
 (ANTSIRANANA) 313
Diego-Suarez (baie de) 326, 329
Diego-Suarez (région de) 313
Drogue 393
Droits de l'Homme 394
Douane 66
Dunes (baie des) 328
Durrell Wildlife Conservation
 Trust (centre de la) 387
DZAMANDZAR 363

É
Économie 395
EJEDA 204
Électricité 66
Émeraude (mer d') 330
Endemika (parc zoologique
 et botanique) 287
Environnement 397
EST (l') 245
EST (route de l') 246
EVATRA 214
Evatra (pointe) 214

F
Faliarivo 146
Faune et flore 399
FAUX-CAP (BETANTY) 205
Fenêtre de l'Isalo (la) 181
Fêtes et jours fériés 402
FIANARANTSOA 157, 196
FORT-DAUPHIN
 (TÔLAGNARO) 205
FOULPOINTE 262
Français (montagne des) 330

G
Géographie 403
GIROFLE (côte du) 292
Grand Lavaka (le ; circuit
 Ankarokaroka) 387
Grand Pavois (plage du) 384
GRAND SUD (le) 173

H
Hautes Terres (les) 88
Hébergement 66
HELL-VILLE (ANDOANY) 345
Histoire 405
Horombe (plateau du) 176

Iavoloha (palais) 128
IFASINA 146
IFATY 193
Ifaty (baie d') 191
IFOTATRA 289, 291
IHOSY.................................... 173
ILAFY 122, 123
Ilakaka (rivière) 181
Imerina (douze collines
   sacrées de l') 122
Imorona 295
IRIHANA (VOHÉMAR).............. 311
Isalo (parc national de l') 176
ITAMPOLO.............................. 204
Itasy (lac) 126
Itinéraires conseillés 28
Ivato................................ 107, 108
Ivoloina (parc zoologique)........ 261

JOFFREVILLE (AMBOHITRA).. 332

KATSEPY............................... 384
Kianjasoa (mont)..................... 166
KIMONY 237
Kinkony (lac) 385
Kirindy (forêt de) 233
Kirindy Mite (parc national de).. 243

Langue...................................... 68
Laniranо (lac de) 214
LAVANONO 204
Lémuriens............................... 415
Lemur's Park 121
Lemuria Land.......................... 361
Livres de route.......................... 71
Lokaro (baie de) 214
Lokobe
   (parc national de).......... 360, 362
Lu sur routard.com 33

MADIROKELY 350, 365
MAFKOVO (crocodiles de) 313
MAHAJANGA (MAJUNGA)...... 372
MAHAMASINA 337
MAHAMBO 262
MAHASOA.............................. 173
MAHATSINJO
   (arbre sacré de) 362
MAINTIRANO 228
Maison de l'Isalo (la)................ 181
MAJUNGA (MAHAJANGA)...... 372
Makis (canyon des).................. 180
Malaso (circuit) 181

MANAKARA............ 154, 156, 158
MANAMBATO........................ 267
Manambolo
   (descente de la rivière) 232
Manambolo (gorges de la)....... 230
MANANARA-NORD................. 294
Mananara-Nord
   (parc national de).......... 293, 295
MANANDRIANA 146
MANANJARY........................... 152
Manda Fort.............................. 262
Mandena
   (réserve forestière de).......... 215
Mangatsa (lac Sacré)............... 384
MANGILY (dans Le Grand Sud)... 192
MANGILY
   (dans Le Moyen-Ouest)........ 238
MANOMBO 195
MANOMPANA 293
Mantadia (parc national).......... 250
Marchandage 72
MAROANTSETRA................... 295
Marojejy (parc national de) 310
Marovoay (région de).............. 385
Masoala (péninsule de)............ 306
Masoala – Nosy Mangabe
   (parc national de).......... 298, 300
Médias................................... 419
Menabe (gorges de)................ 223
MIANDRIVAZO 219, 223
Millot (plantation) 339
Miné (cap).............................. 328
MITSINJO 251
Mitsio (archipel des îles)... 365, 371
MORONDAVA......................... 233
MOYEN-OUEST (le)................ 218
Mozea Akiba (musée) 384
Musique et danse.................... 421

Nahampoana (réserve de) 215
Namoly (vallée de) 171
NATTES (île aux) 276, 287
NORD (piste et jardins
   tropicaux du) 215
NORD (le)............................... 301
NOSY ANKAREA.................... 371
NOSY ANTALY........................ 371
NOSY ANTSOA 371
NOSY BE (île de) 341
NOSY BERAFIA...................... 372
NOSY BORAHA
   (île SAINTE-MARIE) 269
NOSY HARA........................... 326
NOSY IRANJA 371

NOSY KOMBA 366
NOSY LAVA.............................371
Nosy Mangabe
 (parc national Masoala) 299
NOSY MITSIO 371
NOSY SAKATIA 365, 369
NOSY TANIKELY 364, 369
NOSY TSARABANJINA...........371
NOSY VE (île de).....................200

ONG et aide
 au développement................422
Orchidées (parc aux) 251

Pangalanes (canal des)... 154, 263
Parcs nationaux et réserves 425
Passot (mont) 362
Pays betsileo 157
Pays vezo 189
Photos 73
Pigeons (baie des) 328
Population 426
Portugais (grotte des) 181
Portugais (îlot)........................215
Poste 73
Pourboire..................................73

Radama
 (archipel des îles)..........365, 371
RAMENA 326
RANOHIRA 176
RANOMAFANA.........................148
Ranomafana (parc national de)... 148
Ranomafana (vallée de) ...206, 217
Ranotsara
 (circuit ; grands Tsingy)..........231
Rats (canyon des) 180
Ravelobe (lac) 387
Reine de l'Isalo (la) 181
Religions et croyances 429
Reniala (réserve de) 195
Restaurants 73
Roger (îlot ; île aux ayes-ayes)....295
Rouge (cirque) 384

Sables (îlots aux) 287
Sacré (lac ; Anivorano).............335
Sacré (Mangatsa ; lac)............384
Sacrifices (grotte des) 214
SAHABEVAVA..........................292
SAHAMBAVY...................164, 167
SAHASOA.................................293
Saiadi (parc naturel de)...........215
SAINT-AUGUSTIN 197

SAINTE-LUCE 206, 217
Saint-Louis (pic).......................213
Sainte-Marie (cap) 205
SAINTE-MARIE
 (île ; NOSY BORAHA) 269
SAKAIVO 146
Sakalava (baie de) 329
SAKARAHA 181
SALARY 195
SAMBAVA.................................307
SANDRAKELY 173
Santé 74
SARODRANO 197
Savoir-vivre et coutumes...........433
Sirave (lac de) 244
Sites inscrits au Patrimoine
 mondial de l'Unesco 434
Sites internet 77
SOATANANA (environs
 d'Ambositra)..........................147
SOATANANA (environs
 de Fianarantsoa)...................167
Soavanio (cocoteraie de).........309
SUD (GRAND)..........................173
SUD-EST (route du)..................147

TAMATAVE (TOAMASINA) 251
TANANARIVE
 (ANTANANARIVO) 90
Ambohimanoro (cathédrale
 anglicane Saint-Laurent d') 117
Ambohipotsy 119
Analakely (marché d') 116
Andafiavaratra (musée d' ;
 palais du Premier ministre) 117
Andohalo (église catholique
 Notre-Dame d') 117
Anosy (lac) 120
Atelier Violette et Dieudonné ... 121
Indépendance (place de l')............116
Isoraka (quartier d') 117
Maison de Jean Laborde 117
Palais de justice 118
Palais de la Reine (Rova) 118
Palais de la Reine
 (balade jusqu'au) 117
Palais du Premier ministre
 (musée d'Andafiavaratra) 117
Palais présidentiel 116
Ratsimilaho (rue)...................117
Rova (palais de la Reine) 118
Soarano (gare ferroviaire de)...119
Temple de Ranavalona II 119
Tombes royales 118
Tsarasaotra (parc de) 121
Tsimbazaza (parc zoologique
 et botanique de) 120
Ville basse 119
Ville haute 117

Téléphone
et télécommunications 78
Titinga (baie de) 292
TOAMASINA (TAMATAVE) 251
TÔLAGNARO
(FORT-DAUPHIN) 205
TOLIARA (TULÉAR) 182
Tombeaux (piste des) 201
Tortues (Village des)................. 195
Tourisme sexuel....................... 434
Transports................................. 80
Tritriva (lac) 140
TROIS BAIES (les) 328
Tropique du Capricorne
(stèle au) 197
Tsaranoro (vallée du)................ 171
TSARAOTANA 223
Tsimanampetsotsa
(lac et parc).................. 200, 203
Tsimembo (forêt de) 232
Tsingy (grands ; circuit
d'Andamozavaky)................. 230
Tsingy (grands ; circuit
Ranotsara) 231
Tsingy (petits ; circuit
d'Andadoany) 230
Tsingy de Bemaraha
(parc national des) 226
Tsingy du Nord (les) 385
Tsingy rouges (les) 334
Tsiribihina (descente de la) 221
TULÉAR (TOLIARA) 182

Urgences 87

Vakinankatatra (le) 140
Vakôna (réserve privée de) 251
Vanille (côte de la).................... 301
VATOMANDRY 268
VOHÉMAR (IRAHANA) 311
VOI M.M.A. 251

Windsor Castle 326

Zafimaniry (villages)........... 145
ZAZAFOTSY 173

LISTE DES CARTES ET PLANS

- Antsirabe 133
- Ambositra 143
- Baie de Diego-Suarez........... 329
- Coups de cœur (nos) 12
- Diego-Suarez....................... 317
- Distances par la route.............. 2
- Est (l') 247
- Ethnies (les principales)........ 427
- Fianarantsoa.......................... 159
- Fort-Dauphin 208-209
- Grand Sud (le).............. 174-175
- Hautes Terres (les) 89
- Hell-Ville.................................. 347
- Isalo (le parc national de l')... 177
- Itinéraires conseillés 28, 30
- Madagascar
(carte générale)......................... 9
- Majunga......................376-377
- Maroantsetra 297
- Morondava 235
- Moyen-Ouest (le) 219
- Nord (le) 302-303
- Nosy Be 343
- Pangalanes (le canal des).... 265
- Sainte-Marie
(île ; carte d'ensemble) 273
- Sainte-Marie
(le sud de l'île) 283
- Tamatave 254-255
- Tananarive – plan
d'ensemble........................94-95
- Tananarive
– plan centre....................96-97
- Tuléar 183

IMPORTANT : DERNIÈRE MINUTE

Sauf exception, le *Routard* bénéficie d'une parution annuelle à date fixe. Entre deux dates, des événements fortuits (formalités, taux de change, catastrophes naturelles, conditions d'accès aux sites, fermetures inopinées, etc.) peuvent intervenir et modifier vos projets de voyage. Pour éviter les déconvenues, nous vous recommandons de consulter la rubrique « Guide » par pays de notre site
● routard.com ● et plus particulièrement les dernières *Actus voyageurs*.

Remarque importante aux hôteliers et restaurateurs

Les enquêteurs du *Routard* travaillent dans le plus strict anonymat. Aucune réduction, aucun avantage quelconque, aucune rétribution n'est jamais demandé en contrepartie. Face aux aigrefins, la loi autorise les hôteliers et restaurateurs à porter plainte.

Avis aux lecteurs

Le Routard, ce n'est pas comme le bon vin, il vieillit mal. On ne veut pas pousser à la consommation, mais évitez de partir avec une édition ancienne. Les modifications sont souvent importantes.

Les réductions accordées à nos lecteurs ne sont jamais demandées par nos rédacteurs afin de préserver leur indépendance. Les hôteliers et restaurateurs sont sollicités par une société de mailing, totalement indépendante de la rédaction, qui reste donc libre de ses choix. De même pour les autocollants et plaques émaillées.

Avec routard.com, choisissez, organisez, réservez et partagez vos voyages !

✓ Rejoignez la plus grande communauté francophone de voyageurs : **plusieurs millions d'internautes.**

✓ Échangez avec les routarnautes : forums, photos, avis d'hôtels.

✓ Retrouvez aussi toutes les informations actualisées pour choisir et préparer vos voyages : plus de 300 guides destinations, une centaine de dossiers pratiques et un magazine en ligne pour découvrir tous les secrets de votre destination.

✓ Enfin, comparez les offres pour organiser et réserver votre voyage au meilleur prix.

Les **Routards** *parlent aux* **Routards**

Faites-nous part de vos expériences, de vos découvertes, de vos tuyaux et de vos coups de cœur. Aidez-nous à remettre l'ouvrage à jour. Indiquez-nous les renseignements périmés. Faites profiter les autres de vos adresses nouvelles, combines géniales... On adresse un exemplaire gratuit de la prochaine édition à ceux qui nous envoient les meilleurs courriers, pour la qualité et la pertinence des informations. Quelques conseils cependant :
– Envoyez-nous votre courrier le plus tôt possible afin que l'on puisse insérer vos tuyaux sur la prochaine édition.
– N'oubliez pas de préciser l'ouvrage que vous désirez recevoir, ainsi que votre adresse postale.
– Vérifiez que vos remarques concernent l'édition en cours et notez les pages du guide concernées par vos observations.
– Quand vous indiquez des hôtels ou des restaurants, pensez à signaler leur adresse précise et, pour les grandes villes, les moyens de transport pour y aller. Si vous le pouvez, joignez la carte de visite de l'hôtel ou du resto décrit.
En tout état de cause, merci pour vos nombreux mails.

122, rue du Moulin-des-Prés, 75013 Paris

● *guide@routard.com* ● *routard.com* ●

Routard Assurance 2018

Née du partenariat entre *AVI International* et le *Routard*, *Routard Assurance* est une assurance voyage complète qui offre toutes les prestations d'assistance indispensables à l'étranger : dépenses médicales, pharmacie, frais d'hôpital, rapatriement médical, caution et défense pénale, responsabilité civile vie privée et bagages. Présent dans le monde entier, le plateau d'assistance d'*AVI International* donne accès à un vaste réseau de médecins et d'hôpitaux : pas de franchise, aucune avance de frais à faire, un numéro d'appel gratuit disponible 24h/24. *AVI International* dispose par ailleurs d'une filiale aux États-Unis qui permet d'intervenir plus rapidement auprès des hôpitaux locaux. À noter, *Routard Assurance Famille* couvre jusqu'à 7 personnes, et *Routard Assurance Longue Durée Marco Polo* couvre les voyages de plus de 2 mois dans le monde entier. *AVI International* est une équipe d'experts qui répondra à toutes vos questions par téléphone : ☎ 01-44-63-51-00 ou par mail ● *routard@avi-international.com* ● Conditions et souscription sur ● *avi-international.com* ● Avant de partir, pensez à télécharger l'appli mobile *AVI* et accéder à tous vos documents d'assurance en 2 clics.

Édité par Hachette Livre (58, rue Jean-Bleuzen, CS 70007, 92178 Vanves Cedex, France)
Photocomposé par Jouve (rue de Monbary, 45140 Ormes, France)
Imprimé par Jouve 2 (Quai n° 2, 733, rue Saint-Léonard, BP 3, 53101 Mayenne Cedex, France)
Achevé d'imprimer le 19 janvier 2018
Collection n° 13 - Édition n° 01
66/5838/8
I.S.B.N. 978-2-01-703356-1
Dépôt légal : janvier 2018

PAPIER À BASE DE FIBRES CERTIFIÉES